CCER/CMRC "中国经济观察"系列（第四辑）

纵论开放经济与全球化

卢 锋◎编

北京大学出版社
PEKING UNIVERSITY PRESS

图书在版编目(CIP)数据

纵论开放经济与全球化/卢锋编. —北京:北京大学出版社,2015.10
(CCER/CMRC"中国经济观察"系列)
ISBN 978－7－301－25361－8

Ⅰ.①纵… Ⅱ.①卢… Ⅲ.①中国经济—开放经济—文集 ②中国经济—经济全球化—文集 Ⅳ.①F12－53

中国版本图书馆 CIP 数据核字(2015)第 005487 号

书　　　名	纵论开放经济与全球化 ZONGLUN KAIFANG JINGJI YU QUANQIUHUA
著作责任者	卢　锋　编
责 任 编 辑	叶　楠
标 准 书 号	ISBN 978－7－301－25361－8
出 版 发 行	北京大学出版社
地　　　址	北京市海淀区成府路 205 号　100871
网　　　址	http://www.pup.cn
电 子 信 箱	em@pup.cn　　　QQ:552063295
新 浪 微 博	@北京大学出版社　　@北京大学出版社经管图书
电　　　话	邮购部 62752015　发行部 62750672　编辑部 62752926
印 刷 者	北京宏伟双华印刷有限公司
经 销 者	新华书店
	787 毫米×1092 毫米　16 开本　29.75 印张　670 千字 2015 年 10 月第 1 版　2015 年 10 月第 1 次印刷
定　　　价	78.00 元

未经许可,不得以任何方式复制或抄袭本书之部分或全部内容。
版权所有,侵权必究
举报电话: 010－62752024　电子信箱: fd@pup.pku.edu.cn
图书如有印装质量问题,请与出版部联系,电话: 010－62756370

序

  印象是 2005 年年初的某个宴请场合,我和宋国青教授相邻坐在远离主宾席的陪桌,席间得以随意交谈。其时国青教授在某家著名财经机构兼职做宏观经济研究已有七八年,正考虑调整工作状态将更多时间投入到北京大学中国经济研究中心(CCER)的科研教学工作中。席间他主动向我提及,就国际大宗商品市场与宏观经济问题一起合作做些研究。

  我知道,此前中心领导曾征询国青教授的意见,能否把研究重心更多地转向 CCER。我个人作为国青教授的忠实读者也向他表示过,如果他能用更多的时间在 CCER 主持课题研究,我个人非常乐意参与并协助。这次国青教授主动建议,不管是他深思熟虑的想法,还是席间的闲言散语,我自然不会轻易放过。于是产生了举办"中国经济观察"季度报告会的设想,以便让国青教授定期回来报告他对宏观经济的研究成果。

  想法初成后借一次谈话机会请教了周其仁教授和胡大源教授的意见,二位都很赞同并予以鼓励,认为这项活动有助于加强 CCER 的宏观经济研究,而且对 CCER 主办的北京大学国际 MBA 项目也有积极的支持作用。其仁教授表态会积极参与,又语出惊人地要求"不办则已,要办就要准备办十年",一句话定下这项工作十年为期的时间表。我当时接答其仁教授:只要你和国青持续参加,我保证坚持做十年协调服务的"跑龙套"工作。随后向中心领导汇报,时任中心主任的林毅夫教授极为赞赏,不仅表态中心将提供必要支持,还承诺尽可能亲自参与这项工作。当时主持中心日常工作的常务副主任李玲教授也积极支持这项计划。

  "中国经济观察"季度报告会通常在每年 2 月、4 月、7 月和 10 月下旬的第一个周六下午召开,从一点半开始到六点或稍迟结束。上半场主要讨论经过选择的经济改革发展的重大热点问题,下半场主要讨论当前宏观经济形势和政策,上下半场会各安排半小时左右的听众与嘉宾的问答互动。2005 年 4 月下旬举办"中国经济观察"第 1 次季度报告会,同年 7 月下旬第 2 次报告会增添了邀请宏观经济分析特约机构提供短期宏观经济指标预测的"朗润预测"项目,特约参与机构从最初不到十家增加到后来的三十多家。

  这项工作至今已持续开展十多年,达到了其仁教授当年"十年为期"的要求。与北京各类财经报告会比较,"中国经济观察"季度报告会有一些特点。如主讲嘉宾以 CCER 教授为骨干,同时外请不同领域的专家,在演讲内容和风格上具有一定程度的 CCER 朗润园的风格。在具体操办方式上,坚持上述简单的设计架构。由于这个项目持续关注和分析我国经济改革发展的重大问题,十年间已成为观察认识转型期中国经济的一个特殊课堂,也成为很多北京大学学子和其他有心听众学习经济学方法的一个特殊课堂。

  每次报告会后,我们将报告内容先整理成快报于次日在网站发布,后续整理演讲全文结集印发或上网发布,历次报告会快报与全文报道都在 CCER 网页上有完整保留。

"朗润预测"结果也是每次都在网站发布,现已成为研究中国宏观经济预测的数据库资料,甚至有CCER研究生和国外研究生以此作为学位论文的研究对象。报告会前后历时十多年,得到北京大学同学和各界朋友的广泛支持,一直保持人气旺盛的场面,以至于有时不得不设置三个视听设备连接场地以满足听众的需要。报告会得到了媒体朋友的大力支持,不少场次的报告会内容被几十家甚至更多媒体报道转载。

去年是CCER成立二十周年,在北京大学国家发展研究院(NSD)领导姚洋教授、胡大源教授的鼓励和支持下,我们把截至2013年10月共35次报告会的精华内容结集出版。经与北京大学出版社责任编辑的多次协商,最后决定在精挑细选的基础上编辑四册各自相对独立同时相映成趣的系列专辑。第一辑《见证经济追赶大时代》,收录了历次报告会快报以及历次"朗润预测"数据,已在2014年4月出版。第二辑《把脉中国开放宏观经济》,收录了有关宏观经济形势的分析内容;第三辑《透视中国改革发展热点》与第四辑《纵论开放经济与全球化》,分别收录了相关主题的报告内容,现在一并出版。

首先要感谢国青教授的十年辛苦,他孜孜不倦的投入是这个项目能够坚持十年的基本前提条件之一。除了一次提交书面发言外,国青教授坚持在每次季度报告会上做压轴演讲,成为这个项目最具代表性的主讲嘉宾。感谢CCER与NSD历届领导林毅夫教授、周其仁教授、姚洋教授、胡大源教授、李玲教授、巫和懋教授等人的大力支持,不仅在场地和其他方面优先满足,还亲自参加报告会发表演讲。毅夫教授、其仁教授是参加报告会演讲次数最多的两位嘉宾,他们的精彩演讲成为历次报告会的重要"卖点"。要特别感谢CCER第一任常务副主任、先后担任央行行长助理和副行长的易纲教授,他在百忙之中先后八次莅临报告会并发表高质量的演讲,受到参会同学和听众的热烈欢迎。不少外请嘉宾不止一次参与报告会,感谢他们的大力支持和精彩演讲。还要感谢先后参与"朗润预测"项目的三十几家宏观经济分析特约机构,它们的积极参加与支持使得"朗润预测"项目得以持续、顺利地实施。

感谢十年来支持这项工作的广大听众。由于座位有限,有时长达五个小时的报告会结束时,仍有一些听众在后面站立聆听演讲和参与讨论,一起分享会场不时爆发的欢声笑语。感谢该项目的工作人员唐杰、刘鎏、李远芳、陈建奇、姜志霄、张杰平等人,他们在不同时期参与报告会的组织和联络工作,对这项工作的持续开展发挥了不可或缺的作用。感谢CCER简报小组的很多研究生参与整理报告会快报和演讲全文,使得历次报告会能够留下完整、系统的文字记录。感谢很多北京大学和其他高校的同学志愿承担历次会务工作。还要专门致谢CCER的行政人员、保洁人员、后勤人员,他们在邢惠清女士、高娟女士的领导下密切配合,为几十次报告会的顺利举办提供了保障服务。这次出版的报告会系列的三本书,感谢姜志霄、张杰平协助校读文稿。最后要特别感谢北京大学出版社林君秀女士、刘京女士的支持与努力,使这套专辑系列最终得以出版。

卢锋

2015年9月于北京大学朗润园

目 录

1 人民币汇率与外部不平衡

人民币实际汇率趋势演变（1978—2005） ········· 卢 锋 / 3
关于人民币汇率问题的思考与政策建议 ·········· 林毅夫 / 10
通货紧缩阴云散去 汇率调整机会再来 ·········· 宋国青 / 17
人民币升值效果显著 ························· 宋国青 / 21
企业对汇率升值的反应 ······················· 张 帆 / 26
外汇储备过万亿美元的深层根源和认识启示
　　——我国经济成长新阶段的机遇和挑战 ······ 卢 锋 / 32
如何看待和运用外汇储备 ····················· 夏 斌 / 40
国际储备分析 ······························· 李 扬 / 43
汇率、贸易顺差和宏观调控 ··················· 梁 红 / 48
顺差之谜 ·································· 宋国青 / 53
贸易条件与利率汇率 ························· 宋国青 / 62
中美汇率之争：根源、发展与应对 ············· 黄益平 / 68
浮动汇率有助于金融和银行体制改革 ··········· 宋立刚 / 74

2 资本项目可兑换与人民币国际化

中国资本账户开放的进展及评论 ··············· 施建淮 / 79
资本项目开放与对外直接投资 ················· 黄益平 / 89
金融改革优先序：人民币可兑换视角探讨 ········ 卢 锋 / 96
追赶—危机—变革：国际货币演变历史透视与现实改革 ··· 卢 锋 / 109
中国的金融市场化改革新浪潮 ················· 张 斌 / 124
现行国际货币体系的问题与改革 ··············· 施建淮 / 129

3 中国企业走出去

抓住机遇、防范风险，以平常心看待企业"走出去" ······ 易 纲 / 137
出去投资 ·································· 宋国青 / 148
全球公司
　　——跨国公司发展新趋势 ·················· 王志乐 / 153
中国经济发展和中非合作 ····················· 林毅夫 / 157
生产能力与市场能力
　　——当前经济形势的一个问题 ·············· 周其仁 / 160

从"华坚现象"看我国对非投资类型演变 ………………………………… 卢　锋／167
中国企业在非洲的机遇与挑战 …………………………………………… 石纪杨／179
宏观形势、对外开放和环境保护 ………………………………………… 张曙光／183

4　大国经济影响和政策

中国要争取独善其身 ……………………………………………………… 周其仁／189
贸易条件变化与顺差下降 ………………………………………………… 宋国青／195
输入型通胀？
　　——国际商品价格与我国通胀关系实证分析 ………………………… 卢　锋／203
中美经济外部不平衡"镜像关系"
　　——理解我国近年经济增长特点与目前调整 ………………………… 卢　锋／210
经济波动、汇率共振和中国对策
　　——理论反思、数据分析和政策比较 ………………………………… 陈　平／226
国际大宗商品价格波动
　　——我国开放型经济面临新问题 ……………………………………… 卢　锋／232
中国贸易条件与福利变动（2001—2011）
　　——开放大国经济的"飞去来器效应" ……………… 卢　锋　李远芳　杨业伟／249
访欧答问三题 ……………………………………………………………… 林毅夫／257
一段历史和一个传说的启示 ……………………………………………… 黄益平／263
国际能源政治情势与我国的能源路径选择 ……………………………… 查道炯／268
出口负贡献时代来临 ……………………………………………………… 诸建芳／273
我国承接国际服务外包政策亟待调整 …………………………………… 卢　锋／280
近年棉花进口增长与滑准税争论 ………………………………………… 卢　锋／287

5　美欧金融与债务危机

格林斯潘做错了什么
　　——美联储货币政策与次贷危机关系 ………………………………… 卢　锋／299
美国次贷危机：起源、传导与启示 ……………………………………… 易　纲／310
理解全球金融危机 ………………………………………………………… 黄海洲／315
全球金融经济危机：原因与教训 ………………………………………… 林毅夫／320
欧洲大紧缩与中国结构性紧缩 …………………………………………… 陈兴动／327
解读奥巴马新政 …………………………………………………………… 卢　锋／332
复苏不易、景气难再
　　——奥巴马元年美国经济透视 ………………………………………… 卢　锋／342
美国经济走势与对华政策重估 …………………………………… 卢　锋　陈建奇／365
希腊主权债务危机观察 …………………………………………………… 卢　锋／381

6 国际经济的中国视角

当前世界经济的失衡和对策	易 纲 / 393
市场机制调整见效 经济失衡正在收敛	易 纲 / 398
零利率和数量宽松货币政策是否有效？	易 纲 / 403

向下调整的困难
——对2010年达沃斯论坛的感受 ············· 周其仁 / 409

应对发达国家量化宽松货币政策的最佳选择：扩内需、调结构、减顺差、促平衡
·· 易 纲 / 414

从全球流动性看中国宏观经济政策	黄海洲 / 423
后危机时代全球政策、机会和资产配置	黄海洲 / 429
全球经济展望与中国城镇化	哈继铭 / 438
BRICS合作背景和前景	卢 锋 / 450

1 人民币汇率与外部不平衡

人民币实际汇率趋势演变（1978—2005）*

卢　锋

北京大学中国经济研究中心教授

我想用这个机会报告有关人民币实际汇率趋势问题研究的初步结果。这项研究涉及较多数据整理，已进行较长时间；报告初稿不久应能完成。实际汇率趋势与名义汇率短期调整，两个问题虽然分析角度不同，但二者也有内在联系。首先简单介绍实际汇率概念以及解释实际汇率长期走势的已有理论和观点；然后度量和观察改革开放以来人民币实际汇率走势，并提出几个需要探讨的问题；接着分别从我国可贸易品部门劳动生产率和工资相对变动、我国体制转型背景以及其他具体因素等不同角度，来探讨人民币实际汇率演变趋势的原因，分析目前面临的实际汇率失衡压力和困难；最后评论研究实际汇率趋势的政策含义以及"7·21汇改政策"的意义。

一、实际汇率概念和相关理论假设

什么叫实际汇率？实际汇率是名义汇率经过调整后的、一个国家与外国一般价格的比较。考虑人民币对美元用直接标价法表示的实际汇率，其表达公式是 $e(¥/\$) = E(¥/\$)P(\$)/P(¥)$，其中 e 和 E 是人民币对美元的实际汇率和名义汇率，$P(\$)$ 和 $P(¥)$ 是美国和中国的一般物价。

为什么需要实际汇率概念？因为它是调节一个国家和外部经济之间联系的基本价格。市场经济需要价格来调节，一个国家和外部世界经济联系也需要价格来调节。一般讨论重视名义汇率调节，例如名义汇率改变会对一国和外国经济关系发生调节作用。这一理解当然是正确的，但是从更深入层面关系看，本质上是实际汇率变动在发生调节功能。例如现在有人认为，我国外汇储备增长过快说明国际收支失衡，这当然可以通过名义汇率升值来加以调节，但是从实际汇率角度看，即便名义汇率不变，如果中国物价上升

---

* 摘自第3次季度报告会（2005年10月29日）。

较快,实际汇率升值也可能对国际收支发生类似调节作用,虽然二者派生经济影响并不完全等同。反过来看,如果名义汇率贬值时物价上涨,则可能会抵消名义汇率贬值对国际收支的调节作用。因此,实际汇率比名义汇率更具有实质性调节意义,更具有价格功能。

在中国经济快速成长的背景下,人民币实际汇率演变受什么规律支配?推而广之,一国如果经历长期经济增长,本币变化趋势有没有规律可循?对这个问题,在经济学理论层面有一个被广泛认可的看法,就是如果一个国家长期经济追赶,与发达国家收入差距逐步缩小和收敛,则该国本币实际汇率长期会表现出升值趋势。为什么会升值?简单地说,经济增长过程中可贸易品部门劳动生产率会提升,通过对不可贸易品部门工资影响导致物价较快增长而促进实际汇率升值,还会通过可贸易品部门竞争力提升推动名义汇率走强而升值。这个经济学教科书的标准模型,用最早表达其基本思想的两个经济学家的名字命名,被称作"巴拉萨-萨缪尔森效应假说"。虽然并非每一个国家快速经济成长时本币汇率表现都完全符合理论预测,然而很多经验性研究对这一理论假设提供了有一定说服力的支持性证据。

对于中国经济成长过程中人民币实际汇率走势问题,我也阅读了一些研究文献。如今天到会的张曙光教授最近对人民币实际汇率作过研究。与我讨论问题最相关并值得重视的另一篇文献,是周小川博士和谢平博士十多年前写的《人民币走向可兑换》,其中对人民币实际汇率走势提出了分析和判断。他们认为,中国经济长期增长过程中,人民币实际汇率会采取开始贬值然后升值的演变路径,并主要从三个方面阐述和论证这一判断。一是认为中国经济成长过程中,可贸易品部门比重上升导致人民币实际汇率上升。这与前面介绍的一般理论推论存在相通之处。二是引用日本和中国台湾地区的例子,认为这两个经济体在起飞成长过程中都出现本币汇率先贬后升的现象。三是依据对20世纪90年代初我国产业结构和贸易结构最新变化,认为已经显示人民币汇率可能要升值的动向。

二、人民币实际汇率走势及其提出的问题

那么人民币实际汇率走势如何?它们是否符合以往理论分析预测或猜测情况?还存在什么问题需要进一步研究?图1报告了1979年以来人民币实际汇率变化,一个是对

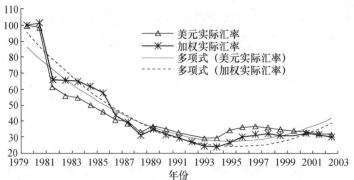

图1 人民币加权实际汇率和对美元实际汇率(1979—2003)
注:1979=100,间接标价。

美元的实际汇率,另一个是对13个OECD国家货币加权计算的实际汇率,图中细线是估计得到的实际汇率多项式趋势线。通过对实际汇率趋势观察,可以提出几个相关问题。首先是人民币实际汇率在20世纪80年代表现出持续贬值趋势,当时我国经济增长速度很快,为什么人民币实际汇率会持续贬值?其次是在90年代中期这个贬值趋势改变,即不再贬值,而是有几年显著升值,随后又小幅贬值或相对稳定。为什么人民币实际汇率到90年代发生趋势改变?最后是近年争议的问题,即目前人民币汇率是否存在低估失衡?

已有理论和分析对讨论上述问题虽有参考价值,但毕竟未能全面解释。比如依据上面介绍的"巴拉萨-萨缪尔森效应",一国经济快速增长通常会伴随劳动生产率提高,实际汇率应该升值,我国经济在80年代快速增长,人民币实际汇率为什么贬值呢?似乎难以直接解释。正因为如此,有的研究人员提出人民币实际汇率走势不符合"巴拉萨-萨缪尔森效应"。周小川、谢平的观点包含的观察和分析值得重视。但是他们在那本书中对人民币实际汇率只是作了相对简略的讨论,他们的观点对90年代中期人民币实际汇率显著升值表现出分析预测力,但我们不能要求这一分析能够具体解释90年代末以来人民币实际汇率没有持续升值的原因。笔者也没有发现他们后来对这一问题后续研究公开发表的看法。由此可见,有关人民币实际汇率长期走势问题,需要作进一步分析研究。

三、可贸易品部门劳动生产率和工资相对增长

从理论分析角度看,人民币实际汇率走势与我国可贸易品部门劳动生产率和工资相对增长有关,因而首先需要考察这方面情况。这又涉及经济学可贸易品概念。虽然可贸易品和不可贸易品部门,在经济学理论分析场合不难界定,但在具体观察和度量场合,对二者严格地进行准确区分存在困难。我们用制造业作为可贸易品部门代表,来讨论劳动生产率和工资相对变化。

北京航空航天大学任若恩教授和他的合作者柏满迎(Adam Szirmai)在《中国制造业劳动生产率:1980—1999》一文中估计了我国1980—1999年制造业劳动生产率,是这一研究领域的重要文献。我们利用这一研究成果,并整理估测相关数据,把观察年份延伸到2004年,得到1980—2004年我国制造业劳动生产率年度增长和累计增长率估计值。依据初步估测结果,我国制造业劳动生产率走势变动基本特征是,80年代前后增长较慢,1981—1990年间年均增长率约为1.9%;90年代开始较快增长,1990—2000年间年均增长率为11.1%;过去几年增长得更快,2000—2004年间年均增长率为17.4%。

比较发达国家制造业劳动生产率增长情况。在我们研究的观察期内,美国和其他发达国家制造业劳动生产率大体保持平均每年3%的增长速度,但是美国增长率有一个上升趋势,而其他OECD国家平均起来基本上没有明显上升趋势。也就是说,美国在较早时期制造业劳动生产率增长比较低,但是90年代以后由于经济结构调节力度比较大,较多采取外包生产方式,加上劳动力市场比较灵活,所以劳动生产率增长略快一些。

图2报告了我国制造业劳动生产率增长相对美国增长的情况。80年代虽然我国经济增长很快,但制造业作为最重要的可贸易品部门,劳动生产率相对于美国不仅没有增

长,实际上还轻微下降。我国在可贸易品部门劳动生产率明显相对增长应该是在90年代初期和中期开始,特别是在最近十年前后有一个比较稳定和强劲的相对增长。我们还估计了我国制造业劳动生产率比较13个OECD国家制造业平均水平的相对增长,结果与中美两国比较情况很接近。需要说明,这方面数据估计当然存在不少细节和技术性问题需要更深入研究,但估计结果描述的我国可贸易品部门劳动生产率相对追赶基本走势变化图景应具有一定可信度,对于研究人民币实际汇率问题具有重要认识意义。

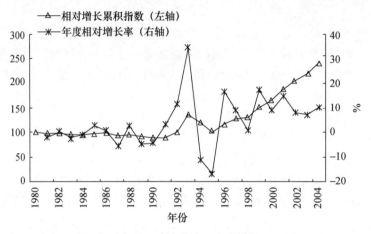

图2　中国相对美国制造业劳动生产率增长（1980—2004）

我们在研究中还观察了我国制造业分部门劳动生产率增长情况,发现整个时期制造业分部门之间劳动生产率增长速度差异很大,另外在不同时期分部门生产率增长速度也有明显差异。另外,制造业劳动生产率增长的不同时期差异,提示我国不同时期整体经济增长的供给面来源结果发生了显著变动,因而我们的研究把改革开放以来我国经济增长来源分为人口总量增长、劳动人口占总人口比重变动（人口视窗效应）、就业率变动、就业人员部门转移、劳动生产率增长等五方面因素,并估计和观察它们在不同时期对经济增长贡献数量的比例。结果发现80年代劳动生产率对经济增长贡献不到40%,增长源泉主要来自其他四方面因素贡献;但是90年代以后情况发生实质性改变,劳动生产率提升对经济增长发挥八成甚至九成以上贡献。

下面看工资相对增长情况。国际范围工资统计采用不同指标,包括工资、所得、薪酬、劳动力成本等。我国数据是职工工资（wage）,外国数据是就业人员薪酬（compensation）,假定它们二者增长率大体可比,可以通过相关数据观察其比较增长情况。图3显示过去二十多年间我国工资增长率一直高于发达国家,但是波动幅度也大得多。我国工资增长率数据还有一个技术问题,就是在1998年工资统计口径发生变化,此后下岗工人不再包含在职工工资统计范围内,这一因素可能对1998年带来一次性10%—15%的高估误差。考虑到数据可能误差后,大体可以形成两点观察:相对于发达国家,一方面,我国制造业工资增长率平均水平一直高于发达国家。另一方面,在劳动生产率相对增长较慢的时候,工资的相对增长比较慢;劳动生产率相对快速增长时候,工资的相对增长也比较快。

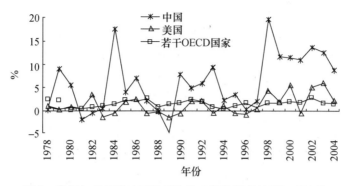

图 3 我国与若干发达国家制造业工资增长率（1978—2004）

把工资增长从劳动生产率增长中扣除掉，然后再用中国扣掉工资增长的劳动生产率增长与发达国家同一指标比较，图4报告了1981—2004年间中国和发达国家制造业对工资增长率调整后的劳动生产率相对增长估计数据。数据显示在80年代前后我国比发达国家显著下降，但是晚近十年前后平均每年对美国的相对增长约2%—3%，对13个OECD国家平均相比上升约4%—5%。这个增长因素累积作用，应能表现为我国制造业产品国际竞争力的明显提升，并对人民币实际汇率趋势和均衡水平产生影响。

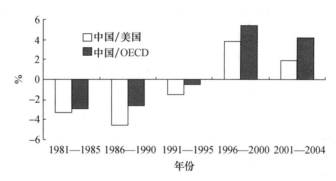

图 4 我国制造业扣除工资增长因素后劳动生产率相对发达国家的年均增长率（1981—2004）

综上所述，我国可贸易部门劳动生产率相对增长很低或者略有负增长时，人民币实际汇率贬值；劳动生产率相对增长比较快时，人民币实际汇率贬值趋势发生变化。由此可见，我国可贸易品部门劳动生产率与人民实际汇率趋势变化仍存在重要联系。然而上述讨论还不能解释，为什么80年代人民币实际汇率持续贬值，并且累计贬值幅度远远高于我国劳动生产率相对下降幅度？晚近十年来我国可贸易品部门劳动生产率相对增长很快，为什么实际汇率还没有持续升值呢？讨论这些问题，还要考虑劳动生产率相对增长以外的其他因素影响。

四、计划经济时期汇率高估和近年汇率低估

80年代人民币实际汇率持续贬值的另一个关键因素，是计划经济时期人民币汇率高估。改革开放后相当长一段时期面临一项重要改革发展任务，就是要消化汇率高估失衡

压力,客观上导致汇率贬值。主要通过两种路径实现上述调整。一是通过出口内部结算价和市场调剂价等双重汇率方式,使旧体制下暗含的汇率高估失衡明显表现出来,然后在不同时段通过对官方汇率贬值降低高估失衡程度,并最终取消双重汇率,部分化解汇率高估压力。二是80年代对出口提供财政补贴,维持国际收支的紧平衡,间接显示官方汇率高估。在贸易体制改革和减少财政负担的双重动机作用下,长期努力减少出口对补贴依赖,并于90年代初基本取消出口补贴,同时需要汇率贬值来消化减少和取消出口补贴对国际收支平衡的影响。由此可见,可贸易品部门劳动生产率没有相对增长,加上调整汇率高估失衡问题,导致1980年前后人民币实际汇率持续贬值。

20世纪末以来,我国可贸易品部门劳动生产率相对追赶速度加快,有理由假设人民币实际汇率升值趋势进一步发展,但是人民币实际汇率现实水平并没有显著升值?对这一问题可以分两个时段并具体结合内外部经济环境特点来探讨。第一段是1998—2002年。这时我国国内经济出现通货紧缩,一般物价相对发达国家下降,引入短期人民币实际汇率贬值压力。外部发生东亚经济危机,诱发对人民币汇率贬值市场预期,由此对外汇市场供求关系产生的影响,在短期给人民币实际汇率造成贬值压力。就好比冬春之交气温趋势上升,但一场"倒春寒"会使气温短期往下走。

第二段是2002—2003年,我国经济内外环境发生阶段性转变。一是东亚经济外部冲击影响大体成为过去,人民币贬值预期压力也烟消云散。二是国内宏观经济运行开始摆脱紧缩走向复苏,并逐步出现新一轮以若干重工业和基础材料产业为投资重点带动的宏观经济景气。出于控制经济过热负面影响等方面考虑,政府在2003年后期开始实施比较严厉的宏观调控政策,遏制住一般物价上涨势头。外汇市场预期因素以及供求关系方向改变,宏观经济景气出现和物价相对增长势头,显示人民实际汇率均衡水平也向升值方向转变。由于实行盯住汇率制和强势宏观调控政策,人民币实际汇率升值要求没有能够得到充分实现,由此产生低估失衡问题,并在我国贸易、经常账户顺差、外汇储备超常增长以及贸易摩擦频率上升等方面表现出来。

五、初 步 小 结

探究人民币实际汇率演变趋势的原因,实质上是探究我国经济成长的具体规律,一项研究最多只能抛砖引玉,需要长期观察和持续研究才能获得准确的认识。初步观察表明,改革开放以来人民币实际汇率演变大势,大体可以在一个包括可贸易品部门劳动生产率、经济体制转型、国际收支结构变动等三方面因素组合构成的观察系统中加以认识和讨论。

第一,我国可贸易品劳动生产率比较发达国家相对增长及其阶段性表现,是人民币实际汇率以往走势的一个基本解释变量,也是认识人民币实际汇率目前状态和未来走势的基本解释变量。第二,80年代前后在我国贸易体制、双重汇率、出口补贴等相关领域展开的艰难改革,最终成功地通过实际汇率贬值而逐步消化了旧体制累积的人民币汇率高估压力,从体制转型角度体现人民币实际汇率演变进程的中国特色。第三,大体以1990年前中期为界,我国国际收支平衡方式从早期"逆顺差匹配"转变为"双顺差组合",体现并推动了人民币实际汇率先贬后升趋势转变;我国国际收支结构变动与加工贸易以及外商直接投资组合效应的紧密联系,提示了产品内分工这一当代经济全球化最重要的特点与人民币实际汇率走势的内在联系。

在上述分析人民币实际汇率趋势转变根源的基础上,通过对实际汇率趋势水平、均衡水平和现实水平三者组合方式的考察推论,能够看出过去十来年间逐步发展的实际汇率升值趋势,在世纪之交被国内经济周期因素和外部危机冲击因素所暂时屏蔽,后来又被固定汇率制等政策因素所抑制。由此积累导致近年人民币实际汇率明显低估失衡压力,成为目前我国经济运行面临的一个问题。

人民币实际汇率升值趋势形成和走强,是改革开放以来我国经济发展阶段性成功所派生的客观要求,也是今后经济持续成长并实现远景发展目标的前提条件。如果说实际汇率升值是与经济成长基本面因素相联系的趋势,从体制和政策配套性角度看,则有必要建立一个具有弹性的市场化汇率体制,来认可和支持这一客观要求。反过来看,假如长期维持固定汇率制不让名义汇率变动,同时采用强势宏观调控措施阻止一般物价相对上升,则实体经济成长可能会因为实际汇率升值要求不能得到体制和政策面响应而受到负面影响。从这一视角观察,2005年7月21日汇改新政是一个重要而积极的政策调整,并有可能成为"中国经济成长进入实际汇率升值新时期"的一个标志。

关于人民币汇率问题的思考与政策建议*

林毅夫

北京大学中国经济研究中心主任、教授

人民币汇率是近几年来备受关注的问题,同时也是未来几年中国经济发展所回避不了的问题,我个人最近又对这一问题进行了梳理和分析,现根据研究所得作一简要报告,供大家参考,希望对大家理解和思考这一问题的出路有所帮助。

一、人民币没有严重低估

人民币汇率升值问题最早于 2003 年由日本政府在"七国峰会"上提出,接着美国政府也指责人民币币值低估,继而引起国际金融界、学术界的关注。最近外汇储备急剧增加,到 2006 年年底已经超过 1 万亿美元,并且短期内增加趋势不会扭转,这加深了大家对人民币币值低估的看法。很多人认为,只有靠人民币的升值才能解决对外贸易的均衡问题,同时为深受关注的全球失衡问题作出贡献。但问题是否真正如此?我认为应该进行更为深入的研究,人民币币值是否低估,特别是是否严重低估,从各种证据来看,我不认为是如此。

人民币币值如果真的是严重低估,最重要的证据应该表现在经常账户上,因为一个国家币值的高低影响最大的是可贸易产品的竞争力。如果币值严重低估,国内可贸易商品在国外的价格就会过低,出口就会增加很多;同时,国外商品在国内的价格就会很高,进口就会减少。这两方面因素共同作用的结果,经常账户顺差的绝对量和相对量都应该很大。相反,如果没有严重低估的话,顺差的绝对量和相对量都应该是小的。事实如表 1 所示,2003 年日本和美国提出人民币币值严重低估时,中国经常账户顺差只有 255 亿美元,从绝对量上是低于 1998 年和 1999 年国际上热炒人民币应该大幅贬值时的 435 亿美元和 292 亿美元。也许有人会说,2005 年、2006 年的贸易顺差分别增加到 1 020 亿和

---

* 摘自第 8 次季度报告会(2007 年 2 月 4 日)。

1 775亿美元,绝对量比1998年、1999年时增加了很多。虽然我国的对外贸易总量从1998年的3 240亿美元增加到了2006年的17 607亿美元,但是从相对量来看,1998年贸易盈余占进出口总额的比例为13.4%,2006年仅为10.1%,比1998年低。因此,从经常项目顺差的绝对量和相对量来看,并不支持人民币币值严重低估的判断,而且,国际上对人民币的投机并不是根据人民币币值的真实状况来进行的。

表1 我国的贸易盈余情况(1995—2005)

年份	贸易盈余 (亿美元)	进出口总额 (亿美元)	贸易盈余占进出口总额的比例 (%)
1995	167	2 809	5.9
1996	122	2 899	4.2
1997	404	3 252	12.4
1998	435	3 240	13.4
1999	292	3 606	8.1
2000	242	4 743	5.1
2001	226	5 097	4.4
2002	305	6 208	4.9
2003	255	8 510	3.0
2004	321	11 546	2.8
2005	1 020	14 219	7.2
2006	1 775	17 607	10.1

资料来源:《中国统计年鉴2006》,2006年数字取自国家统计局官网。

从国际的比较来看也是同样的情形,如果人民币币值是严重低估的,那么贸易盈余占国内生产总值的比重应该比没有被认为币值低估的国家的水平高出许多。但是,从表2中可以看出,我国贸易盈余占国内生产总值的比例在东亚各经济体中处于最低水平。以2004年为例,中国内地的比例只有1.7%,远低于日本的3.7%、新加坡的19.8%、韩国的4.2%、马来西亚的13.7%、菲律宾的3.2%、泰国的4.5%、中国台湾的6.6%、中国香港的8.1%。国际上却没有人说日元应该急剧升值、韩元应该急剧升值、马来西亚林吉特应该急剧升值。

表2 东亚各经济体和美国贸易盈余占国内生产总值的比例 单位:%

	1995年	1996年	1997年	1998年	1999年	2000年	2001年	2002年	2003年	2004年
日本	2.1	1.4	2.3	3.0	2.6	2.5	2.1	2.8	3.2	3.7
新加坡	17.7	15.2	15.6	22.6	18.6	14.5	19.0	21.5	30.9	19.8
中国台湾	2.1	3.9	2.4	1.3	2.8	2.9	6.4	9.1	10.0	6.6
印度尼西亚	-3.2	-3.4	-2.3	4.3	4.1	5.3	4.9	4.5	3.9	0.5
韩国	-1.7	-4.4	-1.7	12.7	6.0	2.7	1.9	1.3	2.0	4.2
马来西亚	-9.7	-4.4	-5.9	13.2	15.9	9.4	8.3	7.6	11.1	13.7
菲律宾	-2.7	-4.8	-5.3	2.4	9.5	8.2	1.8	5.4	2.1	3.2

(续表)

	1995年	1996年	1997年	1998年	1999年	2000年	2001年	2002年	2003年	2004年
泰国	-8.1	-8.1	-2.0	12.7	10.1	7.6	5.4	6.1	5.6	4.5
中国内地	0.2	0.9	4.1	3.3	2.1	1.9	1.5	2.9	2.1	1.7
中国香港			1.5	6.4	4.3	6.1	8.5	11.0	8.1	
美国	-1.4	-1.5	-1.5	-2.3	-3.1	-4.2	-3.9	-4.6	-4.9	-5.6

资料来源：Schnabl, Gunther (2005) "International Capital Markets and Informal Dollar Standards in the US and East Asia", Hamburg institute of International Economics, HWWA Discussion Papers 326。

从以上分析来看，人民币汇率问题不是币值的问题。这个问题的提出主要是因为国际政治因素。2003年日本提出人民币币值严重低估，中国的出口产品价格太低，造成日本乃至全世界的通货紧缩，进而在七国峰会上提出应该联合压制中国，通过人民币升值来解决国际通货紧缩的问题。接着美国也提出，由于人民币币值严重低估，大量廉价商品出口到美国，造成了美国的贸易逆差，抢走了美国的就业机会，使美国经济增长缓慢、失业率上升。事实是否真的如此呢？以2003年为例，中国的贸易总量占世界贸易总量的比例为4%，而世界贸易总量占世界经济总量的25%，也就是说我国的贸易总量占世界GDP总量的1%。由于我国进出口总量基本相等，我国出口占世界GDP总量约为0.5%。如此小的比例不可能对世界的物价水平产生多大影响。日本之所以提出这个问题是因为2001年日本首相小泉纯一郎以解决国内通货紧缩为号召上台，但是，到2003年面临国会选举压力时日本尚未能走出通缩困境，而中国贸易发展强劲，就以中国为替罪羊。美国也是同样的情形。中国出口到美国的都是美国不再生产的劳动密集型产品，美国必须从国外进口。在中美贸易中美国逆差猛增，是因为以前美国从"四小龙"等东亚地区进口，现在"四小龙"将其加工贸易转到中国内地，因此把对东亚地区的贸易逆差集中到中国内地，从而造成对中国内地的贸易逆差总额很大，但是，美国对东亚的贸易逆差占其逆差总量的比例是下降的，由原来的30%多降到现在的20%多。因此，即使存在就业替代，也只是东亚内部之间的就业替代，中国内地的出口并没有抢走美国的就业机会。而且，如果人民币汇率升值，美国不是以更高的价格继续从中国内地进口这些产品，就是从其他价格比中国内地高的地方进口，其贸易逆差将会更大。美国国际贸易、国际金融方面的专家也知道这个情况。为什么美国仍会提出人民币汇率问题？同样是基于国内政治的需要。美国在2001年互联网泡沫破灭后，接连面临"9·11恐怖袭击事件"、阿富汗战争、伊拉克战争，美国经济疲软，财政赤字激增，国内经济面临诸多困境，在2003年期中选举时美国政府同样需要一个替罪羊。

如果人民币币值没有严重低估，那么为什么近年来我们的外汇储备会增加那么多？其原因固然有我国国内经济的问题，然而更多的是由外部因素造成的。长期以来，日本是全世界外汇储备最多的国家，但是日本外汇储备直到1994年才超过1000亿美元，达到1228亿美元，但是，现在也达到将近9000亿美元，而其能够稳定在这个水平是因为近两年日本央行已经停止买入外汇，否则一定会和中国一样超过1万亿美元。中、日等国外汇储备激增更多的是近十年来美国经常账户逆差占其国内生产总值的比重大幅增加，如表2所示，从1995年的1.4%增加到2004年的5.6%。由于美国经济规模超过全世界的30%,其巨大的贸易逆差必然反映为其他国家的贸易顺差。在外部因素不变的情况下,即使人民币大幅升值,外汇储备增加的趋势也很难改变。

二、人民币升值无助于减少外汇储备

即使不考虑外部因素,人民币大幅升值也不能解决外汇储备增加的问题。中国加工贸易占很重要的地位,从短期看,出口商在预期人民币升值的情况下会高报出口价值、低报进口价值,使得经常账户的顺差变得特别大。日本就充分表现出这种情形。如表3所示,日元在1985年对美元的汇率为238日元兑1美元,1986年升值为168日元兑1美元,幅度超过40%,但其经常账户盈余从492亿美元跳升至858亿美元,原因就在于这种套利行为。1987年进一步升值到145日元兑1美元,贸易盈余则增加到870亿美元,同时外汇储备从1985年的265亿美元增加到1988年的977亿美元。也就是说,在预期升值的时候,从事贸易的人可以通过虚增盈余的方式导致外汇储备增加。我个人认为,2007年和2006年我国贸易盈余中有相当大的部分是由这个因素造成的。与此同时,根据日本的经验,在资本账户同样会出现资金涌进来套利的情形。因此,短期内即使汇率大幅升值,外汇储备还是会增加。长期来看,汇率升值会影响到出口部门以及进口替代部门的竞争力。当汇率调整完成,出口部门和进口替代部门都会出现产能过剩,产品价格下降。经过两三年的调整后,总体物价下降就会抵消原来升值的效果,经常账户顺差还会增加。日本在1991年以后就是这样。我相信这种情形也会在中国发生。综合来看,汇率升值不但短期内使盈余更多,而且在长期内并不能解决贸易盈余和外汇储备增加的问题。此外,国内许多部门产能过剩相当严重,如果放任人民币大幅升值,很可能会加剧产能过剩,引起通货紧缩、企业利润大量下降、银行坏账增加,从而引发金融危机。金融危机过后或者即便没有发生金融危机,由于国内制造加工业的基础比较强,国外新的直接投资还会进来,贸易盈余还会增加。经历一轮汇率调整后,经常账户和资本账户仍会出现盈余,不但不能解决外汇储备增加的问题,还承担了额外的调整成本。

表3 日元汇率、经常账户盈余和外汇储备

年份	日元兑美元汇率	经常账户盈余(亿美元)	外汇储备(亿美元)
1980	226	-108	252
1981	221	48	284
1982	249	69	233
1983	238	208	245
1984	238	350	263
1985	238	492	265
1986	168	858	422
1987	145	870	815
1988	128	796	977
1989	138	572	849

（续表）

年份	日元兑美元汇率	经常账户盈余（亿美元）	外汇储备（亿美元）
1990	145	358	771
1991	135	960	690
1992	127	1 066	687
1993	111	1 202	956
1994	103	1 209	1 228
1995	94	1 068	1 828
1996	109	674	2 179
1997	121	998	2 208
1998	131	1 399	2 159

资料来源：矢野恒太纪念会编，《数字ごみる日本の100年》，改定第4版，日本国势社，2000年。

三、巨额外汇储备的挑战和机遇

外汇储备的大幅增加既是挑战，又是机遇。从挑战来看，我认为目前最重要的是以实际行动稳住升值预期、抑制升值投机。2005年7月21日，人民币汇率从盯住美元转变为有管理的浮动汇率，起初升值2%，到现在累计升值4.5%。从2007年1月份情况来看，升值的幅度在加快，从1月份到现在累计升值已经达到0.6%。我认为这并不是很明智的做法，因为这会强化国际炒家对人民币升值的预期，刺激更多的投机。当升值幅度超过一定水平后，即使没有大幅升值，投机者也会赚钱，在稳赚不赔的情况下，就会吸引投机，使维持币值稳定所要付出的代价更大。而且，如果人民币大幅升值，国际金融界将来很可能又会鼓吹人民币需要大幅贬值，这种情形在1998年时已经经历过。只要人民币按照国际金融界预期的方向大幅升值或贬值，他们就会赚大钱。国际金融界的目的是赚钱，而不是帮助我们管理好经济。我们需要牢记，应付升值相对容易（只要多印人民币就可以），但应付贬值相对较难，因为这时需要动用外汇储备。固然现在我们有超过1万亿美元的外汇储备，但是，每个公民可以合法兑换5万美元，在国际炒作下，大家预期人民币贬值时，万亿美元的储备在很短时间内就可以消耗殆尽。因此，在人民币汇率不是严重低估的情况下，最重要的是要稳定升值预期。而稳定升值预期最重要的是要让这些外国投机者知道，小幅度升值（大概一年升3%左右）的政策是可信的。据我了解，在目前资本账户管制的情况下，国际资本炒人民币的交易费用大约每年是外币的4%—5%。如果人民币升值幅度少于5%，那么炒人民币将是亏本的。让国际炒家确信人民币升值在3%左右将会有效遏制其投机人民币。

从机遇来看，我认为体现在以下三个方面：

首先，应抓住机遇进行外资、外贸体制改革。

改革开放初期，我国是一个既缺资金又缺外汇的典型"双缺口"发展中经济体。为了克服外汇缺口和资金缺口，我们实施了一系列外资和外贸政策，比如出口退税、外资所得税优惠等。但是，经过二十多年的发展，外资、外贸政策的基础已经发生了很大的变化，"双缺口"条件下形成的政策已经不适应我国当前经济发展的需要，因此，有必要对这些政策进行相应的调整和重新的定位。

在外贸政策上,应该以鼓励我国企业利用国内、国外两个市场,实现资源的最优配置为目的。明确地说,我国是一个资源、土地、能源短缺而且环境比较脆弱的国家,因此,应该降低或逐渐取消对资源密集、土地密集、能源密集和高污染产品的出口退税,这样我国的企业才会少发展、少出口这些产品,从而有利于改善我国的资源配置,提高经济发展的质量。

在外资政策上,应该改为以吸引国内所没有、对我国经济发展至关重要的高新技术和鼓励到我国亟待发展的落后地区投资为主要目的。具体来讲,应该实行"两税合一",统一内外资企业的所得税税率和税收政策,取消现在对内外资企业实行差别待遇的政策,并代之以不同技术标准的行业以及不同发展地区的差别待遇政策。在取消对外资企业的超国民待遇后,并非就不能再鼓励对我国经济发展具有重要意义的外资企业到我国来投资,其实,只要把行业准入和高新技术标准以及需要鼓励发展的地区确定清楚,仍然可以给需要鼓励的外资优惠。当然,将来国内的企业如果达到同样的技术标准和到同样的地区投资,只要符合优惠政策,也应该同样得到优惠。不过,既然优惠的目的是鼓励国内所没有的高新技术企业或是到有待发展的落后地区投资,优惠的门槛就应该水涨船高。这样的外资政策既不违背国民待遇的原则,也能够更有效地鼓励具有先进技术的外资企业来我国,并到有待发展的地区投资,以推动我国经济更好、更快地发展。

其次,应扩大国内消费需求,改善宏观管理能力。

经常账户顺差和外汇储备快速积累除了和我国鼓励外资外贸的政策有关之外,也和国内经济存在产能过剩凸显,国内供给大于国内需求有关。为了减少经常账户的顺差和外汇储备的积累,一方面,我国政府应该采取积极的政策扩大国内需求,以便消化过剩生产能力。这方面的有效措施包括:推动社会主义新农村建设;实行养老、医疗、住房、教育等社会保障体系和社会事业的改革;支持劳动力密集型的中小企业和服务业的发展,增加就业机会;改善收入分配的结构,提高国民经济的消费倾向等。另一方面,还应该防止投资过热的不断出现,避免产能过剩的情形继续恶化和向更多的产业蔓延。我国当前是处于快速发展阶段的发展中国家,其特性是在经济发展、产业需要升级时,企业容易对下一个有前景的产业产生共识,投资上容易出现像近几年在钢材、水泥、电解铝、汽车等产业那样一哄而上的"潮涌现象"。因此,政府应该发挥总量信息的优势,改善宏观管理能力,对投融资进行必要的指导,以防止过剩生产能力的不断出现和积累。

最后,应完善外汇储备管理体制。

在外汇储备已超过万亿美元,未来还可能继续增加的情况之下,管好、用好如此庞大的外汇储备实现外汇资产的保值增值是一个亟须思考并采取行动的课题。国内的有些学者如左小蕾、夏斌、杨帆等建议学习新加坡、韩国、挪威等国家的做法,对外汇储备进行积极管理,即在满足储备资产必要的流动性和安全性的前提下,对外汇储备实施分档,将富余储备交由专门的投资机构进行管理,拓展外汇储备的资产种类,提高外汇储备的整体收益水平,这是一个值得考虑的建议。像在价格合适的时候,增加石油等战略资源的储备,或者与石油和其他战略资源的生产国合作,投资战略资源的生产、储备的基础设施,争取这些战略资源的稳定供给;或是成立类似于新加坡"政府投资公司"(GIC)和淡马锡等专门管理国家外汇资产的投资公司,进行海外股权投资、战略投资者投资等;以及,由财政部发行特种长期债券,吸收民间人民币,向外管局购买外汇注入社保基金,以充实社保基金并加大社保基金的海外投资比例等都是值得考虑研究的措施。但是,外汇储备本质上是中央银行以人民币的负债换来的资产,所以,对外汇储备的积极管理要有保值增值和风险意识,要按国际游戏规则专业化运作,加强公司治理,切忌不计成本、势在必得的"暴发户"行为和心态,也要淡化中国企业海外发展的政治色彩,只有在深入研究和充分了解所要投资的国家和地区的文化、法律和制度,以及发展的环境和获利可能后,才谋定而后动。

通货紧缩阴云散去 汇率调整机会再来*

宋国青

北京大学中国经济研究中心教授

一、货币为王

1. CPI预测的一些情况

2004年的CPI比上年上升了3.9%。按照以往的年度数据,用简单的自回归模型也就是根据"惯性"来预测,2005年的CPI涨幅约为3.0%。根据月度数据预测的结果会低一些或者低很多,取决于到什么时候为止的月度数据和模型的具体设置。

在2003年下半年到2004年4月份,一个很有影响的看法认为,上游产品价格的快速上升将会传导到下游产品,引起下游产品价格的较高涨幅。依据这个看法对2005年通货膨胀率的预测是3.0%左右甚至4.0%。事实上,那个时候的普遍预测就是这样的。一些预测可能是基于年度CPI涨幅的"惯性",另一些预测尤其是比较高的预测则在很大程度上考虑了上下游价格传导的假设。

我们在2003年11月和2004年年初对2005年全年CPI涨幅的预测是1.6%(引自招商证券报告)和1.8%(引自《证券市场周刊》)。这些预测主要是基于当时的M2增长情况的。现在看来,全年的CPI涨幅将达到1.9%,上下误差很难超过0.1个百分点。

对于2005年前三个季度CPI季度同比涨幅的预测,我们的误差平均为0.2个百分点,我们记录的其他可比预测中最好的预测是0.4个百分点,而1个百分点以上的误差也是有的。

无论是对年度还是季度的CPI,预测误差大到了这样的程度,不仅仅是由于预测技术方面的差别,基本理论的差别也是很重要的。进一步的比较涉及样本的大小。在我们1998年以来的预测中,2005年的相对预测效率只是中等偏上。

---

* 摘自第3次季度报告会(2005年10月29日)。

2. 关于总需求的理论问题

针对上游价格向下游传导的看法,我在4月底5月初专门写了一篇题为《货币是王》的文章,强调货币的作用,并从CPI预测的角度提出了类似于检验的办法。那篇文章的最后一部分附在本文末尾供参考。在我看来,对这个问题的讨论可以画上句号了。

在我的第一季度报告中有两句用黑体字加重标出的话是,"……M2对CPI通货膨胀的预测作用是无与伦比的。只根据M2一个指标来预测短期的通货膨胀率,达不到90分也能达到60分"。货币为王的提法就是对这个意思的概括。

货币为王的假设仍然是预测未来尤其是2006年总需求情况进而整个宏观经济情况的基础,正是在这个基础上提出了通货紧缩阴云散去的看法。目前,与货币为王假设相对立的一个重要假设是生产能力过剩导致通货紧缩的假设。

3. 一个小疑问

关于货币为王的一个小的疑问是,在贷款增长率比较低而外汇储备占款增长率比较高的情况下,货币的功效是否会受到影响。这里考虑的是货币供给的结构问题。现在还不能很清楚地给出答案,但是疑问并不大。即使假定通过央行购买外汇形成的货币与通过商业银行贷款形成的货币对于总需求的决定有点差异,能够想象的差异也是相当小的。9月末的M2在剔除季节因素后按年率算比6月末上升了19.7%(见图1)。在这样的增长率面前,考虑总需求增长率变化的方向,贷款增长率与货币增长率的差异问题可以忽略不计,只看M2就够了。

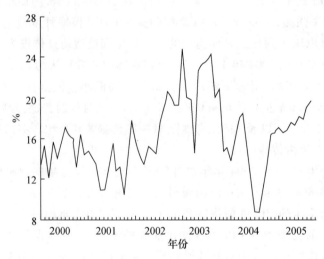

图1 季节调整后M2的三个月增长年率

二、通货紧缩阴云的由来和去向

1. M2同比增长率上升八成原因在基数

按照与2004年同比的度量,M2的增长率在5月末为14.6%,9月末达到了17.9%。

引起这个变化的原因八成在于2004年的基数,所以在2004年就可以预测到八成左右。具体来说,在2004年11月预测2005年9月的M2同比增长率,可以看到16.5%—17.0%。根据这个预测,通货膨胀率超过3%几无可能,而通货紧缩的可能更小。

人民银行一直在报告季节调整后M2的月环比增长年率,该增长率于2004年年底2005年年初即达到了17.0%左右,这几乎等于预测大半年以后的同比增长率会达到17.0%左右。从这些数据中根本看不到通货紧缩的影子。

2. 通货紧缩阴云的产生

在第一季度的统计数据报告以后,尤其是受到上游价格向下游传导假设的影响,很多分析认为还要继续控制总需求。特别是,在这以前和以后的一段时间,关于房地产问题的讨论日渐热烈,导致了一些抑制房地产需求政策的出台。在一段时间里,房地产成交量猛烈下降。这样的情况,对于刚开始恢复正常增长的M2和总需求构成了威胁。

2004年,美元一直在贬值,尤其第四季度猛烈贬值,构成了推动中国出口和贸易顺差猛烈增长的一个原因。但是进入2005年,美元汇率开始上升,7月份人民币也有小幅升值,使得人民币对其他货币的汇率有了相当大幅度的上升,形成了对于出口和贸易顺差增长的抑制因素。事实上,第二季度以来,剔除季节因素后贸易顺差的环比增长率是很低的。在这样的情况下再猛烈压制国内投资尤其房地产投资,将M2的增长率再打回去的可能性是有的。

不过用不着过分担心。压几个月就会出毛病,形势比人强,压制的政策来的有多快去的就会有多快。所以我只是担心会出现几个月的通货紧缩。从这个角度上说,所谓的阴云也就巴掌大那么一块,没有什么大不了的。只是从"总需求宁强勿弱"的角度看,提醒各方面特别是宏观管理部门注意是应该的。

3. 通货紧缩阴云挥之即去的深层原因

从过去三个月的M2增长情况看,通货紧缩阴云在变成降水之前就消散了。如果说现在还有一点点阴云的话,那是"禽流感"。

在第二季度,同比的CPI迅速下降,还有其他一些指标包括房地产成交量以及钢材价格的变化等,对于认为要继续压缩投资的看法都是非常不利的。再就是不少研究者认为通货紧缩将要出现。从纯预测的意义上看,这样的看法本来是不对的,但对于促使政策调整的作用则是相当大的,在这个意义上具有歪打正着的意思。

不过,通货紧缩阴云能够挥之即去,背后的原因在于企业资本金和利率等。在这点上,我的从未动摇过的看法是,中国根本不存在出现持续时间较长的通货紧缩无法改变或者很难改变的原因。这个世界上本来就没有这样的原因。日本出现过很长时间的通货紧缩,一个重要原因是"见了手术刀就换医生",其实并不需要做太大的手术。

三、人民币升值再次面临好机会

治通货膨胀易、治通货紧缩难是一个比较次要的理由,目前最重要的理由是给人民币升值作准备。2005年贸易顺差占GDP的比例将接近6%,按国际收支平衡表的口径将超过7%,而外汇储备增量占GDP的比例将达到12%左右。要将这些比例逐个压到零左右,必须有内需的大幅度增长。在这样的情况下,培育内需尤其是投资需求非常重要。

税收的调整对于刺激消费需求有一定作用,但是相对于需要增加的内需而言远远不够,增加投资是必然的。从这个角度看,比较强的内需尤其投资需求是较大幅度调整汇率的必要准备。在2002年年底到2004年年初的两年时间里,调整汇率的机会一直都很好,现在这样的机会再次来临。如果下定决心坚决不调汇率,也不通过其他方式抑制外汇储备增量,现在倒是需要考虑控制总需求了。

附录:根据M2预测通货膨胀率

对于相信上下游价格"正传导"作用的人来说,在最新的已知数据是第一季度数据的情况下,2005年第二季度的消费价格指数同比上升幅度可能达到3.0%左右,第一季度的实际记录是2.8%。

单纯从货币的角度看,对第二季度的预测要低得多。我用了一个最简单的只包括到第一季度为止的M2数量和消费价格指数数据的模型来预测,结果是第二季度的消费价格指数同比升幅是1.9%(1.5%—2.3%)。货币流通速度变化或者"体制外"货币这些慢变量的效果已经部分考虑到了。再考虑到其他因素包括政府控制价格受到抑制而可能上调的情况,最后报告了2.1%。这个预测没有考虑上下游价格传导问题,这是兔子赶狼模型的具体应用。进一步考虑到预测误差,我想2.5%可以作为预测的上限。如果实际超过了2.5%,那就意味着上述理解有较严重偏差或者较大遗漏,需要作较大修改。如果实际达到或者超过了3.0%,那就是根本性的错误了,只能认真检讨(第二季度的实际数据后来报告为1.7%)。

人民币升值效果显著*

宋国青

北京大学中国经济研究中心

一、商业银行外汇资产问题

2006年中国货物贸易顺差(国际收支平衡表口径)估计为2 176亿美元,而海关口径是1 775亿美元。海关口径与国际收支平衡表口径存在差别是因为,平衡表口径的货物贸易顺差是按进口商品的离岸价格计算的,而海关口径的货物贸易顺差是按进口商品的到岸价格计算的。两者的差别大约等于进口额的5%。通过在海关口径的货物贸易顺差的基础上增加400亿美元,就可以估计出2006年平衡表口径的货物贸易顺差,即约为2 176亿美元。需要注意的是,由于国际收支平衡表经常有200亿美元左右的误差与遗漏,要做到准确的估计并不容易,这里的估计只是一种可能性。

平衡表口径的货物贸易顺差,再加上外商直接投资630亿美元,经常转移280亿美元(根据上半年数据和增长速度估计),三者之和估计为3 000多亿美元。这是外汇收入部分。但是中央银行的外汇储备只增加了2 473亿美元(这里还包括外汇储备的收益),剩余约600亿美元只能算作负的其他投资,即商业银行用这些外汇投资。如果这种现象完全是商业银行的私人企业行为,则没有问题;如果这是政府行为的话,那只是外汇储备换了个名称,应该将中央银行与商业银行并表来看。

并表之后全部金融机构(包括中央银行)的外汇占款一直在增加,2006年增加了2.78万亿人民币(约合3 490亿美元)。从中剔除人民银行的外汇占款,可以得到其他金融机构的外汇占款。图1显示,这部分在2003年用外汇储备注资商业银行时明显增加,后来又有所增长,在2006年迅猛上升。从金融机构的外汇信贷收支表中同样可以看到,商业银行的有价证券投资在2006年比上年增加573亿美元,外汇买卖余额比上年年底增加728亿美元。总体的外汇增加还是很多,只不过有一些放在其他金融机构,并没有放

---

* 摘自第8次季度报告会(2007年2月4日)。

进中央银行的外汇储备。

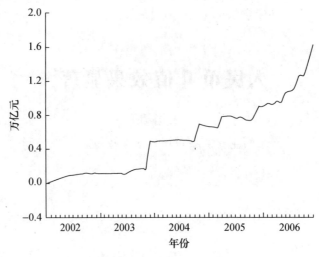

图1　金融机构外汇占款

　　商业银行的外汇资产问题是非常重要的事情,这些资产的收益率按美元利率算大约5%。如果人民币兑美元一年升值5%,那么外汇资产按人民币计算的收益为零。而成本方面,人民币存款利率2.52%是基本成本,再加上交易成本,总成本约3%,是净亏损。现在商业银行的外汇资产还不太多,大概2 000多亿美元。如果按照2006年的增长速度,规模将十分惊人。如果这部分外汇放在中央银行的外汇储备,由此产生的亏损可以由中央银行向财政部报账;对于商业银行来说,外汇资产的亏损问题则难以处理。当然还有一种可能是人民币不仅不升值反而贬值,那外汇资产对商业银行来说就是件好事情。

　　除了人民币升值,商业银行外汇资产的另一个问题是利率风险。对于商业银行的人民币资产(贷款、债券、央票等)和人民币负债(存款)而言,如果存款和贷款利率同时上调,商业银行的收益和损失基本持平,影响不大。但外汇资产的利率是由国外决定的,不随国内利率上调而上调。这部分在提高国内利率的时候只会给商业银行产生亏损,因此商业银行将不情愿人民币中性升息(即同幅度提高存贷款利率)。

　　外汇资产可以用来买入海外的股票,但是风险很大。现在全球资产价格都很高,买什么都有很大的风险。以石油为例,幸好石油不好储存,否则80美元左右的时候买入大量石油,现在油价跌到50多美元,亏损就发生了。国际金融市场是有效市场,投资者天天在找赚钱的机会,各种实际发生的投资的期望收益率减风险贴水后都一样,一些没有实际大量发生的投资(包括大商品存货)的期望收益率减风险贴水后更低。

二、真实汇率和生产效率决定贸易条件

　　如图2所示,季节调整(TRAMO/SEATS)后货物进出口价格指数在2002年以前猛跌,在2002年后猛涨。现在进口价格大概恢复到1997年的水平,出口价格比1997年低了约18%。在谈论出口额增长时,要看出口额增长在什么情况下发生。同样是出口额增

长20%,如果在出口价格上升10%的情况下发生,那么实际出口数量只增长了10%;如果在出口价格下跌10%的情况下发生,那么实际出口数量则增长了30%多。中国这几年出口额在稳定增长,但实际出口量的增长率发生了非常大的变化。仅仅关注出口额有时问题不大,有时却会引起很大误解。

贸易条件是出口与进口价格指数的比例。影响中国现在贸易条件的主要因素包括生产效率(相对于其他国家的变化)、真实汇率和资源产品的相对价格。通过计量分析可以估计这些因素对于贸易条件的影响。在下面提到的估计中,生产效率的相对变化假定是平滑的,用时间来代替;资源产品的价格按CRB现货价格指数度量(由于中国进口结构与CRB指数的结构有所不同,这个指标并不好,可能会低估资源产品价格变化的影响)。我估计的结果是:由于生产效率的相对上升,贸易条件每年下降1.2%;如果CRB指数上升1%,贸易条件恶化0.1%,弹性约0.1,说明大宗商品价格对于中国总的贸易条件的影响比较小;真实汇率上升1%时,贸易条件改善0.35%,后者对前者的弹性为0.35。

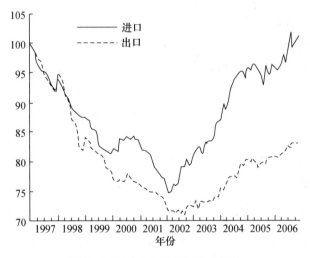

图2 季调后货物进出口价格指数

由此来看,如果真实汇率每年上升3%,就可以抵消生产效率提高导致的贸易条件恶化,即保持贸易条件不变。这样就使生产效率的提高变成了本币升值。如果汇率不变,那么生产效率提高效果的一部分就通过降价转移出去了。

同生产效率相关的一个问题是环境污染。经常有人说,中国经济高增长和企业利润率高是以严重的环境污染为代价的。我认为需要注意两点。首先,强制提高环境保护标准的后果不会仅仅由利润方承担,就业方同样需要承担。一个默认的处理方法是按照利润和工资的比例进行分摊,就是大部分由就业方承担。把一个有污染的工厂关闭了,老板赔钱、工人照样拿工资,这样的事情怎么会发生呢?其次,一定环境污染的经济价值究竟是多少,需要数量上的估计。在经济效率中,因为增加投资产生的一项效益没有算到GDP和企业利润以及个人收入中,就是政府卖地的收入。用政府卖地这块收入能否弥补环境污染的损失?我认为绰绰有余。

三、出口数量指数、顺差与汇率

在贸易基本平衡的时候,贸易条件即出口价格与进口价格的比例基本上可以说明贸易价格总水平的情况。比如出口价格和进口价格同时上升10%对顺差没有大的影响,其效果基本是中性的。如果贸易顺差或者逆差很大,贸易条件就不是一个全面的观测指标。比如进出口价格同时上升10%,在贸易顺差的情况下会赚钱,在逆差的情况下就亏损。

根据货物出口名义值和价格指数计算数量指数,将货物出口数量指数平滑后,计算比上月增长年率,结果表现在图3中。从图中可以看出,货物出口数量增长率从2002年到现在不是上升,而是一路下降。出口额增长率在此时段内并没有下降,差不多走平,主要原因是出口价格从原来的下跌转为上升。谈到外汇多的时候,是说买外汇的成本多,外汇本身从来都不会嫌多,同样的物品卖的价钱越多越好。要想减少贸易顺差,降低外汇成本,就要使出口数量降下来。目前出口实物量增长率相对下降而贸易额不变是很好的事情。当然出口实物量增长率还是挺高的,目前的年率大概为20%,如果能控制到10%左右会更好,不过总体来说情况在朝着好的方向发展。

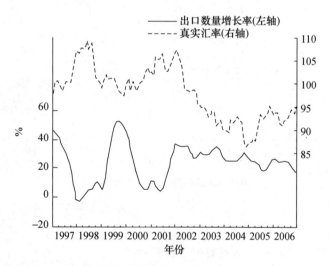

图3 平滑后出口数量指数比上月增长年率与真实汇率

再看真实货物贸易顺差。这里不是分别估计出口实物量和进口实物量,然后相减,而是简单用名义顺差除以出口价格指数得出真实顺差。从平滑后指数的月环比增长年率来看,实物量顺差增长率一直在下降,2006年下半年下降很快。

从数据分析中可以得到一些结论。第一,货物出口数量指数环比增长率大幅下降,但仍处于高位。第二,升值对于抑制实物量出口和顺差效果显著。近一步看,真实汇率年升值3%嫌弱,扭转不了真实顺差上升的趋势;升值5%大概可以扭转真实顺差上升的趋势,但仍然太慢,整个过程会持续很长时间,其间外汇储备将继续大幅度增长,达到四五万亿美元,所以最好升值速度再快些。第三,目前汇率是总纲。就目前情况来说,抑制贸易顺差是头等大事,汇率至关重要。在需要对汇率和利率进行选择时,我认为应该坚决确保升值,利率可以从长计议,甚至可以降低利率,用别的手段控制贷款。现在刚开始出现了扭转顺差的有利时机,应该好好把握,否则等到一年顺差达到 5 000 亿美元的时候再来考虑扭转顺差问题困难会更大。

企业对汇率升值的反应*

张 帆

北京大学国家发展研究院教授

我报告的是和余淼杰教授最近合作的一个研究项目的成果。根据国家统计局2000—2008年企业数据库资料,我们考察了汇率变动对中国外贸相关企业和行业的进出口、成本、利润以及产品结构的影响。

报告分为四个层次。首先介绍这一研究的背景、目的及使用数据的情况,其次概括统计数据中全部企业及外向型企业在2000—2008年这段时间的重要发展趋势,进而就企业对汇率升值的反应作多方面的分析,最后讨论了这项研究的结论及其含义。

研究得出最重要的一些结论是:第一,企业对2005—2008年的汇率升值有反应;第二,企业对出口—内销结构作出了调整;第三,产业结构的调整成为汇率政策的副产品。

一、研究概述

为什么要研究汇率变动对企业的影响呢?从前几年的宏观数据上看,当我们国家提高汇率的时候,出口反而增加。对这种现象的解释往往会涉及有关企业行为的基本假设。很多人怀疑,我们国家的企业是不是和外国企业一样,对价格信号是有反应的?中外企业对汇率升值反应的程度有无不同?对冲击的承受能力有没有差异?

我和余淼杰教授合作的这项研究就想从经验的角度回答这一问题。既然是经验研究,那就主要是靠数据说话了。具体来说,就是看2005—2008年人民币汇率发生明显升值阶段,汇率变动对中国外贸相关企业和行业的进出口、成本、利润以及产品结构等特征有没有影响,影响有多大。

研究这个问题,我们主要使用的是国家统计局收集的企业数据库资料,或者叫规模以上企业数据库。所谓规模以上企业,指的就是总产值大于500万元的企业。这个数据库中每年大概有十几万到三十几万家企业,不同年份对应的企业数量不同。不过,总体

---

* 摘自第23次季度报告会(2010年10月23日)。

来看规模以上企业的数量是越来越多了。

我们研究的一个重点是外贸相关企业和行业,所以我们在应用统计局的企业数据库时把"外向型企业"单独提出来作了一些统计。据我所知,在我们国家公开发表的统计资料里并没有关于外向型企业经营情况这方面的分类统计。所以,我们为了研究用,把"外向型企业"定义为出口占总销售额比重超过40%的企业。当然,我们也尝试过一些不同的比例,但实际研究中发现这个比例能比较好地体现外向型和非外向型企业的大致分类。

二、2000年以来企业发展大趋势

在进入对研究结果的正式分析之前,看看2000年以来全国企业的一些大趋势能帮助我们更好地理解这项研究。

就全部企业而言,2000—2007年,包括汇率较快升值的2005—2007年,企业平均总产值、职工人数、利润率、人均固定资产及资本金来源等方面都呈现了一些持续性的趋势。其中,企业平均总产值、利润额、销售或产值利润率及人均固定资产都在这一时期持续上升。仅在2008年,由于全球性的经济下滑,一些指标出现了暂时性的下降。另外,企业资本金中,外资资本金占总资本金的比重除个别年份外基本上呈上升趋势。

与这些指标的大趋势很不一样的是,平均每个企业出口占销售额的比率以及出口占总产值的比率从2005年开始一直下降(见图1)。这两个比率非常接近,因为销售额和总产值差别很小。我们将它们叫做出口率,这个指标反映了企业在出口和内销之间选择的一个结果。所以,2000—2007年,在其他指标均呈持续性上升趋势的情况下,出口率在2005年出现转折这一现象尤其引人注目。

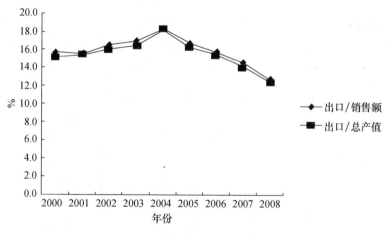

图1 全部企业出口占销售额和出口占总产值比率(2000—2008)

如果分行业看,出口率在2000—2008年这一时期都出现明显的趋势性变化。如图2所示,除纺织行业的拐点出现得更早以外,食品、材料、化工、金属、机械、电气电子等六类行业出口占销售额比重都在2004年达到峰值,从2005年开始逐年下降。

如果采取之前提到的定义,我们将出口占销售额高于40%的企业归为外向型企业,那

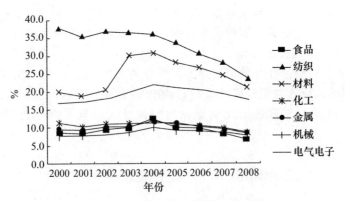

图2 全部企业分行业出口占销售额的比重(2000—2008)

么相比全部企业的平均情况,这类型企业总产值比较高、职工人数比较多、出口比重较高,同时企业利润率低于总体企业的平均水平、人均固定资产较少、外资资本金比重也较高。

比较外向型企业与全部企业同期的发展情况,可以发现它们的大趋势基本上一致,但有两点存在明显区别:一是外向型企业利润率从2006年开始持续下降;二是外向型企业的人均固定资产在2004年达到顶峰后持续下降。

除这样一些特征以外,新世纪以来外向型企业的份额及内部结构也发生了很大的变化。

外向型企业从数量上来讲有2/3分布在沿海的上海、江苏、广东、浙江这四个省市。一方面,无论是在沿海还是在内陆地区,外向型企业的数量一直在增加;另一方面,无论是在沿海还是内陆地区,外向型企业的比例都出现了向下转折。具体来说,在沿海地区,到2005年为止,外向型企业的比重呈上升的趋势,而从2006年开始这个比重开始大幅下降;在内陆地区,外向型企业的比重从2005年开始就大幅下降。

从行业结构来看,外向型企业和所有企业在这几年中也出现不一样的变化。我们将样本中的企业分为八个行业:食品、纺织服装、材料、化工石油、金属及非金属、机械、电气电子医药和其他。图3报告了所有企业按产值计的行业分布。从2000年到2008年,企

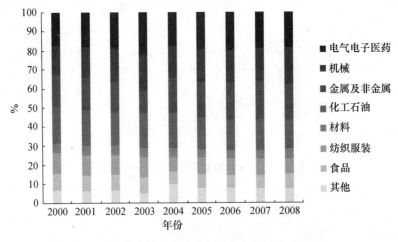

图3 按产值计所有企业行业分布(2000—2008)

业总体的行业分布略有波动,但没有任何明显的趋势性的行业结构变化。

然而,如果我们看外向型企业,可以看到各个行业所占比重随时间推移发生了重大变化,如图4所示。电气电子医药业从2000年略低于30%增加到2008年大于50%,纺织服装业则从2000年接近30%缩小到2008年的百分之十几。也就是说,9年之内,外向型企业中的电气电子医药企业产值份额几乎翻了一番,而纺织服装企业则几乎是缩小了一半。这说明外向型企业内部发生了很大的结构变化。

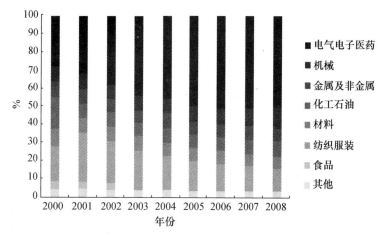

图4 按产值计外向型企业行业分布(2000—2008)

三、汇率升值对企业的影响

总的来说,汇率升值对不同企业影响是不一样的。一般来说,对从事一般贸易的企业、劳动力密集型企业的负面影响较大。直观上看,如果是一般的外向型企业,当汇率上升时(即本币升值),商品的外币价格一般会增加,从而商品在外国的竞争力下降,出口也自然会下降。我们到温州调研时看了一家鞋厂。这家鞋厂3 000工人一年生产的产值大概是10个亿,90%的皮鞋都出口国外,最主要的市场是俄罗斯。鞋厂老总跟我们讲,他们的压力非常大,主要的原因有两点:一是劳动力成本;二是汇率。

汇率升值对出口加工型企业特别是进料加工型企业影响较小。当汇率上升时,原料的成本下降,所以其产品在国外市场的需求量受本币升值的冲击相对于一般的外向型企业来讲就会小很多。我们还曾经访问过一家网球制造厂的老板。面对人民币升值,他面临的压力显然就没有那家鞋厂老板来得大。这个厂生产的网球就在北大网球场上用,而作为它们最主要原料的橡胶都是从国外进口的,所以人民币汇率升值对它们的影响几乎都是积极的。

总体而言,外向型企业产值占全部企业产值的份额在2003年达到最高以后,之后几年或多或少都呈现下降的趋势。如图5所示,2005年和2006年这两年是持平的,到2007年后这一份额又持续下降。

以上讲的这些情况全是对统计资料的描述。大家可以说2005—2008年汇率上升、

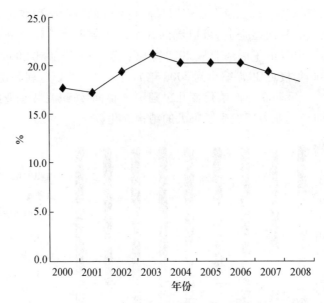

图 5　外向型企业占全部企业总产值的份额(2000—2008)

出口率下降完全是巧合,而不是经济分析,因为中间有各种各样的因素在影响出口率,而不仅仅是我们重点关注的汇率变动。其他一些可能因素有国外需求、国内产业结构的变化、重化工业的发展等等。

解决这个问题最好的办法就是使用计量经济的工具,也就是在一个计量模型里把所有其他的因素都控制起来。我们尝试了各种各样的模型,其中包括固定效应(fixed-effect)模型。在这个模型中,我们把每一年、每一个产业的特殊影响都控制起来,再看回归结果。

概括计量分析的主要结果,首先,我们发现对所有企业而言,汇率升值都会减少出口在销售额中的比例。其次,就全部企业和非外向型企业而言,汇率变动对利润率的影响不显著。再次,对外向型企业来说,汇率变动对利润率的影响非常显著,对出口比率的影响则在多数场合下显著。最后,从量级上看,实际有效汇率上升1%,出口/销售额比率下降约0.3%—0.5%。虽然说对具体的数值我们还没有十分的把握,但对结论中前三个关系是比较有把握的。

四、初步结论

我们这项研究最终会得到的结论是:企业对汇率升值有反应。这一点可以从正反两个方面来说。从反面来说,汇率升值对企业的确有一些负面的影响。但我个人还是倾向于从正面来说,即我认为这个研究恰恰说明中国企业对于价格信号是有反应的,因为实际汇率也是一种价格。

不仅如此,这种反应还很正常。在汇率升值的情况下,企业对出口内销结构作了调整,减少出口、增加内销。这和我们国家的长期发展方向以及"十二五规划"中强调的减少外需、增加内需的要求是一致的。更重要的是,这种结构调整是从企业内部产生的,它不同于发改委从外部施加的干预。各个企业对价格信号的反应结合在一起形成了宏观上的调整,从长远来说,应该更鼓励这样的结构调整。

最后再回到一开始讲的:为什么要搞这个研究?其实就是要弄清对企业的基本认识问题。我觉得如果我们讲的这些东西是正确的话,那么中国企业和全世界其他地方的企业其实都是类似的,它们会对价格信号作出反应,它们不是"木头人",对汇率升值该怎么反应就怎么反应。

如果用一句话总结这个研究,那就是"企业是理性的"。从政策层面来说,我们国家宏观政策的建立和调整也应该建立在"企业是理性的"这一基本观点的基础上。

外汇储备过万亿美元的深层根源和认识启示
——我国经济成长新阶段的机遇和挑战*

卢 锋

北京大学中国经济研究中心教授

人们预期我国外汇储备规模不久将超过 1 万亿美元。一个发展中国家外汇储备过万亿美元,无论从标准理论还是国际经验角度看都是反常态现象。特殊现象背后有特殊机制,特殊机制背后有特殊规律。如何超出对这一问题短期对策分析的视野,从认识我国经济成长具体特点和规律这一长程视角着眼探讨其深层根源和启示意义,是经济发展实践提出的重要问题。下面从我国参与国际分工阶段性特点、当代全球产品内分工时代条件、人民币汇率低估失衡三个层面分析这一现象,在此基础上讨论这一现象提示我国经济成长进入新阶段的认识启示和政策含义。

一、持续双顺差:万亿储备现象直接成因及其特征含义

我国外汇储备快速增长直至最近突破万亿美元水平,是晚近时期国际收支双顺差发展的结果。双顺差指国际收支中经常项目与不包括官方储备的资本项目同时出现外汇收入大于外汇支出的盈余状态。从国际收支账户定义关系看,如果不考虑"误差和遗漏",双顺差实现两个账户盈余之和等于外汇储备增量。

以 20 世纪 90 年代初为界把改革开放时期分为两个阶段,我国国际收支平衡态势发生结构性变动。前期国际收支结构较多表现为经常和资本账户逆顺差不同方向平衡方式组合,1982—1993 年 12 年间有 9 年为逆顺差组合。后期国际收支结构通常形态转变为双顺差,1994—2005 年 12 年间有 11 年为双顺差。持续双顺差推动外汇储备增长,尤其近年来外汇储备超常增长,直至最近突破万亿美元大关。

一个大国国际收支十多年保持双顺差,无论从标准经济理论还是国际比较经验方面

---

* 摘自第 7 次季度报告会(2006 年 10 月 29 日)。

看都是反常态现象。从理论上看,二战后流行的发展经济学标准模型通常假定发展中国家面临两重缺口约束:一是实现目标经济增长率所需投资与国内储蓄之间差距构成储蓄缺口;二是经济增长所需进口规模与出口能力之间差距形成贸易缺口。外资流入(包括外援)弥合两重缺口是经济发展的必要条件。由于发展中国家需要通过资本流入利用外部储蓄,以弥补国内储蓄不足并为贸易缺口提供融资,国际收支结构应具有经常账户逆差和资本账户顺差的"逆顺差组合"特点。我国持续双顺差是上述标准模型难以解释的现象。

经验证据也凸现我国持续双顺差现象特征含义。选择全球50个贸易量最大的国家和经济体,统计它们20世纪70年代以来发生双顺差和显著双顺差的频率。总共1 337个年度观察值样本中,不包括中国,两个账户都出现顺差观察值为141年次,占样本总数的10.7%;中国1982年有国际收支账户数据以来共记录14个年份双顺差,占观察年份比重的54%。中国以外国家两个账户顺差占GDP比重分别超过2%的显著双顺差一共发生了25年次,占总样本1.9%;中国发生显著双顺差共有五年(分别为1997年以及2002—2005年),为观察年份的20.8%,发生频率是全球范围同一指标值的10倍。另外从外部情况看,这类显著双顺差主要发生在中国台湾、新加坡、韩国、丹麦、挪威、伊拉克、委内瑞拉、尼日利亚等中小型经济体,中国大陆这样大型经济体出现显著双顺差极为罕见,最近四年连续保持显著双顺差更是绝无仅有。

二、加工贸易与直接投资互动作用:万亿储备现象的结构成因

为什么中国经济发展会出现特征含义鲜明的双顺差现象?从我国参与国际分工阶段性特点及相应国际收支账户结构形态看,这是加工贸易顺差和外商直接投资持续增长互动作用的结果。加工贸易顺差持续增长使得我国贸易账户以及经常账户平衡方式与上述标准模型预测方向分道扬镳,非加工贸易仍持续逆差因而与标准模型分析结论大体一致,外商直接投资很大程度决定资本账户顺差并与加工贸易存在深刻内在联系,这些构成我国双顺差以及万亿储备现象的结构根源。

加工贸易快速增长是我国经济开放成长模式体现在贸易结构上的重要特点。改革开放初期近二十年,我国加工贸易增长速度显著高于非加工贸易,到90年代后期两类贸易在全部贸易中大体各占半壁江山。加工贸易有一个经济属性,就是它的平衡方式具有创造外汇盈余的特点。截至2005年我国加工贸易累计顺差6 609亿美元,2006年可能超过8 200亿美元。与加工贸易不同,我国非加工贸易基本保持逆差,到2005年累计逆差超过3 000亿美元。可见如果没有加工贸易顺差,就不可能有经常账户累计顺差。

从资本账户角度看,外商直接投资到2005年累计总额为6 200多亿美元,2006年可能要增长到6 700亿美元,构成支持我国资本账户顺差的最重要因素。加工贸易累计盈余与FDI流入额之和到2005年约为12 775亿美元,比当年末外汇储备8 189亿美元多出4 586亿美元,弥补非加工贸易累计逆差3 114亿美元外,还对国际收支其他项目累计1 000多亿美元逆差提供融资。

尤其值得注意的是,我国外商直接投资与加工贸易之间存在密切联系。2003年数据显示,约八成加工贸易由外资企业承担或参与,其中外商独资企业是从事加工贸易外资企业的主角。这一观察说明我国现阶段在全球加工生产体系中比较优势是吸引外商来华投资的关键动因之一,外资企业对推动加工贸易增长和双顺差结构发展发挥了关键作用。

三、产品内分工与开放追赶:万亿储备现象的深层根源

进一步观察,上述对外贸易和外资利用结构特点,又与产品内分工作为微观基础的当代经济全球化特点存在深刻联系。探讨全球产品内分工发生内在机制与我国国际收支双顺差的内在联系,有助于从时代背景与我国经济开放模式特点的角度认识双顺差与外汇储备激增的深层根源。

从国际分工形态演变角度看,当代经济全球化最重要的特点,是产品内分工迅速兴起并在国际分工领域扮演越来越重要的角色。"产品内分工"(intra-product specialization)的基本涵义是产品生产过程包含的不同工序或区段分布到不同国家和经济体进行,使特定产品生产过程不同工序或区段通过空间分散化展开为跨区域或跨国性生产链条或体系,从而使越来越多国家的企业得以参与特定产品的生产或供应活动。

与国际经济学认为"行业内贸易"(intra-industry trade)与比较优势无关的标准理论假说不同,当代产品内分工最基本的源泉仍是不同国家资源禀赋结构决定的比较优势因素,企业内部和外部规模经济也构成产品内分工的利益来源。产品内分工发展动因来自当代技术进步和制度改进。特别是通信和交通运输领域技术革命,多边、双边、单边、区域贸易自由化取向制度改革,极大降低了跨境经济活动交易成本,对推动当代产品内分工在全球范围展开发挥了关键作用。

从当代产品内分工具体的发展过程看,1963年美国实行"生产分享"(production sharing scheme)政策,设立"806.30"和"807.30"两组新税号鼓励服装、电子等行业产品劳动密集型工序向海外转移,中美洲和东亚地区的某些国家和经济体承接了美国企业的外包工序,构成了推动当代产品内分工兴起的早期关键因素。较早采用海外工序外包策略的企业成功提升了自身竞争力,并通过市场竞争机制推动这一生产方式普及。MBA教育特别是战略管理相关课程对这类策略的介绍宣传,加快了新生产方式的推广进程。

二战后流行的进口替代内向发展战略建立在出口悲观论假设基础之上,产品内分工这一新的生产方式的兴起对这一中心假设的理论和经验基础提出质疑,为经济落后国家探索和选择外向型发展模式提供了新的有利的外部条件。东亚"四小龙"经验显示,早期通过承接和参与某些制造业最终组装等相对简单的工序切入全球生产分工体系,随后通过在产品内分工系统内部学习和提升能力,有可能向较高增加值工序和环节攀升,构成推动经济持续增长的关键因素。我国计划经济实践受挫后探索新的发展道路,借鉴其他国家利用产品内分工环境促进自身成长的经验,构成开放战略的有机内容。加工贸易与外商直接投资互动作用及其塑造我国国际收支双顺差结构特征的

作用,突出显示产品内分工这一当代经济全球化微观机制对我国开放成长模式选择打下的时代烙印。

依据我国政府有关部门定义,"加工贸易是指从境外保税进口全部或部分原辅材料、零部件、元器件、包装物料(进口料件),经境内企业加工或装配后,将制成品复出口的经营活动,包括来料加工和进料加工"。从贸易对应国际分工类型角度看,加工贸易特征属性在于它不是独立生产某个产品,而是承担特定或若干工序的加工生产活动,因而是我国境内企业参与全球产品内分工的产物。从国际收支角度看,加工贸易特征属性在于会定义性地创造相当于国内加工增加值的贸易盈余,因而贸易平衡方式与传统发展经济学理论假说迥然有别。

前面的观察数据表明,加工贸易盈余是我国经常账户顺差的最重要决定因素。外商直接投资大规模流入,重要动因之一在于利用我国资源比较优势,通过直接投资形成生产能力以获取利润,并在客观上推动我国经济成长为全球供应链的一个重要环节。由此可见,双顺差现象的直接原因是加工贸易与外商直接投资的互动作用,深入观察则是在以产品内分工为特征的当代经济全球化背景下,我国改革开放政策大幅度降低参与国际分工交易成本后,企业和劳动者通过学习和创新发挥出我国资源比较优势和大国规模优势的结果。

四、人民币实际汇率低估失衡:万亿储备现象的政策背景

在以产品内分工为基础的当代经济全球化背景下,经济快速追赶国家一定时期可能出现双顺差局面。由于双顺差和相应外汇储备增长是国际分工深化和比较优势原理发生作用的结果,因而在微观机制层面具有经济合理性和可持续性。同时,我国近年来外汇储备超常增长又与人民币实际汇率低估存在显著联系,从政策角度看又具有失衡性因素。把握当代经济全球化特点以及特定体制政策安排作用这两方面因素的影响,有助于全面理解我国外汇储备飙升现象的深层根源,对近年美国双赤字结构及所谓"全球失衡"现象也具有某种解释功能。

把人民币汇率争论拉回到经济分析基本常识层面求解,需要在分析思路上作两点调整。一是要建立实际汇率概念,把名义汇率作为实际汇率一个能动调节因素来理解;二是要从经济追赶长程背景着眼,抓住本币实际汇率与经济成长动态关系这一认识关键。实际汇率定义为经过名义汇率调整的国内外相对价格,是调节开放型经济长期对外关系的基本价格变量。一个经济实体基本竞争力很弱时,本币实际汇率需要定在较弱水平,才能在国际竞争中发挥资源比较优势并支持开放发展战略。如果经济竞争力持续增强,则需要实际汇率升值以协调内外部经济关系。实际汇率短期波动受复杂因素影响,然而依据国际经济学巴拉萨-萨缪尔森效应理论假说,本币实际汇率长期走势由可贸易部门相对劳动生产率决定,名义汇率由可贸易部门相对单位劳动成本决定。如果一国经济追赶伴随可贸易部门劳动生产率相对增长,本币实际汇率将内生出通过一般物价相对上涨和(或)名义汇率走强而实现的长期升值趋势。

90年代中后期以来我国可贸易部门劳动生产率相对快速增长,可贸易部门单位劳动

成本相对持续下降,经济成长基本面变动与90年代后期实行的盯住美元汇率制不相匹配,构成近年人民币汇率低估失衡的基本背景。相关数据显示,1995—2005年我国可贸易部门代表制造业劳动生产率提升3.4倍,不可贸易部门代表服务业劳动生产率增长80%,制造业相对服务业生产率提升2.4倍;这一指标比美国等发达国家相对增长60%—90%左右。依据巴拉萨-萨缪尔森效应假说,要求人民币实际汇率通过相对物价上升或(和)名义汇率升值而显著升值。同时,1995—2005年我国制造业名义工资增长2.1倍,实际增长1.6倍,年均增长率约为10%,实际工资增长不仅与计划经济时期年均0.4%的增长率不可同日而语,也大大高于1978—1995年间4.2%的年均增速。然而由于劳动生产率更快增长,制造业单位劳动成本下降30%,比美国相对下降22%,比13个OECD国家下降幅度更大,依据巴拉萨-萨缪尔森效应假说要求人民币名义汇率显著升值。

然而由于种种因素制约,人民币汇率在一段时期难以对经济基本面变动作出相应调节和反应。人民币名义汇率在东南亚经济危机后采取盯住美元政策,2005年7月汇率体制改革后才开始温和升值。由于美元近年总体上处于弱势,人民币对主要贸易伙伴的有效名义汇率甚至还出现轻微贬值。给定名义汇率走势,加上世纪之交国内宏观经济出现通货紧缩,一般物价增幅低于发达国家平均水平,因而实际汇率不仅没有升值反而有所贬值。人民币盯住汇率制与我国生产率追赶不匹配所引入的汇率平价与国际收支失衡性影响,在世纪之交被东南亚经济危机冲击引发的人民币贬值市场预期因素冲淡,然而由于东南亚经济危机没有改变我国经济成长基本面派生的升值压力,2002年前后危机影响烟消云散之后,人民币实际汇率低估失衡属性便凸现出来。

近年关于人民币汇率政策表达的意见分歧,显示中国经济开放成长与本币实际汇率关系这一现实问题对经济学现有知识提出挑战,需要结合中国经济发展实际经验加以分析考察。外汇储备过万亿美元这一几年前可能还难以想象的变化,应当是提示人民币汇率低估的最新经验证据。对我国经济强劲追赶背景下固定汇率制的不可持续性,还可以通过对近年我国外汇储备增长轨迹作简单外推加以讨论。2002年以来我国外汇储备的增长大体采取指数轨迹增长。如果坚持汇率不变立场并且外汇储备继续2002年以来指数增长轨迹,简单模拟五年后会达到近五万亿美元,也许可以作为坚守固定汇率政策假设下外汇储备增长的理论极限值。这一简单外推结果成为现实的可能性不大,然而它间接显示近年外汇储备激增的不可持续性,提示近年人民币实际汇率确实具有低估失衡性,也说明2005年7月政府放弃盯住汇率制改革是必要的。

汇率低估和外汇储备过量增长对我国经济发展具有负面影响。被动持有过量巨额外汇储备,会因为本外币资产未来预期收益差异以及人民币实际汇率最终升值带来很大的国民福利损失。更重要的是,汇率低估限制利用利率等市场性手段调节宏观经济运行,而过多依赖替代性行政调控手段,会对经济发展长期成长带来不利影响。因而如何通过汇率及配套政策调整应对目前内外经济关系失衡问题,逐步依次实现外汇储备同比零增长、绝对量零增长、绝对量减持等调节目标,是影响我国未来经济持续有效增长的重要政策议题。

五、经济成长进入名义追赶提速新阶段：
万亿储备现象的启示意义

上述分析表明，人民币实际汇率升值压力产生的深层根源在于我国可贸易部门劳动生产率相对增长，名义汇率升值压力产生的深层根源在于我国可贸易部门单位劳动成本相对下降。外汇储备过万亿美元现象再次提示上述关系的内在客观性。从长期供给面角度看，我国经济成长前景根本上取决于能否通过生产函数持续变动推动劳动生产率持续增长。如果回答是肯定的，则人民币实际汇率将会面临长期升值趋势，并推动我国经济成长进入名义追赶速度超过实际追赶速度的新阶段。

从改革开放以来我国经济追赶长程视角观察，名义追赶与实际追赶的相对速度在不同阶段具有各自特点。相关数据显示，1978—2005 年，我国人均本币 GDP 累计增长 7.8 倍，美国人均本币 GDP 累计增长 70%，中美实际增长差额或我国相对美国实际追赶累积指数为 532。1978—2005 年，美国人均 GDP 从 1.03 万美元增长到 4.2 万美元，中国用汇率折算人均美元 GDP 相对美国比重从 2.2% 上升到 4.1%，相对美国人均收入比重或名义追赶增幅不到 1 倍。以美元衡量的我国相对美国人均 GDP 比例变动作为分子，以我国本币衡量的人均实际收入相对美国增长幅度作为分母，二者相除得到"名义/实际追赶指数"。以 1978 年"名义/实际追赶指数"为 100，该指数在改革最初的十多年间持续下降，1994 年达到最低点为 29。过去十年前后该指标止跌回升，但是上升速度缓慢，2005 年为 34。改革开放 28 年（1978—2006 年）总计，我国经济名义追赶速度仅约为实际追赶速度的 1/3。

名义与实际追赶比较指数在概念上等同于用间接标示法衡量的本币实际汇率，因而该指标下降与本币实际汇率贬值是同一过程的不同表述。改革开放初期我国制造业为代表的可贸易部门相对生产率追赶乏力，加上需要消化计划体制时期人民币实际汇率高估扭曲，导致人民币实际汇率大幅贬值。90 年代中后期以来，我国可贸易部门劳动生产率出现快速追赶势头，可贸易部门单位劳动成本则持续下降，逐步推动人民币实际汇率和名义汇率长期变动趋势朝升值方向转变。然而这一时期推动人民币汇率升值的趋势力量还不够强大和稳定，加上特定时期外部冲击、宏观经济周期以及政策干预因素作用，人民币实际汇率时贬时升，名义与实际追赶指数十多年仅有大约五个百分点缓慢回升。

由于我国未来经济增长将继续伴随劳动生产率快速追赶，同时由于目前实际汇率某种低估，有理由相信人民币实际汇率将面临长期升值趋势，从而派生出未来一段时期我国经济名义追赶超过实际追赶的特点。假定未来 20 年美国人均 GDP 年均增长速度为 2%，略高于过去 28 年 1.85% 的平均增速；假定未来 20 年我国人均收入年增长率前十年为 7%，后十年为 6%；则 2005—2025 年间采用中美两国实际增长相对差距衡量的我国实际追赶指数为 237。假定人民币实际汇率采取年均增长 3.0%、3.5%、4.0% 三种方案，则实际汇率在未来 20 年内将分别升值 80%、100% 和 119%。由此预测我国人均美元 GDP（2005 年美元不变价）分别为 10 905 美元、12 014 美元和 13 230 美元，届时相当于美国人均 GDP 比重约为 17.5%、19.3% 和 21.2%。上述实际汇率升值预测值，就是我国未来 20

年名义追赶超过实际追赶速度的预测值。

20年后即便实现上述预测值,仍不到韩国和中国台湾地区目前约15 000多美元人均收入水平,与20年后美国等发达国家人均收入仍有很大差距。然而从我国经济发展历程看,这无疑将代表一次历史性的跃迁。如能实现这一长期发展目标,巨型经济体规模将使我国在全球经济中的相对地位进一步提升,大国国内区域发展的不平衡性意味着某些发达省区人均收入将接近目前发达国家水平。这些将为我国经济在21世纪后续更高阶段追赶奠定必要基础。

六、我国经济成长新阶段的机遇和挑战

纵观我国经济起飞的整体图景,既包含开放经济成长的一般规律,又体现出与当代经济全球化时代条件以及与我国国情背景相联系的具体特点。我国改革开放以来经济成长的特殊初始制度条件和体制转型背景,决定了人民币实际汇率具有"周小川-谢平"猜测十多年前提出的"先贬后升"的演变形态。外汇储备过万亿美元的现象,既提示人民币实际汇率正在进入"后升"阶段,也提示我国经济成长进入名义追赶速度超过实际追赶速度的新阶段。

我国未来经济成长前景,关键取决于我们能否继续推进并基本完成市场化取向改革,取决于经济全球化相对开放的外部环境能否得到维护和发展。在上述内外体制环境假定能大体满足的前提下,我国国内快速物质和人力资本积累,大规模技术转移、吸收和创新等基本增长因素,将为总体生产函数结构和参数持续变动提供必要条件,从而奠定我国经济未来一段较长时期持续快速增长的可能性。依据劳动生产率快速追赶与本币实际汇率升值趋势关系的一般原理以及国内外相关经验,持续实际追赶将通过人民币实际汇率升值使名义追赶以更快速度展开。因而从理论、现实、历史等不同角度考察,20年后我国人均收入超过1万美元的预测分析目标是有可能实现的。

尤其重要的是需要清醒地认识到,这更是一个时不我待因而需要力争实现的目标。我国人口结构演变趋势清晰显示,能否在未来一段时期保持快速追赶,将决定我国经济崛起最终能够达到的相对历史高度。联合国人口及预测数据显示,我国已经进入快速老龄化阶段,2005—2010年60岁及以上老龄人口比例每年增长0.32个百分点,这一指标在2010年以后将大体维持年均0.5个百分点的增长速度,到2030年达到24%,与美国当时24.7%的预测值相差无几;到2050年达到31%,超过美国26.4%的比例值。我国劳动人口总抚养比将从2005年的0.41下降到2010年的最低点0.38后止跌回升,到2025年达到0.462,平均劳动力负担老龄和儿童人口人数相对增长21.6%。如果我国未来20年不能快速缩短与发达国家的差距,"未富先老"的人口结构将意味着历史可能永远不会给我们第二次机会。

实现经济成长新阶段发展目标需要多方面政策调整。促进资源有效配置和持久经济活力的体制保障是经济追赶的根本条件,因而需要深化改革以健全和完善社会主义市场体制和运行机制。近年经济发展实践提出新改革议程。一是切实落实民营企业在行业准入方面的平等待遇,真正解决很多领域准入方面存在的"玻璃门"问题。二是科学界

定宏观调控范围和手段,政府发挥宏观管理和调节职能应与市场体制原理和机制运行要求兼容一致。三是深化和推进土地、矿产等基础资源产权制度改革,满足经济成长新阶段对体制创新的更高要求。

管理一个快速变动的经济和社会转型进程,面临如何协调各种复杂矛盾和利益的挑战,因而需要加强以控制外部性和增进社会和谐度为目标的干预政策。需要切实加强环境保护监管,应对经济发展带来的环境压力;通过支持基础教育和技能培训,通过必要的收入转移政策,降低居民收入差别并使更多人分享到发展成果;需要重新评估传统人口政策,适当放松人口出生管制以缓解未来人口老龄化和总抚养比快速增长带来的压力。

企业是经济大时代的主角,我国企业的表现是未来我国经济发展目标能否实现的最终决定因素。企业要成功应对经济成长新阶段实际汇率升值和要素价格提高带来的新挑战,需要系统提升自身素质和能力,其中深化产权改革和完善治理机制是前提,发挥学习效应以积累人力资本是关键,推进技术创新并提升产业结构是重点,强化竞争优势以增进盈利能力是根本。

如何看待和运用外汇储备*

夏 斌

国务院发展研究中心金融所所长

关于宏观经济形势,我个人判断,从2006年下半年到年底,不会有什么大问题,经济增长将维持在10%左右,物价也不会高,就业方面也不会有大的变化,最后的问题还是外部不平衡的问题。其实我认为,7月份宏观政策出台,在时机上已经晚了,如果在3月份宏观数据出来后,紧接着在4月份提高准备金率,后来月份的数据就会有所改变,也就不需要在7月份仓促出台一系列措施。

我一直强调,模型、理论的确需要掌握,但是对于中国的具体情况也要掌握。很多分析人士的问题,是对国家各部门的政策信息掌握得不够。比如,中央说下半年就抓三件事:土地、货币信贷、市场准入。没有进过国家机关的观察者可能对这些提法不敏感,但我听到这些后,把发改委的有关市场准入的文件一看,便肯定2006年下半年可以调控到位,没有什么问题。因为这轮调控不仅仅是调整货币信贷,发改委、环保局、国土部、商务部、税务局等部门的一系列政策都是在围绕调控进行的。尽管社会各界对单个政策很关注,但对于各项政策缺乏整体的认识。最近摩根士丹利首席经济学家史蒂芬·罗奇发表文章告诉市场人士,了解中国经济走向可能要更多地关注发改委的政策,而不是简单地相信人民银行的一些官员的宏观分析,这一评论有一定的意义。

中国经济当前面临的问题中,我认为,最难的是对外经济事务问题。"双顺差"导致外汇储备过多,涉及汇率如何调整、如何解决货币投放过大、投资难以控制等问题。因此,汇率问题是当前的主要问题。

我在2006年7月21日《第一财经时报》上将解决汇率问题的方案通俗地总结为五个字。第一,"改"。汇率问题绝对不仅仅是升值的问题,而是要改革汇率形成机制,把外汇市场做大、做深。所谓做大,就是让更多的人参与外汇市场交易,在市场上形成一个更大的池;所谓做深,就是把市场上的各种避险金融工具都发展起来。第二,"疏"。要算出

---

* 摘自第7次季度报告会(2006年10月29日)。

适度的储备,多出的部分要往外花,想办法让老百姓到境外花钱,用外汇。第三,"堵"。不该进来的外汇、违法违规的外汇要尽力堵住,要注意奖励出去、限制进来。在这方面,外汇管理局已经出台了很多措施,但还有很大工作空间。现在已经不像1979年那样只有8亿美元外汇储备,也不是1979—1989年间的年均38亿美元外汇储备,因此开放政策需要调整,一切有助于引进海外先进技术、先进管理经验的外汇要想尽办法引进来,但是一切与此无关的外汇应该坚决堵住,包括调整房地产政策、外贸政策、放慢香港以外的海外上市的节奏以及规范招商引资政策等等。现在全国各地不讲标准的拼命进行招商引资,这些都要调整。第四,"冲"。人民银行要积极对冲大量外汇储备所产生的人民币供应。这个工作还有操作空间,也是稳定当前汇率的重要环节。第五,"内",即扩大内需,扩大消费。总体来说,外汇储备问题要综合考虑,而不要将精力单方面地集中在人民币要不要升值、升值多少上。

在这个背景之下,今天谈五个字中的"疏"字的一些内容。

第一,超适度的外汇储备能不能用? 我个人认为可以用。首先是要区分超适度的外汇储备和适度的外汇储备。根据中国的对外负债、进出口规模的现状、投资回报利润以及统计项目的遗漏,我个人认为当今中国7 000亿美元外汇储备就足够了。当然,这是一个动态的概念,可以适当地调整和变动。7 000亿美元之外的就应该积极地去用,不用就是国民福利的损失,不用就是国家战略利益的损失,不用就会面临美元贬值的风险。而且这里说的"用",是在海外使用,并不会影响国内经济稳定和物价稳定,这对中国有什么不好?

第二,怎么用? 国际上没有统一的标准。我个人认为,超适度的外汇储备可以用于解决历史问题(比如注资国有商业银行),也可以用于解决国民经济短期运行问题,还可以用于实现国家的经济战略利益。因此,使用的方向是全面的。

现在达成共识的用途包括:购买石油和其他稀缺资源,参股收购国外重要的企业,购买有利于中国自主创新的各种技术、人才。购买黄金也是一个方向,目前国家黄金储备的比例太低太低。但这不是说现在就大量买进黄金,现在的金价不一定合适。鼓励企业走出去、鼓励居民对外投资理财、藏汇于民这些也都是有效的途径。根据麦金农的统计,中国民间持有的对外资产占中国整个对外资产的24%左右,而日本是55%左右。表面上看中国的外汇储备超过日本,但是老百姓持有的外汇并不多,因此藏汇于民的工作还可以做。此外,在合同允许的情况下,有些机构与企业欠外债的可尽快还外债,还可以鼓励海外企业在中国上市或者发行美元债券。

这些措施还不够。我认为可以对当前的外汇储备管理体制进行适度的改革。长期以来,国家比较穷,外汇储备比较少,由人民银行一家来管理是可以的。但最近有不同的意见,财政部也想管外汇储备。外汇储备的功能,一个是防范国家金融风险、满足外汇流动性需要,另一个是获得投资收益。外汇储备现在主要用于流动性需要、防范金融风险,用于投资的还很少。随着外汇储备的增长,可以考虑将超适度的外汇储备不仅用于一般的投资收益,而且有条件用于国家经济战略。我认为大的体制不要变,主要的外汇储备还由人民银行来管,但可以拿出一小部分外汇储备,由财政部或者成立专门机构来管理,重点放在投资收益和实现国家经济战略利益方面。这个由央行一家来做有难度,因为其本身宏观调控的责任也很重大,人员也有限,而且有些投资又不仅仅局限于金融投资。

值得强调的是,这项改革可以先小步改革,动作不要太大,比如拿出250亿—500亿美元到国外去用,对宏观调控、外汇储备没有任何影响。具体做法是:第一,财政部在市场上发行特种国债,筹集人民币向央行购汇,这可以直接减少国内货币供给,协助央行减少货币供给的压力、进行有效的宏观调控。第二,财政购买外汇以后,主要用于海外的和国内的战略性投资,包括对大银行投资、到境外买石油等,这样从长期来看可以明显增强国家的持续竞争力。第三,财政购汇以后,除了绝大部分用于战略性投资以外,少部分也可用于采购海外企业制造的而国内教育、医疗、环保、安全生产、农村基础设施等事业急需的物资和设备,比如说到国外去买X光机、B超机后,以注资的形式下拨给农村合作医疗机构,这对于加快推进和谐社会有很大的好处。第四,除了上述三种用法之外,将适当、少量的外汇用于社保基金补充是不会对财政形成压力的,以后再阶段性注入。如果社保基金有缺口,通过财政部门的外汇投资收益是可以填补的。通过小步走,积累人才和经验,以后逐步扩大规模,不会出什么问题,何况央行现在都已经这么做了。

在使用外汇的同时,我认为应该整合中央汇金公司,将其从央行独立出来,真正按照国家战略意义来选择投资项目,由这样一个机构专门负责海内外金融投资,甚至包括实体企业的投资。有的领导担心这样做与法律有冲突,我个人认为,没有违法。第一,《中国人民银行法》规定,中国人民银行持有、管理、经营国家外汇储备。现在的做法是财政从市场上筹集人民币,向中央银行买汇,这部分外汇已经不构成外汇储备,没有违背《中国人民银行法》。第二,全国人大常委会批准的《关于国债余额的管理办法规定》,特种国债不列入国家预算,何况发特种国债是投资海内外企业,是有外汇资产存在的,不是一次性消费掉的,不构成财政压力。

另外,当前财政形势不错,内需消费不够,应该尽可能扩大财政赤字,解决国内消费问题以及医疗、就业、三农等问题,这和外汇没有关系。

网上针对我的观点有人提出反对意见,认为这样做容易引起通货膨胀。我认为财政部筹钱买汇,把人民币回收了一部分,而且是用外汇到海外买东西,是不会引起国内通货膨胀的。反倒是美国和其他国家应该担心我们购买过多,会导致它们的通货膨胀。此外,有人担心资本大进大出的问题。我认为人民币资本项目开放是一个比较长、比较缓慢的过程,绝对不是报纸和媒体所说的,几年间就要彻底开放。所以这是一种多余的担心。

国际储备分析*

李 扬
中国社会科学院金融所所长

在进入正题之前,我想对大家关于当前经济形势的看法稍微作些评论。总体感觉,大家认为当前经济形势偏热,这与我参加过的另外一些会议的气氛不同,在那些地方讨论经济形势,总的看法似乎偏冷。这些会议大多是金融部门的会,他们感受到的是向下走的趋势,比如说,货币供应量的增长速度就在下降,尤其是 M1 和 M0 的增长速度在下降,M1 的增长率已经在 10% 之下了,M2 的增长率勉强达到 14%。作为金融研究者,我们始终确认这样的事实:货币供应增长率下降,经济的"热"是难以持久的。

今天大家都在讲利率,好像利率不升的话就没有道理。我觉得,有一些事实需要注意,比如中国的货币市场利率一直在节节下降,一天回购利率和拆借利率有的时候低于 1%,尽管长期利率还没怎么变化。这个现象是在做利率决策时不得不考虑的。货币市场规模很大,2003 年交易额是 16 万亿元,2004 年交易额是 14 万亿元,而中国全部的居民储蓄才是 12.5 万亿元。覆盖十几万亿交易量的金融活动的利率水平很低,总体的利率水平能否高上去,尚可存疑。另外,贷款增长率在下降,而存款的增长率却在上升,这些数字说明,当前我国经济中资金的供应大于对资金的需求。毕竟,利率是资金供求的产物,在这种基本面下,要说利率一定要上调,理由就不充分了。应当说,金融部门的感觉似乎和实体部门的感觉不太一样,也许是"水暖鸭先知",金融部门的情况对于未来发展和走势有先导作用。

另外一方面的结构变化也须引起注意。这就是,从 2002 年开始,对于货币信贷走势产生影响的已经不仅是货币政策,其中最突出的是,现在有越来越多的监管政策正在产生越来越强的货币政策影响,比如说 2004 年下半年以来,货币当局想对房地产市场进行约束,商业银行基本上置之不理,其直接原因是,银监分设之后,银行感受到的压力 95% 来自监管当局,而只有 5% 来自货币当局。监管当局有它自己的监管框架,比如说拨备比

---

* 摘自第 1 次季度报告会(2005 年 4 月 23 日)。

例,抵押贷款的风险被认为是50%,一般工商贷款的风险则是100%,在这样的监管框架下,特别是在监管当局要求银行根据风险程度来提取拨备的监管框架下,银行当然倾向于多发抵押贷款。监管框架的货币政策效应问题,是最近十年来在国际金融界引起非常多讨论的问题,而且是一个在今后越来越重要的问题。这方面的影响我们已经真切地感受到了。比如说,2005年年初我们确定的目标是新增贷款2.5万亿元。如果是过去,只要吸收到足够的存款并符合存款准备金管理的要求的话,银行便可发放贷款,从而完成贷款增长的任务。如今不行了,因为我们有了资本充足率的要求。如果严格按照8%的资本充足率来执行监管,中国银行业为实现增长2.5万亿元新增贷款的目标就需要首先新增2 000亿元的资本金,否则,从总体上说,银行新增贷款都是不合法的。在这里我想特别提请大家注意,我们的监管框架正在逐渐硬起来,资本充足率监管正在发挥作用。根据别国的经验,在实施资本充足率监管的过程中,其货币政策效应是紧缩的。

除了监管框架的完善,约束信贷扩张的第二个因素是金融改革。2003年年底中国银行和建设银行开始改革,最近工商银行也开始了改革进程。在改革的过程中,所有的银行一定要做成一个好孩子的样子,少做坏事。什么叫少做坏事呢? 就是在发放贷款的过程中十分谨慎。由于这些银行所占的市场份额巨大,它们的任何举措都会对整个市场上的货币供应和信贷扩张产生很大的影响。

至于利率,除了大家热烈讨论的加息之外,货币当局正在认真考虑的是另一个问题,这就是我们希望根据国际惯例扩大银行的存贷款利差。过去留给人们的印象是,中国的存贷款利差很大,并因而认为中国的银行效率较低。这是一种想当然的错误。研究显示,中国的利差,尤其是实际利差,和世界平均水平相比是比较低的。如果我们要符合国际惯例,那就要扩大利差,即提高贷款利率,或降低存款利率,或两者同时进行。如果是有这样考虑的话,利率水平调整的事情就会是另外一种样子了。

下面进入正题。我想同大家讨论一个关于储备的问题。为什么要讨论储备呢,首先这个事情非常触动人们的神经,现在的外汇储备已经达到6 600多亿美元。其次,储备多了,就有人民币供应过多的问题,于是,就有一个对冲这种货币供应增长过多过快的问题。我们目前的情况是对冲手段不足,于是中央银行退而求其次,就发行央行票据。问题就产生了,中央银行发行以自己为债务人的债券,它与市场利率将呈现怎样的关系呢? 究竟是操纵利率还是跟随市场利率? 此外,储备还和国际收支平衡有关,反转来又跟利率有关。总之,储备问题也算是一个能够集中反映很多问题的一个重要的经济因素,因此,对其展开讨论就有必要。

过去讨论国际储备问题,主要是沿着一个"储备最优水平"的思路展开,强调国际储备的务实作用,即实实在在地用"真金白银"去满足进口、支付债务和干预外汇市场的需要。这就有了大家耳熟能详的三个结论:在没有任何外汇收入的情况下,现存外汇储备足以支付一定时期的进口(通常认为是3个月);在没有任何外汇收入的情况下,足以让当局有能力支付短期债务;当汇率出现波动时,能有足够的外汇用来干预汇率,使之保持稳定。

然而,20世纪90年代以来发生的一系列的危机,在相当程度上改变了外汇储备的功能。这些危机中产生了一些新的现象,针对这些新的现象产生了一些新的理论解释。其主要启示是:第一,发展中国家在实体经济、金融体系方面普遍存在脆弱性,而这些因素极易诱发国际投机资本对一国货币的冲击。第二,在金融全球化逐步深化的背景下,由于国际投机资本规模异常庞大,发展中国家单纯依靠外汇储备来维持固定汇率制度,是徒劳无功的。第三,在金融全球化背景下,小的经济体的小货币存在的合理性已经逐步丧失。换言之,在金融全球化的背景下,美元区、欧元区的强大压力,迫使那些不在这两大货币区范围内的国家考虑自己货币的出路。这就可以解释为什么从20世纪末期开始,大规模的美元化会发生。同样也解释了亚洲地区需要加强金融合作的紧迫性,自然所谓"亚元"之类的问题,也就具有了现实的紧迫意义。

由于亚洲金融危机暴露了发展中国家在全球化之后的弱势,特别是发展中国家坚持固定汇率制方面的弱势,因此,全球形成了一个从固定汇率制转向浮动汇率制的潮流。问题正出在这里。根据经济学理论,在浮动汇率制下,各国货币当局对外汇市场的干预将大大减少,也不必保有大量国际储备,因为进出口的顺差或逆差可以通过调整汇率来消除,因为资本流动可以通过调整汇率、利率进而调整资本收益率而予以消除。然而,现实的结果与理论解释相矛盾。我们看到的情况是,发展中国家和转轨国家在大规模地放弃了固定汇率之后,它们的外汇储备反而增加了,而且增加得非常快。这一点也受到国际经济组织的重视。两三个星期前,世界银行在2005年经济展望中就提到:亚洲地区虽然经济发展尚可,但也存在很多问题,其中之一就是外汇储备积累的太多了。现在全世界3.5万亿美元的外汇储备中,接近2/3在亚洲。与此相反,美元集团、欧元集团却在大规模地减少其国内储备,美国的外汇储备只有400亿美元左右。欧元一开始启动的时候,国际储备是非常多的,但是欧元在站住脚并逐步取得了"关键货币"地位之后,欧元区也开始大规模减少外汇储备。

照传统理论,转向浮动汇率之后,国家应当减少对汇率的干预。实际发生的情况又与这种理论不一致。我们看到的事实是,随着浮动汇率制的广泛推行,发展中国家和经济转轨国家对汇率干预的比过去更厉害了。国际上有研究者分析了39个国家70年代以来的数据,并同美国、日本、德国三个浮动汇率制国家作了一些比较。研究表明,相对于美国、日本和德国,那些宣称实施浮动汇率制度国家的汇率方差相当小,而且这些国家大多数遭到了更频繁的贸易冲击,国际储备以及名义与实际利率的方差更高。上述现象说明,这些国家名义汇率的低方差并非是缺乏实际或者名义冲击造成的,它源于稳定汇率的政策行为。

对于这样违背理论预测的现象,解释之一是发展中国家存在"浮动恐惧",即害怕本币升值,因为升值不利于资本流入;它们也害怕贬值,因为贬值增加外债负担。解释之二是"原罪假设",即在国际金融市场不完备的情况下,面对外汇风险,发展中国家企业和金融机构要么无法去对冲,要么对冲的成本过于高昂。因此,本币一旦贬值,外债的本币价值将急剧上升,从而导致本国企业和金融机构的破产。

深一步的解释,就需要对储备功能进行重新认识了,这就是我今天要同大家讨论的有关国际储备理论的新发展。归纳起来,目前发展中国家持有大量外汇储备,主要是由于下述三个原因:

第一,国际储备可以提高货币政策信誉,稳定汇率预期。从这里就可以明显看到新旧储备理论中关于国际储备的功能的显著差别。按照旧理论,国际储备就是要用的,用在满足进口、支付债务和干预外汇市场这三种用途上。而根据新理论,国际储备主要不是为了用,而是为了保持信心,保持信誉,保持人们对本国货币的信心,保持政府对市场的最后干预能力。在这里,国际储备的功能是"引而不发"。在这新的格局下,各国名义上放弃了固定汇率制度,但实际上又通过高额外汇储备而维持着相对稳定的汇率水平,一旦汇率水平产生了不利的变动,它们事实上又真的具有维持汇率稳定的能力。这个政策组合将使得国际投机资本难以对汇率走势进行准确的预期,从而就大大减小了它们冲击一国汇率制度的兴趣。"不战而屈人之兵",这是最好的货币政策。此外,同固定汇率制下货币当局对汇率稳定的公开承诺相比,浮动汇率制下货币当局在拥有高额外汇储备后,对汇率稳定的非公开承诺更具有可信度。

第二,充足的国际储备可以弱化货币替代的风险。只要汇率是固定的,货币替代便难以避免。但是,在浮动汇率和高额国际储备组合的情况下,货币替代不一定有利可图,于是便不易发生。货币替代对发展中国家的经济具有不利的冲击影响,这主要体现在宏观经济领域:货币替代削弱了一国的货币主权和金融主权,从而使该国经济事实上成为货币强国的附庸。比较突出的是,货币替代将引起国内货币供求发生深刻变化,进而危及一国的货币稳定。

第三,国际储备可以增加国家财力。迄今为止,很多人在评论中国的金融体系时,都觉得坏得不得了,但一想中国还有6 600亿美金的储备,人们对这个体系的信心就大大地提高了。这就是国际储备作为国家财力的一种体现。这一点在过去一直没怎么被注意,而在新国际储备理论中则得到特别强调。2003年国际货币基金组织对20个国家(地区)国际储备管理的一项抽查显示:在管理机制方面,已有14个国家(地区)把国际储备交给私人机构去运作;在资产结构方面,已有6个国家(地区)将国际储备投资于公司债券,有3个国家(地区)甚至投资于股票。这表明,各国中央银行已经越来越关注国际储备的保值增值问题,国际储备作为一国国力之表现由此也可见一斑。

关于中国的国际储备,有几个问题需要明确。首先是中国国际储备的来源。从统计上可以看出,中国国际储备一是来源于经常项目顺差,二是来源于资本项目顺差,三是来源于一些不明的资金流入,四则来自国内居民(包括企业和居民户)的外币存款。关于最后一点需要作些说明。在中国的外汇储备统计中,掌握在居民手中的外汇存款是不在内的。到2004年年底,据官方统计,这笔外汇存款约2 000亿美元,其中,居民户和企业各占一半。另外,据美联储估计,还有约1 000亿美元的现钞在中国流通。这些外汇资金都是历史积累下来的,其来源也难以说得清楚。本来,这笔外汇资金掌握在民间,居民一般不会拿来换成人民币。然而,近几年情况发生了变化。主要是因为人民币升值的说法不绝于耳,搞得人心惶惶。我们可以非常清楚地看到,凡有人民币升值的传言,就会造成银行系统中居民外汇存款的净额减少。这些钱被卖给银行,银行再反手卖给中央银行,于是形成外汇储备的增加,而且,这笔外汇储备的增加并不反映在当年的国际收支平衡表中。

关于中国国际储备的第二个看法与国际储备的收益有关。近来,坊间有关于国际储备的很多说法,总的意思是说,中国的储备收益很低,因此,积累那么多储备纯属浪费。

当然,由于储备收益的数字是绝对机密,货币当局不可能出面予以澄清,一般人也不知实情。我也不知道具体数字。但是,我们可以通过中国国际收支平衡表中的投资收益流动数字来间接推测我国外汇储备的收益状况。应当说,我国外汇储备的收益是很好的,坊间的说法不可靠。

但是,并不是说外汇储备大幅增长没有任何问题。主要问题是什么呢？主要问题有三个：一是对货币政策的冲击太大。它通过外汇占款使我们货币供应量大规模增加,而我们现在又缺乏对冲手段。二是外汇储备的高速增长以及由它引致的很多问题,导致了中国同世界很多国家,主要是发达市场经济国家的经济摩擦增大。三是外汇储备的币种风险。除此之外,还有同其他宏观经济政策协调的问题,等等。

根据上述分析,我们认为,发展中国家和转型经济国家外汇储备大规模的增加可能是一个长期现象,只要亚洲地区不建立某种形式的货币联盟,只要全球货币制度不统一,除了美国和欧盟国家之外的其他国家和地区,其中亚洲国家和地区尤甚,就必须持有大量的外汇储备。换言之,要改变目前这样一种状态,根本的解决办法,一是形成新的国际货币制度,形成新的国际储备资产的产生方式；二是形成亚洲货币区,以与美元和欧元两大货币区相抗。这是我们今后一个相当长时期的任务,鉴于此,我们必须高度重视建立和发展同周边国家和地区的经济、文化和政治联系。

汇率、贸易顺差和宏观调控*

梁 红

高盛亚洲有限公司首席中国经济师

现在再讨论短期宏观经济走势好像没有什么意义。当前经济明显较热,宏观调控正在实施。下面讨论的是,究竟以什么样的政策手段可以让经济降温。

我第一次到北京大学中国经济研究中心参加的会议就是讨论人民币汇率。当时在座的几乎所有专家、学者都有一个基本的看法,即人民币汇率没有太大的低估,就算低估了问题也不太大。只有宋国青老师认为,如果人民币汇率问题不解决,将会给中国未来几年宏观政策的制定和执行造成很大的问题。结果不幸言中。

现在中国面临三年来的第二次调控。我希望这次调控能够找到问题的根本原因,从而对症下药。我也希望这是最后一次讨论人民币汇率和宏观调控问题,而不要12个月、18个月以后我们还讨论同一个问题。这仅仅是希望,从已有数据和当前政策态势来看,情况并不是特别乐观。

2006年4月份,我们高盛公司就提醒投资者,中国宏观经济开始趋热,通货膨胀正处于转折点,宏观政策需要紧缩。一个月以后,市场开始接受这种看法,4月27日央行第一次提高利率。央行提高利率后,我们专门写了报告,将2006年与2004年进行对比,看看哪些方面情况类似,哪些方面不一样。我们认为,2006年与2004年面临的根本问题是一样的,即所低估的汇率带来大量外汇流入、央行对冲出现困难,从而银行流动性变得较大、企业贷款大量增加、整个需求走热。解决总需求过热的政策选择很简单,要么压缩外需,要么压缩内需。如果想压缩外需,人民币汇率就要调整,而且要调整得快一点;如果想压缩内需,办法有很多,包括调整利率、调整储备金率、行政性控制等。我们还认为,2006年调控的手段和结果会好于2004年。作出这种判断主要基于以下两点原因:首先,现在中国的领导人和各个部委终于认识到了内需的重要性,终于认识到像中国这么大的国家不能总是靠20%、30%的出口增长来带动经济发展。其次,我们之所以认为2006年

---

* 摘自第5次季度报告会(2006年7月29日)。

调控的手段和结果会好于 2004 年,是因为我们相信 2006 年的这次调控将会更多地采用市场化手段。在 2004 年的宏观调控中,除了两次准备金率调整和一次已属多余的利率调整,整个调控政策中 90%—95% 是行政手段。2006 年这次宏观调控面临的已经不再是固定汇率,并且央行一开始就调整利率,第一仗就打得很漂亮。所以当时我们预期,2006 年这次宏观调控中市场化手段的成分要更高,会包括汇率调整。

不过从最近一些领导人讲话和政策趋势来看,2006 年这次宏观调控的确比 2004 年有所进步,但 70%—80% 还是行政手段。也就是说,市场化手段运用得还是很少。我不想再讲汇率低估怎样引发贸易顺差、需求膨胀和宏观调控。这个道理已经讲过很多次。现在我想强调的是:如果汇率基本不动或者每年变动 2%—3%,那么用行政手段控制投资后贸易顺差会发生什么样的变化呢?图 1 显示的是 GDP 增长和贸易顺差的历史数据,其中直方图以左边为坐标轴,表示贸易顺差占 GDP 的百分比;折线图以右边为坐标轴,表示 GDP 的增长率。注意,GDP 增长率是反向表示的,即折线位置越高,增长率越低。从图 1 可以看出,中国贸易顺差大量增长一般发生在宏观调控之后的第二年,1984—1985 年、1990—1991 年、1994—1995 年以及 2005 年都是这样。现在是第一次 GDP 增速与贸易顺差占 GDP 比重同时走高。按照图 1 中的规律,2007 年贸易顺差占 GDP 比重将很高,绝对数额更是惊人。

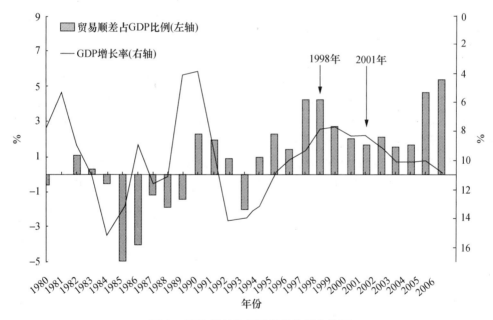

图 1　GDP 增长和贸易顺差的历史数据

现在市场上还担心美国经济 2007 年会走弱。美国经济走弱会对中国贸易顺差产生什么样的影响?1998 年中国经济正处于谷底,外需也不强,但是贸易顺差仍然很大。这是怎么形成的?贸易顺差大并不是因为出口增长速度特别快,而是因为进口减少了,1998 年进口负增长。因此,进口更多的是内需的反映。如果压缩内需、压缩投资,2007 年的顺差肯定会比 2006 年要高。即使美国经济下滑,中国出口可能会减速,但中国和亚洲很多经济体传统上对待外需减速的办法就是压缩进口,中国的贸易顺差未必会减少。

如果汇率低估、贸易顺差是中国宏观经济政策的症结所在,那么不管是用宏观调控的手段来压缩内需,还是美国2007年经济下滑,从预测角度看,应该都不会帮助中国解决贸易顺差问题。解决问题的根本办法在于增加内需,也就是增加进口。怎么增加进口?中国进口当中,一半左右来自于和出口加工相关的原材料,这一部分和出口一起涨落,对净出口影响不大;进口当中的另一部分也是份额最大的部分还是与投资需求连在一起;与消费需求相关的进口份额相对较少。在这样的进口结构下,今天压缩投资只会导致明天进口更少、顺差更大。这样的话,一方面宏观调控政策很难执行,另一方面会激化贸易保护主义。如果明年美国经济真的走弱,它的贸易保护主义声音会比现在大得多。增加进口的一个简单方法就是让进口产品更便宜,也就是人民币升值。国内有人主张通过减少出口退税来解决贸易顺差。我一直非常反对这个做法。人民币升值可以减少出口,增加进口,从而既有输家又有赢家。相比之下,减少出口退税只能减少出口,不能增加进口,等于是升值再加提高进口关税。如果实行这种政策还不如搞通货膨胀。

第二季度GDP实际增长率达到11.3%,大家都认为经济增长速度有点偏快。图2显示的是内需对名义GDP增长的贡献。我们拿不到可靠的进出口价格数据,所以算不出进出口对实际GDP增长的影响,只能算进出口对名义GDP的影响。在GDP中把贸易顺差这部分扣除,剩下的就是内需的贡献,而贸易顺差在任何一个发展中国家相对来讲都是最可靠的数字,因此名义GDP减掉贸易顺差是对内需的很好的度量。从图2可以明显看出,2004年调控之后,内需的贡献相对下降,然后随着央行2005年第二季度货币政策的放松,内需的贡献回升。从2006年第一、二季度以来,虽然整体GDP增长速度在加快,但是内需的贡献降低。如果贸易顺差对GDP名义增长的贡献是零,那么名义GDP的增长还可以保持在11%、12%,经济可能正好不冷不热。也就是说,如果没有顺差这么大幅度的增长,投资不见得就是过热,消费肯定没有人说是过热。更让人担忧的是,贸易顺差还在加速增长。以往我们每年作预测的时候,大家都想今年的贸易顺差已经很大、增速已经很快,明年应该打一个折扣、不应该这么大。结果是每一年贸易顺差都在增长。

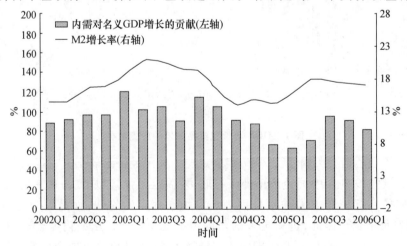

图2　内需对名义GDP增长的贡献

2005年贸易顺差达到创纪录的1 200多亿美元,而2006年第一季度贸易顺差增速还是36%,第二季度是63%。如果还要保持这样的贸易顺差增速而不调整汇率,那么投资当然会过热,消费也会过热。现在政策还在鼓励消费,而消费已经不能说很弱,再刺激和鼓励消费就可能导致全面通货膨胀。

汇率到底是低估还是高估?这个问题可以换个角度考虑:如果所有央行、外管局的官员都表示不想再增加外汇储备了,那么汇率会达到什么水平?图3是中国和日本外汇储备占GDP的对比,其中日本以1974年作为零年,中国则以1994年作为零年,选取的时段为两国外汇储备快速积累的时期,而中国的GDP是经济普查后调整过的数据。一般认为,日本当年外汇储备很多,汇率低估很多。可以看到,中国外汇储备占GDP的比值直线上升,连一点走平的趋势都没有。没有一个大型经济体有过这样的现象,只有新加坡等小型经济体拥有过占GDP百分之几百的外汇储备。造成这种现象的原因很简单,就是外汇储备的增速远远高于名义GDP的增速。反观日本,日本当时外汇储备的增速也很快,达到20%—30%,但名义GDP增速约为30%(GDP实际增速平均是10%左右,而受石油危机影响,GDP平减指数是20%),外汇储备占名义GDP的比值还是很稳定的。

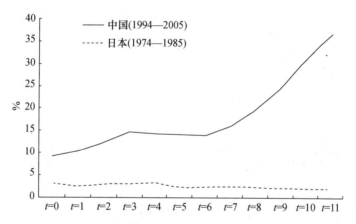

图3 中国和日本外汇储备占GDP的对比

注:选取的时段为两国外汇储备快速积累的时期。

对于图3,不管有多少经济学家不同意,我认为汇率低估是比较客观的说法,而且不是简单的低估,是很大幅度的低估。现在的问题是怎么让这条线变得平缓。正如我刚才所讲,只靠减少出口退税根本解决不了问题,因为它不能增加进口。2004年大家认为内需过热、投资过热的时候,上半年都是贸易逆差,而且贸易逆差的数额还相当的大。为什么这次经济这么热,顺差还越来越大?我认为有两个原因:第一,汇率低估的程度比想象的要大;第二,过去两三年汇率没有调整,新增的产能有很多进入到进口替代部门。大家都在讨论产能过剩,我不太接受这个看法,但如果在结构上真的存在产能过剩,那么产能过剩的那部分一定是在按照8:1这个汇率算还能盈利的进口替代部门,而用于中国老百姓自己的产能投资多不到哪里去。如果汇率信号是错的,新增产能、新的产业结构会越来越糟。在下次真的想通过汇率调整来解决问题的时候,面临的问题会更大。

目前汇率调整10%可能还是无法解决问题。如果汇率不调整,又会产生什么问题呢？中国会不会重复日本的错误？所谓日本的错误就是首先确定汇率政策,利率政策则成为一个剩余变量。图4的左图是2004年4月30日中国和美国的收益率曲线,那时中国的收益率曲线比美国高;右图是2006年6月30日的数据,这时中国的收益率曲线不仅远远低于美国的收益率曲线,而且比2004年时还要低。资本是逐利的,一定会向收益比较高的地方流动。虽然央行提高了贷款利率,但是老百姓的存款利率、政府的无风险债券的利率这么低,企业和个人一定会去找其他出路。今天控制房地产,他们就会投资股市;明天控制股市,他们就会投资别的项目。只提高贷款利率而不提高存款利率,引发的问题比解决的问题可能更大。

我希望图4中右图的中美收益率曲线的相对位置对调,因为在中国投资风险比在美国要高,收益率也高。要完成这种转换,估计可能需要两三年时间。在这个过程中,经济可能会不断地趋热,通货膨胀率会上升,资产价格也会上涨。面对这样的情况,如果汇率政策还不调整,或者只调2个或3个百分点,那就不能解决问题,最后还要诉诸行政手段。但行政手段也不能从根本上解决问题,风险也很大。

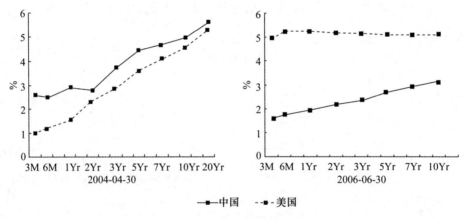

图4 中国和美国的收益率曲线

注:3M、6M表示3个月、6个月;1Yr、2Yr……20Yr表示1年期、2年期……20年期。

顺 差 之 谜[*]

宋国青

北京大学中国经济研究中心教授

一、顺差与汇率

在 2004 年第一季度到 2007 年第一季度的三年里,货物贸易顺差迅速增长。这个情况与 1998—2003 年间顺差额绝对下降的情况形成了鲜明的对比(见图 1)。

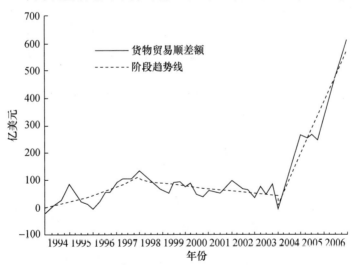

图 1　季调①后货物贸易顺差额及其阶段趋势

与历史情况相比,贸易顺差占 GDP 的比例②(以下称为顺差率)在 1998 年以来的变化

---

[*] 摘自第 9 次报告会(2007 年 4 月 28 日)。

① 为了统一起见,本文的全部季节调整都是用 TRAMO/SEATS 方法作的。除了固定资产投资数据以外,对其他数据用 TRAMO/SEATS 方法和用 X12 方法作季节调整的结果大同小异,对本文的结果没有影响。根据两个或更多序列计算的序列的季节调整,都是先对单个序列作季节调整然后再进行有关计算。

② 在季度数据中,顺差指海关统计的货物贸易顺差按季度平均汇率折算的人民币名义额,GDP 是生产法 GDP 的名义额。在年度数据中,顺差指支出法 GDP 中的货物和服务净出口,GDP 是支出法 GDP。由于分子分母口径都不相同,季度和年度的顺差率有小的差别。

并不特别厉害。2004年前后的顺差率变化,与1985年前后和1993年前后很相似。但是从汇率的角度看,1994年以来的顺差率变化令人诧异。图2A显示,顺差率与人民币真实有效汇率指数①表现出很强的正相关性;图2B分开三个时段来看这种相关性更高。

本币真实兑换价值的上升意味着国内价格相对于国际价格上升,应当导致出口下降和进口增加即顺差减小的结果。这样顺差率和真实汇率(升值为正)应当呈现出负的相关关系。对于这个逻辑来说,图2显示的关系即使不是一个完全的否定,也是一个需要探究和说明的现象。如果没有任何先验的假设而只根据图2的数据,甚至可以说本币升值导致了顺差率上升,而本币贬值可以促进中国的贸易平衡。

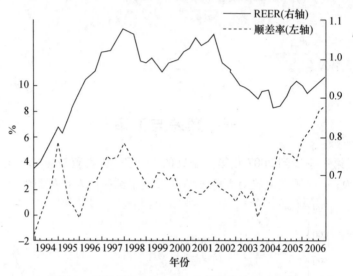

图2A 季调后顺差占GDP比例和真实汇率指数

注:REER向上为升值。

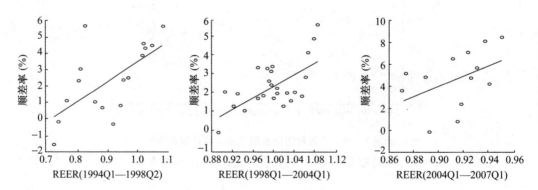

图2B 三个时段的季调后顺差率和真实汇率指数

---

① 文中提到的人民币真实汇率指数是作者的一个近似估计,按照人民币对美元、日元、欧元和韩币的汇率与相应国家(与欧元相对应的国家是德国)的季节调整后CPI指数以及与中国的年度货物贸易总额作为权重计算。这个估计有一定误差,但与包含更多货币计算的真实汇率指数相比误差不大,对文中的结论没有影响。

对于第一个时段来说,影响顺差率的其他因素的变化很大。这些因素包括进口关税率、出口退税率及其执行率、进口数量控制以及其他类似因素。部分由于本来的趋势,部分由于加入WTO的需要,很多贸易障碍在2000年以前逐步得到消除。考虑到这方面的情况,1994年到1999年间的情况难以反映顺差率和汇率之间的真实关系。

就2004年到目前的顺差率和汇率之间的关系来说,一个简单的辩解是,如果真实汇率不变,现在的顺差率将比实际更高。剔除季节因素后的顺差率在2004年第一季度为-0.2%,2007年第一季度达到了8.6%,三年累计上升了8.8个百分点,平均每年上升2.9个百分点。这本身就是一个难以想象的上升速度。

季调后的顺差率在2000年第一季度到2004年第一季度之间下降了2.8个百分点,平均每年下降0.7个百分点。按照上面的逻辑,这段时间里如果汇率不变,顺差率的下降速度会大于每年0.7个百分点。就算汇率的变化对顺差率没有影响,两个时段顺差率的相反变化也足以让人迷惑。

伴随WTO而来的中国对外的更进一步开放和外部世界对中国的更进一步开放,是一个看似可能的解释。考虑到加入WTO到2004年的时间差和2004年变化的突然性,这个解释已经非常牵强了,何况还有一些看起来也很有力但仍然难以确定的解释。这些解释中的一个是,消费率的下降导致了顺差率的上升(下文还要涉及这一点)。

现在的情况是,在过去12个季度,真实汇率平均每年上升0.3%左右,顺差率平均每年上升2.9%。如果这是一种稳定的趋势,未来的发展就是很难想象的。假如说顺差率对真实汇率的弹性为0.2,即人民币升值1个百分点使顺差率下降0.2个百分点,那么需要每年升值14.5%(注意是每年而不是一次性)才可以使顺差率不再上升。中国的顺差率持平肯定是不能长期持续的,因为其他国家平均的GDP增长率比中国低很多,最大可能长期接受的中国贸易顺差的增长率比中国经济增长率低很多。

反过来,如果要用每年5%的升值速度来冲销每年2.9%以上的顺差率上升速度,需要的顺差率对汇率的弹性为0.58以上。可以简单地说,没有这个可能性。

二、顺差率与投资增长率

从另一个角度来看,2004年前后的顺差率变化只是早已存在的投资-顺差关系的一次重演。图3中的两条曲线,一条表示货物和服务净出口占支出法GDP的比例,另一条表示支出法GDP中的固定资本形成总额比上年增长率,两者都剔除了简单的线性趋势。

1978年以来,顺差率与固定资产投资的名义增长率之间有很强的负相关关系。投资增长率在短期内快速上升,立即引起顺差率的下降,随后发生的宏观调控抑制了投资增长,顺差率很快就上升了。2004年前后的情况,与1985年前后和1993年前后的情况是非常一致的。不过,顺差的波动较投资的波动有一定的滞后,滞后的时间肯定远远小于1年。这样,年度数据不能很好反映投资增长率和顺差率之间的动态关系。即使有这个情况,图3显示的关系也是很强的。

能够更好反映投资增长率和顺差率之间动态关系的是月度和季度数据,不过季度GDP的数据开始于1994年,序列比较短。上面使用年度数据的唯一理由是要显示,顺差率和投资增长率之间的关系由来已久,稳定性很好,甚至1978年以来的制度变化对它也没有明显的影响。图4是根据有关季度数据做成的。

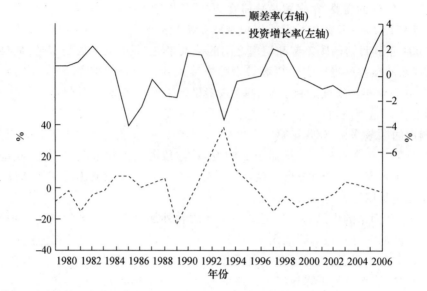

图3　剔除趋势后货物和服务净出口占GDP的比例与固定资本形成总额比上年增长率

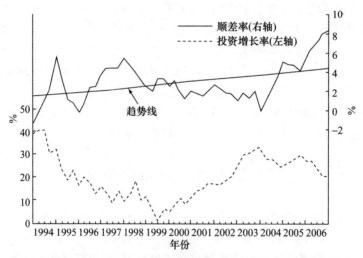

图4　季调后顺差率和TS调整后固定资产投资①比上年同季增长率

不过投资数据也存在很多问题,包括固定资产投资数据和固定资本形成总额数据之间的不一致以及其他问题,不能很准确地反映投资的实际变化。考虑到这一点,可以参

---

① 季度固定资产投资是季报和月报口径的固定资产投资额,其内容有所变化。在统计口径变化时对衔接年度的数据作了平滑处理。TS调整,是指先对原始绝对值序列按TRAMO/SEATS方法作季节调整,然后计算调整后序列的同比增长率。对固定资产投资来说,调整后的同比增长率与原始数据的同比增长率有较大差别。由于12月投资额过大的问题及其变化,原始数据的同比增长率包含了相当大的歪曲。TRAMO/SEATS季节调整方法对这个情况的处理结果比较理想,但也留存了一定程度的歪曲。这一点可能是整个估计中导致共线性问题无法消除的关键。

考图 5 所示的顺差率和广义货币 M2 同比增长率之间的关系。在短期内,名义投资增长率和 M2 增长率之间的关系是显而易见的,而 M2 数据的准确性要好得多。

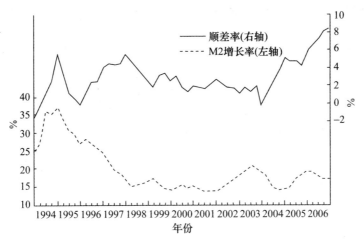

图 5 季调后顺差率和 M2 比上年同季增长率

图 5 数据中的一个明显的异常是 1994 年年底到 1995 年的 M2 同比增长率很高,那段时间投资的同比增长率是下降的。这里的主要原因是,1993 年年中开始的宏观调控迅速控制了投资,在年底又大幅度提高了国有部门的工资,发生了投资增长率和工资增长率反向变化的结果。一般情况下包括在其他的宏观调控中,工资是跟着投资走的,而投资增长率是紧随货币增长率变化的。剔除这段时间的异常变化后,顺差率和 M2 增长率之间也呈现出很明显的负相关关系,而且从进一步的分析中可以看到 M2 增长率变化在先顺差变化在后。

要说明投资增长率和顺差率之间的关系,最简单的模型是引入价格和工资的黏性特别是国际价格的黏性。在国内投资需求增加的时候,有关价格和工资在短期内不变,因此投资品的国内供给和进口数量增加,贸易顺差下降。这样的变化只是短期的,一段时间以后投资品的价格和工资会发生变化,最后消费价格会随着变化。不过中国的通常情况是,在货币供给和投资的冲击充分传导到消费价格之前,抑制总需求的宏观调控就开始了。这样,无论在时间还是在程度上,消费价格都不能很好反映总需求尤其是投资品需求的短期波动。如果总需求的波动能够及时充分地反映到消费价格上,那么真实有效汇率就能够完全度量国内外需求的相对强弱。

三、投资增长率和汇率

名义投资增长率短期波动对贸易的影响与真实汇率对贸易的影响并不矛盾。这样可以考虑,在计量模型中将名义投资增长率和真实汇率两个变量同时作为解释变量,考察顺差率对两者的反应。不过用多个变量共同解释一个变量的变化时,要求解释变量本身是相互独立的。如果解释变量中的一个可以被其他变量在一定程度上解释(共线性),那么计量分析的结果就可能是严重失实的。

现在正好发生了这样的情况。图 6 显示,1994 年以来,固定资产投资的名义增长率和真实汇率之间有非常强的反向变化关系。这两个变量表现出如此之强的密切关系,可以说是 1994 年以来中国宏观经济的一大景观。并且,主要宏观经济变量的表现都被这一景观所影响。从这个角度来说,如果这个现象包含了某种意义上的歪曲,那么歪曲感染了众多的关系。

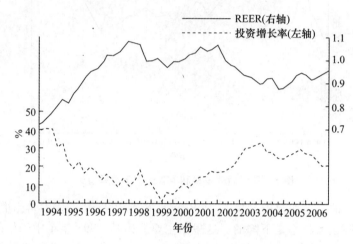

图 6　人民币真实汇率指数和固定资产投资同比增长率

给定图 6 的关系,如果顺差率的一个变化可以用投资增长率的上升或者下降来解释,它就可以用真实汇率的相反的变化来解释,反过来也成立。也就是说,图 4 的关系和图 2 的关系,一个是另一个的影子。在无法区别谁是本体谁是影子的情况下,可以用本体变化来解释的现象,都可以用影子的变化来解释。

对顺差率来说是这样,对其他重要的宏观变量来说也是这样。图 7 将三个最重要的宏观变量与真实汇率分别放在一起,可以看出真实汇率对三者在表面上都有很好的解释。比如说,通货膨胀率的变化通常被归因于总需求增长率的变化。因为投资需求的变化领先于总需求的变化并能在相当大程度上解释后者,也可以用投资需求的增长率来解释通货膨胀率。就目前为止涉及的变量来说,这个逻辑只是一个先验而无法验证的假设。凡是能被投资增长率解释的现象,都可以几乎等价地被真实汇率解释。

回头看图 2 的关系,可以假定,真实汇率对顺差率的直接影响与图 2 中所显示的关系是相反的,即升值使顺差率下降而贬值使顺差率上升。但是,这个影响与投资增长率的影响方向正好相反,而后者更强,最后显示出来的影响与本来的影响正好方向相反。也就是说,由于图 4 和图 6 中的关系,图 2 中的关系可能与真正的关系正好相反,是一种改变了影响方向的歪曲。不过,这只是一个假设。到目前为止,提到的现象既不能肯定也不能否定这个假设。

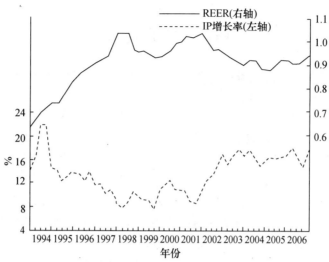

图7A 人民币真实汇率指数和月报口径工业增加值(IP)比上年同季增长率

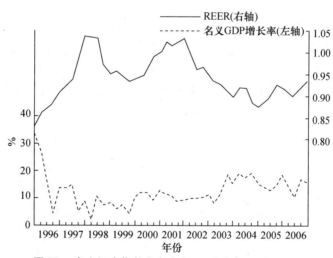

图7B 真实汇率指数和名义GDP比上年同季增长率

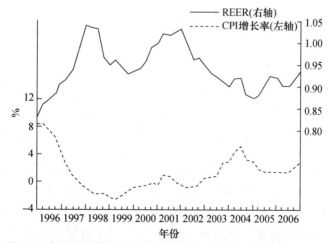

图7C 真实汇率指数和消费价格指数(CPI)比上年同季增长率

四、投资的决定

对于真实汇率和名义投资增长率之间是否存在因果关系的考虑来说,图6是个很大的诱惑。

给定名义汇率和贸易伙伴的通货膨胀率,如果投资增长率比较高,滞后一段时间的国内通货膨胀率将会比较高,使得真实汇率上升。这样的关系会导致一个真实汇率滞后的正相关关系,而图6的诱惑是一个负向的决定关系。所以,如果有负向决定关系的话,汇率只能是因而投资是果。

可以肯定,在1997年以前和2002年(最迟2003年年中)以后的两个时间段,名义投资的边际有效约束是包括信贷额度在内的贷款数量控制和其他行政控制。就如目前的情况一样,利率、汇率这些变量在边际上都是无效约束。在这样的情况下,真实汇率和投资增长率之间表面上的负相关关系,只是巧合。事实上,从2003年年中到现在,投资的环比增长率和真实汇率基本上是独立的。

中间一段是1997年到2002年或者其间的大部分时间,这里可能发生了真实汇率对名义投资有实质影响的情况。不过,真实利率对这段时间投资增长率波动的影响可能更大(见图8)。按债务-通货紧缩理论的逻辑,企业资本金是一个重要的变量,真实利率对企业资本金的影响是通过对利润的累积影响实现的。这样的影响作用很难在不很长的过程中得到识别。

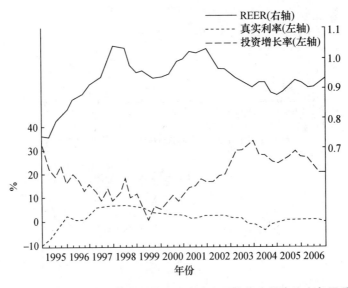

图8 真实汇率指数、1年期存款实现的真实利率和固定资产投资比上年同季增长率

整体经济从1997年开始走入通货紧缩,1997年的信贷额度远没有用尽,已经不构成约束。这时候对贷款和货币供给起作用的是真实利率和真实汇率,后两者同时上升并达到高位。在2002—2003年走出通货紧缩的过程中,真实利率和真实汇率又是同时下降。在这段时间,真实利率和真实汇率的相关性很高,形成了对投资和其他变量解释的共线性问题。在这样的情况下,准确估计两者各自对有关变量特别是走入和走出通货紧缩的影响是不可能的。

不过真实利率对投资和整个经济的影响有更长的历史。1989—1990年间,利率过高引起了消费需求的严重疲软和多年来最严重的相对经济衰退。另外,还可以对1998年前后的存货和消费作更具体的分析。从这些情况来看,1997—2002年间投资增长率波动的主要原因是真实利率,真实汇率的作用很小。这样来看,图7显示的真实汇率对主要宏观经济变量的影响基本上是假象。

最重要的是,即使真实汇率对投资有较大影响,也是在真实利率人为严重偏高这个条件下发生的。在1978年以来的大部分时间,信贷额度和类似的数量控制手段都是货币供给和名义投资的最主要约束,只有1989—1990年间的很短一段时间和1997—2002年间发生了内生的投资疲软的情况。正是在这两个时段,真实利率严重偏高,而真实利率严重偏高没有任何必然性。

贸易条件与利率汇率*

宋国青

北京大学国家发展研究院教授

主要由于进口矿产品价格上涨,2010年一季度贸易条件急剧恶化。以下将说明低利率对石油矿产品价格的重要影响,以及低利率对国内房地产需求的歪曲,并以中国粮食的历史经验类比目前的房地产,说明低利率可能导致多方面的资源配置歪曲后果。

一、贸易条件迅速恶化

一季度顺差同比下降76.8%,主要是贸易条件恶化所致。其中,1—2月份合计顺差下降超过一半,几乎完全是贸易条件恶化的结果;3月份出现逆差可能主要是暂时性因素导致,但是贸易条件变化仍起了重要作用。

太大的贸易顺差是个大的问题。如果简单地看,现在贸易顺差下降就是好事情了。但有必要区分贸易顺差下降的原因:一种是价格不变,进口数量相对于出口数量增加;另一种是净出口数量相对不变,进口货物相对更贵了。后者所导致的贸易顺差下降完全是负面效果。

以季调后的出口价格指数除以进口价格指数,得到贸易条件如图1所示。可以看到,出口价格指数比较稳定,所以进口价格指数的大波动就引起了贸易条件的反方向变化。2002年以来贸易条件在大部分时间内持续恶化。在金融危机期间,石油、金属材料和矿石以及海运等价格大幅下跌,使得中国贸易条件大幅改善。但好景不长,全球经济逐渐复苏特别是中国经济恢复导致中国贸易条件再次迅速下降,现在基本上重现了2008年的最坏水平。

一季度各月简单平均,出口价格指数同比下降3.2%,进口价格指数同比上升15.5%,贸易条件同比下降16.2%。如果与进出口价格同比不变的情况相比,一季度出

---

* 摘自第21次报告会(2010年4月25日)。

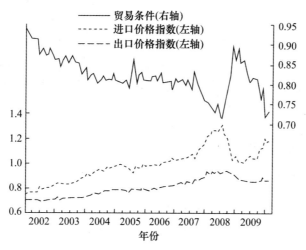

图1 中国进出口价格指数与贸易条件(2002Q1—2010Q1)

口少得104亿美元,进口多花404亿美元,合计508亿美元,或3 468亿元,按年率算为1.39万亿元。

一季度GDP是8万多亿元人民币,按不变价格比2009年同季增长11.9%。GDP这个概念里面大概有14%的固定资产折旧。扣掉固定资产折旧,剩下86%就是国民生产净值(这里不考虑国内生产净值和国民生产净值的差别)。假定固定资产折旧增长率和GDP增长率都为11.9%,那么净值的增长率就是11.9%。这样算下来,贸易条件恶化的损失占净值的4.9%,占总值的4.3%。这意味着一季度国民真实可支配收入的增长率是7%,而不是11.9%。另外4.9个百分点贡献给了石油输出国,以及巴西、澳大利亚等矿产国。这个损失是价格变化引起的。

有意思的是,2008—2009年中国经济增长率呈现出一个"V"字,大家都在欢呼。可是贸易条件却呈现出一个倒"V"字,贸易条件的变化和中国经济的变化几乎完全相反。作为一个大国,中国贸易条件变化的很大一部分是由中国本身的进出口数量变化所引起,而并非外生。其他经济的影响也有,但在2009年一季度到2010年一季度之间,中国经济恢复对其他经济恢复起了比过去更大的作用。这样看,中国贸易条件的变化在更大程度上是由中国经济变化引起的。

更进一步,如果贸易条件的恶化主要由中国本身引起,那中国反过来操作会出现什么结果?把GDP增长率控制在7%而不是12%,那么中国的进口就不会这么强,进口价格就会相对很低。从这里面挣的钱能不能赔得过经济增长率下跌的损失,这是要考虑的一个福利问题。从过去几年的短期波动看,贸易条件变化引起的福利变化大于经济增长率变化带来的直接福利变化(不算就业增加等成本),中国经济越好,社会福利反而越坏。

不过这是个短期情况,长期的情况会有不同。其中的区别在于,如果中国需求持续比较强,那么有关供给会增加,产生抑制贸易条件恶化的效果。在短期,供给变化不大,中国需求的波动导致了贸易条件的反方向变化,形成了经济越好福利越差的结果。所以,这个现象不能成为考虑长期增长的依据。不过给定长期的经济增长率,短期的波动比较小可以导致更好的福利。如果能做到中国需求和其他经济的需求反向波动,效果会更好。

从短期来看,经济越好,贸易条件越差,社会福利也差,但是各经济主体的感受似乎并不是这样。所以需要考虑贸易条件变化的最终"归宿",从收入可算的角度看问题。从表面上看,对企业和财政来说,一季度的名义收入增长率减掉最高的价格指数,真实收入的增长率也上升了,居民名义收入增长率和消费价格指数相比也不错。这个账是怎么一回事情?

这里面的一个重要问题是,房价算不算居民生活成本中的一种价格?如果不算,那居民现在日子过得很好;算的话,就差得很大了。按照统计定义,CPI 不包括房价。这个定义与居民购买住房被称为投资是一致的。按此,居民消费价格指数没有大幅度上升,但房价上升导致投资价格指数大幅度上升。

建筑成本构成房价的一部分,这部分本身可能并不很大。但是,城市基础设施投资价格上升也通过地价转移到了房价上。最终,进口货物价格上升大部分变成了投资价格的上升,很大一部分变成了房价的上升。另外,由于价格控制,石油价格的变化并不充分甚至很大一部分没有传递到交通和其他价格上。这个差别,引起了财政补贴的变化,而财政通过卖地收入也打平了。所以,贸易条件恶化的部分结果是,房价相对于 CPI 上升,即居民消费投资价格总指数相对上升。这样,从房子的角度看,可以说居民承担了贸易条件恶化的相当大一部分。单看消费价格指数看不出这里的问题。

二、利率对资源产品价格至关重要

利率对石油等资源产品价格至关重要。按照可耗竭资源定价的 Hotelling 法则,低利率直接导致资源高价格。如果利率很高,石油输出国会加快挖石油以卖了存钱;如果利率很低,石油输出国则会在地下储存较多的石油。

其实沙特阿拉伯在 2008 年 4 月份石油价格接近顶峰时就表示,要把更多的石油留给子孙后代。这不过是一个说法,跟利益的代际分配没有多大关系,因为可以将石油也可以将美元留给后代。背后的逻辑是,将石油变成负利率美元不合算。连中国都想把美元换成石油增加储备,它把石油存在地下连运输储存成本都省了。如果中国拿外汇换石油或者油田有利,那石油输出国又为什么拿储藏换外汇?石油输出国手里的美元(相对于收入)不比中国少,所以均衡的结果是,存石油的收益率和外汇的收益率一样,而中国买进石油增加储备要多花运输储藏成本。

这里的重要问题是,为什么现在利率这么低?如图 2 所示,美国一年期固定国债名义利率与五年期通胀指数化国债利率[①]在金融危机后都达到非常低的水平,只有百分之零点几。在金融危机期间,名义利率虽然很低,但通货紧缩会使得真实利率很高,因为短期名义利率接近零的时候就没办法再下调。现在走出通货紧缩了,名义利率低就会导致真实利率低的结果。

---

① 这个利率反映减掉通货膨胀预期以后的真实利率。

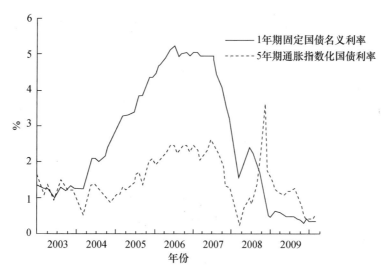

图 2　美国真实利率水平（2003Q1—2010Q1）

考虑了预期汇率的差异后，全球利率看一个大国的利率就可以了。里根时代美国搞政府赤字，那时利率非常高。现在美国向很多国家政府借了那么多钱，而真实利率达到了空前低的水平。很多人听到美国赤字大，就觉得一定有问题。其实这必须结合利率来看。如果是10%的利率，这么大的赤字要不了几年就会出大问题。但如果是0.5%的利率，那还真没什么事，这个利息很容易就挣出来了。

所以，这里面的关键问题还是：是谁在买美国债券，把它的价格买了上去，利率买了下来？在危机之前，这只能从顺差及资本输出的角度来考虑。现在危机过去以后，情况发生了一点变化。危机期间美国家庭资产大幅缩水，缩得美国家庭疼了，所以现在美国家庭也开始储蓄了。美国储蓄率上升，对中国这样一个资本输出国是一个非常不利的消息，因为这意味着利率下跌。现在美国政府赤字在扩大，家庭储蓄增加得更多，所以逆差也在缩小。

金属价格走高与低利率也有紧密联系。图3报告了CRB金属价格真实指数。目前CRB金属价格真实指数已经接近近年波动的最高点。从1947年到2003年，金属价格几乎是一路跌，而从中国人开始买房子它就开始涨。近年金属价格逆长期趋势而上，有中国迟到的城镇化在一段时间内引起的冲击，同时低利率也起了重要作用。低利率在短期内通过影响存货而直接影响金属材料价格，但更重要的是，低利率推高全球房价，尤其是中国，这导致住房投资和有关投资增加，从而推高金属材料价格。现在美国房价和投资相比之前是跌了，但如果碰到的是高利率，美国房价会跌得更惨。美国次贷问题一方面是零首付引起的。这个情况可能消失，但低利率的影响还将存在。

中国目前的重工业化主要还是由于迟到的工业化和城镇化，其次是由于利率歪曲导致对房子的"扭曲"需求。扭曲之所以要打引号，是因为这个需求就社会而言是扭曲的，但就个人而言可能一点也不扭曲。对这种需求结构，供给不配合会造成更大的问题。相对而言，在短期内采取一些抑制房地产需求的方法比直接打压房地产企业贷款的办法还要好一点，毕竟后者是控制供给的。但这里面仍有很多问题，很可能导致其他的扭曲，在

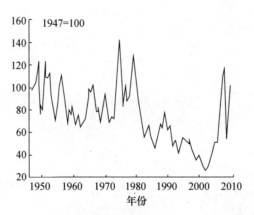

图3 以美国CPI平减的CRB金属价格真实指数(1947年1月—2010年3月)

短期可适当考虑,但总以理顺为好。长期下去,未来利率调整难度更大。所谓"结构调整""转变经济增长方式",还要从调整需求入手。

三、粮食的历史经验

粮食提供了一个历史经验。图4报告了1978年以来中国粮食产量及我估计的产量趋势。最近连续六年粮食增产,很大程度上与之前大幅度减产有关。要看绝对量,现在比1996年也没有增产多少。图形上的这一个大坑主要是由存粮变化所致。

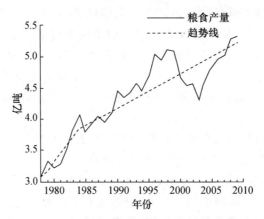

图4 粮食产量及估计的趋势(1978—2009)

八九十年代初的低利率加上高通胀使得真实利率为负,这导致农民存粮。存粮需求一起来,粮食就开始涨价。而农民一抢粮食,政府也着急,于是增加进口、增加收购。进口能增加供给,但增加库存使市场供给减小。政府和农民存粮增加使得粮食价格过高,进一步导致粮食产量偏大、边际生产成本上升。同时进口增加引起国际粮价的上升。如图5所示,当中国粮食净进口增加时,国际粮价就高了。

90年代中期的低利率在当时导致国内增产以及进口增加,其后继效果是很糟糕的。光从进口角度看,1995年、1996年美元利率非常高,那时借了高利率的美元去买了高价

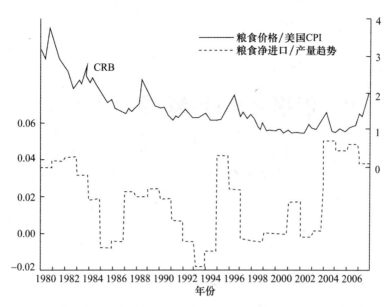

图5 粮食净进口与产量趋势的比例及国际真实粮价(1980—2007)

粮,从国外用船运回一大堆粮食存起来,结果虫吃耗子偷,若干年后连年处理陈化粮,一不小心陈化粮还流入市场害人害牲畜。这是低利率导致资源配置歪曲的一个例子。

存货导致的涨跌,简单地说,就是怎么涨起来就会怎么跌下去。现在的房子怎么看怎么像当年的粮食。从长远来看,房价很可能也是怎么涨起来的就怎么跌下去。这个过程中,大幅度的投资把投资品价格拉得很高,而投资跌的时候,中国也就少进或者净出口一些投资品了,就像在1995年进口粮食而在1999年出口粮食一样。

所以说,低利率造成的后果是多方面的。对于一些大的歪曲,可以来一个堵一个,但毕竟它与经济的方方面面都有联系,单堵一方面又会引起其他的下一步的歪曲。

中美汇率之争:根源、发展与应对*

黄益平

北京大学国家发展研究院教授

黄益平教授通过解读2010年6月19日人民币重启汇率改革以来的一系列重要事件,阐述了中美汇率之争的原因及其发展,并针对当前中美经济和汇率问题的特点,分析了下一步双方可能的选择和应对措施。

一、2010年6月以来人民币汇率的调整及其主要信息

人民币汇率在2010年6月中国人民银行宣布重启汇率改革以来经历了一系列波动和调整(见图1)。这些调整中有两方面值得关注的重要信息。

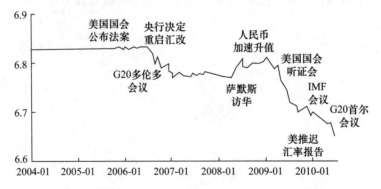

图1 人民币对美元双边汇率(2010年4月1日—10月15日)

一方面,人民币汇率弹性开始增加。2009年年底之后,全球金融风险开始稳定,各国关注点变为经济如何发展,但事实上各国经济状态不佳,尤其是失业率较高。因此经济学家2009年年底普遍预期,2010年是贸易保护主义年,即贸易保护主义政策会非常普遍

---

* 摘自第23次季度报告会(2010年10月23日)。

和明显。尽管 G20 会议决议明确表示支持自由贸易,大多数签约国随后仍采取措施进行了贸易保护。在此背景下,即使中美货币战只可能是一个偶然事件,但人民币汇率必然会成为各方关注的焦点。同时,人民币汇率随经济增长一直保持相对稳定,可能带来经济结构恶化、通胀压力和流动性等一系列长期问题。人民币汇率在美国压力下一直保持不变虽有其道理,但也有其成本,妥协有时是必要的。因此,从 2009 年年底起我们就认为汇率应该增加弹性。6 月以来人民币汇率开始变得更加有弹性,总体而言是一件好事。

另一方面,汇率弹性增加的时间选择值得商榷。图 1 上有两个重要时点:一是 2010 年 6 月 19 日,中国人民银行宣布重启汇率改革;二是 9 月 10 日,人民币开始显著升值。这两个时点均有其特殊性:6 月 19 日的两天前,美国国会公布关于人民币问题的法案,而一周后 G20 首脑会议将于多伦多召开;9 月 10 日的两天前,美国国家经济委员会主席萨默斯到北京访问,而 9 月 15 日,美国国会将就人民币问题作出听证。这四个事件中,美国国会的法案、听证和 G20 首脑会议无疑非常关注人民币汇率,萨默斯到北京访问,我们认为同样和人民币汇率密切相关。萨默斯带来的主要信息可能是,为什么 6 月 19 日以来人民币汇率仍然保持稳定,而如果汇率继续缺乏弹性的话,美国政府将在美国国会的压力下非常被动。这些事件说明实际上中国对国际政治经济环境是有反应的,但这样的反应方式可能传递出错误信号。因此尽管汇率弹性增加是一个正面变化,但变化发生的时机值得进一步商榷。

人民币汇率的问题一直在发展,有很多具体事件,2010 年年初奥巴马提出:"人民币汇率我们可能要关注。"胡锦涛主席在 4 月份访美时,关于人民币汇率的问题提出了两点:我们坚定不移地推进人民币汇率改革,我们不会受到外力的压力改革。多数人最后的解读是"我们会改的,但是你不要吵"。但美国政客和中国经济学者解读的问题可能不一样。这就是为什么这个问题需要再考察。

二、中美汇率冲突风险上升的几种解释

为什么最近这个问题变得这么突出?尽管大多数人认为,货币战大概不会发生,但风险比较大,为什么风险比较大,有很多解释。

第一,中国和美国是当前世界两大经济体,一般而言,最大的两个经济体难以很好相处。历史上,美国在 20 世纪 80 年代打压过当时的第二大经济体日本,如果中国一直是世界第二大经济体,矛盾也许会持续。特别是,美国经济处于世界第一多年,中国近年发展很快,而中国的体制与美国完全不同,这更增加了冲突的可能,如果美国当年对日本不舒服,今天对中国显然更不舒服。

第二,全球经济再平衡被提上议事日程。金融风险稳定以后,主要问题是经济如何发展。具体而言,G20 峰会的重要议程是,世界经济如何重新开始强劲的、平衡的和可持续的经济增长。要实现这样的目标,一个重要问题就是如何解决全球经济失衡。而解决再平衡的问题的突出矛盾就在世界最大的逆差国(美国)和世界最大的顺差国(中国)。尽管解决中美矛盾不一定能完全解决全球问题,因为日本、石油输出国的顺差也非常大,亚洲国家中印度尼西亚、韩国也都是非常庞大的顺差国,而英国等国也有非常大的逆差。

但是用简单化的眼光来看,如果中美的失衡不解决,解决全球的失衡可能比较困难,从而人民币汇率问题很难躲开。

第三,中国的升值恐惧症一直没有消除。一方面,中国有可能在用保守的汇率政策保证经济增长,而对其他国家造成压力。简单观察是三十年经济增长,汇率没有很大的变化,或没有出现显著升值。中国的政策取向是要想尽一切办法保增长、保就业,其中可能包含了汇率选择。如果是外国人的理解,中国人要通过汇率政策保增长、保就业,反过来可能中国通过汇率政策影响了外国的增长、外国的就业。论断的正确性,需要很多实证分析,但在观念上,确实给人留下这样的印象。另一方面,中国经济已经成为一个经济学意义上标准的大国经济,其出台的各种经济政策都会引起国际市场的高度关注,从而保守的汇率政策更容易成为国际社会关注的焦点。

第四,近期各国政府对货币干预加强。美联储近期实行量化宽松的货币政策后,引发全球各国政府干预汇市防止本币升值的现象,主要理由都是"人民币不升值",使得很多国家都应该解决的汇率灵活性的问题,归结到了人民币问题上。

第五,发达国家的失业率与政治周期。随着美国中期选举临近,失业率较高越来越需要一些借口来解释,尽管严格的经济分析并不支持这些借口的绝大部分理由,但美国国会议员和部分学者专家作为意见领袖有推波助澜的作用,使得汇率问题更加受关注。

三、汇率问题的经济事实和观点

首先,过去三十年中国经济非常成功,占世界经济的比重直线上升,成为了大国经济(见图2)。大国经济意味着,中国的汇率问题就不是一个小国经济自己的问题。这就是为什么大多数经济学家和政府官员认为马来西亚的货币也是被严重低估,而且低估程度不亚于中国的货币,但是没有人讨论马来西亚货币的问题,却有人讨论人民币的问题,这是跟中国今天的经济地位变化紧密相关的。更重要的是,我们看再过十年、二十年中国就有可能超过美国成为世界上最大的经济体。这个问题如果发生或者即将发生,美国对中国的心态会有一些特殊。

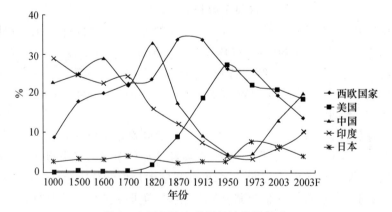

图2 主要经济占世界经济总量比重

为什么中国的顺差和美国的逆差有关系？有观点认为就是大量的中国资本流向了美国。美国人借很多钱后，市场上利率非常低，所以房地产泡沫就大幅度形成。日本在20世纪80年代是这样，21世纪初在美国看到的是同样的结果。按这个解释，中国当初的顺差和逆差是有关系的（见图3）。

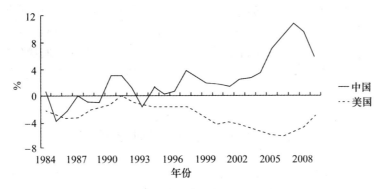

图3　中美经常账户余额占GDP比重

因此，要解决全球经济失衡，人民币汇率问题是绕不开的问题。顺差问题有多种解释，其中最重要的因素，是汇率低估会鼓励出口、遏制进口，最终结果是顺差会被放大。到底放大了多少是可以争论的，但汇率本身变成了一个很重要的因素。

其次，1994年开始实施所谓"有管理的浮动汇率体系"，按官方解释，从1994年以来一直在延续这样的体系，但在两次金融危机期间有所中断。从这个意义上说，6月19日的政策申明其实是延续了1994年开始的政策。这个政策下，特别是1998年年初以后，12年来人民币实际和名义有效汇率的水平变化并不大，而在此期间中国经济实现了高速增长，从长期来看这是不匹配的，容易引起关注（见图4）。

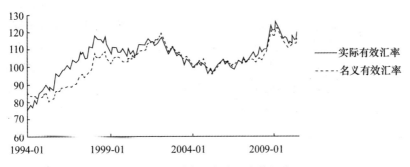

图4　人民币名义和实际有效汇率

最后，中国对汇率问题的看法有时自相矛盾。美方的简单看法是，人民币汇率压低了，美国经济没法发展，这隐含着，人民币如果升值，可以让美国增加就业机会，从而让美国的经济增长速度加快。从经济学的角度来看，人民币升值了也可能中国会失去就业机会，但就业机会不一定会去了美国，而是去到中国的竞争对手，如越南或巴基斯坦。因此，大部分学者并不认为最后的机会都会去到美国。

美国失去制造业的机会过去五六十年一直在发生，不是刚开始。人民币汇率也许有作用，但只是一个比较小的因素。但是，中国舆论有时强调汇率问题对于解决经济失衡没有帮助,有时强调汇率升值会使国内就业机会丧失,经济受到冲击,这是相互矛盾的,只能坚持其一。

此外,需要强调的是,汇率问题不是单纯的经济问题,双方都受到很多"非理性民意"的驱动,这使事情的发展更加复杂。我们知道美国的民意推动汇率问题影响很大,但美国的民意推动可以列出很多不同的阶层,每个人的看法也不一样。在中国也有类似的问题,在中国大家都认为,汇率上升影响出口,进而影响就业,最后影响社会稳定。这也成为一个大家非常容易接受但未必准确的观点。我们认为其实当这个问题发展成是"货币战"的时候,有的时候推动的最后就不是简单的、理性的经济学分析,可能是一些非理性的民意驱动。

四、发展展望和应对之策

现在最值得关心的问题是,货币战到底会如何发展,美国可以采取什么措施,中国可以做什么工作。国际上认为美国可以采取的措施主要是报复性的关税、反制性的汇率市场干预、资本市场的限制。

1. 报复性的关税

美国众议院已经通过了报复性的关税法案,即对于通过汇率扭曲来补贴出口的国家,美国政府可以采取报复性关税政策反制。但是,法案变成法律,还有很长的路要走,需要参议院通过、总统签字,即使全部通过,中国还可以向 WTO 申诉该法案为贸易保护主义手段。因此,报复性关税的程序上的复杂性使得其可行性是存疑的。

2. 反制性的汇率市场干预

这项干预的成立理由是,美国可以利用其储备货币国地位,大幅发行美元,利用中国央行最终的约束,赢得货币战。但如果事实向此发展,美国将付出巨大的代价。一方面,不负责任的增发货币行为会使美国失去货币储备国地位。另一方面,中国政府通过资本管制可以避免人民币汇率被提高,而世界其他国家对美国的压力会越来越大。总而言之,这样的干预手段代价太大,得不偿失。

3. 资本市场的限制

美国通过禁止中国购买美国国债达到减少中国美元储备、使人民币升值的目的。问题在于,在二级国债市场上,无法区别买家身份,使该措施没有可行性。退一步讲,禁止中国购买美国国债,会使美国政府的发债压力剧增,无法找到买主,也会因此付出巨大成本。

对寄希望于 G20 等国际组织对中国施加压力的想法,实际上也不可取。G20 的一个思路是用新的《广场协议》解决新的全球平衡问题。20 世纪 80 年代日本经济出现问题,不是简单地因为《广场协议》,但是如果新的《广场协议》要求中国在短期内大规模地、大幅度地货币升值,尤其是有很多非理性的民意在推动决定汇率升值幅度,这不是合理的安排。同时,过去二十五年到现在,《广场协议》并没有帮助我们消除全球经济的失衡,日本的顺差仍然越来越大,美国的逆差也越来越大(见图 5)。这说明在顺差和逆差背后虽然要靠汇率解决问题,但是也要靠其他一系列的结构改革来解决问题。

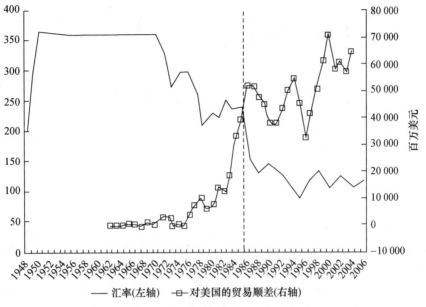

图 5　日元兑美元汇率与日本贸易顺差

事实上,面对这些风险,中国除了增加人民币汇率的弹性外,还应该采取多种措施应对。一方面,消除升值恐惧症,增加人民币汇率的弹性,积极推进结构改革,消除汇率战的借口,从根本性上做文章;另一方面,加大临时措施的使用力度,例如,加强政府之间合作,增加派到美国去的采购团,特别是增加采购团的针对性,同时也可以减轻外汇储备保值压力,买到对发展更有用的实际货物。

最后,美国方面在讨论汇率时有一个绕不开的问题,即管理国内政客,面对国内民意,往往要求中国方面理解。我们确实应该理解他们。但是我们的民意代表是不是也可以做一些事情?

浮动汇率有助于金融和银行体制改革*

宋立刚

澳大利亚国立大学资深研究员、中国经济项目主任

中国在经历三十年的改革之后,进入了新的发展阶段,需要新的思路和战略,亚洲开发银行报告①对此的论述非常全面和及时。在报告中提到的中国要素市场的改革方面,黄益平教授和王碧珺博士等人早在 2010 年就对产品市场改革完成之后要素市场如何改革进行了系统的研究;而我主要想对报告中提到的金融市场化、利率市场化等方面的金融改革,特别是如何进一步增加汇率弹性发表一点评论。

理论上来说,金融改革需要一定的顺序。例如在资本项目开放之前,需要达到宏观经济稳定、银行系统和金融基础设施健全以及具有充足外汇储备等方面的条件。尽管经历了 20 世纪 90 年代末的亚洲金融危机和本次的经济危机,中国仍在不断推进金融改革的步伐。尽管需要一定的顺序,但是否存在一些重要的因素,能使中国在某种程度上规避上述的顺序要求,并借此加速金融改革的步伐呢?我认为人民币汇率浮动便是其中至关重要的一点。为什么调整人民币汇率政策能够有助于推进金融体制的改革?这是因为调整汇率有助于实现以下四个目标:一是可以加速中国经济体制的改革和结构调整;二是有助于央行恢复货币政策的独立性;三是有助于深化中国金融体制的改革;四是可以规避估值效应带来的损失。

这里需要做一点说明,人民币的浮动过程其实早在 2005 年 7 月 21 日就已开始了,2007 年中国开放了有资格的境内机构投资者,之后这几年又在热议人民币的国际化过程。目前,人民币浮动范围已经在扩大,但是学者们仍有将其进一步放开的呼声。在汇率改革方面,我想澳大利亚的例子是值得借鉴的。同现在的中国一样,澳大利亚从 1971 年开始就一直想对其汇率进行改革。但在之后十几年的时间内,由于汇率放开的幅度很慢,改革的效果非常差,对国内金融体制也产生了一些负面的影响。在 1981 年前后,当

---

* 摘自第 31 次季度报告会(2012 年 10 月 27 日)。

① 指亚洲开发银行与北京大学国家发展研究院在第 31 次 CMRC 中国经济观察报告会发布双方合作的《超越低成本优势的增长:中国如何避免中等收入陷阱?》报告。

时的澳大利亚政府将其货币的汇率一次性地放开了。而这一改革使得之前汇率缓慢放开带来的负面效果得到了彻底的改善。

为什么浮动汇率会有助于金融和银行体制改革？最重要的原因是央行在汇率浮动之后不必将国内金融条件和外资流动相挂钩了。尽管过去十几年出现了几次经济过热的情况，但由于要维持固定的汇率，人民银行却仍需不断在国内投放基础货币。浮动汇率下，人民银行就能将货币政策和汇率分开考量了。而一旦汇率由供给和需求决定，央行对商业银行的贴现率也就可以不受外汇市场干预的影响，从而利率也就可以相对浮动，这会进一步影响到所有商业机构对贷款人的利率。报告中也提到，利率的浮动是金融体制改革的核心问题。同产品市场价格放开市场会做活一样，利率是资本市场的一个价格。目前利率的不灵活是由于汇率制度和相应的货币体制造成的，一旦汇率放开，利率也就能够做活了，从而银行体制改革也会更加容易。中央银行的货币政策的独立性、资本的自由流动和固定汇率在理论上被称为"不可能三角"。中国要维持固定汇率，政府就只有牺牲中央银行货币政策的独立性。在资本项目趋于开放的大环境下，实行资本管制的可能性不大。为了保持货币当局的独立性，将汇率放开便是唯一的出路。另外，放开汇率还有助于减少扭曲。利率放开在理顺信贷关系的同时，会有助于解决企业特别是非国有企业融资方面的问题。

对于放开人民币汇率或加快浮动速度，还可以从金融估值效应来看。当一个国家的资产和负债用外币和本币购买比例发生变化的时候，一国的福利会受到汇率和资产价格变化的影响。在这一点上，中国和美国是一个很好的例子。美国的资产中，2/3 是由外币计价的，但负债中的 95% 却是由美元来计价的，这实际上导致其他国家向美国的一个净财富转移。在 2003 年的一项研究表明，美元贬值 10% 导致流向美国的财富值达到了其 GDP 的 5.3%。中国作为其最大的债权国，在这其中受到的损失是首当其冲的。因此，规避估值效应风险对报告中提到的中国金融改革是非常重要的。如果人民币对美元升值意味着损失，为什么还要将汇率放开？这是因为我们不仅要考虑放开汇率带来的短期效应，还要认识到形成市场驱动的、稳定的人民币定价机制是为人民币国际化的一个很好铺垫，而人民币国际化从长期来讲会减少估值效应的损失。

另外，报告中还提到了十分重要的两点。一是中国的结构转型不能再依赖低成本优势，对近三十年中已习惯了低要素成本的中国，制度上需要进行很大的调整。与我国地区之间的收入存在巨大差异的同时，是在教育投资的地区发展上的不平衡，如何在教育财政投入上缩小地区差距非常重要。二是报告中提到了全要素生产率的提高是今后经济发展的主要动力，在这方面我们的任务非常艰巨。因为尽管体制改革会带来全要素生产率的提高，但体制改革也很有可能受到边际报酬递减效应规律的支配，如何在不断深化改革的过程中保持改革给全要素生产率带来的收益，从而保持全要素生产率对经济增长的贡献，任重道远。

2　资本项目可兑换与人民币国际化

中国资本账户开放的进展及评论*

施建淮

北京大学中国经济研究中心教授

资本账户开放是中国目前面临的一个非常重要的问题。从经济发展和金融安全的角度讲,较之经常账户可自由兑换,资本账户开放具有更加根本性的意义。放松对资本流动的管制是中国外向型经济发展到今天的一个必然要求,也是金融全球化不可逆转的趋势。2001年加入世界贸易组织(WTO)以来,中国金融业开放程度不断提高,加上我国贸易顺差越来越大,中国政府面临越来越多来自外部平衡的压力,这些都促使中国加快了资本账户开放的步伐。

一、中国资本账户开放的意义

国与国之间的经济交易可以分为三类:(1)本国商品、服务与外国商品、服务之间的交易,这是时点内国际贸易;(2)一国商品、服务与另一国资产之间的交易,这是时点间或跨时国际贸易;(3)国与国之间发生的资产与资产的交易。对于这三类国际交易发生的原因和所带来的利益,经济学理论都有比较明确的结论。通过第一类国际交易,可以发挥(静态)比较优势,获得经济利益,这是中国目前正在享受的利益;通过第二类国际交易,可以发挥跨时比较优势,同样获得经济利益,对于发展中国家而言,由于人均资本存量低,资本回报率高,按照跨时比较优势原理,应该进口现在品、出口未来品,表现为现在经常账户逆差和将来经常账户顺差。可以说,目前印度正在享受这种经济利益,而中国则没有。印度经常账户一直存在几十亿美元规模的逆差,并通过开放股票市场,向外国投资者出售股权资产(而不是借债)来为其融资。关于第三类国际交易,国内主流看法是,基于"实需"(比如为贸易融资)的资产交易是好的,而纯粹的资产与资产的交易是虚拟经济、没有实质经济利益。实际上,这种看法是非常片面而且是错误的,第三类国际交

---

* 摘自第9次季度报告会(2007年4月28日)。

易对于中国越来越重要。纯粹资产与资产之间国际交易的经济利益何在呢？在于分散和规避风险。比如中国现在的保险公司、社保基金的资金规模非常大，如果只能投资在国内证券市场或存在银行里面，不能在全球范围内充分地分散化，就会承受巨大的风险和无法获得更好的回报。国内其他私人机构和个人也同样存在着在全球范围内分散风险和在一定风险下追求更合理回报的需求。为了充分获取第二和第三类国际交易带来的经济利益，中国的资本账户需要进一步地开放。

20世纪90年代以来金融全球化取得长足进展，国际资产交易的规模远远超过国际贸易规模。目前，每天外汇交易量超过万亿美元，而国际贸易一年的交易总量也就是3万亿美元左右，也就是说，国际货币交易量是国际贸易的100多倍。此外，国际货币交易的增长速度也非常快。全球平均每天的外汇交易量2004年为1.9万亿美元，与2001年相比增长了57%；全球平均每天的外汇衍生产品交易量2004年为1.2万亿美元，与2001年相比增长了112%，这些外汇交易的绝大部分都是由国际资产交易的客观需要而派生出来的，而不是基于所谓"实需"的。美国2005年贸易逆差为7779亿美元，其资本账户是否都是针对"实需"（即为贸易赤字融资）的呢？我们发现不是这样，外国居民对美国净资产增加9416亿美元（而不是7779亿美元），同时美国居民对外净资产增加1552亿美元，美国同时增加了对外资产以及负债。由于寻求高资本回报和规避风险需要的国际资产交易规模远远大于世界贸易规模，国际资产交易对经济发展的重要性也越来越大。以前说国际贸易是经济增长的发动机，现在应该说国际金融是经济增长的发动机了，这是我们在看待中国资本账户开放问题时的一个重要背景。

资本账户是对一定时期一国与他国资产交易的记录。所谓资本账户开放就是解除对国际资产交易的管制，它包括两个方面：一是取消对国际资产交易本身的管制；二是取消对国际资产交易相伴随的外汇管制。我国对汇兑环节的管制相当烦琐和复杂，我们的讨论主要集中在对国际资产交易行为本身的管制，顺带谈一些关于汇兑方面的限制。资本账户主要记录三类国际资产交易：直接投资、证券投资（分为股权证券投资和债务证券投资）以及其他投资（通常包括国际贷款、贸易信贷、货币和存款等）。

表1显示的是国际货币基金组织（IMF）成员国资本账户开放的情况。从表1来看，中国实行了非常严格的资本管制，而管制最少的实际上并不是美国，而是德国。也就是说，在美国这个号称是最自由的市场经济国家，对资本账户仍然是进行管制的。从这个意义上讲，我们说的资本账户开放并不是指一点限制都没有，而是在一些子项目上仍然可以存在管制。比如美国对资本市场证券交易就有管制，例如对非居民购买某一产业的证券、对共同基金购买美国的证券是有限制的；对直接投资也存在限制，不允许其居民对某些国家（比如美国认定的所谓"无赖国家"）进行投资。因此，即使中国实现了资本账户开放，也并不意味着资本账户下的所有子项目都完全地开放。需要指出的是中国资本账户实际开放程度要比表1显示的大得多。

资本账户开放与中国很多领域进行的改革密切相关。试举几例：一是为了配合2005年7月21日进行的汇率形成机制改革，国家外汇管理局在短时间内密集推出一系列改革措施，如在银行间外汇市场推出做市商制度并引入即期询价交易方式、开办银行间人民币外汇远期交易和银行对客户的人民币外汇掉期业务等等。但是效果并不尽如人意，比

表 1 IMF 成员国资本管制概要

	此类国家个数	中国	美国	英国	法国	德国	日本
对资本市场证券交易的管制	133	*	*				
对货币市场工具的管制	115	*	*		*		
对集体投资类证券的管制	103	*	*		*		
对衍生工具和其他交易工具的管制	87	*					
商业信贷	105	*					
金融信贷	112	*					
担保、保证和备用融资工具	88	*					
对直接投资的管制	149	*	*	*	*		*
对直接投资清盘的管制	52	*					
对不动产交易的管制	134	*					
对个人资本流动的管制	82	*					
专用于商业银行和其他信贷机构的条款	155	*		*			*
专用于机构投资者的条款	82	*			*	*	*

资料来源:国际货币基金组织编,《各国汇兑安排与汇兑限制》,中国金融出版社,2000 年 10 月。

如远期交易市场一直比较冷清,交易量非常小。通常情况下,银行进行远期结汇时,需要即期在国际市场借入一笔资金,在即期市场换成本币进行投资,等到将来企业结汇时,银行买入企业外汇同时偿还外债从而抵补风险。如果不允许银行在国际市场上自由借贷,银行就不能很好地规避它的风险,远期市场就难以有效地发展起来。二是 WTO 过渡期之后,我国金融服务业已经全面对外开放,这种金融业开放必然要伴随大量资本流动。如果资本账户还进行严格管制的话,一方面管制的实际效果会很差,另一方面会妨碍我们获得金融服务业开放应有的好处。三是中国现在的经济开放度越来越高,贸易依存度超过了 70%,2005 年中国对外贸易规模达 14 221 亿美元,成为世界第三大贸易国,在商品和服务贸易规模如此大的情况下,就必须有相应的国际资产交易开放来对冲风险。目前,由于资本账户管制,大量经常账户顺差所产生的对外债权由中央银行集中持有,而这种对外债权通过民间主体进行运作是最有效的,由政府来做有很多困难,效率也较低。四是人民币在周边国家交易中作为支付和结算货币使用的规模越来越大,我国政府应该适时地和积极地去推动人民币国际化。我国货币当局对人民币国际化比较消极的原因主要是担心境外人民币现金可能在将来某一天大量流入,对我国经济造成冲击。然而如果资本账户是开放的,采取现金交易的情形就会减少,这时境外人民币货币流通就与国内货币供给量没有多少关系,我国货币当局推动人民币国际化的积极性就会提高。五是推动国际贸易采用人民币进行结算,可以获得减少外汇风险、增强金融实力、获得铸币税收入等巨大的好处。有实证研究估计,若 2010 年实现人民币区域国际化,十年内中国可获得近 7 500 亿元人民币的货币国际化利益。但是如果资本账户存在诸多管制,非居民不能方便地筹集和运用人民币,国外贸易商就没有动力接受人民币。

资本账户开放是我国金融改革开放的一个目标,是我们希望达成的,毕竟所有重要的经济体资本账户都是开放的。所以中国现在面临的不是要不要开放的问题,而是什么时候开放的问题。就时机而言,不是越迟开放就越好,而是时机成熟越早开放越好。当然需要指出,资本账户开放是一个过程,而不是一个是或否的事件,不是说今天一下子就全部开放。此外,即使实现了资本账户完全开放,在特定情况下仍然可以重新实施一时性的资本管制。只要它是公开透明的,并且有明确的时间表,就不会损害一个国家政策方面的可信度,像亚洲金融危机时期马来西亚所做的那样。

二、中国资本账户开放的进展

部分地由于对加入 WTO 的反应,部分地由于人民币升值压力和我国外汇储备迅速增长造成的困境,2002 年以来中国明显加快了资本账户开放的步伐。以下是一些重要的开放举措:

为了鼓励国内企业"走出去",中国进一步放宽国内企业境外投资外汇限制。2002 年 10 月开始在全国 24 个省市进行境外投资改革试点,2005 年度境外投资购汇总额度从 33 亿美元增至 50 亿美元,各地区外汇管理局分局对境外投资外汇资金来源的审查权也从 300 万美元提高到 1 000 万美元。2005 年 5 月国家外汇管理局发布《关于扩大境外投资外汇管理改革试点有关问题的通知》,将试点扩大到所有地区。

2002 年 12 月,外汇管理局与证监会联合推出了"合格境外机构投资人"(Qualified Foreign Institutional Investor,简称 QFII)制度,获得中国证监会资格批准和国家外汇管理局额度批准的 QFII,可以通过该制度投资中国境内证券市场上包括股票、债券和基金等多种人民币标价的金融工具。到目前为止有 50 多家境外机构获得 QFII 资格,获批总投资额度达到 100 亿美元左右。

2004 年年末,财政部批准三家国际金融机构在中国境内发行总额为 40 亿元的人民币债券;2005 年 3 月,中国人民银行等四部委联合发布《国际开发机构人民币债券发行管理暂行办法》将发债主体限于国际开发机构,要求其人民币债券信用评级为 AA 级以上,而且已为中国境内项目或企业提供的贷款和资金在 10 亿美元以上。

2004 年 8 月,中国保监会和中国人民银行联合发布了《保险外汇资金境外运用管理暂行办法》,允许保险公司和保险资产管理公司用自有的外汇资金进行境外投资,以拓宽保险公司资金运用渠道和更好地分散投资风险。这是首部保险资金投资境外市场的管理办法。

2006 年 4 月,中国人民银行、银监会、外汇管理局共同发布《商业银行开办代客境外理财业务管理暂行办法》,标志着"境内合格机构投资者制度"(Qualified Domestic Institutional Investor,简称 QDII)开始实施。2006 年 8 月以来,中国银监会共批准国内 11 家商业银行和 8 家外资银行开发 QDII 产品。2006 年 8 月,中国证监会批准了华安基金管理有限公司试点 QDII 资格;同年 9 月,国家外汇管理局批准了华安基金 5 亿美元的境外投资额度,同时发布了《关于基金管理公司境外证券投资外汇管理有关问题的通知》。目前中国人寿和泰康人寿等两家保险公司也获得了 QDII 资格。

在其他投资子账户方面,2004 年 11 月,中国人民银行发布了《个人财产对外转移售付汇管理暂行办法》,允许移居境外的中国公民将其境内资产转移至境外,也允许境外居民将其继承的境内财产转移至境外。自2005年1月1日起,中国公民出入境、外国人出入境每人每次携带人民币限额由原来的6 000元上调到2万元。这是12年来中国人民银行首次上调人民币出入境限额。从2007年2月1日起,个人年度购汇额度将由2万美元提高至5万美元。

我国直接投资账户现在已经非常开放,国内企业对外直接投资基本没有限制。对于外国企业在华直接投资,除了一些宏观的产业指导,也没有什么限制,只不过最近政府加强了对持股类型直接投资的管制。需要指出的是,我国政府鼓励国内企业"走出去"的初衷是缓解外汇储备增长带来的人民币升值压力、消耗过多的外汇。这种出发点是有问题的,实际看来进展也不大,希望"走出去"的企业并不多(除了以控制石油、矿产等为目的的投资)。出现这一结果毫不奇怪:国内投资回报率比国外高,人民币还有升值压力,这种情况下谁愿意"走出去"呢?"走出去"的企业,如联想、海尔、TCL等许多都出现了亏损,这不仅仅是不熟悉海外商务环境的问题,更主要的是违背了自己的比较优势。

长期以来我们对证券投资账户是实行较严格的管制的,一方面是由于对所谓"非实需"国际资产交易认识的片面,另一方面则是出于对风险的恐惧。从上面列举的资本账户开放措施看,近年来我国资本账户开放措施更多的是针对证券投资账户的,这不仅表明我国政策当局已经认识到证券投资账户开放的必要性,也说明客观上我国资本账户开放确实到了新的阶段。然而必须指出的是,我国证券投资账户开放的进展本质上来说还是十分有限的,QFII和QDII制度的实施只是我国放松证券投资子账户资本流出入管制的初步尝试。QFII和QDII制度本质上仍然是资本管制手段,它们是在资本账户还没有开放的情况下有限度地允许境外投资者投资境内证券市场和境内投资者投资境外证券市场的过渡性安排,国内的个人和非金融机构还不能自由地对外进行资产交易。根据我国经济和金融现实,证券投资账户应该可以进一步放开,比如对QDII的机构审批越放开越好,取消对QDII投资产品的限制和投资额度的限制,因为施加这些限制的本意是为了控制风险,然而民间机构比政府还在乎风险的防范,而且这些限制妨碍了金融机构的资产组合决策,反而不利于风险的降低,其实重要的不是限制金融机构做什么,而是加强公司治理和审慎监管。

三、对中国资本账户开放的评论

目前中国的资本账户管制体制存在很多问题,一是管不住;二是该管的没有管好,不该管的继续在管;三是管制成本越来越高。我国对证券投资账户一直是严加管制的,但是从图1看,20世纪90年代末以来我国证券投资账户的交易规模越来越大,证券投资资产和证券投资负债的规模都很大,而证券投资资产的增长更为迅速,2006年1—6月我国证券投资资产增加(资本流出)就达到了448亿美元,从国际收支平衡表看我国证券投资资产几乎都是以固定收益类债券的形式持有的。而从图2可以看出我国证券投资负债的构成主要是股权证券,两者相比较我国投资者从国际资产交易中获得的收益要远远小于外国投资者,这是与我们对风险防范的不正确认识有关的。风险是要靠积极的资产组合战略来分散和运用衍生工具来规避,而不是保守地不敢投资于股权证券。请注意,记录在证券投资账户的交易名义上是合法的交易,我国证券投资账户的交易规模越来越大无非说明了两件事,要么是证券投资账户管制越来越没有效率,要么是证券投资账户已经越来越开放。

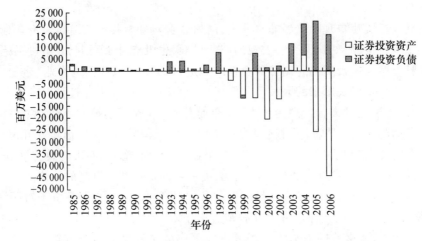

图 1　中国证券投资流量

注:2006 年的数据为 1—6 月。

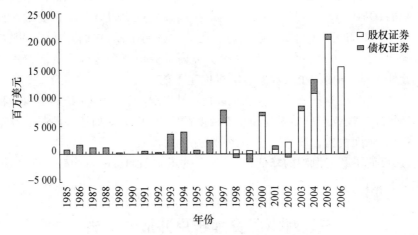

图 2　证券投资负债构成

注:同图 1。

我们再来看误差和遗漏项,这基本上记录的是非法的资本账户的交易。图 3 显示,从 20 世纪 90 年代到 2002 年以前,这个数据是负的,也就是说资本外逃。2002 年以后这个数据是正的,即非法渠道的资本流入,2004 年达到最高峰时为 268 亿美元。注意 2005 年误差和遗漏项又转为负,这是一个非常异常的现象,很多人由此认为热钱开始流出中国。我们不这样认为,因为热钱流入有很多种方式,比如企业通过高报出口就可以实现热钱的流入。所以仅仅从误差和遗漏项是不能看出中国是否已经是资本外流了。但是可以肯定的是,不论是从合法的还是非法的交易数据来看,我国证券投资账户资本流动的规模都已经非常大了。

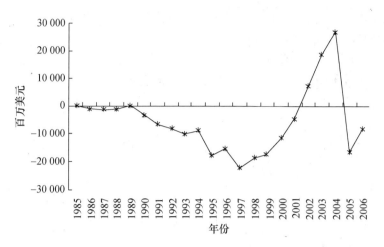

图 3　我国 BOP 误差与遗漏

注：同图 1。

短期外债是管理当局最应当关注的资本交易,因为短期外债的流动性非常高,可能对经济产生冲击。图 4 显示的是中国短期和长期外债余额的结构。从 2001 年以来,短期外债余额在快速增长,特别是 2003 年以来,中国短期外债增长非常迅速,该管的账户恰恰没有能够管住。在热钱流入最高峰的 2004 年前 9 个月,我国新借入外债 1 241.38 亿美元,比上年同期增长 71.27%,其中短期外债余额为 996.54 亿美元,占到总额的 44.63%,比 2003 年年末增加 226.10 亿美元,这一数字超过国际公认的 25% 的警戒线。可以认为短期外债的快速增长与人民币升值预期下的大规模热钱流入有关,注意这些还都是官方审批同意举借的外债,这表明现行基于行政审批的管制没有发挥应有的作用,当局对短期资本流入管制正在失去效率。

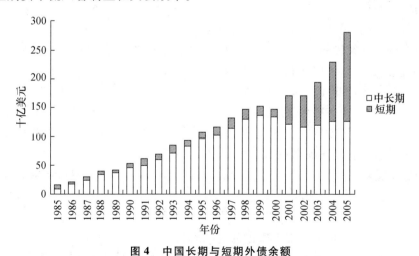

图 4　中国长期与短期外债余额

再来看一下短期外债的内部构成(用其他投资账户的负债构成来近似,见图 5)。其他投资账户下的负债项可以分为银行负债和其他私营部门负债(不包括货币当局和政府部门负债),这两个项目增长都非常快。有研究表明,外资银行新借入外债是造成短期外债增加的主要原因。当然,外资银行借入外债可能是为了扩大投入,而外汇资金在国际市场上成本较低,或者是为了调整负债结构,规避人民币升值的风险,但也不能排除投机的可能。另外,外资企业的外债也增加很快,而国内银行和企业的外债增长有限。所以在金融服务业开放的情况下,根本不可能分辨不同目的的短期外债,因而难以依靠行政审批的办法来控制短期外债的增长。

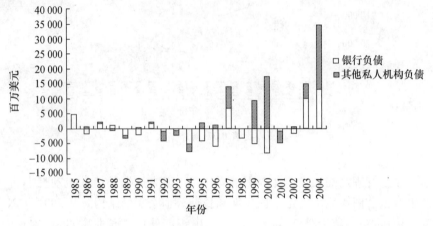

图5 其他投资负债的构成

以上这些情况说明什么问题呢? 一是在中国经常项目交易规模如此庞大的情况下,资本账户管制的效率一定是低下的,因为可以通过很多的漏洞来逃避行政管制。二是金融服务业开放后,依靠行政审批的资本账户管制有效性下降,比如在华的外资银行和外商投资企业的短期外债变动就很难管制。三是随着资产交易规模的不断扩大,资本管制的成本在上升,逐笔行政审批如此大规模的资本交易,成本会是很高的。既然现行资本管制体制的效率低下、成本很高,并且引发了一系列问题,与其继续烦琐的行政管制,不如取消行政性管制,转而依靠基于市场的审慎规制体系来管理我国资本账户。

目前中国宏观经济稳定,通货膨胀保持在比较低的水平,经济持续快速增长,贸易和财政处于盈余状态,外汇储备充足,人民币存在升值预期,在新汇率形成机制下人民币汇率的弹性正在加大。此外,我国金融体系的改革已经取得了很大进展:在金融机构改革方面,国有商业银行通过引入战略投资者完成改制并成功上市,金融业过渡期结束、全面对外开放;在资本市场改革方面,股权分置改革完成,发行体制改革、上市公司质量、证券公司整顿和投资理念回归等都取得很大进展;在金融监管方面,已经建立了包括中央银行、银监会、证监会、保监会和外汇管理局的金融监管体系,金融法规体系基本建立、相关金融法律和管理条例已经实施。经过二十多年的改革,我国利率市场化也取得了很大进展,除了取消贷款利率下限、存款利率上限外,大多数利率已经实现市场化了。可以说,现在是资本账户开放、取消大部分管制的有利时机。

根据发展中国家的经验,资本账户开放初期面临的不是资本外逃,而是资本的大量流入,对中国来说可能更会是如此,那么如何应对资本的大量流入? 中国经济仍处在发展阶段,人均资本存量很低,不到美国的1/10、世界平均水平的1/5,因此资本流入多本身并不是坏事。但是资本流入的构成非常重要,要引导和吸引长期资本的流入,减少短期资本的流入。在这一方面,智利型的对资本流入征税的政策是可以引入的。有大量的实证研究表明,智利实行的对所有商业银行和金融机构新增外国借款实行无偿准备金要求的做法对资本流入总量虽然没有太大影响,但是对资本构成确实有影响,它可以有效地限制短期资本流入。

在防范金融危机问题上,主流的看法是资本管制是我国防范金融危机的制度保证。这种看法的正确性可能是值得商榷的。20世纪90年代以来国际资本流动的规模和速度与布雷顿体系时代已然有天壤之别,资本管制面临的国际环境已经有了很大变化,而且对中国来说,对外贸易规模如此之大,经常项目已经实现自由兑换,金融业已经全面对外开放。在现在这种情况下,要想靠资本管制来防止金融危机可能是不现实的,既然我国在强化对资本流入管制的情况下仍然还有这么多热钱能流入国内,就说明境外投资者获得人民币不是很难的事情,因而只要他们决定攻击你而抛售人民币,资本管制恐怕也难以阻止金融危机的发生。何况攻击人民币的并不限于境外投资者,境内居民也可以用其占GDP比重120%左右的国内银行存款发动攻击,按目前个人年度购汇额度5万美元计算,2 000万居民集中购汇,货币危机就不可避免,还不算经由各种管制漏洞可以进行的资本外逃。

四、政策建议

中国今天的经济、金融状况与十年前甚至于两年前相比已经发生了很大变化,在对待资本账户开放问题上我们也要与时俱进。我国政府应该采取积极的步骤开放资本账户。

首先,可以考虑取消大部分基于行政审批的管制措施,代之以市场化的审慎规制手段。对于资本流入的管理可以考虑智利型的资本流入税。智利为了控制短期资本的流入曾对所有商业银行和金融机构新增外国借款实行了20%的无偿准备金要求,后来又将准备金率提高到30%;同时规定,无论期限长短,所有对外借款的准备金在中央银行的滞留期为一年。这种做法具有内在的对短期资本惩罚更严厉的特征,优于对资本流入直接禁止的行政性管制,因为它是一种影响收益和成本的管制,不影响市场机制发挥作用。而且还可以根据资本流入的情况适时调整无偿准备金比率。

其次,鉴于中国目前的宏观经济和金融状况,即使完全放开证券投资账户下的资本流出管制,也不会有多少资本愿意流出(除了大型金融机构和跨国公司出于合理的资产分散化考虑而进行的流出)。事实上,无论是"走出去"战略还是QDII制度的实行结果,实际利用的投资额度都只是外汇管理局批准额度的一个很小比例,例如据有关统计,截至2007年3月23日,QDII已获得185亿美元的投资额度,但利用率不足5%。因此取消对直接投资和证券投资账户下资本流出的行政管制,目前可以说是很好的时机。

再次,尽快取消强制结售汇制度,还汇于民。事实上,目前维持强制结售汇制度的经济前提已经不复存在,而强制结售汇制度所带来的弊端越来越明显。我们在改革过程中非常担心风险,但事实上国有企业、国家机构是最不担心风险的,而民间主体是最在乎风险的,因为钱是他们自己的。还汇于民后,民间主体会基于市场原则对外汇资产进行更加有效的运作,更好地分散风险和追求更合理的回报,即使部分企业决策失败(这在市场经济中是很正常的),也不会造成系统风险。这样开放证券投资账户才会取得最大利益。

最后,要避免本末倒置的改革。根据开放经济"不可能三角",人民币汇率充分浮动应该成为资本账户开放的前提条件,但是我国政府似乎是为了减轻人民币升值压力和稳定汇率而推动资本账户开放,希望通过放松资本账户管制来缓和因干预汇率而造成的储备快速增长和流动性过剩的困难。但是如果资本账户开放而汇率仍然是稳定的,那将会刺激短期投机资本的大量流入,因为稳定的汇率对外国投机者和国内借款者提供了一种潜在的担保,使他们无须考虑汇率波动的风险。这将增加发生金融危机的可能性。从这个意义上讲,在加快资本账户开放的同时,还要加快人民币升值的步伐以便让人民币能够尽快地真正双向波动起来。

资本项目开放与对外直接投资[*]

黄益平

北京大学国家发展研究院教授

黄益平教授的报告主要包括资本项目开放和对外直接投资两个方面。首先,根据实证研究的结果,他认为资本项目开放在中国过去三十年是一个持续进行的过程。其次,重点分析了资本项目应该开放的原因并讨论了利率、汇率与资本项目之间开放的先后次序问题,他认为内部金融改革与外部资本开放应交互推进并且现在就可以推进资本项目的开放。最后,关于对外直接投资,他探讨了中国模式、日本模式和美国模式的特点,并认为中国下一步可能会迎来中小企业对外直接投资的新浪潮。

一、有关资本项目问题的争论

全球金融危机以来全球经济治理结构发生的一个很重要的变化就是全球国际经济问题由 G7 或者 G8 管理转为 G20 管理,需要更多的发展中国家参与。过去一段时间在发展中国家参与过程中,制止金融危机方面效果很好,但是在改革方面效果有限。现在讨论的国际经济金融体系改革基本上和原来发达国家的议程或者框架差不太多。一方面是因为很多发展中国家还不熟悉国际经济金融体系改革,另一方面可能是因为我们还没有提出自己的想法。既然是 G20,国际规则的制定中不但要有原来发达国家的思想,也要体现发展中国家的特点和要求。很多发展中国家之后都要更多地参与到国际规则制订当中,现在我们研究讨论资本项目改革等方面的问题有着重要的意义。

最近关于资本项目开放的问题讨论非常多,包括:资本项目该不该开放?现在是否已经具备开放的条件?利率、汇率与资本项目之间是否存在开放的先后次序问题?以及派生出来的如何推进人民币跨境使用或者国际化的问题。大致有三派比较突出的观点:第一派以央行调查统计司司长盛松成为代表,主张抓住当前的历史机遇积极推进资本项

---

[*] 摘自第 29 次季度报告会(2012 年 4 月 28 日)。

目改革,并否认内部金融改革与外部资本开放之间存在必然的先后关系。第二派以社科院世界经济与政治研究所余永定教授为代表,质疑在利率和汇率改革尚未取得根本性进展之前大力推进人民币国际化与资本项目开放,认为这样做可能给中国经济带来巨大的风险。第三派是世界银行高级副行长、首席经济学家林毅夫教授的观点。他基于很多发展中国家发生金融危机的历史教训,明确提出中国当前不应盲目推进人民币国际化。

二、资本项目开放的原因

为什么现在提出这个问题?我们在1996年年底实现经常项目可兑换以后,已经16年了,看国际经验,从经常项目开放到资本项目开放平均大概10年时间,也就是说现在已经远远超过了国际水平。我认为应该从经济基本面、从基本道理来分析这个问题。

我们在2011年做了一篇文章,测算资本项目管制指数(CACI),指数越小表明资本项目开放程度越高,最高为1,最低为0。过去三十年,CACI呈现下行趋势(见图1),资本项目开放已经走了相当长的路程。资本项目开放其实是一个现在进行时,不是说现在才开始的。

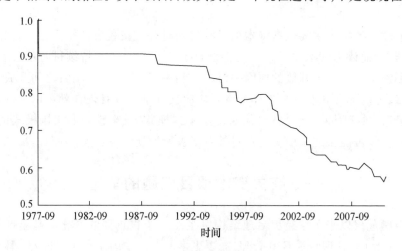

图 1　资本项目管制指数

资料来源:荀琴、王戴黎、鄢萍和黄益平,"短期资本流动与资本管制的有效性",《世界经济》,2012年第2期。

资本项目开放从根本上来说是居民和非居民可以自由跨境从事金融活动。根据麦金农教授的金融抑制理论,一般来说,金融抑制和金融管制是不好的,会降低经济效率和投资效率。之后斯蒂格利茨教授提出一个新的看法,认为金融管制对效率究竟好还是不好,要看具体情况,在一些国家金融完全自由化不一定就能实现最优的效率。假设我国在1978年资本项目全都开放了,不见得会取得比今天更好的经济增长和金融效率。金融抑制和资本管制在当时至少可以发挥两方面的作用,一方面是有一个政府支持的金融体系和资本管制,实际上是保证我们的储蓄有效地转移到了投资活动;另一方面是有政府参与其中,在一定条件下有利于金融和宏观经济的稳定。因此金融管制既有正面效应也有负面效应,资本管制也一样。根据我们做过的一项研究(见表1),过去三十年中,资本项目管制对经济增长早期正面作用比较明显,近期负面影响越来越大。

表1 资本管制对增长的影响测算

被解释变量 RGDP	1979—1989 年		1990—1999 年		2000—2008 年	
	1	2	3	4	5	6
CACI	1.042***	1.062***	0.269**	0.065	−0.242***	−0.254***
	(0.201)	(0.219)	(0.126)	(0.156)	(0.034)	(0.045)
INV	0.066	0.064	0.205***	0.249***	0.112***	0.101***
	(0.069)	(0.071)	(0.045)	(0.049)	(0.017)	(0.019)
TRADE	0.031	0.031	0.028**	0.023	0.004	0.003
	(0.034)	(0.034)	(0.014)	(0.014)	(0.006)	(0.012)
EDU	−4.624	−4.994	1.023	9.051	0.119	0.199
	(6.351)	(6.571)	(4.627)	(6.511)	(0.381)	(0.711)
GOV	−0.405***	−0.391	−0.780***	−0.982***	−0.114***	−0.157**
	(0.124)	(0.139)	(0.142)	(0.168)	(0.045)	(0.079)
SOE	0.022	0.033	0.091***	0.110***	−0.020	−0.038*
	(0.058)	(0.076)	(0.034)	(0.035)	(0.012)	(0.023)
Time Trend		0.0004		−0.004**		−0.001
		(0.002)		(0.002)		(0.001)
Year-Specific Effect	YES	YES	YES	YES	YES	YES
Province-specific Effect	YES	YES	YES	YES	YES	YES
Observations	275	275	250	250	225	225
R^2	0.125	0.125	0.187	0.165	0.572	0.513

早期的时候管制可能对经济增长有好处,但是这种好处越来越小,不足以抵消效率的损失。这是为什么要开放资本项目的一个重要理由。还有很多学者认为资本项目管制的效率在下降,从实证角度来看是有这种可能的。为什么我们现在整天担心热钱进出的问题,如果资本项目管制完全有效则根本不需要担心这个问题。管制效率下降,那么接下来的问题就是放还是不放,不放资本也在流动,而且可能不确定性更大,更不规范。另外,在资本管制不是完全有效但汇率不灵活的情况下,货币政策的独立性越来越低。外币进进出出冲击货币供应量市场的流动性,这对我们长期经济稳定是一个很大的风险。这些都是现在应该进行资本项目开放的原因。

三、利率、汇率与资本项目改革之间的逻辑顺序

有关利率、汇率与资本项目改革之间先后顺序的问题,讨论的一个核心理论问题是利率平价到底成立不成立。利率平价,简单来说就是国内水位和国外水位处在一个相对均衡的位置,这样如果把闸拉开后不会出现资金大进大出。如果一个水库两个水位不一

样,闸拉开了之后肯定会有比较大的冲击,冲击小影响经济波动,冲击大的话可能引起金融危机。如果利率平价理论成立的话是要考虑先后次序的问题,不然就可能酿成较大的金融风险。

但这并非意味着现在不应推进资本项目开放,恰恰相反,我觉得现在应该抓紧时机推进。除了上面讨论的资本管制对经济增长已经造成负面影响这一个事实以外,还有以下五个方面的理由:第一,有些管制已经开始失效。既然管制已经开始失效,实际上资金已经在不断地进出,与其继续任其发展,不如主动开放、积极监管这样的资本流动。第二,条件需要在改革中逐步创造,例如有人说银行竞争力不够所以不能开放,但是反过来说,如果不开放,政府一直进行保护,银行的竞争力能够增强吗?所以有一些条件也许需要在开放过程当中创造。第三,如果现在不改革,有一些相对有利的条件也可能开始发生逆转,比如经常项目顺差和人民币升值压力,财政状况等等。因此,现在不改,也许将来更难。第四,我们有一些机制需要建立,一般大家认为资本项目开放以前利率市场机制、汇率市场机制应该建立起来,没有建立起来不能开放。但其实在机制没有完全建立以前,央行还是有一定的干预能力,比如说利率市场化是一个非常漫长的过程,但是我们完全有可能通过央行的调控使得利率水平不至于过多地偏离市场均衡,降低国内外两个水库水位的落差。这样,放开来的时候尽管利率市场机制尚未完全具备,但是也不会导致非常大的资金的大进大出。第五,资本项目开放是一个渐进的过程。根据国际货币基金组织(IMF)的分类和央行研究局的研究,没有一个国家的资本项目管制是全部都放开的(见表2),即便我们到了改革的终点也不可能全部放开。所以在开放过程当中先放一些效率损失比较大、放开风险比较小的管制项目;而那些风险比较大的管制项目首先不要放开来,甚至保持相对比较严格的管制。央行官员提出来要实现基本开放而不是完全开放,这可能也是全球金融危机之后一个新的共识。像证券投资、短期融资、一些衍生产品等,这些对宏观经济稳定和金融稳定影响比较大的项目,我们不应急着开放,可以保持相对严格的控制。

表2 IMF资本项目交易分类管制程度

	中国	美国	日本	俄罗斯
汇回要求	×	√	√	√
资本和货币市场工具	×	×	×	×
衍生品及其他工具	×	×	×	√
信贷业务	×	×	×	√
直接投资	×	×	×	×
直接投资清盘	×	√	√	√
地产交易	×	×	×	√
个人资本账户	×	√	√	×

注:完全开放√;非完全开放×。

有关资本项目开放的次序问题,目前认为资本项目管制涉及比较多的是证券投资、债券融资和直接投资三大领域。对证券投资尤其是金融衍生品大家都比较谨慎,好在我们已经有合格境外机构投资者(QFII)、合格境内机构投资者(QDII)机制,可以在一段时间内不放开。债券融资可以放开但是需要宏观谨慎指标,比如资产负债比例,尤其是短期负债比例,用一些基本指标来监控。争议比较小的是直接投资,对进来的投资基本上管制很少,我们有一个投资产业目录,像一个行业指导,基本上没有管制,往外投资现在管制也很少。

四、国际资本流动的预测

目前分析资本项目开放会产生的效应,有各种各样的说法,但还需要定量分析到底会是什么情况。表3是中国香港金融管理局何东等人2012年进行的一个预测。他们假定2020年资本项目大部分开放,预测对外投资资产组合及其构成都会发生很大变化,包括我们对国外股权资产和债券资产之间的变化以及外汇储备和直接投资之间的变化。其中预计到2020年外汇储备会到55 020亿美元似乎是一个过大的数字,如果人民币升值幅度再大一些,央行的购买压力就会减小,外汇储备就不需要那么高了,但是其他私人资产投资就会比较多,其中最突出的是对外直接投资。

表3 预测国际资本流动 单位:十亿美元

	2010年规模	2010年占GDP比例	2020年规模	2020年占GDP比例
直接投资资产	311	5.3%	5 133	26.8%
直接投资负债	1 476	25.1%	6 947	36.3%
直接投资净值	-1 166	-19.8%	-1 815	-9.5%
证券投资资产	257	4.4%	5 459	28.5%
证券投资负债	222	3.8%	3 418	17.9%
证券投资净值	36	0.6%	2 040	10.7%
官方外汇储备	2 847	48.4%	5 502	28.8%
净外国资产	1 717	29.2%	5 728	29.9%

资料来源:Dong He, Lilian Cheung, Wenlang Zhang and Tommy Wu, 2012, "How would capital account liberalization affect China's capital flows and renminbi exchange rate?", Hong Kong Monetary Authority.

五、对外直接投资的"生命周期现象"

我国对外直接投资发展非常快,现在已经居世界第五位,一般发展中国家都是进口资本,我们已经成了对外直接投资的大国,这是非常特殊的。另外,中国对外投资有一个非常有意思的现象:中国企业到海外直接投资,但是工厂不去。我们凡是说到对外直接投资,一般是指把工厂搬到海外去了。国际上对外直接投资有两种模式,第一种是日本模式,它的特征是将厂房转移到国外,目的是为了到对方寻找比较低的生产成本。日本、韩国、中国台湾的工厂都搬到中国大陆来生产,主要是因为我们的生产成本尤其是劳动力成本比较低。第二种是美国模式,企业往外搬的目的是为了进入、占领当地的市场。当然这些特点都是相对的,美国企业对外投资也有日本模式,日本企业对外投资也有美国模式。

但是中国对外直接投资的模式不一样,中国企业对外投资一般动机有开拓市场、获得资源、寻求战略性资产和降低生产成本,其中最集中的是前三种类型。中国企业出去是买技术买资源,目的是为了增强国内生产竞争力。中国企业对外直接投资的主要动机见表4和表5。

表4 中国对外直接投资的主要动机(大型项目)　　　　　　　　　　单位:%

	投资数量占比	投资额占比
全行业		
开拓市场	29.70	28.40
获得资源	41.30	51.30
寻求战略性资产	26.60	20.10
降低生产成本	2.40	0.20
制造业		
开拓市场	27.20	22.20
获得资源	33.90	31.60
寻求战略性资产	35.00	45.50
降低生产成本	3.90	0.70

表5 中国对外直接投资的主要动机(中小企业)　　　　　　　　　　单位:%

	投资数量占比	投资额占比
贸易公司	77.32	31.87
生产企业	12.52	39.84
建筑和房地产	2.83	6.60
获得资源	2.52	9.08
研发	1.97	3.58
产业园区	0.55	2.55
其他	2.28	6.47

如果把中国特色、日本特色和美国特色作一个简单归类,可能存在一个对外直接投资生命周期的现象,这是我们的一个假设。在成本比较低、技术比较低的时候,如果要对外投资,不需要把工厂搬出去。因为我们还有很多成本优势,所以我们需要做的是到国外买一些技术、买一些资源或者开拓一些市场,但其目的是让国内的企业有更强的竞争力、有更好的回报。当这个阶段过去了以后,技术往上走、成本往上走的时候,我们的对外直接投资就可能要向日本模式过渡,也就是很多企业国内成本承受不下去了。比如说现在很多企业开始搬到内陆省份,但当内陆省份成本大幅度上升以后又会变成什么情况?它们可能在中国生存不下去就到海外去了。经过这个阶段以后,日本模式也向美国模式转变,日本模式其实在过去二十年已经在向美国模式靠拢,具体情况见表6。

表6　日本和美国制造业对外直接投资的区域分布　　　　　单位:%

	年份	北美	亚洲	非洲	欧洲	拉美	中东
日本	1975—1979	17.9	41.8	0.9	5.5	26.4	7.5
	1980—1989	33.0	35.5	0.8	8.4	17.1	5.2
	1990—1996	47.2	28.4	0.2	16.1	6.6	1.4
	1997—2003	36.7	27.6	0.5	28.2	4.8	—
美国	1975—1979	24.7	9.9	1.5	48.1	15.3	0.3
	1980—1989	22.1	12.2	1.2	48.5	15.6	0.4
	1990—1996	17.4	16.9	0.5	49.6	14.3	0.8
	1997—2003	16.7	15.6	0.5	48.8	14.6	1.0

　　对外直接投资的生命周期现象这一初步的假设还需要作更多研究论证。如果上述假设成立的话,考虑到现在中国国有企业在国际上对外直接投资遭遇很大争议,下一步可能面对的是中小企业大规模往外走。由于国内生产成本大幅度上升,再加上资本项目开放,会迎来大量中小企业外移的新浪潮。在这之后,我们会碰到很多需要面对的问题,比如很多韩国人当年担心的产业空洞化,很多拉美人当年担心的中等收入陷阱等。要想避免这些问题,需要我们在很多方面共同努力。

金融改革优先序：
人民币可兑换视角探讨[*]

卢 锋

北京大学国家发展研究院教授

随着内外经济形势演变我国金融领域出现新一轮改革浪潮。金融危机后政府推动人民币跨境贸易及其他国际收支项结算，香港离岸市场人民币存款总额 2011 年达到 6 000 多亿元，进一步提出扩大资本账户开放诉求。人民币兑美元日交易区间从当日中间价上下 0.5% 范围内浮动扩大至 1.0% 的范围，显示政府深化人民币汇率形成机制改革的意愿。高层批评银行垄断获利并启动温州综合金融改革试点，再次激活人们对利率、准入等银行金融改革突破的希冀。新的证监会主席就任后更是在资本市场进行一系列大胆改革探索。与此同时，人民币国际化和资本账户开放的某些政策措施和思路设计也引发学界关注和讨论。参与争论者大都赞同积极推动改革，在基本问题上也有共识。如国际化开放论者也认同国内金融改革的必要性，质疑者也肯定人民币国际化目标本身的合理性并赞同资本账户需进一步开放。不同意见主要发生在如何看待近年推进人民币国际化具体措施，焦点集中于汇率利率内部改革与资本账户可兑换及本币国际化等金融开放关系问题。对金融内外改革优先序认识差异不仅具有现实政策含义，也涉及如何理解我国经济开放成长的具体规律，值得从不同角度探讨。

笔者的初步看法是，早年推进经常账户可兑换进程中，对人民币自由兑换与金融改革关系应早已大体形成被广泛表述与认可的理解。近年围绕资本账户开放等问题发生争论，显示学界对早年的某些共识出现反思和分歧。其实质根源是我国开放宏观经济增长内外环境发生阶段性演变，特别是本币升值趋势规律展开以及欧美陷入危机，对我国如何通过深化改革和扩大开放以健全、完善现代金融体制提出新挑战。我们需要更深入

---

[*] 摘自第 29 次季度报告会（2012 年 4 月 28 日）。本文由卢锋教授与王豪、邱牧远共同署名发表于《中国市场》，2012 年第 33 期，总第 696 期。感谢杨业伟同学在搜集有关文献资料方面提供的帮助，感谢巫和懋教授就有关国际金融与中国台湾金融自由化问题给予的指教。

地观察与思索我国经济成长新阶段内外环境演变及其背后规律,才能在金融内外改革优先序基础上更好更快地推进金融改革。

一、人民币可兑换历史进程

货币自由兑换又称货币可兑换,指市场主体可根据国际交易需求及相关动机,自由地把本国货币兑换成外国货币。允许贸易、非贸易收支、单方面收入转移等经济交往派生的兑换称作经常账户可兑换。允许因实物、金融资产交易及信贷关系发生的兑换称作资本账户可兑换。两个账户都可自由兑换称作充分可兑换。对满足自由兑换货币而言,极少数货币在演化过程中得以承担国际交易的计价结算、交易支付、价值储存等职能,不同程度地成为国际货币,实现所谓"国际化"。

一国货币自由兑换是与现代经济成长互动共生的过程。以 1996 年为分界时点,人民币可兑换进程一般被划分为两个阶段:前一阶段以经常账户可兑换为主攻目标,后一阶段以推动资本账户开放为重点。下面分别粗略观察经常账户和资本账户开放进程。

1. 经常账户开放进程

自十一届三中全会实施对外开放政策后,1980 年国务院颁布执行《中华人民共和国外汇管理暂行条例》,标志经常账户开放进程启动。主要改革计划时期的国有垄断贸易体制,恢复四大商业银行,实行出口成本换汇价政策,积极恢复 IMF 和世行席位,构成推动经常账户开放进程的重要措施与配套政策。1987 年中共十三大提出沿海开放战略和大进大出方针,1988 年 3 月 13 日外管局推出成立全国外汇调剂中心政策,1991 年允许个人所有外汇参与外汇调剂,显示 80 年代后期经常账户开放仍在继续推进。

1992 年中共十四大确定进一步扩大对外开放方针。1993 年 11 月中央体改委提出"改革外汇管理体制,建立以市场供求为基础的有管理的浮动汇率制度和统一规范的外汇市场,逐步使人民币成为可兑换的货币"。1993 年 12 月《关于进一步改革外汇管理体制的公告》发布,标志经常账户开放进入攻坚阶段。其要点包括对商品进出口项下外汇收入强制结汇,在进口管制前提下实行银行售汇制,允许人民币在经常账户下有条件可兑换;建立全国统一的银行间外汇交易市场。1996 年 1 月 29 日《中华人民共和国外汇管理条例》颁布,把有关改革实践经验加以规范定型,并开放经常账户其他项目。1996 年 11 月 27 日中国政府致函 IMF,宣布中国自 1996 年 12 月 1 日起接受 IMF 协定第 8 条第 2 款、第 3 款、第 4 款等条款义务,基本实现人民币在经常账户下可自由兑换。

此后经常账户开放进入层次提升和内容完善阶段。如 1998 年外管局修改个人用汇管理办法,到香港特别行政区旅行的居民允许消费 1 000 美元,到其他地方可以携带 200 美元,无理由外汇购买银行可兑换限额为 500 美元。1999 年外管局再次放宽个人用汇管制,以后还逐步放宽经常账户可兑换审批、审查的手续和管理办法,提高外汇留成比例,最终取消强制结汇。2006 年 12 月中国人民银行发布《个人外汇管理办法》,规定 2007 年 2 月 1 日起居民允许 1 年内从经常转移兑换 50 000 美元。2007 年 8 月外管局宣布国内机构可按其需要保留经常账户中从经常转移得到的外汇收入。

2. 资本账户开放进程

我国资本账户开放也是始于改革开放,其具体进程可以分为以下几个阶段:第一阶段是20世纪80年代前后,主要是在引进利用外商直接投资(FDI)政策方面取得突破,通过十多年经营,90年代中后期年度FDI利用额达到400亿—500亿美元规模。第二阶段是90年代初开始重视和推动我国企业境外投资(ODI),进入新世纪后初步形成一套支持和鼓励"走出去"的措施。第三阶段是21世纪初年。主要是通过引入QFII和QDII启动证券市场的渐进式开放进程,同时在开放债券市场、境外人民币清算、居民个人对外投资等方面进行探索。2002年和2006年先后放行QFII和QDII是具有标志意义的事件,银行股改引入外资、允许国际机构在中国境内发债融资、天津滨海新区2007年准备境内个人直接对外证券投资业务试点等,也都具有资本账户开放探索含义。2003年《内地与香港关于建立更紧密经贸关系的安排(CEPA)》签订,香港银行可以为香港居民提供一定数额人民币存款、现钞和汇款服务,2005年11月扩大香港人民币清算业务规模,香港人民币离岸市场应运而生。第四阶段是国际金融危机后,推动人民币国际化和培育香港人民币离岸市场成为金融开放重头戏。一是2008年12月开始部署跨境贸易人民币结算,2009年7月正式启动上海等五城市跨境贸易人民币结算试点,到2012年3月我国各类从事外贸以及其他经常账户交易企业均可选择以人民币进行计价、结算和收付。二是推动投资项人民币结算。2011年1月资本账户目下对外直接投资(ODI)的跨境人民币结算启动,2011年10月放行跨境人民币直接投资(RFDI)。三是为离岸市场人民币回流提供政策支持。如2012年1月4日放行首批额度200亿元人民币RQFI回炉。2012年4月分别新增QFII、RQFII投资额度500亿美元及500亿元人民币。四是2010年内地非银行机构在香港发行第一笔人民币债券,2012年1月国开行等十家内地银行在香港发行总额为250亿元人民币债券。

二、金融内外改革关系认识演变

上述粗线条回顾显示,我国经常账户开放逐步顺利推进,逻辑比较清晰;资本账户开放则呈现更多特点。资本账户开放进入涉及证券市场开放等更为敏感领域后,实际进展速度慢于预期,推进成效也似乎不尽如人意。近年通过人民币国际化推动资本账户开放,其中的某些改革具体内容和措施以及它们与国内利率、汇率、金融改革关系,都引发学界的广泛关注和不同意见的讨论。可见,金融体制转型与人民币可兑换进程具体规律仍在加深认识与实践探索过程中。

1. 国际学术界的主流看法

所谓金融内外改革关系主流看法,指研究人员或机构肯定推进经常账户和资本账户可兑换开放需以对包括金融系统在内的国内经济体制实施相关必要市场化取向改革作为先决或配套条件。如曾任 IMF 第一副总裁的 Stanley Fisher 指出,在不具备一系列先决条件时推行资本账户自由化,会有极大风险(Fischer,1998)[①]。1998 年 IMF 一项研究认为,这些先决条件最重要的内容包括:健全的宏观经济政策框架(特别是货币和财政政策与汇率制度相容);强有力的国内金融制度;一个有力和有自主权的中央银行;及时、准确和综合性的信息披露;等等。

Funke(1993)[②]收集了 1982—1992 年间发表的 21 篇概括当时学术界对金融内外改革之间时序关系看法的学术论文。作者用 1—5 五个数字对有关研究人员对特定改革措施优先度进行排序,数字被赋值"1"表示优先度最高应最先推进,被赋值"5"则表示优先度最低应最后推进(见表 1)。无论是转型经济体还是发展中国家,资本账户自由化代表的货币可兑换改革赋值最高,意味着学界普遍认为需满足更多条件才可能较好推进资本账户自由化。对于转型经济体,上述条件包括机构改革、财政与货币稳定、国内物价自由化、私有化、贸易改革、国内金融体系改革、资本账户自由化等 6 项;对于发展中国家,上述条件包括财政与货币稳定、贸易改革、国内金融体系改革、资本账户自由化等 4 项。可见,金融改革先内后外是当时国际学术界主流看法。

表 1 发展中国家与转型经济体若干改革政策优先度定量评估

政策项目	转型经济体	发展中国家
机构改革	1.00	
财政与货币稳定	1.55	1.00
国内物价自由化	2.28	
私有化	2.39	
贸易改革	2.40	2.00
国内金融体系改革	2.78	1.50
资本账户自由化	3.50	2.88

资料来源:笔者根据 Funke(1993)文献述评和定量评估结果整理。

张志超(2003)[③]对这个领域的文献进行了较全面的梳理和评论,发现国际学术界通常认为,"按一般次优定理,资本账户自由化应在经济和金融稳定之后。资本账户内部改革排序则是:先放开长期资本流动,再放开短期资本流动;在长期资本的范围内,先放开直接投资,再放开证券投资;在证券投资的范围内,先放开债券投资,再放开股票投资;在所有形式的资本流动中,先放开资本流入,再放开资本外流"。

也有学者持不同看法。例如曾任 IMF 货币与外汇部主任的 Guitian(1997)[④]认为,经常账户和资本账户可以同时开放。在他看来,资本管制会阻碍而不是促进全球经济一体

---

① Fischer, Stanley. Capital-Account Liberalization and the Role of the IMF. in: Should The IMF Pursue Capital-Account Convertibility? Essays in International Finance, No. 207 (Princeton: International Finance Section, Princeton University), pp. 1-10. 1998.
② Funke, Norbert. Timing and Sequencing of Reforms: Competing Views and the Role of Credibility, *Kyklos*, vol. 46, pp. 337-362. 1993.
③ 张志超. 开放中国的资本账户——排序理论的发展及对中国的启示[J]. 国际经济评论,2003,(1).
④ Guitian, Manuel, Reality and the Logic of Capital Flow Liberalization. in Ries, Christine P. and Richard J. Sweeney, *Capital Controls in Emerging Economies*, Boulder, Colorado: Westview Press, pp. 17-32. 1997.

化和扩张。资本自由流动会提供经济效率,促进经济增长,增加福利。资本账户开放的先决条件"可能永远等不来",这类激进观点传达的改革紧迫感不无可取之处,然而这种分析思路属于少数人的观点。

2. 国内学术界早期共识性看法

这里所谓"早期"主要指 20 世纪 90 年代大力推进经常账户可兑换前后。当时国内研究人员借鉴国际学术界有关成果,结合中国当时改革开放实践,对人民币可兑换与国内相关领域改革关系,提出和形成一系列广为接受的看法。

戴乾定(1993)[①]指出"要使自由兑换取得成功,就必须有一定的先决条件",他借鉴 IMF 有关研究成果,把有关先决条件归纳为:一个合适的汇率、充足的国际清算手段、健全的宏观经济政策、企业对市场价格能灵敏反应的机制。肖清(1993)[②]、陈彪如(1993)[③]、姜波克(1994、1999)[④]、高海红(1995)[⑤]、刘光灿等(1997)[⑥]都表达过类似观点。李扬和殷剑锋(2000)[⑦]利用相关模型分析经济自由化的次序,发现金融自由化适当的先后次序应当是:实体经济自由化、国内金融自由化、实行浮动汇率制、资本账户目开放。

或许应特别提到,周小川与谢平等合作的著述中,结合中国实际经验系统透彻地阐述了实现货币可兑换的前提条件。在他们 1993 年出版的一本专著中,第一章第二节阐述"货币可兑换性要求汇率合理化";第四章考察"人民币实现可兑换性货币的配套改革和设计"问题,分别考察"实现合理的汇率、总需求管理、价格改革、贸易放开经营、外商直接投资方面的改进、计划体制与产业政策、外汇制度"等七个方面的条件(周小川等,1993)[⑧]。在周小川等 1996 年出版的另一本专著中,从理论上分析批评当时阻碍汇率利率改革的种种观点,如汇率弹性为零和利率需求弹性为零等,一些评论现今仍具有现实针对意义。他们在"讨论为实现人民币可兑换,各种制度所必须的改革配套"时,强调有效利用货币和财政等总量手段进行总需求管理是改革的"先决条件";还指出货币可兑换要求先决条件之一是"消除金融抑制",减少资本外流(周小川等,1996)[⑨]。

3. 近年有关"国际化—开放"思路争论

国际金融危机爆发后,以美元为中心的现行国际货币体系内在缺陷空前显现,我国一段时期累积持有的超常规模外汇储备资产风险也随之上升,要求改革现行国际货币体系的呼声日高。国内应对危机冲击实施一揽子刺激措施和产业政策,人民币汇率重新盯

---

① 戴乾定. 关于货币自由兑换问题[J]. 国际金融研究,1993,(2).
② 肖清. 人民币走向可兑换货币所涉及的几个问题[J]. 国际金融研究,1993,(2).
③ 陈彪如. 迈向货币的自由兑换[J]. 国际金融研究,1994,(1).
④ 姜波克. 人民币自由兑换论[M]. 上海:立信会计出版社,1994;姜波克等. 人民币自由兑换和资本管制[M]. 上海:复旦大学出版社,1999.
⑤ 高海红. 货币可兑换性的条件和国际比较[J]. 改革,1995,(2).
⑥ 刘光灿,孙鲁军,管涛. 中国外汇体制与人民币自由兑换[M]. 北京:中国财政经济出版社,1997.
⑦ 李扬,殷剑锋. 开放经济的稳定性和经济自由化的次序[J]. 经济研究,2000,(11).
⑧ 周小川,谢平等. 走向人民币可兑换[M]. 北京:经济管理出版社,1993.
⑨ 周小川,杨之刚等. 迈向开放型经济的思维转变[M]. 上海:上海远东出版社,1996.

住美元,政策环境发生阶段性转变。然而在金融开放领域出现前所未有的新局面:政府大力推进跨境贸易人民币结算,香港人民币离岸市场快速扩容,建立人民币回流机制反转要求资本账户加速开放。

一些专家和官员认为,上述形势演变正在呈现中国金融开放的新蓝图与新路径。在金融危机为人民币国际化提供历史机遇的背景下,以跨境贸易人民币结算为抓手,以香港离岸人民币市场发展为杠杆,加快推进资本账户开放并反转推动或"倒逼"国内金融改革,人民币国际化—资本账户开放战略(下文简称"国际化—开放")将是我国金融系统完成转型的优先目标,甚至可成为推动经济体制全局转变的优先目标和"改革推进器"(博源基金会,2011;中国金融四十人论坛,2012;中国人民银行调查统计司课题组,2012)[①]。

不过也有学者提出一些质疑和批评(殷剑锋,2011;余永定,2011;张斌和2011;余永定,2012a;余永定,2012b;张斌、徐奇渊,2012)。[②] 从公开发表的著述和资料看,争论主要集中在如何看待人民币国际化机遇与相关对策,如何看待通过贸易结算和离岸市场方式推进人民币国际化具体策略,如何看待加快国内资本账户开放问题和如何协调金融开放与内部改革关系等几个方面。

在本文所涉及的金融开放与内部改革关系上,"国际化—开放"派也赞同二者需要协调互动,不过在具体分析内容上对"国际化—开放"无疑更为重视,对国内金融改革问题或给予一般介绍,或认为改革进程无法较快推进,因而金融开放如坐等内部改革条件满足将遥遥无期。"国际化—开放"派一般认为开放"有助于形成对国内一系列改革(包括汇率、利率、金融市场创新)的倒逼机制"。质疑论者与"国际化—开放"派有取向差异。他们认为应给予国内金融改革更为优先考虑,强调对倒逼机制作用不应过于乐观;担心如果金融开放激励机制有偏,实施结果可能反而会派生新的不利于国内金融改革的利益集团。

近年围绕人民币国际化开放与国内金融改革关系的争论,涉及相当复杂丰富的内涵。本文不全面评论所有问题,而是集中探讨从货币可兑换长期进程视角看,我国资本账户开放进程与经常账户开放比较为何更为曲折复杂,并表现出不少始料未及的问题和困难?为什么早年关于货币兑换条件广泛接受共识发生认识分歧,并在国际化开放与内部金融改革优先度问题上引发学界热烈争论?笔者认为理解上述因素需要结合考察"三新"因素影响:人民币升值趋势新挑战,金融抑制积弊难除新困难,外部环境危机剧变新格局因素。下面依次分析考察这几方面因素及其影响。

---

① 博源基金会.人民币国际化:缘起与发展[M].北京:社会科学文献出版社,2011;中国人民银行调查统计司课题组.我国加快资本账户开放的条件基本成熟[J].中国金融.2012,(5).

② 殷剑锋.人民币国际化:"贸易结算+离岸市场",还是"资本输出+跨国企业"?——以日元国际化的教训为例[J].国际经济评论,2011,(4);余永定.再论人民币国际化[J].国际经济评论,2011,(5);张斌.中国对外金融的政策排序——基于国家对外资产负债表的分析[J].国际经济评论,2011,(2);余永定.从当前的人民币汇率波动看人民币国际化.中国社会科学院世界经济与政治研究所国际金融研究中心(RCIF),Policy Brief No. 2012006,2012-02-06;余永定.中国资本项目自由化之我见.中国社会科学院世界经济与政治研究所国际金融研究中心(RCIF),Policy Brief No. 2012025,2012-04-25;张斌,徐奇渊.汇率与资本项目管制下的人民币国际化.中国社会科学院世界经济与政治研究所,中国外部经济环境监测(China External Environment Monitor)《工作论文系列》,2012002,2012-03-05.

三、人民币汇率升值趋势新挑战

首先看我国生产率追赶"先慢后快"与人民币"先贬后升"规律的影响。大体从20世纪90年代中期开始,我国国际收支摆脱传统发展经济学"双缺口"模型理论预测形态,开始出现趋势性扩大的双顺差现象,本币汇率出现低估失衡。东南亚金融危机短期冲击使这一特点缓解,甚至一度出现对人民币汇率贬值的担忧,但随着危机过后区域和全球经济重新较快增长,我国顺差失衡和汇率低估问题进一步加剧。由于种种原因,我国倾向于坚守实行或盯住汇率政策,伴随图1显示的外汇储备规模超常增长。

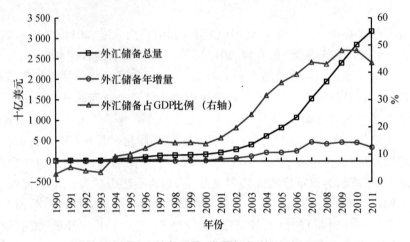

图1 中国外汇储备总量、增量与占比(1990—2011)

顺差失衡持续扩大与升值压力持续存在在相当程度上是一回事。虽然对此有层出不穷各种各样的解释,但根本原因在于生产率追赶必然派生的本币趋势性升值要求。图2和图3数据显示,用制造业衡量的我国可贸易部门生产率自身增长和相对于发达国家的相对增长轨迹,都呈现出20世纪90年代中期以前增速缓慢甚至没有相对增长,但是随后绝对和相对增速提升,并出现快速追赶的局面。

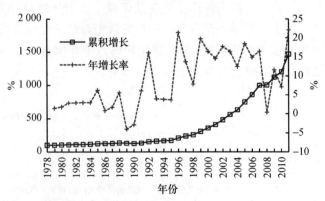

图2 中国制造业劳动生产率增长(1978—2011,1978年=100)

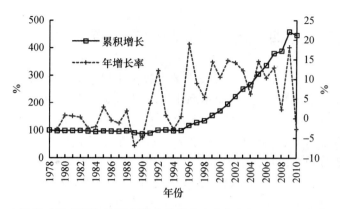

图3 中国相对于 OECD 国家制造业劳动生产率(1978—2010,1978 年 = 100)

依据巴拉萨效应假说,可贸易部门生产率持续追赶派生实际汇率升值压力,进而又可以分解为名义汇率升值(外升)与通货膨胀压力(内贬)的置换组合。给定管好货币与控制通胀目标,需容纳人民币名义汇率趋势升值。因此可贸易部门相对追赶"先慢后快"轨迹,从根本上规定了人民币升值的长期性趋势。"生产率追赶—实际升值要求—盯住汇率政策—汇率动态低估"这一组连接微观与宏观、内部与外部的经济变量关系,构成新一轮景气成长时期开放宏观经济运行基本特征的最重要的制约因素,也是认识中国开放经济增长新阶段具体规律的关键环节。这对我国晚近时期资本账户开放与货币可兑换进程具有直接和间接影响。直接影响表现为新带来的认识和实践两方面的困难,间接影响则与后面讨论的晚近时期金融抑制的新特点和外部环境演变有关。

新挑战首先表现在认识方面。有关学术研究与政策讨论,分析汇率市场化对货币自由兑换前提性条件关系,侧重考虑的问题是汇率高估和人民币贬值可能带来的挑战。上述周小川的有关著述对此问题阐述得最为明确和透彻,提出要在认识人民币贬值规律的基础上推进汇率改革,进而为人民币自由兑换创造必要条件。本币面临趋势性升值压力,对我国则属于比较新的问题。实践证明,与贬值问题比较,增加汇率弹性接纳趋势性升值要求似乎更难达成共识。这对我国真正实施有管理的浮动汇率体制以及动态调整国际收支造成深层制约。①

在政策实践层面,在汇率趋势性升值和实际动态低估环境下,资本流入和流出面临新的不对称压力,给资本账户开放引入新困难并塑造开放进程的具体特征。对于一般发展中国家以及我国早年情况而言,较多的担心在开放经常和资本账户后资本流出加大而流入减小,政策设计较多考虑保证资本净流入数量并掌控足够外汇资源。然而我国新时期资本回报率较高,加之本币动态低估,流入资本投资收益较高,流出资本投资收益较低,从而面临资本流入大于流出的压力。资本账户开放面临流入与流出难平衡的困难。以证券投资为例,QFII 引入十年来投资回报可观,年均收益率接近 10%;QDII 实施以来,不仅配额利用率较低,而且投资回报总体不佳,亏损面较大。

---

① 笔者在"汇改为何这么难"(《十年十人谈》,搜狐财经,2012 年 3 月)一文中列举我国允许汇率升值调整面临的五个方面的困难和障碍。

四、金融抑制积弊难除新困难

20世纪70年代金融学和经济发展文献中提出金融抑制概念,指出政府对金融市场施加利率管制及其他干预措施,从而不利于国内储蓄顺利有效地转化为投资,不利于经济发展。金融抑制有诸多表现形式,如利率管制可能伴随过低实际利率甚或负利率,高额法定存款准备金率要求,金融行业竞争不充分,政府实行信贷数量控制,等等。

在早年关于货币自由兑换前提条件的讨论中,逐步减少和消除金融抑制现象是被广泛接受的共识。周小川等曾阐述自由兑换需要通过改革消除金融抑制观点(周小川等,1996)①。姜波克等(1999)②指出,"(资本账户开放)好处的实现有一重要前提是国内金融体系不存在金融抑制,能很好地在投资项目间配置储蓄"。如果要放开资本账户,"那么国内金融体系必须提供与国外银行相近的服务,以保持其竞争力",否则会增加银行和金融系统发生危机的风险。

20世纪90年代以来,中国政府坚持市场化改革方针,在改革和消除计划时期遗留的金融抑制制度和政策方面做了大量工作并取得成效。然而观察晚近十年我国金融系统和宏观经济运行的实际状况,情况仍不能使人乐观。旧的金融抑制现象尚未彻底根除,新的金融抑制问题又不断出现,导致金融抑制程度总体可能并未减少。

例如,利率作为最基本的金融和宏观调节手段虽已得到经常运用,但在运用频率和灵敏度上仍然相对滞后和呆板。图4比较了我国与部分市场经济国家和经济体利率变动与CPI表示的通胀压力变动的关系。经验证据显示,我国利率相对CPI调节相对弹性只有0.24,不到其他国家的平均弹性的1/4。利率调节的相对呆滞性意味着利率仍受到过多管制,与实现动态均衡利率基准可能还存在不小差距。

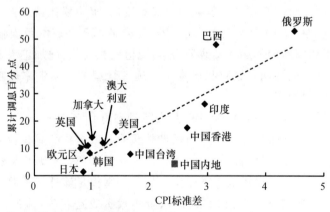

图4 若干经济体政策利率变动与CPI变动关系(2000年1月—2010年5月)

在间歇性宏观经济偏热和通胀压力背景下,受到上限管制的存款利率导致银行普遍存款负实际利率。图5显示过去十余年(2001年1月—2012年4月)共136个月中,76

---

① 周小川,杨之刚等.迈向开放型经济的思维转变[M].上海:上海远东出版社,1996.
② 姜波克等.人民币自由兑换和资本管制[M].上海:复旦大学出版社,1999.

个月是负实际利率,比 60 个月份的正实际利率多出 27%;负利率绝对值峰值 -4.2%,也超过正利率峰值 4.0%。可见,存款负利率一定程度上成为常态性现象。这显示利率价格扭曲和金融抑制现象仍显著存在,并对国民收入分配产生明显消极的影响。

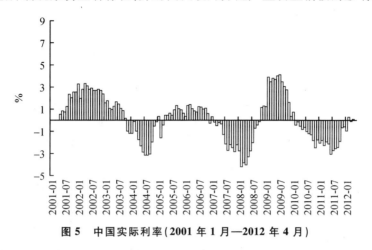

图 5　中国实际利率(2001 年 1 月—2012 年 4 月)

在金融抑制背景下出现货币过度扩张和经济过热与通胀压力后,宏观管理部门虽在一定程度上利用价格参数进行总量调节,同时又不得不较多采用数量控制和行政干预手段。我们 2010 年做的有关研究报告,归纳了 24 种宏观调控工具,大部分都属于数量型、产业型和行政干预型手段。如果把最新一轮宏调时采用的房地产直接限购等干预措施考虑进去,宏调干预多样化和微观化表现清单还在继续加长。

进一步观察还可发现,新时期这类干预措施与晚近时期内外环境演变存在联系,考察分析这方面问题,难以回避人民币升值趋势因素的影响。从具体发生机制看,新生代金融抑制措施较多是在本币汇率趋势性升值背景下为应对宏观过热和通胀失衡背景下推出的,新时期货币过度扩张和通胀特殊发生机制与目前金融抑制特点具有内在联系。

观察过去十来年开放宏观经济运行提供的实践经验证据,我国当代金融抑制发生机制和表现特征已比较清楚。首先,是新时期顺差失衡,导致积累过量外汇储备和货币大规模超发,央行资产负债表过度膨胀。其次,是央行对冲操作客观上会内生金融抑制扭曲。为保币值与防通胀,央行努力用不同手段对冲外汇资产过量积累对国内货币供给与宏观稳定的负面影响。

从央行具体操作看,两个政策工具对此发挥关键作用。一是提高准备金比率,如最近紧缩调控法定准备金率达到 21.5% 的高位,而超高准备金率客观上有加重金融抑制的效果。二是发行央行票据回笼资金,几年前未到期央票累计余额曾超过 4 万亿元。为了保证央行发行央票利率不会对央行潜在损益表带来过多不利影响,央行在利用利率应对通胀上面临制约。超高准备金率政策环境下,央行在要求商业银行直面市场利率竞争方面也可能有所顾虑。可见,在本币趋势升值背景下维持动态低估汇率内生出一些具有当代特色的金融抑制现象。

微妙之处在于新时期金融抑制和管制干预现象虽与计划体制下数量控制和行政干预存在渊源关系,然而由于是以"宏观调控"的新面目出现,其固有的非市场属性不再如早年那样直接而鲜明地表现出来。相反,由于大家都认同市场经济需要宏观调控,大量诉诸宏观调控的金融抑制和管制措施似乎表面具有经济合理性。甚至在学界一些讨论场合这类现象可能会在"中国模式"或"中国特色"概念下得以褒奖和赞扬。从这个角度看,要在改革目前金融抑制和过度管制问题上达成共识面临新的特殊困难。

五、外部环境危机剧变新形势

2008年爆发的国际金融危机引发中国和国际社会对现行国际货币体系运行机制和局限性的反思,对人民币国际化提速产生客观助推效应。危机后发达国家实行的超低利率政策与正常快速增长环境下中国利率形成的常态性利差,对资本账户开放构成新的约束。

国际社会对现行国际货币体系缺陷深入反思客观上提升了对人民币国际功能的需求,对中国出台人民币国际化政策产生推动作用。危机爆发后,国内学术界一度热议通过改造 SDR 来建立和培育超主权货币,以求根本解决现行国际货币体系问题。在政策层面,我国积极推动人民币跨境贸易结算。2009年4月国务院决定在五城市开展跨境贸易人民币结算试点并于同年7月付诸实施,随后两年香港离岸市场人民币存款规模增长十余倍达到6 000多亿元规模。规模急速膨胀的离岸人民币要求建立回流机制,实际上要求加快资本账户开放,形成学界关于金融内外改革优先序问题讨论的背景。同时,中国和一些国家货币互换的动机加强。早在21世纪初,中国人民银行陆续与俄罗斯、越南、尼泊尔等六国签署了本币结算的边境贸易协议。随着时间的推移,本币互换协议开始升级,不再局限于边境贸易,而推广到正式贸易和投资。截至2012年年初,已有14个国家和地区的管理当局与中国人民银行签署了双边本币结算协议,涉及金额1.3万亿元人民币。

中外常态性利差格局,对资本账户快速全面地开放构成新的制约。图6和图7显示了常态性利差的新形势。图6比较中国与主要发达经济体央行的基准利率,其中中国采用的是存款上限基准利率,如果采用贷款利率平均大体会向上平移300多个基点。金融危机前中国的政策利率与发达经济体的相对水平高低互见,金融危机后国外利率跳水并

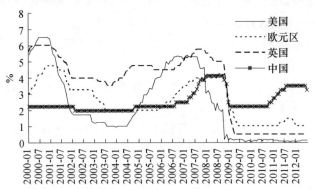

图6 中国与部分发达经济体官方利率比较(2000年1月—2011年6月)
数据说明:美国采用的是美联储联邦基金利率,欧元区采用的是欧央行 Main Refinancing Operations 的标准利率,英国采用的是政策基准利率,中国采用的是1年期存款利率上限。

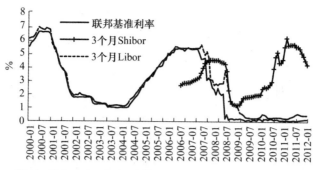

图 7　Shibor 与 Libor 比较(2000 年 1 月—2011 年 6 月)

固守准零利率低位,中国的政策利率则随着宏观经济波动显著波动,由此形成内高外低格局。图 7 比较中国上海银行间 3 个月拆借利率(Shibor)与伦敦美元市场 3 个月拆借利率(Libor)。从图中可见,Libor 与美联储基准利率通常高度相关与贴近,与 Shibor 走势比较同样显示我国与外国货币市场呈现内高外低的结构性利差的格局。

如果说发达国家超低利率是其经济基本面疲弱以及政府为减轻债务压力人为制造通胀的机会主义动机驱使的结果,中国利率比较而言大体在正常区间,反映出中国经济较快增长与较高资本回报率等基本面条件与美欧有实质性不同。中国工业资本回报率过去十几年趋势性上升,金融危机后不同程度超过日本和美国的类似指标。虽然美国资本回报率仍然不低,然而是在通过"外包"扩大剔除利润较低的经济活动才能得以消极维持的结果,与中国在资本存量快速追赶背景下资本回报率提升不可同日而语。由此可见,内高外低的常态性利差可能并非短期现象,而是在一段较长时期可能持续存在的"新常态"结构特点之一。

还可以从人民币与美元利率平价难以成立的角度讨论目前存在的结构性利差。可定义香港人民币和美元利率平价公式:

$$1 + r_{USD} = \frac{\text{spotbid}(USD/CNH)}{\text{forwardask}(USD/CNH)}(1 + r_{CNY}) \tag{1}$$

其中 $1 + r_{USD}$ 是美国 1 年期国债的利率,$1 + r_{CNY}$ 是 1 年期 Shibor 的利率,spotbid(USD/CNH)表示香港离岸人民币即期汇率买入价,forwardask(USD/CNH)表示香港离岸人民币 1 年期远期汇率卖出价。

图 8 显示了 2011 年美元利率与离岸人民币抛补利率,二者之间存在很大差距,显示利率平价条件不能满足。这方面比较结果不仅提示中国与外国利差较大事实,也显示中国资本管制虽面临困难但并未失效。考虑人民币抛补利差远离平价背后的结构根源,很难相信快速放开资本账户能得到总体合意效果。

全球金融危机为改革完善现行国际货币体系提供新动力,也为中国顺势推进人民币国际化提供历史机遇。针对内外形势发展和市场主体需要,政策面顺势推进人民币国际化进程是正确的。不过一国货币国际化发展程度,最终毕竟是市场选择与历史演化的结果。把有关人民币国际化的宏大叙事命题转化为具体行动方案时需更加重视务实原则。常态性利差这个新因素,可能会对我国资本账户开放路径和策略产生较长期和深刻影响,需要持续观察分析与动态评估。

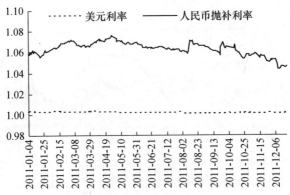

图 8 CNH 相对 USD 1 年期抛补利率(2011 年 1 月 4 日—2011 年 12 月 6 日)

六、小结与政策含义

本文在简略观察我国经常账户与资本账户可兑换进程基础上,梳理学界对金融内外改革关系问题的认识共识及其变化,侧重考察人民币汇率趋势性升值压力展开、新时期金融抑制积弊难除、国际金融危机后常态性利差约束等三方面因素对我国资本账户开放以及人民币国际化进程的影响。初步看法是,对于中国这样的大国金融系统性转型过程而言,内外改革配套关系以至在一些关键领域先内后外的顺序关系可能确实具有某种程度的客观性。直面现实新挑战,应将国内金融与开放宏观政策架构改革置于更优先的位置,同时推进资本账户开放并呼应人民币国际化诉求。

一是应加快推进以汇率与利率市场化为关键议程的国内金融改革,从而为资本账户充分可兑换和人民币国际化创造更为充分的前提条件。首先,应尽快实施汇率改革。目前中国制造业劳动生产率只有美国的两成,从巴拉萨效应角度看,如未来我国可贸易部门生产率追赶持续展开,仍可能会内生出本币实际升值要求,深层汇改问题仍难以回避。关键是限制央行汇市干预,以求在体制上兼容人民币趋势性升值要求。其次,应在允许存款利率上限上浮的基础上,通过逐步扩大存款上限的上浮区间和扩大贷款利率下限的下浮区间,加快实现利率市场化目标。利用目前经济增速走缓的时间窗口,松绑早先行政干预与数量管制,瘦身央行资产负债表,逐步减少金融抑制,完善开放型市场经济总需求管理政策架构。

二是有序推进资本账户开放。优先推动国内金融改革,并非意味着资本账户开放必然需要原地不动消极等待。积极放开对直接投资特别是对 ODI 方面不必要的管制和限制。随着国内资本市场改革的推进逐步开放证券投资。在国内金融改革大体完成、"结构性利差"条件显著改观后,再考虑审慎放开货币市场等短期资本账户目。

三是顺势呼应人民币国际化要求。一国货币国际化,本质上是经济和制度的自然演化过程,政策面应顺势而为与积极呼应。可积极呼应企业对人民币外贸结算的微观诉求,积极回应国际财经合作对双边货币互换安排的需求,积极配合外国央行选用人民币作为储备货币的需求。不过都无须刻意追求,也不必操之过急。中国如能成功深化改革,保持经济持续追赶,人民币国际化最终会水到渠成。

追赶—危机—变革:
国际货币演变历史透视与现实改革*

卢 锋

北京大学中国经济研究中心教授

美联储应对危机实行数量宽松政策,显示美国通胀与美元贬值风险上升,激发对现行国际货币体系特别是储备货币安排的新一轮质疑与改革呼声。中国作为美国最大债权方,2万亿美元外汇储备中估计大半投资于美元债券,美国物价与美元汇率走势对我国影响很大。在2009年"两会"记者招待会上温家宝总理表达了对巨额美元资产安全的担忧,4月周小川行长发表署名文章阐述改革国际货币体系思路,中央电视台也就此问题推出多集专题电视片,这些均标志这一问题超出了狭义学术范围,成为学术界、政界和媒体共同关注和探讨的问题。

国际货币体系通常是比较冷僻的专门领域,各界热议这方面问题,从一个侧面反映了我国开放发展取得了阶段性成功,也折射出我国经济成长新阶段的新矛盾和新困难。目前国际货币体系发生了什么问题?出现问题根源何在?我们有哪些应对方式选择?什么选择能更好地实现我国经济开放追赶和全球经济持续增长的长期利益?深入反思和探讨这些问题具有重要政策和认识意义。

目前讨论大多从储备资产安全出发阐述国际货币体系改革必要性和途径。储备资产安排是国际货币体系三大支柱内容之一,从这一角度探讨确有必要性与合理性。在给定我国持有庞大储备资产的背景条件下,这一分析思路尤其具有务实性和现实意义。然而对这一重大而深刻的问题,还需要从不同角度深入讨论。本文试图在反思目前国际货币体系危机及其根源基础上,从经济追赶与国际货币体系演变关系的历史视角入手,分析现实改革议程以及我国面临的选择。

首先要进一步探讨现行体系存在的问题以及改革建议的逻辑。不难理解,一般性地批评国际货币体系弊端,不足以揭示目前问题的本质内涵。对国际货币体系稍有常识的

---

* 摘自第17次报告会(2009年4月25日)。

人大都了解,国际货币体系铸币税分配客观不平等;国际货币基金组织作为现行体系重要机构,其本身治理结构存在历史局限,应对不同国家国际收支危机存在标准不一的偏差;主要储备货币国政策设计往往优先考虑其内部目标,难以做到内外目标协调平衡;等等。然而这些问题或一直存在,或在更早历史时期表现得更为突出。如果仅仅用这些长期存在的问题,来解释现实特殊困难和危机,并作为改革方案依据,立论逻辑显然缺少足够的说服力。

从储备资产角度讨论改革必要性确有道理,然而对学术界有关分析观点背后的逻辑推论,也还需要进一步梳理和探讨。我国巨额外汇储备确实存在风险,如何降低风险和损失具有重要意义。然而风险是否源自美国应对危机的数量宽松政策,美国实行这类政策是否与现行国际货币体系的缺点具有必然联系,也可以从不同角度反思和探讨。一国经济面临资产负债表危机时,货币当局和政府宏观管理部门可以并且需要采取包括零利率和数量宽松在内的超常政策加以应对,这是当代经济学界研究大萧条历史和日本20世纪90年代危机经验所形成的分析看法。这一观点在美国主流经济学术界具有较大影响,甚至形成一定程度的共识,从而在这次危机应对政策设计中产生重大影响。近来不仅美联储实行数量宽松政策,英国和欧元区也实行类似政策,日本则在应对90年代危机时就实行过类似政策。数量宽松政策成效存在不确定性,这类政策及其背后理论依据需要接受实践检验,然而这类措施本质上是宏观政策,与特定国家货币在国际货币体系中的地位,甚至与开放宏观经济环境,似乎都不注定存在必然联系。

有关数量宽松政策必然导致严重通胀推论,虽存在逻辑依据,也有进一步思考的空间。数量宽松意味着向经济系统注入大量基础货币,如果随着宏观经济环境变动仍任其在系统内流通,必然导致未来通胀压力加大。好比说我国2009年年初"天量货币信贷"增长如果继续下去,并且中国人民银行不加调控,必然会导致严重通胀的推论一样。这类推论无疑正确,然而建立在货币当局未来停止运作,或者央行应对政策发生重大失误前提假设之上。问题在于美联储与中国央行一样,从自身利益考虑会紧盯形势变动调整其政策,最终结果不仅取决于特殊危机形势下数量宽松政策,更取决于决策部门随后应对能力和举措。

数量宽松直接目标是要抑制和化解通货紧缩压力。认为这一政策必然导致未来严重通胀,需要假设这些政策能很快成功解决通货紧缩压力,还要假设未来货币当局无所作为或操作失当,这些都有可能,不过也都是有待观察验证的推论,而不是一定会发生甚至最可能发生的前景。也有评论人士认为美国会出于对外国投资方攫取通胀税的动机而蓄意实行通胀政策。如果这类新版阴谋论真有道理,那么我们也许一开始就不该买进美元资产,因为美国人随时可以打通胀牌,无需数量宽松政策作铺垫。

最后看美元贬值对我国储备资产安全的潜在风险问题。与通胀风险存在较大变数不同,美元对人民币贬值的风险早已并且会趋势性存在。汇率风险本质上并非源自目前危机冲击,也并非数量宽松政策使然,而是中国经济快速追赶及其导致中美两国可贸易部门相对竞争力动态演变的结果。当我们用超常速度买进数以万亿美元外汇资产时,这类汇市干预行动至少在客观上就定义性地规定了这些资产会与生俱来地面临其标价货币汇率发生贬值所带来风险,目前危机只不过使这方面风险更清晰地表现出来,或许会成为潜在风险转变为账面损失的现实途径。回顾前几年国内学术界对国际收支失衡和汇率改革的讨论,"外汇储备危如累卵"的评论仍如音绕梁。

在这个意义上,国内近来有关国际货币体系改革的讨论,与前几年人民币汇率和国际收支失衡的讨论也存在联系。反思现行体制问题,不仅需要批评外部储备货币制度性安排及其在满足合理储备资产需求方面存在的问题,也应结合反思我们累积空前过量规模储备资产的经验教训。探讨未来改革思路,立足点不应是再造过度依赖外需并伴随储备资产过量增长的内外失衡增长模式,而应探讨如何通过改革调整创造储备需求合理化的内外均衡发展模式。无论从简单逻辑还是从实际经验观察,"国际货币体系"并不等同于"外国货币体系",并不能完全外生于一个正在快速追赶的13亿人口大国的相关体制和政策选择。

依据上述理解,"CCER开放宏观经济研究组"调整视角探讨目前国际货币体系改革问题。特点在于侧重从经济追赶与国际货币体系关系角度观察货币体系演变规律,在此基础上阐述中国与一批新兴国家当代快速追赶构成目前国际货币体系变革诉求的深层动力,并从不同改革方案最终应最大化满足中国经济持续追赶这一根本目标角度加以分析评估。作为这项研究的部分初步结果,本文主要讨论以下几点看法,后续论文将报告有关数据并展开讨论。

第一,特定环境下产生的国际货币秩序随历史条件改变面临危机并发生变革,近现代世界经济与货币体系经历的三波追赶、危机、变革中,后起国经济追赶是基本推动力。第二,最近改革国际货币体系呼声大振,直接原因在于危机凸现现行秩序弊端以及G20峰会前后各国话语权竞争,深层根源则是中国等国追赶重塑全球竞争版图,派生对国际货币体系调整改革诉求。第三,一个有关国际货币运行的全面调整改革议程,需要同时考量储备资产创新与制度建设、各国汇率政策优化与协调、改进国际收支失衡调节机制等系统性内容。第四,目前讨论的几种改革思路具有互补性,然而我国占优策略应是在推动经济持续追赶的同时做大做强人民币。

一、国际货币体系定义与简史

国际货币体系是指为满足国际商品、劳务、资产等交易活动对货币计价、支付、清偿、储值等媒介性功能要求所形成和建立的规则、程序、组织机构及其运行机制等广义制度安排的总和。

为发挥国际交易媒介或流动性功能,一个国际货币体系至少需要回答三方面基本问题:一是货币兑换比率与规则。只有通过各国货币兑换才能实现国际交易,汇率制度安排在国际货币体系中占据中心地位,甚至被看作是国际货币体系狭义定义的全部内容。二是国际收支调节机制。国际收支大体均衡是国际交易平顺持续进行的前提。国际收支调节机制是指国际货币体系设定如何采用包含汇率在内的各种手段达到国际收支平衡的机制方法和途径。三是储备资产选择构成问题。保证国际交易支付过程平稳进行,需要选择一种或若干流动性较强货币作为所谓储备资产货币,因而派生储备货币安排问题。

从逻辑上看,国际贸易和其他越境交易活动一旦发生,必以存在某种形式国际货币媒介和支付功能为前提。在这个意义上,国际货币体系某些要素和功能客观存在,应与人类跨国交易活动一样古老。然而更早历史时期国际交易普遍性和重要性程度较低,相应国际货币因素及其媒介功能发挥具有局部性和偶然性。一般认为19世纪末叶近代经济全球化高潮阶段,才出现比较完整意义的国际货币体系,至今已大体经历三个演变时期。

一是金本位(gold standard)时期。虽然英国19世纪初就实行金本位,然而需要主要国家同时实行金本位并在此基础上进行大规模国际交易,才算进入比较系统成熟的金本位时代。一般认为,19世纪70年代到第一次世界大战前是比较典型的金本位国际货币体系时期,它与近代经济全球化高潮互为因果。二是金汇兑本位(gold exchange standard)或布雷顿森林体系时期。这个在第二次世界大战后建立的凸显美元霸主地位的国际货币体系存在运行不到30年,于20世纪70年代初退出历史舞台。三是信用本位制(fiduciary standard)时期。它以黄金非货币化、美元与黄金脱钩、浮动汇率制为标志,又称牙买加体系,其核心原则和基本架构延续至今。

可以把上述三阶段演变史概括为以美元为主导的格局形成、兴盛、危机、衰落的过程。金本位作为第一个国际货币体系,构成以美元为中心货币体系兴起的前提或母体;布雷顿森林体系是以美元为主导的国际货币体系的全盛期;牙买加体系是该体系经历危机冲击发生实质性转变的中衰期;目前的危机正在推动现行体系进入新一轮的调整变革时期。虽然新体制模式的结构和参数特征,都还有待在未来改革和演化中形成和展现,然而可以推测美元相对支配地位将进一步被削弱,成功实现追赶目标国家的货币将会胜出并增强其国际影响力。

虽然影响货币体系演变的因素纷繁复杂,国际经济发展不平衡规律以及后起国家经济追赶派生的调整推动力,对于国际货币体系演变具有一脉相承的解释作用,因而可以把国际货币体系演变史解读为三次追赶、危机、变革的故事。考察上述进程的一般规律和各自特点,对于从更为广阔的视角理解和把握目前改革议程的本质和内涵并更好地推动其展开,具有实践意义和学术价值。下面依据历史顺序依次考察三次追赶、危机、变革的过程。

二、美国经济追赶与国际货币体系第一次变革

金本位基本原理体现为它对国际货币体系三个问题的独特回答。第一,以金银相对价格作为计价基础,以金银天然单位作为价值衡量单位,并由此决定各国货币兑换比率即汇率。第二,贸易顺差(逆差)派生货币黄金流入(流出),通过物价上涨(下降)和本币实际汇率升值(贬值),自发调节国际收支达到平衡。第三,以黄金作为基础储备资产,当时最发达国家英国的本币英镑等货币被选做主要辅助储备资产。

英镑在金本位货币体系中具有特殊地位。估计1860—1914年世界贸易中约有六成用英镑报价和结算。虽然在金本位时期黄金是基本储备对象,估计约有1/10—1/7可以获得利息的硬通货资产构成国际货币储备资产。英镑在外汇储备资产中占50%—60%

的最大份额,另外两个主要储备货币为法国法郎与德国马克。

英镑的特殊地位是由英国当时一流的经济实力、军事实力以及国际政治影响力决定的。英国最早发动工业革命并实现工业化,是19世纪的"世界工厂"。英国是当时最大的服务出口国,同时也是最大的原料和食物进口国,1860年其进口吸收了全世界30%的出口,到1890年这一比例仍有20%。1900年英国拥有航运能力为3 100万吨,占世界总吨位三成以上。

英国拥有当时规模第一的资本市场优势。伦敦金融市场的流动性和深厚程度,使得外国政府愿意持有相当数量支付利息的英镑标价资产。英国管辖的很多殖民地国家也有利于加强英镑的地位,英国在"日不落帝国"版图内鼓励利用英镑来简化和规范交易。英国金融机构在这些国家设立分支机构,殖民地国家的银行也在伦敦设立机构,由此保持这些殖民地国家的货币与英镑固定汇率,调节汇率失衡需要使得殖民地国家在伦敦保留相当规模的储备资产。

金本位—英镑时代随一战爆发而崩溃。战后英国图谋"中兴",然而未能挽救这一体系在大萧条打击下彻底退位的命运。金本位一战前达到全盛,两次大战期间经历危机与整合,二战后让位于布雷顿森林体系,构成国际货币史上第一次重大危机与变革。有两大基本因素推动了金本位—英镑时代谢幕:一是黄金作为本位货币,其供给数量不能满足经济增长要求;二是美国逐步取代英国霸主地位,国际货币体系需要重大变革以满足国际竞争格局实质演变的需要。

首先看黄金数量不能满足经济增长需要。依据对过去几百年全球黄金产量和存量的粗略估计,并通过与经济活动规模比较来推测黄金供应数量与经济增长对货币需求之间的关系。数据显示,黄金存量从1850年1万吨增长到1910年2.5万吨,增长1.5倍。用美国和欧洲等16个主要国家GDP估计的全球经济同期增长3.6倍。对比而言,GDP与黄金存量比率上升了86%。

考察黄金供应与经济增长关系涉及其他复杂因素。如货币乘数随金融创新增长有助于在给定黄金基础货币条件下扩大广义货币供应,贸易以及对外投资比GDP增长更快以及经济货币化导致货币需求额外增长,这些因素对上述问题会产生不同方向的影响,需要深入研究才能得出更可靠的判断。

金本位时期经常出现一般物价负增长,可以被解释成黄金数量难以满足经济增长需要的更有意义的经验证据。金本位在近半个世纪全盛期中,英美近一半年份处于通货紧缩状态,物价下降幅度最高年份超过6%,通缩时期年均物价下降2.7%—2.8%,通缩时期累计物价下降50%和56%。这一时期英美分别有17和12年发生温和通胀,累计物价上升37%和25.7%,与同期累计通胀相抵后,一般物价绝对下降13%和31%。

其次是如果说黄金供应量不足从消极方面对金本位体系构成挑战,而大西洋彼岸的美国对大英帝国生机勃勃地追赶,则为寻求国际货币体系危机的历史解决方案提供了现实条件。南北战争后美国经济追赶提速,到20世纪初和一战前已超过英国和其他欧洲列强,第一次提供了有比较翔实可靠的数据记录的后起国家成功追赶原有中心国的历史故事。

第一,美国南北战争时的GDP总量和年人均GDP都显著低于英国,但是到19世纪末 GDP 总量超过了英国,到 20 世纪初年人均 GDP 也赶上了英国。二战结束时美国经济总量是英国的 4.7 倍,人均收入是英国的 1.7 倍。第二,1870 年美国出口规模不到英国的 1/3,但是在一战期间赶超了英国,二战期间出口是英国的 10 倍,战后初期仍为英国的 2 倍左右。第三,1914 年美国境外投资总额 35 亿美元,仅为英国 183 亿美元的 19%;二战中,英国的国外资产因为支付战争债务丧失殆尽,1950 年美国有 500 亿净国际投资头寸,相当于同年英国 GDP 的 1.57 倍。第四,1870 年美国官方黄金储备低于英国或法国,进入 20 世纪后则成为拥有最多官方黄金储备的国家,储备量从 1900 年的不到 2 000 万盎司增长到 1945 年的 6 亿—7 亿盎司,占世界份额的七成。

两次世界大战使欧洲列强国力熬耗殆尽。美国在战争中得到了动员国内资源和生产能力的历练,应对大危机提升了政府宏观经济管理的能力,二战结束时美国不仅在经济领域实力雄厚,同时在政治、军事上也跃居为最强势国家。凭借西方世界拯救者和领导者的霸主地位,美国主导设计的布雷顿森林体系应运而生。

三、欧日经济追赶与国际货币体系第二次变革

布雷顿森林体系作为一种金汇兑本位制,对国际货币体系三大问题提供了新的解决方案。一是在黄金作为基本计价单位的基础上,通过"35 美元兑 1 盎司金"使美元与黄金挂钩,规定各国货币与美元大体固定兑换比率。二是在国际收支短期失衡和流动性困难甚至出现危机时,通过调整储备或 IMF 救助应对。同时规定对经济基本面变动导致的根本失衡,可以通过一定程序改变汇率平价加以应对。三是黄金贵金属和美元同时作为储备资产,然而由于战后储备黄金主要集中在美国,因此美元这个主权信用货币实际成为普遍性储备资产。

布雷顿森林体系假设可以借助美国强大经济实力基础上的美元信用获取固定汇率制利益,并通过官方黄金可兑换对美元特权地位构成外在约束。虽然美元的独特地位抢眼并扎眼,从历史角度观察这个不对称体系不过是当时国际经济竞争力分布不对称现实的制度性折射。美国当时的经济实力独步天下,由其国际收支经常账户的单方面转移项目规模中可见一斑:1942—1945 年间,美国单方面转移支付为 400 亿美元,约等于同期美国的贸易顺差和投资收益,为英国 GDP 的 30%—40%。

然而要维持这个高度人为性的体系持续稳定运行,则需要满足多方面难以长期满足的假设条件。一是黄金供应量增长与经济增长大体一致,保证黄金的经济稀缺度或潜在相对价格大体稳定。二是美国拥有并增持充足数量的黄金储备,作为维持这一体系信心的"定海神针"。三是美国潜在总供给或长期经济增长速度与其他主要经济大国大体一致,即排除经济追赶过程发生。四是美国自觉严守宏观稳定自律原则,在内外均衡前提下保证物价持续稳定。在上述假设条件下,美国有可能在维持贸易项目和投资收益巨大盈余的基础上,通过对外投资或/和单方面转移支付,持续向国外流出相当于其经济总量稳定比例的美元资金,从而为外部世界经济增长提供源源不断的美元流动性供给。

实际颠覆这一体系的力量,来自真实世界经济运行朝着与上述假设不一致方向的演变。第一,黄金供应增长不足仍是一个深层问题。1950—1970 年全球黄金存量从 5.6 万

吨增长到约 8 万吨,增幅为 43% 左右;而同期美国实际 GDP 增长约 1.2 倍,德国和日本实际 GDP 大约增长 4—5 倍,美国、英国、法国、德国、日本出口实际增长约 2.6 倍。黄金供应量增长远远低于实际经济交易规模增长速度,会提升黄金相对一篮子商品价格;这时即便美国黄金储备能够与黄金存量规模同步增长,黄金潜在相对价格上升也会导致美元相对黄金的固定兑换比率面临高估失衡问题,导致系统内部不稳定性累积和增长。

第二,欧洲等国和日本对美国经济追赶,逐步改变战后国际竞争力格局,引入颠覆该体系的基础条件。1950—1970 年间,法国、德国、日本制造业劳动生产率的增长率分别是美国同期的 1.69 倍、2.05 倍和 4.53 倍。1950—1960 年英国、法国、德国、日本的经济累计增长幅度都高于美国,相对增长指数英国最低为 128,日本最高为 258。1960—1970 年英国增长幅度低于美国,但是德国、法国、日本相对增长指数分别为 126、154 和 240。从出口增速比较角度看,1950—1960 年德国、法国、日本经济累计增长幅度都高于美国,相对增长指数分别为 117、265 和 680;1961—1970 年三国相对增长指数分别为 130、150 和 220。

第三,由于居民可用纸币兑换黄金这个贵金属制度下政府货币发行的最重要约束机制早已被法律废除,加上美国战后奉行凯恩斯干预理论政策以及宏观政策受政治周期影响等因素,美国战后出现历史上和平时期罕见的显著通货膨胀。布雷顿森林体系时期美国通胀率累计达 50%,高于德国和日本,但是低于其他主要西方国家。即便假定黄金相对价格没有显著下降,并假定最初美元与黄金兑换率与黄金相对价格大体一致,长期显著通胀派生美元对黄金高估压力,并鼓励外国政府抛售美元并置换为黄金以套利。

第四,从美国国际收支结构角度看,1945—1970 年间美国贸易盈余累计 1 000 亿美元,国外投资收入 850 亿美元;同期私营部门国外投资累计 1 228 亿美元,单方面收入转移累计 1 279 亿美元,与美元流入平衡;25 年累计流出约 660 亿美元,加上遗漏项 80 亿美元,共净流出 740 亿美元。1970 年欧洲等国和日本持有美元外汇储备 150 亿美元,主要用于购买美国国债。25 年间美国黄金储备减少 3.5 亿盎司,约等于 120 亿美元。另外,各国在美国累计增持几百亿美元其他种类资产。可见在布雷顿森林体系时期,美国总体拥有强大的私人部门经常账户,然而贸易盈余减少显示相对竞争力下降,无力在保证美元价值预期稳定的基础上实现规模庞大的单方面转移以兑现与其西方世界领导者地位相对应的承诺义务。上述历史事实构成所谓"特里芬难题"的经验基础。

从经济史视角观察,美国战后大规模地单方面转移支付,满足了当时欧洲、日本和美国其他盟友经济恢复成长对国际交易媒介和流动性的需要,客观上对战后西方出现黄金增长期具有积极意义。然而在国际经济发展不平衡的基本规律作用下,美国黄金储备快速耗散,并且不可阻挡地内生出更快耗散的势头,从根本上挑战了各国对布雷顿森林体系的信心。在国际竞争格局实质演变和美国持续通胀的背景下,布雷顿森林体系的"定海神针"日见动摇并趋于坍塌。经历了多次危机冲击后,1971 年美国总统尼克松单边宣布关闭黄金兑换窗口,布雷顿森林体系最终以美国人信誉遭受重大损害的仓皇溃败方式退出历史舞台。

四、中国经济追赶与国际货币体系第三次改革诉求

在历史比较意义上,布雷顿森林体系崩溃后演变而来的当代体系呈现出"多样化"的特点。一是汇率制度政策选择多样化。大体上发达国家较多实行浮动汇率制,发展中国家较多实行固定或钉住汇率制。二是国际收支调节机制多样化,包括汇率通过不同机制变动调节国际收支,通过国内宏观政策调节,IMF参与危机救助和调节等。三是储备资产多样化。美元仍是最大储备货币,马克/欧元、英镑、日元则不同程度地承担了储备资产的功能。

多样化体制意味着各国决策分散化和选择性程度提高。例如与布雷顿体系参与国普遍遵从固定汇率制度安排原则本质不同,当代各国对汇率制度具有选择性,汇率政策设计确定从多边框架外在约束领域转变进入国内政策领域。就此而言,各国特别是主要国家汇率政策选择行动和组合效果,自然构成当代国际货币体系的一个侧面内容,国际货币体系改革也包含主要国家汇率体制和政策的必要调整和改进。与布雷顿森林体系原理和实际情况相比较,储备货币也开始引入某种竞争机制,各国在储备资产选择方式上开始获得一定程度的选择性。

如何看待这个具有多样化、分散化和选择性特征的国际货币体系?首先需要认识到,与任何在特定历史条件下演化而来的制度形态一样,当代体制不可避免地具有自身局限和弊端。例如浮动汇率制可能伴随汇率的大幅起落,对企业和社会经济活动带来调节成本;发达国家和发展中国家在调整国际收支和本币对外融资方面,仍与历史时期类似面临不对称制约机制;IMF等多边机构救助成员国货币和金融危机,在"条件设定"方面片面偏激或/和采用双重标准,一定程度强化发展中国家对储备资产的需求;等等。结合几十年运行的经验和教训,从理论和实践两个层面系统考察当代体系存在的问题,对改革现行体系无疑具有重要意义。

然而从历史视角观察,这一体制也具有某些内在优势与可取功能。例如实行各国自主调整的灵活汇率制,为应对和化解国际收支失衡提供一个重要途径,有助于避免布雷顿森林体系僵硬构架内国际收支失衡的积累和总爆发,也为减少金本位体制下国际收支失衡快速调整伴随宏观紧缩阵痛提供了可能性。储备资产多样化形态与独尊美元的单一化模式相比较,在一定程度上引入了竞争机制,对储备货币国政策构成具有积极意义的约束和影响。

从当代世界经济增长绩效看,过去几十年经济全球化空前发展,一些新兴经济体利用全球化环境成功起飞和追赶。促成这一局面的原因当然是多方面的,尤其是后起国家总结经验教训并选择正确发展战略功不可没,然而也说明现行国际货币体系并非一无是处,而是与当代经济全球化发展在一定程度上具有兼容性。在讨论现实改革议程时,我们也要小心避免"把孩子和脏水一起泼掉"。

从美国作为中心国与外部追赶互动关系的角度看,20世纪最后三十年国际发展不平衡,大体经历两个阶段的演变:一是70—80年代美国继续面临来自日本、欧洲以及东亚"四小龙"的追赶压力,总体处于被动态势,表现为70年代的持续通胀和80年代的外部

失衡压力。二是90年代互联网技术产业革命发生,使美国在前沿创新、企业体制、资本市场方面某些优势得到较好发挥,美国经济再现辉煌,并把欧洲和日本进一步抛到后面。

进入21世纪后全球经济见证新一波前所未有的国际追赶浪潮,中国、印度等一批新兴经济体开始成为追赶的主角。特定新兴经济体未来成长前景及其相对重要性会有不确定性,从观察预测角度讨论也会有不同的观点和分歧。然而从过去一段时期相关国家经济表现的经验证据看,中国目前无疑是新一轮追赶的领跑国。

新世纪最初七八年间,用汇率衡量,中国GDP相对美国规模从12%上升到30%,进出口相对规模从23%上升到69%,固定资本形成相对规模从26%增长到65%。在制造业这个最重要的可贸易部门,2000—2007年我国制造业增加值相对美国比率从16%增长到76%,该部门劳动生产率相对美国比率从6%增长到13%。

目前中国经济发展水平与美国等发达国家比较仍存在很大差距,意味着中国经济追赶的历程仍处于前期阶段。如果内外条件不发生逆转性变化,有理由推测追赶进程在未来一个较长时期将持续展开,构成观察当今经济大时代的主线之一。然而我们同时看到,面对新兴经济体前期追赶,美国作为中心国已经面临外部失衡空前加剧的结构性压力。

美国过去30—40年大体经历了三次较大的外部不平衡。第三次出现在晚近时期,2006年美国的贸易逆差达到8 400亿美元,占其GDP比重高达6.35%,在美国学术和政策界引发激烈争论。过去几年我国国际收支也出现快速扩大局面:季度贸易顺差平均值从1992—2002年的49亿美元,上升到2003—2007年的299亿美元、2005—2007年的474亿美元。加上私人资本账户资本净流入,我国外汇储备从2001年的约2 100亿美元,激增到目前的2万亿美元。这凸显了我国经济增长也面临外部失衡问题。

尤其值得关注的是,中美两国外部不平衡相当程度具有互补对称的镜像关系,构成挑战教科书标准模型假设的经济史奇观。从美国贸易失衡主要伙伴国演变情况看,美国60—70年代贸易顺差减少的原因,包括欧洲对美逆差减少以及OPEC、日本、加拿大对美顺差扩大。80年代第二次不平衡除了受欧洲、日本、加拿大等发达国家和地区顺差扩大影响,东亚"四小龙"和石油输出国的顺差也发挥了重要作用,大体对应欧洲、日本与东亚"四小龙"等国和地区的快速追赶时期。新一轮外部不平衡形成的特点在于,除了欧洲、日本、加拿大与OPEC仍有重要作用,中国成为美国单个最大贸易顺差国。20世纪末以来中国对美国贸易顺差增长大幅提速,2007年达到2 567亿美元,占美国GDP比重1.81%,占美国贸易赤字总额约三成。中美两国外部不平衡的镜像关系一定程度概括和提示了全球经济不平衡的形成机制和当代特点。

美国仍是当今经济实力最强大的国家,美国资本市场在总量规模、金融工具多样性、流动性等方面仍居全球首位,我国大量外汇储备难免比较集中投资在美元资产上。美国国债数据显示,中国近年超过日本成为其最大外国投资国。这次全球危机祸起华尔街,美国经济体系、政策、运行固有的深层问题是危机发生的根本原因。从外部条件看,美国国际收支失衡以及配合这一格局形成的外部全球化环境,也构成危机作为"完美风暴"事件发生的必要条件之一。危机迫使美国等国实行超常救助政策,成为激发目前国际货币体系改革诉求的酵母。

上述简略历史观察对目前改革讨论不无启示。国际货币体系总是适应特定历史需要产生和演化而来,现实改革的根本出发点应在于为中国和新兴国家经济追赶和全球经济可持续增长提供制度条件。目前从储备资产安全角度提出改革思路具有务实性与合理性,然而也需要兼顾和充实汇率体制和国际收支失衡调整等方面的内涵。主要追赶国对形势的分析与政策选择,对未来国际货币体系的调整、重建、改进具有关键影响,仔细评估可选择方案并识别最有利于我国长期追赶与全球经济长期增长的适当策略具有重要意义。

五、改革思路分析与人民币占优策略探讨

针对目前危机形势与国际货币体系问题,有关讨论提出多种应对和解决方案。从我国经济发展与国际货币体系改革关系角度看,至少有四类改革建议需要关注和讨论。

1. 回归金本位:缺乏可行性的思路

金本位作为国际货币体系基石的利益显而易见。一是货币供给受到外在力量控制,因而政府因短期压力滥发货币冲动受到有效的机制性抑制。奥地利学派经济学家倡导货币供给应建立在金本位和银行竞争机制基础上,与其政府授权政治哲学理念相一致,具有深刻思想价值,与媒体有关讨论往往就事论事地简单建言恢复金本位不可同日而语。二是在固定汇率制条件下对国际收支失衡提供一种自动调节机制。从当代开放宏观经济学视角理解,金本位下通过完全放弃货币政策独立性,达到固定汇率与国际收支平衡一致性。三是提供一种超越主权信用的最基础性储备资产,避免以主权信用货币作为储备资产的体制弊端。

从现代经济增长角度看,金本位也有局限性。一是金本位体制下各国货币供应本质上具有内生性,各国以放弃货币政策为代价保证国际收支平衡,通过国内紧缩调整国际收支失衡会伴随经济严重衰退和剧烈阵痛。二是外生给定货币供给体制下,货币供应趋势性不足引入通货紧缩压力,对投资和经济增长带来消极影响,还会使宏观经济由于"债务—通货紧缩"和"金融加速器"效应锁定在衰退加剧状态中难以自拔。三是通货紧缩与总需求不足背景下,各国倾向于实行竞争性贬值政策,试图通过保护主义政策来寻求绝地突围,但是如果各国都采取这类行动,则必然陷入以邻为壑、损人害己的囚徒困境的悲剧。因而回归金本位从总体来看并非现实选项。

2. 世界元解决方案:美妙遥远的理想

从学理角度讨论,如能建立全球中央银行发行世界货币满足国际支付手段要求,应有可能创造巨大利益:一是能够一劳永逸地克服汇率波动问题;二是有可能根据全球宏观经济形势调整货币政策;三是避免特定主权信用货币作为储备货币带来的矛盾和问题。就此而言,世界货币之类的设计无疑是一个美妙的理想。

现实讨论超主权信用货币或承载世界货币特定功能的国际货币安排,可以追溯到布雷顿森林体系建立时提出的与几十种商品和黄金挂钩的"Bancor方案"。这个由凯恩斯

主持设计、代表英国政府提出的世界货币方案未被采纳,最终由美国主导创建以美元为中心的布雷顿森林体系。20世纪60年代末为挽救布雷顿森林体系危机创立的IMF特殊提款权(SDR),第一次在超主权信用基础上创建储备资产。

SDR未能像其设计者所期望的那样挽救布雷顿森林体系。SDR问世不久,该体系即随着美国关闭黄金兑换窗口而解体。在母体废墟中存活下来的SDR,在随后新国际经济环境中功能有限,到2009年G20峰会前仅有300多亿美元规模。然而有趣的是,这个似乎生不逢时的制度安排,日后不断成为人们在面临国际货币危机时寻求应对解救措施的灵感来源。

70年代末被高通胀困扰的美国面临外国抛售美元的巨大风险,于是美国政府与德国等国谈判,试图在IMF框架下建立与SDR本质类似的替代账户,使美元储备持有国可以在避免市场波动情况下置换储备资产。然而德国总理沃克尔上任后铁腕紧收货币,成功治理通胀顽症,替代账户方案胎死腹中。近年讨论中国等国巨额美元储备资产退出途径时,美国经济学家伯格斯坦等人再次提出在IMF设立替代账户方案。

这一思路在G20伦敦峰会前后全面复活并得到前所未有的关注。俄罗斯政府于2009年3月16日发布文告提出设立超国家储备货币,建议评估SDR作为超国家储备货币的可行性与必要性。3月26日中国人民银行行长周小川发表署名文章,建议扩大SDR发行规模,调整定值篮子货币构成比重,探讨赋予SDR在贸易投资中定价、结算和支付职能等。周小川称赞当年的"Bancor方案",认为"其后以怀特方案为基础的布雷顿森林体系的崩溃显示了凯恩斯的方案可能更有远见"。

上述意见特别是周小川的文章在国内外引起很大反响。美国总统和财经高官很快回应,一些国家政要、国际机构要员、国外主流媒体纷纷评论。国内财经评论普遍认为,周小川的文章不仅对国际货币体系改革提供了有价值的新思路,对提升我国在G20峰会前后有关国际货币体系改革话语权也有显著贡献。周小川的一篇短文产生全球轰动效应,从一个侧面显示了中国经济在世界范围地位和作用的提升。

可以从以下几方面解读从SDR入手改革国际货币体系思路的积极意义:第一,扩大SDR有助于拓宽储备资产投资选择范围,对于未来降低中国以及其他持有较大规模储备资产国家受储备货币高度集中带来风险从而提升储备资产安全具有积极而务实的意义。第二,对SDR设计赋予在市场贸易投资场合的计值、结算、支付等超出纯粹储备资产功能,更是代表了把SDR升级为某种超主权信用货币的雄心勃勃的设想,对探索创建未来世界货币之路提供了一个现实的试验性议程。第三,探讨做大做实SDR,客观上为改革IMF治理结构和运行机制提供了契机。

不过也要看到,多边框架下创建超主权国际货币是一个极为复杂的工作,无论是历史上的Bancor方案、现实的SDR、未来的世界货币,都还存在不同层面需要探讨和探索的挑战性难题。例如,世界货币设计需要探讨如何解决本位设计或钉住对象选择问题。当年Bancor方案设想钉住几十种商品,然而过去几十年情况显示,大宗商品供求关系和价格存在较大幅度的周期性变动,不少商品的实际价格趋势下降,如果世界货币真以大宗商品为锚,其币值也会发生很大波动,能否很好实现币值稳定目标存在疑问。

SDR最初与美元一样钉住黄金因而被称作"纸黄金"。布雷顿森林体系崩溃后改为以几种主要货币加权组合而成,功能上类似于"交易所交易基金"(ETF)之类的组合投资工具,实质上不足以构成独立货币,其功能和利益在理论上也可由储备资产国家各自通过组合投资实现。如果拟议中的世界货币试图规避上述局限,改为选择所有商品劳务为名义锚,逻辑上接近于各国同时实行通货膨胀目标制,即便没有世界货币也能通过普遍推荐并由各国切实实行通胀目标制在相当程度上获取其利益。

创立世界货币之类的努力,无疑会在集体行动和利益协调操作层面面临巨大的困难。然而更有本质意义的挑战还在于,世界货币制度创新以国际经济差距显著收敛和趋同为前提条件,操之过急可能会有拔苗助长之虞。从最优货币区原理看,统一世界货币的合意性和现实性,建立在"大同世界""环球同此凉热"假设的基础上。如果民族国家依然存在并且国际人员和要素流动仍面临边境控制,不同国家经济发展阶段和水平悬殊尚未收敛,各国宏观经济周期变动方向或节奏反差较大,这时世界货币调节单一性或普适性与各国经济走势多样性或特殊性可能发生矛盾和冲突,相关计划的现实性与合意性都需要推敲。

当然,"千里之行,始于足下"! 解决现实问题的务实努力,仍有可能与统一世界货币这个美好而遥远的理想存在联系。例如,IMF是布雷顿森林体系时期留下的最重要多边国际货币组织机构,扩大IMF资源规模,改进IMF运行方式,对实现世界货币远景理想可能不无积极意义。扩大和改进SDR是应对目前问题的务实建议,对创建未来储备货币新结构也应有积极意义。由其性质决定,这个领域的改革如周小川的文章指出的,需"从大处着眼,小处着手,循序渐进,寻求共赢"。期望多边机构能很快提供外部有效的解决方案,可能是不现实的。

3. 东亚区域货币:漫长曲折之路

如果未来较长时期无法主要依赖全球中央银行发行世界货币解决国际经济交往对流动性的需求,也不会再出现类似于布雷顿森林体系那样以某个主权信用货币为主轴建立的国际货币系统,改进和完善若干货币竞争供给机制可能是现实改革的主要思路。布雷顿森林体系解体后国际货币体系演变轨迹,显示若干货币竞争供给机制可通过两种路径平行而互补地展开:一是若干主权国家信用货币竞争供给,如美元、日元、前欧元时期的德国马克是这类货币的翘楚;二是一组国家建立区域货币参与竞争供给,如在欧洲一体化基础上创建的欧元。

从中国经济追赶与改进国际货币体系竞争供给模式关系角度看,做大做强人民币与东亚区域货币合作具有突出意义。两个思路具有内在联系。一方面,中国作为最重要追赶国,其本币做大做强并提升国际化程度,会以"近水楼台"效应为区域货币合作提供重要动力;另一方面,依据跨境经济活动通常在周边邻国和地区比较密集分布这个被国际经济学重力模型验证的规律,区域货币合作议程将为人民币国际化提供天然平台和便利条件。不过就其展开机制以及相关选择主动程度而言,两种思路毕竟存在实质性差异,这里把它们作为两个相对独立议程讨论。

20世纪最后几十年东亚经济的追赶派生了区域经济整合程度的提升,但是与欧洲经济一体化伴随区域制度性合作深化不同,东亚经济制度安排缺失形成所谓"区域化而没有区域主义"的特点。这一局面在1997年东亚金融危机爆发后发生重要转变,此后区域主义潮流涌动并趋于加强。在金融货币合作方面最重要的具体成果是签署了区域性货币互换网络的协议,即《清迈协议》,随后出现常规性"10+3对话机制",区域内双边自由贸易区建设也出现活跃发展的局面。

东亚经济制度层面合作不尽如人意,可以从区域经济一体化现状以及政治、历史等非经济因素角度探讨其根由。从实体经济联系紧密程度看,近年东亚(10+3)区域内贸易比重约为35%,比欧盟65%以上的相同指标值低很多。不过这一差异部分由于两个区域贸易占全球比重所致:2007年东亚和欧盟贸易占全球比重分别为23%和38%,调整各自占全球比重因素后的集中度指标东亚为1.5,与欧盟1.76比较,差距缩小到20%以下。

依据最优货币区理论,从宏观经济波动角度考察区域经济一体化程度更为重要。计算区域内各国潜在产出缺口相关系数矩阵发现,东亚13个国家和地区1980—2007年各国家和地区对区域内其他国家和地区潜在产出缺口相关系数简单平均值为0.21,1990—2007年同一指标值上升到0.37,显示区域内宏观波动联系紧密程度有明显提升。欧盟可比指标值分别为0.46和0.57。东亚与欧盟紧密程度差异从超过一半下降到略超过1/3。不过中日两大国各自相关系数很低,如采用以经济规模加权计算的相关系数平均值,东亚宏观经济波动整合性程度会更低一些。

度量和比较不同区域经济一体化程度存在技术困难,初步结果显示在产品内分工和供应链分布微观基础上,东亚地区已经形成一定程度区域性经济联系,不过与欧盟高度发达区域一体化比较仍有相当大差距。可见即便从经济分析角度看,东亚目前制度性合作以及货币合作现状是否以及多大程度滞后于现实需要,还是需要进一步探讨的问题。制约东亚经济区域内制度性合作更为关键的因素,还在于区域内国家和地区与经济体政治关系的历史遗留问题。如中日两个大国互信不足、朝鲜半岛局势紧张、一些邻国之间领土争端有待解决等等,这些非常规经济因素对区域内部制度性包括货币合作进程形成障碍。

值得重视的是,过去十来年东亚经济增长以及近来应对危机的共同努力,使得推动区域合作面临新契机。一是初步区域合作实践使得这一议程得到区域内国家更高的重视,与十年前相比,区域内成员和地区合作共识程度提升,相关实践经验也在积累和增加。二是新世纪新一轮经济景气增长过程中,中国经济相对重要性和影响力快速提升,中国内地与中国香港的经济整合度增强、与中国台湾的关系显著缓和并初步出现良性互动局面,中日、中韩以及中国与东盟的关系也得到不同程度的磨合和改善,这些演变因素为设计和推进区域制度性合作提供了新的有利的参数条件。三是这次应对危机使得区域内国家对加强制度性合作认识进一步提高,某些应对危机措施如中国与部分国家本币互换协议签订,对推进制度合作具有积极作用。东亚区域货币合作以及亚元构想实现也会是长期曲折的过程,然而它可能也应当成为中国推进本币国际化以及设计改革国际货币战略的重要环节。

4. 做大做强人民币:中国占优策略

做大做强人民币是指在全力推进中国经济开放持续追赶的同时,培育人民币逐步成长为主要国际货币之一,并借此推动未来国际货币体系积极演变和改革。其中包含两个相互联系的命题和目标:一是实现中国经济持续追赶的根本目标;二是要以"人民币第一"为原则,着力稳健地推进人民币国际化。

中国等新兴国家追赶导致国际竞争力分布版图变迁,是国际货币改革诉求的深层根源。由于实现持续追赶具有主动在我的相对独立性和可选择性,人民币国际化与国际货币体系改革的其他思路具有兼容互补性,做大做强人民币应是我国占优的策略。

人民币生于忧患。新中国成立后,人民币经历了计划时期曲折的探索。改革开放时期人民币得到初步历练,过去十多年已开始国际化"试水"并取得明显成果。例如,人民币多年前就可以在不少国家的机场小额兑换并实际在境外小规模流通,目前已有几十个国家和地区允许我国居民用银联卡作为境外消费支付手段,近年我国开始人民币外贸结算试点并与若干国家和地区签订相当规模的双边本币互换协议,等等。随着全球金融危机导致内外部环境条件深刻变动,最近人民币国际化呈现活跃探索的新局面。

探索推进人民币国际化进程的意义重大而深远。从中国经济开放成长角度看,人民币国际化有助于降低本币汇率波动对国际贸易和投资不确定性的影响,降低本国企业涉外活动的交易成本;还有助于摆脱在国际融资币种和期限方面所受到的所谓"原罪"约束,降低对大规模外汇储备过度依赖的风险。国际铸币税支付数量变化甚至方向转变,相应具有改进国民福利效果。另外,从"为世界作出较大贡献"的角度看,成功培育一个稳定、强大、具有国际货币素质的人民币,客观上为全球经济发展贡献一项优质的公共品,本身也会推进国际货币体系的改革和完善。

一国货币相对国际地位的高下,由一国经济相对实力的强弱所决定。从本质关系上看,本币国际地位是本国经济发展的结果而非前提。在"人民币第一"理念指导下做大做强人民币,需要研究和解决人民币国际化过程中所面临的很多操作性和技术性问题,然而决定这一战略能否成功以及多大程度成功的根本因素,在于我们能否正视国内经济发展的深层体制和结构问题,通过体制改革和结构调整为经济持续追赶创造条件。

立足国内、练好内功、内外兼修,应当是实施做大做强人民币策略的基本定位。把人民币国际化、国际货币体系改革、中国经济新世纪第二个十年重大改革发展议程等三方面的议程结合起来分析探讨,体现了本文试图阐述的学理和逻辑层面的依据,对全面建构和完善开放型的大国经济体制框架具有重要的现实意义。最后,通过点评人民币国际化要过三道坎,作为反思国际货币改革问题的结语。

一是倒逼人民币完全可兑换进程。道理简明清晰,国际货币地位的形成最终是各类市场主体自发选择的结果,要让市场最终选择人民币,需要为境外居民持有人民币创造更为广泛的资产配置空间,包括逐步允许外国居民通过合法渠道获得人民币回流中国进行投资选择。由此可见,实行人民币国际化战略,需要加快改革和完善我国资本市场,推进资本账户进一步开放,逐步实现人民币比较完全可兑换目标。

二是倒逼更为灵活浮动的人民币汇率机制。"不可能三角"揭示开放宏观经济学基本约束关系:资本流动、货币政策、固定汇率三者不能兼得,必然要选择放弃一条。给定逐步实现人民币可兑换和资本账户开放,考虑对于中国这样的大国来说不可能放弃独立货币政策,过度管制汇率政策将越来越不适应现实经济的需要。无论从巴拉萨效应揭示的经济追赶派生本币实际汇率升值趋势规律的角度看,还是从人民币国际化和开放型经济宏观均衡运行的前提条件看,都需要在总结改革开放时期特别是近年汇率政策经验教训的基础上,加快推进人民币汇率形成机制的市场取向改革,更好发挥汇率作为开放经济基础性相对价格的功能。

三是倒逼组合性体制改革和结构调整。这是为中国经济成功追赶提供持久性动力的最重要保证。从新一轮经济景气与收缩周期的经验和教训观察,以下反思和改革议程具有重要意义:第一,依据三十年改革发展经验和现实条件,重新审视人口、土地、粮食安全等基本国情因素,尽快进行必要认识的转变和政策调整。第二,以破除国有垄断和扩大准入为切入点,为民营经济提供更为广阔的平等竞争平台。第三,推进汇率和利率形成机制的市场化改革,建立和实行通货膨胀目标制,减少宏观调控行政化因素,建立适合开放型市场经济的宏观管理体制。第四,推进公共财政体制改革,建立让广大群众更好分享改革发展成果的和谐社会。第五,参与包括国际货币体制改革在内的全球治理架构设计和建设。

中国的金融市场化改革新浪潮*

张 斌

中国社会科学院世经政所全球宏观经济研究室主任

张斌首先介绍了金融危机后我国金融市场化改革的主要进展,结合国际经验、相关理论以及我国当前经济结构转型需要,解释为何要加快金融市场化改革。基于优化国际投资头寸表和人民币离岸市场发展评估两个视角,他提出对金融开放次序的看法,并强调中国应积极参与国际货币体系和国际金融体系规则修订改革,以创造国内有关改革的良好外部条件。

一、为什么加速金融市场化改革

金融危机后,我国加快了人民币国际化进程,人民币离岸市场发展迅速,短短一两年内香港离岸市场规模从不到 1 000 亿元人民币增至 6 000 亿元人民币。国内的金融理财产品发展迅猛,为投资者和储户提供了新的选择,特别是储户有了更多的机会获得比传统存款收益率更高的投资品,这在一定程度上可以理解为利率市场化进程的推进。2012年,官方有很多的关于金融市场化改革的举措:中国人民银行推进更加富有弹性的人民币汇率形成机制,同时也在尝试推进资本项目的渐进开放;国务院批准建立温州金融实验区;温家宝总理对民营金融机构准入机制发表讲话。总的来看,金融危机后我国关于金融市场化的政策举措不断增加。

为何要加快金融市场化改革?从国际经验看,布雷顿森林体系解体以后,金融市场化改革在发达国家和发展中国家普遍推进。20 世纪 70 年代中后期到 90 年代中期,发达国家和多数新兴市场经济体实现了高度金融市场化。各国金融市场化的内容差别不大,主要包括以下几个方面:取消政府信贷方面的管制、取消利率管制、放松金融业准入、保持银行自主经营、多元化银行股份结构和国际资本自由流动。相比之下,我国的金融体

---

* 摘自第 29 次季度报告会(2012 年 4 月 28 日)。

系很特别。在中国目前这个发展阶段,很多比我国发展水平差的国家,金融市场化程度也比我国高。当然,国际经验是这样,并不必然意味着中国也一定要这样。国际经验只是提供了一个研究视角。中国要不要加快推进金融市场化改革、如何推进金融市场化改革,需要结合理论和中国国情,具体问题具体分析。

从中国目前的情况来看,加快金融市场化改革的主要压力是当前的金融体系与我国经济结构转型要求不匹配,压力从微观和宏观各个层面表现出来。

金融危机之前,我国主要是出口和房地产导向型的增长模式。这种模式下,出口和房地产部门可以天然地提供大量的抵押品,比如出口订单、国外信用证、机械设备和土地等等,这种增长模式对于金融部门风险管理的要求不高。政府和国有银行主导的简单金融服务尽管效率不高,但还是可以基本完成从储蓄向投资的转换,不会成为发展进程中最大的短板。

金融危机之后,出口和房地产主导的增长模式越走越难,需要经济结构的转型。转型主要包括两个核心内容:一是制造业与服务业之间的平衡;二是制造业内部产业升级。发展服务业和制造业升级是未来中国经济增长的核心推动力,但这些产业发展面临的不确定性大,需要反复的试错才能找到合适的模式(举个例子,家门口的小店,往往要经过五六次装修和改换门庭,才有一家能长期经营下来)。另外,这些产业的发展很难提供像样的抵押品,诸如新的市场营销、新的经营理念、专利、技术等软要素的价值很难评估,企业也很难拿着这些东西作抵押从银行拿到贷款。这种新的模式对于金融机构的信息甄别和风险管理能力提出了更高的要求,对更复杂的金融服务提出了要求。政府和国有银行主导的简单金融服务远不足以满足这些要求,必须依靠进一步的金融市场化改革才能让金融服务与产业转型和升级相对接。

宏观层面上,金融市场化改革面临的压力也非常突出。汇率和利率的市场化改革不到位,宏观调控政策处处受制。近十年,宏观经济面临的最突出问题是被严重干预的人民币汇率引发了人民币单边升值预期,并吸引短期资本流入,货币当局被迫购买大量外汇并释放出相应的人民币。由于基础货币投放过量,货币当局采取大量冲销操作(这些操作的有效性倚赖于资本管制政策)回笼货币,并采取提高法定准备金、信贷额度管理等一揽子措施遏制货币总量的增长。这些措施还不够。当快速增长的广义货币对物价和房价形成巨大压力的时候,其他部委也不得不出面干预商品价格,干预具体的投资项目,并采取一系列措施遏制房价进一步上升。历历在目的现实充分说明,如果汇率市场化改革不到位,宏观调控政策将陷入严重的被动局面,维护物价和经济增长稳定将付出超常代价,而且效果不一定令人满意。

二、改革是否应讲求次序

再次回到国际经验上。学术界对20世纪70年代中后期以来世界各国的金融市场化改革作了很好的综述研究。这些研究发现,总的来看金融市场化改革在提高资源配置效率方面有显著改善,但同时也提高了爆发金融危机的概率。金融市场化改革是个高难度动作,到了一定发展阶段不做不行,做错了麻烦很大,需要特别注意其中的细节。最关键的细节就是金融市场化改革的次序安排。

受到学术界广泛认同的金融市场化改革次序是"攘外必先安内"。基本实现汇率和利率市场化改革、基本完成国内的银行业和其他重要金融机构的产权改革、建立具有广度和深度的各种类型的金融市场以及健全的监管体系,优先于资本项目开放。资本项目自由化的目的是优化资源配置和分散风险,如果国内金融市场本身存在比较大的价格扭曲,资本项目开放不仅难以优化资源配置,还可能进一步放大资源配置扭曲,扩大风险。从国际经验看,若采取固定汇率,而资本是自由流动的,很容易招致投机资本冲击,爆发货币危机或者金融危机。出现这种局面,不仅是一个国家内部的问题,也是目前全球货币和金融体系的缺陷使然。国际货币基金组织在很长时间里都在积极地宣传资本项目开放。但是在东南亚金融危机和此次金融危机以后,它们对资本项目开放的态度也发生了显著的变化,不仅不断地提出资本项目开放应具备的国内条件,而且开始认同在某些特定环境下使用资本管制手段保持宏观经济稳定。

这些国际经验和理论研究的结论是不是一定完全适用于中国,还是需要具体问题具体分析。中国目前采取的是一种渐进的、边做边看并从中汲取经验教训的试验式改革。没有可以完全照搬的理论或者国际经验。

三、如何安排次序

对于国内的金融市场化改革,总体情况是改革风险系数相对较低而改革的需求非常迫切,应该加快市场化改革步伐,在多个领域共同推进改革。下文主要讨论涉外金融开放的次序安排。从两个角度展开讨论,一个角度是基于近年的人民币贸易结算和香港人民币离岸市场发展的基本现实,评估改革的次序问题;另外一个角度是以优化中国对外投资头寸表为落脚点,找到与之相匹配的涉外金融开放次序。基于这些讨论,我们认为涉外金融开放过程当中的次序安排决定成败。

允许使用人民币贸易结算和发展香港人民币离岸市场以来,香港人民币存款迅速增长。聚集在香港的国际投资者借此实现了资产结构的重新调整,大量的美元存款转化为人民币存款,美元存款在香港全部存款中的比重迅速下降,人民币存款在香港全部存款中的比重显著上升,港币存款在香港全部存款中的比重基本没变。如何看待这个现象呢?这既可以看作人民币国际化程度的提高,因为境外投资者持有了更多的人民币资产;也可以看作变相的资本项目开放,因为在资本管制的格局下境外投资者获取人民币资产的合法途径有限,有了人民币贸易结算政策和香港人民币离岸市场以后,境外投资者可以更方便地持有人民币资产了。

如果境外投资者突然间大量增持人民币是因为在实体经济当中交易的需要,这样的变化是个好现象。但是根据在香港金融机构的调研,我们发现市场普遍认同人民币升值预期以及人民币和美元之间的利差是驱动投资者增持人民币资产的主要动因。2011年第四季度人民币升值预期发生逆转以后,香港人民币存款立即停止增长,甚至出现了一定程度的下降,这再次说明人民币升值预期对于香港人民币存款变化的强大解释力。

基于人民币升值预期增持人民币资产带来的后果怎样?其一,外汇储备增加,货币当局蒙受财务损失。在当前人民币汇率形成机制下,货币当局是境外投资者的最终交易对手。境外投资者增持人民币、减持美元,与之相对应的是货币当局增持美元外汇储备,同时增加人民币负债。如果人民币升值,货币当局要承受损失;如果人民币负债成本高于美元投资收益,货币当局也要承受损失。

其二,货币当局政策独立性未来面临新的威胁。流出去的人民币目前还缺少回流机制,因此对境内广义货币增长带来的压力不大,还不会威胁到国内的物价和房价。截至目前,人民币国际化举措面临的主要问题还不是威胁货币政策的独立性。但是,随着离岸人民币市场的不断发展壮大,再加上人民币回流机制的增加,境内货币当局会面临新的压力和挑战。一种渠道是部分回流机制下的人民币回流会增加内地货币供应,货币当局面临新的对冲压力;另一种渠道是离岸市场上的汇率变化会改变内地市场参与者对人民币汇率走势的预期,预期的变化会直接改变人民币贸易结算、结售汇、外币信贷等行为,并因此影响到内地外汇市场。

其三,人民币国际化的改革初衷未能实现。升值预期不会长期持续,升值预期驱动下的香港人民币存款增长不可持续。

所有这些不愿看到的结果,不是让贸易商自由选择人民币作为计价和结算货币有问题,也不是让境外投资者持有人民币资产有问题,而是因为汇率形成机制与推进人民币国际化的政策举措不匹配。非市场化的汇率形成机制创造了与市场供求关系不一致的人民币汇率变动预期,扭曲了贸易商和投资者的行为,才会有这样的结果。从这个角度看,次序非常重要。

国际投资头寸表综合反映了我国对外金融财富的状况,这是所有对外经济活动作用的结果。我国国际投资头寸表的问题非常突出,资产方以美国和欧元区的国债和机构债为主,主要是以美元或者欧元计价的资产,且收益率较低;负债方以国外在华直接投资为主,以人民币计价,而且负债成本较高,外商在华投资回报率平均来看在10%以上。从优化中国对外净财富的角度来看,汇率改革、外汇储备管理改革、放松对资本流出的限制可以减少继续的外汇储备积累,提高外汇资产收益,应该放在第一位;人民币国际化和放松短期资本流入的限制,应该放在第二位。如果外汇资产运用得不好,为什么要通过增加人民币负债的方式增加外汇资产呢?

四、国际货币与金融体系改革与中国金融市场化改革之间的关系

建立更加合理的国际货币和金融体系对于中国的金融市场改革至关重要。没有完美的制度,任何一个体系都会有其自身的优点和缺陷,选择国际货币和金融体系的关键依据是它是否与所处的国际经济环境相匹配。现在的问题是在新兴市场经济体崛起、国际贸易和金融一体化快速提高的背景下,现有的国际货币和金融体系与之严重不匹配。

金融危机的爆发集中凸现了这个矛盾。设想一下,如果在国际货币和金融体系的设计当中存在对国际收支失衡的自主性调节机制,如果对大国汇率制度的选择方面有统一的国际标准(比如所有大国都采取统一的有管理的浮动汇率体制),如果在短期跨境资本

流动方面有更加审慎的监管,如果对储备货币发行国有外部纪律,如果在国际最终贷款人机制设计方面更加有效,如此等等,但凡上述如果当中有一个能够成立,金融危机就有可能避免,就算不能避免,危机的后果也不会如此严重。

回想一下,过去二十年国际贸易体系运行良好,关键保障在于世界贸易组织提供了一套基本有效的外部规则。过去二十年国际金融体系频频出现危机,关键原因在于国际货币和金融体系当中缺少适当制度层面的公共品。这不仅仅是某个单独国家的问题。在全球经济高度一体化的今天,每一个国家都很难单独依靠自己的力量把事情做好,在系统出现问题的时候,也不可能由单个国家把事情做好。我们迫切需要全球范围层面的公共品,尤其是需要在国际货币和金融体系方面的制度和规则。这些全球层面的外部制度和规则约束,能够从全局的角度弥补每一个经济体内部的制度和规则缺陷。

国际社会普遍认识到了这个问题。在举行的一连串的G20首脑会议以及央行行长和财长会议上,有大量关于国际货币和金融体系改革的议题。这是非常好的迹象。遗憾的是,迄今为止取得的实质性的进展还不够大。

中国在国际社会当中已经成为举足轻重的大国,中国的意见越来越受到重视。这给中国提供了机会。无论是人民币汇率制度改革,还是资本项目开放,都与国际货币和金融体系规则修订有密切联系。如果面对的是个规则缺失的国际货币和金融体系,中国的涉外金融开放要更加慎重。反之,如果中国能携手其他国家在一些关键的国际货币和金融体系规则方面作出改进,中国推进人民币汇率制度改革和资本项目开放的条件会更加有利。

五、什么样的国际货币与金融体系改革符合中国与全球利益

国际货币和金融体系需要在以下五个方面做出积极调整:第一,主要经济体采取统一的有管理的浮动汇率体制;第二,对经常项目失衡的强制性调节;第三,对系统性重要国家的关键宏观经济指标的约束;第四,对跨境短期资本流动和重要跨国金融机构的审慎监管;第五,建立国际最终贷款人和全球金融市场稳定机制。这些规则的建立会让中国和全球金融市场更加稳定,金融市场可以更好地服务于实体经济,减少金融危机爆发的概率。上述规则对包括中国在内的每个经济体的现行体制都构成了冲击,应该以循序渐进的方式谋求国家之间的共识。

金融危机后的经济复苏一波三折,越来越多的国家面临着刺激经济与结构改革的两难困境,政策选择的余地越来越小。通过完善当前的国际货币和金融体系,可以在超国家层面上改善全球资源配置,这样的调整方式不仅效率更高,而且每个国家因此面临的压力也相对较小。这是全球经济走出困境的最高性价比方案。

现行国际货币体系的问题与改革*

施建淮

北京大学经济学院副教授

关于国际货币体系改革的讨论从20世纪60年代以来一直就没有间断过。但是近来改革的呼声进一步高涨。改革呼声高涨的背景是：第一，全球经济失衡加剧，主要表现在中国和美国的贸易不平衡规模的急剧扩大。特别地，美国的对外贸易逆差持续大规模扩大使人们对美元汇率是不是能够稳定、美国目前的发展模式是不是可持续产生了疑问。当然这个问题前几年就得到了充分的讨论，但是前几年的讨论还不是那么直接地把它和国际货币体系联系起来。第二，美欧爆发严重金融危机并引发发达国家经济衰退，这进一步引发了人们对国际货币体系改革的关注。由于国际货币体系基本上由发达国家主导，而这次危机的爆发恰恰发生在发达国家，人们自然地把危机和国际货币体系的缺陷联系起来。第三，在现行的国际货币体系下，美元是主要的国际储备货币。最近美国为了刺激其经济大举财政扩张和大量发行货币，加剧了人们对美国发生通货膨胀的担心。以中国为代表的国际债权国，担忧其持有的巨额美元储备资产的安全。第四，是国际政治的考量。这次周小川行长对国际货币体系改革的呼吁，恰好在G20首脑高峰会议即将召开之际，这绝不是巧合。无论这个呼吁的经济学合理性如何，它会使中国在峰会上增加讨价还价的力量。

在最近关于国际货币体系改革的讨论中，比较引人注目的是斯蒂格利茨、周小川和联合国专家小组等在最近提出的创设超主权货币替代美元作为新的国际储备货币的建议。后面我们将试图分析这些建议的经济学意义、现实性以及中国的策略，但首先让我们讨论一下现行国际货币体系的特征和问题。

---

* 摘自第17次报告会（2009年4月25日）。

一、现行国际货币体系的特征和问题

国际货币体系是关于汇率规定、国际收支调节和国际储备供应等问题的一系列制度安排的总称。需要强调的是,国际货币体系指的是宏观层面的制度安排,金融制度等微观层面的制度安排不包括在国际货币体系之内(至少不包括在狭义国际货币体系之内)。一个良好的国际货币体系应具备以下条件:首先,它应该具有良好的国际收支调节机制。一个国家要实现外部平衡,可能会影响到充分就业和维持价格稳定等内部平衡的实现,这就是国际收支调节的成本。一个好的国际货币体系应该使国际收支调节成本和调节时间最小,并使各国公平合理地承担调节责任。其次,它应该具有适度的清偿能力,即能提供足够的国际储备使各国能调整国际收支逆差,而不至于引起经济衰退或者世界性通货膨胀。最后,它应该使参与者具有充足的信心。国际储备货币的持有者应该相信储备货币会保持其绝对和相对价值而愿意继续持有它,而不是很容易因恐慌将储备货币转为另外一种储备资产。

历史上曾经存在过一些国际货币体系,如国际金本位制度和布雷顿森林体系。有的国际货币体系是市场驱动的,有的则是政府主导的,即通过政府间协议达成的。从以上提到的良好的国际货币体系的衡量标准来看,国际金本位制度至少有两点不让人满意。第一,由于黄金供给受自然条件限制,国际储备的增长不能满足全球经济发展要求。第二,国际金本位制度下调整外部失衡的代价过于巨大,往往需要牺牲内部平衡。布雷顿森林体系的缺点主要是不对称性,美国作为储备货币发行国拥有货币政策的自主权,而其他国家则没有,不得不被动地进口美国的货币政策,这样其他国家就会被动输入通货膨胀或通货紧缩。此外,美国丧失了通过调整汇率解决外部失衡的能力。

现行的国际货币体系有一些什么样的特征和问题?了解这一点对我们思考如何改革国际货币体系是十分必要的。现行国际货币体系有以下特征:第一,现行国际货币体系是由市场驱动的,这影响了各国对汇率制度和储备货币的选择,但这种选择不是国际条约强加的。第二,多数国家选择了浮动汇率制度,从而拥有货币政策的自主权和通过汇率调节国际收支的能力。第三,国际储备货币多元化。国际储备是各国政府或中央银行为了干预汇率或者进行国际支付而持有的资产。布雷顿森林体系下,美元是唯一的国际储备货币。而目前,美元、欧元、英镑和日元等共同充当国际储备货币,但美元仍为最主要的国际储备货币(美元占64%,欧元占26.5%,英镑占4.1%,日元占3.3%)。第四,工业化国家和部分新兴市场国家实现了资本项目可兑换,资本流动基本不受限制。随着国际间资本流动的日益扩大,全球高度一体化的国际资本市场形成,国际间资产交易频繁且规模巨大。

现行的国际货币体系存在如下问题:第一,主要国际货币的汇率波动剧烈。2003年以来美国实行美元贬值政策,美元的有效汇率在很短的时间贬值了20%以上,相对于欧元,美元更是贬值了40%以上。20世纪90年代中期日元的汇率波动也非常大,先是急剧升值,后又急剧贬值。汇率的过度波动会对实体经济造成损害,一方面,使贸易和投资为了规避外汇风险付出的成本增加;另一方面,汇率的剧烈波动也使投机资本流动得更加频繁。第二,国际收支调节机制不健全。许多发展中国家出现国际收支逆差,但是很难顺利调节逆差状况。国际货币基金组织的贷款条件苛刻从而使借款国为了调节国际收支付出内部失衡的代价。另外,国际货币基金组织对顺差国以及逆差的储备货币发行国缺乏有效的惩罚措施。第三,巨额私人资本在全球迅速流动,而现行国际货币体系缺乏对私人资本流动进行有效监控的机制,因而国际金融危机频繁爆发。第四,对储备货币发行国的宏观经济政策纪律约束不够,这很容易动摇人们对储备货币的信心。第五,国际经济政策协调机制缺乏。在开放经济条件下,任何一个国家的宏观经济政策都具有溢出效应,由于国际协调不充分,各国的宏观经济政策经常互相抵触,不仅对彼此实体经济造成负面冲击,也影响了汇率的稳定。

这些问题触发了一些有识之士思考,应该如何改革现行国际货币体系。

二、当前关于国际货币体系改革的讨论

1973年布雷顿森林体系崩溃后,主要货币之间汇率波动的剧烈程度超出了浮动汇率支持者的预想,特别是80年代初期,美元对其他主要货币急剧升值,导致了美国贸易保守主义势力迅速抬头,而这是各个国家都担心的。于是,当时的五个集团通过签订《广场协议》联合干预国际外汇市场实现了美元的贬值。之后,当各国觉得美元贬值过多时,又于1987年在卢浮宫会议上达成将汇率稳定在一定目标区中的协议。在汇率波动背景下,早期改革国际货币体系的方案主要集中在汇率制度方面。当时有两个有影响的方案:一个是 Williamson 在1986年提出的建立汇率目标区制度的方案,在这一制度下主要工业化国家大致确定均衡汇率,在此基础上规定汇率波动的范围;另一个是 McKinnon 在1988年提出的重建主要工业国集团货币之间固定汇率的方案。然而,由于一方面汇率目标区执行中并不成功,另一方面工业化国家对汇率的波动也能够接受,并且不愿意放弃货币政策的独立性,所以改革国际货币体系以实现汇率稳定的讨论逐渐沉寂了下来。

当前关于改革国际货币体系的讨论主要集中在国际储备货币的改革上。这方面的提案有:斯蒂格利茨提出的创设全球货币(Global Greenbacks)取代美元作为各成员国的储备货币;周小川的提案也是创造超主权国际货币取代美元,并建议扩大特别提款权(SDR)的发行作为改革的第一步;联合国专家小组的提案也是呼吁世界各国领导人同意构建替代美元的新的国际储备货币。

斯蒂格利茨方案的逻辑是:首先,各国需要国际储备,为获得必要的国际储备,非储备货币国必须保持经常项目顺差,如果储备货币国不希望出现等量经常项目逆差,世界经济的总需求就会减少。因此,现行储备货币制度对世界经济存在紧缩作用。其次,美国是储备货币的最后提供者,当前国际货币体系的稳定依赖于美国维持经常项目逆差,而因此造成的美元泛滥必将导致人们对美元价值信心的丧失。创设全球货币可以使国际储备的供给与储备货币发行国的经常项目逆差相分离,从而解决当前国际货币体系的难题。他认为一个现实的方法是大量增加 SDR 的发放。每年增发2 000亿美元的 SDR,就无需美国维持经常项目逆差,也能够满足全球经济对国际储备积累的需求。

周小川方案的逻辑是当前国际货币体系存在内在缺陷和系统性风险：一是储备货币发行国的国内货币政策目标与各国对储备货币的需求经常产生矛盾；二是当一国货币成为国际货币后，该国对经济失衡的汇率调整是无效的，"该国不能通过汇率贬值来调整贸易逆差，因为多数国家货币都以该国货币为参照"。周小川的设想是创造超主权国际货币取代美元，以消除当前国际货币体系存在的内在缺陷和系统性风险。

然而，这些提案忽视了现行国际货币体系与布雷顿森林体系的不同，它们指出的国际货币体系缺陷实质上是布雷顿森林体系的缺陷。布雷顿森林体系确实存在两个天生的难题，它们与美国的外部平衡问题有关。一个是特里芬难题：要满足世界贸易增长的需要，其他国家美元储备必须不断增加，这必须靠美国长期国际收支逆差来实现；而美国长期国际收支逆差会使得外国官方美元储备超过美国的黄金储备，美国必然无法实现美元与黄金自由兑换的承诺，这会动摇世界各国对美元的信心。另一个是 N-1 问题：由于 N-1 个国家的货币钉住第 N 个国家——美国的货币，美国丧失了用汇率工具调整其贸易逆差的能力。

在现行的国际货币体系下，N-1 问题基本上不存在了。因为大多数国家都采用了浮动汇率安排（当然由于少数事实上钉住美元的国家的存在，美国面临的 N-1 问题没有完全解决）。特里芬难题的重要性也显著下降。首先，现行的国际货币体系下储备货币是多元化的，其他储备货币发行国也承担了向全球供应储备货币的责任；其次，大多数国家转向实行浮动汇率制度，这降低了全球对国际储备的需求；第三，国际资本市场的迅速发展使得储备货币的供给和储备货币发行国的贸易逆差不再具有很强的相关性。因为除了依靠贸易顺差外，非储备货币发行国也可以通过国际资本流入，特别是外国直接投资来增加国际储备。例如统计表明，全球欧元储备余额的变化与欧元区的贸易项目的变动不存在什么相关性。

由于在现行国际货币体系下，主权储备货币的两个难题已不存在，或重要性显著下降，周小川方案经济学意义上的必要性也就下降了（除非出于解决中国自身国际储备安全性的考虑），因为该方案的目的是要避免主权储备货币的这两个难题的。对于斯蒂格利茨方案情况也是如此，只不过斯蒂格利茨进一步将现行储备货币制度对世界经济存在紧缩作用作为改革国际货币体系的另一个理由。然而斯蒂格利茨的分析忽视了资本项目的作用（在布雷顿体系下是可以的，因为各国都实行严格的资本管制，私人部门的国际资产交易很有限），考虑了资本项目后，储备增长的来源就不一定是贸易顺差，也可能是资本项目顺差，这样，斯蒂格利茨关于现行储备货币制度对世界经济存在收缩作用的结论就未必成立了。

当前关于改革国际货币体系的讨论还涉及加强国际收支调节机能的改革，重点是改革国际货币基金组织。例如，增加发展中国家在国际货币基金组织中的投票权；增强国际货币基金组织对遭受流动性冲击的发展中国家的信贷力度，放松其贷款条件；对贸易顺差国施加调整压力（斯蒂格利茨提议国际货币基金组织对顺差国每单位顺差征收 50%的税，用 SDR 缴纳，直至额度用完）；加强对私人资本跨境流动的监督；等等。

三、用超主权货币替代美元是非现实的

用超主权货币替代美元也是非现实的。第一,美国以及其他发达国家不会支持常规性地不断扩大特别提款权的发行(或其他超主权货币的发行)。由于发达国家具有充分的国际清偿力,它们持有的特别提款权是不必要的。在这种情况下,扩大特别提款权的发行除了可能导致国际通货膨胀失控以外,对发达国家没有好处。在国际货币基金组织中,美国拥有16%以上的投票权,而国际货币基金组织规定任何提案要达到85%的投票同意才能通过,所以只要认为必要(例如,对美国的利益构成威胁),美国一个国家就可以否决有关特别提款权发行的提议。无论对国际货币基金组织进行改革,还是另起炉灶建立全球中央银行,主权国家经济利益冲突的矛盾都难以有效解决。

第二,超主权货币要替代美元成为储备货币,首先需要在市场中得到大量的使用,否则美元作为储备货币的地位无法取代。国际储备是货币当局的干预资产和国际支付工具,如果私人部门继续大量使用美元作为交易媒介、计价单位和资产组合货币,各国货币当局也就必须拥有美元储备,当面临干预外汇市场的需要时还是要将持有的 SDR 换成美元,除了增加各国货币当局的交易成本外,美元作为储备货币的地位没有丝毫下降。由于规模经济性和网络外部性的存在,现有的国际货币具有在位优势,使得国际货币的使用具有很强的惯性。这种情况下大规模发行超主权货币让私人部门接受和使用不仅困难很大,而且成本也十分巨大。

第三,东亚金融危机之后持有大量国际储备被认为有了一个新的目的,即可以抵御针对本币的投机攻击。这一认识是值得商榷的,按照第二代货币危机理论货币危机具有自我实现的性质,如果投机者预计该国货币要贬值而发动攻击,该国捍卫本币的代价将格外的大,让汇率由市场去决定是最优的选择。例如1992年英镑危机爆发并非英国没有充足的国际储备或清偿能力,而是捍卫英镑的代价太大,英国政府作出了正确的选择让英镑浮动。所以经常性地发行 SDR 好让所有国家有充足的国际储备并非必要,而且在抵御投机攻击时,该国要将其特别提款权向其他国家换成相应的货币(如美元),这些国家是否愿意、是否有足够的美元去换、按什么条件换都是问题。

在现行的国际货币体系下,对美元的信心发生动摇的原因并非是特里芬难题导致美国经常项目逆差刚性地不断扩大,而是美国放松了宏观经济政策纪律,财政赤字不断扩大(这造成了美国经常项目逆差的扩大)。由于在全球范围发行超主权货币替代主权货币并不具有现实性,所以较为现实的改革方案应该是回归到对主权储备货币发行国政策的约束机制建立上。由于现在美元作为储备货币不是国际条约规定,而是市场驱动的结果,因此可以考虑两种方案。一是通过新的国际条约规定美元再次与黄金挂钩;二是通过储备货币多元化,产生可与美元进行竞争的储备货币,通过竞争压力迫使美国遵守其政策纪律。在储备货币多元化的时代,如果一个储备货币发行国不严格遵守政策纪律,各国货币当局就会将国际储备的需求转向严格遵守政策纪律的储备货币发行国的货币,来对其进行制裁。

四、中国的策略

　　站在中国的立场,中国不宜着力推行超主权货币的使用,因为它不符合中国的利益。中国近来正在大力推进人民币国际化,如果超主权货币真的取代了主权货币,那么也就终结了人民币成为国际货币的前途,而人民币成为主要国际货币能给中国带来的利益是巨大的。在目前阶段中国应该支持提升欧元的国际货币地位,欧元地位提高后,可以起到约束美国遵守经济政策纪律的作用。目前亚洲国家外汇储备持有量占全球外汇储备的60%以上,但亚洲国家外汇储备大多数是以美元计价的金融资产,如果亚洲,特别是中国提高欧元在外汇储备中的比重,那么欧元作为国际储备货币的地位就将明显提高。例如,中国可以在新增加的外汇储备中更多地持有欧元,鼓励中国的贸易商采用欧元作为结算货币等。

　　同时中国还需要着力推进人民币国际化,力争在未来实现美元、欧元和人民币三足鼎立的国际货币体系。现在中国加速了这方面的改革,包括和其他国家签订货币互换协议。但仅仅签订货币互换协议还不足以让其他国家的私人部门愿意使用人民币作为结算货币,如果其他国家的进口商获得人民币不如其他货币方便,出口商得到的人民币无法进行资产运作,人民币在国际贸易中的作用将难以扩大。因此,中国不能回避人民币资本账户下可自由兑换问题。中国最近提出加快和推进上海国际金融中心建设的设想,明确了在2020年基本建成的时间表,这对于人民币国际化战略是非常重要的,因为一个国家的货币要成为国际货币,该国必须拥有一个具有深度和广度的国际金融市场。既然有"国际"两个字,这个市场的参与主体必然大量的是非居民,而且非居民的交易必须非常自由,所以这也要求中国加快资本账户开放的改革。

3 中国企业走出去

抓住机遇、防范风险,以平常心看待企业"走出去"*

易 纲

中国人民银行副行长、国家外汇管理局局长

易纲行长主要探讨了中国企业"走出去"的相关问题。他首先分析了中国企业"走出去"的现状和趋势,并对国际经验和中国经典案例进行总结,在此基础上介绍当前我国对企业"走出去"的相关政策支持,提出企业"走出去"应注意的问题和应遵循的原则,最后强调以平常心看待"走出去"的重要性。

一、中国企业"走出去"的现状和趋势

改革开放以来,中国企业"走出去"主要经历了三个阶段:(1) 1980—2000 年,我国主要处于"引进来"阶段,对外直接投资(ODI)规模较低,累计对外投资不足 300 亿美元。(2) 2001 年至金融危机前,我国首次将"走出去"提升至国家战略高度,同时在加入世界贸易组织(WTO)的背景下,对外直接投资快速增长,"走出去"进入加速期。如图 1 所示,2005 年中国企业对外投资首次超过百亿美元。(3) 2008 年到现在,在全球金融危机影响下,海外资产估值较以往偏低,海外"抄底"机会来临,我国进入大规模海外投资阶段。其中,2008 年投资规模比 1980 年到 2005 年的总和还多。截至 2011 年年末,我国对外直接投资达 3 642 亿美元,涉及全球 178 个国家和地区。

但是,与美国、英国、德国等老牌发达国家相比,无论从流量还是从存量来看,中国都是"走出去"的后发国家,对外直接投资最近才成规模。如图 2 所示,从流量来看,2010 年,美国海外投资 3 000 多亿美元,德国也有 1 000 多亿美元,而中国内地只有 688 亿美元。如图 3 所示,从存量来看,截至 2010 年,美国企业在海外投资存量有 4 万多亿美元,英国有 1.6 万亿美元,德国有 1.4 万亿美元,说明这些老牌的发达国家在海外投资的累计量还是比较大的。相对美国、英国、德国,到目前为止,中国现在在海外企业投资累积只

---

* 摘自第 30 次季度报告会(2012 年 7 月 21 日)。

纵论开放经济与全球化

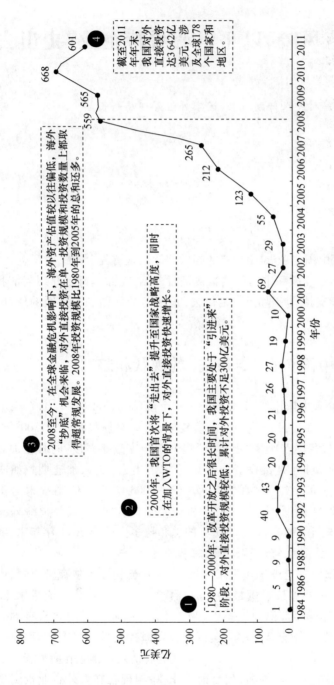

图1 中国企业"走出去"每年对外直接投量

注：对外直接投资指我国国内投资者以现金、实物、无形资产等方式设立、参股、兼并境外企业，拥有该企业10%或以上的股权，并以拥有或控制企业的经营管理权为核心的经济活动。

资料来源：历年《中国对外直接投资统计公报》、联合国贸发会议《世界投资报告》, CICC。

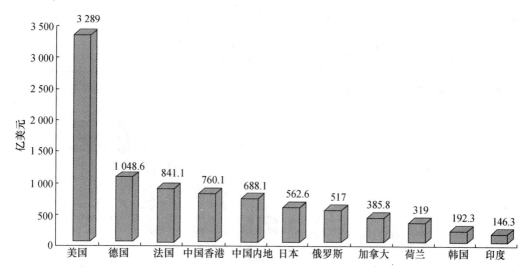

图2　2010年中国对外直接投资与全球主要国家和地区的流量对比

资料来源：商务部《2010年中国对外直接投资统计公报》，联合国贸发会议《2011年世界投资报告》。

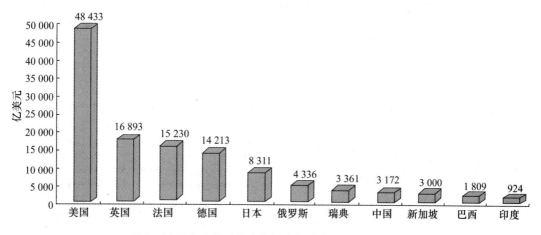

图3　2010年中国对外直接投资与其他国家的存量对比

资料来源：同上。

有3 000多亿美元，所以从存量来看，我们与这些国家的差距还是比较大的。

虽然与老牌发达国家存在差距，但是借鉴英国经济学家邓宁（Dunning,1981）的理论，可以看出我国对外直接投资发展空间很大。如表1所示，邓宁认为，对外直接投资可分为四个阶段，人均国内生产总值（GDP）越高，ODI净额越大。当一国人均GDP达到四五千美元时，该国"走出去"的速度会加快。从美国、德国、日本等国的发展经验来看，这一点是适用的。由图4中的中国人均GDP与ODI占外商直接投资（FDI）的比重可知，我国人均GDP 5 414美元，剔除通胀等因素影响，当前处于ODI大幅增加时期（邓宁理论中的第三个阶段），未来发展空间很大。

表1　ODI的四个发展阶段

阶段1	人均GDP≤400美元	吸引外资≈0；对外投资≈0
阶段2	400—2 000美元	吸引外资>0；对外投资≈0
阶段3	2 000—4 750美元	吸引外资>对外投资>0（净流入）
阶段4	人均GDP≥4 750美元	对外投资>吸引外资>0（净流出）

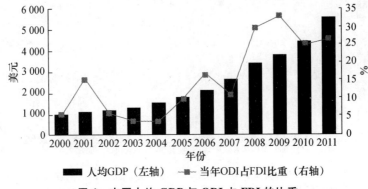

图4　中国人均GDP与ODI占FDI的比重

同时，我们也应看到，当前的国际经济金融形势，为国内企业提供了比较好的"走出去"的机会。一是欧美企业经营压力加大，接受并购和国际化的意愿增强。二是市场估值水平显著下降。如图5所示，当前全球发达市场股票估值水平虽然不是最低，但也算处于一个相对合理的阶段。尽管ODI不是投资到国外股市二级市场，但不管是兼并重组还是新项目，ODI都是与股市估值相联系的。三是国外监管层对中国资本的态度总体上是友善的。

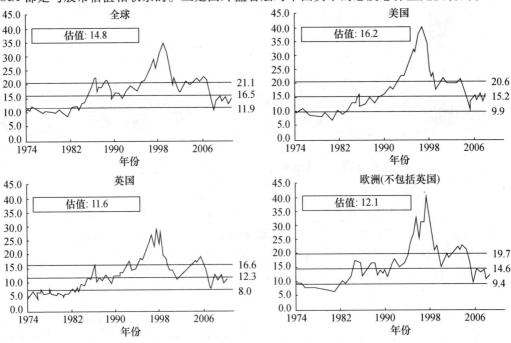

图5　全球发达市场股票估值水平

资料来源：Cambridge Associate。

全球化提供了"走出去"的契机,而我国经济实力的壮大为"走出去"提供了必要保障。在重工业化发展使国内资源供给紧张后,"走出去"向海外寻求资源就成为当然的战略选择。从"走出去"的构成来看,由于我国不管是能源还是铁矿石或其他金属等都比较缺乏,是资源、能源和原材料的进口国,所以对很多企业来说,"走出去"的初衷是为了获得资源。如图6所示,2000年以来,按交易目的统计,有51%的对外直接投资是以获取资源为主要目的。

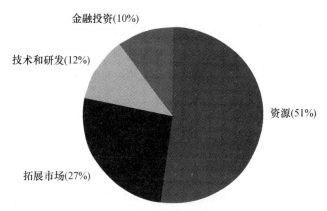

图6 2000年以来按交易目的分类的ODI构成

注:上述按交易金额统计分类。
资料来源:Dealogic;CICC。

随着产业升级和结构转型的发展,中国企业海外并购将更加注重获取先进技术、品牌、市场和进行产业链整合等,"走出去"将由单一的资源需求,向多元化目标过渡。如图7所示,当前中国的比较优势包括相对便宜的劳动力、成熟优廉的制造能力和相对富裕的资本,这些都是企业"走出去"可以使用的要素禀赋。通过"走出去",我们不仅能获得一些资源,还能获得国际先进技术和市场、整合产业链、获得财务投资收益,同时分散和对冲风险。

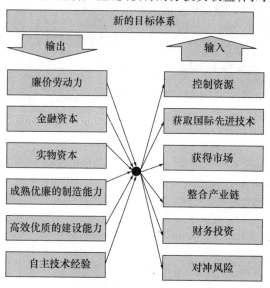

图7 未来"走出去"的多元化目标体系

也许有人会问,中国是一个在过去三十年全世界发展最快的国家,也应该是投资回报最好的国家,我们完全可以投自己,那为什么还要"走出去"?其实,我国民间和国有部门的投资大部分还是投在中国了,之所以要"走出去"是考虑到外汇储备这块金融资产要走出去,同时中国企业也开始意识到走出去的重要性,而且从分散风险和对冲风险以及充分发挥比较优势的角度来看也是非常必要的。

以非洲为例。非洲最需要的是桥梁、隧道、铁路、高速公路、水网电网、移动通信设备等基础设施,而中国在基础设施建设方面有比较优势,能够最有效地建设基础设施。欧美在很多年以前,也有过大规模的基础设施建设,也有很多的桥梁专家、隧道专家。但是,他们的大规模的基础设施建设是在五十年前甚至更早以前进行的,当年参加建设并有丰富经验的工程师已经退休了,而对发达国家新一代工程师来说,由于当前没有太多大规模的工程,基础设施建设方面的专家也就不多,他们的设计理念和经验也不一定适合非洲国家。相比之下,中国现成的桥梁专家、道路专家、电网专家很多,生产能力和提供解决方案的能力非常强,因而"走出去"的竞争力也很强,竞争优势非常明显。

从"走出去"的区域来看,到目前为止,中国内地企业"走出去"的第一步往往是中国香港,而亚洲(包括澳大利亚在内)是其海外中收购交易金额中占比最大的区域。2010年中国企业海外收购交易金额的地理分布,亚洲占比为59%,北美洲占比为25%,欧洲占比为10%,非洲及南美洲仅占6%。未来中国海外收购覆盖区域会不断扩大,将逐渐向欧美等拥有先进技术、品牌和市场的区域扩张。

从"走出去"的投资主体来分析,国有企业是中国对外投资的主力军。如图8所示,

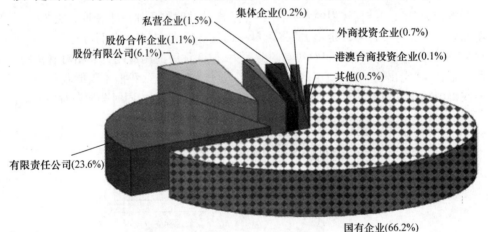

图8 非金融类对外直投占比情况

注:按照工商登记类型进行分类。国有企业指企业全部资产归国家所有,并按《中华人民共和国企业法人登记管理条例》规定登记注册的非公司制的经济组织。不包括有限责任公司中的国有独资公司。有限责任公司指根据《中华人民共和国公司登记管理条例》规定登记注册,由两个以上五十个以下的股东共同出资,每个股东以其所认缴的出资额对公司承担有限责任,公司以其全部资产对其债务承担责任的经济组织。有限责任公司包括国有独资公司、其他有限责任公司。股份有限公司指根据《中华人民共和国公司登记管理条例》规定登记注册,其全部注册资本由等额股份构成并通过发行股票筹集资本,股东以其认购的股份对公司承担有限责任,公司以其全部资产对其债务承担责任的经济组织。

资料来源:CICC;商务部《2010年度中国对外直接投资统计公报》。

截至2010年年末,在非金融类对外直接投资存量中,国有企业占66.2%。如图9所示,在海外并购方面,1995—2010年1 000万美元以上的中国企业对外并购案例为600余个,央企占并购数量的1/3和并购金额的80%,是中国企业海外并购的绝对主体。未来我国民营企业、非央企、非国企海外兼并收购增长速度也会加快,无论是在竞争力还是在增长方面,它们的表现都将更加突出。

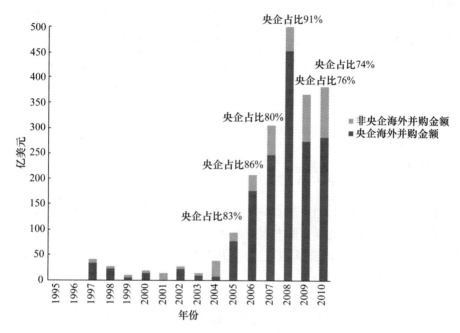

图9　海外收购央企与非央企并购金额及央企占比
资料来源:CICC;Dealogic。

二、国际经验与经典案例

无论是日本还是美国和德国,都是"走出去"的老牌国家,它们的经验教训是有借鉴意义的。如图10所示,二战后至今,日本经济大致可以分为三个阶段:(1) 20世纪50—70年代初期属于经济复苏阶段,名义GDP高速增长,平均增速约15.8%,但并没有"走出去"。(2) 70年代后期至90年代初,人均GDP超过3 000美元,步入世界中等收入水平发达国家行列。这一阶段名义GDP平均增速为7.7%,经济增速逐步下降。由于《广场协议》签订后日元对美元升值,日本向全世界输出资本。从1986年到1991年,日本企业赴美大规模收购房地产等各类资产,日本的海外投资总额高达4 000亿美元,成为全球最大的对外直接投资国。(3) 90年代初至今,日本在资产泡沫破灭后,国内经济长期低迷,名义GDP平均增速约0.1%,但ODI依然强劲。

日本企业"走出去"有其失败的教训,也有成功的经验。90年代初经济泡沫破灭后,部分日本企业只得低价抛售在美资产。日本在80年代进行的15桩规模最大的并购案中,只有4桩成功。例如,三菱集团收购洛克菲勒中心后不久,以半价卖给原主。其经验

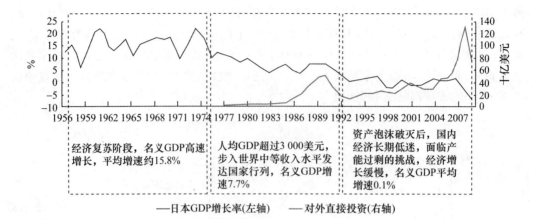

图10 战后日本经济增长与对外直接投资的三个阶段

资料来源:WIND;CEIC;Bloomberg;中金公司战略研究部;白益民,《三井帝国在行动》,中国经济出版社,2008年;詹姆斯·麦克莱恩,《日本史》,海南出版社,2009年;张宗斌,"日本大规模对外直接投资的经验教训",《前线》,2009年第4期。

教训是,企业"走出去"对收益前景过于乐观,而对风险估计不足。此外,日本企业的绝对服从观念和美国强烈的自我意识所产生的企业文化格格不入,并购后整合困难。

虽然日本国内经济增长较慢,但它每年从海外能获得大量收益,也就是说日本的GDP比GNP小,GNP是很强劲的。从海外金融资产和实物资产来看,日本还是有很多成功的案例。譬如三井物产用几十年的时间整合其投资的产业链,从采矿到运输到冶炼一直到金融期货等都做得比较好,从中可见其战略研究有多么超前和多么长期。另外日本企业"走出去"时不求控股,开始往往以少数股权投资的形式进入,然后在合作方出现困难的时候逐步扩大股权。

美国企业"走出去"的规模全球第一,存量和流量均占据世界主导地位。同时,它们非常重视企业的发展战略,开拓国际市场时不计短期利益,严格要求知识产权保护。德国的对外投资以发达国家和制造业为主要对象,多以自有资本为主,企业杠杆率比较低,投资项目控股程度高,70%以上的投资为独资企业,大企业和大项目占绝对优势。在金融支持方面,美国、德国,包括日本在内,都会有银行和其他金融机构以及国家层面的支持。

在中国的经典案例中,相对成功的案例有联想、吉利、中联重科和三一重工。联想收购IBM的PC业务,虽然盈利不是特别高,但是总体来讲还是比较平稳的;吉利收购沃尔沃,虽是刚开始,但总体来讲第一步算是走出去了;中联重科在意大利收购混凝土设备,三一重工在欧洲收购一些设备厂,应当说还是比较平稳的、有比较优势的,从财务上看也还是不错的。教训的案例有中国平安、中铁建、上汽集团和中信泰富。中国平安收购富通银行,时机不好,正好在危机以前,损失比较大;中铁建在沙特阿拉伯修轻轨,由于对工程困难和成本估计不足,咬着牙修下来了,亏损40亿人民币出头;上汽集团在韩国收购双龙汽车,当地工会对其形成阻力;中信泰富在澳大利亚寻找资源,由于对成本估计不足,对当地国家法律环保要求和老百姓可能的诉求了解不清楚,预计20亿美元,现在已经投资70亿美元出头,将来可能继续追加一些投资才能达到预期目标。

企业"走出去"会面临诸多风险,包括宏观风险、政治风险、产业风险、微观风险、交易风险、操作风险、后续风险等等。这里我主要想讨论一点对"走出去"拿资源的看法。中国是一个资源相对缺乏的国家,我们的企业、公众舆论、业界及媒体都呼吁走出去获取资源,实际上对这一问题的认识还可以再商榷和进一步提高。在海外投资,不管是买石油、铁矿石还是买农地种大豆等等,实际情况与我们的想象是不一样的。

以石油为例。假设在海外又发现了一个与大庆规模相当的油田,这与我们在国内发现几千万吨油田的概念是完全不一样的。海外资源的游戏规则基本上是我们在哪儿开采,就要在最有效的市场把开采的资源卖掉。我们可以在海外通过投资资源赚钱,可以通过投资资源形成产能后增加全世界的供给,但在海外开采的油或资源是不是要拉回中国,完全取决于市场格局。在距离远的地方开采出来的油,即便是我们的份额油,最有效的方法也一定是在当地市场卖掉,而不是拉回中国。因为拉回来不合算。海外捕捞也是这样,远洋捕捞到的鱼也会在当地市场出售,绝对不是要都拉回来,因为保鲜以及运输都是有成本的,在某个半径以内可以拉回来,在这个半径以外的都会在当地市场出售。

此外,不管是非洲、拉美、中亚还是我们的近邻,无论哪个国家,资源都是高度政治化、高度敏感的话题。如果我们大张旗鼓地说要去拿资源,那么这些国家的民众、媒体和政治家都会对这个问题高度敏感。试想一下,如果有一个外国企业家在中国买了一块耕地、一块资源,中国的民众会是什么反应?所以,在涉及与资源相关的"走出去"时,一方面我们需要从成本与收益的角度去考虑问题,另一方面应当尽量遵守国际市场的游戏规则,遵守当地法律,减少或避免将高度政治的话题敏感化。

三、"走出去"的相关政策支持

当前,我国对企业"走出去"提供了相关的政策支持,主要表现在以下几方面:ODI汇兑管理便利化程度大幅提升;取消ODI汇兑限制,实行登记管理,可兑换程度与FDI相当;国企、民企公平对待,一视同仁。在具体政策上,对于ODI,事先允许前期费用先行汇出;事中则取消外汇来源审查和购付汇核准,企业只需办理外汇登记,同时允许国内企业以自有外汇资金、国内外汇贷款、人民币购汇或实物、无形资产、留存境外利润等多种方式开展ODI;事后加强对"走出去"的融资支持,允许境内母公司向境外企业放款,简化境内机构对外担保等。

强制结售汇制度已经退出历史舞台。在许多场合不断有朋友问,中国外汇储备已经这么多了,为什么中国还实行强制结售汇制度。我可以告诉大家,中国的强制结售汇制度已经完全退出历史舞台。强制结售汇制度通常被学术界、媒体等使用,一般是指企业取得的外汇收入必须卖给国家指定的金融机构,使用时需经批准在国家指定金融机构购买的管理安排。实际上中国外汇管理官方文件和法律上从来没有用过这个词,大家都这么说也就约定俗成了。

有人说强制结售汇制度是1994年实行的,这样一说,好像之前管理还松点。实际上,从1952年一直到改革开放,对外汇一直实行严格的计划管理。从1978年到1994年,虽然我们有了双轨制等政策,总体上外汇管制还是很严格的。1994年之后,建立银行结售汇制度,允许人民币在经常项目下有条件可兑换。除外商投资企业外,其他企业出口收汇必须卖给银行,用汇时可以凭有效凭证到银行购汇。从1996年12月1日起,实现了经常项目可兑换。1997年1月14日,国务院修改《外汇管理条例》,明确对经常性国际支付和转移不予限制,但仍要求企业外汇收入原则上须卖给银行。

2001年起国家逐渐放宽企业保留外汇收入限制,明确企业可以根据经营需要自行保留外汇收入,并在2007年宣布取消强制结汇的要求。2008年以修订《外汇管理条例》为标志,法规层面正式确立强制结售汇制度的取消。2009年以来,我到外汇局后开展了大规模的法规清理,宣布废止和失效400余份文件。过去这六七年,尤其是2005年以后,从外汇储备的快速增加可以看出,实际上是企业和居民在有人民币升值预期的时候,尽量早地卖出美元,而不是强制结售汇导致外汇储备快速增加。外汇积累这么快也可以反证这一点。当然,我们的服务工作还是有很多可以进一步改进的余地。

在服务配合企业"走出去"时,我国还可以充分利用多边开发平台,通过多边开发机构投资可以减少和降低一些问题的敏感性。当前,我国在这方面也做了很多工作、搭建了一些平台,主要包括举办商业研讨会,推介多边开发银行(MDB)商业机会;承办MDB的各类活动,为中国和亚洲、非洲、拉美企业搭建沟通平台;利用人民银行牵头的"利用多边开发银行促进对非洲、拉美及加勒比地区工作协调机制",在部委、金融机构、企业层面进行政策协调;利用我国与MDB的双边技术合作协定,支持我国咨询企业和专家"走出去"。

四、"走出去"应遵循的原则

综合以上分析,下面提出企业"走出去"应遵循的一些原则:

第一,企业"走出去"应该坚持市场化原则、尊重市场规律,将本求利。很多企业说现在满世界都是黄金,别的国家情况不好,东西都很便宜。当前就是缺乏资金,有了资金就什么都可以买回来。但是在市场条件下,企业没钱就意味着企业资产负债率高、资本金不够,而资产负债率和企业资本金在市场经济条件下是衡量一个企业风险和信誉最主要的指标。我们总结日本、美国、德国的经验,凡是高资产负债率、高杠杆在海外收购的项目风险都比较大,因为高杠杆时企业都比较乐观,对后续危险和今后现金流能不能覆盖资金成本没有很好的认识,这才敢用很高的杠杆。一旦收购以后、"走出去"以后,发生一些没有料想的情况,高杠杆就使得风险非常大。很多企业在海外经历过的艰难阶段,往往是由于对风险估计不够,对当地工会、文化冲突估计不够,还有就是面临巨大偿债压力,现金流出现问题。此外,企业"走出去"要强调遵循市场经济规律,遵守游戏规则的形象,淡化政府色彩,避免外国设障、攻击,这样才能提高成功率。

第二,产权归属要清晰,责任明确,建立有效的激励约束机制,谁决策、谁负责、谁承担风险、谁获得收益。完善激励约束机制和公司治理结构,防范道德风险。部分国企和民企的企业家在海外投资时没有区分清楚产权主体,以给国家拿资源或者保障国家战略安全为由,要求政府给予优惠政策的支持,包括降低换汇成本等。但任何一个走出去的决策,谁决策、谁负责,产权主体必须清楚,对这一点需要有清醒的认识。

第三,"走出去"项目应能承担合理融资成本,确保现金流覆盖资金成本。合理成本有利于筛选出优质项目,保证对外投资经济可持续,提高资金配置效率。有的企业认为,它们"走出去"是为国家拿资源,要求国家给予非常低的融资成本,甚至要求无成本融资。需要说明的是,如果融资是无成本的,那么很多人都可以做非常伟大的事情。我们企业在"走出去"时要充分考虑收益与成本的关系以及现金流如何安排的问题,以此来保证对外投资的可持续性,提高资金配置效率,保障流动性安全。

第四,保障资金安全与合理收益。安全第一,建立合理的退出机制。

第五,要注意社会责任、环境保护、公益事业、企业形象、教育培训、当地员工等问题。比如,"走出去"时我们对当地雇员的培训教育没有充分准备,习惯于我的工程我自己干。虽然中国工人吃苦耐劳、具有很好的专业精神,但"走出去"时不能不考虑如何将中国工人和当地工人有效地结合起来,因为每个国家在制定外资政策的时候都会考虑外资给当地创造了多少就业。最近发生的一个案例是,一个国家的政权发生变动,在有限的时间内我们有很多中国工人需要撤回来。

第六,要特别注意对外投资的安全问题。审慎评估地缘政治、政变、恐怖袭击、海盗及绑架等投资风险。

总的来说,我们现在正逢时机,在看到这个时机的同时也要把防范风险放在第一位,以平常心看待"走出去"。平常心就是不温不火、不慢不急,一个商业决策、一个稳健的经营,要把所有风险考虑到,以一个按部就班的速度,按照市场规律"走出去"。如果政策对口的话,我们会拥有一个比较长的战略机遇期,所以不能太着急,不能急功近利,一定要非常稳健地以平常心看待企业"走出去"。

出 去 投 资[*]

宋国青

北京大学中国经济研究中心教授

首先讨论目前的宏观经济情况,然后结合 2003—2004 年的情况讨论中国经济走强对全球经济的影响,最后说"出去投资"提高外汇收益的可能。

一、当前宏观经济情况

宏观统计数据可能存在误差,在一些特别情况下误差或许比平时更大,所以以发电量作为参照。季节调整后第二季度发电量比第一季度环比年增长率为 15.5%,与第二季度 GDP 环比年增长率 16.0% 没有明显的不一致。可以确定目前总体经济正在环比的意义上高速增长。

从图 1 季节调整后发电量和进口数量指数看,两者具有相关性,但进口量波动比发电量波动大。如 2003 年 4 月、5 月发电量平均同比增长 15.2%,进口数量同比增长 28.7%,后者是前者近 2 倍。2009 年 2 月份以来进口量和发电量变化比例与历史情况基本一致,第二季度进口数量同比增长率甚至低于发电量同比增长率。2009 年上半年进口猛增,除个别月份或许略有异常外,与库存变化没有太大关系。

对于当前经济冷热,从宏观和微观以及其他角度可能会得出不一致的结论,实际上并没有矛盾。首先,经济增长强劲并不意味着经济偏热。以图 2 发电量为例,尽管过去半年发电量快速增长,但仍低于其趋势水平(发电量趋势水平是一个简单估计,主要用于说明低水平和高增长并不矛盾)。与潜在生产水平相比,目前经济活动总体水平偏冷。这与 CPI 环比零通胀一致。

其次,由于经济结构发生转变,不同部门表现相异。一方面,季节调整后出口数量指数目前比 2008 年 8 月最高值下跌 21.5%,比正常增长所能够达到的出口水平偏低超过

---

* 摘自第 18 次报告会(2009 年 7 月 25 日)。

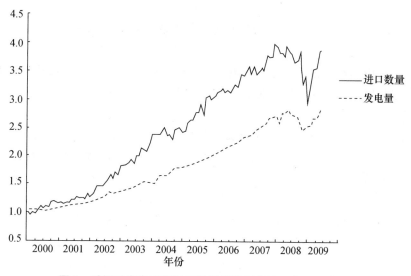

图1 季调后发电量和进口数量指数(以2000年1月为1)

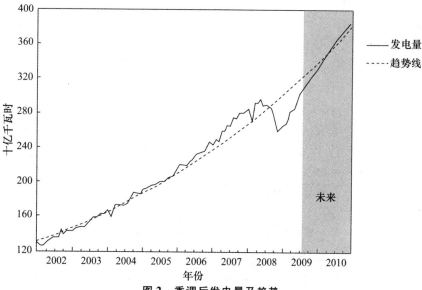

图2 季调后发电量及趋势

30%,大部分出口企业处于冰天雪地;另一方面,真实投资水平非常高。因此,从结构上看是冰火并存。

由于总体活动水平偏冷,可以保持一段时间高增长而不至于过热。按照第二季度环比增长率,再过三个季度可能出现偏热。考虑货币政策效果滞后和经济增长自我加速,如果抑制性的宏观调控被拖延将可能导致经济偏热甚至过热。早调整意味着缓和调整和稳健增长,晚调整则可能导致在一段时间内出现高通胀和随后的猛烈调整。

假定宏观调控适时适度,2009年GDP增长率估计为9.3%,2010年估计为11.0%。按此计算,2008—2010年GDP平均增长率为9.4%,低于正常或潜在增长率。由于2007年偏热,GDP水平有1.5个百分点左右的降温是合适的。

二、中国经济增长对世界经济的含义

目前看来,中国经济很可能走向过热。由于投资增长高于 GDP,即使经济按合意增长率增长,未来两年投资增长率也将大幅高于前几年,固定资产形成总额占 GDP 比例将大幅度上升。

由于进口与国内投资关系密切,投资大幅增长将带动进口高增长,顺差减小甚至变成逆差。由于投资品特别是原材料更加接近于"一价定律"的假设,进口对投资需求的弹性远高于对消费需求的弹性。在固定汇率下,投资需求扩张引起的进口增长远大于消费需求扩张引起的进口增长。过去几次的投资高增长总是引起进口的高增长。但是过去经常对进口实行数量控制,特别是在外汇紧缺时,例如 1993 年。因此从图 3 中进口和投资的年度数据看,进口和投资的关系虽然很强但还不是特别强。

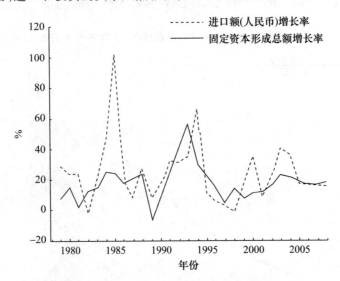

图 3　进口额与固定资本形成总额增长率

根据世界银行 2005 年的 PPP 数据推算,按 PPP 计算的中国投资占全球比例估计已经超过 20%。预计 2009 年和 2010 年中国固定资本形成总额实际增长 23% 左右,仅此即可直接导致全球投资增长约 4.5%。如果其他经济的投资能够实现零增长,全球投资即可达到正常增长水平。目前中国进口约占全球 8%,中国进口量环比年增长率约 50%,同比增长率明年最高也将达到 50%,中国进口直接引起全球贸易实际增长 4%。即使不出现显著的通货膨胀,中国的投资和进口在 2009 年和 2010 年都将高增长,照此全球经济恢复将会加速。

目前美国和欧洲经济都不景气。在全球需求疲软的情况下,中国进口增加特别是顺差减小对全球尤其周边经济具有很强的拉动作用。中国进口增加促使周边一些经济体如日本、韩国和中国台湾出口迅速增长,并且带动这些经济体工业生产快速恢复。图 4 和图 5 列示了日本、韩国、中国台湾的出口额指数和工业生产指数。这些指数在过去几个月都快速增长。

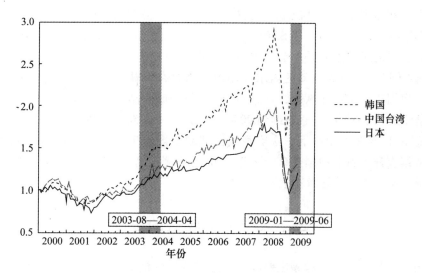

图 4　日本、韩国、中国台湾的出口额指数

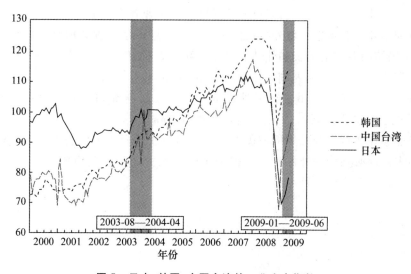

图 5　日本、韩国、中国台湾的工业生产指数

目前估计 2010 年中国可能出现多到 1 000 亿美元的贸易逆差。与 2007 年的顺差相比,对外部世界可产生约每年 4 000 亿美元的需求拉动效果。通货紧缩和零利率的情况下存在真实利率过高而无法降息的问题,简单货币政策(指利率杠杆)在刺激需求的方向上失效。这时需求拉动具有放大效应,金融加速器模型可以在一定程度上说明其中的原因。中国之外的经济整体面临强劲的外需增长,只要消费有所恢复,投资会很快跟上来。

2007 年下半年到 2008 年上半年顺差下降主要推动了通货膨胀率上升,进口数量增长率并未显著上升,是因为当时发生在全球需求过强的情况下。而 2003 年 8 月到 2004 年 4 月和目前这一次投资扩张发生在全球需求不强或严重疲软的情况下,主要拉动了生产的增长。

货物进口数量指数环比增长率在 2002—2003 年间以及过去几个月非常高,名义量指数更高。在需求不足的情况下，名义量增长也很重要。2002年的贸易增长从全球范围来看，是互相拉动。到2003年SARS以后，中国大陆的顺差下降并出现逆差（2003年年底季节调整后的顺差上升是季节调整的技术问题引起的），日本、韩国、中国台湾的顺差上升，中国大陆已经成为主动的需求拉动者。当时在全球经济尚冷的情况下，中国的拉动首先导致周边经济快速恢复，之后亚洲股市和全球商品价格大幅度上升，其他主要股市也显著上升，这一情况一直持续到2004年4月份中国发生宏观调控。

目前估计，至少在中国下一次宏观调控抑制总需求迅速增长之前，全球股市和商品价格将持续上升。目前中国进口与全球GDP的比例远高于2003年那一次，2003年那次中国需求拉动作用只在边际上轻拉了一把。

三、改善外汇收益的可能

中国经济复苏将带动世界主要股市和全球商品价格上涨，与股票市场和商品市场相比，持有美国国债获得的外汇收益率显得太低。在这样的情况下，可以考虑政府机构用外汇储备在国外资本市场投资，但更应该鼓励民营企业和个人境外投资。

然而利用外汇储备进行境外投资同时也面临难题。尽管顺差即将变逆差，但这是短期的，在中国控制总需求增长和外部世界需求恢复以后，仍然可能出现较大顺差，人民币依然存在升值预期，加上国内利率高于国外利率，相当于给内资外流加上两道枷锁。私人部门将人民币兑换成外币进行境外投资不得不蒙受利率和汇率的双重损失。相反，"热钱"可能会大举进入国内，外汇储备可能难以下降。

如果能够在实行充分抵押的前提下把外汇储备通过商业银行贷出，可能会鼓励国内投资走出去。但必须确保外汇贷款只被用于国外投资而不被兑换成人民币直接套取人民币汇率升值收益和国内外利差。

全球公司——跨国公司发展新趋势[*]

王志乐

国家商务部研究院研究员、新世纪跨国公司研究所所长

在抵御金融危机过程中甚至是危机之后怎样发挥好跨国公司的作用对中国来讲是非常重要的。发挥这些跨国公司作用的理论根据是什么？以前的看法是跨国公司是帝国主义的侵略工具。如果这样，那就没有理由来发挥跨国公司的作用。现在这种看法也没有完全纠正过来。这些年媒体上甚至大学生对跨国公司负面评价非常多，有的跨国公司确实做了一些不好的事，没有尽到应尽的责任。对于为什么要跟跨国公司合作这个问题，在研究外资政策时是需要解答的。

下文主要讨论跨国公司向全球公司转型以及全球公司对我国经济社会的影响。

一、跨国公司向全球公司转型

新世纪跨国公司研究所每年都要组织中国企业高管到国外考察，到跨国公司的总部了解它们的最新动向。这些年研究所考察了大概有70—80家世界500强企业，以及四五百家它们在中国的企业。

根据考察发现，1992年是跨国公司发生重大转折的起点，大致从1992年开始跨国公司向全球公司转型。这是因为，在20世纪90年代短短的十年时间里，政治、经济和技术三个方面均发生了根本性变化。1989年11月9日柏林墙被推倒；1991年12月25日苏联解体；冷战结束使得经济全球化政治障碍被扫除，各国放松管制，推进贸易自由化、投资便利化；1995年1月1日世界贸易组织（WTO）开始运行。在技术上，90年代后期出现信息技术革命，移动通信普及，因特网大规模发展。在同一时间里，政治、经济和技术的变化相互作用、相互激荡、相互促进，加速推动了世界政治、经济和科学技术的发展。90年代成为世界经济飞速发展的十年，同时也是全球企业竞争环境急剧变化的十年。企业竞争环境发生了

---

[*] 摘自第18次报告会（2009年7月25日）。

变化,企业竞争规则发生了变化,企业有可能超越国界在全球范围选择和配置人力、资金、技术、自然资源等生产要素。在这样一个背景下,跨国公司开始了向全球公司转型。

转型包括三个方面。首先,在战略上从跨国经营转到全球经营,在全球吸纳资源并在全球配置资源,从而市场营销全球化、组装制造全球化、研发设计全球化、资本运作全球化,打造全球产业链。1992年诺基亚公司集中于移动通信业务;1993年IBM公司开始战略调整,经营重点从硬件转向软件和服务;1993年三星于法兰克福会议开始"新经营"。三星公司在中国有特殊的地位,是目前为止在中国销售额最大的跨国公司,2008年达到331亿美元。三星能有今天的发展,我认为跟其1993年的战略调整关系很大。三星公司李健熙会长在报告中写道:"三星如果不能成为一流企业,就将陷入危机……尤其是从1992年开始以来,这种危机感常使我身冒冷汗、彻夜不眠。三星如果安于现状,别说是想发展成为超一流的企业,就连三流也保不住,我们的确处在悬崖之巅。"1993年6月他把三星所有高层管理人员都带去法兰克福开会,到柏林参观,因为原来的柏林墙现在都盖起了跨国公司总部或者是商业运营中心。他认为在这个地方可以感受到全球化的脉动。在会议上李健熙发表《法兰克福宣言》,强调要改革,要迎接数字时代,特别是要加强跨国经营、海外投资。他说过一句名言:"除了老婆孩子什么都得变。"

其次,在管理上从过去以母国为中心辐射若干国家子公司的中心辐射式转变为多中心多结点的网络管理模式。比如跨国公司的中国公司总部就越来越重要,而不是像过去那样无论大事小事都要总部来决策。

最后,在责任方面从追求股东价值最大化转为全面和全球责任。全面责任是指不仅承担股东责任,而且承担环境和社会责任,比如企业内部员工的安全健康福利,企业外部利益相关者的利益,减少排放、节能降耗、循环经济等。全球责任是指不仅承担在本国的责任,而且承担经营所在国的责任。过去我们批评跨国公司把它们那些在本国不能做的事(比如污染严重的项目)拿到发展中国家来做,现在先进的跨国公司已经认为在本国不能做的事在别的国家也不能做、在本国做的好事在别的国家也要做。在这方面,到现在仍有不少公司做不到;但是从整体看,先进的跨国公司正在向这个方向走。

跨国公司除了上述三大变化,还有一个变量,即全球化程度大大提高。根据联合国的《世界投资报告》,1994年全球最大100家跨国公司的海外资本比例、海外销售比例、海外雇员比例分别是41%、46%、44%。然而到2006年,上述比例分别提高到57%、58%、56%。也就是说,这些跨国公司的海外部分已经超过了其本国部分,它们的利益越来越全球化了。

表1 全球最大100家跨国公司跨国指数变化　　　　　　　　　单位:%

	年		
	1994	1999	2006
海外资本比例	41	42	57
海外销售比例	46	49	58
海外雇员比例	44	46	56

由于海外部分超过一半,这些公司越来越淡化国籍,不愿意说自己是美国公司或者日本公司。比如 IBM 称自己是全球整合公司,东芝称自己是地球内公司,ABB 称自己是处处为家的全球公司。还有一些公司把自己的国籍给变了,比如德国有好几家特别出名的公司最近几年都从德国股份有限公司改为欧洲公司,包括安联保险和巴斯夫公司。此外,还出现了米塔尔这样典型的全球公司。1995 年,拉科什米·米塔尔将其负责的钢铁企业与其父亲在印度的公司分离,在荷兰注册成立 LNM 集团,将总部搬到英国伦敦,后又改在卢森堡注册。30 年来,米塔尔通过数十次并购达到比较大的规模。2006 年,米塔尔通过并购欧洲的阿塞洛钢铁公司后成为年产 1.2 亿吨钢、销售 1 000 多亿美元的钢铁企业,一跃成为全球钢铁业领先者。

研究所搜集了 27 家跨国公司走向全球化的案例,出版了一本书——《静悄悄的革命——从跨国公司走向全球公司》。这本书就是探讨跨国公司向全球公司转型的过程及路径。

IBM 公司总裁帕米萨诺对此有一个总结。他在 2006 年发表了一篇文章,题目就是《全球整合的公司》。文章讲到,跨国公司通常被认为是推动全球化发展的首要动力,但如今它正悄然地呈现新的形式……从企业的角度来看,这种新型企业将被人们透彻地理解成"全球性的",而不再只是"跨国性的"了。在漫长的历史过程中,公司一直都在不断演变。20 世纪后期的跨国公司同百年前的国际公司鲜有相同之处,而这些百年前的国际公司又同 18 世纪的东印度公司大相径庭。而今,全球整合企业是一种新型的企业组织形式,目前虽正处萌发阶段,但却标志着企业演变又向前迈进了一大步。

二、全球公司对我国经济社会的影响

全球公司对我国经济社会有广泛影响。第一,全球公司全面进入中国,成功吸纳、整合了中国优势资源,增强了全球竞争力,给中国内资公司带来严峻的挑战。全球公司把刚才讲的全球战略延伸到中国,把全球管理网络覆盖到中国,把全球责任也推进到中国,中国正好成了它们一个集中表演的舞台。通过战略延伸、管理网络覆盖和理念文化整合,全球公司成功地吸纳整合了中国的优势资源,把中国纳入其全球经营网络,增强了全球竞争力。在中国出现了如同三星、LG、飞利浦、松下等一批颇具竞争力的外资企业集团。它们给中国内资企业带来了严峻的挑战。面对全球公司的竞争,我们不能以一个国家或一个民族的企业与全球企业竞争。我们中国的企业必须像全球公司那样,学会吸纳整合全球资源来参与全球竞争。换言之,我们中国的企业也要迅速成长为全球公司。现在有的公司还在说我们是民族公司、民族产业,要求获得政府保护,这缺少全球视野。

第二,全球产业挑战民族工业。在全球产业形成的背景下,采用传统办法在一个国家范围已经越来越难建立起完整的、有竞争力的、独立的产业体系。在这种情况下后起国家只有首先融入全球产业,进而在全球产业系统中提升,才能使本国产业发展壮大,实现国家经济利益的最大化。过去我们强调自力更生、自成体系,但是在这个时代已经非常困难。目前报纸上的一些观点可能和现在的实际脱离了。

第三,全球公司挑战传统经济安全理论。在国际关系发生矛盾的时候,全球公司经常反而从公司利益出发起到协调作用。我们应当从传统的经济安全观转变到相互融合、相互依存的全球化时代国家的经济安全观。我们研究所做过一个调查,22个曾在媒体上炒作的外资并购境内企业案例,包括徐工、达能、娃哈哈、汇源在内,其实没有哪一个案例真正影响了国家经济安全,说到底是中外企业利益的博弈而不是真正的国家经济安全问题。

第四,全球公司和中国和平崛起。与历史上崛起的西方大国不同,中国既不能通过战争等暴力手段,也不能通过不公平交易等经济手段掠夺资源。中国只能通过和平的道路与公平的交易,即通过源于其他国家的全球公司进入中国和源于中国的跨国公司走出去吸纳整合全球资源。中外跨国公司或者说全球公司成为中国和平崛起和发展的积极力量。

三、结论和建议

1992年随着全球市场的出现,跨国公司的发展出现了新的趋势——向全球公司转型。最近十多年来全球企业形态实际上发生了一场静悄悄的革命。原有跨国公司理论没有或者很少探讨跨国公司最新发展。因此,跨国公司理论需要不断创新。仅仅借鉴国外原有跨国公司理论是不够的,需要通过大量实证研究,包括跨国公司在中国的最新实践,概括和归纳跨国公司发展的新趋势。

数百家来自不同文化背景的全球著名跨国公司在短短的十几年时间集中到中国投资,在激烈的竞争中它们各自的优势和劣势都得到充分展示,它们向全球公司转型的过程也得到充分展示。中国事实上成为跨国公司/全球公司研究的最好实验室。这就为中国学者提供了十分有利的研究跨国公司的条件。我们学者应当充分利用这一有利条件加强协作,共同实现研究突破。

中国经济发展和中非合作[*]

林毅夫

北京大学国家发展研究院名誉院长

  林毅夫教授的演讲主要包含几个层次:首先,他回顾了中国过去三十多年经济增长的奇迹,并提出对中国经济发展长期前景的展望。其次,他强调指出,要实现经济持续较快的发展,需要大力推动产业升级与结构转型。他认为,在迈向高收入国家的过程中,对我国经济发展作出巨大贡献的劳动密集型制造业将面临工资成本迅速提高的挑战,必须转移到其他低收入地区。最后,他倡导中国劳动密集型制造业向非洲转移,分析了非洲承接我国产业转移的优势,并介绍了华坚赴埃塞俄比亚投资的成功案例。

一、中国经济发展奇迹和前景展望

  改革开放之初,中国是世界上最为贫穷落后的国家之一,人均收入不及撒哈拉以南非洲的1/3。经过33年年均9.8%的经济增速,2012年中国人均收入已达到6 100美元,是非洲的4倍多,成为中等收入国家,堪称人类发展史上的奇迹。中共"十八大"提出发展目标,2020年人均收入要在2010年水平的基础上翻一番。为了达到这个目标,2013年到2020年间,我国平均每年的经济增速要达到7.3%。

  我国现在的发展水平和发达国家仍有很大差距,因此追赶潜力依旧巨大。我国现在的人均收入与美国的差距,相当于日本在20世纪50年代、新加坡在60年代、韩国及中国台湾在70年代与美国的差距。利用经济发展的后发优势,日本取得了20年平均每年9.2%的增长,新加坡取得了20年平均每年8.6%的增长,中国台湾取得了20年平均每年8.3%的增长,韩国取得了20年平均每年7.6%的增长。从日本和"东亚四小龙"的追赶经验看,中国应该还有20年平均每年增长8%的潜力。如果中国能够深化改革开放,发挥后发优势,发掘出增长潜力,完全可以实现"十八大"提出的2020年人均收入在2010

---

[*] 摘自第34次季度报告会(2013年7月20日)。

年水平的基础上翻一番的发展目标。考虑到人民币升值趋势,2020年或之后两三年中国可望达到12 500美元的人均收入,成为高收入国家。

二、中国企业面临的机遇与挑战

要实现经济持续较快发展,需要大力推动产业升级与结构转型。在迈向高收入国家的过程中,对我国经济发展作出巨大贡献的劳动密集型制造业将面临工资成本迅速提高的局面。据调查,现在中国的蓝领一线工人月工资在400—500美元之间。如果前面所说的发展目标能实现,到2020年,其月工资至少为每月1 000—1 200美元。工资是劳动密集型企业最重要的成本,决定着产业的竞争力。如果工资达到1 000—1 200美元,中国目前非常有竞争力的劳动力密集型产业的成本会大大增加,以致丧失竞争优势。

随着工资成本的提高,我国劳动密集型产业必须升级到微笑曲线的两端,即附加值较高的销售和研发一端,以及转型到附加值更高的资本和技术密集型制造业一端。劳动密集型产业的加工制造区段则必须转移到其他地区,转移到劳动生产率和我国差不多而工资比我国低很多的地区生产,这样我国才能掌握微笑曲线的两端。转移出去以后,关键的机器设备和中间产品还是会来自于国内,这样也有利于国内产业转型。

劳动密集型产业向海外逐步转移符合历史和经济规律。虽然我国东、中、西部的工资水平存在差距,但大部分中、西部的劳动力已经转移到东部沿海地区,再加上这几年交通基础设施改善得非常快,中国各地工薪趋近,因此国内转移的空间不大,低附加值的劳动密集加工制造业转移到海外去是一个必然的选择。日本在60年代曾将劳动力密集型的纺织业、电子加工业等转移到亚洲"四小龙","四小龙"在80年代又把劳动力密集型的加工环节用来料加工的方式转移到中国内地。这种转移支撑了日本和亚洲"四小龙"的产业升级和转型。所以,我国的劳动密集型产业向海外转移是符合历史规律、经济规律的必然选择。

三、中国劳动密集型产业转移的"蓝天碧海"——非洲

非洲是中国劳动密集型产业海外转移的"蓝天碧海"。中国周边的越南、柬埔寨和缅甸等国人口规模有限:越南人口是8 800万,柬埔寨人口是1 400万,缅甸人口是4 800万。而中国是拥有13亿人口的大国,加工制造业有大量的工人。根据卢锋教授的研究,国内加工制造业雇用劳动力有1.5亿人之多。在这种状况下,把中国的加工制造业劳动力往越南、柬埔寨转移虽然比较近,但由于这些地区劳动力市场小,其工资也会很快上涨。我曾对国内和越南制鞋业进行过调查。2010年,国内制鞋业雇用工人1 900万人,越南雇用120万人,当时国内制鞋业月工资在350美元左右,越南是80—100美元左右。这几年国内制鞋业开始转移到越南,越南制鞋业工资迅速提高,目前已达到250美元。

因此,对于有如此大劳动密集型产业的中国,"蓝天碧海"只能在非洲。非洲有10亿人口,现在平均收入水平是中国的1/4,很多国家的收入水平甚至不及中国的1/10。转移到非洲可以一步到位地让中国劳动力密集型产业发挥掌握渠道和研发从而进入到微笑

曲线两端的可能性,并获得最大的加工制造业基地。转移到非洲对我国的产业转型也会有很大好处,生产规模扩大后对我国机械制造业和相关产品的需求也会增长。

关于非洲的投资环境,给人们留下的传统印象是非常落后、蛮荒,政府无能,基础设施非常差。根据我在世界银行工作期间对非洲的十多次考察,事实并非如此。非洲有相当多国家社会稳定,教育水平比我国在 80 年代的水平高,基础设施比我国在 80 年代的条件好,具备了承接中国劳动密集型制造业转移的能力。

目前已经出现了中国制鞋业向非洲埃塞俄比亚转移的成功案例。2010 年,埃塞俄比亚工人的工资是我国的 1/8—1/10,大约是越南的一半,而其工人的劳动生产率大约是我国的 70%,与越南相当,所以埃塞俄比亚在制鞋业上具有很强竞争力。可是 2010 年,我国约有制鞋工人 1 900 万,越南有 120 万,而埃塞俄比亚 8 000 万人口中只有 8 000 位制鞋工人。2011 年 3 月我访问埃塞俄比亚时,曾对埃塞俄比亚前总理梅莱斯先生指出埃塞俄比亚具有承接中国制鞋业的潜力,如果能够像我国国内发展工业园区的方式一样提供一站式服务,像我国国内省长、书记亲自去招商引资一样,由总理亲自招商,派部长作为项目负责人来帮助这些企业解决投资上的具体困难,埃塞俄比亚等非洲国家应该可以很快把我国劳动密集型产业吸引过来。

梅莱斯总理听从了我的建议,利用 2011 年 11 月去深圳参加大运会的机会亲自对制鞋业进行定向招商引资,最终邀请到华坚鞋业赴埃塞俄比亚投资。2012 年,华坚在埃塞俄比亚投产两条生产线,雇用工人 600 人,产品出口到美国市场。同年 12 月,华坚在埃塞俄比亚雇用工人增加到 1 600 人,当年出口额占埃塞俄比亚皮革业出口额的 57%。目前,华坚在埃塞俄比亚已雇用 2 500 人,并准备设立工业园区,在未来 3—5 年内发展成制鞋业产业集群,计划雇用 3 万人,而整个集群可能雇用多达 10 万人。华坚已成为非洲吸引中国制造业转移的成功案例。

非洲是我国劳动力密集型企业走出去的"蓝天碧海",它给我国劳动力密集型产业第二次腾飞提供了一个足够大的载体,也给我国产业升级和产业转型提供了巨大商机。劳动密集型企业向非洲转移,不仅对我国经济有利,还能够促进非洲的经济发展,提高非洲人民的生活水平,使我国能够贡献于人类的共同发展。习近平主席指出:"一花独放不是春,百花齐放春满园"。中国企业走向非洲,可以让我们向百花齐放大同世界的美好愿景迈进一步。

生产能力与市场能力
——当前经济形势的一个问题[*]

周其仁

北京大学国家发展研究院教授

金融危机后,中国经济增速趋缓使中国制造业产能过剩的问题凸现出来。面对这一局面,应当以对外投资为中国产能开拓全球市场,特别是开拓新兴经济和发展中国家的市场。为此,政府应简化审批并加强金融支持,中国的年轻人也要具有全球视野,抓住机会走进新兴市场。中国经济升级版离不开有针对性的扩大开放。

一、增速下行,水落石出

金融危机后,中国经济增速明显趋缓。如图 1 所示,GDP 增长率从 2007 年第二季度的 15% 降到 2013 年第二季度的 7.5%,第三季度增速略微回高到 7.8%。虽然短期"企

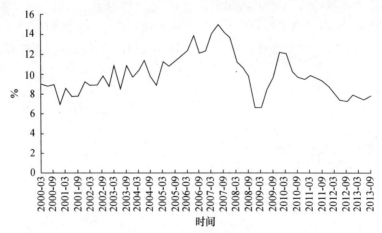

图 1 GDP 当季同比增速

---

[*] 摘自第 35 次季度报告会(2013 年 10 月 20 日)。

稳向好",然而自金融危机以来中国经济增速几乎减半。经济减速对结构调整有一定好处,然而经济增速下行也使企业承担巨大压力。

三方面因素把中国经济增速拉下来。一是金融危机、欧债危机导致的全球普遍增速下滑和我国外需乏力。全球经济增速 2010 年为 5.2%,2011 年降到 4%,2012 年降到 3.2%,IMF 估计 2013 年全球增速只有 3%。由 G20 联手推动的低利率和宽松货币刺激政策虽然暂时稳住了局面,使全球经济没有像 1929 年的大危机那样剧烈收缩,但是仅靠货币刺激难以维持经济增长。2010 年以后全球经济增速基本上呈递减态势,这对外贸依存度高达百分之六七十的中国影响很大。刚刚公布的国家统计局报告提到:前三个季度"货物和服务净出口对 GDP 的增长贡献率是 -1.7%,拉低 GDP 为 -0.1 个百分点"。二是新世纪以来国内为调控经济过热不断增加的行政管制。新世纪以来,尤其是 2002 年、2003 年以后,面对经济持续过热局面,国内大量采取行政管制方式进行调控。目前经济增速趋缓,但行政管制却没有去除,像一道道绳索捆绑着经济,所以目前国务院开始减少行政审批。三是真实利率发生变化,由负转正,使企业面临困难。

经济增速趋缓使企业和地方政府面临"水落石出"的局面。压在它们头上的"石头"有三块:第一块是随收入增长不断上升的成本,第二块是债务压力,第三块是"产能过剩"。高速增长下行后,原来支持高速增长的生产能力现在变成大问题。然而真正清理过剩产能并不容易:将工厂关掉,一些工人会失去工作,数量过多会对经济、社会造成很大影响。如何看待过剩产能,实质是如何看待生产能力和市场能力的问题。

二、生产能力过剩,市场能力不足

与中国经济体量相比,中国制造业产能巨大,远超中国自身市场的吸纳能力。如表 1 所示,世界银行数据显示,2010 年中国的制造业附加值占全球 17.7%,美国占 17.1%;联合国数据显示,2011 年中国制造业附加值占全球 20.7%,美国占 16.8%。两组数据都说明中国制造业附加值份额已是第一大。一些劳动密集型产业产能份额还要更大,比如制鞋业产能占 62%。中国制造业产能附加值占全球 20%,出口占全球 11.1%,国内 GDP 占全球 11.5%。从这三个数字可以看出,中国制造业产能巨大,"卖的能力"和国内"消化能力"严重不匹配。

表1 制造业附加值占全球比重　　　　　　　　　　　　　　　　　单位:%

		年											
		2000	2001	2002	2003	2004	2005	2006	2007	2008	2009	2010	2011
联合国数据	中国					9.0	9.9	11.2	12.7	15.2	18.1	18.9	20.7
	美国					23.4	23.2	22.4	20.5	18.6	19.2	18.4	16.8
世界银行数据	中国	6.7	7.7	8.3	8.7	9.0	9.9	11.2	12.7	15.2	18.2	17.7	
	美国	25.6	25.7	25.8	23.5	22.5	22.4	21.5	19.8	7.7	18.1	17.1	

资料来源:联合国统计,世界银行 WDI。

目前外需乏力,但也很难指望内需完全替代降低的外需。原因有四点。首先,中国很多产能一开始就不是为内需而生,尤其是多年来扭曲的汇率机制导致国内外相对价格信号出现很大误差,使国内生产者产生错误价格预期,布下过多产能,这些产能很难仅靠内需消化。其次,不少地方、企业面临"三块石头"的挤压,成本压力、债务压力和产能压力需要时间来消化,不可能迅速恢复高速增长。再次,寄予较大希望的城镇化难以马上刺激足够多的内需。城镇化首先是体制机制问题,不把机制调整好,到处建新城只会使问题更加严重。现在已出现一些地方投资不足与过度拥挤,而另外一些地方出现"空城""鬼城"的并存情况。最后,改革释放红利需要时间,因为中国的改革是渐进式改革,越留在后面的,改革难度越大,要改出效果需要时间。因此,尽管中国内需已经保持高速增长,然而要寄希望于内需达到全球的 20%,与制造业生产能力相匹配,仍然非常困难。在这种局面下看短期经济问题,中国继续开放非常重要,尤其要增强对外开放的针对性。

三、有针对性地扩大开放,以对外投资带动对外贸易

中国过去三十多年的高增长是开放的结果,但过去的开放模式目前遇到挑战。从建立特区到现在,中国的开放基本上是针对发达国家和地区的市场出口产品。发达国家和地区有如下特点:首先,购买力现成。只要有货,它们就有钱买,而我们无非是把"四小龙"的生产转移过来。其次,商业通道现成。只要我们有能力生产出产品,中国香港地区的订单物流配送渠道、发达国家的基础设施就可以保证产品很快销售出去。最后,尤其重要的是,发达国家有相当成熟的信用体系。

1980 年前后刚开始对外开放时,中国工人的收入只有发达国家工人收入的 1%,两个"海平面"差距太大。我们的生产成本摆在这里,而发达国家有现成的购买力、现成的商业通道、现成的商业服务,这两方面条件相结合就把中国的经济拉动起来。中国只需大量造厂,然后借用发达国家城市提供的贸易服务、金融服务和其他有关服务,借助它们的市场能力出口。这是为什么中国香港、新加坡以及很多发达国家和地区的城市借助中国内地的发展机遇一直繁荣的原因,这也是中国内地工业化领先、城市化落后的原因。然而以 2007 年的危机为拐点,发达经济体成熟的购买力、成熟的设施、成熟的体系遇到了全球化以来的一次大冲击。尽管这套体系还很成熟,但是吸收新增流量的能力下降了。

为什么中国继续开放还有潜力?首先,进口还有很大潜力。随着汇率扭曲局面的改观,人民币较快升值,中国的旅游、境外活动、对外投资迅速升温。我们在降低关税、扩大进口等方面有很大潜力。另一个潜力是今天要讨论的重点,就是以中国企业面向新兴市场增加投资带动国内生产能力面临新机遇。

2007 年发达国家遇到重大挫折后,全球经济体量份额发生很大的变化。如表 2 所示,新兴市场经济总量占比从 2000 年的 15.4% 上升到 2012 年的 29.7%,G7 国家则从 65.4% 收缩到 47.3%,非 G7 国家已经占据半壁江山。

表2　中国与主要经济体GDP占全球比重

	2000年	2012年
中国	3.7%	11.5%
G7国家	65.4%	47.3%
新兴市场	15.4%	29.7%
其中不含中国	11.7%	18.2%

注：新兴市场包括阿根廷、巴西、保加利亚、智利、中国、哥伦比亚、匈牙利、印度、印度尼西亚、拉脱维亚、立陶宛、马来西亚、墨西哥、秘鲁、菲律宾、波兰、罗马尼亚、俄罗斯、南非、泰国、土耳其、乌克兰、委内瑞拉。

资料来源：世界银行WDI。

如图2所示，中国的产能原来主要面向发达国家，如果发达市场能慢慢恢复，中国企业应对起来自然是熟门熟路。然而发达国家可能陷入低速增长的"新常态"，新兴市场国家的全球份额正在快速增大，如果我们抓住新兴市场会有大机会。

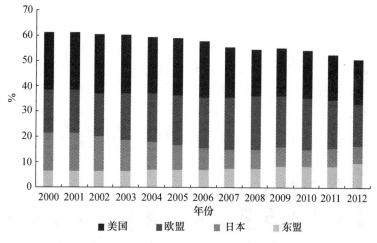

图2　中国制造业产品出口目的地结构

资料来源：UNCTAD。

如图3和图4所示，中国对外直接投资流量近年来增长迅速，但与发达国家相比仍有很大的增长余地。中国有生产能力，但相应的市场能力是薄弱环节。不过在全球化方面中国企业已经出现很多成功的案例，比如华为、联想、海尔等。它们的全球布局非常好，虽然生产基地在国内，但订单不是靠发达国家中间商，而是靠自己一个国家一个国家打下来的，其销售渠道遍布全球、精兵强将多在国外。一批诞生于中国的全球公司在未来5—10年会非常耀眼。

如表3中的数据所示，中国投资的主要流向目前仍然是发达国家和地区。我们对新兴市场国家了解少、销售能力差。新兴市场国家与发达国家和地区还有一个很大区别是没有现成购买力，但是有潜在购买力；没有现成成熟的基础设施以及很好的信用与服务体系，但是有改善的机会。这些都是中国的机遇。

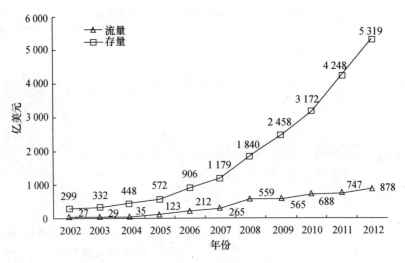

图3 中国ODI流量和存量

资料来源:《2012年中国对外直接投资统计公报》。

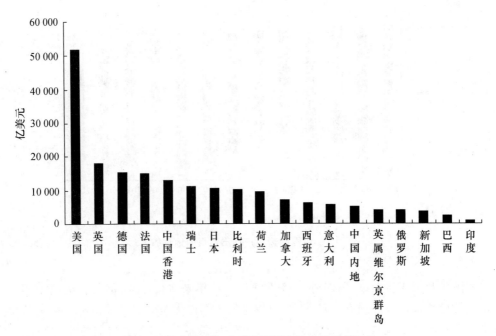

图4 2012年中国与全球主要国家和地区存量对比

资料来源:《2012年中国对外直接投资统计公报》。

表3 2012年中国对外直接投资流量前十位的国家和地区

	国家和地区	流量（亿美元）	比重（%）
1	中国香港	512.38	58.4
2	美国	40.48	4.6
3	哈萨克斯坦	29.96	3.4
4	英国	27.75	3.2

(续表)

	国家和地区	流量(亿美元)	比重(%)
5	英属维尔京群岛	22.39	2.6
6	澳大利亚	21.73	2.5
7	委内瑞拉	15.42	1.8
8	新加坡	15.19	1.7
9	印度尼西亚	13.61	1.5
10	卢森堡	11.33	1.3

资料来源:《2012年中国对外直接投资统计公报》。

可喜的是,现在可以看到不少个行业的中国企业正在走向东盟、中亚、东欧和非洲等地的新兴市场。比如新疆、黑龙江农垦、中粮集团的"域外垦区与农场",用友的中小企业财务软件。新疆的一些民企投资中亚国家,不仅仅购买资源,而且介入当地的投资和建设,出现以对外投资带动对外贸易的新苗头。比如新疆特变电工到哈萨克斯坦、塔吉克斯坦投资就是很好的案例。这些国家与发达国家不同,虽然发展潜力很好,但现在缺乏基础设施。特变电工去承包大型工程,铺设电网、建立电站,与早年占地、买矿不同,很受当地欢迎。新疆另一家企业三宝实业,帮助中亚国家建立工业园,就像当年新加坡帮助苏州建立工业园一样,这也是中国的强项。还有中亚食品研究中心,国内生产成本提高之后,将生产基地搬到中亚,把当地人送到中国来培训,培训完再回到当地开拓市场,创立品牌。新疆有一批这样的公司。中亚国家固然基础设施落后,但中国可以建设基础设施,借钱给这些国家买中国的产品。对中国来说,"走出去"不仅是买资源卖产品,而且可以是投资基础设施,可以是"做好事"。这个过程又可以带动国内产能,形成对外投资带动对外贸易的新局面。

四、全球视野、机会与人才成长

从微观上看,不少企业已经有面向新兴市场的动向,但仍需要两方面政策支持:一是简化审批,二是金融支持。金融支持要与产业结合,要为中国产能开拓海外市场提供金融支持。这方面可以学习发达国家的投资经验,比如改革初年谷牧副总理访欧时,德国总理就提出可以向中国提供设备贷款,也可以支持中国在外的BOT项目。如果政策对这两方面进行支持,中国开放也将出现"升级版",并以此支持经济转型和升级。

未来人才趋势也是要往新兴市场走。现在经常听到三种信息:一是大学生就业难、年轻人购房和生活成本压力巨大;二是出国旅游的国人不断带回国外的商品和物业比国内便宜、相对价格条件在发生变化的信息;三是中国企业在新兴市场经常面临人才短缺的问题。这三方面加不到一起的信息,提示年轻人与其在国内"受煎熬",不如找机会出去闯一闯。这里为大家介绍经济学家熊彼特的故事。熊彼特1906年获得博士学位,然后到伦敦游历,拜访马歇尔。但无论是在伦敦还是回维也纳,都难有称心的工作。在那个时代,有进取心的年轻人若有豪奢的品位、收入不丰,又有妻子要养,通常会到东方去碰碰运气。也许是葛雷蒂斯向他建议,对一个受过法律训练但没有经验的人,在开罗的赚钱机会应该优于伦敦或维也纳。经过一番考量,熊彼特婚后很快和妻子"随着避冬的燕子南下埃及"。① 目前国内大城市生活成本巨大,4 000元人民币在北京和上海生活艰辛,但在一些暂时比较落后的发展中国家的首都可能生活得挺好,并可能有更好的机会来历练并提高自身的能力。有胆识的年轻人应该勇于走出去,并在当地扎根实干。

最后总结几点。第一,中国经济增速高位下行不可避免,因为过去依靠发达国家繁荣拉动外需的局面发生了变化。第二,形势变化带来两方面的困局:一是"水落石出"后企业和地方政府要应对成本、债务、产能三块"石头",二是从整体结构看生产能力与市场能力不匹配问题突出。第三,应对这个困局的一个可能方向,是面向新兴市场进行对外投资,为中国产能开拓市场。中国不能完全靠内源式发展,中国经济的升级版离不开有针对性的扩大开放。这个过程需要策略调整,除了简化审批和金融支持,还要在相关人才培养方面跟进。

---

① S.Nasar著,张美惠译,《伟大的追寻——经济学天才与他们的时代》,时报出版2013年版。

从"华坚现象"看我国对非投资类型演变*

卢 锋①

北京大学国家发展研究院

随着内外经济环境演变,近年我国企业在非洲投资呈现较快增长势头。由于种种原因,西方主流媒体对我国非洲投资增长现象存有较多误解与质疑,甚至不乏责难诋毁。这一背景下,广东东莞一家制鞋企业华坚在埃塞俄比亚投资建厂,破天荒地在西方主流媒体得到比较中性客观的报道以及不少正面评价,堪称"华坚现象"。分析"华坚现象"成因,有助于认识我国部分劳动密集型制造加工环节向非洲转移的特殊优势与发展前景。

这里,首先介绍中国对非投资增长概况,观察"华坚现象"表现;其次从我国对非投资类型学视角考察华坚现象的四点成因;最后讨论我国部分制造业劳动密集型加工环节逐步向非洲转移的前景。

一、我国对非投资增长与"华坚现象"

近年来,我国企业在非洲投资呈现较快增长势头。图1报告了商务部提供的过去十年我国对非直接投资流量和存量数据。2003—2012年间,我国对非直接投资存量在较小基数基础上持续上升,从不到5亿美元增长到191亿美元,年均增速50%。对非投资流量也呈现上升趋势,从2003—2006年的年均3亿美元增长到2007—2012年的年均27亿美元。② 我国对非投资企业数量也快速增长。根据美国约翰霍普金斯大学资深研究员申晓方估计数据(见图2),2000年以后中国投资非洲企业数快速增长,2012年投资非洲企业数达到1 679家。

---

* 摘自第34次季度报告会(2013年7月20日)。
① 国家发展研究院姜志霄和保利能源控股有限公司周俊安亦参与研究。
② 2008年,中国工商银行收购南非标准银行20%的股份,这个大额投资把该年我国对非投资流量提高到54.9亿美元的创纪录水平。

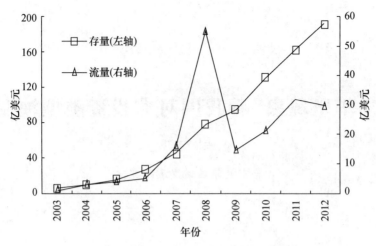

图 1　中国对非洲直接投资（2003—2012）

资料来源：2003—2011年数据来自商务部《2011年中国对外直接投资统计公报》。其中，2003—2005年数据为中国非金融类对外直接投资数据，2006—2011年为全行业对外直接投资数据。2012年数据来自中国新闻网。①

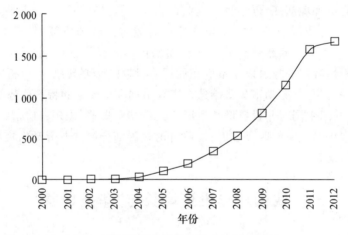

图 2　中国投资非洲企业数（2000—2012）

资料来源：Xiaofang Shen, 2013, "Private Chinese Investment in Africa: Myths and Realities", World Bank Policy Research Working Paper 6311。

虽然进入新世纪后我国对非直接投资迅速增长，用不同指标观察其相对规模仍然不大。用"中国对非ODI占中国ODI总量"的流量和存量比例两个指标衡量，我国对非ODI相对规模通常都在5%以下。如图3所示，2012年中国对外直接投资流量为772亿美元，其中对非洲直接投资额为29亿美元，占中国对外直接投资流量的3.8%。从存量角度观察，截至2012年年底我国对外直接投资存量为4 432亿美元，其中对非洲直接投资存量为191亿美元，对非投资存量占比也只有4.3%。

---

① 石岩，"2012年中非贸易额1984亿美元 加深合作大势所趋"，2013年3月26日，中国新闻网。文中指出，"至2012年年底，中国对非直接投资存量已近200亿美元，仅2012年对非洲直接投资就达29亿美元"，http://finance.chinanews.com/cj/2013/03-26/4676572.shtml。

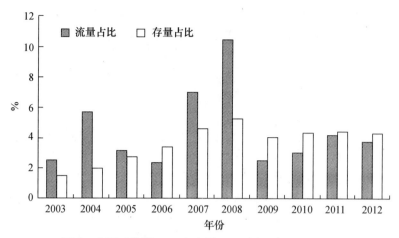

图 3　中国对非洲 ODI 占中国 ODI 比例（2003—2012）

资料来源：中国对非洲投资数据来源同图 1。中国 2003—2011 年 ODI 数据来自商务部《2011 年中国对外直接投资统计公报》。2012 年 ODI 数据来自商务部网站。① 各项占比数据均由笔者计算而得。

我国对非直接投资占非洲 FDI 流入的比例也不高。图 4 数据显示，2008 年—2012 年，中国对非直接投资流量占非洲吸引外资比例平均约 6%，存量占比则于 2012 年首次突破 3%。不过近几年中国对非洲投资流量占比上升较快，中国投资对非洲的重要性在提升。

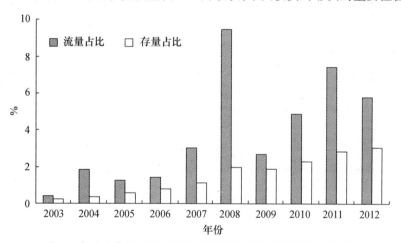

图 4　中国对非洲 ODI 占非洲 FDI 流入的比例（2003—2012）

资料来源：中国对非洲投资数据来源同图 1。2003—2011 年非洲 FDI 流入数据来自 UNCTAD 对外直接投资数据库，http://unctadstat.unctad.org/ReportFolders/reportFolders.aspx。2012 年非洲吸引 FDI 数据来自 African Economic Outlook②。各项占比数据均由笔者计算而得。

近年来中国对非投资的快速增加引发了国际社会的广泛关注。由于种种原因，西方主流媒体对我国对非洲投资增长现象存有较多质疑、责难甚至诋毁。如美国 Policymic 新

---

① 商务部合作司，《2012 年我国非金融类对外直接投资简明统计》，2013 年 1 月 17 日。文中指出，2012 年，"累计实现非金融类直接投资 772.2 亿美元"，http://fec.mofcom.gov.cn/article/tjzl/jwtz/201301/1722432_1.html。

② African Development Bank, OECD, UNDP, The Economic Commission for Africa of UN, "African Economic Outlook(2012)", 2013, http://www.africaneconomicoutlook.org/en/outlook/.

闻网曾责难中国对非洲投资是"新殖民主义"(new colonialism)或"软殖民主义"(soft colonialism),中国进入非洲只是为了攫取资源和倾销商品。① 英国《卫报》批评中国的矿产企业只给当地工人很低的报酬,矿难事故频发,诋毁我国对非洲的软贷款(soft loans)和赤裸裸的重商主义(naked mercantilism)加剧了非洲腐败。② 英国《每日电讯报》还错误地将中国对非洲的投资与19世纪西方对非洲的掠夺进行类比,指责中国投资支持了与西方敌对的非洲领导人。③

西方少数政客和国际机构对中国对非洲投资也多有责难。比如美国前国务卿希拉里2011年访问赞比亚时,曾公开表示非洲应警惕"新殖民主义",影射中国在非洲的投资。④ 世行前行长沃尔福威茨(Paul Wolfowitz)指责中国银行在非洲的业务忽略人权和环境标准。⑤ IMF也对中国对非洲投资施加压力,2009年曾与巴黎俱乐部债权人一起,以可能会加大刚果债务负担为由,要求刚果(金)政府削减中国一份矿业与基础设施投资的金额,否则停止减免刚果(金)外债。⑥ 德国非洲事务专员努克(Günter Nooke)甚至荒谬地将2011年东非饥荒归咎于向中国出售农业用地。⑦

在上述背景下,一家名叫华坚的民营企业在埃塞俄比亚的投资项目,却得到国际社会广泛正面评价,成为整体形势下的一个特例。华坚是广东东莞的一家为发达国家提供各种女鞋配套的大型OEM供货商,2011年年底在埃塞俄比亚建厂,2012年投产,同年年底投资规模约500万—600万美元。这个规模不算很大的投资项目,却在国际、在西方主流媒体中得到"不同待遇",堪称"华坚现象"。

英国《金融时报》2013年曾在头版报道华坚在埃塞俄比亚的投资情况,指出华坚投资给埃塞俄比亚带来了大量就业,并可望带动埃塞俄比亚制鞋行业的发展,该企业的努力正改变一些非洲官员对中国投资只是为了攫取资源和为本国产品寻找出口市场的看法。⑧ 英国《卫报》曾对华坚进行专题报道,肯定华坚在埃塞俄比亚建立制鞋供应链和培训工人的努力。⑨ 美国CNN把华坚投资看作国际成本演变为撒哈拉以南非洲带来产业

---

① Will Birch, "China: Africa's New Colonial Power", *The Policymic*, 2011, http://www.policymic.com/articles/1657/china-africa-s-new-colonial-power.
② Conal Walsh, "Is China the New Colonial Power in Africa?", *The Guardian*, October 29, 2006, http://www.theguardian.com/business/2006/oct/29/china.theobserver.
③ David Blair, "Why China is Trying to Colonise Africa", *The Telegraph*, Aug. 31, 2007, http://www.telegraph.co.uk/comment/personal-view/3642345/Why-China-is-trying-to-colonise-Africa.html.
④ Matthew Lee, "Hillary Clinton Warns Africa Of 'New Colonialism'", *The Huffington Post*, Jun. 11, 2011, http://www.huffingtonpost.com/2011/06/11/hillary-clinton-africa-new-colonialism_n_875318.html.
⑤ Françoise Crouigneau and Richard Hiault, "Wolfowitz Slams China Banks on Africa Lending", *The Financial Times*, Oct. 24, 2006, http://www.ft.com/cms/s/0/45e594e0-62fc-11db-8faa-0000779e2340.html.
⑥ "China's New Focus on Africa", *The European Union Times*, Jun. 28, 2010, http://www.eutimes.net/2010/06/chinas-new-focus-on-africa/;"中国—刚果'矿产换基建'合作开发铜钴矿",中国铜业网,2009年11月12日,http://www.tongye.cn/news/newsinfo_5542.html。
⑦ Deborah Brautigam, "Ethiopia's Partnership with China", *The Guardian*, Dec. 30, 2011, http://www.theguardian.com/global-development/poverty-matters/2011/dec/30/china-ethiopia-business-opportunities.
⑧ William Wallis, "China Plans Multimillion Ethiopia Investment", *The Financial Times*, Jun. 3, 2013, http://www.ft.com/intl/cms/s/0/37011562-cc6d-11e2-9cf7-00144feab7de.html.
⑨ Elissa Jobson, "Chinese Firm Steps up Investment in Ethiopia with 'Shoe City'", *The Guardian*, Apr. 30, 2013, http://www.theguardian.com/global-development/2013/apr/30/chinese-investment-ethiopia-shoe-city.

结构转型机遇的事例。① 美国《纽约时报》和《基督教科学箴言报》都援引研究中国对非援助和投资的专家黛博拉·布罗蒂加姆(Deborah Brautigam)的评论,指出与西方把非洲看作拯救对象不同,中国把非洲看作商业合作好伙伴,并提醒西方学术界和评论界需重新审视把中国看作新殖民主义观点可能存在的误区。② 北京大学国发院考察团 2013 年年初访问埃塞俄比亚等东非三国,在卢旺达和坦桑尼亚不断听到当地人士表示特别欢迎"类似华坚的投资项目"。

二、从类型学角度看"华坚现象"成因

为何会出现上述"华坚现象"?可以从我国对非投资类型学视角分析这一问题。我国目前在非洲投资大致可分三类。第一类是大宗商品资源类投资。第二类是基础设施(路桥电港)与公共设施(楼堂馆所)投资,主要是大型承包工程项目。第三类是制造业投资,主要属于针对当地市场的"进口替代型"投资,也有较少原料驱动型轻工业投资和其他类投资。

图 5 数据显示,截至 2009 年年底,在中国对非直接投资存量中,采矿业(包括金属矿采掘和冶炼、石油和天然气勘探和开采)占 29%,制造业占 22%,建筑业占 16%。

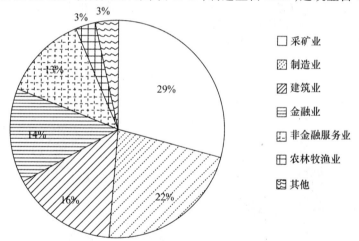

图 5 中国对非洲直接投资存量行业分布图(截至 2009 年年底)

注:非金融服务业包括商业服务业,批发零售业,科研、技术服务和地质勘查业,占比分别为 5.4%、4.0% 和 3.2%。

资料来源:国务院新闻办公室,《中国与非洲的经贸合作》,人民出版社,2010 年。

---

① Hinh T. Dinh, "Opinion: Could Africa be World's Next Manufacturing Hub?", CNN, Jun. 20, 2012, http://edition.cnn.com/2012/06/15/opinion/africa-manufacturing-hub.
② "It's Business as Usual for China", *New York Times*, Sep. 19, 2012, http://www.nytimes.com/roomfordebate/2012/09/19/autocratic-leaders-who-improve-their-countries/in-africa-its-business-as-usual-for-china; William Davison, "Africa Rising: China Steps up Production in Ethiopia with Drill Instructors, Investors", *The Christian Science Monitor*, Apr. 3, 2012, http://www.csmonitor.com/World/Africa/Africa-Monitor/2012/0403/Africa-Rising-China-steps-up-production-in-Ethiopia-with-drill-instructors-investors.

国有企业与民营企业在非投资行业分布结构有明显差别,如图6和图7显示,根据申晓方博士的报告,国有企业投资项目中建筑业和采矿业占比分别为35%和25%,而民营企业的投资项目中制造业和商品贸易业所占比重较高,分别为36%和22%。相比之下,国有企业较少从事制造业,民营企业较少从事与大型项目承包相联系的建筑业。

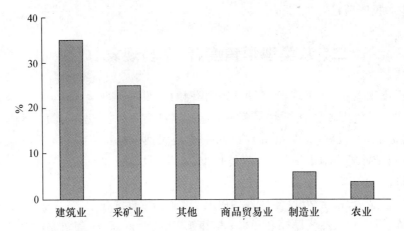

图6 中国国有企业投资行业比例分布情况(截至2011年年底)
资料来源:Xiaofang Shen, 2013, "Private Chinese Investment in Africa: Myths and Realities", World Bank Policy Research Working Paper 6311.

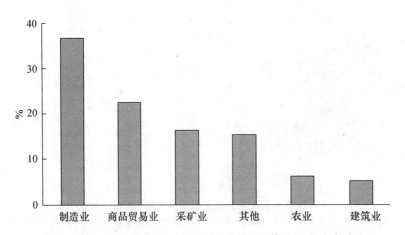

图7 中国民营企业投资行业比例分布情况(截至2011年年底)
资料来源:同图6。

首先应指出,以上三类投资对非洲都有积极意义,对中非合作都具有双赢性质。资源投资帮助非洲国家开发资源,获取经济发展所需的资金,同时也满足我国城市化原料需求。基础设施落后一直是制约非洲社会经济发展的瓶颈,基础设施投资对非洲国家经济发展具有重要意义,也符合我国现阶段项目承包和机械出口的比较优势。世界银行《2007年非洲竞争力报告》显示,非洲企业8%的销售损失是由电力中断造成的,3%的损失则是由交通延误导致的。① 根据世行专家估计,基础设施的产出弹性在 0.07 和 0.10 之间,即基础设施资产增加 10%,将直接促使人均 GDP 增加 0.7% 到 1%。② 这些研究说明,基础设施投资对非洲经济发展具有重要支持作用。

中国为非洲基础设施建设作了大量贡献,不仅为非洲国家修建了医院、学校、政府大楼、会展中心和体育场,更修建了经济发展急需的水电站、公路、港口、机场。比如 2009 年葛洲坝集团承建的特克泽水电站被称为埃塞俄比亚的"三峡工程",建成后占埃塞俄比亚水电装机容量近 30%。③ 习近平主席 2013 年年初访问坦桑尼亚时签署了《巴加莫约港(Bagamoyo)综合开放项目合作备忘录》,项目预算高达 100 亿美元,比坦桑尼亚 2012 年 GDP 的 1/3 还多。④ 建成后,这个仅有 3 万人口的城市将成为连接东非与中国、中东、欧洲市场的集散中心,并拥有经济开发区等一系列基础设施。⑤ 对于缺乏资金的非洲国家,中国还通过实施"安哥拉模式"推进合作,即由进出口银行等机构向非洲国家发放以资源为抵押的基础设施贷款,将矿业投资与基础设施建设结合起来的合作模式进行基础设施建设。这使得塞拉利昂、安哥拉、刚果(金)等缺乏资金的国家可以在资源大规模出口前就先进行基础设施建设,解决了这些国家经济发展的燃眉之急。⑥

进口替代型制造业投资对非洲国家也具有多方面积极意义。一是有利于促进当地就业。非洲各国普遍重视外商投资本地化,再加上当地劳动力成本的优势,多数中国制造业企业员工都以当地居民为主。比如力帆在埃塞俄比亚的工厂中 90% 的雇员都来自当地,工厂中层和基层负责人也都是当地人,只有少数中方人员对员工提供技术支持和进行协调。⑦ 二是为当地提供了学习技术的机会。比如温州哈杉鞋业 2005 年落户尼日利亚后,为当地制鞋业在技术、人员培训等方面做了很多工作,还把制鞋工业五大技术之一的冷粘技术免费教给本地企业。⑧ 三是带动当地产业链发展。比如力帆在埃塞俄比亚设立组装厂之后,带动了本地汽车零配件市场的发展;哈杉鞋业在尼日利亚建厂,也带动了当地原材料市场的兴起。

不过三类投资本身的经济特点使其在全面发挥积极效应方面具有客观局限性。比如资源投资对本地就业带动作用有限,个别项目在兼顾环保等目标方面也面临压力。大型工程建设虽然用工需求较多,但在特定国家具有一次性,并且由于当地熟练劳力缺乏,需要不同程度地依赖我国劳务出口。由于这些原因,我国在这些投资领域知名度和品牌

---

① World Economic Forum, World Bank, African Development Bank, "The Africa Competitiveness Report 2007", 2007, https://openknowledge.worldbank.org/handle/10986/6612.

② Calderon, C., E. Moral-Benito, and L. Serven, "Is Infrastructure Capital Productive? A Dynamic Heterogeneous Approach", 2009, World Bank and Centro de Estudios Monetariosy Financieros, Washington, D.C., and Madrid.

③ "葛洲坝集团建设的埃塞俄比亚特克泽水电站工程荣获 2011 年度'鲁班奖'(境外工程)",中国葛洲坝集团公司,2011 年 11 月 30 日,http://www.gzbgj.com/english/article.aspx?menuid=1319&tab=tab_project&tabid=207。

④ 根据 IMF 的 WEO 数据库,坦桑尼亚 2012 年 GDP 为 282 亿美元。

⑤ 王晓薇,"巴加莫约,即将升值的战略港——中国参与打造非洲内陆国家新出海口",2013 年 3 月 27 日,http://www.chinatimes.cc/pages/127441/moreInfo.htm。

⑥ 黛博拉·布罗蒂加姆,《龙的礼物——中国在非洲的真实故事》,云南大学出版社 2010 年版,第 124—127 页。

⑦ 郑磊、韩曙、李秀琴,"流淌在埃塞俄比亚的'青尼罗河'——力帆汽车在埃塞",国际在线专稿,2009 年 1 月 21 日,http://gb.cri.cn/18824/2009/01/21/3785s2402032.htm。

⑧ 翁卿仑,"华丽转身,从温州到非洲——访哈杉集团董事长王建平",《温州日报》,2011 年 2 月 24 日,http://www.wzrb.com.cn/article182446_13show.html。

度虽已建立,然而美誉度仍参差不齐。进口替代型制造业投资发展受到多重限制:一是受制于出口产品与投资生产的相互制约关系,二是受制于经济增长与市场规模扩大,三是受制于与本土企业之间不同程度的竞争关系,往往存在"第一家赚钱,第二家亏本"的情况。

华坚代表中国在非洲的一种新的制造业投资类型。它是主要利用非洲劳动力成本相对优势,立足全球生产供应链的劳动密集型加工环节投资。类似我国改革开放初期"三来一补、两头在外"的加工贸易模式,这类投资经营所需原料中间件、管理经验与技术研发较多来自投资来源国,销售市场主要在第三国特别是欧美发达国家。"两头在外"的劳动密集型加工环节制造业发展,受本地原材料供应和当地市场规模限制较小,可以比较充分发挥非洲国家劳动力成本低廉的优势,为这些国家提供了大量非农就业机会。另外,这类加工制造业加工贸易通常具有创造外汇的属性,有助于引资国应对国际收支逆差困难。这类制造业对促进本地特定产业链上下游发展具有积极作用。

从华坚代表的投资类型特点观察,不难理解前面提到的"华坚现象"大体有以下几方面成因:

一是案例本身具有突出的财经新闻价值。埃塞俄比亚是非洲最为贫穷的国家之一,却成为大型 OEM 供应商生产基地,为美国主流市场大批量制造 Guess、Coach 等国际品牌女鞋。这本身就是一个超出一般西方观察人士和记者编辑想象力的事件,具有难以抵挡的财经新闻价值。

二是华坚具有创造外汇的能力。华坚投产第一年便成为埃塞俄比亚最大的出口企业,出口额占埃塞俄比亚皮革制品出口总额的 57%,使埃塞俄比亚皮革制品出口额翻番。由于埃塞俄比亚出口基数较小,华坚表现尤其亮丽,令观察人士刮目相看。很多能源矿藏资源出口优势不明显的非洲低收入国家,在经济发展目前阶段面临国际收支领域逆差约束,如何扩大出口创汇能力是保证经济快速增长面临的挑战之一,华坚类投资具有的由加工贸易性质派生的创汇能力较强的特点,对埃塞俄比亚这样的国家尤其重要。

三是劳动密集型特点派生出创造就业效应。作为大型女鞋 OEM 供应商,华坚在国内雇用两万多工人,为社会创造了大量就业岗位。埃塞俄比亚具有大量廉价劳动力,但缺乏吸收这些劳动力的非农产业,华坚第一期投资规模虽然不大,但也为埃塞俄比亚的就业创造了数量可观的非农就业。2012 年 12 月,华坚在埃塞俄比亚雇用 1 600 多个工人,每位工人 50 美元左右的月工资虽然不高,但在当地仍然是有吸引力的工作岗位。2013 年年中,华坚在埃塞俄比亚雇的工人数已增长到 2 500 人。华坚目前正在实施设立新工业园区计划,在未来 3—5 年内发展成制鞋业产业集群,希望能雇用数以万计的员工。华坚类投资创造就业效应,对缓解引资国存在的大量富余农业劳动力和城市失业压力具有积极意义。

四是华坚投产速度与运营绩效得到埃塞俄比亚和其他非洲国家广泛赞许。2011 年 10 月华坚张华荣董事长应邀访问埃塞俄比亚时决定投资,并立刻招收 86 名埃塞俄比亚员工到东莞接受培训。3 个月后用 2012 年 1 月华坚在埃塞俄比亚首都亚的斯亚贝巴郊区的"东方工业园"设立了两条生产线,并雇用 600 名工人正式投产。2012 年 3 月第一批女鞋制品被装进集装箱运往美国,被该国总理梅莱斯赞叹为"史无前例的速度"。2012

年 10 月华坚已开始盈利,到年底成为埃塞俄比亚最大的出口企业。

三、劳动密集型加工环节向非洲转移前景分析

华坚案例显示,劳动密集型加工环节向非洲转移具有潜力与可能性。这是由两方面条件决定的。一方面,从我国国内条件看,随着经济持续增长,劳动力工资不断提高,其他要素成本上升,劳动密集型产业面临转型升级,类似华坚制鞋这类劳动最密集的加工环节需要向外转移。另一方面,非洲低收入国家劳动力等要素成本较低,承接我国部分劳动密集型加工环节转移能发挥其比较优势,并对这些国家经济起飞产生积极助推作用。

从我国国内条件看,劳动力等要素成本趋势性提高,产业结构调整力度加大,推动部分劳动密集型加工环节走出去。我国国内劳动密集型加工环节主要使用农民工,图 8 数据显示我国农民工工资从 2000 年的 563 元增长到 2013 年 6 月的 2 477 元,增长 3.4 倍,年均增速 12.1%;用消费物价指数调整后的农民工工资从 2000 年年底到 2012 年年底增长 2 倍,年均增速 9.7%。劳动力工资提高是经济发展和其他方面因素共同作用的结果,对广大农民工分享经济发展成果具有积极意义,不过这方面变化客观上也会给劳动密集型加工环节持续经营带来压力。

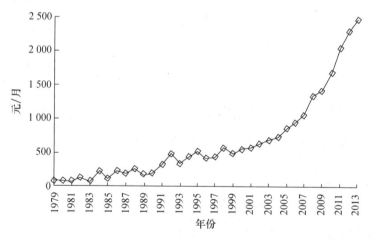

图 8 我国农民工月均工资估计(1979—2013)

资料来源:1979—2010 年数据来自卢锋,"中国农民工工资走势:1979—2010",《中国社会科学》,2012 年第 7 期,第 47—67 页。2011 年和 2012 年数据来自国家统计局公布的《全国农民工监测报告》。2013 年数据来自国家统计局"2013 年上半年国民经济运行情况新闻稿",是截至 6 月底的数据。

其他要素成本和经营环境变化也在制约我国劳动密集型制造业的竞争力。例如新世纪最初十年,我国厂商用地成本较快上涨。随着人均收入水平提高和社会环保意识增强,各行各业环保标准大幅提高,客观上将进一步削弱劳动密集型制造业的市场竞争力。工资上涨、地价飙升、环保压力加大、人民币升值等变化,是我国经济发展成功派生的结果。我国制造业整体生产率仍有快速增长空间,有能力通过产业升级转型进一步开拓其

发展空间以成功应对要素成本上升的挑战。然而也应看到,一些劳动投入最为密集与生产率未来进步潜力较小的环节,难免会在新环境下逐步失去成长和经营的可持续性,需要考虑逐步进行空间转移。

从外部环境看,非洲低收入国作为全球最后和最大的"劳动力成本洼地",有可能成为承接我国劳动密集型制造加工环节的最重要备选区域之一。第一,人均收入水平决定了非洲具有最低的劳动力成本。2012年中国人均GDP为6 076美元,如图9所示撒哈拉以南非洲人均GDP仅有1 273美元,拥有8 700万人口的埃塞俄比亚人均GDP仅有483美元,不及中国的1/12。如图8所示,目前我国农民工平均月工资近2 500元人民币,按市场汇率折合约400美元,而目前埃塞俄比亚、坦桑尼亚、卢旺达等非洲低收入国家工人月薪在50—100美元。根据IMF估计,2018年我国人均GDP将超过1万美元,届时撒哈拉以南非洲人均GDP为1 877美元,而埃塞俄比亚仅为703美元。如果预测的离谱不远,我国与非洲低收入国家相对劳动力成本差距将在较长期内持续存在。

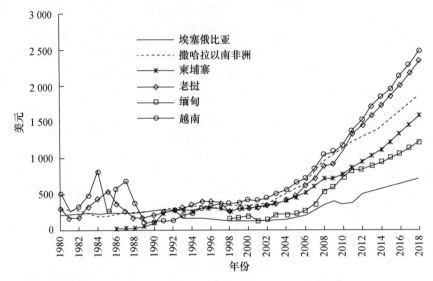

图9　非洲国家和东南亚国家人均GDP对比(1980—2018)
资料来源:IMF的WEO数据库,2013年4月。

第二,加工制造业的特点决定了中非劳动力的效率差别不大。只要经过一定时间的培训,各国工人在劳动密集型加工环节的劳动生产率相差不是很大。例如从华坚埃塞俄比亚工厂实际运行情况看,女鞋加工流水线上作业的埃塞俄比亚工人生产率通过培训可达到中国工人的七至八成,与越南熟练工人效率大体相当。目前埃塞俄比亚一般工人月工资在50美元上下,大约相当于我国的1/8或越南工人的一半,劳动力成本优势比较明显。

第三,人口数量与结构决定了撒哈拉以南非洲是全球最大的"劳动力成本洼地"。如图10所示,中国附近与非洲人均GDP接近的越南、柬埔寨、老挝和缅甸等国人口规模有限:2012年越南人口是9 000万,柬埔寨人口是1 500万,老挝人口是640万,缅甸人口是6 400万;四国总人口是1.7亿,预测2018年将增长到1.9亿。然而届时仅埃塞俄比亚一国人口就接近 1 亿,撒哈拉以南非洲人口近 10 亿,且年轻劳动力占比为全球最高。中国是一个拥有 13 亿人口的大国,目前制造业工人数估计在 1.7 亿上下,随着经济进一步发展与部分劳动密集型加工环节向外转移,非洲具有很大的潜力。

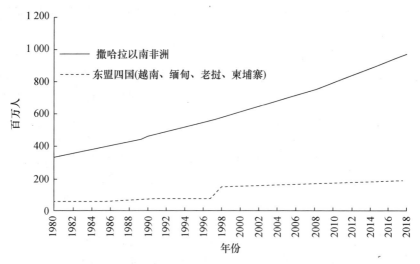

图 10　撒哈拉以南非洲和东盟四国人口(1980—2018)
资料来源:IMF 的 WEO 数据库,2013 年 4 月。

除了劳动力优势,非洲一些国家还享有向欧美出口的关税等贸易优惠。撒哈拉以南非洲与欧洲的历史渊源较深,以非洲为基地对欧美发展贸易具有一些制度性优势。据统计,截至 2012 年,非洲国家中有 7 个和欧盟签署了自由贸易协定;在满足"原产地原则" (Rule of Origin)条件下,有 20 个非洲国家享有向美国出口零关税的优惠。劳动密集型加工制造业向非洲转移,有助于缓解我国面临贸易纠纷增长的压力。①

劳动密集型制造工序转移具有多方面积极意义。向国外投资有助于带动我国相关机器设备等资本品出口。劳动密集加工工序转到国外,技术、研发、物流管理等高增加值流程仍会留在国内,推动转移厂商经营重心向"微笑曲线"两端有序移动。有序转移有助于应对劳动密集型行业出口面临的来自发达国家的贸易保护主义压力。劳动密集型产业向海外逐步转移符合历史和经济规律。20 世纪 60 年代的日本和 80 年代的亚洲"四小龙"曾抓住历史机遇,顺利完成这样的转移,避免陷入中等收入陷阱。我国劳动密集型产业向海外转移也是符合历史规律、经济规律的必然选择。

承接我国劳动密集型加工工序转移对非洲低收入国家经济起飞具有多方面助推作用。一是有助于创造就业,发挥非洲低收入国家劳动力成本优势。非洲有不少低收入国农业就业占比在 70% 甚至 80% 以上,农村中有大量渴望获得非农就业的廉价年轻劳动力。扩大就业能够实现非洲国家富余劳动力的潜在经济价值,把低成本劳动力潜在优势转变成现实竞争力,这对很多非洲国家经济发展与社会稳定具有战略意义。二是有助于非洲国家创汇与缓解国际收支逆差失衡压力。很多能源矿藏不丰富的非洲国家面临外

---

① FU Xiaochen, 2012, "Promoting Manufacturing Foreign Direct Investment from China to Ethiopia", Harvard University.

贸逆差失衡挑战,构成这些国家经济持续增长的重要制约因素。非洲国家承接中国制造业转移,能通过"进口替代"和"出口导向"两种途径缓解外汇短缺和国际收支逆差压力,支持国民经济朝开放型经济方向发展。三是有助于培养非洲国家熟练工人与管理人才,培育这些国家的本土供应链配套系统,通过"外溢效应"助推本土草根企业家成长。

如林毅夫教授指出:非洲一些国家近年来政治与社会稳定,其经济发展阶段与结构条件有与我国20世纪80年代相似之处,从长远来看,是具有最大潜力承接我国劳动密集型产业的地区。但非洲国家普遍基础设施和制度建设较差,影响着个体企业的交易成本与投资边际回报率。[1] 由于非洲国家普遍缺乏基础设施建设的充足资金,因此在全国范围内迅速建立起优良的基础设施并改善整个经济体商业环境往往并不现实,可行并可控的策略是依靠工业园区和出口加工区。应鼓励非洲国家学习中国、印度、越南和毛里求斯的实践经验,在工业园区和出口加工区提供质优价廉的基础设施,提供税收优惠和灵活的劳动就业制度,并对产业进行甄别和因势利导,以保证早期投资项目较快见效并产生示范和放大作用。[2]

应鼓励非洲国家针对基础设施和制度不完善,落实系统配套的招商引资政策,以克服体制、机制的障碍,保证早期投资项目较快见效并产生示范和放大效应。应鼓励与协助非洲承接国立足自身国情,借鉴我国及其他地区建立开发区促进经济发展的成功经验,切实落实开发区优惠政策,为加工制造业转移项目顺利实施与较快形成产能创造必要条件。

鼓励我国企业对非投资,无疑应尊重市场经济基本原则。例如,鼓励对非投资应充分尊重企业微观主体自身判断与独立决策权。政策协调对降低投资初期交易成本可能发挥重要积极作用,然而是否投资、何时投资、在哪里投资,最终应由企业作出判断。另外合理推进产业转移的前提,是理顺国内价格体系,使价格信号能很好反映市场环境变化的真实情况。例如国内工资快速提高,可能源自劳动力市场结构变化,也可能受到政策扭曲导致。如果政策偏差是使企业用工成本价格上升从而进行对外产业转移的主要因素,那么产业转移对中国经济成长和就业可能产生负面影响。总之,在历史机遇面前,我们仍应在操作层面坚持合理原则与保持审慎理性态度,把推进对非投资、促进中非合作的每一步走实、走稳、走好。

---

[1] 林毅夫,《繁荣的求索》,北京大学出版社2012年版,第126—129页。
[2] 同上书,第199—200页。

中国企业在非洲的机遇与挑战*

石纪杨

国家开发银行国际合作业务局副局长

石纪杨副局长根据多年非洲业务工作的经验,以中国企业在非洲的机遇与挑战为主线,概括了目前非洲现实状况和经济特征,并明确了非洲面临的商业机遇,以及中资企业投资非洲面临的各种挑战,最后总结了开拓非洲市场的工作思路。

一、非洲的现实状况

非洲的现实状况既包括地理环境等自然特征,也包括人文经济等社会因素。根据地理位置划分,整个非洲包括五大块,分别是北部、东部、西部、中部和南部。其中,撒哈拉以南非洲,又称黑非洲,该地区总人口高达8.3亿,占世界人口总数的12.2%,然而GDP总量只有1.2万亿美元,不到世界的2%。这片区域是我们研究关注的重点。非洲大陆是一个多元化的大陆,体现在政治体制、经济发展程度、文化传统、宗教信仰、地域环境和资源禀赋等各个方面。从目前的社会经济发展指标来看,非洲堪称一块充满活力的大陆。2000年至2012年,非洲GDP年均增长率约5%,高于世界平均增长水平和非洲20世纪80、90年代的增长率。虽然大部分非洲国家仍面临贫困、疾病和高死亡率等严峻挑战,但是非洲整体GDP 2012年达到2万亿美元,与巴西或俄罗斯大体相当,跻身于全球经济增长速度最快的地区之一。就发展前景而言,非洲也是孕育希望的大陆,是全球最后一块处女地,2012年全球GDP实际增长前20名的国家中有9个是非洲国家。非洲也是世界大国和国际政治势力竞相角逐的地方,传统大国一贯重视非洲,借助国际货币基金组织、世界银行等平台影响非洲,以扩大国际影响并提升其在全球的战略地位。另外,新兴工业国也纷纷加大对非洲的投入,既要帮助非洲发展经济,也要努力争取非洲这一联合国大会的"票仓"。

---

* 摘自第34次季度报告会(2013年7月20日)。

非洲是我国传统的外交战略基地,也是我国多边外交最为稳定的依靠力量,中国和非洲是好朋友、好兄弟、好伙伴。深化对非合作,可扩大中非双方战略空间和增强发展中国家对全球治理的话语权。近年来中非高层往来频繁,习近平主席上任一周以后就去了非洲,非洲各国首脑也纷纷访华,政治互信持续增强。非洲各国"向东看"意愿强烈,对我国的发展经验、技术、资金和市场日益倚重。伴随我国城市化、工业化对能源、资源以及粮食供应的国内市场需求拉动,非洲将会是我国经济持续发展不可或缺的资源和原材料供应地,是我国经济结构调整、产业升级转移的重要投资合作区域,也是我国最具潜力的商品、服务贸易和工程承包市场。

二、非洲的经济特点

非洲经济具有几个明显的特征。第一,殖民地色彩浓厚。历史上英、法、德等诸多欧洲国家先后对非洲进行过殖民统治,导致到今天非洲生产和出口种类过于单一,经济结构呈现"生产的不消费、消费的不生产",即生产与消费脱钩的畸形现象。第二,农业和能矿业支配经济发展。非洲工业化水平比较低,农业依然是多数国家的支柱产业,蕴藏着巨大的开发潜力,以石油、天然气、矿产品为代表的资源类商品贸易迅速增长。第三,经济增长的内生动力在不断增强。非洲经济取得长足发展受益于过去十年间大宗商品价格的飞涨,但是自然资源对增长的贡献只有33%,其余均来自交通、电信、制造业等行业。第四,多样化发展趋势明显。撒哈拉以南地区不断从农耕经济向城市经济转变,资源对GDP增长贡献度在缩小,制造业、服务业的贡献度在增大。麦肯锡曾对26个国家进行分类,以衡量各国在经济多样化进程方面所处的不同阶段。总体看来,非洲大部分国家经济还是比较落后,工业化是各国一项重点工作。

同时,非洲经济的快速发展也吸引了全球投资者的目光,导致国际社会对非投资迅速增加,非洲也是全球投资者回报率最高的地区。2010年非洲获得550亿海外直接投资,高于巴西、俄罗斯和印度。非洲累计获得的投资存量截至2010年达到5 540亿美元,2015年或达到1 500亿美元。

三、非洲的机遇

非洲的将来充满了诸多机遇,包括人口红利期到来、中产阶级崛起、投资环境改善以及一体化进程加快等多个方面。非洲的人口红利是随着城市化进程而不断累积的,撒哈拉以南地区城市化速度比世界平均水平快一倍,到2050年城市人口将由3亿人口增加到10亿。城市化进程加快,一方面可以刺激生产力发展,拉动国内消费、投资需求;另一方面需要大量吸纳农村劳动力,而发展劳动密集型产业正是解决就业问题的关键。非洲劳动力队伍不断扩大,正好与世界其他地区萎缩的劳动力市场形成鲜明对比。非洲,特别是西部非洲,人均国民收入增加,中产阶级正在崛起,消费需求和消费能力不断提升。为了吸引外资,非洲国家努力改善内部投资环境,外资增长也直接推动了法律、制度和市场建设,促进了非洲投资环境改善。最后,非洲区域一体化进程不断加快,催生跨境互联互通,促进市场不断扩大并发挥整体合力,实现合作与互补。

从产业来看,非洲的机遇主要体现在四大支柱行业上。首先是农业,非洲拥有最大的优势。非洲可耕地面积约11.6亿公顷,占全球可耕地面积的16%,也有报道称非洲可耕地面积占全球的25%,是非洲最大的资产。除了耕地,非洲日照充足,水资源丰富,随着先进设备和管理经验的投入,农业发展潜力巨大。其次是基础设施建设,目前投资缺口仍然巨大。非洲各国实现城市化和区域一体化的进程中,基础设施建设将成为拉动投资的主要动力。再次是石油与天然气生产,预计到2015年全球13%的石油产量将来自非洲,近年来非洲石油产量增长速度位居全球首位,天然气增长仅次于中东地区。最后是固体矿业,非洲也是世界原材料的仓库,黄金储量占全球的40%,钻石占全球的60%。

四、中资企业投资非洲面临的问题

看到非洲经济发展的诸多机遇,中国企业越来越多地实行"走出去"的战略,投资非洲。在探索和利用投资机会的同时,中资企业投资非洲也不可避免地面临很多问题。这些问题主要集中在四个层面,即市场环境问题、国别风险和管理机制问题、企业投资偏好和内部制约因素以及企业领导者决策能力问题。就市场环境而言,大部分非洲国家国别经济规模小,政府财力弱,主权信用评级低,全世界39个重债穷国中有32个是非洲国家。非洲市场还不发达,投资风险依然较大,法律制度不健全。另外,非洲政权比较脆弱,有些国家还处在动乱的边缘。国别风险十分常见,中国企业对非洲国别政治风险的判断能力弱,缺乏处置及索赔经验和手段。受限于体制制约,目前在非洲的中国企业大部分是中小企业,但由于资金渠道受限,投资保障体系不健全,阻碍了中小企业在非洲的发展能力。对于一些资金技术密集型的大型能矿项目,规模比较大,涉及当地经济利益,又有西方国家势力介入,单一企业在博弈经验和能力上都难以与其抗衡。从中国企业本身的角度来看,投资非洲的大部分企业重贸易轻投资,扎根意识不强,缺乏长远打算。中资企业普遍缺乏统筹和指导,部分企业无序竞争激烈,一些企业社会责任意识淡薄。另外,中资企业普遍缺乏国际商务、金融和管理人才,不利于企业的持续发展。企业领导者的决策能力有限也常常成为企业成长的制约因素,领导者要么缺乏清晰的投资策略,要么对非洲投资风险缺少专业分析和理智认识。

五、开拓非洲市场的工作思路

开拓非洲市场对于所有企业来说应该是一个历史大潮,要坚持市场导向、政府指引、企业运作的基本原则,支持中国企业走进非洲。对非投资项目应该服从并服务于中国外交、经贸战略,并符合中非双方市场需要,否则不可持续。义利并举、互利共赢、平等合作和市场化运作是企业可持续性发展的保障。中资企业在非洲也要扩大规模、提升档次,帮助非洲国家培育相关企业。中国与非洲国家具有很强的互补性,中国的技术、资金和运作方式可以助推非洲工业化。以前我们对非洲注重的是扩大贸易产品出口,现在进行单体项目合作,将来应该从项目合作拓展到市场合作,鼓励相关产业抱团出海,特别是大型能矿、基础建设。

中国企业走出去、走向非洲需要有金融支持,因此石局长认为,应该鼓励企业银行携手走进非洲。我国金融机构应该积极参与到中资企业投资非洲的进程,给予政策性与开发性金融支持,以及商业性金融支持。

总之,中国企业走进非洲还要以更开放的姿态,参与主流市场,融入主流社会,并与主流企业接触,和当地政府搭建不同的平台。非洲与中国是命运的共同体,既是市场共同体也是利益共同体,我们希望进一步推动非洲建设,帮助发展非洲,同时也是进一步巩固中非双边合作。

宏观形势、对外开放和环境保护*

张曙光

天则经济研究所学术委员会主席

张曙光教授主要讨论了三个问题。第一个问题是中国目前的宏观经济形势,他认为第三季度的超预期增长主要是因为政府下半年采取了一些刺激经济的政策,并阐述了他对于政府出台刺激政策的看法;第二个问题是关于中国的对外开放,讨论了上海自由贸易区以及中国调整出口政策、实现企业走出去的问题;第三个问题是环境保护,他认为环境保护应该优于经济增长,这是发展的根本意义所在,并提倡发展新型能源,鼓励群众参与监督环境的治理。

一、中国当前经济形势

张教授首先根据统计数据分析了中国当前的经济形势。日前统计局公布了2013年第三季度经济运行结果,第一季度GDP增长率为7.7%,第二季度为7.5%,第三季度则为7.8%,超出了许多人的预期。他认为第三季度的超预期增长主要是因为政府采取了一些刺激经济的政策。

张教授并不赞成政府过度刺激经济。他认为中国经济增速下行是趋势,中国经济经历了三十年高速增长,现在确实有从高速增长向中低速增长转变的需要,因为中国经济的潜在增长率在下降。中国过去依靠低成本扩张的时代结束了,很多经济发展条件都发生了变化,总体经济增速走低是合理的,依靠刺激政策强行让经济反弹未必有利。中国的土地成本、劳动成本和环境成本都在上升,人口也已经进入老龄化时代,而且还要考虑到中国的经济结构调整,因此经济增速趋缓是大势。中国现在仍然是靠投资拉动GDP,而且对投资的依赖越来越大,目前又面临严重的产能过剩问题。如果一方面产能过剩,另一方面大规模投资,只会加剧产能过剩的情况。

---

* 摘自第35次季度报告会(2013年10月20日)。

消费方面,消费水平的提升需要通过一系列体制调整才能做到,只有收入水平真正提高,消费才能跟上。而 2013 年的收入增长回落比经济增长回落还大。

外需方面,2013 年总的来看国际经济形势还不错,但是中国贸易状况并不理想,进出口剧烈波动,服务贸易大量逆差,说明依靠过去的办法已经不灵了,需要有新的增长途径。因此,判断中国宏观经济形势要认清中国经济的实际状况,适应中国经济总体走势,改善增长质量,保持中低速的有效率、有质量的增长。

相比其他国家,中国经济 7% 的增长已经是理想的结果。2013 年美国经济增速只有 2%,欧洲基本上是零增长,日本也是 2% 左右,印度增长下滑,巴西也有困难。中国经济现在的情况相对不错,可以不依靠刺激政策。中国这些年消耗的资源很多,如水泥消耗占世界的 53%、钢铁消耗占世界的 49%、铜消耗占世界的 39%,而生产的 GDP 占世界的比重却只有 9%。生产效率低,光靠刺激投资是不行的,不如把速度稍微降一点,把力量转移到调整上。这不是说投资不需要增加,有些投资是需要的,但有些投资是不需要的。中国只要稳扎稳打,加强调整,经济不会有太大的问题,但是如果不做好调整,未来的经济风险是相当大的。

二、扩大对外开放

接着,张教授讨论了有关扩大对外开放的一些问题。在中国过去的经济发展中,对外开放起了非常重要的作用,特别是加入 WTO,使中国经济与世界接轨,促进了后来这些年的经济高速发展。中国现在的一个新政策是上海自贸区的实行,这件事情总的来说是好事情。但其中一个问题是,中国实行自贸区的意图是什么?因为一个很大的背景是美国主导的跨太平洋战略经济伙伴关系(Trans-Pacific Partnership Agreement,TPP),上海自贸区和它将来是什么关系?美国自贸区的规则超过了 WTO 规则,主要是准入前的国民待遇原则和负面清单原则,那么上海自贸区的规则该如何调整?后续规则准备不准备实施?如果准备实施,可以和 TPP 接轨,但无法用"围墙"限制在一个区域内;如果不准备实施,上海自贸区就会受到很大的限制。

中国进出口现在面临的主要问题是增长率不可能再像过去那么高了。在走向发达国家的过程中,开始时鼓励出口是对的,中国也是在外源工业化的道路上成功了,但是长期实施这个政策有困难。那么就得改变和调整,走出去是很重要的一个途径。李克强总理到泰国提出修建从中国西南到泰国,甚至通过马来西亚到新加坡的高铁,这是可行的,因为中国在技术上、产业上都有丰富的积累,向外来做可能对这个产业发展是非常重要的事情。这就需要改变政策和形象,让国外相信中国,才出的去、做得好。不仅高铁,中国很多产业都成长起来了,有技术和能力上的储备,又有 3.6 万亿美元的外汇储备,在走出去的融资问题上中国也有实力,通过扩大对外直接投资和设备出口信贷,就能增加商品出口和服务贸易,促进经济转型,当然很多限制和政策是需要调整的。而且还要考虑一个问题,就是不单是国有企业要走出去,民营企业作为重要主体也要走出去。所以在这个过程中,企业和政府都需要努力,但是政府要起的作用不是取代企业去主导,而是创造一系列的条件来保护和支持企业走出去。通过对外投资和设备出口走出去,进出口就可以保持5%—10%的增长,再加上内需的增长,可以实现有效率的发展。

三、环境保护优于经济增长

张教授讨论的第三个问题,是关于环境保护优于经济增长的问题。中国这些年经济增长很快,但是付出的环境代价也很大。现在空气污染、水体污染和土壤污染都相当严重,食品安全也成为大问题。经济发展的目的是为了改善生活,提高生活质量,而现在发展的结果把环境完全破坏了,把生存环境破坏了。如果生存都成了问题,这样的发展就失去了意义。因此,张教授认为环境保护优于经济发展。应当优先考虑保护环境,并提倡发展新型能源。

接着,张教授以光伏产业为例说明了应该如何促进新型能源发展。中国光伏产业依靠国际市场发展壮大起来,但是遇到国外反倾销就立即出了问题。其实国内也有很大的市场,现在政府光是依靠建几个大的光伏电站来解决问题很困难,要解决这个问题可以依靠广大城市和农村安装光伏太阳能,如果让所有的房顶和墙壁都能装上光伏太阳能电池板,国内就会是很大的市场。因此,光靠政府还不够,得让老百姓都能进入。个人和企业愿意装,初期投资比较大,政府需要给予一定的补贴,政府如果解决了补贴政策、上网政策、电价政策等问题,光伏产业就没有问题。同理,中国可以发展一系列的节能产业、节能设备和节能产品,市场都是很大的。能源结构改善了,污染问题也就解决了。

最后,张教授指出,环境保护的问题还需要政策上的调整。现在很多环保问题引起了中央政府的重视,对地方也有一些考核,比如说对二氧化硫或者二氧化碳排放量进行考核。但这个政策导致了一个很重要的现象,就是考核的领域能达标,污染在下降,但没有考核的领域污染照样在增长。所以,这个问题单靠中央政府监管是解决不了的,必须让老百姓和社会参与。这些问题和宏观经济也是相关的,如果投资都能投到需要的产业和环境保护方面,经济增长也是有质量的增长,我们的生活也能得到改善。

4 大国经济影响和政策

中国要争取独善其身*

周其仁

北京大学中国经济研究中心教授

上半年的经济情况已经明朗了,下半年将会如何?对此,大家都非常关心,也存在不同的判断看法,比如最近放松货币的呼声很高。在这么复杂的局面下,有不同看法是很正常的,需要冷静的讨论。

我认为有两个问题很关键:一是如何看待通胀,二是未来如何处理增长与治理通胀的关系。总的看法是现在还不可轻易地放松货币。经济增长重要,但不能通过放松货币促增长,要以更灵活的结构政策,还有改革政策来支持经济增长。

一、"输入型通胀论"似是而非

全球油价从每桶30美元升到140美元,粮价也大涨,这是全球市场面临的情况,所以说存在全球通胀压力是对的。上周去美国芝加哥大学开会,那里加油站93号油每加仑卖到了4.67美元。不过欧美也有一个论调,认为高油价来自中国和印度急速增长的需求,几十亿人要坐汽车,所以油价飙升。看来各国遇到通胀都比较"谦虚",他们推说是中印新增的需求,我们说高油价是国际炒家闹起来的,然后"输入"了中国。这似乎都有些道理,但需要更深入的分析。

"输入型通胀论"在国际大宗商品价格与国内通胀率之间画上了等号。但是,实际情况却是国际油价、粮价相同,但各国的通胀率却大相径庭。图1是北京大学国家发展研究院研究人员唐杰帮助找到的数据,很直观可以让我们思考。比如俄罗斯、伊朗都出口石油,但本国的通胀率很高;日本、韩国100%进口石油,按"输入型通胀论"应该通胀更严重吧?可是其实际的通胀率反而很低。同样是新兴市场,巴西和墨西哥的通胀率也比较平稳,为什么国际油价粮价没有"输入"到那里去?这说明,"输入型通胀"这个论调经不起推敲。

---

* 摘自第14次报告会(2008年7月26日)。

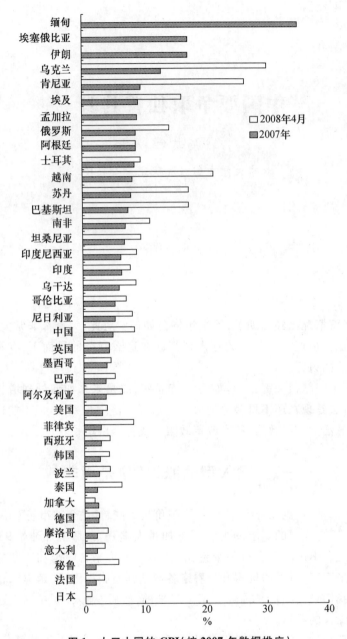

图1 人口大国的CPI（按2007年数据排序）

比较更不能同意的,是"输入型通胀论"背后的含义,似乎通胀是外部输入的,那我们就无能为力,除了"适应通胀",再没有办法。这是错的,认识上和策略上都不对。

通胀是怎么来的呢？它是和流通中的货币量连在一起的。金本位的货币体制结束以后,都是不可兑现的法定货币,就是货币政策决定货币的增加量。现在动不动就说货币政策不管用,既然不管用,干吗还要说它呢？可见还是管用的。无非是要说,紧的货币政策不管用,松了就管用。

讲到底,通胀就是松货币的结果。当然,松货币的成因各式各样。这一轮中国的通胀,起因不是财政赤字的透支,因为从 1995 年颁布《中国人民银行法》之后,财政再也不能向央行透支。加上这些年财税收入增加很快,也没有必要向央行透支。看来看去,就是汇率机制里的问题,造成了被动的货币发行。

本来,固定汇率对多数发展中国家不失为一种好的制度,至少可以对滥发本国货币的冲动有一点约束作用,因为横竖多发了货币就守不住固定汇率。不少发展中国家在货币问题上缺乏纪律和自律,总想靠发行货币来满足财政需要。这也是很多学者主张固定汇率的一个理由。还有的学者更主张回到金本位体制,因为即使有汇率的约束,但还是有统治者禁不住手痒要滥发票子。金本位是任何天王老子也难搞鬼的货币制度,因为黄金白银的生产量不是想多就可以多的。

1997 年亚洲金融危机后,因为国际上要求人民币不贬值,中国政府也承诺不贬值,人民币汇率就从原本设计的有管理的市场浮动变成未经宣布的固定或盯住的汇率。此后,按宋国青教授的话说,就是宪法都改了好几次,但汇率就是不变。这当然也对中国货币的稳健起了很好的作用,并且中国的财政能力大幅度提升,又通过法律禁止财政向人民银行透支。所以,传统的多发货币的问题解决了,国内远离通胀,公众的通胀预期也消失了。但新的挑战又来了,主要是生产率提高很快,投资回报高,结果巨额顺差和外国直接投资大量进入中国,每一块美元进来,就有八块多人民币放到市场上,反而因此逼迫央行"被动"放出大量基础货币,再用手段去对冲,冲不干净的,就累积成所谓的"流动性过剩"。

这样,在经济体内就积累起通胀重新抬头的压力。过去几年这个那个"过热",讲到底都是货币在作怪。其实经济增长永远不会"过热",问题是增长的代价太高,谁也受不了。过多的流动性在市场里"漫游",冲到哪里哪里"热"。与 20 世纪 80 年代早期不同,中国人现在有了钱除了消费,还要投资,结果"过热点"不断转移,从钢材、水泥、房地产、股票、普洱茶到字画,最后终于"游"进了 CPI。宋国青教授的研究,发现了这几年过多货币怎样把生产农产品的资源拉走的,对我们理解货币漫游的规律有重要的启发。归根到底,通货膨胀是货币现象。不是任何具体的"货",是货币,流通中的货币。全球如此,中国亦如此。不过中国的货币政策首先管中国。要相信它是会管用的。

汇率问题还不单单是一个人民币升值问题。许多人讨论升多少、怎样升,似乎完全在掌控之中,要多少就多少。这让我想起 80 年代价格改革的讨论。一派意见主张调价格,一派意见主张放价格,所谓"调派"和"放派"。现在说"升多少才合适"的就属于"调派",以为专家通过模型计算就可以得出"科学的"汇率。其实政府可以动的不过是名义汇率,要是名义汇率不反映实际状况,经济的其他方面就要出问题,正如在价格管制下名义"价格"可以不变,但商品却消失得无影无踪,因为没人愿意生产。因此,目前不是升值问题,而是人民币汇率形成的机制问题,是货币制度问题。

二、中国要争取独善其身

人民币汇率紧盯美元,我们就需要对美国的经济趋势有所判断。作为一个服务业为主的经济,美国的房地产业和金融业遇到了史无前例的危机,缓转过来总要有几年。目前全球包括中国在内,都希望美国经济和美元走强。这是现实而合理的考虑,但中国也要准备好,如果美国经济和美元在相当长的时间内就是强不起来,中国自己该怎么办?从更长期的历史看,美国60年代打越战,巨额赤字然后就是美元泛滥,终结了美元法定兑换黄金的地位,70年代高通胀,CPI有过13%—14%的记录,为了"杀"通胀,联邦基准利率达到过19.5%,失业率直追30年代大危机。21世纪以来的美国,则先是陷入伊拉克战争的泥潭,又是财赤上升,美元疲软、加上次贷危机的连锁反应,为了应付衰退,美联储又连连降息。这个搞法,美国经济会不会像越战以后的走势一样,要十几年才回转得过来?

当然,瘦死的骆驼比马大。美国毕竟底子厚,上周去芝加哥大学开会,加油站93号汽油是每加仑4.67美元!但美国的CPI也就是5%。而中国这里,油价和许多物价都被控制,CPI比它们的高。要是套在一起耗,中国可耗不过。

这样的局面下,中国要有战略性的考虑。希望美国经济和美元走强,但也要准备应对美元就是不走强,甚至趋势性地走弱。把宝押在美国一定走强,万一踏空就危险。这样来看人民币汇率,就不是升值多少的问题,而是从根本上"脱钩"与"换锚"。这当然是一个很大的问题,但无可回避。宋国青和卢锋教授正组织一项研究,有什么结果向大家报告。

就是说,中国要争取独善其身。另外,中国也有条件争取独善其身。

(1) 中国有巨大的国内市场和内需潜力。中国的进出口占GDP的比例达到60%,所以国际市场一旦变化,中国经济难免受到很大影响。内需喊了好多年,但难度很大,主要是调整国民收入的大分配格局。居民家庭占国民收入的比重不到一半,实在太低了。中国有巨大的国内市场和内需潜力,但潜力的挖掘要靠实质的改革推进。把潜力挖出来,中国能够独善其身。

(2) 中国有持续经济增长的潜力,绝对不是1988年的日本。中国制造业产能庞大,面对全球市场的升级空间很广阔,转向为内需服务潜力更巨大。我国服务业还在初级阶段,国民收入增加了,人们的时间成本上升,对"方便"的需求方兴未艾,都是服务业的生意。

(3) 沿海出口部门目前比较困难,因为升值、欧美市场下行、通胀、成本压力和贷款从紧一起来,客观上不能继续充当增长的火车头。但是,内地起来了,产业转移加快,也刺激投资。2008年年初我在浙江衢州地区调查,当地GDP只占浙江省的1%,但是转移来的投资增加很快。后来去东莞、深圳,发现到处都是其他地区来的招商团。前段时间说中国企业关门搬到越南去,幸亏越南还比较小,搬一点过去就不行了。外资太多,也受不了。所以产业转移的投资,大部分还在国内。现在中部地区的投资增长快,不光是城市建设,还有转移的产业投资。

(4) 国际油价这么高,但最不应该被吓着的应该是中国。中国的能源消费中70%是煤。如果说140美元/桶的油价,中国没有办法,但是秦皇岛1 000元/吨的煤是没有道理的,除了通胀,就是煤炭供应方面有障碍。中小煤矿关得太多,不安全的关,安全的为什么也关?油价高涨,正好可以更充分利用煤炭、太阳能、风力等替代能源。

(5) 中国的粮食生产也有机会。国内粮价比国际市场低很多,如果有管理的扩大一部分出口,世界市场的高粮价就成为刺激中国农业生产、增加农民收入的一个推动力。中国还有很多耕地并没有好好种,原因之一就是粮价不高。将国际粮价适当传导给中国农民,增产的潜力不会小。

三、松货币不可取

目前没有什么理由松货币。都说货币紧,到底多紧呢？5月份M2增长18%多,6月份有所降低,仍然超过17%。目前有几件事情要当心。首先是CPI的走势是不是就那么可靠了。涨幅逐月回落,但价格管制措施扩大了,比如从电价延伸到电煤。价格管制下的CPI,不能完全反映通胀的情况。价格管制下,也许温度计的读数下来了,但真实的温度并没有降那么多。6月份,柴油价格每吨提高了1 000块钱,这点油价的上涨还在消化之中,连锁反应究竟如何,还要有一个观察期。PPI高达8.8%,能不能传到CPI是后话,眼下企业的成本压力就很大。所以不要认为紧货币一定对企业不利,成本升得这么急,企业怎么生存？企业不好,资本市场的信心从何谈起？

所以,不要松货币。迫于短期压力去松,当然可以得到短期的收益,但货币供应上的灵活性,过一个时段总要传到物价总水平上。现在的货币都是法定不可兑现货币,唯一的"锚"就是货币当局的自律。宏观政策有灵活性是对的,但货币最好不要那样灵活。弗里德曼当年认为货币最好不要有政策,就是用一部计算机放在美联储自动作决定。人就是灵活性大,有点压力就灵活,反反复复,"调控"反而加大了经济波动。

四、靠什么促进经济增长

目前要求松货币,主要是看到经济增长率下来了,从近12%降到10.4%左右。其实,10%还是比较高的增长。现在对高速增长这样依赖,掉一点大家就紧张,到是值得注意。80年代在北京,开始6%的增长已经高了;后来增长目标定为7%,那是要争取实现的目标;再后来,8%变成下限,成了要"保"的指标;经济增长率10%时有过经济是否过热的争论;结果这两年达到11%、12%,也就被看成"偏快"。这真是一个非常有意思的现象。一方面是潜力释放,过去认为不可能的现在也可能了;另一方面,高速的惯性也让中国更依赖高速度,似乎稍稍慢一点就哪里都难受。这里面有一个收入分配的问题。居民家庭在国民收入中的比例低,增长速度低了就很难过。这倒是值得警惕,万一高速度维持不住,方方面面是不是有准备？

2008年上半年经济确实在减速,总数降低不多,但分布很不平均。过去增长猛的地区和行业,特别是珠三角、长三角的出口部门的中小企业,首当其冲。所以,应把增长与通胀压力放到一个盘子里来考虑。治理通胀,多少在增长速度方面总有点影响,因为过去的高速度里,有一部分就是货币过多刺激的结果。要抑通胀,货币从紧,那部分增长的速度就要下来,是合乎逻辑的结果。所以,保不了过去那样高的增长,应注意的是减速不要过快,给中国经济这个快速猛跑的巨人一个调整适应的过程,给特别困难的地区和行业提供必要的帮助。

维持需要有更灵活的结构政策。比如这次四川震后重建,用各地对口负责的办法就很好。各地花费自己去年财政收入的1%,帮助对口灾区重建——货币和财政总量都没有增加,但灾区得到很大的重建资源。目前对两个三角洲的出口部门,也应用这个原则处理。一定要帮助,但不靠松动货币总量。东莞市政府给困难家庭发放一次性的补贴,怎么看也是好办法——这笔钱本来是东莞政府花,他们不花,省下来给困难家庭,总量上没增加,结构改善的效果好。仔细看我们的经济,能够挤出来的资源非常多。

至于通过改革可促进的经济增长,更有巨大的空间。具体如下:

(1) 减免进口税费,促进更平衡的增长。人民币汇率升值后,进口成本下降,就可以大做进口生意。中国可以到世界上买很多东西,除了资源、矿产还可以买关键的技术甚至人才。买了之后就可以更好地卖,经济就会一步一步往上走。现在很多企业都懂这个道理,但是进口税费高,进口服务跟不上,要在这些方面推动改革。

(2) 开放民间金融服务,缓解中小企业融资困难。松动货币的一个理由就是中小企业资金紧张。但中小企业究竟有多少靠大银行供款的?中小企业必须依靠中小金融机构提供服务,依靠中小民营金融机构提供服务。目前中小民营金融机构方面的改革推进得太慢。温州民间利率月息那么高,其中一个原因就是合法成本高。让它合法行不行?动员更多资金向利率比较高的地方流动行不行?

(3) 稳定房地产市场。房地产行业是支柱性行业,这个论点不会错。但是前几年过高的房价,难以为继。什么做法是对的呢?我认为万科做得对。2007年11月,万科觉得走势不妙,率先降价。一些地方政府也已经行动起来,主动降低房地产税费。此外,对户型作适应性调整。这样几家抬,可以使房地产在调整后成为支持内需的一个主导性行业。但现在松货币,让人有想头,拒绝调整,那就拖下去再看吧。

(4) 开放粮食出口。现在国际国内粮食价差这么大,中国如果可以出口粮食,就能既赚取差价,又塑造中国为解决世界粮食困难作贡献的形象。更重要的是,用国际粮价刺激农民生产,比用财政补贴可靠得多。

(5) 采矿权公开招标。山西已经在考虑这个做法。如果采矿权一百年不变并通过市场来进行配置,再加上管理提升,完全可以在安全生产的条件下扩大中国煤炭的供应。

因此,当前最重要的就是货币不要松。再坚持一下,用更灵活的结构政策和改革政策来保经济增长。在短期压力面前松货币,什么结构调整和深层次改革都难以推进,因为无压力就不会有动力。

贸易条件变化与顺差下降[*]

宋国青

北京大学国家发展研究院教授

宋国青教授在演讲中对一季度宏观经济形势作了简要分析和判断,主要就中国所面临的贸易条件恶化问题进行深入阐述,分析了一季度贸易逆差的原因、商品价格上涨的根源,以及顺差长期下降趋势中应对贸易条件恶化等矛盾的国内经济政策,其中涉及加息、改善内需及保障房有关政策改进等重要方面。

一、一季度宏观经济形势

首先分析短期宏观经济形势。货币方面,一季度的前两个月,货币政策紧缩力度较大,贷款数量减少很多。财政政策方面,由于财政支出减少很多导致财政存款增速很高,因此计算的广义货币量 M2 的同比增速很低,不到 16%,这是前两个月的情况。

到 3 月份,原本担心货币量会出现过度紧缩,但这一月贷款以及财政支出都增加很多。财政支出增加有可能和保障房建设拨款等开支有关。另外,社会融资总量这个指标里面还讲到一些情况,特别是债券融资增长很多。这是一个主要担心,但由于统计数据中缺少这些指标的历史记录,很难对它们在一个月或者一个季度增加情况作出明确判断,但感觉上还是多了一点点。

生产方面,2 月份的生产下跌严重,但 3 月份数据出现一个反弹。因此,综合货币和生产面的因素,总体感觉总需求可能还是稍微偏强。不过目前来看,政策面对宏观形势变化的反应还是很及时的,继续执行一个月的紧缩货币政策,不要紧缩得太厉害,就可以基本控制住通胀。

二、顺差下降与贸易条件恶化

一季度出现 7 年以来首次季度货物贸易逆差,总额为 10.2 亿美元。虽然这个数量相

---

[*] 摘自第 25 次报告会(2011 年 4 月 23 日)。

比现在的中国经济规模还算不上什么,但从两年前2008年三季度超过1000亿美元的顺差,到现在出现逆差,可说是沧海桑田的变化。在2008年的前些年很难想到能有什么因素导致顺差下降,外汇储备增长似乎难以看到尽头。但自从金融危机开始后,顺差就处于下降趋势,到现在还没有看到抬头的迹象。

图1报告2000年以来的季度贸易顺差原始值及经季节调整后的序列。可以看到,即便剔除了季节因素,从而2011年一季度不再是逆差而是顺差,这个顺差也比两年前减少了许多,占GDP比例极低。一季度贸易逆差有短期景气的影响。不过,一季度GDP环比增速年率只有8.7%,按照以往数据其实不算是景气,但这次贸易余额仍然按照以往景气时的情况出现下降,可能存在一些预期的因素,从而导致存货以及进口的增加。

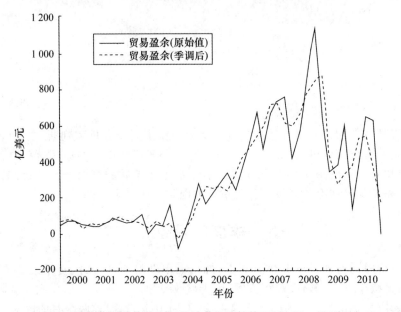

图1 经季节调整的季度贸易盈余及原始值(2000Q1—2011Q1)

一季度贸易盈余的大幅减少主要来自我国进口产品价格的上升或者说贸易条件的恶化。海关公布的进口量一季度同比增长32.6%,似乎是实现了所谓"扩大进口"的目标。但同时进口价格同比上升约14.5%,这相当于进口实物量只增长了15.8%。进口实物量同比增长率在过去几年的算术平均值为16.9%,所以一季度进口实物量同比增长率与历史相比并不高,甚至可以说进口货物数量相对下降。

如果"扩大进口"的结果就是扩大花钱,而买到东西的数量没有扩大,这种意义上的"扩大进口"对中国并不有利。另外要注意的是,15.8%的进口量增加虽然对中国并不多,但对其他经济体却是非常大的增量,它会对全球资源供给造成很大压力。"扩大进口"不是想扩大就可以扩大的,它还受制于供给。所以,对这一说法还需更多考虑,至少要考虑到进口价格弹性的大小。如果进口价格对进口量的变化太敏感,还不如不扩大进口。

从贸易条件的历史情况看,目前的贸易条件水平是1993年以来的最低点(见图2)。最近一次贸易条件改善是在金融危机期间。当时油价每桶二三十美元,而现在是100多美元。当时听说国内油库都已满仓,无法再储存更多石油。然而,仅仅过了两年,石油却再度珍贵起来。

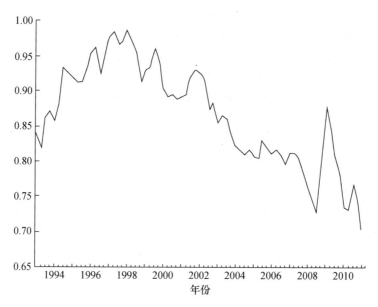

图 2 贸易条件走势(1993Q1—2011Q1)

注:贸易条件用季节调整后的出口价格定基指数除以季节调整后的进口价格定基指数得到。

从总的进口价格指数来看,金融危机期间到现在,进口价格指数上升了32%,贸易条件恶化了20%。假设一年的进口额是现在一季度进口额的4倍,即18 000亿美元或者将近12万亿元人民币。贸易条件恶化20%,就相当于多花了2.4万亿元人民币,这是非常巨大的损失。这个数字的规模可以从以下计算中体现出来。金融危机期间,假设全国有5 000万人失业,每个人发1万块钱也才5 000亿元,相比于2.4万亿元还少一个量级。也就是说,贸易条件恶化所导致的国民收入损失用来发放失业救济,仍然是绰绰有余。所以,金融危机虽然导致国内很多人失业,但是政府救济失业所花销的开支,却都可以从贸易条件改善上得到弥补,且还有余量。这样计算下来,还是危机好。

以上计算的损失是从国民收入这个概念出发,并非指GDP减少了2.4万亿元。封闭经济条件下,GDP和国民收入相等。但开放条件下,二者出入可以非常大。一个极端的情况是,假定石油输出国今年石油产量和去年一样,也就是GDP零增长,但是今年石油价格涨了一倍,那么名义国民收入就涨了一倍。但若是按生产法计算,该国GDP零增长。因此,国民收入账户和生产法计算的GDP可以出入很大。

由于全球经济是封闭的,资源输出国国民收入提高,必然意味着其他国家国民收入在下降。中国就是这些国家中最大的受害者。我建议国家统计局或有关部门,在贸易条件发生重大变化时另单独报告一个国民收入变化情况,以引起决策部门重视,因为光看生产法计算的GDP是不够全面的。

三、贸易条件恶化的根源

贸易条件的恶化与近年来大宗商品价格变化有重要关系。图3和图4报告了中国贸易条件分别与国际大宗商品价格及其细类——金属材料价格的关系。可以看到,无论对于总的商品价格指数还是细类的金属价格指数,从 2002 年开始都与中国贸易条件的倒数①呈现显著正相关关系,金属价格指数与中国贸易条件关系更为突出。中国经济正是从 2001 年后开始新一轮高速增长,伴随着这个高速增长过程的是贸易条件的不断恶化和国际商品价格的不断上涨。这个过程体现了中国出口制造业产品进口资源这一越来越明显的趋势。

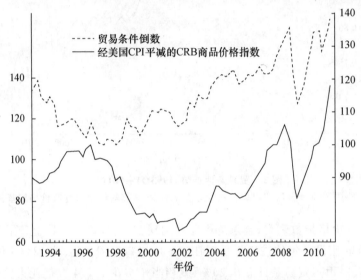

图 3　贸易条件倒数及经美国 CPI 平减的 CRB 商品价格指数

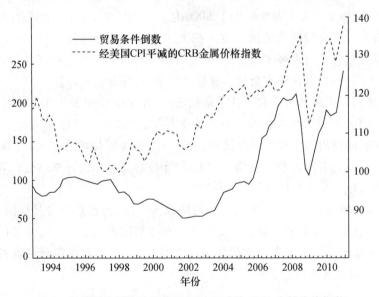

图 4　贸易条件倒数及经美国 CPI 平减的 CRB 金属价格指数

---

① 取倒数仅是为突出图形特征。

2001年之前贸易条件和国际商品价格关系不明显的原因在于,当时中国参与国际市场的程度还不够,中国进口量占国际市场份额不够大,影响还不够显著。回头看,中国20世纪70年代基本不参与国际市场,80年代外汇很少进口量也很低,90年代开始对国际粮食价格有一些冲击,但对其他东西的进口不大影响也很小,但现在对几乎所有大宗商品价格都产生重大影响①。

还有一点是,虽然中国经济在80—90年代也经历了高速增长,但由于基数相对低,增量其实是不大的,因此对全球经济的影响也有限。这些因素共同导致了2000年之前贸易条件与商品价格指数之间不存在显著相关关系。

近年金属和商品价格上涨与中国进口猛增关系密切。从更长的时间序列看,如图5所示,与之可比的是70年代的商品价格上涨。当时推动商品价格上涨的一个重要因素是东亚经济体的大量进口。虽然日本最快速的增长是在五六十年代,但和中国八九十年代的情况一样,由于当时基数小,虽然速度快但增长的量也不大,所以国际商品价格没有出现很大幅度的上升。70年代日本经济已经是全球第二大经济体,即便增长率回落但增量却很大,全球商品价格便开始猛涨。

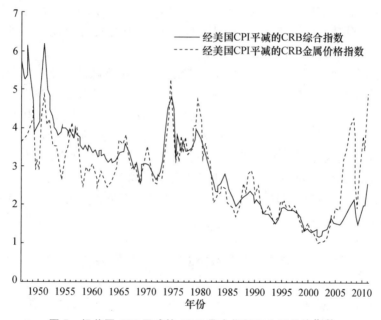

图5 经美国CPI平减的CRB综合指数和金属价格指数

不过,经济增长只是影响商品价格的一个方面,另一个重要因素是当时美国货币政策的失误。美联储在70年代执行的是宽松货币政策,主流观点认为当时通胀是由成本推动,所以迟迟不愿加息,这使得真实利率一直处于很低的水平。直到后来通胀非常高时,才有任命沃尔克为美联储主席通过加息等手段来控制通胀那一段故事。

这里要注意的是,加息不仅抑制了通胀,而且抑制了房地产投资的扩张。美国在70

---

① 中国在国际市场上对石油的影响暂时还没有美国大。

年代经历了一个房地产投资高峰,主要就是因为当时的真实利率过低。房地产投资扩张意味着对石油需求上升,这一因素连同以上提到的东亚经济体进口增长,以及70年代石油供应上出现的危机,共同导致了当时全球资源价格的猛涨。

70年代末美联储一加息,房地产投资就降下来。这给中国提供了一个经验,一定不要让利率低于房价上涨率。利率提高后对房屋的需求就会被抑制,从而对国际资源性产品的需求也会被抑制。商品价格增速放缓,贸易条件就可能改善。对中国而言,国际商品价格较低的年份,如八九十年代,才是造房子的大好时机。在这之后开始大规模、集中性地搞房地产投资建设,甚至现在提出20—30年内完成城镇化进程,并非最优选择。房地产投资的扩张伴随的是对石油等大宗商品需求的快速扩张,最终结果是全国人民买单,由于资源涨价而额外花费许多钱,真正买到的东西却越来越少。真正到了中国城镇化基本完成的那个阶段,石油、铁矿石等资源价格也许会跌到非常低的水平,这倒是会给其他国家带来额外的好处。

所以,千万不可认为大国经济规模大,就能在国际市场上为所欲为。这就像一艘大船在狭窄的河道里航行,如果总是采取横冲直撞的态度,大规模、集中性地做一些事情,将会自己给自己制造一些不必要的波动。大国经济必须做到平稳过渡,应尽量把自己对资源的需求平滑分摊到尽可能长的一个历史时期。这样才能尽可能减少对全球经济带来的影响,进而减少给自己带来的负面影响。

但就目前情况而言,还很难看到油价及其他商品价格下跌的希望。短期油价走势较为随机,受各国央行政策影响很大,但从中长期来看,油价的确还会呈现上涨趋势。前几年油价上涨,中国需求是一方面原因,中国积累外汇储备压低美国真实利率是另一方面原因。现在,中国需求依然强劲,不过外汇储备不再快速增长,但石油输出国却在大量购买美国国债,同样还是会压低美国真实利率。几方面因素综合起来,仍很难看到油价下跌的希望。所以,油价上升给中国带来的不止是进口这一方面的亏损,石油输出国对美国国债的购买,使得中国外汇储备收益下降,这是第二个方面的亏损。里里外外几个层次的损失,加起来大得惊人。

四、顺差趋势变化与应对贸易条件恶化

从图1与图2可观察到,我国贸易条件在2003—2008年间虽然不断恶化,同时2005年开始人民币升值,但贸易盈余却在不断增加。这和2008年以来贸易条件恶化但同时顺差下降的情况形成鲜明对比。因此,简单用贸易条件来解释顺差大小并不充分。

这一问题的解释变量很多,其中与贸易条件恶化相抗衡的一个主要因素应是中国劳动生产率的提高。2003—2008年顺差扩大可能主要是因为劳动生产率提高所带来的竞争优势超过了我国在进口价格上的损失。而2008年以来的顺差下降则可能是因为贸易条件恶化占了上风。这一变化的背景是,当前我国进口占GDP的份额与早年情况不可同日而语。按此考虑,贸易顺差下降可能是中期的趋势。若果然如此,则对许多国内经济乃至全球的很多方面都有重要影响。

基于以上分析,应对贸易条件恶化中国目前可以考虑的主要对策应是加息。对于这

点央行已经做了不少工作。从 2010 年以来,加息以及提高法定存款准备金率已经实施多次,尤其是上调准备金率。上调准备金率的实质是用存款准备金替代央行票据。由于央行票据利率高,存款准备金利率低,准备金率提高其实是用低收益率的准备金去替换高收益率的央票,这将加大商业银行亏损的压力,对加息是不利的。综合来看,用提高法定存款准备金率来控制通胀,并不是很有效。

除有效性存在问题,提高法定存款准备金率这一措施在今后的可行性也有问题。在 2011 年的情况下,由于贸易顺差和国内信贷的增长速度差不多,若是央票增长率不变,准备金率调整空间很小。另外,在未来几十年内如果顺差下降是一个主要趋势,那么只要对热钱控制基本到位,外汇储备就不会有剧烈增长。给定外汇储备增长受到限制,央票本身数量也不大,准备金率提高的空间也就不大。这样一来,央行可以用来对抗大宗商品价格上涨的有力武器就只剩下加息。

当然,加息不是没有成本。一个主要的顾虑是,由于现在美国基本上不太可能提高利率,加息会加重外汇储备的利差损失。前几年外汇储备每年增长 40%—50%,这块的收益损失很大。但现在外汇储备增长率很低甚至可能减少,其实可以考虑采取外汇储备账户损失"挂账"的办法,暂不考虑外汇储备损失,而是放到一段时间后再处理。这样就降低了央行加息的压力,提高存款利率也不会让商业银行感到太难受。

当然,由于思想上、行政上还需要很多准备,加息肯定得是一个缓慢的适应过程,不可能现在就让央行一年内提高利率到超过国内预期房价上涨率的水平。但是,只要保证每年有一个适度的提高,几年以后也就会产生效果。存款利率上升会提高买房的机会成本,住房需求相应会受到抑制,房价也就不会上升那么快,从而也就减少对大宗商品和石油的进口依赖。

五、改善内需的空间

就现在"扩大内需"的提法,一些人认为扩大内需就是扩大消费,但这只是理想,最后还只能靠投资。但一上投资就要靠实物资源,实物资源就得买,一买就涨,涨了就赔。那么怎么才能打破这样一个怪圈?

现在看来,化解这个问题并不存在特别好的办法,只能向改善投资的方向努力。投资中,房地产投资是投资,人力资本投资也是投资,不过前者需要消耗大量原材料,而后者在这方面的消耗要少得多。所以投资不一定非得是实物投资,可以是研究开发、人力资本投资。这方面投资在定义上没有问题,在核算中应该计入投资,但实际统计过程中却很少被计算。[①]

人力资本投资在中国未来几十年内都将是很有价值的投资方式。几十年后中国城镇化基本结束,人口也将绝对下降,那时房地产价格会下跌很多,未来城市生活最需要的将是融合相当多高科技、知识、创造力要素的产品。因此,现在投资人力资本已经完全可以纳入考虑范围内。虽然从两三年来看,这方面投资可能没有房地产投资回报率高,但

---

① 美国对此有统计但数量不大。

二十年后很可能发现一些小城镇现在盖的房子从开始到倒塌之前就一直空着。另外,增加人力资本方面的投资,对改善我国贸易条件、缓解进口价格上升也有重大意义。

当前阶段改善投资还涉及目前保障房建设的一些具体安排。在利率提高的背景下,这一政策可有许多改进之处。政府目前已安排了1000万套保障性住房指标,完成这个指标就意味着更多铁矿石、石油等资源的投入,还要蒙受资源涨价的损失。如果将这一政策略作调整,结果就可能大不一样。

假设每套保障性住房在市场上出售后可以盈利20万元,那么政府承担建设这些房子的最终成本就相当于财政拨款2万亿元。假设政府将这些钱不是用来进行实物补贴,而是直接发给1000万个家庭(每个家庭分到20万元),再让每个家庭自由选择是买房住或者做其他用途,那么最后的结果肯定比建设1000万套保障性住房要好。

假定利率此时已经提高到较高水平,使得某些地区投资房地产的收益率已经低于利率,那么1000万个家庭中有一部分,譬如说300万个家庭,就不会选择买房而是把钱存入银行。这样就可少盖300万套住房,大宗商品价格相应也会低一些,从而国民收入可有明显改善,政府收入也会有所改善。这一收益至少还可抵消2万亿元财政拨款中的一部分。因此,从政府的角度看,这一办法最后的净结果是花少于2万亿元的钱就达到了比花2万亿元更高的福利水平。另外很明显,这个做法也具有可操作性。

输入型通胀?
——国际商品价格与我国通胀关系实证分析*

卢 锋

北京大学中国经济研究中心教授

2007年以来我国经济出现新一轮通货膨胀问题。解释通胀主要有两种观点。一种主要从货币分析方法角度解释,认为通货膨胀主要是总需求增长过快和货币供应扩张过快的结果。另一种从非货币视角解释,强调物价上涨主要是结构性因素和成本推动结果,不属于明显通货膨胀。非货币分析方法2007年比较重视猪肉涨价等结构性因素影响,近来更多强调国际市场粮食和大宗商品涨价能传导为国内物价上升,又称作输入型通胀论。

中国经济成长如同一条大船在没有航标的水面上高速航行,对新问题有不同解读是正常的,关键是要结合实际情况仔细评估,以求获得比较接近真实的认识作为政策借鉴。本文实证考察目前流行的输入型通胀论。首先简略回顾二战后非货币学派通胀理论演变背景,了解输入型通胀论理论逻辑和渊源;然后主要以粮食、棉花和若干矿物品为对象,结合我国具体情况对输入型通胀论进行分类考察和检验;最后简略评论"巨型经济体"(giant economy)概念对认识我国经济成长现象的启示含义。

一、输入型通胀理论逻辑和渊源

本文把输入型通胀理论理解为非货币主义通胀理论的重要分支。非货币理论对通胀发生机制的解释可用一个简单加成定价模型表述:

$$P = [W/AP + IC_d + IC_f + OC] + PM \tag{1}$$

公式(1)设定企业定价由平均成本(包括单位劳动成本、国内和进口投入品成本、其他成本)和毛利润率决定。基本含义是,平均成本中特定构成部分因为某种外生冲击而

---

* 摘自第12次报告会(2008年2月24日)。

增长会促使企业拉高产出定价,成本结构中特定或若干部分普遍性变动具有促成或强化通货膨胀或通货紧缩的宏观效果。如果用一句话概括非货币通胀理论基本逻辑,可以表述为形形色色"外生冲击"拉高微观企业定价并在宏观经济层面展开为通货膨胀现象。

从经济理论和政策演变历史角度看,非货币通胀论是在二战以后逐步形成和发展起来的。英美等国作为二战胜利国,战后工会力量强大,工人通过工会组织在劳资谈判中要求较快增长工资。工资增长超过劳动生产率增长速度,意味着单位劳动成本及平均成本上升。凯恩斯学派论者倾向于认为,工会组织等制度条件属于经济环境因素,对于宏观经济分析具有外生性,因而可以把工会推动工资较快上升作为通货膨胀的基本根源。这类观点在20世纪50—60年代比较流行,可以看作是第一代结构型、成本推动型非货币通胀论主流观点。

70年代初爆发第一次中东危机,国际油价大幅上涨并引发随后粮价飙升。由于石油和粮食可贸易性较高,一些西方国家对这些商品存在不同程度的进口依存度,因而油价和粮价飙升被解释为当时通货膨胀的关键原因,输入型通胀成为第二代非货币通胀论的重要观点。在撒切尔和里根主政时期,英美两国工会组织力量大为削弱,输入型通胀在非货币通胀理论中地位更显重要。另外,由于粮食和农产品生产受到短期气候变动的显著影响,农产品乃至食物价格上涨通过成本推动导致通货膨胀也成为非货币通胀论的常见立论。

不同学派的非货币通胀论实质相同而表述各异。强调通胀的直接根源在于成本上升而有"成本推动型通胀"之说,强调平均成本不同部分以及不同部门对一般物价影响分布特点而有"结构型通胀"之说,强调进口品价格飙升引发成本推动和通胀被称为"输入型通胀",强调成本推动通胀难以通过货币政策有效治理则被称为"过渡型通胀"或"非核心通胀"。它们同属非货币通胀理论大家庭成员,在通胀解释领域与货币学派分析理论分庭抗礼。

如同货币学派通胀理论建立在货币流通速度相对稳定、货币供给具有显著外生性一样,非货币通胀论在学理上也以一系列假定为前提。这些关键假定包括:推动成本上升因素对特定主体具有某种不可控性或外生性;企业定价可独立于竞争对手制约;企业定价可独立于需求因素制约;货币自动增长满足普遍涨价要求,即货币供给具有内生性;等等。货币与非货币学派的理论争论,归结为这些关键假设相对合理性的争论。

从我国2007年以来宏观经济讨论情况看,非货币通胀论者先后重视三方面因素对新一轮通胀的解释作用。2007年比较重视猪肉价格飙升拉动食物价格上涨引入通胀压力,2008年年初援引南方部分省区暴雪冰冻冲击正常供给拉高成本并加剧通胀压力,最近则强调国际粮价和资源性商品价格上涨引入或加剧通胀压力。最后一个是比较典型的输入型通胀观点。下面结合若干大宗矿物品和粮棉国内外市场关系情况,对输入型通胀观点进行实证考察。

二、中国因素与国际矿产品供求互动关系

首先选择铁矿石、精炼铜、原铝和石油等四种矿物品进行考察。这些矿物品国际价

格近年大幅上升。2007 年精炼铜价为 7 131 美元/吨,是 2003 年 1 779 美元的 4 倍;2007 年原铝价格为 2 640 美元/吨,是 2003 年 1 432 美元的 1.84 倍;2007 年原油价格为 72 美元/桶,是 2003 年 31 美元的 2.32 倍;2007 年铁矿石 85 美分/每干吨(dry metric ton unit, DMTU),是 2003 年 31 美分的 2.74 倍。

从经济学常识看,特定商品价格飙升逻辑上可能是两方面因素变动的结果:或者是需求超常增长,或者是供给逆向变化(当然也包括二者某种组合变动)。观察相关统计数据可以看出,需求超常增长是近年全球矿物品价格上涨主要因素。表1 比较四种矿物品在 1970—2001 年和 2001—2007 年两个时期消费需求增长率。晚近时期石油消费增长率比 20 世纪最后 30 年平均水平提升了 25% 左右,精炼铜消费提高 30% 左右,原铝增长 1 倍多,铁矿石是早先增长率的 10 倍。"量增价涨"说明价格飙升与经济景气相联系,可排除供给面严重逆向冲击解释的可能性。用标准供求价格模型作为叙述参照系,基本故事应当是消费需求线由于某种原因向右上方大幅度移动,由于这些矿物品短期供给弹性很小,并且其供给线正向移动存在较长时滞效应,结果供求线交点决定的市场均衡价格大幅飙升。

表1 全球若干矿物品消费需求增长

当年消费	铁矿石(亿吨)	铜(百万吨)	铝(百万吨)	石油(亿桶)
1970 年	7.7	7.3	10	171
2001 年	10.7	15.1	24.9	281
2007 年	18.0	18.2	37.8	309
年均增长	铁矿石(%)	铜(%)	铝(%)	石油(%)
1997—2001 年	1.1	2.4	3	1.6
2001—2007 年	11.0	3.1	7.2	2.0

由于我国是不少大宗资源性商品重要进口国,似乎可以依据国际商品价格飙升事实提出输入型通胀推论。然而这类推论实际采用国际经济学中所谓"小国模型"分析思路,即假设国外价格变动与我国国内因素无关,或我国是价格接受者。评估输入型通胀观点,关键是要结合相关经验证据考察上述假设是否符合实际。我们可以通过观察衡量我国需求增量对全球需求变动影响,来检验国际市场价格上涨对我国是否存在外生性。

随着我国经济成长进入城市化和工业化快速推进阶段,过去一段时期我国矿物品消费量增长提速。表2 数据显示,与 1970—2001 年情况比较,2001—2007 年间我国铁矿石消费增长率是早先时期平均增速的 5 倍以上,铜是早先时期的 2 倍,铝是 2.5 倍以上,石油也相对提高近 1/3。

表2 我国若干矿物品消费增长

当年消费	铁矿石(亿吨)	铜(百万吨)	铝(百万吨)	石油(亿桶)
1970 年	0.6	0.3	0.3	2.3
2001 年	2.9	1.9	3.5	17.6
2007 年	11.9	4.0	11.1	28.0

(续表)

年均增长	铁矿石(%)	铜(%)	铝(%)	石油(%)
1997—2001 年	5.0	6.4	8.2	6.8
2001—2007 年	26.3	12.9	21.4	8.1

为定量考察我国消费变动对全球消费影响,计算我国这些大宗商品最近五年消费增量三年平均值,并除以同期全世界这些商品消费增量三年平均值,将所得比率值称作我国对特定商品需求增量的全球贡献度。初步测算结果显示,过去五年我国对原铝需求增量全球贡献度为 51.6%,同期精炼铜增量贡献度为 55.9%,铁矿石(生铁)增量贡献度为 85%,原油增量贡献度为 33.5%。我国对上述四种原料能源矿产品需求增量贡献度的简单平均值高达 56.5%。

需要说明的是,中国作为快速成长经济体,在工业化和城市化特定阶段对资源性投入大规模密集增长是难以避免的,也具有经济合理性。中国需求增长显著提升全球需求,并对资源供应国以及区域甚至全球经济增长作出了积极贡献。同时,由于这类产品短期供给弹性较小,我国需求增长也会通过"巨型经济体"效应不同程度地显著拉高国际价格。"巨型经济体"背景条件对观察我国贸易条件变动等涉外经济问题具有重要意义,同时也提示输入型通胀说能否成立需要具体考察。至少就上述几种大宗商品而言,与其说是"外部输入通胀",还不如说"通胀出口转内销"。

三、粮棉贸易与国内外价格关系

下面以粮棉为对象考察输入型通胀观点。近年国际粮食价格大幅上涨。国际小麦价格从 2006 年年初 167 美元涨到 2007 年年初 196 美元,涨幅为 17%;2008 年 2 月涨到 425 美元,涨幅 117%。以 1957 年美元不变价格计算的小麦不变价目前为 55 美元,是 1957 年基期 70 美元的 78.6%,是 1974 年峰值 130 美元的 42%。国际玉米价格 2006 年年初到 2007 年年初从 102 美元上涨到 165 美元,2008 年 2 月涨到 220 美元。以 1957 年美元不变价格计算的玉米不变价目前为 28 美元,是 1957 年基期 64 美元的 44%,是 1974 年峰值 82 美元的 34%。

国际大米价格从 2006 年年初 285 美元涨到 2007 年年底 378 美元,涨幅为 32.6%;2008 年 3 月底涨到 700 美元,涨幅 85.2%。大米 1957 年美元不变价目前为 90 美元,是基期 124 美元的 73%,是 1974 年 4 月峰值 361 美元的 1/4。2007 年 10 月底在这个报告会上,我曾提到历史时期米麦相对价格通常接近"2∶1",2007 年秋季国际市场"1∶1"米麦比价极不正常,最近大米价格飙升使得米麦比价向比较正常水平回归。

近来国内外粮食市场波动和价格上升成为引人注目的问题。尤其是国际小麦、大米价格最近大幅飙升,导致少数国家出现短期市场性抢购,甚至引发个别国家政局动荡。新一轮国际粮价急剧增长在国际援助、能源政策、贸易规则等全球治理领域提出了一系列新问题。具体到国际粮价与我国粮食供求变动关系,依据对相关经验证据的观察,大体可以得出两点判断。第一,我国 2004 年粮食进口大幅飙升,然而对最近国际粮价飙升影响较小。第二,国际粮价飙升对我国粮价至今也仍然影响较小。也就是说,我国需求变动对近一年多来国际粮价飙升影响很小,另外近来国际粮价飙升对国内粮价影响也比较小。

图 1 报告四种主要粮食品种贸易数据,过去十余年两方面变动都与早先预测结果差异较大。一是三种谷物从 1997 年以来一直保持净出口地位,谷物净出口在 2003 年峰值时达到 2 000 多万吨。二是大豆成为粮食进口主要对象,大豆 1996 年开始改变此前十几年持续净出口的状态变成净进口品种,到 2003 年净进口第一次超过 2 000 万吨,2007 年净进口打破 3 000 万吨纪录。随着 2003 年年底国内粮价上涨,2004 年谷物出口大幅下降,同时大豆进口大幅上升,导致当年粮食净进口量从上年 100 多万吨猛增到 2 500 多万吨,成为我国历史上单年粮食净进口变动幅度最大年份,随后我国粮食净进口规模相对温和波动。2004 年我国粮食净进口猛涨,国际大豆价格也一度飙升,但是随后大豆价格又大幅回落,直到近两年才重新强劲增长。小麦和玉米价格也是在 2004 年显著上涨后回落,最大涨幅发生在最近 1—2 年。只有大米价格从 2003 年以来维持持续上涨态势。可见我国粮食供求和结构变动对近一年多来国际粮价飙升影响很小。国际粮价飙升根源我在其他文章中专门作了讨论。

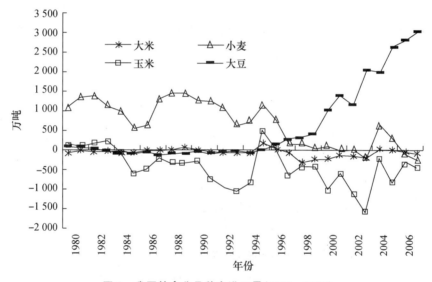

图 1 我国粮食分品种净进口量(1980—2007)

我国在不同粮食品种上的贸易地位以及粮食贸易量变动,决定国际粮价对国内粮价以及一般物价影响。我国作为最重要大豆净进口国,国际大豆价格飙升对国内影响较大。然而中国是小麦、玉米、大米等谷物净出口国,由于净出口量增长比较有限,国际价格飙升影响较小。图 2 报告我国改革时期三种主要谷物市场价格数据,显示粮食供求大体经历了三个运行周期。1995 年粮价达到阶段性高峰并出现相对过剩,伴随产量、进口和库存大量增加,90 年代后期粮价几年持续下降,世纪之交更是在低谷徘徊。粮食供求到 2003 年年底发生阶段性转折并进入周期上涨通道,三种谷物价格最大幅度上涨发生在 2003 年年底和 2004 年上半年,2005 年前后有所下降,2006 年和 2007 年分别上涨 8% 左右。可见我国国内最近粮价上涨尚属温和。

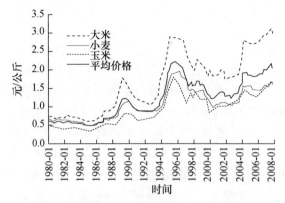

图 2　我国市场粮价月度数据（1980 年 1 月—2008 年 1 月）

最后看棉花情况。图 3 报告国内外棉价数据显示，国际棉价过去三年持续增长，不过与粮价目前"内低外高"格局不同，国内棉价过去几年一直高于国际价格。虽然差距近来缩小，目前国内棉价仍显著高于国际水平。国内外棉花贸易价差一段时期持续存在的政策背景，是近年我国对棉花贸易实行配额和滑准税（sliding levy）管理措施。由于国内棉花价格高于国际市场，从直接关系看当然谈不上输入通胀问题。

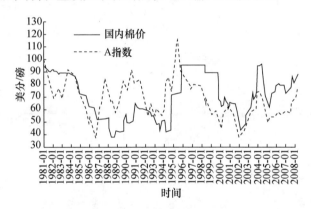

图 3　我国与国际棉花价格比较（1980 年 1 月—2008 年 3 月）

近年我国棉业经济表现出两方面特点，对评估输入型通胀分析思路具有间接认识意义。一是近年我国棉花进口需求大幅增长，对同期国际棉花价格上涨应有重要推动作用。2003 年我国棉花表观消费量为 562 万吨，2006 年首次超过 1 000 万吨，过去五年我国棉花消费占全球比重从 26% 上升到 38%。我国棉花净进口从 2002 年几乎为零，猛增到 2006 年创纪录的 363 万吨，2007 年虽显著下降，仍有 244 万吨，棉花净进口占全球出口比重过去五年从 10% 上升到 30% 以上。我国棉花消费增量占全球增量比重 2001—2003 年为 69%，过去四年该指标值上升为 91%。我国棉花净进口和消费量超常强劲增长，显然对近年国际棉价回升发挥了显著推动作用。

二是我国棉纺织品净出口近年强劲增长，从整个棉花生产加工供应链角度看，我国大部分净进口棉花通过棉纺织品净出口"返销"国外。2001 年我国棉纺织品净出口为 134 亿美元，2006 年为 444 亿美元，是 2001 年的 3.31 倍。据业内人士估计，2005 年棉纺织品间接净出口250万—300万吨棉花,可见近年净进口棉花绝大部分由制造业净出口实现外销。通过广义加工贸易实现的我国棉花净进口与棉制品净出口相互匹配,从一个侧面显示我国加入世界贸易组织后进一步融入全球经济体系。它同时也提示我们,对中国这样经历开放成长的巨型经济体而言,输入(输出)通胀(通缩)这类概念会在相当程度上失去认识价值。

四、初步结论和启示

第一,过去五年我国四种原料能源大宗矿品需求增量全球贡献率在34%—85%之间,这些商品国际市场价格近年较快上涨在相当程度上内生于我国需求增长。第二,近来国际粮价猛涨,然而由于国内贸易和流通政策等方面原因,国内粮价最近两年上涨相对温和,外部粮价飙升对我国传导效应至今较小。第三,近年我国棉花消费和净进口量大幅上升推动国际棉价上升,然而我国国内棉价仍显著高于国际价格;另外我国入世后棉纺织品净出口大幅上升,近年几百万吨棉花净进口大部分通过棉制品贸易间接外销。输入型通胀论假设国际商品价格变动与本国需求无关,本国是价格接受者。初步考察结果显示,输入型通胀观点比较缺乏经验证据支持。

上述结论政策含义在于,虽然结构性根源说具有一定解释功能,新一轮通胀主要原因在于过去一段时期总需求较快增长以及货币扩张过多,因而需要更多采用货币政策和其他总量性措施加以治理。方法论启示含义在于,我国在一些重要经济领域需求增量全球贡献度很高,客观具有"巨型经济体"地位,国际经济学标准理论中"小国模型""价格接受者"之类假定基本不适用。认识中国经济成长具体规律,需要重视和运用大国分析思路和方法。

中美经济外部不平衡"镜像关系"
——理解我国近年经济增长特点与目前调整[*]

卢 锋

北京大学中国经济研究中心教授

美国经济 21 世纪初发生有史以来最大规模外部不平衡,2006 年贸易和经常账户赤字占 GDP 比重超过 6%,同时中国成为美国单个最大贸易顺差国。据美国官方统计数据,2007 年对华贸易逆差占其逆差总额 30% 左右。中国外汇储备 2006 年下半年达到 1 万亿美元,超过日本成为外汇储备规模最大国家;2008 年 6 月底激增到 1.8 万亿美元。观察人士推测庞大的外汇储备大部分投资于美元资产。中美两国外部不平衡相当程度构成互补对称的"镜像关系"(mirror image)。

中国作为人均收入只有 2 000 多美元的发展中国家,为世界最富裕、最强大的国家——美国提供巨额融资,从一个侧面显示世界经济版图深刻演变,构成当代经济全球化背景下全新而重大的现象。两国学术界对各自不平衡原因和性质激烈争论,显示理解这一现象对经济学现有知识存量具有挑战性。外部失衡累积矛盾与其他结构性问题相互影响,构成两国目前经济运行困难与政策调整的背景因素,因而理解这一现象具有现实意义。

本文观察中美经济不平衡镜像关系事实表现和成因争论,并由此解读两国近年经济增长结构特点与各自面临现实调整。首先,通过相关数据观察美国外部不平衡演变以及中国成为最大镜像国的事实。其次,考察美国学术界就外部不平衡根源、属性和对策发生的争论,分析次贷危机与外部失衡之间联系,评论美国目前的危机应对措施具有被迫调整外部失衡含义。最后,在观察我国经济近年外部不平衡表现基础上梳理评估有关这一问题的不同解释,并从内外关系角度分析我国新千禧初年景气增长特征以及目前调整过程的内在逻辑。

---

[*] 摘自第 14 次报告会(2008 年 7 月 26 日)。

一、中美经济外部不平衡镜像关系的事实观察

一国经济外部不平衡,通常指该国贸易或经常账户收支盈余绝对规模或相对 GDP 比例值单向、持续、较快变动,并依据定义伴随一国国际投资净头寸(net international investment position,NIIP)同类性质变动。美国贸易和经常账户逆差持续增长和中国顺差相应持续扩大,二者在定性定量意义上构成对称、对偶或镜像关系,提供了本文考察的基本对象。

从图 1 报告货物贸易平衡演变情况看,美国过去三四十年经历了三次引起广泛关注和较大影响的外部不平衡。第一次是 20 世纪 70 年代初首次出现 60 亿美元逆差,伴随布雷顿森林国际货币体系解体,使 50 年代末开始的美国国际收支不平衡争论告一段落。第二次是 80 年代不平衡,1987 年贸易赤字高峰时达到 1 600 亿美元,占 GDP 比重 3.4%,再次引起相关政策大幅度调整。第三次发生在晚近时期,2006 年贸易逆差达到 8 400 亿美元,占 GDP 比重高达 6.35%;同期美国经常账户余额也发生类似变化。

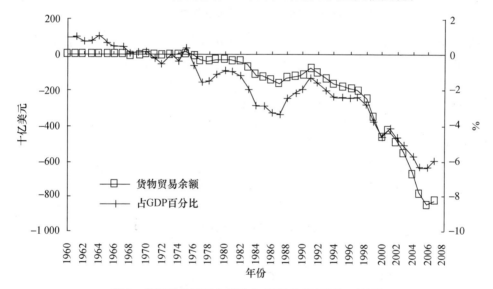

图 1　美国货物贸易余额及占 GDP 比重(1960—2007)

全球经济整体是一个封闭系统,一国外部赤字扩大必然伴随若干伙伴国对该国双边顺差总和增加。图 2 反映美国货物贸易平衡主要伙伴国演变情况。20 世纪 60—70 年代贸易顺差减少原因包括欧洲对美逆差减少以及 OPEC、日本、加拿大对美顺差扩大。80 年代第二次不平衡除了受日、加、欧等发达国家和地区顺差扩大影响,东亚"四小龙"和石油输出国顺差也发挥重要作用。新一轮外部不平衡形成特点在于,除了日、加、欧与 OPEC 仍有重要作用,中国成为美国单个最大贸易顺差国。依据美国 BEA 统计数据,70 年代末中国对美国贸易存在逆差,80 年代中期转变为顺差,1996 年顺差增长到近 400 亿美元;此后十余年中国顺差持续增长,2007 年达到 2 567 亿美元,占美国 GDP 比重 1.81%,占美国贸易赤字总额约三成。中美两国外部不平衡相当程度形成互补对称的镜像关系。

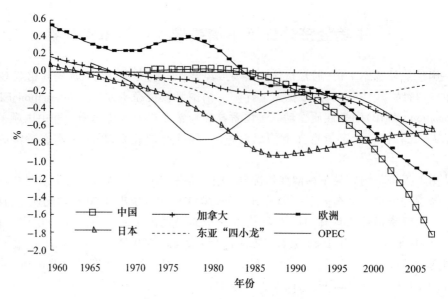

图 2　美国贸易逆差主要伙伴经济体构成 HP 趋势

数据显示,中美双边贸易关系在产品和行业分布上具有以下特点:一是 SITC 一位数分类产品中,中国对美国最大顺差对象是 7 类、8 类制成品,即机械运输设备和杂项制品,其中 7 类制品即机械运输设备顺差增长最快。二是从 SITC 二位数分类产品看,中国顺差对象主要包括"75 类办公室设备和数据自动处理机、76 类通信与声音录制和复制设备、89 类杂项制成品、84 类服装类产品、82 类家具和配件制品、69 类金属制品"等。三是从中美进出口六位数重要产品分布看,中国对美国顺差主要集中在"其他计算机设备、音像设备、计算机、玩具、家具"等制造品,美国对中国顺差主要来自"废件废料、金属化工原料、飞机与半导体设备等高科技产品,以及大豆和棉花等农产品"。

二、美国外部不平衡根源争论和现实调整

1. 三种分析视角

从经济学角度分析一国外部不平衡主要有三类方法:国内宏观分析法,汇率-收入分析法,资本流动分析法。国内宏观分析法基于国民收入账户(SNA)定义等式关系:"私营部门储蓄 + 贸易赤字 = 私营部门投资 + 政府投资减储蓄"。该等式陈述一个简单约束条件:如同一个家庭入不敷出需要得到额外接济一样,一国如果支出大于产出需要通过贸易逆差从外国获得商品劳务填补缺口。该等式可近似表述为"私人储蓄 + 贸易赤字 = 私人投资 + 财政赤字",表示如果国内私人储蓄与投资大体相等或变动量相等,则财政赤字变动需要贸易赤字等量变动保持平衡。

汇率-收入分析法建立在"替代效应""收入效应"等经济分析原理基础上,认为一个国家贸易或经常账户平衡状态与两组变量有关:一个是本币实际汇率,决定一国与外国商品劳务的相对价格,通过"替代效应"影响对外贸易关系;另一个是本国与外国经济相

对增长速度,通过"收入效应"或收入进口弹性对贸易平衡发生作用。依据这一方法,一国贸易盈余平衡状态变动,可以在包括本币汇率、国内外收入变动等因素作为解释变量模型中得到解释。

资本流动分析法基于国际收支账户定义等式:"经常账户逆差(顺差)=资本账户顺差(逆差)+统计误差"。它也是陈述一个简单约束条件:如同个人入不敷出需要融资一样,一国经常账户逆差意味着必须通过从外部借债或出售资产进行融资,也意味着外国投资者愿意提供债务或权益融资。这一方法提示可以通过考察外部融资合理性来评估经常账户赤字可持续性。

2. 可持续与不可持续观点争论

依据上述三个视角的不同选择,美国学术界对其外部不平衡存在两种观点争论。可持续论者主要采用国际资本流动分析方法,认为世界上很多国家由于石油资源出口盈余、人口结构老化、体制政策弱点等原因需要净储蓄,美国由于资本市场和金融系统发达等优势,理应吸纳较多外国净储蓄。由于资本净流入具有经济合理性,美国经济外部不平衡具有可持续性。

一般认为,以下几方面因素对美国吸纳大量外部资金具有重要解释作用:从实体经济角度看,美国科技研发实力较强,全球规模最大的资本市场便于把科技成果转化为生产力,加上劳动力市场和企业制度比较灵活,因而拥有拓展全球技术和产业前沿的相对优势,有可能在长期创造比其他发达国家较高的生产率增长。从金融体系角度看,美国资本市场和金融系统提供具有不同风险水平的证券投资品种以及大量衍生金融工具,能较好满足投资者不同风险和时间偏好,投资对象流动性以及调整投资组合选择性较高。另外美国政局相对稳定,使得美国和美元资产在世界其他地区面临危机和冲突时成为所谓"投资天堂"。从转移成本角度看,由于各国私营和政府部门持有的美元资产在境外投资总额中占有较大比例,大规模抽撤和转移美元资产要支付巨大沉没成本,从而使美元资产投资客观具有某种锁定效应。

这类观点一段时期在美国有关讨论中占据主流地位。例如2006年总统经济报告对此表述过相当乐观的评估:"原则上说,假如美国能够利用这些资金来促进未来增长从而维持美国作为外资流入首选之地,美国可以无限期吸纳净资本流入(经常项目逆差)。实质问题不在于外资流入规模而在于外资利用效率。如果外资能够促进投资、生产率和经济增长,则外资流入能够对美国和全球产生积极影响"。

不可持续论者也承认生产率差异和金融优势等因素可以在一定程度解释美国外部赤字,承认一定水平外部不平衡具有可持续性。但是他们认为外部赤字占GDP比重过高,比如说超过5%甚至达到6%,则是结构问题和政策失当导致的不可持续和非均衡状态。他们强调持续失衡可能导致美元暴跌、汇率崩盘、通货膨胀、利率高升、经济衰退等后果。他们担心上述结局不仅会冲击美国和全球经济,而且对美元的国际地位和美国的全球战略地位产生负面影响。

不可持续论者认为新一轮美国外部失衡关键原因主要有三点:居民储蓄过低、财政赤字过大、美元汇率高估。他们认为政府很难改变居民储蓄行为,但政府可以通过调整美元汇率特别是减少财政赤字来尽快主动调整外部失衡。

3. 次贷危机与外部失衡:对美国失衡争论观点评论

可持续论有一定道理。例如尽管美国2006年外部净头寸已经是负的2.54万亿美元,然而净投资收益仍为300多亿美元,说明美国在全球经济平台上确实"长袖善舞",有能力用负资产换来正的净收入。不过,从次贷危机爆发及其与外部失衡的内在联系看,可持续论者过于乐观。对于爆发一年多仍在持续"发酵"的次贷危机,现在分析人士较多从金融监管缺失、金融工具创新以及金融分散风险功能两面性等角度检讨根源和总结教训。这些分析确有道理并且重要,然而不足之处在于对次贷危机与外部失衡内在联系重视不够。观察次贷危机可以发现这样的因果链条:"外部失衡—流动性过剩—房价虚高—过量消费—放贷过度—次贷危机"。次贷危机说明,美国晚近时期过度依赖外部储蓄的消费驱动增长模式不仅不可持续,而且会对美国以及全球经济带来危害。

对次贷危机与外部失衡联系可以从多方面观察讨论。从危机发生宏观条件看,持续过量利用外部储蓄和外部不平衡,促成过度消费驱动增长模式,构成房价虚高和次贷危机的宏观环境因素之一。从危机发生货币金融条件看,过度利用外部储蓄促成银根过度宽松和流动性过剩货币环境,在美国房贷金融体制存在结构性问题背景下,对次贷危机具有解释作用。从危机发生深层根源看,外部不平衡和次贷问题都与美国金融能力相对优势有关,是同一根"好事变坏事"树藤上结出的两颗果实。从次贷危机爆发后果看,美国在调整外部失衡时不仅面临通胀和衰退双重风险压力,还面临国内金融机构接二连三倒闭告急、金融体系内部地震频发的挑战,为美国经济前景引入更多复杂性和不确定性。

美国次贷危机与外部失衡的内在联系,给外部不平衡可持续论者过度乐观主义留下一个深刻教训。美国整体金融能力在国际比较意义上确有独特优势,但是任何一种能力优势发挥都受到"过犹不及"普遍法则的约束,过度利用优势会造成危害。打个比方,夸大金融优势作用的可持续论者相信,美国人体质好,可以多吃人参鹿茸;外国人体质差,只能吃五谷杂粮。次贷危机的教训是:人参吃得太多也会有麻烦!

现在美国经济正面临罕见的三角难题:经济低迷濒临衰退、通货膨胀压力上升、"次贷-房贷危机"加深和复杂化。麻烦在于这三件事都很急,却难以求得"一石三鸟"的灵丹妙药;反倒是对任何两点病症具有积极疗效的效果措施,都难以避免对第三个问题产生副作用。目前举步维艰的困境是美国此前对外部失衡危害重视不够并采取机会主义拖延方针的代价,美国最终走出目前的困境将伴随对外部失衡的被动调整。

三、我国新一轮经济增长与外部不平衡表现

2002—2003年以来,我国经济经历了新一轮强劲景气增长。年均经济增长率持续保持在10%—11%以上,成为改革开放三十年第二个增长最快时期。对外贸易年均增速高

达 28%,近年成为全球第三大贸易国。其他领域发生长足进步,推动我国经济社会发展迈上新台阶。经济快速成长不可避免地伴随多方面矛盾和问题。在宏观经济和增长方式层面有两方面问题比较突出。一是在国民收入分配格局上,企业收入比重上升伴随居民收入比重下降,导致总需求增长构成中消费比例偏低,居民消费贡献率尤其偏低。二是在内外关系领域,外需增长过快和外部不平衡逐步加剧,集中表现为货物贸易和经常账户顺差以及外汇储备以超常速度飙升。两个问题存在联系,受本文主题限制,这里主要考察第二个问题。

图 3 报告显示我国货物贸易顺差增长数据。1992—2002 年季度顺差平均值为 49.2 亿美元,但是 2003—2007 年季度均值上升到 299.3 亿美元,是此前十余年的 6 倍。2005 年一季度到 2007 年四季度,顺差更是呈现陡直增长轨迹,季度平均值高达 474.3 亿美元,突出显示增长反常性。我国经常账户具有类似演变轨迹。

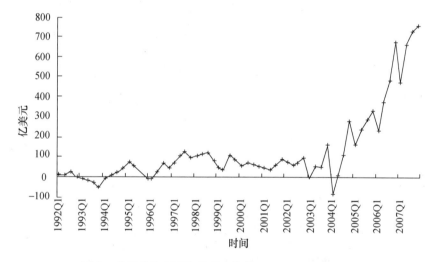

图 3　我国货物贸易顺差季度数据(1992Q1—2007Q4)

贸易顺差结构表现也体现出外部不平衡的反常性。我国贸易可分为加工贸易与非加工贸易两大类型。加工贸易体现当代全球产品内分工特点,这类贸易在初始阶段可能由于加工品出口对进口料件的时态滞后因素发生逆差,然而发展到一定阶段后会定义性地创造顺差。图 4 报告两类贸易平衡情况数据。加工贸易从 80 年代以来保持顺差不断扩大局面。非加工贸易平衡方式则有不同表现:80—90 年代绝大部分时期交替出现逆差和顺差,1998—2004 年逆差急剧扩大,总体来看 2004 年以前二十多年非加工贸易呈现逆差不断扩大趋势,与早先发展经济学阐述的双缺口模型预测形态类似。然而近年非加工贸易逆差大幅减少,2007 年出现自 1996 年以来的第一次顺差,130 亿美元顺差额也是加工贸易有史以来年度最大顺差。

从顺差与宏观经济周期变动关系看,近年顺差相对 GDP 比重变动一改此前二十多年显著逆周期属性,也凸显近年顺差飙升的反常性。图 5 报告改革开放时期经济增长率与顺差占 GDP 比重数据,可见直至近年以前二者存在明显反向关系,即顺差相对变动显著

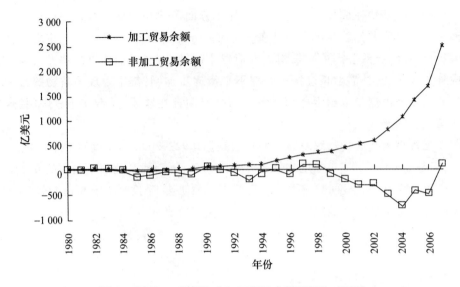

图4 我国加工贸易和非加工贸易余额(1980—2007)

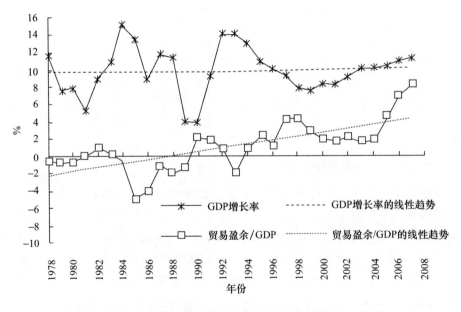

图5 我国GDP增长率与贸易盈余占GDP比重(1978—2007)

具有逆周期属性。然而这一关系最近三年得到改变:虽然经济增长率明显高于趋势水平,然而顺差占比仍然不断冲高。图6报告这两个变量相对其趋势偏离散点数据,更直观提示近年顺差增长反常态的特点。

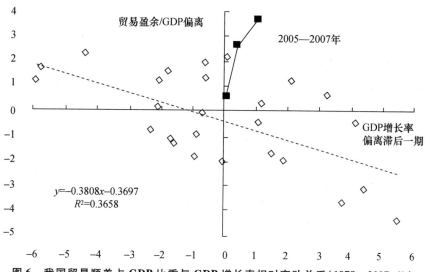

图 6　我国贸易顺差占 GDP 比重与 GDP 增长率相对变动关系(1978—2007,%)

外部不平衡另一点明显表现,是经常账户顺差加上私人资本账户顺差,加上最近"境外资金违规流入",推动近年我国外汇储备呈现指数形态增长,截至 2008 年 6 月底达到 1.8 万亿美元。图 7 报告了我国外汇储备数据。利用 2002—2007 年实际数据拟合时间趋势所得指数方程①简单外推,结果显示如果延续上述增长路经,到 2010 年我国外汇储备将超过 4 万亿美元。

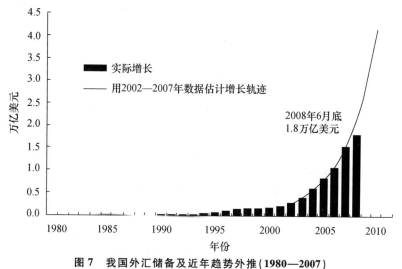

图 7　我国外汇储备及近年趋势外推(1980—2007)

四、失衡原因不同解释观点的梳理和分析

我国对美国贸易顺差在一定程度上具有经济合理性,然而近年整体贸易顺差呈现的

---

① 回归方程为:$\text{Ln}(\text{FR}_t) = \underset{(-37.9)}{-1.553} + \underset{(31.4)}{0.331} \times t, R^2 = 0.996$。

指数型激增轨迹显然难以持续。学术界对顺差增长提出不同解释观点,下面对这些观点加以梳理和分析。

1. "新型国际分工贸易产物":全球化特征解释观点

产品内分工及其派生的加工贸易,对中美双边贸易不平衡具有重要解释作用。从国际分工形态演变角度看,当代经济全球化最重要特点,是产品内分工迅速兴起并在国际分工领域扮演越来越重要角色。"产品内分工"(intra-product specialization)基本涵义指产品生产过程包含的不同工序或区段分布到不同国家和经济体进行,使特定产品生产过程在空间上分散展开为跨区域或跨国性生产体系,使越来越多国家的企业得以参与特定产品的生产或供应活动。与国际经济学认为"行业内贸易"(intra-industry trade)与比较优势无关的标准理论假说不同,当代产品内分工最基本源泉仍是不同国家资源禀赋结构决定的比较优势因素,企业内部和外部规模经济也构成产品内分工的利益来源。产品内分工发展动因来自当代技术进步和制度改进。

产品内分工这一新的生产方式兴起为经济落后国家探索和选择外向型发展模式提供了新的有利外部条件。东亚"四小龙"的经验显示,早期通过承接和参与某些制造业最终组装等相对简单工序参与全球生产分工体系,随后通过在产品内分工系统内部学习和提升能力,有可能向较高增加值工序和环节攀升,构成推动经济持续增长的关键因素。我国改革开放时期大力发展加工贸易,显示产品内分工时代条件对我国经济开放发展模式的影响。

依据我国政府有关部门定义,"加工贸易是指从境外保税进口全部或部分原辅材料、零部件、元器件、包装物料(进口料件),经境内企业加工或装配后,将制成品复出口的经营活动,包括来料加工和进料加工"。从贸易对应国际分工类型角度看,加工贸易特征属性在于它不是独立生产某个产品,而是承担特定或若干工序的加工生产活动,因而是我国境内企业参与全球产品内分工的产物。从国际收支角度看,加工贸易特征属性在于会定义性地创造相当于国内加工增加值的贸易盈余,因而贸易平衡方式与传统发展经济学理论假说迥然有别。

产品内分工及其派生的贸易形态对于中美贸易不平衡具有重要解释作用。关键在于很多制成品最终组装或接近组装流程最下游工序,往往具有劳动投入比较密集的技术属性特点。中国发展早期阶段劳动力成本较低,引入在这些环节具有比较优势,因而我国企业较多集中在这些生产工序和加工环节。美国与中国要素禀赋和比较优势结构不同,决定了美国企业较多集中在核心零部件生产,或者基本退出了一些技术相对成熟的制成品生产过程。对于这类产品而言,中国企业从美国或其他国家进口原材料、零部件、中间产品,经过加工组装后出口到美国,在国际收支上表现为中国对美国双边顺差。

由于这类产品最终从中国出口到美国的贸易环节时,不仅包含产品内分工下游或组装环节在中国增加值,而且还包含中国进口零部件和中间产品在其他国家增加值,因而中国对于美国顺差具有转移其他国家和经济体顺差功能,在此意义上中美顺差数量规模对于衡量两国实质性经济活动交换而言具有放大或夸张属性。十多年前学术界和媒体讨论玩具芭比娃娃案例,生动地说明了中美双边贸易不平衡背后体现的当代国际产品内分工关系。中国大陆的企业从日本、韩国、中国台湾等东亚国家和地区进口原料和设备，在中国大陆组装制造出芭比娃娃后出口美国，各国和地区在芭比娃娃供应链不同环节增加值最终都会表现为中国大陆对美国贸易顺差。目前计算机和其他很多制成品生产贸易模式仍体现同样特点。

产品内分工建立在发掘各国比较优势基础上，通过节约生产成本展现其经济合理性。依托产品内分工发展起来的贸易形态，也应具有经济合理性和内在生命力。就此而言，中美双边贸易不平衡一定程度具有微观合理性。新型国际分工和贸易形态虽然对中美贸易不平衡具有解释作用，然而这一因素仍不能完整解释我国整体顺差持续超常快速增长。实质问题在于，即便与产品内分工派生的加工贸易一定时期能创造相当数量顺差，为什么与传统意义行业间或行业内贸易类似的一般贸易没有发生更大赤字来平衡加工贸易顺差？虽然加工贸易这一结构特点具有重要意义，贸易顺差总量异常飙升仍具有明显失衡性质。

2. "国内储蓄率过高影响"：宏观分析观点

讨论近年外部失衡一种较有影响的观点是把我国储蓄率过高作为主要原因。基本思路是把"贸易顺差 = 私人储蓄 + 政府储蓄 − 私人投资 − 政府投资"的宏观定义式改写为"顺差 = 储蓄 − 投资"，由此推论等式右边"储蓄"增长过快是等式左边"顺差"增长过快的原因。然而这一观点较多采用简短评论方式表达，实证研究较少。对这一观点实证考察初步结论是：长期数据显示我国外部不平衡与储蓄变动具有某种统计相关性；过去十余年我国储蓄率主要原因包括人口结构变动、资本回报率强劲增长、体制转型等因素；把储蓄过高作为外部失衡主要原因在学理逻辑层面存在困难。

图 8 报告过去三十年我国储蓄率和顺差占 GDP 比重数据。我国储蓄率大体经历了两次下降上升的变动：70 年代末和 80 年代初下降，随后十多年上升；1994—2000 年再次较大幅度下降，进入 21 世纪以来持续上升。总体来看，从 1978 年的 38% 增长到目前的 51%，呈现出增长趋势。由于贸易顺差相对值也具有某种上升趋势性，用储蓄率对顺差

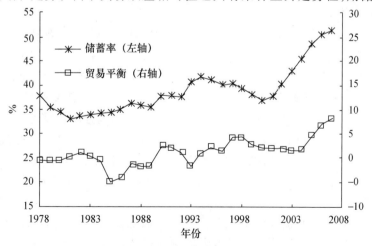

图 8　我国储蓄率与贸易平衡占 GDP 比重（1978—2007）

作简单线性回归，R^2 值为 0.561，二者对各自线性趋势偏离值也存在统计联系。

依据储蓄主体不同可以把国民储蓄划分为居民、企业、政府储蓄，资金流量表报告分主体储蓄率数据。受数据可获得性限制，只能观察 1992—2004 年分主体储蓄率数据，从中可见几个特点：一是企业部门储蓄率增长最快，从 1992 年的 11.6% 上升到 2004 年的 21.8%，尤其是 2004 年一年提升了 6.3 个百分点。二是政府储蓄率从 1992 年的 6.1% 上升到 2003 年的 9.6%，不过 2004 年回落到 6.0%，与 1992 年大体持平。三是居民储蓄率从 1992 年的 22.6% 持续下降到 2001 年的 16.2%，2002 年回升到 18.6%，2003 年、2004 年分别为 18.3% 和 18.1%。

分项数据对理解我国储蓄率上升原因有启示意义。用储蓄率过高解释贸易顺差增长，那么什么因素提升储蓄率？有关讨论较多从体制转型角度解释，认为我国 90 年代末教育、医疗改革引入市场机制，加上社保改革滞后等原因，导致居民预防性储蓄动机增强并提升国民储蓄率。这一分析对揭示我国政府财政向公共财政转型过程滞后不利影响具有积极意义，不过具体解释能力需要依据分项储蓄数据进行具体评估。

从逻辑关系看，体制转型改变预防性储蓄动机提高国民储蓄率，应主要表现为居民储蓄率较快增长。依据分主体储蓄率数据，晚近时期国民储蓄率显著提升主要原因是企业储蓄率增长，显然与居民预防性储蓄动机变动没有直接联系。居民储蓄率在 2002 年确有较大幅度增长，从 1992—2004 年整个时期看 1995 年也有增长，然而其他绝大多数年份都处于不同幅度下降状态。从这些情况看，预防性储蓄动机增强对较长时期居民储蓄变动解释力有限，对这一时期主要由企业储蓄率推动的国民储蓄率增长解释作用更有限。

理解我国国民储蓄率晚近时期较快提升，需要重视另外两个因素作用。一是人口结构变动。人口结构数据显示，我国目前正处于人口结构长程变动中劳动力比重接近最高阶段，是用劳动力比重衡量的最年轻阶段。从经济学生命周期分析角度看，经济个体在相对年轻和相对收入较高时倾向于保持较多储蓄，通过相对平滑一生不同阶段消费增加整个生命周期效用总量。对一国劳动者整体也可作类似观察。当其他条件给定时，人口结构年轻化有可能提升储蓄率。

二是资本回报率增长，这一因素作用更为重要。按照定义，企业利润增加表明储蓄增加，其他部门储蓄率给定条件下，利润占国民收入分配比例增长直接表现为国民储蓄率上升。我们曾于 2007 年年初发表专题报告，显示用不同指标衡量的我国工业资本回报率 20 世纪末以来成倍增长。资本回报率上升背后存在系统而复杂的综合因素，就与本文研究主体而言，资本回报率提升表明给定资本总量利润分配比重上升并提升国民储蓄率。如果说利润率提升主要是资源配置效率提升的结果，并且是推动有效投资和经济发展的关键驱动因素，那么可以推论企业储蓄率提升也应存在相当程度的积极意义。

最后需要指出，虽然储蓄率与顺差存在统计联系，探讨储蓄率变动根源也有意义，用储蓄率过高解释顺差过大存在逻辑困难。根本在于这一解释建立在定义式基础上，定义关系本身并不包含理论假说或因果关系推论。比如说，尽管储蓄率增加，为什么资本形成没有更快增长以吸收国内储蓄？虽然人们倾向于依据投资率绝对水平断定我国投资增速已然过高，然而从资本回报率增长和实际案例考察，我国实际投资是否高于合意投资需要探讨。

即便接受国内固定资产投资过高假定,储蓄增长也未必导致贸易顺差增长。因为没有用于国内消费和固定资本形成的产出,仍有可能被动转化为非合意存货投资增长,而并非注定能够在国际市场出售成为贸易顺差。

还可以从更一般宏观分析层面提出质疑。依据宏观经济理论常识,储蓄过多或消费不足是标准凯恩斯模型的基本假设条件,其分析预测结论应是在中立性需求管理政策前提下,实际产出通常低于潜在产出因而面临通货紧缩压力。然而我国近年总需求和实际经济增长显然高于潜在总供给增长,近来通货膨胀压力加剧,政府不得不采取从紧货币政策应对,储蓄过高论难以逻辑一致地解释这些现象。

3."美国储蓄率过低作用":外部因素解释观点

从储蓄率角度解释顺差的另一种观点,是把美国储蓄率过低作为中国顺差过快增长的主要原因。外部失衡只能在互动镜像关系中展开,本质上是"双人舞"或"集体舞",因而从对家那边找问题根源是便利行事的办法。如同美国人在分析其外部赤字失衡原因时可能责怪外国人储蓄率过高一样,采用类似逻辑分析中国顺差过大失衡现象,可以把问题根源归结为美国人储蓄过低或消费过度。

这一分析在阐述当代经济全球化时代失衡问题相互依存属性方面有合理性依据,对理解随着中国经济快速追赶中美两国内在联系加深现象也有积极意义。然而常识告诉我们,外部根源在解释大国经济失衡现象时,永远具有相对次要作用。大国经济失衡的主要根源,需要从本国体制政策和增长方式的深层问题上寻求解答。

4."相关政策扭曲效应":结构性解释观点

这类分析侧重从贸易、外资、资源、环境、劳动力政策偏差或扭曲角度解释外部失衡。常见表达观点认为,我国贸易政策具有"奖出限进"导向,外汇管理政策执行"宽进严出"方针,引进外资方面给予大量政策优惠,这些政策会刺激贸易顺差和外资流入增长并导致国际收支失衡。另外一些观点强调,由于相关政策扭曲,我国资源、劳动力等要素成本被低估,环保力度不足以反映可贸易活动外部性成本,导致我国可贸易品国际竞争力提高和贸易顺差过快增长。

这类观点有一定事实依据,其中涉及特定政策消极作用分析,其改进意见也有价值。然而从两方面思考,把这些结构性因素作为外部失衡主要根源的观点似是而非。比如说,用资源、环境、劳动力成本低估解释顺差的困难在于,这类因素抑制成本的作用对国内企业同样存在,因而同时会提升用国内成本、价格、利润衡量的国内合意投资增长水平。依据上述国内投资、储蓄和顺差等宏观变量关系讨论,给定储蓄条件下投资越高顺差越低。可见,国内要素成本被低估的影响取决于对国内投资以及可贸易品国际竞争力的相对作用,并非注定会增加顺差。

结构性观点更大困难在于用长期原因解释短期现象。观察我国经济较长背景情况可以看到,上述取向政策安排在改革开放时期大体一直存在。例如由于受外汇紧缺问题困扰,我国贸易政策长期实行鼓励出口和限制进口方针。利用各类优惠政策吸引外资,更是实行对外开放和建立特区时就有的做法。至于在资源产权和定价、环境保护、劳动力市场等方面存在不足甚至弊端,也在过去几十年一直存在,并不是最近几年突然发生或独立发展的问题。然而从前面观察国际收支数据看到,贸易顺差和外汇储备超常飙升并引发外部失衡讨论,是过去几年新近发生的问题。用长期稳定存在条件解释特定时期发生特征性现象,好比用地理方位作为北京今年降水偏多的主要原因一样难以自圆其说。从相对变动角度看,近年倒是由于贯彻科学发展观,使得上述问题得到重视和部分修正。如果结构性观点确能成立,近年顺差和储备增长过快问题应当相对缓解而不应更为加剧。

5. "本币汇率低估结果":相对价格分析观点

上述从内外储蓄和结构性因素角度解释顺差存在的共同问题,就是忽视或遗漏了本币汇率作为相对价格对于内外经济关系的调节作用。从经济学供求价格互动关系分析思路看,贸易顺差及外汇储备过量增长与本币实际汇率低估之间存在简单而重要的联系。如果把国际交易和收支看作商品供求和交易关系,实际汇率就是调节国际交易收支及本币(或外币)供求关系的相对价格,外汇储备则类似于商品市场调节模型中的库存变量。合理数量库存对稳定商品市场供求具有积极功能,外汇储备作为国际支付场合流动性手段对发展中国家贸易、金融和经济稳定运行具有重要意义,然而无论是商品库存还是外汇储备都存在合意数量和均衡水平限制。在一国经济持续快速地追赶客观需要本币实际汇率升值的背景下,如果汇率受特定体制或政策束缚难以灵活调节,汇率低估会导致外部失衡并表现为贸易顺差和外汇储备过快增长。

把人民币汇率争论拉回到经济分析基本常识层面求解,需要在分析思路上做两点调整。一是要建立实际汇率概念,把名义汇率作为实际汇率一个能动调节因素来理解;二是要从经济追赶长程背景着眼,抓住本币实际汇率与经济成长互动关系这一关键。实际汇率定义为经过名义汇率调整的国内外相对价格,是调节开放型经济长期对外关系的基本价格变量。一个经济实体基本竞争力很弱时,本币实际汇率需要定在较弱水平,才能在国际竞争中发挥资源比较优势并支持开放发展战略。如果经济竞争力持续增强,则需要实际汇率升值以协调内外部经济关系。实际汇率短期波动受复杂因素影响,然而依据国际经济学有关理论,本币实际汇率长期走势由可贸易部门"相对相对"劳动生产率决定。如果一国经济追赶伴随可贸易部门劳动生产率相对增长,那么本币实际汇率客观存在长期升值趋势。

90年代中后期以来,我国可贸易部门劳动生产率相对快速增长,经济成长基本面变动与90年代后期实行盯住美元汇率制不相匹配,构成近年人民币汇率低估失衡的基本背景。初步研究结果显示,1995—2005年我国可贸易部门(以制造业为代表)劳动生产率提升3.4倍,不可贸易部门(以服务业为代表)劳动生产率增长80%,可贸易部门相对劳动生产率提升2.4倍。考虑美国与13个OECD国家上述指标同期增长水平,这一时期我国可贸易部门"相对相对"劳动生产率比美国和13个OECD国家分别增长约65.5%和92.8%。虽然有关估测所利用具体数据的准确性还可以进一步研究,然而我国可贸易部门劳动生产率相对增长则应是不争的事实。生产率相对追赶要求人民币实际汇率相应升值。

人民币名义和实际汇率一段时期没有因应经济基本面演变升值,直接原因在于东南亚经济危机时期,我国针对当时外部危机冲击影响而实行盯住美元汇率制,一直延续到2005年7月改革才回归有管理的浮动汇率制。盯住汇率制意味着人民币对美元名义汇率固定不变,由于美元走弱,人民币对主要贸易伙伴有效名义汇率汇改前出现轻微贬值。给定名义汇率走势,加上世纪之交我国出现通货紧缩,一般物价增幅低于发达国家平均水平,实际汇率有所贬值。盯住汇率制与生产率追赶不匹配引入的汇率与国际收支失衡影响,在世纪之交被东南亚危机引发的人民币贬值预期因素抵消冲淡。然而2002年前后外部危机冲击影响得以化解消散,加上我国生产率相对追赶进一步提速,人民币汇率低估失衡问题进一步显现出来。

五、外部失衡增长模式的内在矛盾与现实调整

由此可见,我国近年国际收支演变虽有某些合理因素支撑,然而由于受汇率低估调整滞后和其他结构性因素影响,外部不平衡持续扩大并对宏观经济可持续均衡运行带来困难。2007年以来国内通胀压力加大,次贷危机宣告美国过度消费增长盛筵终结,内外部环境快速演变迫切要求对经济增长方式进行阶段性调整。观察汇率失衡、外部失衡、宏观失衡之间的内在联系及其展开机制,有助于从内外关系角度认识2003—2007年间我国经济景气增长特点以及目前调整进程背后的经济逻辑。

可以从以下六个方面观察汇率低估、外部失衡与近年经济运行特征之间的联系。一是外需迅猛增长并推动总需求和经济过快增长。从2003—2007年总需求增长构成看,消费尤其是居民消费贡献率严重偏低,资本形成贡献率较高,外需净出口贡献率畸高。表1数据报告改革时期我国在不同阶段总需求增长贡献构成数据。比较1979—2002年与2005—2007年情况,最终消费增长贡献率从63.8%下降到40.3%,降幅超过1/3。其中,居民消费贡献率从47.3%下降到29.4%,降幅近四成;固定资本形成贡献率从32.1%上升到39.9%,增幅约1/4;净出口即贸易顺差贡献率从2.1%上升到19.2%,增长超过8倍!总需求增长偏快首先是总量问题,不过从构成看突出表现为外需增长过快,说明汇率失调导致内外失衡是影响近年宏观经济稳定运行的关键问题。

表1 我国总需求增长分部门贡献率分期变动(1979—2007) 单位:%

时期	最终消费	其中		资本形成	其中		净出口
		居民消费	政府消费		固定资本	存货投资	
1979—2007年	59.6	44.1	15.6	36.6	34.5	2.1	3.9
1979—2002年	63.8	47.3	16.5	34.1	32.1	2.1	2.1
2003—2007年	39.4	28.8	11.4	48.3	45.9	2.4	12.3
2005—2007年	40.3	29.4	12.4	40.5	39.9	0.7	19.2

二是通过外汇储备飙升构成货币和信贷过度扩张的关键原因。给定我国"强制结售汇"外汇管理体制,伴随汇率失衡和外部失衡发生的巨额外汇储备增加,迫使中国人民银行采取大规模公开市场操作以控制基础和广义货币供给过量扩张。央行公开市场操作

很快用完国债库存头寸,随后大量发行短期债券加以对冲。数据显示,央票作为短期货币政策工具自 2002 年发行以来,到 2008 年 4 月已累积余额高达 4.3 万亿元。然而大规模对冲操作难以阻止外汇储备激增带来货币流动性增加压力,广义货币仍维持高位增长并对宏观经济稳定运行带来压力。

三是客观上刺激资产套利投资,推动资产价格超过合理水平虚高增长甚至形成所谓投机泡沫。新一轮经济景气增长有一个重要特点,就是包括住房、股票,甚至邮票、字画、玉石、古玩等各类资产价格大幅飙升。我国近年资产存量重新估值具有经济合理性,是我国推进产权和市场化取向改革、收入提升后消费和投资需求结构变动、不可贸易品相对价格上升趋势等基本面因素演变的结果,也是显示我国经济成长阶段性成功的标志。然而本币汇率低估客观上鼓励外国资金流入套利,对这些资产价格过度增长也有解释作用,并对经济稳定运行带来负面影响。

四是推动日常消费品价格上涨,从而使通货膨胀在消费物价这个最常规指标上得到体现。被动发行过量货币在经济体系内部游走一圈并将早先"价格洼地"一一填平加高之后,近来再次在普通商品劳务品部门发力,推动消费物价指数(CPI)强劲上涨。CPI 同比增长率从 2007 年年初的 2.2% 一路上升到 11 月份的 6.9%,2008 年年初进一步升到 8% 以上。新一轮通胀是一段时期总需求和货币供应偏快增长累积矛盾的体现,从本文视角看是外部失衡表现为常规宏观失衡的标志,显示对经济增长方式进行调整的必要性和紧迫性。

五是受开放宏观经济学不可能三角定理阐述关系约束,维护低估汇率势必在灵活利用利率工具进行总需求管理方面受到牵制。面临新一轮通胀压力,人民币一年期存款利率经 6 次小幅调整从 2007 年年初的 2.52% 上升到 2007 年 12 月的 4.14% 并延续至今,贷款利率从 2007 年年初的 6.12% 上升到 2007 年年底的 7.47%。美联储从 2007 年 7 月因应次贷危机快速降息,联邦基金利率从 5.25% 下降到 2008 年的 2%。受人民币与美元利差等因素制约,直至 2008 年 7 月底本文截稿时央行未能动用利率工具,从紧货币政策不得不主要通过提高法定准备金率以及诉诸信贷数量控制等相对低效手段加以实施。通货膨胀走高背景下难以提升利率,用 CPI 调整的人民币存款实际利率进入负值区间,对管理公众通胀预期造成较大困难和风险。

六是在美国次贷金融危机带来发达国家投资不确定性增加的背景下,人民币升值预期以及人民币与美元利差等因素推动境外套利资金违规流入,加剧国内货币供应过多失衡压力。我们不得不加大对贸易和资本项目交易过程的管制力度,但这又引起实体经济交易成本增加和摩擦问题。评论人士呼吁通过停止升值以"打消升值预期"并"挡住热钱流入",然而从本文分析思路看,目前困境与汇率调整滞后具有因果关系。如果币值客观低估失衡,试图通过政府停止升值来改变市场预期,或有缘木求鱼之忧。

可见近年我国经济"失衡并增长着"包含两层含义。外部失衡并不能阻止中国经济在新千禧初年见证强劲景气增长。其原因不仅在于失衡程度本身有一个发展过程,而且由于世纪之交通货紧缩时期受到抑制积蓄的总供给能力积蓄逐步释放,得以支持一段时期总需求强劲扩张的要求。另外经济系统内部各类"价格洼地"的存在,阶段性地吸收了伴随总需求偏快发生的信贷过快扩张能量。然而失衡调整终究会到来。2007 年以来通胀压力快速加大,把"汇率偏低、顺差偏高、货币偏多、增长偏快"宏观运行模式的失衡性进一步明显地呈现出来,也把中国外部不平衡的不可持续性更清晰地显现出来。

对2007年以来不断加剧的通胀压力,政府采取从降低出口退税、汇率升值到鼓励生猪生产、价格管制等不同类型的政策工具加以应对。从总量政策调整和效果看,2007年以来人民币升值明显加快,从紧货币政策力度加大,外汇加贷款的广义货币供应量增长率从2007年11月的23.1%回落到2008年3月的21.3%,经济增长率从2007年四季度的11.9%回落到2008年二季度的10.2%,消费物价增长率从2008年2月的8.7%回落到7月的6.3%。"三回落"的态势显示以遏制通胀发展为突出目标的紧缩政策正在取得预期效果。

然而我们也在承受治理失衡增长因素的阵痛。在宏观经济领域集中表现为一方面需要遏制通胀卷土重来的势头,另一方面要调整一段时期以来汇率低估鼓励形成的低效外需产能,不可避免地伴随短期内经济增长减速甚至低于潜在总供给增速的局面。由于上述低效产能相对密集分布在少数沿海省市,调整过程会给这些地区带来较大压力,2008年上半年江、浙、沪、粤等省市出口与经济增长排名显著下降则显示了这一点。这些省市长期具有全国经济增长引擎的作用,在体制内政策信息交流对话中影响较大,上述压力分布特点可能使宏观调控变得更为复杂。2008年7月高层领导人密集考察沿海省市,7月25日中央政治局会议对下半年宏观调控方针表述被媒体解读为从"双防"转变为"一保一控",并在学术界引发反通胀与保增长优先度问题的讨论。

如何看待目前宏观经济形势和政策,由于涉及复杂的内涵注定是仁智互见的问题。从本文分析视角看,经过上一阶段宏观调控,通货膨胀势头得到遏制,通胀失控风险显著下降。同时多年存在并难以解决的结构性矛盾,如外需过大、消费不足、区域不平衡等问题也终于得到明显改进。这些都说明近来实行的汇率较快升值、货币供应从紧等总需求管理措施具有必要性与合理性。宏观调控无疑应防范紧缩过度和经济下滑速度过快所带来的风险,也需要考虑如何应对必要紧缩带来的阵痛,然而如果因为短期压力过早过度放松货币,也会面临必要调整不到位、原有机制卷土重来、日后调整成本更大等方面的风险。

对经济发展基本面分析表明,21世纪最初的20—30年应是我国经济追赶最为快速展开的阶段。然而经济增长有其内在节奏。上一轮景气增长高潮已渐行渐远,需要通过体制政策调整为新一轮更为均衡稳健的快速增长创造条件。从超越宏观政策更广阔的视角看,目前应加快推进相关体制改革和实行有针对性的结构政策,解决晚近景气增长凸显的国民收入分配格局不合理以及长期发展体制瓶颈的问题。应抓紧有利时机尽快推出以增值税转型与降低收入税为内容的税制改革,加快多年滞后的农地流转权市场化体制改革,推进资源使用权竞争配置体制改革,实施拓宽民间融资渠道的金融体制改革,还应加强劳动力就业转岗培训以提升劳动力市场结构调整能力。这些措施从短期看有助于缓解紧缩政策阵痛和防范过度紧缩风险,从长期看有助于解决国民收入分配格局失衡背后体制和结构性根源,因而将对推动新一轮新景气增长的到来产生积极影响。

经济波动、汇率共振和中国对策
——理论反思、数据分析和政策比较*

陈 平

北京大学中国经济研究中心教授

现在我们遇到百年不遇的经济危机,这是反省各派经济学理论的很好机会。经济波动的本质是什么?从大萧条开始,争论了大半个世纪。有两派理论,一派认为市场自身是稳定的,所有的波动都来自外来冲击,即经济波动是外生的;另一派则认为市场经济尤其是金融本身是不稳定的,即经济波动是内生的。另外,全球化开放经济下汇率波动的源头在哪里?在美国,还是在中国?什么是理想的经济秩序?如何实现?如果不搞清这些基本问题就讨论中国面对经济危机的对策,不但是"头痛医头,脚痛医脚",而且会导致互相矛盾的政策建议。

一、当前经济危机的理论解释

我个人认为,这次经济危机冲击了均衡经济学外生波动理论,挑战了五个获得诺贝尔经济学奖的理论:弗里希的噪声驱动模型;弗里德曼的货币外生理论、大萧条理论和计量经济学的一阶差分滤波器;卢卡斯基于微观基础和理性预期论的反凯恩斯革命;布莱克-苏尔斯基于几何布朗运动的期权定价模型;科斯的交易成本理论。

弗里德曼认为浮动汇率制能自动驱逐投机者,依据是假如出现了一个能赚钱的投机者,其他人就会模仿这个赢家,导致"大饼"越分越少、利润率趋零。其隐含的假设是:赢家模式可以完全复制,信息成本为零。首先,这否定了市场运动的复杂性和学习的困难性。其次,现在每天外汇市场上的交易量达到上万亿美元,中国那么庞大的外汇储备只够对付两天,而欧洲和美国的外汇储备只有几百亿美元。当央行的外汇储备有限,没有能力对抗投机者时,根本不可能靠市场自动驱逐投机交易者。根据数据分析,现在唯一

---

* 摘自第17次报告会(2009年4月25日)。

能够操纵汇率的国家是美国。

弗里德曼货币外生论与哈耶克货币内生论的争论焦点在于:央行的货币发行能力是独立于经济体系(弗里德曼)还是受制于经济体系(哈耶克)?外生和内生实际上是可以观察的。所谓同比、环比就是在短期时间窗口(一年或一个月、一个季度)作一阶对数差分,等价于用一个高频噪声放大滤波器来观察,将货币波动看似噪声,但是如果用 HP 滤波器作趋势波动分解的话,可以发现市场波动有很强的相关性。所谓均衡市场的幻象是高频噪声放大器造成的。所谓高频噪声放大器,就是放大一年以内的短期波动而忽略一年以上的长期波动,这样当然看不到波动。在二十年前,我就已经证明货币运动实际上是非线性的混沌现象,是内生的。经济信用的扩张和收缩是经济本身的非线性行为,而不是央行外生决定的。

卢卡斯于 20 世纪 70 年代发动反凯恩斯革命,认为大家对均衡价格与工资水平有理性预期,失业是工人在工作与休闲之间的理性选择,所以根本不需要政府干预。比如现在北京每个月公认的理性工资是 2 000 元人民币,如果降到 1 000 元工人就不干了、给自己放假,如果涨到 3 000 元工人就自动加班。人人如此行动就产生宏观经济波动。理性预期理论被认为是 20 世纪后半叶最伟大的宏观经济理论,但它违背了最基本的大数原理。根据大数原理,宏观涨落度与微观组元数 N 的平方根成反比,即微观竞争者越多则宏观涨落越小。我们观察到的真实消费和真实 GDP 波动只有 2‰,隐含的竞争者个数是 50 万—80 万人。这个隐含的个数远比美国的家庭个数为小,因为人跟人之间的行为通过产业组织是相关联的。相比之下,股票指数的波动在 1%—2%,隐含的竞争者个数是 5 000—10 000 人;油价的波动达到 5%,隐含的交易者大概只有 400 人。这些数字清楚地表明,宏观波动的根源不在微观的家庭或小企业,而在中观的金融中介和大产业集团。宏观经济波动的源头分析,明斯基和凯恩斯是对的,弗里德曼和卢卡斯是错的。根据美国石油批发商协会主席 Dan Gilligan 的揭露,油价的波动根本不是需求关系造成的,而是金融机构操纵期货市场的结果,包括摩根斯坦利、高盛和哈佛基金会等金融巨头的操纵。所以,现在讨论改革国际金融秩序,我认为最重要的一条是建立国际反垄断法,监督石油、矿石期货市场上的操纵和垄断市场的行为。以前的反垄断法只限制美国国内兼并时的企业集中度,现在应当扩大到期货与外汇市场上市场份额和交易量份额的监管。

由此,我们可以得到结论,本次经济危机的主要原因是金融体系的内生不稳定性,尤其是大垄断金融机构的投机和操纵行为。我们需要理论的新思维,依据经验观察和历史案例,批判新古典经济学的波动外生论,否定弗里希、弗里德曼、卢卡斯的噪声驱动理论,批评美国推卸责任的传统,改革美国以及全球金融体系。

在应对经济危机方面,有如下理论教训:

首先,现在多数经济学家已经有共识,面临严重萧条时宽松的货币政策是不足以刺激经济的。现在的美国和 90 年代的日本的危机都是资产泡沫破灭造成的,资产价格大幅度缩水逼迫所有金融机构去杠杆化。尽管短期利率已经降到零,由于银行减债和惜贷,货币政策几乎没有什么效果。美联储大发钞票,只会使美元贬值和通胀预期增加,长期利率反而会提高。弗里德曼认为大萧条可以用货币政策来避免是一个天方夜谭,他忽视了大萧条时放松银根引起的黄金外流和目前大印美钞带来的货币贬值风险,线性思维的货币理论没有现实依据。

其次,面对严重萧条时,凯恩斯的财政政策的效果依赖于各国的历史和现状。美国大萧条不是由罗斯福新政结束的,而是由二战结束的。美国财政支出没有纪律,又经常面临减税压力,所以它们的财政政策会导致财政赤字过大,增加发债成本。投资基础设施建设,中国可以促进农民工就业,美国只会创造墨西哥非法移民就业;因为美国人的社会福利保障太好,白人和黑人都不愿意做脏活和累活。这个情形在欧洲同样存在,财政政策只是替他人(如较贫困的东欧、南欧地区)做嫁衣裳,这是西欧如德、法等国顽固地拒绝扩大财政刺激政策的原因。应当看到的是,基础设施投资的周期长、见效慢,很可能挤出中小企业的就业,而中国在这次经济危机中面对的最大威胁是就业危机,创造就业的主力不是大企业而是中小企业。

最后,萧条时期是否应该推行福利政策?现在的一个普遍说法认为,中国经济要摆脱出口导向就必须要增加消费,而刺激消费的办法是学习西欧社会的福利保障。然而事实是,西欧社会的福利保障比美国好得多,西欧的失业率比美国高一倍。经济史家发现,罗斯福在大萧条期间推行工会与福利政策,延长而非缩短了危机的持续。目前在上海出现了这样的情况,就是由于雇退休工人不用付养老保险和医疗保险,新建的中小企业宁愿雇退休工人而不愿意雇大学生和农民工。对于盲目照搬西方已经动摇的福利政策,我怀疑会取得适得其反的效果。

二、汇率共振、资本保护主义与中美合作条件

我们作了很多汇率波动的定量研究。我们发现,经济波动的数据在时间上是高度关联的波动,不是白噪声代表的随机游走过程,经济波动的本质是内生的、非线性的,与历史事件高度相关。我们用利率平价理论来测量世界主要货币偏离均衡时受到的相对美元的贬值与升值压力,观察到主要货币的汇率作周期性的波动,并且相位完全与美国经济周期同步,形成汇率共振。美国经济扩张时,英镑、欧元、日元、人民币都有贬值压力;美国经济衰退时,这些货币又都面临升值压力。所以全球金融波动的源头就在美国。日本、中国只有短期减弱汇率波动的干预能力,但是没有抵抗美国经济周期带动全球经济波动的实力。

长期以来,金融理论误以为真实经济因素比如利率、贸易顺差、财政赤字会对汇率有较大影响,从而提出均衡汇率理论。但我们发现,均衡汇率的内部调节机制是不存在的。美国在经济扩张的时候,贸易赤字增加、财政赤字增加,但是流入美国的资本也在增加,从而使美元走强,对美国有贸易顺差的国家反而受到贬值压力。这充分证明现在的全球化是美国金融强权主导下的全球化,全球的市场预期是跟着美国经济浮动的。欧洲与日本、中国的货币到目前为止,谁也不能取代美元的霸主地位。

美国经济周期的走势与互联网泡沫、房地产泡沫、美国发动的战争密切相关,但与贸易逆差、财政赤字无显著关联。美国经济复苏顾问委员会成员、美国国家经济研究局名誉主席 Martin Feldstein 实际也已经公开主张重整军备是刺激经济的有效政策,其含义不言自明。

我认为,国际金融市场不存在所谓均衡汇率,只存在可持续汇率。中国目前的汇率可以持续,而美元对其他货币的汇率则难以持续。日元、欧元抗风险的能力不如人民币,原因是日本、欧洲的经济下滑和老龄化趋势比美国还严重。中国政府也不能过度乐观,中国现在正享受人口红利,十年二十年以后老龄化问题会超过美国,因为美国还可以有年轻的墨西哥移民。中国现在有人以为人民币有可能取代美元,假如中国不处理好老龄化和城市化问题,这种看法可能过于乐观。

德国、日本过去在美国的压力下升值货币,一方面是因为它们没有独立的安全政策,美国在它们国家有驻军;另一方面是因为货币升值以后能够购买美国资产、获得补偿。但是中国大量购买美国国债却掉入了陷阱:一方面,中国面临巨大的美元贬值风险;另一方面,西方国家则会以非市场经济或国家安全理由封杀中国购买西方资产的可能。这是一种不平等的国际金融市场游戏规则,中国必须学会应对。中国到现在为止只学会了在贸易的反倾销问题上和西方对簿公堂,为什么不就金融市场上的不平等交易问题来和西方对簿公堂呢?

中国要反思的是为什么购买那么多的美国国债?首先,中国投行的经济学家大都是美国教科书培养出来的,而不是从实战中培养出来的,所以才会相信美国国债是无风险的资产,可以保值增值。其次,中国的央行、财政部、发改委分工而不协调。央行管外汇,财政部管收支,发改委管规划,这造成产业调整无资金,银行资金无长远产业目标。于是出现这样一种奇怪的现象:中国拿巨额的钱买低回报高风险的美国国债,提供给美国大量资金,而美国投行到中国来收购中国最有潜力的核心企业赚了大钱。中国国有银行改造时还欢迎美国跨国银行作为战略投资者,还邀请它们加入我们的董事会,而中资注资美国金融机构时却不得有投票权和董事会席位。这种不平等的金融开放局面必须改变。

G20会议上大张旗鼓地防止贸易保护主义的呼吁是小题大做,因为大萧条之后大多数历史学家和经济学家都已经认识到,贸易保护主义只会火上浇油,不能解决问题。发达国家现在也发现,产业走出去以后想要再回来是难上加难。不要说重新引入纺织业、制鞋业,就连修房子的活美国人都不愿意干。目前世界面临的主要威胁是资本保护主义,而资本保护主义的主要工具是各个国家在扩张性货币政策下的竞争性货币贬值。东南亚爆发金融危机时,南亚和东亚各国货币纷纷贬值,但人民币没有贬值,从此获得世界声誉,人民币成为和美元等价的货币,在中国周边国家和地区获得大量使用,使东亚国家的经济发展和大中华经济区的发展日益整合,因为人民币和美元汇率稳定,而且还有升值希望。这一地理政治实质上有利于美元霸权的维持。按理,美国政府应该感谢中国政府的友好合作;结果美国政府老想转嫁危机,逼迫人民币摆脱美元而升值。如果真的这样,美元的地位将岌岌可危。

2008年夏天在巴黎开会讨论可能到来的金融危机,欧美国家想要重建布雷顿森林体系、重建世界货币。这次金融危机发生之后,人们发现欧元取代美元目前是不可能的。因为欧盟是一个邦联制的政府,没有统一的财政政策,欧洲央行的独立行事能力远远不如美国央行和中国央行,所以欧元比美元还要脆弱。

现在的国际金融市场上真正的稳定力量只有G2,就是美国和中国,所以中美能否合作是关键。如果中美能合作,那么目前美国主导的全球金融体系还能持续一段时间;如果中美不能合作,那么全球金融市场就会分解为三个区域市场:欧洲、美洲、东亚和太平洋。最后一个市场应该是最大的,因为美国西岸、澳大利亚、新西兰也会被吸纳进来。核心的问题是这些国家和地区能否形成一个比欧盟还要密切的经济体。

中国可以和美国商讨合作,合作的条件是下面这三条。第一,互不挑战对方核心利益。美国停止支持台独、藏独、疆独,而中国也不挑战美国的核心利益。第二,对等开放资本市场。如果美国以国家安全名义封杀中国资本进入美国市场,中国也可以封杀西方资本进入中国大企业。由于现在西方有求于进入中国市场的程度大于中国有求于进入西方市场的程度,美国最终会允许中国资本进入。我建议中国不再增持美国国债,而拿手中的美国国债交换美国的真实资产,如土地、矿山、技术、企业、销售网络等。同时,如果中国在美国购买了它们的资产,就要占有董事会席位,包括控股。现在美国、澳大利亚对于中国资本的封杀是违背国际惯例的,也是自杀性政策。离开中国资本和中国市场,西方难以靠自身力量走出危机。日本在90年代后能走出十年停滞期,靠的是搭上了中国经济的快车。第三,中美应该合作稳定主要货币间的汇率。现在讨论世界货币,只是给美国施加国际压力,离操作层面还很远,须知欧盟的形成经历了半个世纪,人民币国际化的历程也很长。但是大国间合作,保证美元、欧元、人民币、日元之间汇率的相对稳定是可行的。中国不能让美国单方面改变汇率,来输出财政赤字和通货膨胀。

三、关于国内经济政策的建议

中国要加紧国内经济政策的调整。我估计,这次经济危机以后,发达国家人口老龄化问题加剧,将导致实行了半个世纪的高福利政策的瓦解。因为危机以后它们势必要去杠杆化,大大减低超前消费的能力,增加储蓄率。为了保持就业,发达国家会限制服务业的外包,这对印度服务业的冲击会大于对中国低中端制造业的冲击,因为低中端制造业重回发达国家的可能性要远远低于外包的服务业。尽管如此,这次危机仍将极大限制中国和东亚地区过去成功的出口导向经济的发展。

我们要认识到,今后十年中国难以维持8%的年增长率,而可能维持5%以上的年增长率,而发达国家维持1%—2%的经济增长率就算不错了。我们仍然可以赶超西方国家,不需要为5%的经济增长率发愁。相应地,我们应该把经济发展的目标从高增长主导转为以提高生活质量和国际竞争力为主。中国居民消费能力低的根源不是储蓄率高,而是企业创新能力低,利润率非常低,也不掌握国际市场的定价权。靠提高最低工资、实行劳动合同法来增加工资收入是不了解全球化竞争不平等格局的幻想。不提高创新能力和定价权,增加劳工成本只会加剧中小企业的破产。过去二十年把大学、医院市场化,不但没有降低交易成本,反而增加了研发成本,使大学教员忙于办培训班赚钱买房,学术上中国一流大学成了西方理论的转运站,严重削弱了中国的创新能力。美国如何维持创新力?美国将土地赠予大学,建立非营利大学基金会,投入大量的国防研究经费,并且给企业研发减税优惠,通过这些措施鼓励长期研究。这是中国需要学习的。

最后,给出我的政策建议。

第一,中国可以继续维持汇率稳定。中国没有必要相信西方经济学家的建议,让人民币大幅度升值,这完全是自杀性政策。2008年升值刚开始,就因为沿海省份反对而实行不下去了。这说明中国央行的政策是内生的,不是个别人拍脑袋就可以定的。

第二,现在的十大产业规划多属无米之炊、纸上谈兵。应该学习美国的方式,组建民间财团形式的大学基金会,将国有大企业的主要股份、过剩的外汇储备都战略转移给按产业组建的大学基金会,建立研、产、贸一体化的,竞争性而非垄断性的经济联合体,促进国内的结构调整和国外有长远目标的收购兼并。这样,才能增加中国在国际市场的话语权和定价权,根本改变中国是出口大国和金融产业小国的局面。

第三,经济政策必须以创造长远就业,而非以刺激短期消费为目标。中国政府目前推进工人和农民工的在职教育和技术培训是对的,但还需要进一步扩大规模。发旅游券、住房券不可能创造持续就业。为了创造就业,应该打破国有大企业的行政垄断,扶助中小企业创新。我非常忧虑这次几万亿元的贷款下去又使得国进民退。

第四,要反思美国式的贪大城市化,形成新的城乡对流。美国式的大城市化只会创造贫民窟和两极分化。如果把大学、行政机构和退休居民从北京、上海等大城市转移到小城市,尤其中央政府、省政府迁往小城市,老人下乡就可以就地请保姆,大大减少抚养成本。根据我的调查,沿海民工跳槽率高达120%,而返乡就业跳槽率接近于零,仅此一项就可节省劳工成本的30%,将其用于农民工培训。因此,促进城乡对流,就地解决就业,比片面城市化,尤其特大城市化,更能促进老龄化社会下的社会和谐。在城市化模式上,中国可以多参照欧洲而非美国的经验。

国际大宗商品价格波动
——我国开放型经济面临新问题[*][①]

卢 锋

北京大学中国经济研究中心教授

进入新世纪后,国际大宗商品价格剧烈波动,成为世界经济形势变动一个新的特点。我国正处于城市化和工业化快速推进和追赶阶段,对大宗商品尤其是金属原料和原油等矿物资源需求快速增长,市场行情大幅涨落对我国经济成长影响重大。重视大宗商品市场波动现象,认识大宗商品价格波动根源,应对市场波动带来的新挑战,是我国开放经济面临的重大新课题。本文首先观察近年大宗商品价格波动的基本事实和特征,继而分析2002—2007年前后价格空前飙升的根源,接着考察"中国因素"的直接和间接影响,最后简略评论大宗商品价格波动对我国的影响及未来可能调整的途径。

一、近年大宗商品价格波动及其特征

新世纪初年至今,国际商品市场发生了罕见剧烈波动。以 CRB 指数为例(见图 1),从 2002 年 5 月的 211 点涨到了 2008 年 6 月的 476 点,六年间累计涨幅 125%,是过去半个世纪最大涨幅之一。随后市场急转直下,价格指数暴跌至 2009 年 2 月的 311 点,33% 的降幅也是半个多世纪以来最猛烈的下跌;到 6 月 24 日,价格指数又回升到 398 点。

不同类别大宗商品的波动情况差别很大。图 2 中的数据显示,2002—2007 年价格上涨中,金属类商品在六类分类商品中涨幅最高。

为进一步观察最重要金属类商品价格波动的具体情况,同时考虑 CRB 指数中没有包含原油,用图 3 至图 6 分别报告四种矿物商品名义价格和剔除美国通胀因素后的实际价格。数据显示 2002—2008 年间,石油、铁矿石和铜的名义价格分别增长 3—4 倍左右,铝价增长约 1 倍。

---

[*] 摘自第 18 次报告会(2009 年 7 月 25 日)。

[①] 这是"CCER 开放宏观经济研究组"专题研究初步结果。刘鎏、李远芳、陈建奇、王健、谢亚、唐杰、杨业伟、胡韵等课题组成员参加了研究讨论和资料收集整理,关于海运市场数据来自李远芳同学的博士论文研究。一些问题借鉴吸收了宋国青教授、周其仁教授等人有关分析的观点。卢锋作为执笔人对本文可能存在的错误负责。

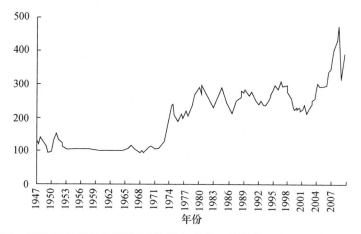

图1　CRB现货商品价格指数(1947年1月—2009年6月,1967年=100)

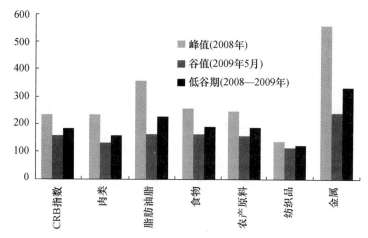

图2　CRB分类指数峰谷值和低谷期比较(2002年1月—2009年5月,2000年=100)

图3　国际铜价(1980年1月—2009年6月)

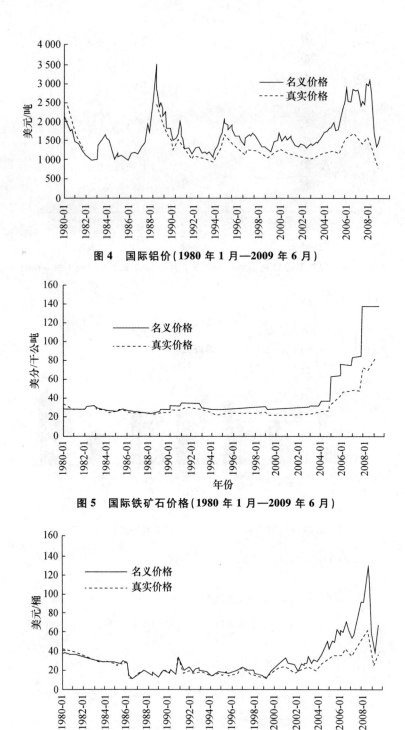

图4 国际铝价(1980年1月—2009年6月)

图5 国际铁矿石价格(1980年1月—2009年6月)

图6 国际原油价格(1980年1月—2009年6月)

伴随大宗商品价格上涨,国际远洋运输费用指数快速增长,尤其是干散货海运费用指数从2002年年初的94激增到2008年5月的1 085,增幅超过10倍以上,与这一指数此前半个世纪相对平稳的表现形成鲜明对照,如图7和图8所示。

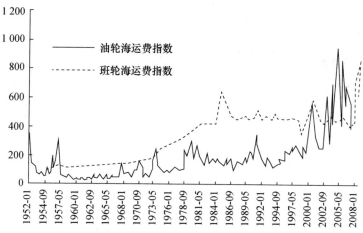

图7 油轮和班轮海运费指数(1952年1月—2009年5月,1955年=100)

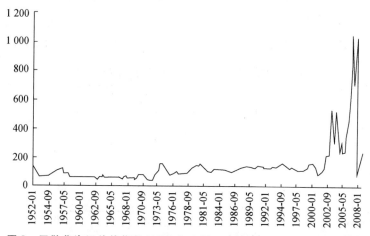

图8 干散货海运价格指数(1952年1月—2009年5月,1955年=100)

归纳上述事实,21世纪大宗商品价格波动有几个特点:一是金属类商品价格增长强劲。二是CRB指数没包括的原油价格波动幅度在大宗商品中名列前茅。三是国际海运费用尤其是干散货运费同时出现大幅波动。

二、商品和海运价格波动根源初步考察

近年大宗商品和海运市场为何出现剧烈波动,下面侧重从三个方面提出初步探讨和解释。首先从供求基本面关系变动角度看,晚近时期大宗商品原料和石油需求不同程度显著增长,构成推动这类商品价格变动的基本原因。图9报告三类金属原料和石油消费需求指数。2000—2007年间,石油消费指数从163上升到181,增幅为11%,增长比较平缓。三种主要金属原料增长较快,其中铝材需求增长51.4%(从249增长到377),铁矿石增长68%(从139增长到234),铜增长18.4%(从207增长到245)。

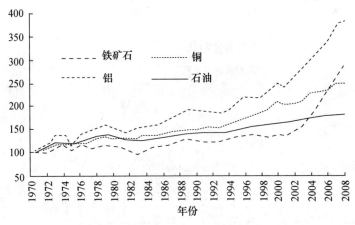

图 9　世界消费指数(1970—2008,1970 年 =100)

表 1 比较晚近时期与此前三十年消费年均增长率,石油消费增长率从 1.6% 上升到 2.0%,增幅为 1/4;铜消费年均增长率从 2.4% 提升到 3.1%,增幅接近三成;铝消费增长率从 3.0% 提升到 7.2%,增幅 1.4 倍;铁矿石从 1.1% 增长到 11.1%,增幅高达 10 倍。

表 1　世界部分商品表观消费增长(1970—2007)

年消费量	铁矿石 (10亿吨)	铜 (百万吨)	铝 (百万吨)	原油 (亿桶)
1970	7.7	7.3	10	171
2001	10.7	15.1	24.9	281
2007	18.0	18.2	37.8	309
年均增长率	铁矿石 (%)	铜 (%)	铝 (%)	原油 (%)
1970—2001	1.1	2.4	3.0	1.6
2001—2007	11.1	3.1	7.2	2.0

大宗商品和能源消费增长,伴随这些商品国际贸易以及国际海运规模快速扩张。图 10 报告了三类货物海运量总量增长情况。原油、五种干散货、其他干散货年运输量分别从 2001 年的 2 174 百万吨、1 331 百万吨、2 008 百万吨上升到 2007 年的 2 681 百万吨、1 997百万吨、2 847 百万吨,增幅分别为 24.9%、50%、41.8%。总量曲线晚近时期斜率变得比较陡直显示增长率显著增长。

需求较快增长时,价格走势如何取决于供给面反应。大宗商品投资形成新产能周期较长,因而闲置能力利用殆尽和实际产量逼近产能上限后,短期产能扩大受到较多限制,增加产出边际成本上升较快。主要由需求冲击派生的供求关系变动,构成推动短期价格飙升的基本原因。原油情况还要特殊一些。由于一些世界级大油田进入衰老期产能递减,维持原有产能和满足新增需求更是面临捉襟见肘的困难。总体来看,除了原油面临供给面产能减退与需求显著增长双向冲击,近年大宗商品价格飙升应主要是短期供给能力扩张对需求增长反应滞后的结果。在价格高企、供给紧张一段时间后,随着金融危机爆发深化,全球范围面临经济紧缩和衰退局面,大宗商品需求和海运引致需求随之崩溃

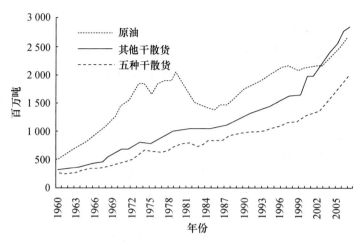

图 10　三类货物国际贸易海运量(1960—2007)

并导致价格直线下跌,形成近年这类市场行情剧烈波动的基本原因。

定量估计大宗商品供给线和边际成本线有待深入研究,然而观察全球范围海运闲置能力变动有助于理解上述讨论逻辑。图 11 数据显示,全球海运闲置能力 80 年代以来趋势性收缩,晚近时期下降到接近零值,显示短期国际海运供给能力极度绷紧。由于新建船舶提升运力需要一定时间,意味着运输能力很难在短期显著增长,短期全球海运能力供给线已近垂直状态,这时需求增长主要影响表现为运费上涨。可见供给短期相对缺乏弹性与需求大幅增长,可以在相当程度上解释海运价格指数空前飙升。

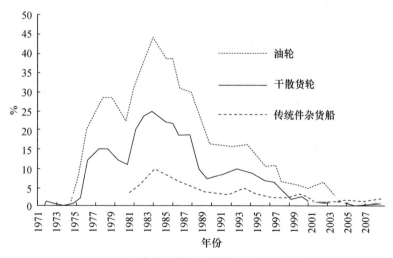

图 11　三类海运能力闲置率(1971—2008)

其次从货币条件看,美元汇率和美国货币政策等美元因素影响也值得重视。虽然美元汇率与美国银根松紧具有内在联系,这里为简便起见分别观察讨论。从美元汇率因素角度考察,美元对主要货币汇率指数从 2002 年年初的 103.5 贬值到 2008 年 3 月的 65,贬值幅度为 37%。由于美元在危机时期特有的避险天堂效应,随后一年多又升值 17%,美元名义有效汇率指数回升到 76。此后再次贬值,美元指数到 2009 年 5 月下降到 72。

由于美元是大部分国际商品和服务贸易定价和结算货币,其他条件不变时美元币值变动会影响包括大宗商品价格在内的国际贸易对象标价变动。假定美元名义有效汇率变动以相同比例影响大宗商品价格变动,可以说这类商品价格变动在 2002—2008 年价格飙升中大约有 35% 左右可以归结为美元汇率因素造成。不过即便剔除上述美元汇率变动影响,铜材、铁矿石、国际海运等价格指数,仍有 2—5 倍上下的大幅飙升。

从美国宽松货币政策和美元流动性过剩角度观察,2001—2005 年前后,以美联储政策利率计算的实际利率出现仅次于 70 年代严重通胀时期的多年负利率,TED 利差在 2002—2007 年平均值也显著低于此前 20 多年平均值。这说明伴随美联储超常宽松货币政策,市场出现美元流动性相对过剩供给。过多货币会像奥地利学派形容的"蜂蜜"那样,在一段时间更多粘连附着于经济系统内供给相对需求反应显著滞后的部门对象,拉高这些部门商品和资产的价格水平。给定真实供求变动作为大宗商品价格飙升的基本面因素,货币和汇率等名义因素发挥推波助澜的作用。

最后从金融投资者影响角度看,一些大宗商品如铜、石油、谷物等存在期货及其衍生品市场,金融投资者行为与价格关系成为理解市场变动的因素之一。近年全球商品价格波动的重要特点之一,是伴随商品价格指数投资者数以千亿美元的大规模进出。金融危机爆发后,美国金融界业内人士机构和学术界研究人员,对如何评估金融投资参与方对价格的影响产生激烈争论。一些业内分析人士强调金融投资者投资炒作是商品价格剧烈波动的主要根源,建议政府严加监管。然而,也有不少人士认为价格波动与金融投机投资者无关。

一般而言,商品期货和衍生品市场是现代金融体系的一部分,实物投资者以及指数型和投机型金融投资者,各自承担特定职能并有可能对金融市场有效运行发挥相应积极的作用。然而在交易信息透明度较低、市场存在显著垄断性等结构条件下,也不能排除市场被特定主体在一定程度上操纵利用,并通过加剧市场波动博取利益的可能性。从金融学理论分析看,如果理性投机者较早购买行动能带动激活正反馈交易进程,金融投机参与者过度介入有可能放大价格对基本面所决定的市场行情波动幅度。大宗商品衍生品市场兴起是一个晚近出现的现象,少数国际大投行对这类市场影响较大,具有集中度较高和寡头结构特点,有理由推论近年空前规模的金融投资者参与会在一定程度上放大价格偏离基本面波动。

还可以探讨的是,商品衍生品市场上金融投资者所谓的炒作与商品供求基本面未来走势,二者也并非都是排斥性关系。金融投机者从自身博利目的考虑,也需要重视研究实体经济和商品供求基本面因素。一个较早正确预见或猜测到经济大势变动的炒家,比一个对经济形势反应迟钝和判读失误的炒家,投机取利的胜算更大。从这个角度看,在近年大宗商品衍生品市场上最为长袖善舞的机构,也是最早提出和鼓吹"金砖四国"(BRICs)概念的机构,二者之间可能不无联系。总体来看,供求关系应是决定价格变动的最基本变量。正确运用这个简单的经济分析常识,就能容易地看出各种各样"阴谋论"解释观点的片面性和不可证伪意义上的"忽悠"性。另外美元货币因素以及金融投资者炒作行为,也会对放大价格波动产生推波助澜作用。

三、中国因素对国际商品和海运市场影响

新世纪初年商品价格和海运费用大幅波动,正值中国经济追赶提速并在全球相对影响力显著提升时期,中国因素对全球市场影响具有不可忽视的意义。对中国因素的影响可以从三个方面观察探讨:一是从较长时期需求增量占全球增量贡献比重角度看;二是从最近我国某些行业复苏增长与国际价格变动相关性角度观察;三是从中国制造业生产率革命的间接影响角度探讨。

我国对国际大宗商品市场影响,集中体现为我国相关需求增长对全球增长的相对重要性。伴随城市化、工业化快速推进,晚近时期中国大宗商品消费绝对量大幅增长,在世界消费总量中所占份额提升较快。图12数据显示,近年我国年均石油消费量是十年前的近两倍,铜和铁矿石年均消费量是十年前的约三倍,铝消费量是十年前的四倍左右。表2数据显示,晚近时期表观消费量增长率也比早先时期有不同程度的较大提升。

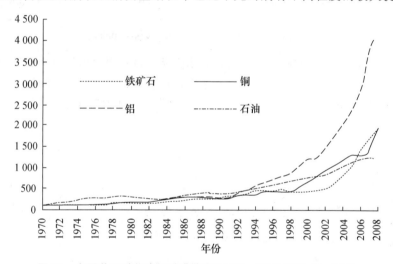

图12 中国若干矿物资源消费指数(1970—2008,1970年=100)

表2 中国部分商品表观消费增长(1970—2007)

年消费量	铁矿石 (十亿吨)	铜 (百万吨)	铝 (百万吨)	原油 (亿桶)
1970	0.6	0.3	0.3	2.3
2001	2.9	1.9	3.5	17.6
2007	11.9	4.0	11.1	28.0
年均增长率	铁矿石 (%)	铜 (%)	铝 (%)	原油 (%)
1970—2001	5.0	6.4	8.2	6.8
2001—2007	26.3	12.9	21.4	8.1

我国消费增长不同程度地高于其他国家平均增长速度,提升我国消费占全球的比重。图13数据显示,进入21世纪以来,我国石油消费占全球比重从2000年的6.35%上

升到 2008 年的 9.2%，铜和铝消费量占比分别从 15% 上下上升到 29.9% 和 32.7%，铁矿石消费量占比从 29% 上升到 57.6%。

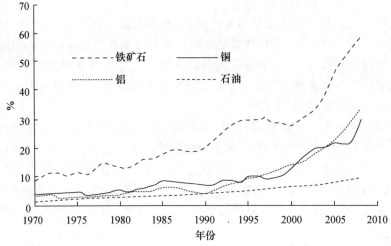

图 13　中国消费占世界比重(1970—2008)

我国需求增长的全球影响，在重要大宗矿物商品产量和消费增量对全球增量相对贡献上表现得更为清晰。图 14 报告了我国钢产量增长数据。2000—2007 年间我国钢铁产量从 1.27 亿吨增长到 4.89 亿吨，增量为 3.62 亿吨，占同期全球钢铁产出增长 5 亿吨的 72%。

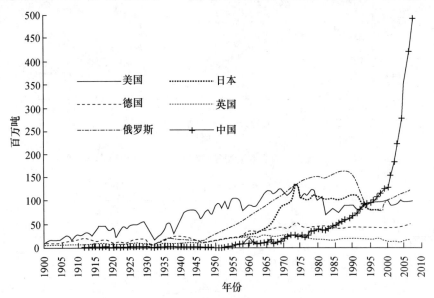

图 14　主要国家钢产量(1900—2007)

注：俄罗斯 1990 年以前为苏联。

图 15 至图 18 分别报告四种矿物商品表观消费量对全球增量贡献比，2001—2007 年间我国铜和铝表观消费量对全球增量贡献比率趋势估计值分别为 51% 和 56%，我国铁矿石和原油表观消费量对全球增量贡献比率趋势估计值分别为 89% 和 33%，可见在这些商品需求增量意义上，我国无疑是最重要的经济体。

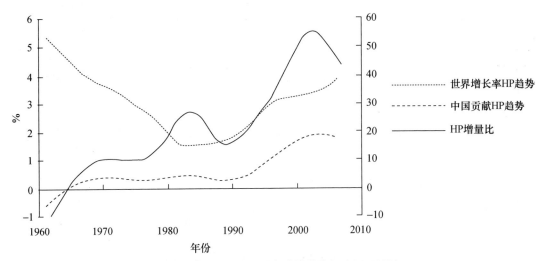

图15 中国铜消费增量全球贡献比(1960—2007)

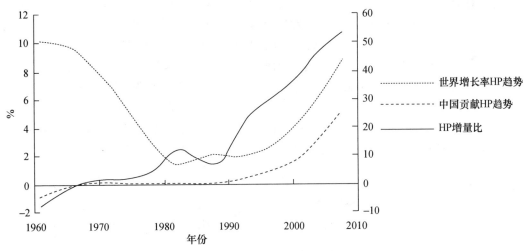

图16 中国铝消费增量全球贡献比(1960—2007)

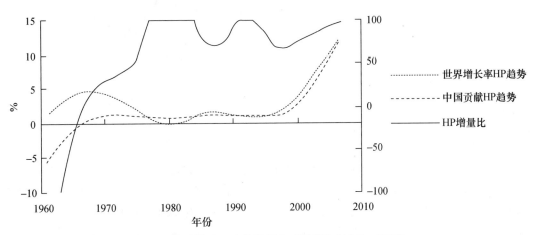

图17 中国铁矿石消费增量全球贡献比(1960—2007)

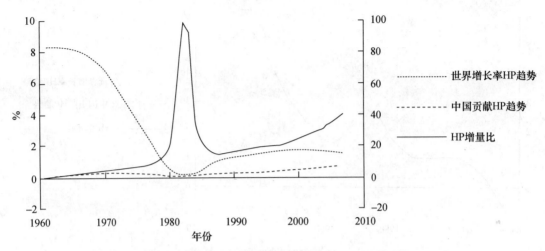

图18 中国原油消费增量全球贡献比(1960—2007)

开放环境下我国消费量增长,一方面通过扩大国内生产实现,另一方面通过进口增长实现。晚近十多年间,我国进口结构发生重大变动,初级商品占比大幅提高。这一结构变动通过外贸海运量特别是进口海运量快速增长实现。2002—2007年间我国进出口海运量增长占同期全球海运量增长比率平均值分别为43%和20%。

受发达国家金融危机以及新兴经济体增长速度下滑的紧缩形势影响,国际大宗商品和海运费价格在2008年年中剧烈下跌,然而在经历半年多下降探底后又于2009年年初比预期较早陆续回升(见图19)。我国钢铁、发电等工业生产活动较快复苏对大宗商品价格反弹走势的相关性和先导性,提示我国经济较快复苏对商品价格回升具有关键支持作用。

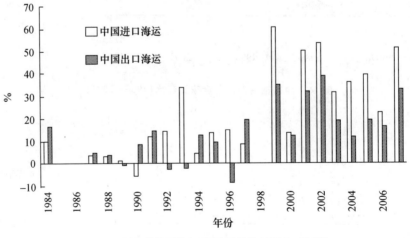

图19 中国对世界海运增量贡献比(1984—2007)

图20和图21数据报告我国钢铁生产、电力生产与大宗商品价格指数关系。我国钢产量从2008年5月的5 075万吨下跌到10月份谷底的4 281万吨,5个月跌幅高达18.5%,但是11月开始反弹到4 319万吨;2009年2月突破5 000万吨,达到5 126万吨,超过下滑前2008年5月的峰值水平;2009年3—5月数据显示,除了3月份略有回调外,

4—6月强劲上升,6月份达到5 942万吨月度纪录水平。发电量从2008年5月的2 973亿千瓦小时下跌到11月份谷底的2 628亿千瓦小时,5个月跌幅达13.2%,但是12月开始回升,到2009年6月达到2 968亿千瓦小时,近乎达到2008年5月的历史峰值。大宗商品价格最新涨落与我国工业生产部分经济指标变动的相关性,从另一个侧面说明中国因素对全球大宗商品市场的影响。

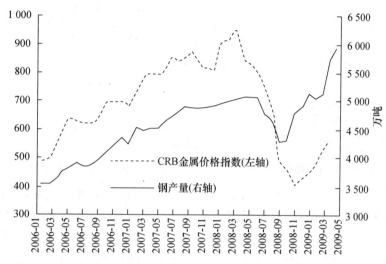

图20 我国钢产量与CRB金融价格指数(2006年1月—2009年6月)

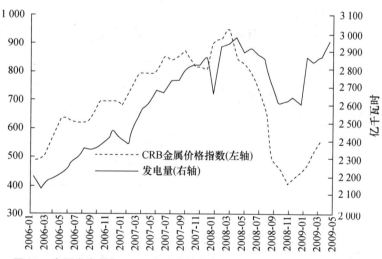

图21 我国发电量与CRB金融价格指数(2006年1月—2009年6月)

我国制造业生产率革命对大宗商品市场变动具有间接影响。过去十余年来,我国经济追赶提速,突出表现为在制造业可贸易部门生产率革命。图22数据显示,过去十年前后我国制造业劳动生产率平均超过OECD国家平均水平10%以上,累计增长幅度约为1.85倍。我国作为巨型大国经济体,其可贸易部门生产率革命,会在国际范围产生深刻影响。美国内外部宏观经济关系形态转变,跟我们这里讨论的问题具有间接联系。

简单逻辑在于,在灵活度较低的人民币汇率制度背景下,中国可贸易部门生产率革

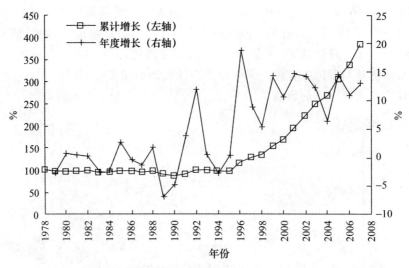

图 22　我国制造业劳动生产率相对 14 个 OECD 国家增长（1978—2007,1978 年 = 100）

命对美国宏观经济客观上产生两方面影响：一是通过较低的中国出口或美国进口价格抑制美国消费物价上涨；二是通过中国资本流出与美国资本流入抑制美国长期利率提升。这方面影响效果可以结合美国内外部宏观经济关系形态转变加以讨论。图 23 数据显示，早先时期美国财政和贸易双赤字规模扩大通常伴随长期利率和 CPI 上升，对宏观调整提供外部约束和压力。但是在 2001—2006 年前后上述关系呈现新形态：虽然双赤字规模持续恶化到空前水平，然而长期利率下降趋势未见改变，用 CPI 衡量的通胀水平上升也很温和。上述中国生产率追赶派生的出口价格效应和资本流出效应，应是推动形成上述新形态关系的外部条件之一。

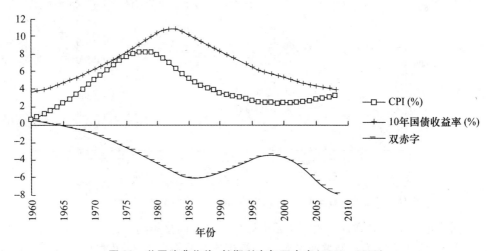

图 23　美国消费物价、长期利率与双赤字（1960—2008）

中国是否应当采取更为灵活的汇率制度，是一个备受争议的学术和政策问题。给定中国汇率政策和经济结构条件，生产率革命伴随中国向外出口物美价廉的商品和输出愿意接受低廉利率的资金储蓄。这一变动本身对美国应是良性冲击，具体效果取决于美国如何应对。美国如能很好地利用这一机会,把外部廉价资金运用到科技创新和基础设施投资方面,也许能较早推动全球技术产业前沿突破,形成全球经济增长良性循环。然而实际上美国没有很好地利用这一机会。由于过分相信金融优势假说,美国政策立场表现出机会主义倾向,大量廉价资金被用于居民过度消费和推高房地产及其金融衍生品资产价格,结果在资产泡沫形成发展过程中信贷扩张加剧流动性过剩,泡沫破灭后面临"次债—金融—经济危机"。从这个角度看,中国生产率革命作为当代经济全球化的重要因素,客观上构成美国一段时期宽松货币政策的外部条件之一。

四、中国开放经济面临新挑战及可能调整途径

能否在大体平和环境中,通过市场交易方式获取满足国内发展需要的大宗资源商品,是检验大国开放发展战略能否成功的关键因素之一。过去一段时期经验表明,我国利用相对开放的全球化市场环境,通过增加国内生产和扩大国外进口,得以大体满足城市化和工业化快速推进对大宗资源性商品海量需求增长。这说明我国选择和实行的市场取向的开放发展战略确实具有可行性。然而近年发展经验也显示,商品价格波动反转对我国带来一系列新挑战。对此至少可以从三个方面观察:

一是通过进口价格上涨对我国宏观经济运行稳定性造成压力。数据显示,我国进出口价格变动呈现几个特点:一是进口价上涨高于出口价上涨;二是初级品进口价上涨高于制成品进口价上涨;三是原油和矿产品涨幅最高。商品进口价飙升在汇率未能灵活调节的前提下,一定程度转化为物价上涨压力,即所谓"输入型通胀"。

二是用进出口价格比率衡量的狭义贸易条件变动对国民经济福利带来不利影响。图24至图27报告的简略估计结果显示,狭义贸易条件变动导致2003—2008年国民经济福利损失超过1万亿元,约相当同期经济增长的1/10。2008年贸易条件变动导致经济福利损失约为4 789亿元,相当于同年经济增长的15%上下。当然,如果考虑我国劳动生产率变动因素,这一时期我国要素贸易条件仍会大幅持续改善。

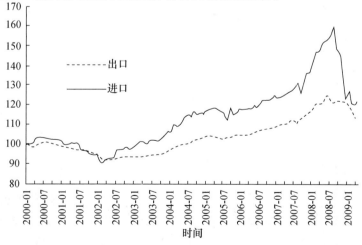

图24 我国进出口价格指数(2000年1月—2009年4月,2000年1月=100)

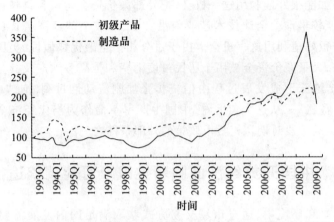

图 25　两类进口商品价格指数（1993Q1—2009Q1, 1993Q1 = 100）

图 26　我国进口初级商品分类定基价格（1993Q1—2008Q1, 1993Q1 = 100）

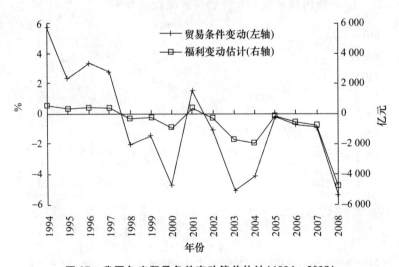

图 27　我国年度贸易条件变动简单估计（1994—2008）

三是在我国对外经贸关系领域带来新矛盾和新问题。例如我国作为世界上铁矿石最大进口国,有关部门和行业组织与国际寡头供应商一年一度对铁矿石定价的谈判持续发生超出一般商业谈判的分歧和争论。特别是2009年中钢协与国际铁矿石供应商谈判陷于僵局,发生外资驻华高管人员因涉嫌窃取我国家机密被安全部门刑拘事件,对我国涉外经贸关系甚至外交关系带来影响甚至某种冲击。

大宗资源性商品供求价格波动对中国和全球经济系统提出的新挑战,本质上应当是伴随中国高速经济追赶阶段全过程的长期问题,未来调整方式可能具有多样化和长期性特点。下面简略展望讨论几种可能的调整途径。

一是市场机制作用下中长期供给面积极反应调整。依据市场经济基本机制,应对需求增长的最基本调节是提高产能的供给面反应。如零散资料显示,全球有色金属部门勘探投资从2002年的20亿美元上升到2008年的130亿美元;沙特阿拉伯近年开始实施一个五年总额高达1 290亿美元的能源投资计划,其中600亿美元用于扩大上游石油产能。这类投资应有助于提升中长期供应能力。

航运业新造轮船反应效果似乎更为明显。数据显示,全球新增造船订单从2002年的6 000万吨上升到2007年的1.57亿吨,增幅约1.6倍。从2005—2007年年均新船交付量角度看,油轮年均交货量为2 500万—3 000万吨,而海运费涨价前年均增量只有1 000万—1 500万吨左右;干散货轮船年均交货量为2 300万—2 500万吨,涨价前十年年均量约为1 200万吨。由于新运能供给增长较快,下一个景气周期给定油价水平的海运费上涨可能显著低于前几年空前涨幅。另外值得注意的是,由于我国现阶段经济成长比较优势结构变动,全球造船业开始向中国转移,表现为新增订单中我国接单比重快速增长。

二是鼓励企业学习逐步"走出去",在全球范围更好地配置资源。实施企业"走出去"方针有助于增加国外对相关行业产能扩大投资,提升我国企业下游制造与上游原料供应的供应链内部整合性和协调性,还有助于我国国际投资存量头寸结构的合理化调整。表3报告近年与商品和资源供应相关的部分重要"走出去"案例,其中不少取得较好成效,也有少数大宗股权并购投资案遭遇挫折,说明"走出去"是一个长期曲折的学习和磨合过程。

表3　近来我国企业在国外矿物资源领域并购重组、合作开发若干案例

时间	内容
2008年9月	中钢集团收购澳大利亚中西部矿业公司,总计控制赤铁矿资源超过6亿吨。
2009年2—6月	2月中铝宣布向力拓注资195亿美元,6月力拓毁约并向中铝支付1.95亿美元违约金。
2009年6月	中国五矿集团以13.86亿美元100%收购澳大利亚OZ公司。
2009年6月	中石化下属全资子公司国际石油勘探开发公司以72亿美元收购瑞士阿达克斯石油公司。
2009年6月	中石油和英国石油公司(BP)在伊拉克鲁迈拉油气田开发项目竞标成功。
2009年7月	中石油提出对西班牙主要原油公司Repsol公司一附属公司75%股份的竞购要约,金额达132亿—145亿美元。
2009年9月	中石油计划投资约20亿美元修建中缅油气管道,一期年输油2 000万吨,输气120亿立方米,来自中东、非洲的部分原油由此输入,破解中国能源战略的"马六甲瓶颈"。

三是提升我国宏观经济稳定度,降低大宗商品需求波动幅度从而避免面对国际供给线过于陡直区段。在我国经济追赶目前阶段,宏观经济扩张会伴随上游行业对大宗商品需求快速增长。由于我国增量超级大国地位,需求激增会导致全球供求关系显著变动。在我国总需求波动对国际大宗商品市场行情具有相当程度支配性影响条件下,通过结构调整转向更加均衡增长模式,通过改进宏观政策提升宏观经济运行稳定程度,不仅是我国经济可持续增长的要求,还有助于抑制进口商品需求上冲过猛,避免进入国际短期供给线过于陡直部分。如果我国总需求刺激过猛,有可能推动国际市场价格和我国进口价格回升过早过快,造成我们自身双手互搏的利益矛盾局面。这就要求我们反思总结开放经济增长的最新经验,通过在汇率、利率、盯住通胀制等方面进行系统改革,建构适应新形势下开放型经济增长环境的宏观管理和调节模式。

四是应在中美双边和多边场合推动加强和改善对商品衍生品市场的金融监管,限制过度投机放大价格波动。有关贸易会议专题报告建议:"监管者需要监控更为综合的贸易数据并保证交易活动有序进行,控制目前超越监管的柜台交易以避免出现过度投机"。改革建议要求把商品衍生品柜台交易(OTC derivatives trade)集中到交易结算中心进行(central clearing party,CCP)以增加透明度。由于这类金融市场的特点,上述可能改革议程既涉及美国国内金融监管,也涉及多边框架下合作努力。我国应在研究和认识国际金融投机行为与市场波动关系基础上,通过中美对话以及国际多边场合建议性参与,推动上述改革进程。

五是在更为长期范围才有望实现的根本性调整。各国在替代能源领域的努力,在逐步并最终改变目前人类依赖石化能源的难以持续局面具有特殊意义。目前各国各界对这一目标优先度已有广泛共识,实际研发和投资努力也在增加,然而由于问题性质决定,实质性解决可能需要在较长时期才能逐步实现。

随着我国城市化、工业化快速推进高潮过后,大宗商品需求增长也将最终见顶,达到发达国家成熟发展阶段增量相对稳定状态。以钢铁为例,国际比较经验显示,一国经济现代化过程中,人均钢产量会在人均收入增长到一定水平后达到峰值,并在更高收入阶段有所回落且相对稳定。不同国家人均钢产量峰值有相当差异,从我们目前研究多国案例看,大国峰值大体为人均年产量500—900公斤。其表观消费量和实质消费量,则需要依据不同国家钢铁直接净出口以及制成品含钢铁间接净出口,在人均钢产量基础上调整得到。如果中国钢产量趋势也将采取历史上大国有关历史参数的某种中间值演变,估计未来15年前后可能会从目前约350公斤达到600—800公斤上下峰值,总量可能会达到8亿—11亿吨;进入经济成熟阶段总量可能会逐步回落到7亿—8亿吨。

上述分析包含很多假设,还是很粗略的推测,然而有助于提出和探讨几点前瞻性判断。一是前几年我国钢产量数倍增长应是一次性过程,将来大概不再会重复。二是我国钢产量和消费趋势水平,可能仍会在将来十多年维持相当增长速度。有关政策设计需要对行业发展长期因素和全局关系给予足够重视。处理短期矛盾胶着问题,运用法律手段维护国家利益无疑必要,然而也要更加重视研究开放环境下市场经济规律,对国际经贸谈判层面矛盾和争议保持多一点平常心,防范在急躁情绪下决策导致动机效果不一致。三是我国钢产量和消费量可能在十多年后达到峰值,完成人类经济史上最大经济体对基础金属需求增长所引发的历史调整进程。

中国贸易条件与福利变动(2001—2011)
——开放大国经济的"飞去来器效应"*

卢 锋[1] 李远芳[2] 杨业伟[3]

[1] 北京大学国家发展研究院教授
[2] 北京大学国家发展研究院博士后
[3] 北京大学马克思主义学院硕士研究生

    在早先"CMRC/CCER中国经济观察"季度报告会上,宋国青教授多次专题分析中国贸易条件变动与宏观经济走势关系,卢锋教授在分析输入性通胀问题时也讨论过中国进口数量与进口价格之间正向关系及其提示的贸易条件问题。本文在上述研究基础上,利用过去十余年有关数据,对我国贸易条件变动及其福利影响的事实、机制、原因等问题给予系统观察。

    受中国经济发展阶段特点等结构性因素影响,20世纪90年代中后期开始我国贸易条件呈现下降趋势,晚近十年贸易条件不利变动对国民总收入影响相当于每年减少近一个百分点的GDP。贸易条件短期变动与国内宏观经济涨落存在联系,就"货币扩张—实体经济扩张—进口数量增长—国外商品价格(CRB)上升—中国进口价格上升——贸易条件变动"传导链条而言,除了个别环节统计证据显著程度有限外,绝大部分传导机制都确实存在相当程度的经验证据支持。本文把大国工业化、城市化特定阶段货币和总需求扩张,通过一系列传导效应导致自我不利的福利影响,称作大国开放经济的"飞去来器效应"(boomerang effects)。

    下面首先观察中国贸易条件变动的基本事实,通过不同方法衡量贸易条件变动的国民福利影响。接着通过系统观察相关经验证据,对总需求扩张影响贸易条件的可能传导机制进行实证考察,检验货币扩张导致实体经济扩张并派生进口数量上升,又通过大国效应推动价格上涨和贸易条件恶化。然后从初级品内部贸易条件变动,工业制成品内部贸易条件,一国出口中制成品与初级品相对价格变动等角度对贸易条件变动进行分解考

---

* 摘自第26次报告会(2011年7月23日)。

察。最后简略评论有关发现的政策含义。

一、中国贸易条件变动及其福利影响度量

一国贸易条件指该国出口价格与进口价格比率。如特定年份一国出口价格相对进口价格下降即贸易条件恶化,表示一国需要出口更多产出品才能从国际市场上买进与去年同样数量的外国商品,或者出口与去年相同数量的商品仅能交换到较少量的外国商品。这意味着一国国民福利的相对损失。反之,特定时期出口价格相对进口价格上升,则表示贸易条件和国民福利改善。

图1和图2分别报告21世纪最初十年贸易条件变动月度和年度数据,显示我国贸易条件总体呈现下降趋势。以2001年为100,月度贸易指数到2011年5月下降到72,年度贸易指数2010年下降到77,平均每年下降两个多百分点。但是在持续恶化大趋势下,也

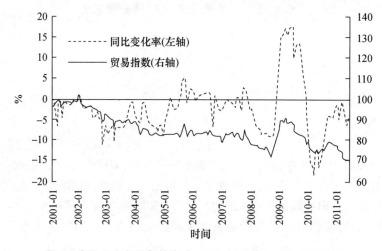

图1 中国月度贸易条件变动(2001年1月—2011年5月)

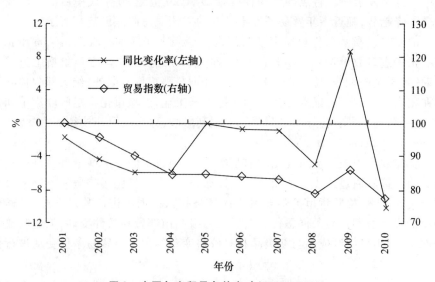

图2 中国年度贸易条件变动(2001—2010)

有个别年份和少数月份贸易条件改善。如月度数据显示,2009年前后贸易条件大幅改善,另外2005—2007年部分月份也有不同程度改善。从年度数据看,2005—2007年贸易条件轻微恶化,2009年大幅改善,其余年份较大程度恶化。

贸易条件恶化使得进口同样数量的商品需要更多出口来交换,导致收入和福利角度的损失。不过这种福利损失不能直接从实际GDP核算中得以体现,这是因为实际GDP是对一国产出从实物量角度展开的度量。在计算中,贸易条件变动即进出口价格的相对变动,被当作价格因素从进出口实物量的计算中剔除了。

度量一国产出为居民所带来的收入和真实购买力,需要与度量实物产出的GDP所不同的真实收入指标。在国民经济账户体系(System of National Account, SNA)中,该指标被称为实际国内总收入(Gross Domestic Income, GDI)。由于一国居民名义收入都来自于该国的名义产出,所以名义GDP与名义GDI在数量上完全一样。但在计算实际值时,收入的真实水平由名义收入可购买的商品与服务数量决定。

首先利用相关宏观经济数据计算晚近十年中国贸易条件的福利影响。图3报告数据显示,2001—2010年我国贸易条件除2009年外持续下降,累计降幅23%,年均下降约两个百分点。贸易条件不利变动带来直接和隐含福利损失,最高为2010年的8 000多亿元,2008年达到4 800多亿元。损失占GDP比例最高值为2010年的2.2%,其次为2004年的1.6%,再次是2008年的1.5%。过去十年福利影响占GDP比例损益相抵,累计损失9.46%。

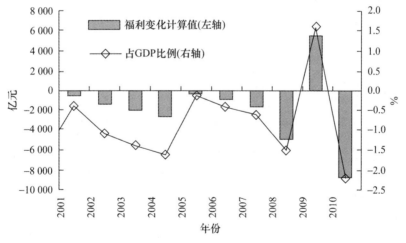

图3 中国贸易条件同比变化的福利影响(2001—2010)

对贸易条件变动福利影响还可以通过GDI(国内总收入)和GDP(国内生产总值)的差离加以度量。图4报告了采用世界银行相关数据显示的2001—2010年中国GDI和GDP实际增长率的差离值,显示2001年和2004年二者大体相等,2009年GDI增长率大幅高出GDP显示福利改进,但是其余年份GDI增长率都小于GDP显示贸易条件恶化导致福利损失,其中2008年贸易条件恶化导致超过约三个百分点的国民总收入损失。图5数据显示,十年累计损失近九个百分点的国民总收入。

需要说明的是,由于度量技术和数据来源方面原因,我们直接计算与采用世界银行

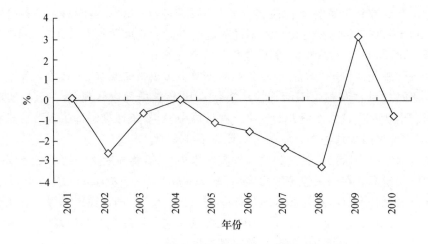

图 4 中国 GDI 与 GDP 实际增长率差离值(2001—2010)

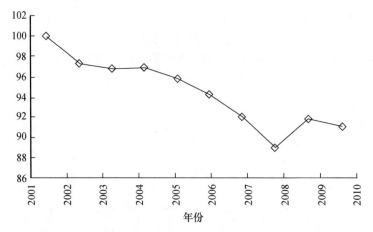

图 5 中国 GDI 与 GDP 实际增长率之差累计(2001—2010,2001 年 =100)

GDI 与 GDP 增长率差异估计,对福利影响年度变动度量结果有一定差异。不过两种方法对十年总体福利变动结果相当接近,都显示过去近十年贸易条件变动年均造成我国经济总量接近一个百分点福利损失。也就是说,由于贸易条件不利变动,每年国内产出增长近一个百分点,被动转移给国外贸易伙伴。

二、宏观涨落影响贸易条件及传导机制

从更长时期看,中国贸易条件下降从 20 世纪 90 年代中后期已经展开。其中大部分趋势性因素可能与中国特定阶段经济增长特点有关。大国快速追赶阶段,不同制造业部门劳动生产率快速增长,推动这些部门国际相对竞争力提升,对这些具有比较优势部门的出口品价格构成抑制性压力。同时,快速追赶伴随城市化、工业化高速推进,在开放环境中带动各类原料、能源等资源性大宗商品的进口增长。"增量大国"需求快速扩张,与

这些部门产出供给在短中期弹性较小,以及某些大宗商品供应方寡头垄断市场结构相结合,客观上构成推高进口价格较快增长的合力作用。

由此导致过去十多年进口价格与出口价格增长速度差异的"喇叭口"形状,派生中国现阶段贸易条件不利变动的基本轨迹。就此而言,"买啥啥贵,卖啥啥便宜",贸易条件朝不利方向变动,一定程度上可能是大国开放成长特定阶段难以回避的困难。当然,由于中国出口部门劳动生产率快速追赶,我国"劳动要素贸易条件"实际大幅改进,说明选择开放发展道路对我国从根本上有利。

从宏观经济分析角度需要重视的是,贸易条件变动同时与总需求涨落因素有关。观察中国宏观周期与贸易条件变动关系,可以发现国内宏观经济过度扩张会对贸易条件恶化发挥推波助澜作用。图6中过去十年季度数据显示,用GDP增长率对其趋势偏离衡量的宏观周期,与贸易条件对其趋势偏离显示的短期变动,二者之间存在某种反向关系。图7和图8数据显示,这一关系在2008年秋季国际金融危机发生后显著提升。

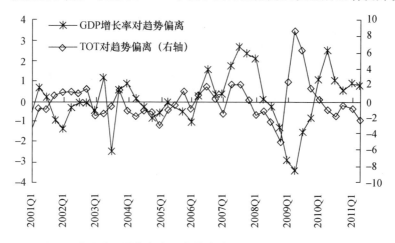

图6 中国宏观周期与贸易条件变动关系(2001Q1—2011Q1)

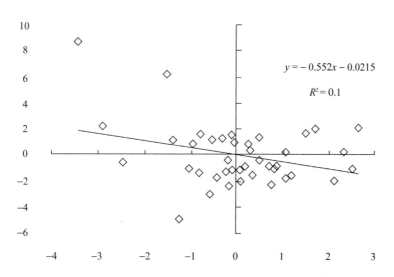

图7 晚近十年GDP与贸易条件变动关系(2001Q1—2011Q1,%)

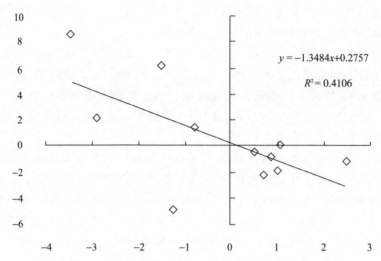

图8　近年中国GDP与贸易条件变动关系(2008Q3—2011Q1,%)

中国目前是对全球经济增量贡献最大的国家,在大宗商品进口需求方面增量贡献更大,货币信贷和实体经济扩张可能会通过进口数量增长,推高进口价格较快增长,导致贸易条件和国民福利不利变动。这方面的严格实证检验还需要通过更适当的技术模型进行仔细分析,但是我们也可以依据"货币扩张—实体经济扩张—进口数量增长—国外商品价格上升—中国进口价格上升—贸易条件变动"可能传导链条,对有关数据进行梳理分析从而进行初步实证检验。

表1报告对上述各传导环节主要经济变量之间关系的简单计量分析结果。总体来看,除了个别环节统计证据显著程度有限外,绝大部分传导机制都确实存在相当程度的经验证据支持。

表1　中国宏观涨落影响贸易条件若干传导环节的经验证据(2001年1月—2011年5月)

序号	自变量定义	因变量定义	估计系数	R^2
1	M2增长率(3月环比)	投资增长率(3月环比)	1.047	0.134
2	M2增长率(3月环比)	工业增长率[a](3月环比)	0.206	0.072
3	工业增长率(同比)	进口数量增长率(同比)	2.025	0.305
4	钢产量增长率(同比)	进口数量增长率(同比)	0.650	0.271
5	进口数量增长率(同比)	CRB指数[b]增长率(同比)	0.592	0.289
6	进口数量增长率(同比)	进口价格增长率(同比)	0.397	0.320
7	进口价格增长率(同比)	贸易条件变化率(同比)	0.619	0.749

注:a. 工业增长率全称是工业增加值增长率。
b. CRB指数为美国商品研究局(Commodity Research Bureau)编制的商品现货市场价格指数(Spot Market Price Index),是全球指标性大宗商品价格指数。
表中有的自变量取滞后1—3阶数值。

三、贸易条件变动因素定量分解

可以推导证明,一国贸易条件变动根源可以分解为几类制约因素:一是初级品内部贸易条件变动,二是工业制成品内部贸易条件变动,三是该国出口中制成品与初级品相对价格变动,四是初级品在进口中比例相对其出口比例变动。下面的公式表达了这一关系。其中 TOT_p 表示初级产品贸易条件,TOT_i 表示工业制成品贸易条件,P_i^{EX}/P_p^{EX} 是出口中制成品与初级产品的相对价格;s 和 w 分别表示初级品在进口和出口中所占的比例。

$$d\log(TOT) = s \cdot d\log(TOT_p) + (1-s) \cdot d\log(TOT_i) + (s-w)d\log\left(\frac{P_i^{EX}}{P_p^{EX}}\right)$$

图 9 报告影响中国贸易条件三个因素的变化情况。以 21 世纪初(即 2000 年)三个变量数值为 100,初级品内部贸易条件(TOT_p)即初级品出口价格与进口价格比率值,经历了幅度最大的波动,在 2001 年和 2009 年前后曾有大幅改善,但是绝大部分时期持续下降,到 2011 年 4 月下降到 75,十年累计降幅约 1/4。

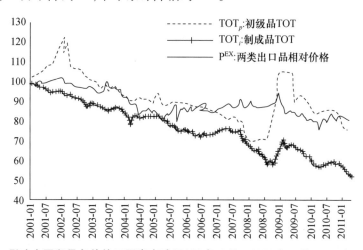

图 9 影响中国贸易条件的三因素变动(2001 年 1 月—2011 年 4 月,2000 年 = 100)

制成品内部贸易条件(TOT_i)即制成品出口价格与进口价格比率,大体经历了几个阶段变动。一是从 21 世纪初到 2004 年,制成品内部贸易条件持续呈显著恶化趋势,从 2001 年年初的 100 下降到 2004 年上半年的 83 上下。二是随后四年的持续改善,贸易条件指数到 2008 年年底回升到 94 左右。三是 2009 年和 2010 年上半年较快恶化,贸易条件指数下降到 80 左右。四是最近贸易条件指数止跌回稳。

制成品出口价格相对初级品出口价格,在三个指标中经历最大幅度下降。该相对价格指数从期初的 100 下降到 2011 年 4 月的 52.3,显示制成品出口价格相对初级品出口价格累计下降将近一半。除了 2008 年年末和 2009 年年初有一段短暂反弹外,该指标整体上呈现持续下降趋势。由此可见,推动中国贸易条件下降因素主要包括:初级品出口价格相对进口价格在较大波动中大幅下降,制成品出口价格相对进口价格相对温和下降,出口品中制成品价格相对初级品价格下降的幅度最大。

上面分解公式中还包括初级品分别在进口和出口中所占的比例 s 和 w，这两个因素指标通过不同方式控制图 9 中报告的三个变量影响贸易条件的数量效果。图 10 报告这两个指标值的演变情况。初级品占出口份额（w）变动比较平缓，从期初的 8.5% 缓慢下降到 2011 年 5 月的 5.6%。但是初级品占进口份额（s）在波动中大幅上升，从期初的 18.6% 上升到 2011 年 5 月的 35.7%，十年升幅近一倍。二者差额（$s-w$）从 8.6% 上升到 30.2%，进一步多倍放大"出口品中制成品和初级品相对价格"对贸易条件的影响。

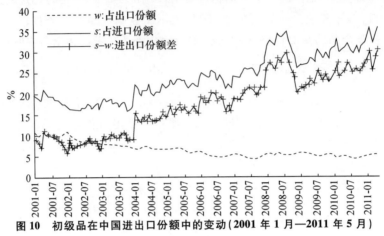

图 10　初级品在中国进出口份额中的变动（2001 年 1 月—2011 年 5 月）

四、政策含义点评

利用相关数据和经验证据，本文侧重讨论我国宏观经济涨落与贸易条件及国民福利损益关系。观察结果具有常识性政策含义：经济增长是好事，但是应管好货币，防止总需求过度扩张。即便在封闭小国的假设下，过度扩张也会带来通货膨胀、资产泡沫、收入分配等方面的消极影响。对于中国这样的开放大国，过度扩张还会通过贸易条件变动导致国民福利的不必要损失。

眼下中国宏观经济走势的特点是，针对早先过度刺激政策后果实施的紧缩性宏调政策，正在逐步产生预期效果。截至 2011 年 7 月下旬数据显示，一些宏观变量增速已显著回落，不过 CPI 同比增长率仍居高不下，入夏以来宏观数据走势分化引发宏调政策新的讨论。在外部经济联系方面，宏调政策阶段性结果是贸易顺差快速增长，贸易顺差从年初的负值回升到 6 月份 260 亿美元的相对高位。

顺差额近来较快回升的主要原因应是国民经济增速放缓后进口数量回落的结果，另外可能也与中国和全球经济增长放缓后大宗商品价格回落导致贸易条件对我有利变动有关。实施宏调政策治理通胀，经济增速放缓同时伴随一定程度国际收入转移对我有利变动。对宏观形势和政策无疑应主要立足总供求、通胀等基本变量状态和走势加以评判，同时也需适当考虑本文讨论的宏观涨落引发贸易条件和国民福利变动的"飞去来器效应"。

访欧答问三题*

林毅夫

北京大学中国经济研究中心主任、教授

这是"CCER中国经济观察"第十二次报告会,从第一次报告会至今已是整整三年。中国人常讲"秀才造反,三年不成"。要把一批中国宏观经济研究界最有影响力的学者每个季度邀请到一起,讨论中国宏观经济的走势,这是相当不容易的事情。但是在卢锋教授、宋国青教授、周其仁教授以及国内经济学术界很多朋友的热心努力和支持下,"CCER中国经济观察"这三年来越办越红火。周其仁教授曾说过,"CCER中国经济观察"至少要办十年。我相信这个报告会不仅会办十年,而且会办二十年、三十年,成为一个越办越红火的、在中国宏观经济界非常重要的活动。我在此代表北京大学中国经济研究中心所有老师,向卢锋教授、宋国青教授、周其仁教授以及中国宏观经济学术界的各位朋友、国内外媒体表示感谢。

刚才卢锋教授谈到,我将在5月底出任世界银行首席经济学家、高级副行长。对我个人而言,这当然是一项很高的荣誉,也是很大的挑战。能够被任命这个职务,我认为最重要的原因还是中国改革开放三十年取得的成就及其背后的经济政策和理论含义得到世界的承认。萨克斯教授谈到,我被任命这个职务与我担任主任十多年来中国经济研究中心在国内经济学术界、政策研究以及国际学术交流方面的影响是有关系的。对于这一点,我也承认,但是这种影响不是源于我的领导能力。中心十多年来所取得的成就,最主要的还是一群对中国经济发展和经济学教育非常有责任感的老师以及工作人员共同努力的结果。

这次欧洲之行的活动有的是一年前就安排了,有的是半年前就安排了。访问的国家主要是三个:比利时、瑞典及德国。在世界银行任命公布之后,这次访问在国际上引起了不少关注,每个国家的主要报纸都进行了全面的报道。对我个人来讲,这是非常好的实习机会。将来到世界银行工作后,这样的场合可能会经常遇到。同时我也会利用这个机

---

* 摘自第12次报告会(2008年2月24日)。

会让国外更加了解中国。在整个访问活动中,不论是记者采访、跟政府有关部门的交流还是学术报告,欧洲各界普遍关心如下三个问题:(1)美国次贷危机、经济萧条或滞胀对中国经济的影响;(2)中国经济是否会出现奥运会后萧条;(3)中国中长期经济发展之挑战与展望。

一、美国次贷危机、经济萧条或滞胀对中国经济的影响

美国次贷危机的产生和2001年美国互联网泡沫破灭有关。一般来说,泡沫破灭后经济会萧条,因为财富会消失,消费和投资也相应减少。当时格林斯潘以多次降息方式刺激消费和房地产需求,有效地使美国避免了萧条。这种做法也付出了一定代价。首先,低利率政策导致房地产需求增加和房地产泡沫的出现。四年之内房价上涨一倍在美国很多地方是很普遍的现象,而近年来美国经济没有特别的高增长。次贷对房地产的需求和泡沫起了推波助澜的作用。它将房地产贷款打包,根据不同的风险等级进行拍卖,使银行能够收回资金,进一步增加对房地产的贷款。其次,低利率政策和房地产泡沫也会导致消费增长和巨额贸易赤字。在泡沫膨胀、财富越来越多的情况下,消费增长就会更快,储蓄相应较少。由于房地产价格高涨,消费者自有资本增加,在低利率政策下重新安排按揭贷款时可以获得更多贷款,有不少人将多出来的钱用来消费。这是近几年美国负储蓄和巨额贸易赤字的原因。

任何泡沫最终都要破灭。泡沫越大,破灭后产生的负财富效应越大。房地产泡沫破灭不仅引发了次贷危机,而且使得财富蒸发、消费下降、不少人负债累累。消费减少后高消费时期的投资形成的生产能力就变成过剩生产能力,使得投资机会减少,在消费和投资都下降的情况下,经济必然疲软。这样的周期与任何泡沫涨跌的周期都是非常类似的。

这次美国经济不仅是面临萧条,还可能出现滞胀。为什么会出现滞胀呢?美国贸易长期的巨额赤字,使得美元疲软,进口产品价格上涨。于是,一方面经济萧条,另一方面物价上涨,可能重现20世纪70年代滞胀的情形。

当然,欧洲各界关心的不是次贷危机产生的原因,而是次贷对中国经济的影响。如果美国经济出现萧条和滞胀并且中国也出现类似问题,那么对欧洲经济的影响将是很大的。

对于这个问题,我个人的看法比较乐观。首先,由于中国银行业购买的次贷很少,次贷危机对中国金融业几乎没有任何直接的影响。其次,美国虽然为中国的第二大的贸易伙伴和最大的出口盈余来源国,但是中国的出口以中低档的消费品为主,其收入弹性低,美国经济萧条对中国出口的影响将相较于出口高档商品和投资品的发达国家小。我认为美国经济萧条最多会让中国出口增长速度下降,绝对不会出现负增长;而欧洲出口可能会出现负增长。据说2008年美国圣诞节消费市场状况表现为高档商品市场疲软,门可罗雀,但中低档商品市场没有明显变化。所以说,美国经济萧条对中国出口的影响将相较于出口高档商品和投资品的发达国家小。出于同样的原因,即使美国经济萧条影响到欧洲经济、日本经济,对中国对欧、对日等国出口的影响也会相对较小。最后,如果美

国经济出现滞涨,对于中国来讲,可能还会有些有利的因素。众所周知,美联储的主要任务是控制通货膨胀,美国的消费品主要依靠进口。美元贬值将使进口价格上涨,从而导致消费品价格上涨。目前情况下,美国为了防止物价不断上涨,将会避免美元继续贬值,那么人民币对美元、对欧元升值的压力就会有所减少。总体来说,我国汇率升值压力会有所缓解。

二、中国会不会出现奥运会后萧条

这个问题被提出,一方面是有些国家和地区曾经出现过奥运会后的经济萧条;另一方面,现在美国经济可能出现萧条甚至滞涨,而各国经济息息相关。因此,对中国是否会在奥运会后出现萧条的关心不难理解。

为什么一些国家出现奥运会后经济萧条呢?这是因为奥运会召开前,场馆、交通、港口、旅馆等方面的巨额基础设施建设投资带动了奥运会前的经济繁荣;奥运会后投资突然减少,导致经济增长放缓,甚至出现萧条。

中国在奥运会前投资增长的确也非常快。从1998年到2002年,社会固定资产投资增幅年平均在10%左右;2003年后跃升至25%甚至更高。中国也在奥运会召开前的五年出现了两位数字的高速增长,似乎与其他国家奥运会前的经济繁荣是相似的。

但是我们应该很有信心地认为,中国不会出现奥运会后的经济萧条。

首先,在2008年北京奥运会后,还有2010年上海世博会和广州亚运会,以及以后的一系列重要国际活动。这些国际活动的举办都需要大量的基础设施投资。

其次,更重要的是我国的经济规模巨大。例如2000年悉尼奥运会时,澳大利亚的GDP为3 900亿美元;2004年雅典奥运会时,希腊的GDP为1 850亿美元;而我国2007年的经济规模已经超过3万亿美元,是希腊举办奥运会时GDP的16倍,是澳大利亚举办奥运会时GDP的7.7倍。奥运会相关的基础投资各国差异不大,但奥运会投资在我国总投资中所占比重相对较小。即使与奥运会相关的投资在奥运会后不存在了,对全社会固定资产投资总额的影响也不大。

其实,奥运会后中国经济不仅不会出现萧条,而且,还有理由相信会继续保持高速增长。

第一,投资的空间非常大。就基础设施而言,2008年开始将修建京沪高速铁路;北京地铁在2008年8月份奥运会开始时通车里程将达到197公里,到2012年将扩建到274公里,到2015年将进一步增加到561公里。除了北京外,全国还有近三十个城市在修建地铁。这些都需要巨大的设施投资。就产业而言,即使现在中国已是世界工厂,但产品的附加值低,产业升级的空间很大,产业升级也需要大量的投资。因此,未来每年固定资产投资的增长率将有可能保持在20%左右。

第二,近年来城乡居民收入保持了较快的增长,而且,现在农村人口还占总人口的56%,未来几年城镇化的进程会加快,中国未来每年消费增长保持10%或者更高的水平是完全有可能的。

第三,外商投资也将继续维持在高位。现在我国每年吸引外资600亿—700亿美元左右。与其他任何发展中国家相比,中国在基础设施如交通、通信以及产业集群方面是无可比拟的。将会有更多的跨国企业把中国作为其产品的生产加工基地。同时,我国的经济增长将带动内需的进一步增加,这也将有力地吸引外商直接投资进驻我国以扩大在国内的市场。

第四,奥运会后,中国将进一步和国际经济融合。中国将更加了解世界,世界也会更加了解中国。这将为我国产品的出口提供更加良好的环境。

我们常说,投资、消费和出口是拉动国民经济增长的"三驾马车"。投资方面,有基础设施和产业升级投资的巨大空间;消费方面,有城乡消费的增长;再加上出口。这三者在奥运会后都会保持在持续增长的水平上。因此,奥运会后的中国经济应该会像1964年东京奥运会、1988年汉城奥运会后那样,迎来更加良好的发展态势。

三、中国中长期经济发展之挑战与展望

东亚经济在1997年以前也曾维持一段很长时间的繁荣,但是,在1997年突然出现金融危机。中国是否会出现金融危机、社会危机,以及中国的国际发展环境是否会恶化,也是在比利时、瑞典、德国访问时经常被问起的问题。

(1)金融业是否会出现危机?

中国会不会也出现金融危机?我国股票市场的涨跌如过山车一般引起国外媒体和投资界的高度关注。

我认为股票市场波动即使大一点,但是只要不导致银行呆坏账大量增加出现银行危机,那就不会出现金融危机。股票市场的价格调整仅仅是投资者利益的重新分配,银行不出现危机就不会恶化为全面的金融、经济危机。固然我国的银行业还存在很多问题,但近年来外资银行的进入使得我国的银行面临着竞争加剧的压力,成为迎接挑战、提高自我的动力,加速了我国银行业的改革,提升了银行监管水平,避免了银行资金过多流入股市和房地产市场。中国建设银行、中国银行、中国工商银行以及以后的中国农业银行虽然成为上市公司,绝大部分股票依然为国家所有,在老百姓看来还是国有商业银行,在那里的存款有国家完全的保障,所以,不会出现银行挤兑成为导致金融危机的导火索。

至于呆坏账比例高的问题,在20世纪90年代末、21世纪初,官方的数字为25%左右,国外学者的研究是40%以上,当时就没有出现银行挤兑或破产。现在银行呆坏账的比例已经压缩至5%以下,即使将来反弹到7%、8%左右,在有国家保障的前提下也不会出现银行挤兑或破产问题。

因此我相信不会出现银行危机,因此,也就不会爆发全面的金融危机和经济危机。国外对此非常关心,听过我的解释,他们普遍感觉比较踏实。

(2)社会动荡是否会发生?

在境外的报纸上经常可以看到中国各地有人抗议等群体性事件的报道,难免在国外产生中国是一个坐在火山口上的国家的印象。但是我认为在中国目前快速发展和转型的过程中,社会矛盾是不可避免的。不管是发展还是转型,必然有利益的重新分配,很难让每个人满意。中国有300万个村庄,在一些个别村庄出现一些群体性事件是不可避免的。但是这些事件比例小,影响范围非常有限,而且中国政府对此高度重视、掌握信息充

分、反应迅速,能够有效地避免这些地方性的矛盾演变成为全国性的事件。

尤其在十七大后提出科学发展观,中国政府致力于构建和谐社会,改善收入分配,缩小地区差距,促进社会事业发展,缓解各种社会矛盾。因此,未来中国社会在总体上将会保持安定团结。

欧洲各界对上述看法表示认同和接受。

(3) 中美关系以及中国和其他发达国家的关系是否会恶化?

随着中国近年来强劲的经济增长,加上出口增加,外贸盈余越来越多,外汇储备超过1.5万亿美元,中国主权财富基金和越来越多的中国企业走出去,在国际上引起了一些贸易保护主义的声音,甚至被认为影响了一些集团的利益和安全。

我们应该认识到,随着中国这样一个大国的兴起,国际关系的重新平衡甚至摩擦是不可避免的。但是,在各种利益中,经济利益是占主要地位的。中国的发展,在出口增加的同时,购买的外国产品也越来越多。中国从国外买进的除了一些资源产品外,绝大多数是技术含量高、资本密集的现代发达国家主要产业的产品。中国经济的高速增长为发达国家的主导产业提供了一个不断扩大的市场,对发达国家的经济增长和就业至关重要。至于中国大量出口的是传统的劳动密集型的产品,这些传统产业在发达国家已是微不足道,所以影响面非常有限。虽然,这些产业的工人经常制造出很大的声势,引起媒体和公众的关注,但实际牵扯的金额非常小。以2005年为例,中国遭受51起反倾销控诉,占当年全球反倾销控诉案件的一半,但涉及金额仅为17.2亿美元,只占当年7 619.5亿美元出口额的0.2%。真可谓是"雷声大雨点小"。

中国对外的投资引起了一些关于安全和国际关系的争论。然而,仔细看我们会发现,中国目前的对外投资都是商业行为,可以在商业利益回报上得到支撑,并不是国外媒体和政治学者所讲的"战略性投资"。一个战略性的投资必然要接受远低于市场的回报率,反过来讲,追求市场回报的投资就是商业性的投资。目前,中国石油、中国石化等在非洲购买石油,而美国的石油公司也在国外购买石油;中国的发展银行在一些非洲国家提供贷款、修建港口,其他发达国家的发展银行以及国际发展机构也在从事这样的活动。所以说,中国对外的投资都是正常的商业行为,不会威胁发达国家的安全或根本利益。

对美国、对世界而言,反恐以及朝鲜和伊朗核问题依然是目前主要的国际问题。中国作为联合国常任理事国、朝鲜的邻国在这些问题上会扮演重要角色,所以,在战略利益上与发达国家是一致的。

最后,中国政府在处理国际问题上具有高度的智慧,既能坚持原则又有灵活性。因而中美关系以及中国和其他发达国家的关系不能说没有摩擦,但总体看好,对于未来的中美和国际关系可以用李白的两句诗"两岸猿声啼不住,轻舟已过万重山"来描述。中国将会拥有一个相对有利发展的外部环境。

(4) 中国经济持续增长的最有利条件为何?

在经过三十年快速增长以后,目前中国经济中还存在着城乡差距扩大、收入分配恶化、社会事业发展滞后以及严峻的环境问题等矛盾,外国友人也高度关心中国经济是否会在中长期保持稳定增长?中国经济持续增长的最有利条件为何?我认为最有利的条件有五个方面:

第一,中国领导人充分了解当前经济社会的机遇和矛盾,在处理和解决问题上务实而有智慧。中国的政策是实事求是、解放思想、与时俱进的。这也正是中国政府在改革开放三十年来以及今后能够不断克服困难前进的根本原因。

第二,与其他国家相比,中国的地方干部具有很强的执行能力。

第三,中国的企业虽然不够规范,但是具有较强的灵活性,善于学习,有很强的适应能力。

第四,中国内地的民众与20世纪50—80年代的中国香港、中国台湾、韩国、日本、德国的民众一样,对于经由自己的努力来改善生活具有强烈的愿望。只要政策、环境许可,老百姓将尽一切努力想方设法地抓住一切机遇。

第五,作为最大、最开放、增长最快的发展中经济体,巨大的国内市场、良好的基础设施、勤劳能干的老百姓都将吸引大量的外国直接投资涌入中国,并带来新的资本、管理、技术和市场。

此次欧洲之行,我将对中国经济的信心传达给了欧洲各界。总体来说,欧洲各界对中国的了解并不多,但是有很强的加深了解的愿望,这对于北京大学中国经济研究中心以及国内其他学术机构来说都是很好的机会。同时,欧洲各界也对中国的发展抱以厚望,希望加强经济合作、经贸往来,这对于中国的企业界也是良好的契机和市场。

一段历史和一个传说的启示*

黄益平

北京大学国家发展研究院教授

黄益平教授回顾了我国实行银本位制的一段历史、探析了有关日本经济十年滞涨根源的一个传说,并由此得出对当前我国宏观政策的几点启示。

一、银本位制度的历史回顾

银本位制的历史可大致分为三个阶段。中国在明、清时期一直实行银本位制,但白银的供给主要来自国外。19世纪后期主要西方国家纷纷转向金本位制,致使银价大幅下跌,这给坚守银本位制的中国经济带来很大冲击。1929年的大萧条之后,中国被迫放弃银本位制,代之以法币。

从图1中1833—1944年间黄金和白银价格走势看,1860年前金价和银价都比较稳定,白银和黄金的比价大约为1:16。1865年左右银价有一次短暂的激增,这一原因尚不明确。1867年之后银价大幅下跌,一个重要原因是1867年英、法两国在巴黎召开国际货币会议,主旨便是说服诸多西方国家放弃金银复本位制,转向金本位制。到20世纪初大多数西方国家都实行了金本位制,但中国没有改变,成为世界主要经济体中唯一保留银本位制的国家。这一新的国际货币体系使得国际市场上对黄金的需求增加、对白银的需求减少,因此中国的货币开始持续贬值。货币贬值有利于中国的出口,但因为中国在海外举债时借的都是黄金,白银贬值意味着中国必须出口更多才能偿还债务。中国坚守银本位制的本意是想盯住白银、维持货币体系的稳定,但由于货币锚本身不稳定,导致经济受到巨大冲击。

再回顾1888—1893年间汇率与外贸的关系。1888年,1两白银可兑换4先令又8.75便士;到1893年,1两白银可兑换3先令又4便士。在白银贬值的过程中,贸易结构

---

* 摘自第21次报告会(2010年4月25日)。

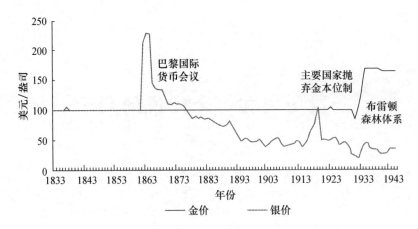

图 1　1833—1944 年间黄金和白银的价格（1833 年 = 100）
资料来源：KITCO，http://www.kitco.com/charts/。

发生了怎样的变化？对于实行银本位制的国家或地区，如印度、中国香港、新加坡和日本，这五年间进出口均有较快增长。但是实行金本位制的国家，如英国和澳大利亚，进出口均出现负增长。美国直至1900年才确立金本位制，此前一直实行金银复本位制，所以这段时期的白银贬值对美国进出口没有产生明显影响。可见汇率制度对贸易结构确有作用，而且贸易不平衡早已存在。在19世纪初，中英存在巨大贸易顺差，这一贸易不平衡也产生了非常严重的政治经济后果。19世纪30年代，英国曾经派代表团到远东地区要求中国增加进口、恢复贸易平衡。由于中国没能大量增加进口，英国就通过东印度公司向中国出口鸦片以减少贸易逆差。一些历史学家认为，英国发动鸦片战争，其实就是为了重新求得国际收支平衡。在鸦片战争之后，中国由于需要进口大量的鸦片，中英贸易逆差便十分明显。可见，虽然多数经济学家认为全球经济失衡是过去几十年经济全球化的产物，但我们重读历史仍可以发现早先经济失衡的各种印记以及经济失衡造成的政治后果。

最后分析大萧条前后的中国形势。19世纪末，主要西方国家转向金本位制而中国坚持银本位制，其他国家对白银的需求萎缩而中国仍有旺盛需求，中国的银价自然高于他国，因此大量白银流向中国，流动性非常充裕，这带来了上海银行业的繁荣、房地产业的振兴、股票市场的发展和工业化的推进。即便在大萧条初期的1929—1931年，其他国家都出现严重通缩，而中国因为执行银本位制并没有受到很大冲击，经济表现明显优于西方国家。有一种说法是，在大萧条期间，花旗银行就是依赖其上海分行的盈利勉强渡过了危机。但1931年绝大部分西方国家都放弃了金本位制。这一变化的直接结果，就是这些国家的货币大幅度贬值，相对而言，白银迅速升值。这虽然改善了中国的贸易条件，但中国产品的国际竞争力急剧下降，中国很快从贸易顺差国变成逆差国，经济也开始萎缩。

压垮中国银本位制的最后一根稻草，是1934年美国通过的《白银收购法案》。该法案的目的是保护国内的白银生产，附带效应是提高了美国白银的价格，全世界大量白银流向美国，造成中国白银的流动性短缺。当时的国际金融中心上海很快成为大萧条的牺牲品之一，银行负债、房价下跌、股市狂泻、工厂歇业等诸多恶果迅速显现。1935年我国被迫放弃银本位制，代之以法币并建立了中央银行。在英美政府的支持下，建立了新的货币体系,但是新的货币体系也存在严重缺陷:没有与任何金属或货币挂钩,这就为未来币值的不稳定埋下隐患;没有明确的货币供应或价格规则;没有限制任何资本项目交易;没有建立财政纪律。众多问题在20世纪40年代开始暴露,法币急剧贬值并最终被取代。这便是银本位制的历史回溯。

二、日本经济十年滞涨根源的一个传说

需要质疑的一个传说是:1985年签订的《广场协议》造成日元在20世纪80年代后期大幅度升值,日本由此步入十余年经济衰退的陷阱。依照这一逻辑,中国目前必须坚决顶住人民币升值的压力,以免重蹈日本的覆辙。但许多日本经济学家并不认同这一传说。

图2为1982—1999年间日元/美元汇率与贴现率的走势。1985年签订《广场协议》时日元对美元的汇率大约为240,到1986年年中已经下降为150,升值幅度确实较大。其实70年代初,日元也经历过一次升值,但后果并不太严重。这次升值的特殊之处在于日元不断升值的同时,贴现率不断下降。很多日本经济学家认为,一个原因是政府担心经济承受巨大的通缩压力,从而放宽货币政策;另一个主要原因就是政府希望通过大幅调低利率以阻止日元升值。

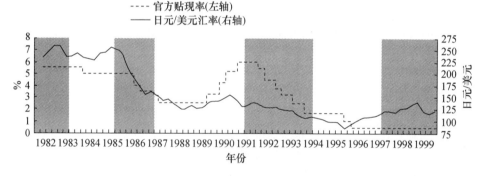

图2 1982—1999年日元/美元汇率与贴现率走势

资料来源:K. Okina, M. Shirakawa and S. Shiratsuka, "The asset price bubble and monetary policy: Japan's experience in the late 1980s", *Monetary and Economic Studies*, 2001。

其实日本中央银行在1986年夏天已经意识到流动性问题非常突出、货币政策过度宽松,经济已如一堆"干柴"随时可能起火,但央行没有成功说服公众包括经济规划厅及时紧缩货币政策,其背后的原因一方面是对日元大幅升值的担忧,另一方面是1987年签订的《卢浮宫协议》要求日本与美国同步调整汇率以阻止美元过快贬值。最终,货币发行量仍然逐年上升,流动性愈来愈充裕。一个后果是资产价格尤其是地价出现严重泡沫。直至1989年夏天货币紧缩政策真正实行,地价急剧下滑,10年之后又回复到80年代初的水平。

可以比照日本与其他国家的数据,虽然美、英、法等国在80年代综合资产价格都呈上升趋势,但幅度都远低于日本。1990年日本的综合资产价格几乎为1980年的2.2倍。执行宽松货币政策的另一个后果是利率下降使得银行在80年代后期的利润率直线下降,迫使银行扩张信贷规模,试图弥补低利率造成的利润压缩。而在货币政策紧缩后,银行便出现大规模亏损。

三、政策启示

这段历史与这个传说给予当今中国怎样的启示?第一,中国作为经济大国,经常项目长期失衡,可能会带来严重的政治、经济后果。经济大国的行为会影响其他国家,而其他国家作出的反应也终将影响本国。中国从自身利益出发选择最有利于本国经济发展的道路,但在作选择之时需要将国际社会的反应方程纳入考虑范围。第二,盯住一个走向衰落的货币,恰恰可能成为不稳定的根源。第三,在提高汇率灵活性的同时,也要解决货币锚的问题,即我们需要依据什么指标来稳定币值。无论是依据货币供应量、通货膨胀还是资产价格,关键是需要选择一个明确的指标。第四,《广场协议》并非导致日本经济衰退的主要因素。短期内大幅升值必然会有严重后果,但日本为什么大幅升值,原因之一是它一直在抵制升值,抵制时间越长意味着扭曲程度越大,最终被迫作出大规模调整。第五,日本一直以宽松的货币政策遏制日元升值,虽然 CPI 没有大幅上升,但资产价格泡沫十分严重。最后一点可能有些危言耸听,许多专家认为中国应该抵制人民币升值,以免重蹈日本的覆辙。但我们现在的行为,如抵制升值、放松货币政策,可能才是在重犯日本三十年前的错误。

最后从两张图表看目前中国所处的形势。图 3 反映了 1980 年 1 月至 2009 年 12 月日元与人民币实际有效汇率的走势。日本的实际有效汇率在 80 年代初保持稳定,但在 80 年代末被迫大幅升值。中国在改革开放初期汇率一直贬值,因为在改革前汇率被高估。但在随后很长一段时间中,汇率基本不变,而正在这段时期中国经济以每年增长 10% 的速度高速增长。其中隐含的问题值得我们警惕。另一个问题是中国的资产价格泡沫是否已经形成、到底有多严重?虽然这个问题尚未有明确的答案,但是从表 1 世界 22 个主要城市住房租售比的数据可以略知一二。北京和上海两地的租售比在这 22 个城市中位居前两位,房地产泡沫可能已经非常严重。解决房地产泡沫的根本途径不是头痛医头、脚痛医脚,而是重视流动性问题、调整货币政策。

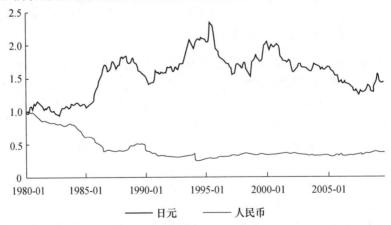

图 3　日元与人民币的实际有效汇率指数(1980 年 1 月—2009 年 12 月)
资料来源:花旗集团。

表 1　世界 22 个主要城市住房租售比

	租金收益率	年租售比	月租售比
北京	2.29%	43.75	525.00
上海	2.87%	34.83	418.00
香港	2.98%	33.56	402.68
孟买	3.88%	25.77	309.28
新加坡	3.51%	28.49	341.88
东京	5.54%	18.05	216.61
纽约曼哈顿	4.76%	21.00	252.00
蒙特利尔	7.40%	13.51	162.16
里约热内卢	6.52%	15.34	184.05
圣保罗	7.15%	13.99	167.83
约翰内斯堡	10.90%	9.17	110.09
开普敦	4.90%	20.42	245.06
内罗毕	8.11%	12.34	148.06
柏林	4.62%	21.65	259.74
法兰克福	4.63%	21.60	259.18
巴黎	4.30%	23.26	279.07
莫斯科	3.41%	29.33	351.91
圣彼得堡	6.90%	14.49	173.91
米兰	3.90%	25.64	307.69
罗马	4.68%	21.39	256.68
伦敦	3.72%	26.88	322.58
迪拜	5.92%	16.90	202.79
平均值	5.13%	22.33	268.01
标准方差	2.04%	8.33	99.99

资料来源：美联物业、Global Property Guide、日本银行。

国际能源政治情势与我国的能源路径选择

查道炯

北京大学国际关系学院教授

查道炯教授介绍了国内外的能源消费与储备情况,分析了国际能源的政治情势,并据此形成两点与中国相关的判断,最后探讨了中国的能源情势以及在能源领域的应对策略。

一、国内外能源消费与储备

从大国能源消费情况看,近几年美国的石油进口量虽有所上升,但美国经济抵抗各种外部能源冲击的能力也已经大为提高,即便是遇到境外供应商(国)蓄意地削减对美国的石油出口,美国也不再那么脆弱。图1为国际能源署统计的OECD国家的石油消费量。数据显示,2007—2011年间,OECD国家的石油消费量呈下降趋势,从2007年的49.3百万桶/日下降至2011年的45.4百万桶/日。

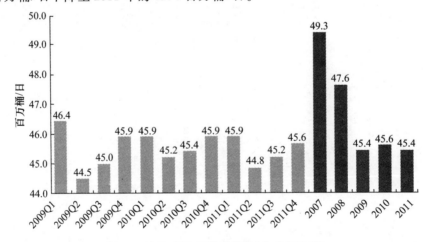

图1 OECD国家石油消费量(年度与季度)

* 摘自第23次季度报告会(2010年10月23日)。

从能源储备情形看,大国的石油储备能力提高,美国的石油储备量可供使用 165 天(进口量),日本可供使用 168 天,韩国可供使用 198 天,国际能源署成员国的平均水平为 147 天。中国的石油储备可供使用多少天,目前还没有一个准确的官方数据。中国如何通过包括提高储备能力等途径提高应对风险的能力,到目前还处于论证的阶段。通常我们观察国际油价走势会关注纽约的原油价格,而石油贸易商更关注全球炼油商的炼油能力,即原油到成品油的加工能力,它会对油价产生重大影响。如图 2 所示,这一指标在 2007—2011 年间大体持平,意味着未来油价大幅波动可能趋缓。

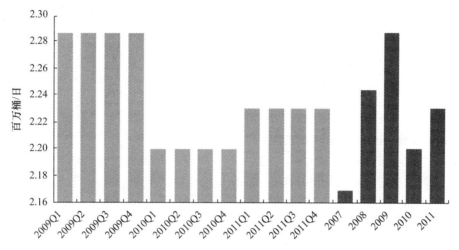

图 2　全球炼油能力(年度与季度)

从我国国内情况看,能源消费持续上涨。如图 3 所示,中国的石油消费量由 2007 年的 7.6 百万桶/日,上升至 2010 年的 9.5 百万桶/日。前段时间国际能源署声称中国已是全球最大的能源消费国,此后我国能源统计方面的官员出面澄清,这是由于能源消费量统计有不同的折算标准。不过,过去三年中国能源弹性系数大于 1,这说明能源消费增速超过了 GDP 的增速。据中国煤炭协会统计,2009 年我国年产煤炭 38 亿吨;2004 年煤炭产量为 16 亿吨,据预测 2020 年煤炭产量控制在 45 亿吨以内就非常不易。可见中国能源消耗增长迅猛。

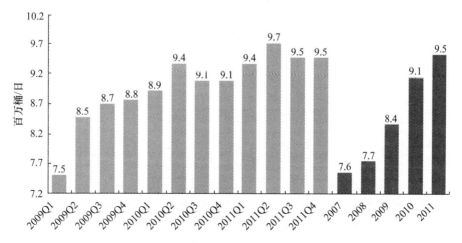

图 3　中国的石油消费量(年度与季度)

二、国际能源的政治情势

查道炯教授进而回顾了国际能源的政治情势。先看美国情形。一是 2010 年中美战略与经济对话的成果清单中共 26 个条目,其中 11 条直接涉及能源领域。必须看到,美国的公司在利用清单加快它们在中国能源市场的参与。比如,波音与国航合作,计划于 2011 年在中国生产、测试用于商用飞机的生物燃料。这不仅仅是一次试验性飞行而已,它开创了中国的生物燃料用于航空目的的技术标准先例。又如,美国西屋公司参与建设中国的核电站,这个过程是把一套全新的核电站从设计图纸变成现实的过程;在中国做了,到其他的国家去做,也就是一个克隆复制的事情。二是英国石油在墨西哥湾的深水采油事故发生后,虽引发众多争论,但并没有导致禁采。各方力量还是支持深水采油需要继续推进,以减少美国对石油进口的依赖。同样,欧盟国家也没有形成禁采的政策气候。三是美国按既定的时间表撤出伊拉克。中石油公司是第一个返回伊拉克的外国大型石油企业,而美国的石油公司却还没有把返回伊拉克作为要务。四是美国政府大力培育节能产业、生物质能和智能电网,比如美国空军努力开发替代石油的产品,节约用油;通用公司将旗下的耗油大王悍马汽车品牌出售给四川滕中重工企业(却没有听说有什么"国家安全"方面的顾虑)。五是美国政府为了培育本国的节能减排产品,对中国输往美国的节能产品征收反补贴税。

其他国家也有诸多举措。例如,德国延长现有 17 个核电站的运营年限,对于 1980 年以前建成的核电站,延长运营 8 年;对于 1980 年以后建成的核电站,延长运营 14 年。2009 年 2 月,德国还在波恩设立了国际可再生能源机构,努力占领新能源的技术和交易制度的制高点。英国在经历了几十年的政府、民间反核运动后,重启大规模建设核电计划,将采用新一代核电技术,并已选定 10 个地址。巴西政府支持大规模发展生物质能源,对石油资产实施国有化并限制开采。可见,各国的确均采取了实质性的节能减排措施。

基于国际能源的政治情势,可形成两点与中国相关的判断。首先,欧美国家对中国在全球"抢油"的担忧已经大大减弱,它们更关心中国如何推广清洁能源、怎样与中国合作在海藻中提取生物柴油燃料等。主要原因有三点。一是它们跟踪中国公司在海外所采石油的流向,发现其中的 96%(BP 提供的数据)均在国际市场出售,而仅有 4% 的石油运回国内。这其中一个重要原因是受到我国国内加工能力的限制。比如至 2006 年,苏丹出口我国的原油中 65% 在日本提炼,因为苏丹的原油中的蜡、硫、沙等对提炼或混合提炼都有较高的技术要求,中国的多数炼厂还缺乏相关的技术。二是虽然一般认为中国和委内瑞拉的政治关系良好,但委内瑞拉实行石油国有化之后,废止原来的合同,大幅提高其石油资产价格,重新与外国石油公司就同一个油田签订合同。在这一过程中并没有优待中国公司。三是中国在尼日利亚以及安哥拉推行的"贷款换石油"的计划基本不成功。中国向安哥拉提供贷款,援建输油管道、铁路等基础设施,而安哥拉方面以两国语言不通、文化不同、职工交流困难等"不可抗拒的因素"为借口,撕毁了与中国的石油公司所签订的合同,改由巴西和葡萄牙的公司承担采油和炼油业务。

第二个判断是中国的能源进口被"卡脖子"的几率也越来越小。其一,委内瑞拉-美国的模式提供了一种新思路。委内瑞拉的石油开采有一百多年的历史,这个过程中形成了一个运作模式:该国所产石油,由其自己的公司运往美国储藏、加工和销售。在此情形下,委内瑞拉出口石油的90%流进了美国。沙特阿拉伯和日本现在也复制了这一模式。沙特阿拉伯担心日本因为人口老龄化而减少石油进口,于是在日本建油库并在当地加工销售。中国若不想受制于他国,加强对非经济风险的应对能力,也可以借鉴委内瑞拉-美国的模式。其二,海上封锁的难度也越来越大,媒体热炒的所谓"马六甲困局",言过其实。这个海峡承担着东亚所有国家和地区的石油运输,为什么偏偏就中国得有那么高度的危机意识,以至于非得在陆上建输油管不可?真到了战争的情形下,在陆地上的固定的输油管,不是敌人一打一个准的目标吗?哪来的更安全可言?

三、中国的能源情势

查教授最后分析了中国的能源情势。在石油方面,成品油的加工能力在提高,国产原油的年产量约为2亿吨。在煤炭方面,2010年1—7月,全国原煤产量完成19亿吨,同比增长12%。电煤运输、消耗和库存增长幅度均超过10%。若要实现2020年非化石能源占比15%的政策目标,则需要将电煤用量控制在45亿吨标准煤左右,这在目前看来较为困难。如果将褐煤也算在内,2010年的电煤用量大概就已经达到45亿吨。但值得欣喜的是,煤层气已实现商业化和规模化开采。国内矿难的发生有两大原因:一是塌陷,二是煤层气。实现商业化开采后,煤层气正一步步变"矿难杀手"为"清洁能源"。同时,页岩气开发也提上日程,据来自美国的乐观估算,中国的页岩气储量前景可观,开采技术突破后,可满足长达一百年的开采需求。2010年中海油入股美国的Chesapeake Energy公司后,在得克萨斯州从事开采。一切顺利的话,这个跨国项目会有利于推动在我国开采页岩气能力的大幅度提高。

在水电方面,目前水电装机容量为2亿千瓦,至2020年需达到3.8亿千瓦才能满足节能减排的目标。但实现这一目标需要协调电与粮争水、电与人争水的矛盾。另外,在西藏开发水电还可能牵涉民族团结等问题。因此,3.8亿千瓦这一目标定得有些过高。

最后看核电的情况,国内在建机组21台,属全球之最,但仍有广阔发展空间。2009年核电占全国电力装机总容量的1.06%,而全球平均水平为16%。即便依照当前力度建设机组,至2020年,这一比例也仅能上升至5%。

国内的节能措施不断推进。一是北方采暖地区筹备实行供热按计量收费,北京也开始迈出了第一步,启动供热计量改造工作。二是全国居民生活用电开始实行阶梯电价。三是2010年6月,资源税"从量计征"改为"从价计征"。四是2010年5月,民营资本进入油气领域的门槛放低。五是2010年6月,国家实施煤制天然气规范。虽然关于煤制天然气还存在争议,但其优势也是显而易见的。北煤南运、西煤东运在运煤过程中会有大量损耗,假设从山西运一车煤到广东,车棚敞开,损耗高达40%。而在当地将煤转换为天然气后用管道输出,既清洁又节约。

综合而言,中国能源问题面临的挑战,并非是媒体中经常提到的进口渠道单一、集中依赖中东,因为中东的石油总是需要谋求出口。中国应该更多地思考如何稳定国内石油产量,思考如何借鉴委内瑞拉-美国的模式,以加强对非经济风险的应对能力。当前的一种提议是以路上管道替代海上运输线,比如与俄罗斯、缅甸或者巴基斯坦合作建设能源运输通道,以替代马六甲海上运输通道。类似设想,并非良策,需要避免高估安全隐患而罔顾经济效益。

中国的油气项目"走出国门"的主要障碍在于核心竞争力欠缺、开采技术不够先进。比如,我本人于2010年夏天在苏丹的实地考察过程中了解到,中国石油企业在苏丹某些油田的采收率比较低,没有力量与来自中东或欧洲的公司比拼。无论在苏丹还是其他的海外作业区,仅仅依靠廉价的报价,特别能吃苦的劳动力,不是长久之计。未来中国石油企业"走出去",不仅仅是走进苏丹、走进非洲,更应该走进欧美国家,在技术和管理两个层面锻炼竞争。此外,中国应该积极调动国际因素推动国内的节能减排。未来能源竞争的重点领域必然是新能源产业与节能减排产业,这也是中国需要突围的领域。中国的政策目标应侧重抑制能源消费的增长速度,不能只顾开源而忽视节流。

出口负贡献时代来临*

诸建芳

中信证券首席经济学家

诸建芳博士首先对中国的出口形势与宏观经济的关系进行客观判断,认为出口负贡献时代来临;其次,结合经验数据进行分析,给出这一判断的依据,提出出口转型势在必行;最后,建议政策应该根据出口变化这一趋势进行调整。

一、出口正进入负贡献时代

过去十年中进出口贸易是经济增长的重要一环,2010 年我国外贸依存度超过 50%,而全球平均水平为 25% 左右,如图 1 所示。比较全球与中国的外贸依存度数据发现:中国经济对出口的依存仍然保持在较高的状态,这与中国经济全球化对出口方面的鼓励调整政策有很大关系。

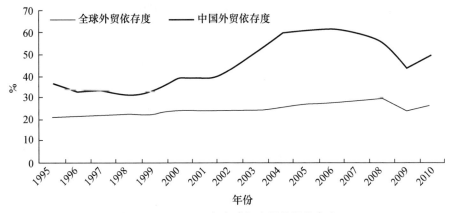

图 1　1995—2010 年全球与中国外贸依存度

---

* 摘自第 26 次报告会(2011 年 7 月 23 日)。

然而,出口拉动是一把"双刃剑":一方面,使得中国在整个全球化过程中能够分享很多好处;另一方面,出口拉动使得经济受到国际影响的程度增加从而使得经济的脆弱性加强。中国经济的几次硬着陆几乎都是因为外需迅速下降导致的。如图2所示,最近的一次是2008年全球金融危机带来的影响,GDP下降到6.6%,出口最大幅度跌至-23%。2001年有短暂全球经济衰退,单季度GDP也在8%以下,对中国来说8%以下是比较差的水平。2001年网络经济破灭以后,中国出口下滑幅度很大,最低增速为3%左右。而1998年亚洲金融危机爆发,中国的GDP增速下降到6%左右,出口增长为-8%。当时由于国内的宏观调控,没有发生比较明显的硬着陆。国内的宏观调控一般不是经济硬着陆的原因,比较典型的例子是2004年国内在进行严厉的宏观调控,但是当年GDP并没有很低。因此,如果中国的经济出现硬着陆,大体都是外部冲击带来的影响。

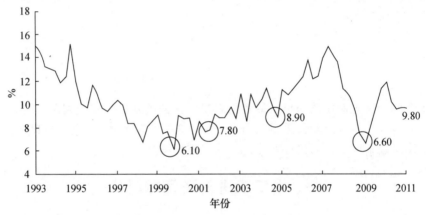

图2 1993—2011年名义GDP增长率

另外,出口对于经济增长的拉动效应在减弱。从图3以及表1中可以看出,出口对经济增长的拉动效应最近发生了比较明显的变化。2003—2007年出口对经济增长贡献

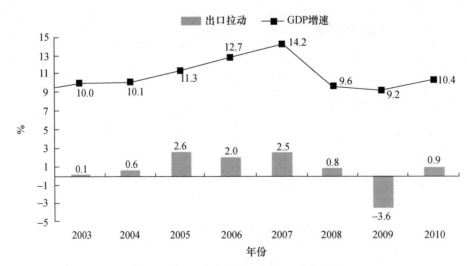

图3 2003—2010年出口拉动与GDP增速

比较大,2007年以后出口的贡献开始有所减弱,从趋势来看现在要进入出口负贡献的时代。从政策调整来看,政府不应该阻挡这种趋势,而应顺应这个趋势作一些调整以逐步平衡国际收支。

表1 消费、资本形成与净出口对GDP拉动与贡献(%)

年份	消费		资本形成		净出口		GDP
	拉动GDP	贡献	拉动GDP	贡献	拉动GDP	贡献	
2008	4.2	43.3	4.6	47.7	0.8	9.0	9.6
2009	4.4	47.6	8.4	91.3	-3.6	-38.9	9.2
2010	3.8	37.9	5.6	54.0	0.9	8.0	10.3
2011E	4.4	47.0	5.1	55.2	-0.2	-2.2	9.3
2012F	4.2	48.8	4.7	54.7	-0.3	-3.5	8.6

二、出口负贡献常态化的原因

以上趋势表明中国经济正进入出口负贡献时代。出口负贡献在未来一段时间将会常态化,这一判断主要有三方面依据。第一,长期的出口可能已经达到天花板的状态。从日本、英国、德国这些国家的历史数据分析,大体上可以发现的特点是一国出口占全球GDP的比重很难超过3%,出口占全球贸易的比重也很难超过10%,如图4和图5所示。关于这个规律从理论上还没有发现很好的解释,但是从直观上可以作一些说明。因为当出口达到了相当高的程度以后还要保持高速增长不仅会给出口国带来很大的国际压力,同时出口国国内也会面临结构调整的压力。

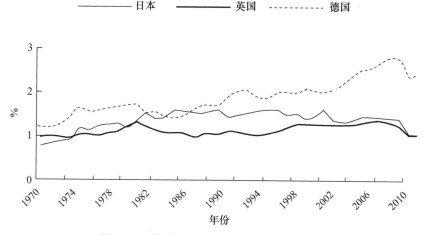

图4 日、英、德三国出口占全球GDP的比重

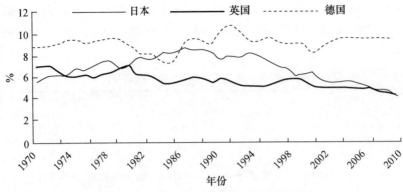

图5　日、英、德三国出口占全球贸易的比重

中国现在基本接近上述状态,目前出口占 GDP 的比重达到 2.8% 左右,占全球出口的比重大致为 10% 左右,如图 6 所示。从 2011 年数据分析可以看出出口已经大体上达到天花板的状态,再继续大幅增长难度比较大,会引起贸易摩擦和汇率方面的压力。所以从总体趋势分析,中国现在的状况需要改变。

图6　中国出口占全球 GDP、全球贸易的比重

第二,中国的出口行业特别是一些利润比较低的劳动密集型行业盈利严重依赖财政退税补贴,这是不科学的。中国出口行业中几大重要出口行业的盈利水平低于平均水平,如果把出口退税剔除,这些行业的盈利水平会更低(见表2)。中国的几个重要出口领域比较低端,从经济结构合理性上分析保留这些产业并不是好事情,因此需要淘汰。用政策来扶持这些行业虽然可以勉强维持,但是对整体经济会有不利影响。

表2　主要出口行业利润率情况　　　　　　　　　　　单位:%

	2009 年	2010 年	2011 年	出口退税率
纺织业	11.4	12.1	10.9	16
服装、鞋、帽	14.8	14.9	14.7	16
化学纤维	8.7	11.7	8.1	16
交通运输设备	15.6	16.5	15.5	13
仪器仪表及文化、办公用机械	17.5	18.6	15.9	13
工业企业平均	17.7	18.6	17.8	

第三,中国逐步积累的巨额外汇储备带来的经济、政治风险也在增大。2010年我国外汇储备占GDP比重达47%(见图7),投资品种非常集中,这容易被其他经济体绑架。如果中国外汇储备规模越来越大,被绑架的程度也会越来越高,调整起来会非常困难。

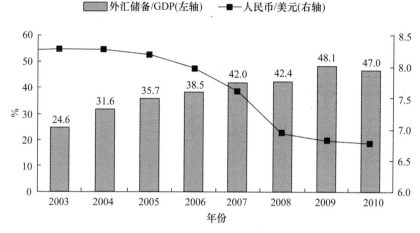

图7 中国外汇储备占GDP比重与人民币对美元汇率

三、出口转型势在必行

十二五时期是一个转型的阶段,出口部门的转变是一个很重要的环节。经济转型大体在三个方面展开:一是需求层面,如表3所示,从需求层面看外贸顺差占GDP比重目前是4%,与之前8%—9%相比有所下降。因此目前出口进行转型调整是必需的。二是产业层面,大量的出口会产生环境污染和资源消耗,在经济结构相对合理的条件下这个状况也有其相对合理性。但是如果从目前情况看,出口产生的环境污染和资源消耗问题都非常严重。例如,冰箱里包含很多钢铁和有色金属的部件,这些部件在加工提炼过程中会消耗很多能源,需要大量进口铁矿石同时造成很大污染。三是区域层面,相关的因素是劳动力。过去中西部经济还未崛起时,劳动力很富裕,中西部劳动力转移到东部就业。但是现在格局发生了变化,最近几年政府政策的扶持使得中西部经济开始崛起,其对于低端劳动力的需求构成了对东部地区低端劳动力的竞争。在这种情况下,如果不作调整对整个经济不是很有利,从大格局来看应该鼓励劳动力在中西部就业。这些劳动力如果在当地经济快速增长时就地就业对经济结构调整有一定的合理性,所以东部出口部门作调整是必要的。

以上分析表明,出口负贡献时代已经来临并且难以逆转,中国要顺应形势推出促进出口转型的政策。这些政策主要有以下六个方面:

第一,出口退税,过分支持出口刺激政策不利于出口转型。现在的条件很适合出口退税政策调整,即使从就业方面来看也需要作这些调整。

第二,推进要素价格重估。目前出口竞争力实际上是刺激因素作用的结果,要素价格低估使得出口竞争力很强。因此应该鼓励要素价格重估,放开要素市场。

表3 十二五规划经济转型目标

		目前	十年后	依据
需求层面	最终消费率	47%	55%	依据同等国家平均水平,结合日、韩转型过程中的消费率提升速度估算
	政府最终消费率	13%	14%	
	居民最终消费率	34%	41%	
	劳动报酬占GDP比重	45%	50%	假设2020年达到中等收入国家平均水平
	公共医疗支出占GDP比重	2%	4%	假设2020年达到中等收入国家平均水平
	净出口占GDP比重	4%	0%	内需增长,净出口占GDP比重逐步下降
	城镇人均可支配收入(元)	19 100	38 000	依据"十二五规划"城镇人均可支配收入年增速超过7%
产业层面	服务产业占GDP比重	43.10%	50%	依据"十二五规划"及国务院《关于加快发展服务业的若干意见》
	单位GDP能耗	0.65	0.45	依据"十二五规划"单位GDP降低165%
	单位GDP(2000年不变价美元)碳排放	25	1.8	依据"十二五规划"单位GDP的CO_2排放降低17%
区域层面	城镇化率	49.95%	58%	依据"十二五规划"城镇化率提高4个百分点

第三,应注意发挥人民币汇率在出口调整中的作用。保持汇率的弹性,在结构调整中发挥合理的作用,而不是把汇率看作一种刺激出口的手段。

第四,调整产业鼓励目录,要对资源能耗多、污染大的企业作一些限制。

第五,应加强金融服务,降低内销企业资金链风险。出口部门现在确实出现比较大的困难,主要表现在三个方面:成本、订单和资金,其中最大的问题还是融资。金融方面从目前的状态看还有改进的余地,从中长期来看也需要作新的制度安排。现在对中小企业的支持措施是动员大银行的分支机构,但是大金融机构的结构功能特点决定了它们很难承担对微小企业的金融服务。因此,应该建立一些微型银行或者社区银行,这些小机构跟大机构分支功能的本质不同在于它们能更好地为中小企业服务。

第六,应加强税收财政补贴在劳动力转岗培训中的作用。财政补贴的功能不应该用于出口退税,而应该用于转岗培训。如果压缩低端出口对于就业方面会造成压力,财政可以把从出口退税中节省下来的钱用到劳动力转岗培训或者对企业的扶持上,让企业进行经营领域的转换或者鼓励出口产业升级。财政应该主要在以上方面发挥作用,而不是补贴出口以减轻目前暂时发生的困难。暂时的困难出现以后不应该维持现有的格局,而应该推进结构的变化,有利于中长期的经济的发展。

四、出口转型不会对经济与就业造成巨大冲击

对于出口调整会对经济发展和就业产生冲击的担心,我们认为虽然冲击是有的,但是还处在可以接受的程度。图8中对于2011—2012年度的预测表明,内需增长能够维持一定水平的GDP增长。短期来看,具有可以维持GDP增长率为8%—9%的能力。现在中国经济的问题不在于GDP增长得高一点还是低一点,而在于经济结构不合理,如果能够保证结构合理增长水平放缓一点是可以接受的。

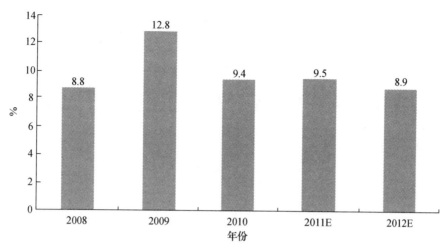

图 8 2008—2010 年预计内需拉动 GDP 的比例

另外,出口调整对就业也不一定有很大的冲击。出口转型并不见得是相关企业全部倒闭,这些企业会有一个转变的过程,所以它们对就业的吸纳不会有太大的减少。在调整过程中服务行业也会吸纳一部分就业,城市化推进也能吸纳一部分就业。虽然出口部门就业人数有 1 亿多人,但是实际调整过程中可以通过政府培训转到其他领域,出口部门作一些调整并不会对经济造成很大的冲击。

综上所述,现在出口到了负贡献的阶段,以后每年都会是这样。尽管现在全球经济放缓复苏并不强劲带来对出口的短期压力,还是应该对出口领域进行调整。这样的调整具有正向的意义:第一,能够促进国际收支平衡;第二,使资源消耗环境污染状况得到改善;第三,低端劳动力紧张状况可以得到一定程度的缓解。近几年来低端劳动力工资大幅度增长具有一定的合理性,但是如果按照目前的结构不进行调整,低端劳动力工资会继续大幅度上升。这种不是基于效率方面提升带来的工资上升会给经济带来负面影响。因此,从整个宏观战略格局方面进行一定的调整会使得中长期的经济发展得更好,增长带来的福利也会更多。

我国承接国际服务外包政策亟待调整*

卢 锋

北京大学中国经济研究中心教授

当代服务外包跨国发展正在推动新一轮服务全球化浪潮,承接国际服务外包对促进我国服务业发展、扩大就业以及提升对外开放水平具有重要意义。我国第十一个五年规划纲要提出:"建设若干服务业外包基地,有序承接国际服务业转移"。2007年国务院7号文件指出:"把承接国际服务外包作为扩大服务贸易的重点,发挥我国人力资源丰富的优势,积极承接信息管理、数据处理、财会核算、技术研发、工业设计等国际服务外包业务"。本文从经济学视角分析当代国际服务外包特征属性,考察我国在这一领域目前相对落后的现状和根源,探讨承接国际服务外包所需政策调整的议程。

一、承接国际服务外包概念内涵和经济属性

外包指企业或其他组织在维持某种产出前提下,把过去自我从事的投入性活动或工作通过合约方式转移给外部厂商完成。如果转移对象是制造加工零部件或某种组装总装活动则属于制造外包,如果转移对象是服务品生产投入活动或者制造业内部生产性服务流程活动则属于服务外包。服务外包依据发包与承包企业空间和国别分布关系,进一步分为国内与国际服务外包。如果发包方与承包方同属某国企业则属于国内外包或业内所谓"在岸外包"(onshore outsourcing);如果发包方与承包方是不同国家企业,则从发包方角度看是"离岸外包"(offshore outsourcing),对承包方来说则可以称作"到岸外包"(inshore outsourcing),总称国际服务外包。承接国际服务外包指接受承担国外发包企业委托服务流程业务。由于比较优势规律等因素作用,我国企业现阶段主要作为承接方参与国际服务外包。

服务外包作为劳动分工深化现象虽早已有之,晚近二十年前后服务外包展现出多方

---

* 摘自第9次季度报告会(2007年4月28日)。

面特征属性,成为当代经济全球化新趋势。当代服务外包特点可以从以下几方面观察:一是软件和IT服务外包引领潮流,二是商务流程外包推波助澜并有后来居上之势,三是服务外包出现离岸化或国际化趋势,四是各类以承接服务外包作为核心竞争力的大型跨国企业脱颖而出,五是利用服务外包对发达国家特别是发展中国家发展战略意义逐步展现,六是服务外包跨国发展成为经济全球化和国际经贸关系争论的新热点问题。

可以通过比较分析临界水平上一个特定服务流程工序从企业分离出去所带来的边际收益与成本去理解当代国际服务外包的发生原理。从经济学和管理学角度观察,特定服务流程从企业分离出去的利益来源大体可归纳为以下几类:通过比较优势和规模经济效应带来成本降低利益,通过经验经济带来的学习效应和利益,通过改变成本结构增强应变灵活性的利益,通过生产系统网络化带来的竞争优势利益。服务外包派生成本大体被经济学广义交易成本概念所涵盖,主要包括信息传递成本,商务旅行和运输成本,与信息外泄以及合作方潜在机会主义行为相联系的风险成本,其他协调跨越国境经济活动派生的制度性交易费用。外包虽然能够为发包企业降低生产成本和内部组织成本,然而以广义交易成本上升为代价。制度费用和交易成本高低对外包发生广度和深度产生制约作用,对发包方选择合作伙伴或承接方的相对竞争力具有重要解释作用。

服务外包潜在收益和成本平衡点决定经济合理性意义上外包发展的广度和深度,当代服务外包发展的根本原因则是相关技术和制度条件主要通过大幅度降低外包边际成本而显著改变上述平衡点位置。一是当代信息技术普及运用与信息传递"距离死亡"状态出现大幅降低远距离信息交流成本。二是当代各类运输成本因为技术进步和效率提升而降低,尤其是旅客航空旅行成本大幅度下降对服务外包国际化具有关键意义。三是当代多边贸易规则自由化进程推进,各国家发展战略开放取向调整,降低了国际服务外包制度费用。四是当代市场竞争更为激烈和战略互动关系更为强化的环境演变特点,使得企业对服务外包降低成本机遇更为敏感,而需求多样化和复杂化趋势则促进企业通过服务外包和灵活应变以谋求竞争优势。

二、我国承接国际服务外包的现状和问题

我国企业承接国际服务外包已取得多方面成绩。一是承接国际服务外包及相关业务达到一定规模。2005年我国计算机和信息服务出口18亿美元,进口16亿美元,顺差2亿美元。海关统计软件出口约7亿美元,承接国际商务流程外包(BPO)估计约为3亿—4亿美元。二是已形成一批初步具备一定规模国际服务外包业务能力、在某些特定市场具有较强国际竞争力的国内企业;另外,我国电信与电子制造业的一些大型国际化企业在成长的同时培育了提供承接跨国服务外包的潜在能力。三是随着跨国公司在我国业务规模的扩大,同时受到我国快速增长国内市场的吸引,跨国公司在我国已建立一批承接服务外包业务的分公司、基地和研发中心。四是一批城市开始把发展服务外包作为重点发展目标产业,政府主管部门、地方政府、业内机构和企业合作展开的服务外包推介、培训和研讨活动日趋活跃。

虽已取得初步成绩,我国参与国际服务外包无论与参与国际制造业分工比较,还是

与这一领域先行国家如印度等国比较都还存在相对落后的问题。对此，可以从以下几方面观察：一是从软件出口和承接国际服务外包市场规模看，不及我国加工贸易盈余的2%，不及印度软件服务外包出口的1/10，也落后于爱尔兰、菲律宾等国。二是从承接国际服务外包和相关出口内容构成看，目前主要是软件和IT服务外包方面，在发展潜力较大的商务流程外包领域目前还仅有少数成功案例。软件和IT服务出口也在一定程度得益于我国硬件设备制造出口优势，凭借自身服务相对竞争力获得国际外包业务规模还要小一些。三是从承接国际服务外包区域分布看，主要来自日、韩等邻国的发包业务，在欧美等全球主流市场整体竞争能力比较弱。四是从企业规模和素质角度看，国内企业与其他领先国家还有较大差距。五是从跨国公司行为角度看，来华设立服务分公司等机构主要是受到我国国内市场吸引，即属于"寻求市场型"服务业投资，把我国作为承接国际服务外包中心的"寻求效率型"服务投资比较少。

除上述静态比较意义上相对不足外，还需要关注这一行业在动态演变意义上存在的"乐观预期与现实表现反差现象"。世纪之交我国高层官员和业内人士访问印度，大都认为我们与印度存在5—10年的差距，乐观估计差距只有两年。三年前一些业内权威人士认为我国3—5年内将在全球信息技术服务外包市场中扮演重要角色，在非语音业务流程外包方面有能力与印度竞争。这些乐观估计都有道理，然而与实际情况对照存在明显反差。如印度承接国际服务外包从2001—2002财年的62亿美元增长到2005—2006财年的约240亿美元，2007年估计增长到313亿美元，2010年预计增长到600亿美元。经过十几年开放竞争的历练，印度企业已开始在某些细分市场上创造出具有国际竞争力的软件产品，并开始在其他国家投资建立承接国际服务外包基地。我们虽有明显进步，然而与印度的相对差距可能并未缩小。

同样具有警示意义的是，其他一些发展中国家近年大力发展承接国际服务外包并已有不俗表现。菲律宾承接国际客服中心外包已成为印度重要的竞争对手，该国2006年承接国际外包收入达到36.3亿美元，该国政府正在积极鼓励企业扩大财会、软件、工程与建筑设计、医疗、法律和动画制作等复杂度较高部门的外包业务，预计2010年外包业务收入将增长到124亿美元。巴西也着力发展承接国际商务流程外包，近年承接外包规模增长到5亿美元左右，业内人士认为2007年巴西将进一步被国际外包市场认可。另外俄罗斯、马来西亚与部分东欧国家（如捷克、匈牙利、保加利亚等）也正在调整政策呼应服务全球化浪潮。与这些国家比较，我国在某些方面也有相对不足之处。我们如不能尽快改变相对增长势头不足的态势，有可能在新一轮服务全球化浪潮中面临被边缘化的风险。

三、我国承接国际服务外包相对落后的原因分析

需要认真分析为何我们在这一领域表现不尽如人意。可以把一国承接国际服务外包相对竞争力决定因素分为三类条件：硬件基础设施条件、人力资源条件、制度和政策条件。在电信以及与商务旅行相关基础设施方面，我国与其他主要承接国际服务外包国家比较具有相对优势。不过承接国际服务外包企业通常集中分布在特定聚集区内，因而即

便是全国整体基础设施发展较为落后的国家,也可能通过在特定区域大力投资从而较快超越这一因素约束,因而我国这方面整体比较良好的条件,对承接服务外包显示比较竞争力的积极作用比较有限。另外,在电信基础条件方面我国也存在不利因素。业内人士反映,我国电信网络国际联结和信息传输能力相对不足,国际大容量数据传输速度较慢,企业应对网路意外中断能力脆弱。电信资费在服务外包企业成本结构中占据显著份额,我国电信资费偏高对企业竞争力也有不利影响。

我国在相关人才资源条件方面与印度等国比较处于相对弱势,具体表现为从业人员英语能力较低,满足业内要求的技能人才不足,复合型高端管理人才更为缺乏,改善人才供给方面的瓶颈约束对行业发展具有重要意义。不过在讨论行业长期成长表现时需要看到,人才资源在较长时期仍是可能对市场需求和价格信号作出反应和变动的内生变量。如果相关政策调整促进我国比较优势得以比较充分的发挥,承接国际服务外包行业发展能够产生足够强劲的需求并表现为相应人才报价,人才瓶颈制约应能通过教育系统调整、企业内部培训和劳动者学习等不同途径加以应对和缓解。

尤其需要重视的是有关认识和相关政策调整滞后因素的影响。可以把我国有关承接国际服务外包的认识和政策调整过程分为三阶段。一是 20 世纪 90 年代,有关部门和个别企业开始就借鉴印度经验和发展外向型软件产业进行了初步探索,然而受当时内外经济环境影响,有关议程尚未进入决策优先考虑层面。二是世纪之交前后几年,鼓励发展软件产业被确立为国家优先政策目标,制定和实行的 18 号和 47 号文件对我国软件业发展发挥了重要指导和推动作用,不过承接软件和相关国际服务外包问题尚未得到足够重视。三是晚近 3—4 年间,我国决策层与学术界对这一问题重要性的认识逐步发生实质性突破,并在十一五规划纲要和 7 号文件中得到明确阐述。从这一演变过程看,我国有关承接国际服务外包问题的认识在一段时期相对滞后,相关政策调整也比较滞后,对此可以从以下几方面观察:

一是相关税收优惠政策调整滞后。这一点与印度等国经验形成鲜明对比。印度自 1991 年开始对软件与 IT 服务企业长期实行大力度税收优惠政策,包括免除企业所得税和资本品进口关税等,优惠对象企业范围后来扩大到承接商务流程外包企业,实施平台方面从早期软件园推广到近年建立的经济特区,目前印度朝野正讨论 2009 年以后继续实施这类优惠政策问题。税收优惠政策对引导印度国内资源向服务外包出口部门倾斜,对充分发挥其语言和人力资源比较优势起到关键推动作用。我国被认定为软件生产企业可享有增值税超过 3% 部分即征即退,新创办软件企业自获利年度起享有企业所得税"两免三减半"等优惠政策,对专门承接信息技术以及其他商务流程服务外包企业严格来说没有针对性税收优惠政策。

最近这方面情况出现积极变动。2006 年年底财政部等四部局发布《鼓励技术先进型服务企业发展试点工作有关政策问题的通知》,对技术先进型服务企业提供"暂减按 15% 的税率征收企业所得税""合理的工资支出可以在企业所得税税前扣除"等项税收优惠。文件规定"技术先进型服务企业"范围包括从事软件、IT 以及商务流程外包业务企业,因而可以看作鼓励承接国际服务外包税收政策调整的重要进展。

在充分肯定四部局试点文件积极意义的同时,又提出两方面问题进一步探讨。一方面是支持政策设计力度问题。对比印度对软件、IT外包企业曾经实行的近二十年免税政策,考虑印度近年执行经济特区政策包括对特区内所有劳务和产品出口企业提供"五免十减"15年税收假日,再考虑我们本来已经面临的相对落后的现状,目前试点税收减免力度是否可能加大,也许还可以进一步讨论。另一方面是支持政策设计依据问题。从支持高科技产业角度设计有关政策有一定道理,然而把"技术先进"作为优惠对象企业基本识别标准是否准确,在理论上还可以进一步探讨。具体到鼓励承接国际服务外包问题,依据"十一五规划"和7号文件精神,设计税收支持政策也许还要考量该行业其他方面的特征属性。从贯彻科学发展观和改进经济增长方式角度看,鼓励国际服务外包与促进国内服务业分工深化是大力发展服务业和调整经济结构的重要举措。从对外经贸新战略角度看,鼓励这一行业发展是更好呼应服务全球化浪潮,在后WTO时代进一步提升对外开放水平的重要举措。就直接经济效果看,该行业能够创造外向型、技能与知识型、无污染或少污染的工作岗位,有助于扩大就业和缓解目前高校毕业生的就业压力,缓解经济快速增长对能耗和环境的压力。从国际竞争关系看,在"平坦世界"的环境下争取国际市场发包业务和就业机会,需要以其他国家大力度优惠政策安排作为参照系。"技术先进"概念难以全面反映这些经济属性,更为适当的思路也许是把承接国际服务外包看作一个相对独立而又具有某种全局性影响的外向型现代服务部门,提供更大力度的优惠税收政策支持。

二是财政鼓励政策调整滞后。这方面与先行国家也有明显差距。比如爱尔兰早在1997年就设立3.3亿美元基金,为该国承接欧洲服务外包提供多方面财政资助,对最终把该国打造成"欧洲共享服务之都"发挥了显著作用。捷克政府还为国内承接服务外包企业员工培训提供30%—50%的补贴以及为某些商务支出项目提供最高到一半的资助。我国对自主知识产权软件生产出口提供了较多的资助,对提升承接国际服务外包能力会有"溢出效应"。然而直接针对承接各类国际服务外包资助方面,除大连等少数地方以外相关政策仍在设计和准备阶段。我们这方面的政策调整大约比印度晚15年以上,比爱尔兰晚将近10年,比较其他积极参与国也不同程度的滞后。

三是有关电信管制政策调整滞后。承接国际服务外包一些重要业务如呼叫中心、IDC等需要利用电信网络信息传输平台开展业务,然而其本质上属于外向型现代服务业,不同于主要针对本土市场的电信增值业务。依据我国电信管制政策的有关规定,这些业务被看作是电信增值业务并实行严格的许可和审批管理制度。业内人士认为这方面政策调整滞后不利于承接国际服务外包大规模发展。与此相联系,有关政策不允许已成立合资企业经营有关国际服务外包业务,外资在我国设立离岸外包企业不仅要申请经营许可,还要有合资比例规定,这类管制政策不利于跨国公司在我国建立在线服务提供中心并进行相关基础设施投资。

四是相关行业协会职能改革滞后。印度全国软件和服务企业协会(NASSCOM)作为行业自治管理机构,在研究行业形势、规划行业发展前景、与政府部门对话沟通寻求政策支持、促进业内人士交流和培训人才等方面发挥了重要职能,对行业发展起到积极推动作用。我国以原先政府机构对口建立的有关行业协会,虽然在推动行业发展方面做了不少有益工作,然而不同程度存在服务意识和能力不足问题,如何更好发挥行业协会对一个新兴行业成长、培育和促进功能仍有待探讨。与行业协会应有功能弱化或虚置状态相联系,政府主管部门更深地介入推动行业发展过程,有时又出现越俎代庖和事倍功半的情况。这些都涉及市场经济环境下如何更好地界定政府、中间组织与企业职能划分等深层改革问题。

五是有关人才培养政策调整滞后。印度在人才培养方面不仅扶持印度理工学院(IIT)这样的公办教育机构培养行业精英和高端人才,还鼓励国家信息技术学院(NIIT)这样的民办教育机构通过国内外办学大批量培养国际服务外包需要的普通人才;在良好的政策框架下,教育机构与业内组织互动配合,在满足行业发展人才需要方面发挥了重要作用。我国在出台针对性解决这一行业人才瓶颈政策方面也比较滞后。以这一行业迫切需要具备英语能力和其他技能的普通人才为例,虽然不同类型学校在招生和扩充专业方面分别给予一定程度的响应,然而在如何通过有效政策调整推动相关人才培养方面仍有很多工作需要研究展开。

"平坦世界"时代条件意味着国际竞争充分性程度大幅提升,因而对上述政策调整滞后影响需要从国际竞争相对关系上理解。对服务外包的理论分析提示,相关制度和政策安排直接或间接进入承接国际服务外包广义交易成本,从而影响企业相对国际竞争力。给定其他国家实行大力度鼓励政策,我们如果按兵不动或者反应不力,我国企业相对竞争力以及行业发展客观上会受到负面影响。个别企业无法通过自身努力降低这类由国家政策决定的相对交易成本,构成国际服务发包企业"先选国家,后选企业"行为方式的背景,也说明政策调整是我国发展承接国际服务外包的必要条件。

四、促进我国承接国际服务外包的具体政策建议

第一,优惠税收政策是影响承接国际服务外包相对竞争力的关键因素,建议借鉴印度等国经验,对我国承接国际服务外包实行特殊优惠税收政策。对承接国际服务外包业务收入免征营业税等流转税,对完全从事国际服务外包企业免征或大幅降低企业所得税,对提供外包服务所需进口设备免征进口关税,对承接国际服务外包企业固定资产加速折旧,对其研发费用实行抵扣。

第二,对承接国际服务外包某些关键业务环节提供必要政策性资助。支持商务部实施的"千百十工程",对承接国际服务外包企业提供资金扶持。建议设立专项资金扶持有关企业进行 CMM、ISO2000 等专业技术能力国际认证,对这类企业从业人员的技能和业务培训提供必要补贴。依据国务院 7 号文件精神,对承接国际服务外包投资项目实行优先土地审批政策。

第三,建议调整有关外资政策,鼓励国外大型跨国公司来我国设立国际服务外包提供中心或服务基地。建议降低承接国际服务外包领域外商直接投资政策门槛,把承接国际服务外包列入国家鼓励外商直接投资行业目录。建议商务部把鼓励承接国际服务外包外资企业基础设施和政策优惠条件作为整体投资环境推介内容。

第四,改进和完善相关立法和执法。研究承接国际服务外包业务流程涉及的新的知识产权关系,总结我国业内实践经验并借鉴相关国际经验,改进和完善知识产权立法,降

低承接国际服务外包交易成本,加强发包商的认同感和安全感。对承接国际服务外包涉及新的业务合作形式和关系,包括合同标的、交付方式、产品质量等方面新内容,加快完善与国际商业惯例相适应的法律规章建设。

第五,在政府有关部门指导下,建立真正由业内企业主导和企业家自行管理的国际服务外包行业协会。鼓励新协会在规划行业发展、与政府和公众协调沟通、建立行业数据库、定期举办各类交易会和行业推介等方面承担全方位职能,为服务外包需求方和提供方合作提供有效服务的机构平台。可以考虑把建立国际服务外包协会作为社会主义市场经济环境下转变政府职能和培育行业中间组织的一个行业试点。

第六,把承接国际服务外包看作外向型现代服务业部门,取消从电信增值业务管制角度对这一行业实行的许可和审批手续。建立国际服务外包企业专网,提升企业间跨地区大容量数据传递能力。进一步深化电信体制改革,放宽市场准入,引入竞争机制,改进对寡头垄断电信企业的管制政策,通过合理降低电信资费减少承接国际服务外包以及其他企业的运营成本。

第七,鼓励大学和各类职业学校大力培养不同层次既懂软件又具备外语能力的人才,进一步促进教育体制与企业经营实践相结合,人才培养模式与市场经济条件下劳动力市场动态需求相结合,有针对性地设置相关课程和专业人才培养计划。鼓励现有社会培训机构,对市场紧缺服务外包人才进行专业培训。

第八,建议与举办奥运会、新农村建设等其他目标相结合,采取有力措施提升我国基层中小学英语和外语教员的水平和能力,逐步改变我国内地英语教学水平低、公民外语普及率低的问题。除大力发展外语师范教育外,建议利用目前国家财力和外汇储备比较充裕的条件,制定每年派遣成千上万县及县以下基层学校英文和其他外语教员到国外培训计划,通过十年努力使我国英语和外语教学能力得到实质性改进。

第九,重视和加强对国际服务外包的统计工作。由于国际服务外包是新生事物,正规统计相对薄弱和欠缺,目前有关数据主要来源于业内咨询公司的研究估计,质量难免存在较多问题。建议政府统计部门、行业协会和学术界相互合作,在研究国际服务外包概念和指标体系的基础上开展常规统计,为观察这一行业发展以及政府管理提供科学依据。

第十,要依据十一五规划纲要和国务院7号文件精神,从经济发展战略高度进一步加深认识承接国际服务外包工作的重要意义。鉴于发展承接国际服务外包政策具有全局性影响,考虑相关政策调整涉及不同政府部门工作职能,建议政府权威机构研究专门文件,统筹制定部署政策调整的具体内容以推动这一行业早日开创全新的发展局面。

近年棉花进口增长与滑准税争论[*]

卢 锋

北京大学中国经济研究中心教授

一、问题的提出

我国在入世时农业开放承诺允许通过关税配额方式进口89.4万吨棉花。图1至图3数据显示,近年棉花进口量大幅增长,2004—2006年棉花进口逐年分别突破100万、200万和300万吨三个数量级台阶,远远超过关税配额数量上限。我国棉花进口以及表观消费量占全球比重2006年已上升到40%左右。

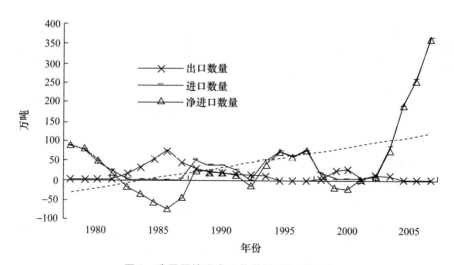

图1 我国原棉进出口数量(1980—2006)

---

[*] 摘自第10次季度报告会(2007年7月29日)。

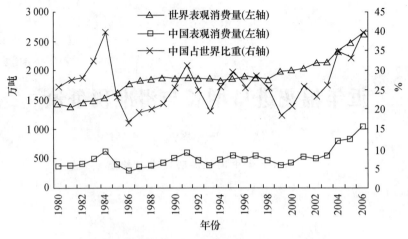

图 2　中国棉花消费占世界比重（1980—2006）

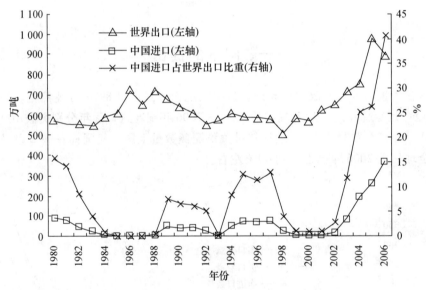

图 3　中国棉花进口占世界比重（1980—2006）

棉花进口快速增长引发近年业内不同的意见争论以及政府决策高层的关注重视。如何看待棉花进口增长？如何看待棉花进口配额和 2005 年引入的滑准税管制方式？对这些问题需要借鉴经济学分析方法，在系统观察分析我国入世以来棉业经济实际变动情况基础上给予解答。

二、棉花进口与国内棉花生产部门关系

棉花进口危害国内棉花产业安全的观点能否成立，需要结合相关经验证据加以研判。从我国棉花产量、区域结构、劳动生产率、植棉收入等不同角度考察，发现棉花进口损害国内棉花生产判断缺乏依据。首先，从我国棉花总产和单产看。图 4 数据显示改革

开放以来棉花生产呈现持续发展趋势,单产 2006 年增长到 1 248 公斤,总产 2006 年增长到近 700 万吨,都打破历史纪录。近年棉花进口激增的同时,国内棉花产量保持增长并在略高于长期趋势线水平上。

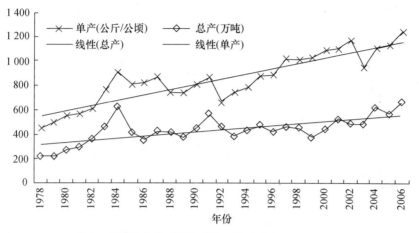

图 4　我国棉花总产量和单位面积产量(1978—2006)

其次,从我国棉花生产区域分布结构看。表 1 数据显示,改革开放以来棉花主产区区域分布结构变动的最重要特点,是新疆在全国产量中的比重大幅上升,从 20 世纪 80 年代初的 4%上升到 90 年代后期的 23.7%,2006 年更是进一步跃升到 32%,整个时期大约以每年增长一个百分点的速度提升其在全国棉花产出中所占比重,使该地区有利于棉花生产的资源有时得到比较充分的发挥。相对下降省区包括经济增长较快的江苏、山东以及长江中游主产区湖北。上述变动体现了比较优势原理调节棉花区域生产结构的成效。

表 1　我国棉花主产区分布结构变动(1981—2006)

1981—1982		1996—1997		2004—2005		2006	
山东	24.9	河南	17.3	新疆	30.4	新疆	32.4
河南	10.4	新疆	23.7	山东	16.1	山东	15.2
江苏	17.3	湖北	11.5	河南	11.2	河南	12.3
河北	9.3	江苏	11.9	河北	10.3	河北	9.3
湖北	10.6	山东	8.2	江苏	6.9	湖北	6.7
安徽	4.8	安徽	6.5	湖北	6.4	安徽	6.0
陕西	2.9	河北	5.8	安徽	6.1	江苏	5.6
新疆	4.0	四川	2.6	湖南	3.3	湖南	3.7
山西	2.8	江西	2.9	山西	1.9	山西	1.7
四川	2.6	山西	1.3	天津	1.7	天津	1.6
十省合计	89.5	十省合计	91.8	十省合计	94.3	十省合计	95.0
全国	100.0	全国	100.0	全国	100.0	全国	100.0

再次,从我国棉花劳动生产率看。图 5 数据显示,改革开放以来我国棉花劳动生产率变动分为三个阶段。第一个阶段是 70 年代末和 80 年代前中期的超常增长期,劳动生

产率从1978年的0.6公斤/工日快速增长到1987年的1.6公斤/工日,平均每年递增11.5%。第二个阶段是1988—1997年的波动徘徊时期,到1997年劳动生产率仅为1.7公斤/工日,与1987年相差无几。第三个阶段是90年代末以来进入的快速增长时期,2006年达到3公斤/工日。

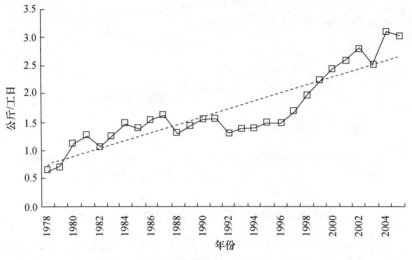

图5 我国棉花劳动生产率(1978—2005)

最后,从棉农植棉收入与进口关系看。图6数据显示植棉利润经历剧烈波动,植棉用工收入也有显著波动,不过两个指标与棉花净进口存在某种正向关系,这一正向关系在1993—2005年数据中表现得相当显著。当然,这一正向统计关系并不代表因果联系,很可能是表示某种第三方因素(如国内宏观经济和全球经济运行状态)同时影响棉农收益和棉花净进口。经验证据显示棉花进口伴随棉农收入的某种增长。

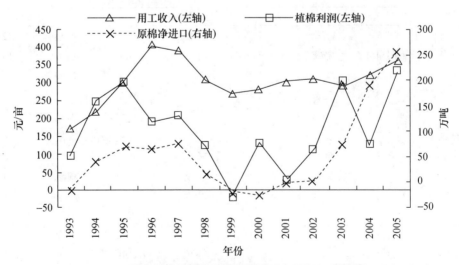

图6 我国棉农植棉收益与原棉净进口(1993—2005)

综上所述,近年国内棉花生产仍沿着长期趋势增长,区域生产结构依据比较优势进一步调整,劳动生产率以较快速度提升,植棉用工收入和利润有所增长。可见棉花进口大幅增长并未对国内棉花生产造成显著负面冲击。需要说明的是,从开放型经济运行规律看,国内缺乏比较优势产业在国际竞争中有可能产量下降并带来就业和结构调整压力,这时可能需要政府实行调节政策以提供过渡期帮助,然而这类结构调整本身是经济发展难以避免的过程,因而国内生产部门变动是评估贸易政策一个重要变量但不是决定因素。不过上述情况显示,即便主要从国内生产部门角度看,认定大量进口冲击国内生产的论断也缺乏依据。

三、棉花进口与棉纺织及制品业关系

作为现阶段具有较强比较优势的制造业部门,我国棉制品以及整个纺织行业入世后快速增长,整体水平近年迈上新台阶。得益其劳动密集型要素利用特点,棉制品及相关行业增长在直接带动出口和经济增长的同时,还对增加就业尤其是推动我国农村劳动力转移作出了重要贡献,棉花进口是支持这一发展模式的前提条件之一。

一是棉花进口支持我国纺织及纤维制品行业入世以来跨上一个新台阶。例如我国纱产量1980—2000年从253万吨增长到657万吨,20年增长404万吨,年均增长率为4.89%;然而到2005年增长到1412万吨,2000—2005年五年间增长755万吨,年均增长率为16.5%。布匹、服装等纺织和制成品产量也有类似增长。

二是棉花进口支持我国棉制品出口高速增长。图7显示七类HS编码二位数棉制品贸易数据,这些产品净出口从1992年的81亿美元增长到1999年的104亿美元,年均增长率约为2.7%;从1999年到2004年从104亿美元增长到253亿美元,但是2006年飙升到超过1000亿美元。考虑棉花作为原料经过加工制作后进一步发生贸易的整体平衡情况,我国棉花净进口规模将大幅减少甚至可能变成净出口。

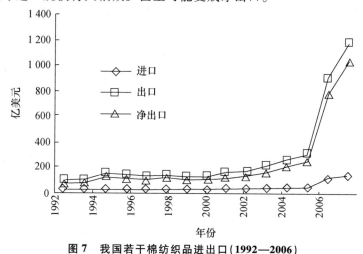

图7 我国若干棉纺织品进出口(1992—2006)

三是棉花进口推动了制造业部门就业增长和农民向非农部门转移。入世以来棉纺织业平均每年约新增就业75万人,总共约新增就业300万人。业内人士普遍认为,近年纺织部门90%以上新增工人为农民工。取得这些成就以棉花和其他纤维大量新增投入为必要前提,对此国内棉花增产贡献很大,棉花进口同样功不可没。综合考虑国内产量、棉农利益、棉制品出口增长及其就业效应等方面因素,入世以来我国棉产业发展是开放经济成长使多重主体得益的多赢事例,棉花进口作为这一新发展模式的必要环节具有经济合理性。

四、我国棉花进口配额的经济学分析

在肯定我国近年棉花进口合理性的基础上,进一步分析棉花进口配额和滑准税管制方式的利弊。就棉花进口配额而言,首先应当肯定我国入世谈判采用关税配额的必要性。如何评估农业开放承诺的影响是我国入世谈判时争论的热点之一。当时人们担心农业开放承诺将导致国内农民大量失业,研究机构计量模型模拟得出开放会带来国内800万甚至1 200万农民失业的预测结果,一时影响很大。在当时形势下,用关税配额方式处理棉花等所谓大宗"敏感"农产品准入问题,有助于化解不同意见争论,对中美达成农业协议以至我国成功实施入世战略都有重要意义。

然而评估目前的棉花政策需要看到,配额作为进口管制特定方法存在固有局限,长期实行会产生较多问题。经济学常识告诉我们,假如确实需要干预进口,配额与常规关税相比是一个更为缺乏效率的方法。用图8提供的国际贸易常规分析框架说明这一判断。其中 S 和 D 分别表示对某种进口品的国内厂商供给线和国内需求线。在自由贸易体制下国际市场价格 P_w(可定义为包括运输成本的CIF价格)决定国内价格,国内需求和供给分别为 OQ_D 和 OQ_S,国内需求大于国内供给部分为进口数量,这时国内消费者剩余最大(表现为 $D_1 D_0 P_w$ 面积)而生产者剩余较小(表现为 $S_1 S_0 P_w$ 面积)。如果征收税率相当于 t 的关税,使进口从 $Q_S Q_D$ 减少为 $Q'_S Q'_D$,导致生产者剩余增加A,消费者剩余减少"A+B+C+D",其中A转移为生产者剩余,D转移为国家关税收入,B和C是剩余绝对

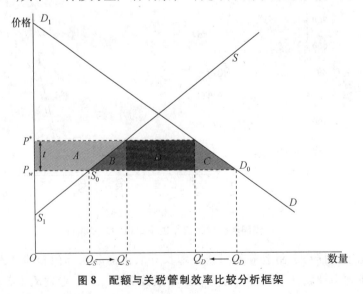

图8 配额与关税管制效率比较分析框架

减少,表示干预自由贸易降低效率的"死负荷损失"(deadweight lose)。

如果采用配额手段把进口限制在 $Q'_SQ'_D$ 数量水平上,它与关税干预在经济效果上的差异主要表现为 D 的经济含义发生变化。采用关税场合 D 转化为关税收入,成为政府提供公共品和再分配的资源,在配额场合则成为获得配额厂商或/和贸易商的超额利润。这里超额利润的含义在于,外国供应商本来愿意在 P_w 这一较低价格下提供相当于 Q_SQ_D 数量的进口品,配额管制后进口数量减少,然而仍能获得配额进口权的厂商获得较高销售价格 P^*,因而获得超额利润。D 作为配额创造的"租"会诱致企业和官员的"寻租"行为,由此派生的资源耗散具有负面效率含义。从我国近年棉花进口情况看,业内人士担心长期发放配额可能鼓励寻租行为,甚至可能滋生腐败,与上述理论分析逻辑具有一致性[①]。

虽然缺乏效率,在有些场合如我国入世承诺时仍选择配额作为进口管制手段,一个基本考量是对某些所谓敏感产品担心关税手段难以实现数量控制目标,采用配额可以事先保证进口数量被限定在一定水平。因而对于采用配额手段的理性主体,牺牲效率是为了获得对所谓"敏感行业"进口数量封顶的利益,好比是为某个假设"合意"状态支付的"保险费"。从我国入世情况看,人们担心农业开放会严重损害国内农业,入世谈判又绕不过农业开放承诺,支付低效率"保险费"至少具有逻辑依据。

问题在于入世以来我国棉业经济运行实际情况显示,棉花进口超过配额上限并没有带来灾难性影响,而是对我国经济成长包括增加农民就业和收入作出了显著贡献。事实说明当年认为棉花进口超过 89 万吨配额上限必然具有严重负面作用的看法,并不符合我国经济开放成长的客观规律。由于棉花增发配额进口与包括农民在内的我国经济发展利益具有一致性,入世谈判特殊环境下引入的低效率配额管制方法也就失去学理层面支持,因而有必要重新评估和调整。同时,在国内外棉价差距拉大因而配额实际具有每吨上千元转让价格的背景下,行政部门采用不透明方式发放数以百万吨进口配额指标,长此以往在操作层面难免发生诸多问题,同样要求对配额管制必要性给予重新评估。

五、我国棉花进口滑准税的经济学分析

部分出于应对配额管制存在的问题,我国从 2005 年 5 月开始实行滑准税政策,即对增发配额进口棉花依据国内目标价征收最高达 40% 的不同比率从价关税。滑准税在两重意义上具有积极意义。一是它可能成为配额管制向关税管理过渡的中间环节。二是引入滑准税为取消贸易争端时临时采用的纺织品出口税提供了一个形式上的配套措施。然而从理论分析和实际情况看,滑准税自身存在多方面问题。

滑准税与配额及固定税率关税都具有保护国内生产者的政策意图,然而实现机制具

[①] 我国进口棉花中有相当数量的加工贸易进口。对于参与棉花加工贸易企业,获得与国际棉价对等的棉花供应是能否继续从事加工贸易活动的关键条件之一,并且进口棉花加工会出口,因而上述超额利润分析对这类企业不完全适用。然而监管加工贸易与一般贸易是一直存在的问题,另外如果棉花价格内高外低的差距达到每吨几千元的情况长期存在,可能会诱致原先从事加工贸易企业处置进口配额行为发生变化。因而引入加工贸易因素也不会完全改变上述分析结论。

有重要区别。在配额和普通关税政策下,政府限制进口,实际进口与国内产出(及库存)构成国内供给,国内供求与价格互动调节资源配置;这时政府通过限制进口间接影响国内价格,然而没有直接干预价格。滑准税作为一种可变税率,其正常运作需要假设存在某个合意的国内棉价下限,实际需要政府确定保护价或地板价,进口棉花在可变税率调节下确保不低于保护价水平。滑准税暗设保护价干预要求,是这一新税种在理论和操作上发生问题的基本根源。

保护价意味着对市场价格调节过程的直接干预和限制,长期实行可能出现两个不利局面。一是可能滑入高保护、低效率、难退出的体制状态。欧盟在这方面的前车之鉴值得反思。目前欧盟对农业实行的高度保护主义体制,发轫于战后欧共体类似于滑准税的可变进口关税(variable import levy)。当时欧共体国家进口粮食是允许的,但是需要通过可变关税调节保证不低于最为缺粮的德国某个城市的粮食价格,关税税率依据这一缺粮地区价格进行动态调整。后来各种农业补贴政策使欧共体国家粮食和其他农产品生产和出口大幅增长,造成20世纪世界农业贸易体制极度扭曲的重要原因,改革这类体制仍是目前WTO多哈回合谈判推进全球贸易自由化的重要障碍。如果高保护不符合WTO时代贸易体制演变潮流,不符合我国经济开放成长的根本利益,滑准税通往高保护体制的可能性应具有警示含义。

二是从我国20世纪90年代中后期农业保护政策实践看,这类政策得不偿失并事与愿违。当时政府在显著高于市价水平上"敞开收购"的保护价干预政策加剧了粮棉供求相对过剩,粮棉年度结转库存规模甚至比全年社会消费量还要大,给中国农业发展银行和国家财政累计分别带来几千亿元和几百亿元的巨额亏损挂账。政府后来意识到保护价巨大的财务成本因而不得不放开价格,大量库存释放打压市场又导致粮棉价格在世纪之交期间多年在低位徘徊,加剧了通货紧缩时期农民收入增长乏力的困境。虽然农民在1996年前后从保护价中获得短期利益,但是从粮棉市场价格变动周期全过程看反而受到损失。保护价干预从美好愿望出发,最终导致各方受损的结果,是目前相关政策选择仍应汲取的教训。

即便实行比较温和因而也许不会带来90年代后期那样严重财务后果的保护价政策,在具体操作层面也会面临较多困难。如何确定合意价格水平?如何处理国内外价格差异?如何平衡不同部门、地区和利益集团对合意价格的立场差异?这些问题决定了滑准税是一个在制定政策层面交易成本很高的"昂贵"政策。另外滑准税对低档棉花进口存在歧视性待遇,其人为排斥利用国外低档棉花的政策效应并不合理,也不利于鼓励国内棉花质量提升。滑准税计算过程比较复杂,对企业带来更多交易成本,同时还会给少数不法企业提供钻漏洞的机会。综合考虑,引入滑准税虽有积极意义,但是长期实行会带来一系列问题,因而需要考虑调整对策。

六、开放型棉业价格接轨必要性与政策选择

开放环境下我国棉业经济内部不同环节的相互制约关系具有三方面特点。一是多重制约主体并存,棉产业包括国内棉农、纺织业企业和工人、棉花流通商等多重利益,还

包括国外贸易伙伴利益。二是多重替代关系,国内棉花在市场上面临进口棉以及国产和进口化纤的替代竞争,国内纺织品和服装等最终制成品在国际和国内市场都面临其他同类产品不同程度替代关系。三是棉花供应链系统定价规则,即棉花作为纺织品上游原料,其均衡价格形成不仅取决于国内棉花供求及其相关因素,而且受到替代品化纤价格制约,特别受到国外棉价以及下游棉制品国内外供求关系影响;一国经济开放度越高,棉产业与国际市场融入程度越深,棉价受供应链综合因素制约的客观属性就越是重要。

开放型棉产业有效运行客观要求国内外棉花价格接轨。价格接轨又称价格一体化,指国内外同一种可贸易品价格差异在中长期等于运输成本以及较轻关税税率。对价格接轨必要性可以从不同角度理解。从市场经济一般规则看,一国内部不同区域价格一体化是市场机制充分发挥调节作用的必然结果,很难想象一国内部同一种可贸易品价格不同区域存在巨大落差,仍然具有健全高效的市场经济体制。开放型经济意味着国内外同一种可贸易品价格一体化要求,很难想象一国可贸易品价格与国际市场存在巨大落差并剧烈变动,仍然存在健全高效的开放型经济体制。一般而言,可贸易品价格接轨是开放型市场经济的题中应有之意。

从反面看,人为提高国内棉花相对价格会带来效率损失,从我国政策实践看甚至对棉农也会带来不利影响。人为抬高国内棉价在短期虽对国内生产者有利,然而在长期调节场合会促使纺织企业增加化纤等替代性纤维利用比重,还可能出现走私国外低价棉行为增加的现象,此外一些纺织企业在收回固定投资沉没成本后可能会退出。上述情况不仅对纺织业发展和就业不利,最终也会由于棉花需求降低对本国棉花生产带来不利影响。

质疑棉花价格接轨的一个重要理由,是认为外国棉花补贴对我国棉农形成不公平竞争。美国等少数发达国家确实对棉花提供了不少补贴,强调这一因素对中外棉花国际竞争力的影响是正确的,然而能否由此得出我国应实行高保护政策结论还需要探讨。根本问题在于需要分析强干预与放松管制政策对我国经济发展的利弊大小。如果强干预和高保护政策缺乏效率,不利于我国经济整体发展利益,即便少数国家实行这类政策我们也不宜仿效。同时需要看到,实行农业补贴和其他高保护政策国家实际是身处困境,在WTO新一轮谈判中更是处于被动防守地位。我国实行改革开放战略启动经济起飞进程,农业体制方面尚未锁定在高保护状态而仍有较大选择度,不宜效仿在原产地已渐式微的保护主义政策,而应从开放发展角度寻求调整思路,并对新世纪全球化制度建设发挥更为积极主动的作用。

值得注意的是,图9和图10中的数据显示近年国内棉价相对国际棉价显著增长,到2007年上半年国内比国际可比价高出35—40美分/磅左右差距,即便采用进口到岸价衡量国外价格,我国棉花也存在约两成的名义价格保护。考虑人民币汇率升值趋势,我国棉价较高局面可能还会延续甚至发展。从开放环境下内外棉价一体化要求角度看,棉花贸易存在进口数量不足以及(或者)进口管制方法交易成本过高问题,逐步改变这一局面应是棉花政策调整的一个基本考量。

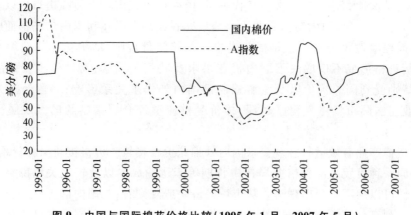

图9 中国与国际棉花价格比较(1995年1月—2007年5月)

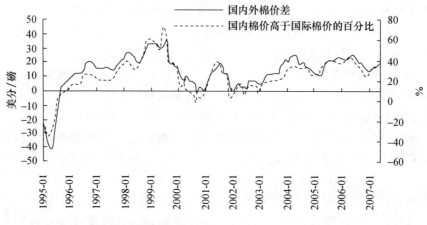

图10 中国与国际棉花价格差离(1995年1月—2007年5月)

基于对开放型棉产业规律和棉价接轨必要性的认识,可以对我国棉花政策简略提出两点思路。一是在多哈回合谈判对棉花贸易形成新多边规则以前,保留入世承诺关税配额,配额分配除了照顾加工贸易企业进口棉需求外一律采取公开拍卖方式发放。另外增发配额尽量满足市场需要,基本不作数量限制,并采用低于5%关税税率取代滑准税。二是结合多哈回合谈判议程,在棉花问题上力促发达国家取消出口补贴和国内保护政策,同时主动提出我国取消棉花进口关税配额,改用低固定税率甚至零税率。鉴于目前棉花价格现存保护状态,在进一步观察2007年新棉上市行情基础上,考虑在新农村建设项目框架下对主产棉区提供一次性转移支付或/和直接补贴,作为棉花贸易政策调整的过渡期配套措施。

5 美欧金融与债务危机

格林斯潘做错了什么
——美联储货币政策与次贷危机关系*

卢 锋

北京大学中国经济研究中心教授

对次贷危机根源的探讨中,美联储货币政策作用是一个关键视角。虽然格林斯潘2008年4月撰文仍把房地产泡沫归结为长期利率偏差和投资者误判结果,否认与美联储货币政策有关,然而评论界对此看法不同。早在格林斯潘退休前的2005年堪萨斯美联储年会上,人们在肯定他主政美联储17年所作贡献的同时,就已对世纪初美国宽松货币政策鼓励形成房地产泡沫多有警告批评。次贷危机爆发后,评论人士更是普遍认为当初利率过低促成楼市泡沫,格老对泡沫破灭后"次贷—次债—金融危机"连环爆发难辞其咎。

全面认识美国货币政策与危机关系并正确总结经验教训,对我国也是具有重要理论和政策借鉴意义的课题。考虑目前有关讨论较多限于简略评论,"CCER开放宏观经济研究组"试图对此进行比较系统的考察。本文从以下几方面介绍这一工作的初步结果。首先通过有关数据观察世纪初降息有何具体特点,其次结合泰勒规则对货币政策适当性作初步评估,再次接着分析短期利率与房地产过度繁荣关系,又次考察"格林斯潘之谜"现象的经验证据,最后是几点小结和评论。

一、美联储世纪初降息特点事实描述

联邦基金短期利率是美联储掌控的最基本、最常用的政策手段。图1报告过去半个多世纪联邦基金利率数据。从中可见20世纪90年代后期以来的十多年间,美联储短期利率大体经历了四个阶段:一是为应对90年代后期经济扩张和IT股市非理性繁荣,把联邦利率维持在5—6个百分点上下的较高水平。二是2000年7月至2003年7月利率从

---

* 摘自第15次报告会(2008年11月1日)。

6.5%左右经过十多次下调降到1.0%并维持到2004年6月。三是2004年6月至2006年7月通过二十多次升息把利率提升到5.25%,成为刺破房地产泡沫的重要原因。四是作为应对次贷危机措施的一部分,2007年7月开始再度大幅降息。

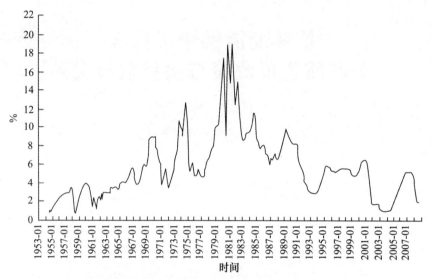

图1 美国联邦基金利率(FFO)走势(1953年1月—2008年8月)

美联储2000—2004年确曾大幅降息。不过升息降息是货币当局调节宏观经济常用的手段,如1953—2008年美联储共实施十多轮升息和降息,因而降息本身并不奇怪,需要关注的是世纪初降息在事实比较意义上有何特点。图2和图3报告了过去12次降息起止水平和相对幅度,显示世纪初降息的三点比较特征。一是从降息绝对水平看,世纪初降息绝对水平约5.5个百分点,在12轮降息中由高到低排列位于第七位,并不算特别突出。二是从降息最低位水平看,世纪初降到1%并维持一年,是1963年以来半世纪最低的一次。三是从降息相对幅度角度看,世纪初降幅达到84.7%,是半个多世纪最大的一次。

可见从长期基本事实比较角度看,美联储世纪初降息具有"低、中、高"三重属性。

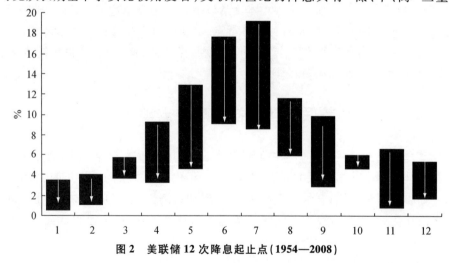

图2 美联储12次降息起止点(1954—2008)

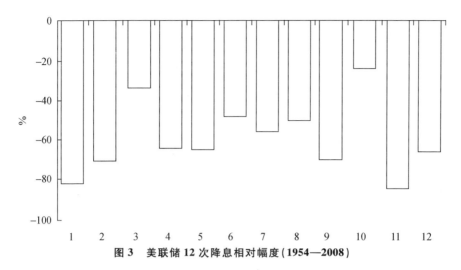

图 3 美联储 12 次降息相对幅度（1954—2008）

"低"是指降息周期截止时最低位水平很低，"中"是指降息绝对幅度居中，"高"是指降息相对幅度最高。如果说世纪初降息具有某种超常属性，主要表现在降息最低位水平和相对降幅方面，并不表现在降息绝对水平方面。

二、美联储世纪初降息适度性实证考察

2000 年 IT 股市泡沫破灭把美国经济从 20 世纪 90 年代超常繁荣拉入衰退，次年"9·11恐怖袭击"加重衰退风险，美联储降息应对这一形势符合经济学常识。问题在于货币政策是否过度宽松？过低利率与房市泡沫关系如何？本节从两个角度简略考察第一个问题。一是看实际利率是否偏离长期自然利率出现较长时期负利率局面，二是利用货币政策"泰勒规则"作为参照加以考察。

一般而言，货币政策应当尽量把实际利率调整到接近长期均衡实际利率水平，防止出现实际利率过低偏差，特别是要注意避免出现较长时期负利率。图 4 报告采用美国整

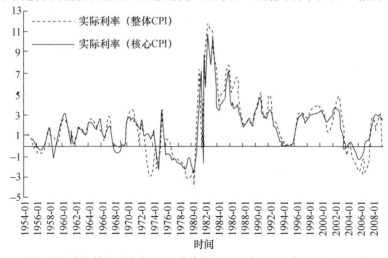

图 4 根据美国联邦基金利率与 CPI 计算的实际利率（1954 年 6 月—2008 年 7 月）

体 CPI(headline inflation)和核心 CPI(core inflation)平减的实际利率数据,显示 2004 年前后三年多美国实际利率为负,负利率绝对值最高时超过 3 个百分点。从半个多世纪长期看,负利率的严重程度仅次于 20 世纪 70 年代。

负实际利率的经济含义是:借钱人不仅无需支付真实经济成本,反而会得到真实财务补贴。延续多年负利率显然会对经济运行带来严重扭曲,有可能通过刺激需求导致流量产出或(和)存量资产供求失衡和价格飙升。因而从实际利率角度看,格老和他在美联储决策层的同事们所执行的货币政策存在过度宽松偏差。

这一观察还提示"核心通胀"概念及其度量指标"核心 CPI"的潜在误导作用。核心 CPI 概念要求从整体 CPI 中剔除某些波动较大的所谓外生性部分。该指标经过 70 年代初期美联储的倡导和 80 年代初哈佛大学教授 Eckstein 同名专著的阐述以来,成为各国央行操作货币政策的圭臬。图 4 数据显示,采用整体 CPI 衡量的负利率峰值为 2.94 个百分点,而采用核心 CPI 衡量的负利率峰值为 1.31 个百分点,二者存在明显差别。可见如果把出现负利率及其高低作为观察评估货币政策是否过于宽松的指标,采用核心通胀指标会低估货币政策宽松程度并对相关决策带来消极影响。

还可以从泰勒规则角度观察美国货币政策是否适度。依据宏观经济学标准理论,货币政策作为总需求管理政策工具,主要依据经济增长率、失业率、通货膨胀率等总需求相关指标变动进行反周期调节,力求实现宏观经济均衡运行目标。依据对美国等发达国家 80 年代中后期和 90 年代初的货币政策研究,美国斯坦福大学泰勒教授提出用公式(1)描述货币政策操作规则,被宏观经济学家和中央银行家广泛接受并称为"泰勒规则"。

$$r = r^* + a(p - p^*) - b(y - y^*) \tag{1}$$

其中 r 是政策利率,r^* 是名义目标利率;p 是现实通货膨胀率的一般物价指数变动率,p^* 是目标通货膨胀率;y 是实际经济增长率,y^* 是与自然失业率相一致的潜在经济增长率;a 和 b 是正的系数。公式(1)的基本思想是货币当局利率调节受现实通胀率对目标通胀率偏离、现实经济增长率对潜在增长率偏离所决定。依据对相关宏观变量长期数据分析,泰勒还给出公式(2)表示的美联储短期利率调节经验方程:

$$r = p + 0.5(p - 2) + 0.5(y - 2.2) + 2 \tag{2}$$

方程中的参数包含几点经济含义。一是假定目标通胀率为 2%,"考虑在度量价格时通常存在的指数数字问题,两个百分点的目标通胀率可能接近于价格稳定或零通胀"。二是假定潜在增长率为 2.2,该数字是采用 1984—1992 年季度美国 GDP 实际增长平均值的简单估计。三是假定均衡实际利率或自然利率为 2%,这一均衡值被认为"与 2.2% 的稳态增长率大体一致",可以看作是奥地利学派理论倚重的"自然利率"的简单估计。这个响应函数方程表明,当现实通胀率等于目标通胀率、经济增长率等于潜在增长率时,目标名义利率约为 4% 左右。

图 5 报告美联储短期利率与泰勒规则预测值或要求值。过去半个多世纪中,二者关系大体经历三个阶段。第一个阶段是 50—70 年代,美联储短期利率几乎持续低于泰勒规则要求值,提示当时在凯恩斯宏观经济理论主导下,政府过于偏重经济增长目标,货币政策长期过于宽松导致螺旋上升的通胀压力。第二阶段是 80 年代,70 年代末就任美联储主席的沃克尔大幅度提升利率,以深度衰退为代价一举治理长期困扰美国经济的通胀

顽症,此后整个80年代政策利率与规则要求大体一致。第三阶段是过去近二十年,具体看有几种不同情况。一是20世纪90年代初政策利率显著低于规则提示利率。二是90年代中后期二者比较接近。三是新世纪初年政策利率偏低,多年明显低于泰勒规则要求利率,在2004年前后几年间出现80年代以来对规则要求值的最大偏离,偏离值达到4.35%。从半个多世纪的长期数据看,2003—2004年前后偏离程度仅次于70年代峰值水平,可见世纪初大幅降息从泰勒规则描述(description)和要求(prescription)角度看存在过度宽松问题。2004年以后美联储提升利率后,二者差离有所收窄,但是2007年年底以来应对次贷危机降息导致规则偏差再次扩大。

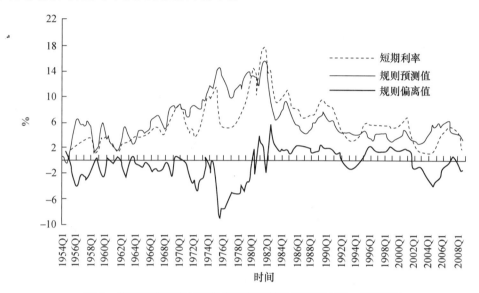

图5 美国短期利率与泰勒规则预测值关系(1954Q1—2008Q3)

三、美联储货币政策与房市走势关系

上述经验证据显示,从事实比较、负实际利率、操作规则偏差角度看,美联储世纪初货币政策确实存在过于宽松问题。那么过低利率对房地产市场泡沫形成是否有某种推动作用? 对此可以利用美国房地产走势与短期利率数据进行考察。

图6报告美国过去近半个世纪新建住房与实际房价数据。美国每年新房开工平均数量约为160万套,整个时期没有明显趋势变动。但是该指标90年代以来经历最长时期持续趋势性增长,从1991年100万套左右增长到2005—2006年约210万套,就整个时期看210万套年开工量仅次于1973年前后历史峰值。实际房价年均增长率不到1%,整个时期趋势变动很小,不到0.5个百分点。但是90年代以来实际房价增长率在波动中呈现上升趋势,2004年前后超过6%,仅次于1977年前后8.5%的峰值。房市泡沫破灭后,2006—2008年实际房价经历最大跌幅,2008年一季度跌幅折年率超过11%。

图6显示房价与开工量之间存在正向关系,图7则把季度数据表达为散点图更直观地反映了这两个指标的相关性。可以对这方面统计证据提出常识性解释。当房地产需

求受到一种或一组外生因素冲击发生变动时,房屋开工指标衡量的供给增量会作出显著反应;然而由于房屋供给短期弹性较小,房地产价格会伴随需求冲击而上升,表现为开工量对房价的显著正向统计联系。

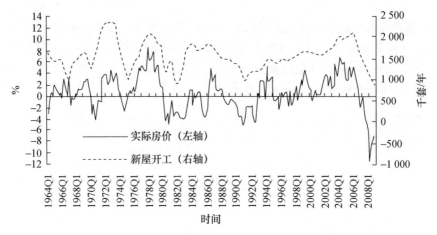

图6 美国实际房价与新建房屋(1964Q1—2008Q3)

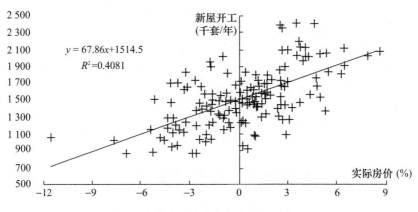

图7 美国实际房价与新建房屋散点图

图8报告美国实际房价与短期实际利率数据,从中可见二者存在明显反向关系。过去近半个世纪几次房价高涨都对应实际利率偏低和负利率。如1975—1979年美国出现战后最严重的负利率,同期实际房价发生数据观察期最大幅度上涨。70年代初严重负利率也伴随实际房价高涨。21世纪初的情况是,实际利率从2000年年底的4.3%持续下降到2004年三季度的−2.3%,实际房价同期从接近零增长一路上升到超过6%。图9报告两个指标散点图,更直观地显示二者存在显著统计关系。另外,实际利率与新房开工量变动也有类似关系。

可见,短期利率变动是房屋需求短期变动的关键因素。货币政策过于宽松导致严重负利率时,融资成本下降和流动性过剩刺激房屋需求增长。受到短期供给缺乏弹性因素制约,房屋市场供求关系失衡推动房价上涨。房价飙升影响人们的预期,从而激发人们

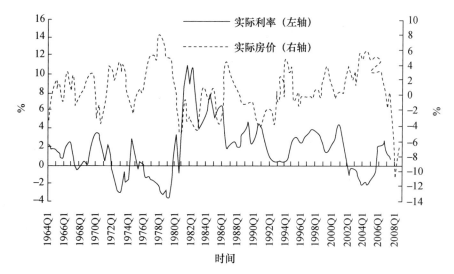

图 8 美国实际利率与房价（1964Q1—2008Q3）

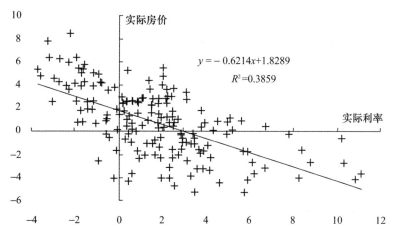

图 9 美国实际利率与房价散点图（1964—2008）

投资房地产博取资产升值利益的投机需求,进一步推动需求上升和新一轮价格上涨,从而为房地产泡沫形成提供温床。泰勒教授采取反事实推论建立模型所得模拟结果,也发现新世纪初年低利率对房地产过度繁荣具有显著解释作用。

上述观察结果显示,过度宽松货币政策对美国房地产泡沫应有重要贡献,因而否定货币政策对危机推波助澜的影响难以令人信服。不过也需要指出,严重负利率未必一定导致资产价格泡沫和金融危机,它所派生的扭曲效果有可能通过商品和劳务物价上涨即通常意义上的通货膨胀加以释放,包括美国以及其他国家的经历都说明这一点。由此可见,这次"次贷—次债—金融危机"的发生需要美国内外其他经济条件配合,利率过低是必要条件之一。

四、解读"格林斯潘之谜"

通常在美联储依据宏观形势变动提升短期利率紧缩银根时,10年期国债收益率体现的长期市场利率也会上升,反映短期利率变动的直接影响以及货币政策对市场通胀预期变动的间接影响,只有到紧缩政策实施一段时期后长期利率才会下降。然而2004年6月美联储决定提升短期利率时,长期利率不仅没有上升反而有所下降。格林斯潘在自传中以"谜"(Conundrum)为题对这一现象展开讨论,这被称为格林斯潘之谜。

图10报告过去半个世纪10多次升降息过程中联邦基金利率与10年期国债收益率数据。图11专门列出12次升息阶段长短期利率数据,显示联邦基金利率上升时,长期利率通常也会上升。然而2004年美联储提升基金利率时,市场长期利率并没有随之上升。图12更直观地显示了2004年升息时长短期利率组合具有特异性质。格林斯潘之谜似乎确实令人困惑。

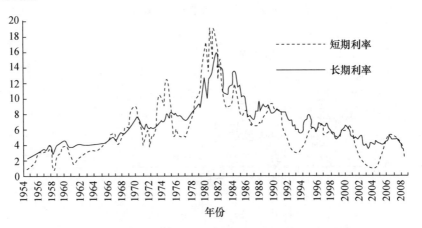

图10 美国联邦基金利率和10年期国债收益率(1954—2008)

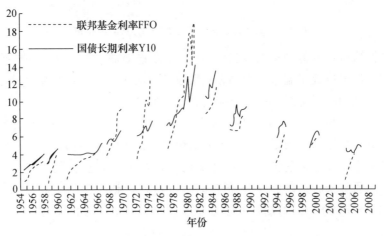

图11 美国升息阶段长短期利率走势关系(1954—2008)

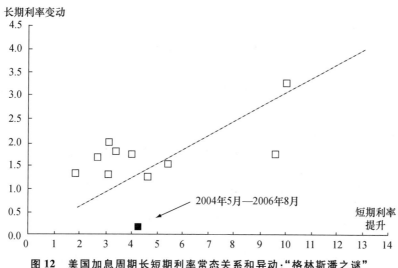

图 12　美国加息周期长短期利率常态关系和异动:"格林斯潘之谜"

对此可作两点解读和评论。第一,格林斯潘之谜是区隔 2003—2004 年前后降息和升息两个阶段长短期利率变动内在联系后的表面困惑假象。如果全面观察整个降息升息阶段长短期利率变动关系,格林斯潘之谜提示的变异性特点很大程度不复存在。要点在于,世纪初美联储大幅降息后期,长期利率已经背离短期利率走势自行显著上升,等于事先消化了后来升息的压力。

图 13 报告过去半个多世纪中美联储 10 多次降息时长短期利率变动数据。新世纪初美联储降息前期,长期利率相应从 2000 年 9 月的 5.8% 下降到 2003 年 6 月的 3.3%,但此后便不再下降。虽然后来美联储短期利率进一步探底到 1% 并将此低利率维持到 2004 年 6 月,长期市场利率则已掉头向上,在波动中从 3.33% 上升到 2004 年美联储升息前的 4.72%。从 10 多次降息情况看,长期市场利率背离短期政策利率走势极为罕见甚至绝无仅有。这可以被解读为最迟到 2003 年,市场已普遍认为当时美联储货币政策过于宽

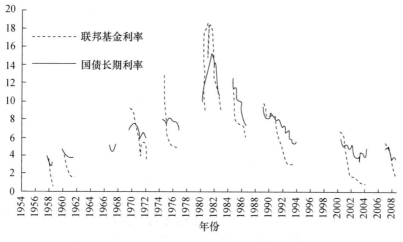

图 13　美国降息阶段长短期利率走势关系(1954—2008)

松。由于已经事先提升 139 个基点,当美联储 2004 年 6 月开始升息时,市场长期利率没有响应短期利率上升。

可以用一个反事实推论思想试验说明这一理解:如果美联储按照泰勒规则要求,提前在 2003 年上半年提升利率,市场长期利率较早上升 139 个基点便会与联邦基金短期利率提升大体同步发生。这等于把图 12 中那个异常点向上垂直平移相当于纵轴 1.39 个百分点的距离,使之很接近散点观察值的线性拟合线。这样异常点便不复存在,格林斯潘之谜也不复存在。由此看来,这一现象从一个侧面提示世纪初美国货币政策过于宽松。

第二,进入新世纪后长期市场利率下降并大体维持在 4% 上下,是 20 世纪 60 年代以来历史低位水平,格林斯潘之谜强调长期利率上升乏力的观点具有事实依据和认识意义。格林斯潘在自传中从不同角度分析全球化时代经济环境演变所涉及因素对此具有重要解释作用。例如外包和全球产业结构调整,促使各国劳动生产率增长速度提升;80 年代以后美国进口价格虽经历波动,然而平均水平比 70 年代通货膨胀严重时期大幅下降;中国、OPEC 以及欧盟 90 年代以后持续为美国经常账户赤字提供低利率融资;等等。格林斯潘在自传中感叹"控制通胀容易得让人难以置信!"这方面变动与长期市场通胀预期调低具有一致性。

格林斯潘如此看重 2004 年升息时长短期利率"异动"现象可能有两方面考虑。90 年代后半期以后,他很关注和研究全球化拓展深化带来的各国产业结构重组和微观经济结构变动,这方面理解构成他观察评估一些有争议宏观现象以及制定货币政策的重要认识参照。阅读他的自传的第 20 章可以看到,格林斯潘之谜为他夹叙夹议和自问自答上述体验认识提供了一个方便的命题和语境。

另一点考量或许是策略性甚至是下意识的:就是为 2007 年 6 月他的自传出版时已显露出凶险征兆的次贷危机提供解释。格林斯潘在退休前就面临货币政策需要对房地产泡沫承担责任的批评。他在自传中详细分析了如何应对互联网股市泡沫的经验和方针,然而未曾讨论他写书后期正在浮出水面的房地产泡沫问题。2008 年他主要从市场长期利率下降角度解释房地产价格上涨(租价比下降)的根源。这个解释缺乏说服力,然而格林斯潘既然不承认货币政策有错,从长期利率角度解释房市泡沫也就称为不得已的选择。铺陈渲染"格林斯潘之谜"或许是他为后来提出这一解释预留伏笔。

五、小结和评论

从类型学角度看,美国"次贷—次债—金融危机"具有"资产泡沫型金融危机"的特点。货币政策与资产价格具有学理联系,加上格林斯潘长期作为美联储掌门人的为政风格和突出事迹,使得美联储货币政策与次贷危机关系备受关注和评议。虽然认为世纪初低利率应对房地产泡沫负责的看法已几近共识,考虑这方面的观点仍较多限于简略评论,本文试图通过整理有关数据比较系统考察这一问题。

本文观察得到几点结果。第一,以近半个世纪利率变动事实为比较背景,世纪初美联储利率下调具有底部极低和降幅最大的特点。第二,从负实际利率、规则偏离角度看,当时货币政策过于宽松。第三,过低短期利率与实际房价及新房开工量超常增长显著相关,提示货币政策对房地产泡沫负有责任。第四,进入新世纪后长期市场利率下降并维持历史低位,显示全球化拓展环境下产业结构调整和新兴经济生产率追赶对市场通胀预期的影响。第五,2004—2006年美联储基金利率提升与长期利率走势的"反常"关系,相当程度折射出此前美联储降息过度与市场利率罕见的反向调整,"格林斯潘之谜"是表面困惑现象。

美联储世纪初实行过度宽松的货币政策受到一系列复杂因素的推动。一是世纪初美国经历互联网股市泡沫破灭和"9·11恐怖袭击"的双重冲击,要求实行相对宽松的货币政策进行反周期调节。二是美国朝野对80年代以后宏观经济波动幅度收窄的所谓"大调和"(great moderation)局面过于乐观,格林斯潘力图维持这一局面因而对货币政策熨平周期期望过高。三是对"自然利率"概念提示的货币政策自我约束含义重视不足,同时又对"核心通胀"这个缺少理论逻辑的概念过于看重,货币政策与规则要求偏离过大。四是在货币政策与资产价格关系上,学术界主流观点认为货币政策不应干预资产价格,格林斯潘对此经历"三阶段思想演变"后最终偏执"非事先干预"立场,笔者将另文探讨这一局面形成的原因和影响。

总结次贷危机的经验教训需要把握两点关系。一是美国货币政策失当的个人影响与社会因素关系。格林斯潘主管美联储18年之久,90年代美国经济超级繁荣给他个人带来巨大声誉,因而他个人的思维模式、体验和判断对美国的货币政策有显著影响,对相关政策失误无疑也负有领导责任。然而我们也要看到,世纪初美国货币政策失误并能促成严重危机,更深层根源与美国经济增长模式和结构特点、全球化环境带来新的挑战、当代货币政策基本架构及其背后主流学术理论支撑等因素有关。适当评估个人影响和社会条件关系有助于更好地理解事实和总结经验教训。二是市场失灵与政府失灵的关系问题。不断重新界定市场和政府关系是一个永无止境的理论和政策议题,这次危机为我们重新反思和校正这一关系提供了宝贵的经验素材。危机的一个重要教训,在于再次提示有效市场假说与现实一致性取决于包括必要监管在内的适当制度安排,对金融市场交易放弃或放松必要监管可能导致市场失灵并带来严重后果。同时,危机也对市场干预过度和失当风险提出警示:美联储试图采用过度宽松货币政策熨平经济周期、多年维持负实际利率刺激经济增长、美国"两房"作为"政府扶持企业"(GSE)对房市泡沫推波助澜,显然又都属于政府干预失灵问题。

美国次贷危机:起源、传导与启示[*]

易 纲

中国人民银行行长助理

在当今的世界金融市场上,只要美国、欧洲或者日本其中的一个主要国家或地区、一种主要的金融产品(如次贷)或一个重量级的市场参与者(如对冲基金)出问题,这个问题就是全球性的,许多国家的机构和市场都可能受到冲击。这就进一步加深了经济全球化、金融一体化的概念。

那么,拉美危机是不是全球性的?亚洲危机是不是全球性的?俄罗斯出现还贷危机是不是全球性的?我认为在新兴市场上出现的危机可能不是全球性的。这是因为主要的投资银行、商业银行和金融机构在拉美、亚洲或者俄罗斯的参与程度不同,有的在拉美的仓位比较多,有的在亚洲的仓位比较多。当某个新兴市场出现问题的时候,这些大玩家中有的受的影响比较大,有的就不受什么影响,不会对全球的经济、金融产生大的冲击。

但美国、欧洲或者日本出现危机时情况就不同了。特别是美国和欧洲市场上出现的问题对全球的影响会比较大。这些大的投行、商业银行和金融机构在美国和欧洲市场上从事的业务很类似,面临的风险也很类似,这加深了金融一体化和金融市场传染的程度。我曾多次问我的同事和国外的朋友:美国市场和欧洲市场是一个市场还是两个市场?我最后得到的答案是:在金融市场上,美国和欧洲基本上是一个高度整合的市场。所以美国的次贷危机会对全球产生影响。

下面谈一下次贷危机是怎么起源的,又是怎么传导的。最后我想说的是,次贷危机对我国金融市场的影响是有限的,但是对我国发展金融市场、防范金融风险、加强监管协调有重要的借鉴意义。

在美国,按揭贷款可以按照借款人的信用和其他因素被分成:优质(prime)、类优(alternative)、次贷(subprime)。次贷是对信用记录比较差(有迟付、破产之类的欠佳信用记录)、信用记录不全、月收入没有达到住房抵押贷款申请标准、负债与收入的比例可能偏

---

[*] 摘自第11次报告会(2007年10月28日)。

高的那些人发放的贷款。美国 2001 年次贷新增贷款大致有 1 000 多亿美元,到 2005—2006 年有了大幅度增加,2005 年次贷新增贷款达到最高值 6 000 亿美元,2007 年大大减少。到 2007 年 9 月,次贷余额大致是 1.5 万亿美元。

次贷的发生与低利率有关。2000 年美国利率比较高,2001 年开始降息,后来发生"9·11 事件",之后降息持续进行。经过 25 次降息,联邦基金利率从 6.5% 降到了 1%,并从 2003 年 6 月 26 日到 2004 年 6 月 30 日保持了一年多的时间。此后又加息 17 次,将利率从 1% 提高到 5.25%。如图 1 所示,次贷发生最快的时期是 2003—2006 年,这几年也恰恰是利率最低的一段时期。当然,二者关系稍微存在一点滞后,但基本逻辑是很明确的。由于次贷很容易申请,美国在 2003—2006 年房价涨得很厉害。美国的单户新房销售价格中值和美国房屋价格指数在 2001—2006 年都涨得很快,如图 2 所示。可以说,高房价的部分原因是次贷过速发展造成的虚高需求。

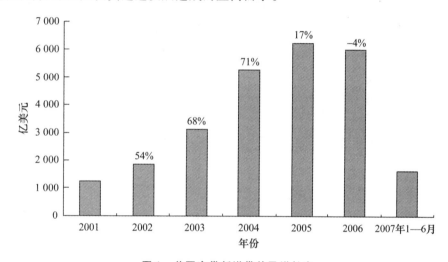

图 1　美国次贷新增贷款及增长率

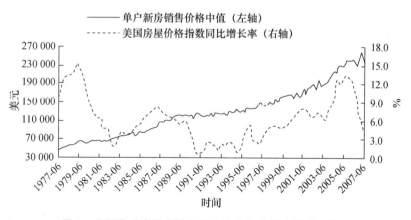

图 2　美国的单户新房销售价格中值和美国房屋价格指数

现在美国有 4 万亿美元的按揭贷款证券化产品(即 MBS),有 1 万亿美元的按揭贷款支持的商业票据(即 ABCP)。还有其他一些金融衍生产品,其中用得最多的一种金融衍生产品是按揭贷款抵押债权（即 CDO），有将近 1 万亿美元的规模。

次贷危机的传导机制是：住房者/借款人从贷款人这里借到钱，贷款人将贷款转给特殊目的公司（即 SPV），SPV 找到承销人把贷款打包并证券化，经过评级公司评级，该证券就可在市场上出售。市场上的购买者包括养老基金、保险公司、共同基金和对冲基金等，也有一些个人投资者。美国的次贷确实分散了风险。美国的金融产品、金融衍生产品和金融创新都是全世界最先进的，次贷这样一种创新使得美国不够住房抵押贷款标准的居民买到了房子，同时通过贷款打包、证券化将风险分散到了全世界。谁是这次美国次贷危机最终的埋单者？现在看来，最终的埋单者中包括欧洲国家的银行，当然美国自身也承担了部分损失。我们需要看到事物的两个方面。一个方面是这种创新将风险分散到了全世界，从这个意义上讲，这是创新的成功之处；另一个方面是负面的影响也扩散到了全世界。美国仅仅 1.5 万亿美元的次贷就搅动了全球的金融市场，影响范围是非常大的。

次贷危机起源于利率的上升，房价由上升转为下降，形势发生了逆转。2007 年 4 月，美国次贷行业第二大的公司新世纪金融公司（New Century Financial Corp.）宣布倒闭。至 2007 年 7 月，严重拖欠（90 天以上）的次贷比率接近 15%。图 3 显示，美国次贷违约率在 2004—2005 年比较低，在 2006 年开始上升，到 2007 年则达到了 15%。这种违约率传导到了美国银行间市场、美国股市和欧洲股市。

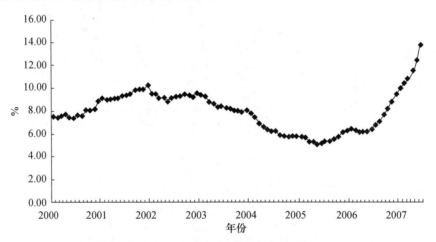

图 3　美国次级房地产抵押贷款 60 天违约率（累计）

注：上图指到期还款日 60 天后仍无法偿付的贷款量占次级房贷总量的比例，其中包括 60 天后未偿还以及 60 天后未偿还并达到银行通知取消房产赎回权、进入破产程序的贷款。

资料来源：瑞士银行。

传导的导火索是评级的下调。信息不对称使次贷衍生产品投资人对评级机构有较高的依赖度。评级机构只能用建立在历史数据之上的计量模型来推算违约概率。一旦房价、利率变化，模型原有的假设条件不复存在，评级机构需要对模型进行大幅度的调整。2007 年 7 月，评级公司下调了一千多只按揭贷款抵押债权的评级，导致市场出现恐慌。监管当局对次贷问题也是有责任的，他们没有提前预警次贷风险。次贷危机爆发后，很多学者或市场上的研究人员对评级公司和监管当局有大量的负面评价。有些负面评论还是相当有根据的，提供了很多证据说明什么事件发生后评级公司是怎么反应的、监管当局是怎么反应的,结果导致投资者和公众对次贷问题的认识滞后。

很多规模庞大的对冲基金参与到次贷市场。美国对冲基金的总规模约2万亿美元,平均杠杆率为3—4,对冲基金控制的资金高达8万亿美元,足以影响美国股市(20万亿美元)。许多对冲基金有相互近似的证券组合和交易条件,它们实质上在相互交易。次贷危机出现之后,特别是8月3日,贝尔斯登(Bear Stearns)宣布暂停赎回3只按揭贷款对冲基金,造成股市恐慌,引发骨牌效应。但是这种恐慌只持续了两三个星期,很快就恢复了平静。这与美联储的救助行为有关。这次次贷危机实质上是一次流动性危机,使得整个信用衍生品的风险溢价提高,衍生品的规模大幅下降,特别是ABCP难以发放。

这次受到次贷危机冲击的首先是美国按揭贷款银行和公司,次贷违约率为13.33%,直接贷款损失约1 730亿美元。根据不完整的统计,2007年1—9月,美国按揭贷款市场的投资损失共计2 820亿美元,其中投资次贷的损失2 040亿美元,损失率为10.8%,如图4所示。美国市场次贷规模只有1.5万亿美元,与此相关的证券化产品在市场上还是少数,但是其传染效应和由此造成的流动性的紧张与恐慌心理却蔓延到整个市场。另外一类损失者是购买了次贷衍生产品的各国银行、对冲基金和保险公司等,比如德国的银行就做次贷管道比较多。我们中国的银行在这个市场投资数量比较小,投资策略比较保守,所持产品的信用等级比较高,投资期限也比较长,所承担的次贷损失只占非常小的一个比例。次贷危机的冲击是一个过程。投资者如果持有到期则损失就会小一些。相比之下,如果投资期限比较短,不得不在高折价的情况下卖出,所受损失就比较大。第三类受害者是虽未购买次贷衍生产品,但依靠资产支持商业票据融资的银行。比如被媒体报道最多的英国北岩银行。北岩银行存款很少,但是发放了很多住房抵押贷款,它的资金来源就是不断地在市场上发行资产支持商业票据。由于次贷问题的冲击,北岩银行即使愿意付出很高的利率也不能将资产支持商业票据发行出去,票据的承销商无法兑现承诺,造成北岩银行的现金流断裂,进而引发银行挤兑。

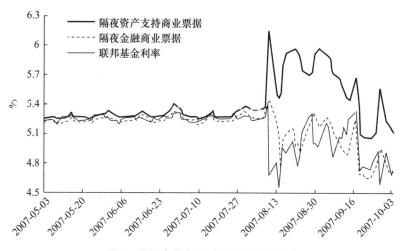

图4 美国次贷危机对利率体系的冲击

次贷危机正开始渗透到实体经济。渗入实体经济的渠道主要是房价。房价下跌使得整个形势雪上加霜。房价越跌,次贷借款人的房子就越难以销售出去,还款就出现困难。这时银行就可能把他们的房子拿来强制拍卖,这就导致房价进一步下跌。房价的下跌使得次贷借款人的负资产上升,进一步加深次贷危机。

2007年二季度,美国房价指数较上年同期下降了3.2%。7月份20个主要城市的房价平均年度跌幅为3.9%,8月份旧房销售6个月连续下滑,新屋销售年率为7年来最低,新屋建筑量和建筑许可的绝对数均为12年来单月最低。

次贷危机出现后各国央行采取了救助措施。救助措施包括向银行间市场提供短期流动性贷款、作出保障性声明或承诺、增加贷款抵押品种、降低利率等措施。起初,关于救助也有争论。比如英国英格兰银行经过一两个星期之后才终于决定救助北岩银行。该行行长发布了郑重声明,坚持防范道德危险的重要性。他要让那些没有妥善管理风险的银行受到损失并学到教训,而不是一旦出现问题就由央行提供流动性。但是当危机发生后,这种理念还是要面对现实,最终英格兰银行还是决定救助。

需要注意的是,媒体报道时都是欧洲央行注资多少多少亿、美联储注资多少多少亿,其中的关键字是"注资"。实际上,央行提供流动性时需要商业银行提供抵押品,需要支付利息,不是无偿拨付。这都主要是为了防范道德风险,避免公众和金融机构有不切实际的预期。此外,央行的注资大都是隔夜的,7天、1个月甚至3个月的注资是很少的。比如欧洲央行今天提供了900亿元的流动性,明天又提供了600亿元的流动性。其实第一天提供的900亿元在第二天就到期了,第二天提供600亿元流动性时实际收回了300亿元。有人将一段时间的注资金额加总起来得到了一个天文数字,这个数字是没有意义的。各国央行的一个救助措施是扩大抵押品范围。原来的抵押品只能是国债或者AAA级债券。扩大抵押品范围后金融机构就能借到更多的流动性。甚至有些折价的抵押品也可以按照面值来算。这体现了央行的救助行为具有一定的灵活性。但是原则还是救助都是短期的、有偿的。这个原则是需要强调的。

总的来说,各国央行出手坚决、迅速,从多方面连续采取行动;注意沟通,形成各主要央行间事实上的联手协调行动;大力救市的同时,妥善处理救市与预防金融机构道德风险的关系。

美国次贷危机对我国的影响是加大我国宏观调控的难度。美国有可能进入减息周期,美联储已经减息50个基点,市场预期本月底美联储还要减息25个基点。我国目前面临一些通胀的压力,2007年央行已经五次提高利率。这样,美国减息,我国加息,就会增加美元贬值的压力,加大我国宏观调控的难度。我国还是要加强市场基础设施建设,发展直接融资,分散风险。虽然次贷危机造成了全世界的恐慌,但从正面看,美国这种金融创新还是分散了风险,对我国还是有启示意义的。

展望未来,大家的意见并不是很一致。美国财长保尔森就认为需要两年或者更多的时间才能恢复信贷市场上的信心,格林斯潘则认为次贷危机高峰已过。我们的态度是认真地关注这件事,从中吸取经验教训,使得我们中国的资本市场、债券市场、金融衍生产品市场发展得更加健康。

理解全球金融危机*

黄海洲

中国国际金融有限公司董事总经理①

我今天讲三个问题:第一,发生了一场什么样的危机;第二,为什么会发生这样的危机;第三,危机的未来演变。

一、百年一遇的危机

现在发生的是一场百年一遇的危机。"百年一遇"可以从市场信号、政府反应和危机机制三方面理解。

首先,从市场信号来看,危机严重程度乃"百年一遇"。

较早把"百年一遇"讲得比较清楚的是乔治·索罗斯。他在其新书《金融市场新范式:2008年信用危机及其意义(*The New Paradigm for Financial Markets: The Credit Crisis of 2008 and What It Means*)》中阐述2008年的信用危机是全球自1929年以来面临的最大金融危机,相当有洞察力。在2007年年底时,这一观点有一定的超前性,现在才越来越多地为大家所接受。

萨默斯把索罗斯的观点又进一步引申。作为美国前财长、前哈佛校长和非常优秀的宏观经济学家,他说,9月17日那天如果没有美国政府和其他国家的大力救助,全球金融系统将最多只能维持36个小时。

从泰德利差(Ted Spread)的变化也可以看到当时形势的严峻。泰德利差是三个月欧洲美元Libor利率与三个月美国国库券利率的利差。这两者差价越大,表明流动性稀缺程度越大。在正常情况下,泰德利差大概在20—30个基点左右。在亚洲金融危机最严重的几天,泰德利差也未超过150个基点。但在过去几个星期,泰德利差高达四五百个

---

* 摘自第15次报告会(2008年11月1日)。
① 在学术机构的学术演讲仅代表个人学术观点。

基点。三个月美国国库券的收益率跌至 2 个基点,创历史最低水平,而三个月期借贷的收益率超过 5% 。简直匪夷所思。

外汇市场也巨幅波动。冰岛从年初到现在,货币贬值了 70% 。韩国货币到两天前对美元已经贬值 40% ,而后一天内升幅可以达到 10% 。和 1997 年不同,韩国这次不是危机中心国家。更为甚之的是,欧元和日元作为全世界除美元以外两种最主要的货币,其汇率在两个半月之间贬值近 50% ,比以往新兴市场国家的货币波幅还要大(其他新兴市场国家的货币在这段时间波幅更大),也是匪夷所思。

另外,7 月 11 日,美国 NYMEX 石油期货价格上涨到大约每桶 147 美元,但在随后四个月时间里跌破每桶 60 美元,这样的波动是很久未曾出现过的。世界主要金融机构市值缩水率过半。高盛和摩根的股价分别从 52 周最高价下跌了近 70% 和 80% 。

其次,从政府角度考察现有应对措施,也可以帮助我们理解危机的"百年一遇"。对此次危机的政策应对措施之频繁、力度之大,都非常罕见。亚洲金融危机时,我们没有看到这样程度的全球联手行动;1995 年墨西哥危机、20 世纪 80 年代的债务危机,也没有出现这样的应对措施。各国政府采用的大量措施,无非是以下四类:第一,提供流动性。就美国而言,由美联储提供流动性。第二,充实资本金,并出手国有化部分陷入危机的大型金融企业。出现危机时资本金是在市场上无法找到的,令大型金融机构免于破产对恢复金融市场信心极为重要。充实资本金的工作在美国主要是财政部来做的。第三,加强或者改善监管。这其中有一系列事情可做,比如为银行间市场和信贷市场提供担保、把部分投资银行纳入商业银行监管体系等,以减少对手风险。虽然加强或者改善监管是长期工作,但我相信一些为银行间市场和信贷市场提供担保、把部分投资银行纳入商业银行监管体系等措施是暂时的。这里说的"暂时"不是指一天、两天或者两三个月,而是说危机过后这些措施将面临修正。第四,保经济增长。主要通过减息、降税或者增加政府支出来实施。

最后,从危机机制来看。危机有两种形态:第一种形态相当于发生大地震,所有人都同时受到冲击,感到恐惧;第二种形态,也是较多出现的一种形态,即所谓"多米诺骨牌效应"。后者在股市上是一种常见形式,如银行股价格下调,引发投资人对经济增长和大宗原材料需求的担心从而使大宗商品价格开始下跌,又导致钢铁、能源类股票价格也随之下调,而后当投资者意识到银行贷款和盈利能力将随经济增长放缓而削弱时,银行股价格又会开始第二轮下调,如此循环。通过梳理本次金融危机爆发的路线图我们可以发现许多"多米诺骨牌效应",从 2007 年 2 月一直到 2008 年 11 月。这种效应还在继续。

危机之所以严重,"百年一遇",套用萨默斯的话说,是因为危机机制——四个恶性循环同时发生,相互交织,相互加强,发生的概率也是百年一遇。

第一个恶性循环是流动性问题。虽然危机以各种各样的面貌出现,但任何一次危机都必然是流动性危机。可能有些机构不缺流动性,正常情况下它们愿意把自己的流动性放到市场上交易,但因为担心自己明天也遇到流动性问题,就把本来应该交易出去的流动性留在手里。从另一方面考虑,如果流动性问题变得非常之大,也带来几十年一遇甚至百年一遇的机会,可以把竞争对手消灭。因此,应该留着现金用于兼并、收购,其回报远远大于把流动性贷出。所以流动性危机时,流动性交易的激励和平衡机制都被颠倒过来,进一步加剧了流动性紧张。

第二个恶性循环是资产价格。投资者可能什么都没做,第二天一觉醒来发现资产缩水了10%甚至20%。在资产价格下跌压力下,投资者会急于抛售,造成资产价格进一步下跌。而推动资产价格疯狂下跌的另外两个因素是外汇市场波动和流动性枯竭导致套息交易(carry trade)纷纷平仓,而巨大的赎回压力和追加保证金(margin call)又逼迫对冲基金、共同基金等大型机构投资者不计成本的抛售。

第三个恶性循环是资本金。金融机构本来有一定的风险敞口,而资本金本来足以覆盖这个风险敞口。然而一夜之间,这些机构发现风险敞口扩大,资本金就不够了,需要马上开始寻求资本金。这时其他人也在寻求资本金,而风险升高让资本金供应减少,这样资本金越来越稀缺。雷曼在这方面出现比较大的问题。

第四个恶性循环是经济周期下行问题。经济下行会造成就业降低、投资降低、消费降低,后者会进一步加重经济下行,第二轮又是压低就业、压低投资、压低消费。

一般的经济周期下行只是第四个恶性循环。亚洲金融危机是第一个循环加上第四个循环,资产价格有所调整但不是很严重,发达国家金融机构的资本金没有出问题,出问题最大的仅是对冲基金。三个恶性循环同时发生的概率已经很小了,而四个恶性循环同时发生的危机机制概率可以是一百年一次。

简单概括,从发生危机的市场指标、政府反应和危机机制三方面看,都可以判断我们遇到了"百年一遇"的危机。对于有兴趣研究金融市场和经济学的人来说,可说是生逢其时。我们见到了这种危机,我们经历了这种危机,而我们的孙子辈可能都未必有这种机会。把危机看透了,可以终生受益。

二、为何会发生"百年一遇"的危机

在这方面已经有很多评论,其中很多批评都指向格林斯潘。两个星期前格林斯潘到美国国会作证,所受到的待遇和他在任美联储主席或刚卸任时截然不同。以前他讲话时基本上没有议员敢打断他的话,即使有些议员听不懂他讲的是什么,或者有问题想问他,但是没有人敢问。现在则是反复打断他的话。一些海外华人投资者形容:"格林斯潘在台上和刚下台时候是'神',现在像'牛鬼蛇神'",虽然这些形容未必公正、准确。

我认为有几个方面的原因导致了这次"百年一遇"的危机:

首先,跟监管的缺失有关系。金融创新是比较快的,而监管相对落后于创新,这个问题一直存在。在过去几年里,越来越多的投资银行把盈利方向专注于自营交易,甚至把自己变成对冲基金这样的机构——对冲基金恰恰是缺乏监管的,但淡化了上市、兼并、二级市场交易、资产管理等投资银行的核心业务。这类核心业务对资本市场发展是非常必要的,我认为也是仍然有前途的。

其次,跟货币环境有关系。把所有责任都归结为格林斯潘的失误是不公平的,因为还有比较深层次的问题和矛盾。整个20世纪90年代,美国处于高增长、低通胀状态,从而有所谓"格林斯潘之谜",即长期收益率比短期还要低。本来收益率曲线应该是向上的,但过去几年却是一条弯曲的钟形曲线。90年代出现了重要的技术进步。由于技术进步带来效率提高，那么全世界有可能在高增长、低通胀的平台上快乐很长时间。

从货币政策角度，最早从美国宏观经济层面提出技术进步对经济增长和通胀影响学说的是格林斯潘。当时的经济学家们在这方面有很多研究，但结果发现二者之间的联系并不是很强。有人说："You see computers everywhere but in productivity"，即计算机到处都有，但却在生产率中找不到。

90年代的全球高增长、低通胀状态可能与全球化有关，我也就此写过几篇短文。90年代发生的一个非常大的变局是中国、俄罗斯、印度加入了西方生产和流通体系，这对于全球生产力的提高和通胀水平的降低有极其重要的作用。90年代发生的全球化也是"百年一遇"的。"百年一遇"的全球化带来了"百年一遇"的大繁荣，而后才是"百年一遇"的大危机。没有"百年一遇"的繁荣，不可能有后来的"百年一遇"的危机。

如果一个国家的货币政策没有足够多地考虑外部发生的深刻结构性变化，那么短期内正确的政策在长期可能产生比较大的隐患，对于全球金融体系中心国家而言更是如此。因为其货币是全世界的储备货币，其带来的影响可能更大。

三、未来演变趋势

未来演变趋势取决于两个重要因素：一是市场风险有多大；二是各国政府还会做什么。这两个因素是互动的，把任何一方撇开后问题都没法回答。在某种意义上说，市场危机高潮已过，但经济层面的危机才刚刚开始，全球经济下行毫无疑问。下个星期就是美国大选，不管谁成为新总统，但是在这个人人都是"凯恩斯"的年代里，预计其经济政策在某种程度上都是罗斯福政策的翻版，只是力度上有所不同。如果奥巴马成为新总统，那他想不成为罗斯福也难。

每一次大的金融危机都是一次"洗牌"。有些国家被洗出局，有些国家变得更强；有些金融机构被洗掉，另外一些金融机构变得更强。巴克莱银行（Barclays Bank）与苏格兰皇家银行（RBS）和富通集团（Fortis）的最大区别就是以何种方式和有无在高价时购买荷兰银行（ABN AMRO）。巴克莱坚持以股换股，而不愿意付出一分钱现金。而富通集团花费240亿欧元购买了荷兰银行很小的一部分业务。富通集团已经被"五马分尸"，变卖全部身家仅约300亿欧元。苏格兰皇家银行现在只能接受政府的强行注资。与之相比，巴克莱却坚持不需要政府注资。其中的差别也可以在各自股价上明显地体现出来。只有经过这样的危机，才能看到哪些机构能够经受考验，哪些只是"裸泳者"。

实体经济与金融经济需要一种匹配关系。在这方面，美国的问题不是最严重的。一些小的经济开放体如冰岛，其金融业发展很快，但实体经济可能已经无法支持金融经济，在危机中受到的损害比较严重。本次危机的一个重要启示是，小国办大金融之路风险非常大，大的金融机构只应该在大经济体里存在。这对中国是一个利好消息——随着小国所办的较大金融机构慢慢收缩，腾出的空间将由较大的经济体进占，其中包括美国，也包括中国。

我们千万不要轻易低估美国的经济实力和活力，也不要认为发生了这样的经济危机美国就一定会一蹶不振。我认为，在发达国家中，美国仍是最有活力的经济，经历此次危机之后美国可能变得更强。相比美元，其他货币，尤其新兴市场国家的货币和一些OECD国家的货币，没能经受住考验。从货币竞争这个角度来看，如果说以前美元还有紧跟其后的竞争对手的话，现在这些竞争对手已经被打趴下了。所以，这次危机在某种程度上反而加强了美元和美国在全世界经济中的领导地位。从某种角度看，一国货币并非完全是由其经济实力决定，而是由其政治、军事、外交、经济等诸多方面构成的综合国力决定。全球目前还没有任何一个国家的综合国力可匹敌美国，所以美元未来仍将是全世界最重要的交易、结算和储备货币。

国内现在越来越多用"金融海啸"来形容这次危机，实际是说这场由美国引发的危机已经蔓延到全世界各个角落。我们原来认为，中国2008年的股市可能是全球最糟糕的，但现在看来其实"难兄难弟"很多，而且别人的情况可能比我们更糟。比如在一季度，新兴市场国家中的巴西、俄罗斯，由于大宗原材料价格飙升，其股市表现远远好于中国。但现在回头再看，尤其在过去几周全球股市狂跌时，中国股市相对而言比较稳定。市场上本来有"金砖四国"之说，但现在有人提出了新的说法："Brick is broken. What's left is concrete."其中的concrete对应原来金砖四国Brick中的"C"，即中国。我们不妨五年后再来评判这句话的意义。

全球金融经济危机:原因与教训[*]

林毅夫

世界银行前首席经济学家、高级副行长、北京大学国家发展研究院名誉院长

林毅夫教授主要探讨了全球金融经济危机产生的原因与教训。他首先介绍了国际理论界和舆论界关于国际贸易不均衡和全球金融经济危机原因的三种假说,分别为东亚经济体的出口导向战略、自我保险假说以及中国汇率政策假说。这三个假说都认为东亚经济体是造成国际贸易不均衡以及全球金融经济危机的主因。林毅夫教授对此表示质疑,他从理论和实证两方面对这三种假说进行了一一批评。在此基础上,林毅夫教授提供了一种新的假说,他认为这一次的全球经济金融危机,以及此前的国际贸易不均衡,根本原因在于美元作为储备货币,以及美国的政策失误造成美元货币和信贷资金急剧增加和过度的投机行为,导致美国房地产和股市的泡沫。在此基础上,他总结了这次全球金融危机的教训,并再次论述了他先前对中国前景的乐观看法,认为中国还有20年保持年均8%的增长率的潜力。

一、关于全球金融经济危机的三种假说

全球金融经济危机突如其来,到现在还是在继续发展,它产生的原因是什么?它给我们的经验教训是什么?以后我们怎样来避免同样情形的发生?

众所周知,全球金融经济危机是由美国的房地产泡沫破灭所引发。关于美国出现房地产泡沫的原因,国外理论与舆论界普遍认为,是由于国际贸易不平衡,中国和东亚经济体积累了大量外汇,购买美国国债,压低利率,导致大量的资金流向房地产和股票市场,引起了房地产的泡沫和股市的泡沫。这一观点把这场全球金融经济危机产生的根源归结为外部贸易不平衡的东亚国家和经济体。

那么,为什么东亚经济体积累了那么多外汇而造成这样的国际不平衡?理论界提出

---

[*] 摘自第30次季度报告会(2012年7月21日)。

三种假说:第一,东亚经济体奉行的出口导向战略。出口多了,贸易盈余当然就多。第二,东亚金融危机爆发后,东亚经济体为了自我保险而增加出口,以积累外汇。1998年东亚金融经济危机以后,东亚经济体,像韩国、泰国、马来西亚等吸取了一个经验教训,就是如果外汇储备不足的话,很可能给投机家一个机会来狙击一国的货币,造成金融经济危机,所以为了自我保险,就开始增加积累外汇。除了这两种说法之外,一个更流行的说法是中国压低人民币真实汇率的政策。中国政府人为地压低人民币汇率,造成中国出口大量增加、外汇大量积累。

上面这三种假说所阐述的机制似乎都可能增加东亚经济体大量的出口和外汇积累,然而危机发生前所出现的国际贸易不均衡是否真的由这三个可能的假说所阐述的原因引起?对此需要结合经验数据进行考察。首先,关于东亚经济体奉行的出口导向战略。东亚经济体在近几年贸易顺差确实激增,但是,其从20世纪60年代以来一直奉行出口导向战略,在2000年以前贸易基本平衡,就算有盈余数量也很小,如图1所示。因此,出口导向战略不会是2000年以后国际贸易不平衡剧增的主要原因。

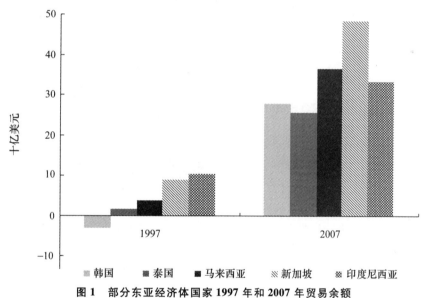

图1 部分东亚经济体国家1997年和2007年贸易余额

其次,关于自我保险假说。如这个假说所述,东亚经济体在90年代末的金融危机之后,经常账户的顺差剧增。然而,如图2所示,日本和德国这两个拥有储备货币地位、无须以积累外汇来自我保险的国家,其经常账户的顺差在同一时期也一样猛增。而且,中国从2005年以后的经常账户盈余和外汇积累也远远超过自我保险的需要。

最后,是否是由于中国的汇率政策造成的呢?国际贸易不平衡的现象在2002年开始引起关注,其后愈演愈烈。中国从2003年开始即被指责人民币真实汇率低估,被认为是国际贸易不平衡的罪魁祸首。然而,以下事实与此说法相去甚远:中国的贸易顺差直到2005年后才变大。在2003年时,贸易顺差比1997年、1998年小,而那时人民币币值普遍被认为是高估而非低估。不可能顺差变小,反而币值是低估。在2005—2008年间,人民币对美元升值20个百分点,但国际贸易不均衡和中美贸易不均衡继续扩大,如图3所示。

另外,其他发展中国家的贸易顺差和外汇储备也同样增加。假如中国的汇率低估是

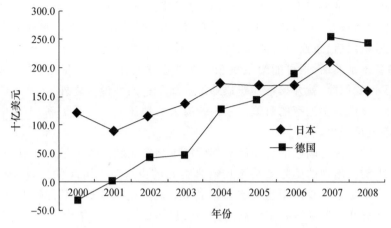

图 2　日本和德国 2006 年和 2008 年经常账户余额

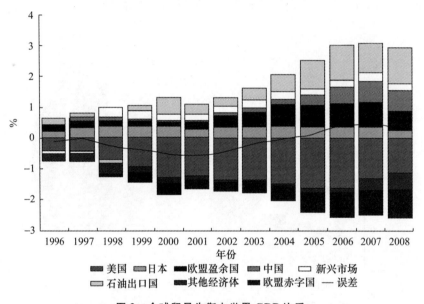

图 3　全球贸易失衡占世界 GDP 比重

国际和美国贸易不均衡的罪魁祸首,那么,其他和中国在国际市场上处于竞争地位的发展中国家的贸易盈余和外汇储备应该都会减少。然而,如图 4 所示,整个发展中国家的外汇储备从 2000 年不到 1 万亿美元,急剧增加到 2008 年的 5 万多亿美元。

　　上述三个假说都认为东亚经济体是造成国际贸易不均衡的主因。然而,美国对中国的贸易赤字虽然增加颇多,但东亚经济体在美国的贸易逆差中所占的比重却明显地下降。如图 5 所示,东亚经济体在美国的贸易逆差中所占的比重,从 90 年代占 61.8% 降为 2000—2009 年间的 44.9%。以上事实说明,上述三个普遍被接受的说法不可能是造成国际贸易不平衡和这次全球金融经济危机的根本原因。

　　实际上,中美贸易不均衡反映的是通过地区产业链的整合,轻加工制造业从其他东亚经济体转移到中国,随着这种转移,原来美国与东亚贸易的逆差也移转到中国,这从图 6 可以得到印证。

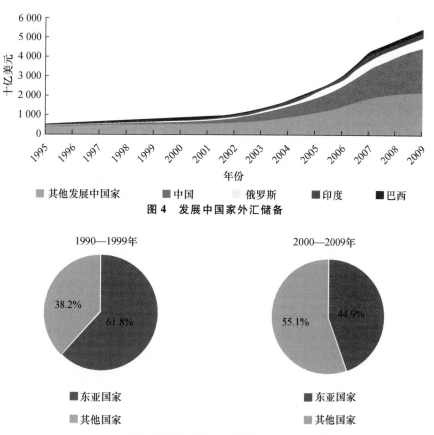

图4 发展中国家外汇储备

图5 东亚和其他国家占美国贸易逆差的比重

资料来源：联合国商品贸易统计数据库。

图6 中国和日本占美国商品贸易逆差的比重

二、和所有事实都能一致的新假说

因此,我们需要一个和所有事实都能一致的新假说。新假说认为,国际不均衡是美元作为国际储备货币以及美国如下两个政策变化所致。第一,80年代开始的放松金融管制政策,允许金融机构高杠杆运作;第二,2001年互联网泡沫破灭,美联储采取了低利率政策刺激经济。以上政策造成货币和信贷资金急剧增加和过度的投机行为,导致美国房地产和股市的泡沫。从80年代开始,美国,包括欧洲,开始推行放松金融管制政策,放松金融管制一个最直接的结果就是允许金融机构高杠杆运行,所以可信贷资金增加,流动性增加。同时从2001年开始,美国互联网泡沫经济破灭,照理说泡沫经济破灭要进入一段萧条时期,但当时格林斯潘为了避免美国经济深度衰退,实行非常宽松的货币政策,年利率从2001年泡沫经济破灭之前的6.5%连续23次降息到18个月以后的1%,接近零利率。这就造成流动性过剩,以及大量的投机行为。这些投机的钱在美国国内就流到房地产市场和股票市场,造成房地产和股市的泡沫。

泡沫的财富效应使得美国的家庭过度消费。泡沫还没有破灭之前,大家都感觉到自己有钱了,有财富效应,再加上金融衍生产品的开发,金融创新允许家庭把房地产增值的部分套现出来销售,消费需求就增加了,美国老百姓负债占可支出收入的比重急剧增加。再加上美国政府因为阿富汗和伊拉克战争增加了财政赤字,使得国内需求和贸易赤字猛增。由于美元是国际储备货币,这种赤字增加得以长期靠增发货币来维持。

到了2000年,中国已经成为美国劳动密集型的加工制造消费品的主要供给国,美国和中国的贸易逆差逐年扩大,中国和给中国提供中间制造品的东亚经济体的贸易逆差,也就是它们的贸易顺差,也逐年扩大。

由美国政策变化引起的流动性过剩同时导致大量资本外流到发展中国家,从2000年的2000亿美元,增加到2007年的1.2万亿美元,给发展中国家带来了投资拉动的快速增长。如图7所示,2002—2007年间发展中国家的经济增长率达到了历史新高。发展中国家投资拉动的经济增长,导致许多以出口资本品的发达国家,如德国、日本等的贸易也产生大量顺差。许多国家的加速发展导致对能源、原材料等自然资源需求的快速增加、价格上涨和资源出口国的贸易盈余。

由于美元是国际储备货币,在其他国家的国内不能流通,各国中央银行,只能将外汇收入用于购买美国的政府公债或其他金融资产,造成了发展中国家资金大量外流到美国而压低了美国利率的假象。

那中国的贸易顺差为何增加那么多?大的贸易顺差反映的是高的国内储蓄率。国内储蓄率高的原因,一般学者认为是缺乏社会保障体系和人口老龄化。然而,上述原因不可能是中国国内储蓄率高的主要原因。这是因为,中国的家庭储蓄只占国内生产总值的20%左右,和印度处于同一水平。如图8所示,中国的储蓄率高的一个特色是企业的储蓄率高,其原因则是作为双轨制改革的一个后遗扭曲问题:金融过度集中在大银行和资本市场,形成对大企业的隐性补贴;自然资源的低税费;某些产业的垄断。上述扭曲的消除是中国改善收入分配、增加家庭收入和消费、减少外贸顺差的治本之策。

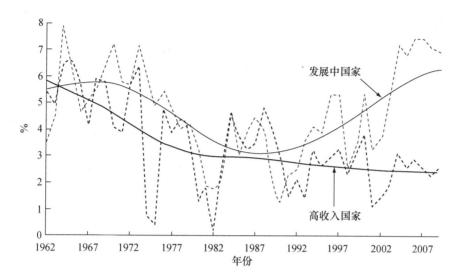

图7　发展中国家和高收入国家经济增长趋势和周期

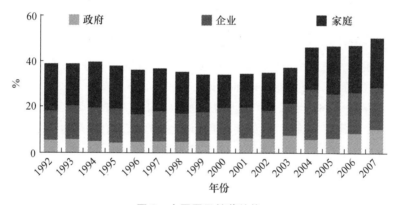

图8　中国国民储蓄结构

三、全球金融经济危机的教训

这次全球金融经济危机中有些经验教训值得吸取。中国有一句古话叫做"对症下药才能药到病除"。国际贸易长期不平衡,对逆差国来讲,不管是不是外汇储备国,都绝对是不可长期维系的。如果在国际贸易不均衡开始出现的2002年、2003年,发达国家能够实事求是、面对问题、提出有效对策,而不是推卸责任,把自己的政策造成的问题说成是别人的政策引起的,那么,这场二次大战以来最为严峻的全球金融经济危机或许可以避免或是缓解。

发达国家政府的委过于人的政策固然有其政治的考量,但是也和学术界的推波助澜有关。学者在研究问题时固然有基于政治原因而指鹿为马的,但更多的是瞎子摸象。学者在研究问题时对现象的理解应该力求全面,不要局限于一点,满足于理论假说和所要解释的主要现象一致,对任何理论假说应该多作推论,看是否每个推论都和已知事实一致。如果发达国家的学术界能做到这一点，在国际贸易不平衡逐年加大时，他们也早就能发现出现这个不可持续的现象的真正原因，而帮助他们的国家制定药到病除的政策，或至少不会为他们国家委过于人的政策摇旗呐喊。

随着中国国际经济地位的提升，中国经济政策对国际经济的影响会越来越大，各种矛盾冲突也会越来越多。从这次全球金融经济危机爆发前国际贸易不均衡问题的争论中，我们可以发现利用外国的理论作为依据来制定政策或谈判，中国会永远处于被动的地位。中国的学者有责任，根据事实自建内部逻辑一致（自洽）、各种推论又能和各种事实一致（外恰）而不是和单一现象一致的理论，这样才能把握我们自己的命运，不随别人的音乐跳舞。在国际谈判中，我们才能理直气壮，化被动为主动，发挥崛起的大国所能发挥的积极作用。

四、中国经济增长前景

在最近的一次演讲中，我提出的中国经济还有 20 年年均 8% 增长潜力的看法在媒体和学术界引起不少评论。关于到 2030 年中国有保持年均增长 8% 潜力的观点在我 1994 年出版的《中国的奇迹》上已经谈过，在 2009 年出版的《中国经济专题》上也进行过详细的论证。以后几年，在国内、国外的各种会议上也多次谈及。

为何需要对中长期的增长潜力进行判断，这是因为这一判断会影响短期的政策选择和长期发展的绩效。一头小毛驴吃得再多也不可能长得和一匹马一样大，但一匹马不给足够多的草料，也可能真的只能长得和一头毛驴一样大。

中国还会有 20 年 8% 增长潜力的说法之所以会被有些学者怀疑，原因有二：其一，还不曾有任何一个国家曾经维持 50 年年均 8% 以上的增长；其二，高速增长的国家，在人均收入按购买力评价计算达到 1 万美元左右时，增长速度都放缓。然而，小平同志在改革开放初期提出 20 年翻两番，年均增长 7.2% 时，历史上也不曾有过像中国人口这么多、底子这么薄的国家，曾经达到那样的增长速度。而我们现在实际达到的是 32 年年均增长 9.9%。

另外，从新结构经济学的视角来看，一个国家的增长速度决定于其技术创新和产业升级的速度，而一个发展中国家的增速潜力，主要不是由绝对收入水平决定，而是由后发优势大小决定的。按 Maddison 的数据，以 1990 年的购买力平价计算，当日本、德国等人均收入达到 1 万美元时，其人均收入已达到美国的 65%，而我们达到 1 万美元时，人均收入还不足美国的 25%。所以，同样是 1 万美元的水平，其后发优势的潜力相差甚大。

2008 年中国大陆人均收入是美国的 21%，相当于日本 1951 年、中国台湾 1975 年、韩国 1977 年和美国的差距水平，在这个差距上，日本维持了约 20 年的 9.2%、中国台湾维持了约 20 年的 8.3%、韩国维持了约 20 年的 7.6% 的年均增长。改革开放后，我国的发展轨迹和日本等东亚经济体相似，所以，我国应当仍有同样的 20 年年均增长 8% 的潜力。

当然，上述所谈只是潜力，能否变为事实还需要我国一方面充分利用后发国家的优势来进行技术创新和产业升级，另一方面应不断克服困难，改革、完善作为发展中国家和转型国家所必然存在的各种经济、社会、制度问题，给稳定、健康、快速、可持续的科学发展创造条件。

欧洲大紧缩与中国结构性紧缩[*]

陈兴动

法国巴黎银行亚洲证券中国首席经济学家

陈兴动先生阐述了欧洲实施大紧缩政策的背景、必要性及其对中国的影响,并对中国当前结构性紧缩政策进行分析评价。

一、欧洲大紧缩政策评价

从最近参加的几次全球经济讨论来看,一些地区特别是欧盟开始提出紧缩政策,世界经济政策由合作转向各自为政。欧盟现在为什么采取紧缩政策,为什么在2010年6月25日之前奥巴马给16个欧洲国家领导打电话表示对政策退出要谨慎之后,欧盟仍然着手选择退出政策。这种调整对欧盟有什么样的影响?欧盟采取的退出政策对中国会产生什么样的影响?这次G20峰会上已经出现两个极端,欧洲坚决走紧缩赤字政策,美国则主张刺激政策。如何看待欧盟的紧缩赤字政策,未来几年它会有什么变化?中国经济结构调整目前处在什么状态?中国明后年经济会出现怎样的增长?

欧盟国家不仅在讨论紧缩赤字政策,而且有些国家已开始实践。德国政府提出要大规模减少赤字,不过只是先有口号还没有行动。第一个行动的是英国,英国政府作出了比大家预期还要严格的紧缩赤字措施。紧缩政策基本采取两种办法:增收和节支。英国政府准备增加财政收入110亿英镑,同时减少支出,比如积极出台冻结工资、冻结儿童补贴、公务员三年工资不变等一系列政策。紧接着其他欧盟国家特别是欧元区国家形成紧缩赤字的共识,欧盟国家大多承诺到2015年左右使它们当年的财政赤字率回到3%以内,以此推动债务率的下降,并且使债务率回归到60%以下。

为什么欧洲会积极采取减少赤字的紧缩政策,这主要有两个理由。第一,2008年四季度以来以美国为主的次贷危机导致全球出现金融危机和经济衰退,2009年全球政治领

---

[*] 摘自第22次报告会(2010年7月24日)。

袖基本达成共识,先别顾各自的利益,要团结一致避免全球的经济衰退,避免出现20世纪30年代的大萧条。然而,刺激政策实施一年之后,欧洲国家开始认识到其刺激政策对恢复增长的作用微乎其微。究其原因在于,欧洲的消费占其GDP比重70%以上,赤字刺激政策相当于政府采取借债的办法支持老百姓消费,这些消费创造的需求却流向了非欧盟成员国。因而,2009年采取的积极财政政策需要改变。

第二,刺激政策不仅对欧盟经济增长作用不大,而且赤字急剧上升导致巨大的债务风险。债务危机目前已经开始逐步显现,最令人瞩目的是希腊债务危机,其给欧洲带来巨大风险。根据我对希腊的实地考察,希腊的问题主要在于其已经没有太多增长空间,最著名的"渔夫的故事"就是从希腊来的。大家都知道。你到了希腊就觉得懒洋洋的,我早晨11点到居民区,当时一片寂静,商店也不开门,想喝杯咖啡也没地方去,希腊人凌晨两三点或者四五点才睡觉,晚上十一二点大家才约会吃饭,希腊人口一千多万,雅典就有五六百万,又没有工业,有那么多事情可做吗?

然而,希腊的高速公路修得特别漂亮,钱都是借的。如果欧元升值中国生产的东西卖到那个地方更便宜,他们为什么不买?欧洲已经进入后工业化社会,希腊满地埋的都是三五千年之前的东西,他们认为现在他们拥有的是财富,天气又好,爱琴海美不胜收,没有必要努力去工作。但是日常生活怎么办,又有高福利,靠什么?靠发债。然而,美国金融危机证明了这种依赖"金融鸦片"的增长模式的不可持续性。与希腊的处境类似,其他PIIGS国家也面临同样的问题。表1是欧洲PIIGS集团及其他主要国家的财政状况。数据显示,赤字率与债务率都明显超过欧盟规定的赤字率3%、债务率60%的标准。为防范债务危机扩散,欧洲必须采取积极的应对政策,化解债务风险,重塑财经纪律。

表1　2009年欧洲PIIGS集团及其他主要国家的财政状况　　单位:%

	政府财政收支余额/GDP	政府债务/GDP	净国外资产/GDP
葡萄牙	-9.3	76.8	-96.3
爱尔兰	-14.3	64.0	-54.1
意大利	-5.3	115.8	-23.2
希　腊	-13.6	115.1	-73.5
西班牙	-11.2	53.2	-75.6
英　国	-12.1	71.3	-3.5
法　国	-6.2	78.1	-20.5
德　国	-3.3	73.2	22.8

应对欧洲的财政债务问题,有四种办法:一是发展经济,可以征收更多的税,但当前经济尚处于恢复之中,这种方法难以实现。二是采取高通胀的办法,但这种办法现在难以推行。三是采取债务重组,出售国有资产,但是这样能筹集到的资金非常有限。因而,目前唯一的办法就是大幅度减少赤字。

然而,欧洲通过降低财政赤字而实行紧缩性政策,在一段时间内可能导致大量的罢工抗议,那么欧洲人可能不接受他们的政治家所提出来的路线,欧洲可能就会乱糟糟的,经济会出现更加严重的问题,未来紧缩性政策可能被迫调整。但是,欧洲政治家认为,现在如果实施紧缩政策,虽然短期内经济不一定能更好,甚至经济增长可能会进一步下降,但是这种方式能让外界觉得政府在着力解决问题。

当然,欧洲政治家相信人总是生活在现实中的,白天罢工,晚上回家还得吃饭睡觉,没有钱总得想着挣点钱。一个趋势是未来欧洲老百姓将从现在的白领逐渐回到蓝领,这就是他们提出的再工业化的概念。欧元区16国2010年3—5月份出口增长高于进口增长,它们都想出口。欧洲人相信通过这种努力,三年以后情况就变了。我跟法国财政部、德国财政部、意大利财政部的官员交流,他们现在有信心,觉得这条路可能走对了,欧元区金融市场本身信心也在增强。

总体来看,欧洲的问题固然很难解决。但问题并非无解,关键需要法德两国团结起来,更重要的是德国人愿意不愿意拿出钱来。尽管欧洲人做事情比较慢,但他们想做的事情却大多实现了。比如1999年1月1日欧元推出,2001年欧元成了欧元区内部唯一货币;在科索沃战争的时候,当时整个世界认为欧元必定走向崩溃,但欧元不仅没有崩溃,而且在2009年最高潮的时候跟美元的兑换比例达到1:1.57。这些事实都提升了外界对欧洲实现紧缩政策既定目标的信心。

与其他大的经济体的政策调整一样,欧洲紧缩政策也将对中国产生影响。首先,贸易冲突加剧,全球化将会逐渐从正常生活当中慢慢地降下去,美国和欧洲基本上已经不太相信全球化,它们认为全球化对它们没有什么好处。全球化更多地让中国这样的发展中国家得到巨大好处,因而未来贸易摩擦肯定会增多。

其次,欧洲紧缩政策会影响中国的出口水平。中国6月份出口虽然比我们预期要好,但这主要还是恢复性增长和补库存的结果,后续诸多政策变化可能会对中国贸易产生影响。比如欧洲现在在紧缩赤字,其经济增长速度不可能达到原来设定和预期的目标,一定会下降,这对中国的商品需求可能下降。同时,目前相当多国家都想通过出口获取自己GDP的增长动力。中国已经开始在中档商品上跟欧洲许多企业在第三地市场上产生竞争,因而未来欧洲可能会采取不同的贸易保护主义,这将对中国出口产生冲击。

最后,欧洲紧缩政策会对中国的投资产生影响。未来三年欧洲市场将会变化很大,减少赤字也会影响到银行,未来三年欧洲现有资产变得比较便宜,这也是一个投资的机会,同时外国投资对中国也会产生影响。

二、中国结构性紧缩政策评价

关于中国目前实施结构性紧缩政策的问题,大方向是正确的。2010年一季度我国GDP增长达到11.9%,政府下决心对2008年以来的经济政策进行调整,这种调整非常及时,比如说对流动性、贷款增长进行控制、对房地产价格进行调控、对地方融资平台整顿清理、对过剩产能进行遏制等。然而,到目前为止,政策出台太过集中,所有政策交织在一起出现了累积的负面影响,对经济增长产生较大下行压力。一方面,虽然货币政策收紧方向是对的,但是货币增速下降太快,新增信贷在2010年6月份同比下降60.6%。图

1是人民币信贷月度同比增速。数据显示,2010年6月人民币贷款信贷月度增速为18.2%,比上月低2个百分点,比上年同期低9.2个百分点。

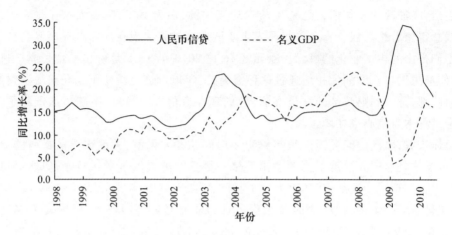

图1　人民币信贷月度同比增速(1998年1月—2010年6月)

图2中的数据显示,固定资产投资实际增长与在建项目预算投资增长在2009年3月份之前增长速度慢于实际投资增长,之后是加快,这意味着大量投资开工项目在建,如果对地方投融资平台处理过急,那么大量在建项目的后续融资将会成为巨大问题。我们现在看到投资控制,新开工项目已经首次出现负增长,增长方向出现了改变。

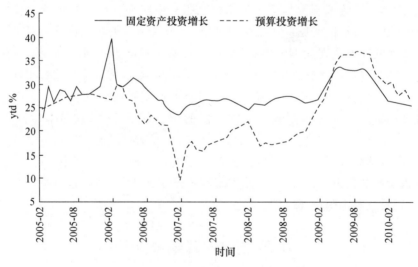

图2　固定资产投资实际增长与预算投资增长

政策的综合作用将逐步显现,目前我国经济增长已经出现下降的态势。图3是HSBC PMI和CFLP PMI指数。数据显示,HSBC PMI和CFLP PMI指数近期出现一致的下降。如果政策没有调整,那么预计下半年GDP将回到9%,从现在的11%—12%的增速下降到这个数字将产生很大的压力。从2010年7月23日中央政治局夏季经济会议报告来看,政策重点倾向于保增长优先,温家宝总理提出无论解决长期问题还是短期问题,保

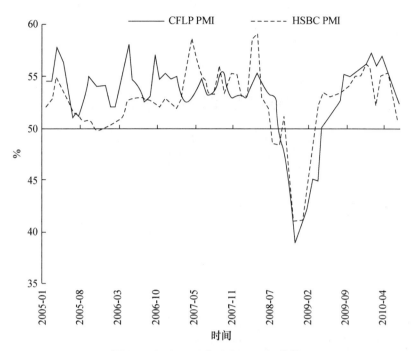

图 3　HSBC PMI 和 CFLP PMI 指数

持经济稳定高速增长是解决一切问题的前提,因而未来政策调整不可避免。

然而,2010 年上半年经济增长中消费的增长非常弱,政府一直在强调消费但始终上不去。进出口由于价格因素变化 2010 年有一个反转,2010 年上半年净出口对经济增长的贡献为正的 0.6 个百分点,但一季度是负贡献。在国内投资与消费需求增速难以提升的情况下,2010 年二季度的经济增长中净出口的贡献将更为显著。

总体而言,政策调整方面,中国应着力向保增长倾斜,政策调整不是改变政策方向,而是调整政策执行力度,未来经济增长速度下滑趋势不可避免,现在要防止的是经济增长出现比较大幅度的下滑。预计后两个季度经济增长率为 9.5%、8.7%,增长预期最低出现在 2011 年一二季度。

解读奥巴马新政*

卢 锋

北京大学国家发展研究院教授

奥巴马政府如何实行新政及其成效如何,不仅关系美国经济走势,而且会对我国开放宏观经济环境以及两国经济关系产生重要影响。下面在观察美国目前经济形势特点的基础上,从四个方面解读和推测奥巴马新政的设计和前景,并简略点评中美经济关系新议程。

一、美国目前经济形势特点

以 2006 年美国房地产次贷违约率增长为序曲,以 2007 年 4 月新世纪破产为前导,以 2007 年 7 月贝尔斯登两只次级债基金停盘并引发大量类似基金评级大幅下调为标志,美国次贷-次债危机爆发,在华尔街这个全球金融心脏地带发起第一波冲击。2008 年 3 月贝尔斯登被并购后,美国政府加大金融紧急救助力度,危机态势在随后几个月略显平缓。然而到 2008 年 8—9 月形势突然逆转:以"两房"被接管、雷曼兄弟破产、美林被并购、大摩和高盛放弃独立投行身份为标志,美国次贷-次债危机的第二轮冲击波轰然而至,并在欧洲等国引发连锁效应,发展为全球性金融危机。

布什政府的应对措施大体包括三个方面的内容。一是美联储在 2007 年 8 月以后出台了一系列政策为资金紧缺的金融机构提供流动性。二是针对第二波冲击加剧危机形势,建立 7 000 亿美元 TARP 基金对金融机构直接购买有问题资产或注资。三是提供产业救助和刺激经济。在空前力度的救助干预下,过去几个月没有出现冲击整个金融系统的事件,金融形势表面看似初步企稳。但从以下三个方面看,目前金融危机仍在发展,不能排除发生第三波冲击的可能。

一是房地产价格调整尚未见底。美国国会预算办公室(CBO)年初发表报告指出,虽

---

* 摘自第 16 次报告会(2009 年 2 月 14 日)。

然房价已大幅下跌,但由于仍有过多存货,房价2009年仍将下降。笔者年初访谈纽约政界、学术界和商界各类机构,分析人士大都认为纽约房价还要下跌2—4成。二是消费信贷和商业地产贷款坏账增加可能导致银行大范围倒闭。三是如图1和图2数据显示,泰德利差和其他可投资债券利差指标仍处历史高位,表明投资者避险情绪浓重,市场流动性仍非常紧张。

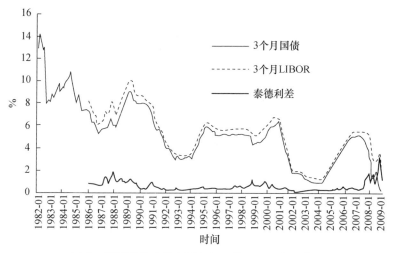

图1 泰德利差走势(1982年1月—2009年1月)

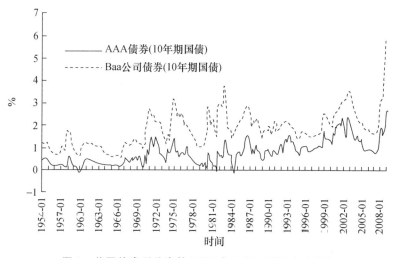

图2 美国债券利差走势(1954年1月—2009年1月)

随着金融危机深化,美国实体经济也陷入衰退之中。图3数据显示,2008年最后两个季度GDP按年率下降0.5%和3.8%,失业率从2006年年底的4.4%上升到2008年年底的接近7%。依据美国国家经济研究局(NBER)专门委员会评估,美国经济从2007年就已进入衰退。CBO估计美国经济2009年负增长2.2%,这次衰退将成为二战后持续时间最长的一次,失业率见顶时将接近10%。

在金融危机继续深化、实体经济全面衰退的双重打击面前,临危受命的奥巴马总统

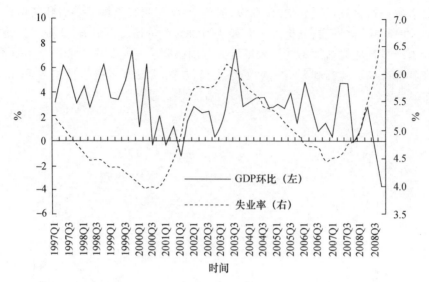

图 3 美国 GDP 增长率和失业率季度数据(1997 年 1 月—2008 年 4 月)

宣称要锐意变革以"再造美国"。从目前情势看,奥巴马新政大致会围绕"整肃金融、刺激经济、长考财政、护卫美元"四大主轴展开。

二、奥巴马新政看点

1. 整肃金融

整肃金融应包括两阶段内容。第一个阶段是对金融危机继续采取急救措施,防范第三波冲击带来的更大危害。针对坏账增加可能引发银行大面积倒闭及信贷和流动性紧张问题,美国前一段曾讨论设计借鉴 20 世纪后期应对储蓄贷款机构(S&L)危机实行的 RTC(Resolution Trust Corporation)方法,通过建立坏账银行和综合银行剥离坏账加以应对。但是由于担心这次银行坏账规模更大、与上次储蓄贷款机构问题性质不同等原因,目前没有采取政府独自兜底处理的措施。

2 月 10 日美财长盖斯纳推出《金融稳定计划》,对两大紧急难题提出"两个 1 万亿"应对方案。一是通过政府与私募资本合作设立一只基金剥离并处理银行坏账问题,计划基金启动时规模 5 000 亿美元,视效果可扩大到 1 万亿美元。二是将美联储向信用卡、教育、汽车和小企业贷款支持项目规模从此前的上限 2 000 亿美元扩大到 1 万亿美元。华尔街对这两项举措并不看好,盖斯纳甚至引来"志大才疏"之类的负面评论。如何"止血"仍是这一阶段实施金融新政的急务。

第二个阶段是"止血阶段"过后奥巴马政府将重视整治金融系统。虽然里根改革后一段时期美国体制演变大势侧重在放松管制,然而如现任总统经济顾问委员会主席萨默斯指出,民主社会中事件和观念影响政策选择……如同病人经历过心脏病袭击后改变运动方式一样,近来变化使得新政府可能采取与以往不同的政策。在危机紧急阶段过去以后,美国政府对金融系统监管政策和体制调整会突出一个"管"字。管什么？怎么管？构成奥巴马新政的看点。

加强监管将体现在广泛的领域,对此可以通过几方面观察加以推测。一是管激励机制。例如在房地产次贷"发贷—转移"模式下,最可能识别风险的房贷首发机构没有动机控制风险,对证券化终端产品的投资方虽有动机判断风险但却面临识别障碍,显然存在激励机制不兼容问题。如何引入必要的监管防范激励机制扭曲危害应是未来改进监管的重点之一。

二是管经营方式。一段时期美国金融机构经营方式出现一系列扩张过度和低估风险问题,表现为金融机构杠杆率过高,无需首付、利率可变的"忽悠贷款"（teasing loans）在相当范围流行,华尔街机构过于夸大证券化功能,过于夸大技术模型在证券定价和交易过程中的功能等等。这些都可能成为未来加强监管的切入点。

三是管组织架构。一国金融组织架构是在特定政治经济和历史环境中通过不同利益集团博弈逐步形成的,危机冲击提出的教训会通过后续调整加以补救。例如"两房"这类承担政策性目标的机构的设立及其运作方式对房地产市场失衡起到推波助澜的作用,保险业主要依赖各州行业机构进行监管也与当代保险金融业环境不相协调。解决这些问题可能涉及对金融组织架构的调整。

四是管高管薪酬。在美国这样的市场经济体制下,企业高管薪酬一般被认为是市场机制和企业内部决策问题,然而在这次危机深化期间,部分金融机构高管获取天价薪酬引起人们广泛的关注和批评,甚至引起奥巴马总统本人的批评。这些动向能否显著改变美国传统的商业伦理,并在高级企业人才"定价"机制上引入某些管制因素,也是需要关注的问题。

五是管货币政策。经验证据显示,世纪初美联储货币政策失当与房地产泡沫和危机酝酿存在显著联系。检讨美联储货币政策涉及一系列理论和政策问题。比如怎样看待"自然利率"概念提示的货币政策自我约束含义？如何看待"核心通胀"概念的操作含义？如何评估货币政策在处理资产泡沫问题上"非事先干预"的传统主流立场？对这些问题的检讨可能会派生某些具体调整措施。

美国作为法治国家,出现问题一定重视立法修补,整肃金融可能伴随美国金融史上新一轮活跃立法期。接受政府救助的金融机构和企业高管薪酬限制的讨论的规定,说明道义劝告和特定环境下行政管制也是监管的辅助手段。这次危机在全球化背景下发生,从源头上治理危机必然需要全球合作协调与制度创新。2008年年底华盛顿金融峰会只谈多余内容,2009年4月伦敦峰会能否在若干领域破题备受关注。这方面美国需要与欧洲以及包括中国在内的其他国家和地区谋求合作,也会伴随争夺话语权和主导权的矛盾和博弈。

2. 刺激经济

2009年1月28日和2月10日美国众参两院分别通过刺激经济计划,随后几天两大立法机构就方案具体内容分歧磋商磨合,几天后通过《美国复苏和再投资法案》,并由奥巴马总统在2月中旬签署生效。刺激计划是奥巴马新政目前最大的看点,也是决定新政成败的关键。

依据宏观经济学标准理论,应对经济衰退的传统需求管理政策,通常从减税刺激消费和政府扩大投资两方面入手。但是美国本次危机的特点在于,此前美国总消费过度是危机的根源之一。美国决策层和学术界中的一种意见认为,这次不能指望主要依靠消费增长来刺激经济,政府投资具有更为突出的作用。

进一步观察,由于这次危机兼有周期性和结构性双重的特点,投资也就被赋予提振总需求和打造新产业结构的双重目标。面对经济严重衰退的形势,提振总需求无疑是经济刺激方案的首要任务。奥巴马政府能否通过几千亿美元投资计划,带动私营部门投资跟进,鼓励老百姓在充实必要储蓄的基础上增加消费,从而较快解决总需求疲软问题,是检验刺激计划成效的第一重挑战。

然而更为深刻的困难,还在于投资计划需要推动技术—产业突破,在刺激总需求的同时革新美国产业结构。不能提振总需求会导致新政失败,但是启动技术和产业突破并使美国重占全球经济制高点才最终决定新政成功。在以"产品内分工"为特点的当代经济全球化环境中,美国要想维持其领先国和霸主国地位,就不可避免地需要这样来定义其任务和问题。这是理解美国经济困境深层根源及其未来演变逻辑的认识枢纽点。

美国 1963 年实行 806.30 和 807.30 两组税则号,通过"生产分享项目"政策鼓励向海外转移缺乏比较优势的生产工序和环节,标志美国逐步实行在全球"产品内分工"基础上定义和巩固其领导力的新战略。20 世纪 90 年代 IT 革命经验显示,如果全球技术和产业处于活跃演变期,美国在科技前沿研发、资本市场、企业体制等方面相对优势得到较好发挥,这一增长模式确能帮助美国在全球竞争中处于有利地位。

这一增长机制要求美国等高收入国家把某些产品以及特定产品生产过程的某些生产工序、环节与活动向海外转移和发包,为新兴国家承接符合其比较优势的产业和工序并实施开放发展战略提供了客观有利条件。由此推动的南北合作互动,构成当代经济全球化的全新微观基础。这一发展模式提升了美国与新兴经济体之间的关联度和整合度,也有助于加强美国经济的全球影响力。

但是这次危机的教训显示,如果一定时期内技术和产业前沿演变处于相对平静和沉寂的状态,如果美国作为领先国家对致力拓宽技术和产业前沿使命意念模糊或用功不勤,或者出于某种"便宜行事"的心态试图仅凭花样翻新的衍生品"创新"主导全球经济,则不仅不能实现其目标,反而会给美国和全球经济带来灾难。

美国痛定思痛似乎加深了对其分内职责的体认。笔者年初访谈纽约和华盛顿十多家智库、国际组织、金融机构的资深人士,感到美国精英比较普遍地认同应当把降低对石油过分依赖、发展可再生绿色能源等作为投资振兴的目标领域。奥巴马发誓要建立既与气候变暖、大气污染作斗争,同时又创造更多工作岗位的能源政策,可以看作是对投资新政双重内涵的诠释。

新近出炉的复苏计划分减税和支出两大块。2 000 多亿美元的主要目标是纾缓居民财政困境,同时允许企业用 2008 年亏损和 2009 年预亏冲抵过去五年税款,使企业获得更多的现金支持。支出分"专项拨款支出"和"税制直接支出"两部分,其中具有相机裁决性质的专项拨款安排,集中体现了奥巴马计划的意图和局限。

专项拨款中超过 500 亿美元的有四项。一是对"能源和水资源发展"拨款 508 亿美元,其中"能源效率和可再生能源"168 亿美元,能源研发担保贷款和其他能源项目 284 亿美元。二是对"劳工、卫生、人类服务和教育以及相关部门"拨款 726 亿美元。三是对"运输、住房和城市发展"拨款 617 亿美元,其中包括高速公路建设 275 亿美元以及其他运输投资 206 亿美元。四是对"州财政稳定基金"拨款 536 亿美元。

已初步定格的振兴计划呈现几个特点:

一是消费刺激仍占主导地位。虽然分析人士认为不能主要依靠刺激消费启动经济,但在资金分配中消费仍占大头。2 000 多亿美元减税意在支持消费。对州政府"财政平衡"和"财政纾困"支出总额超过 1 400 亿美元,较大部分会用于保留地方政府雇员、维持基础公共服务等消费相关项目。另有近 600 亿美元用于"失业和最困难家庭救助"。从整体看,消费相关投入占整个资金盘子的一半以上。

二是对交通运输等领域基础设施老化投资占据相当大比重。近 500 亿美元用于高速公路以及隧道、桥梁和铁路等基础设施投资,其中高速公路得到 275 亿美元,铁路投资(Amtrak,高速和城际铁路)得到 93 亿美元。另外投资 140 亿美元用于"公共房屋基金和其他住房补贴计划"。针对"基础设施老化"的投资,是奥巴马新政与当年罗斯福做法传承性的具体体现。

三是以新能源为主攻领域的新科技投入虽低于预期力度,但仍构成奥巴马新政最大的特色。这方面直接预算规模大约 450 亿美元左右,考虑相关投资约有 500 亿—700 亿美元。新科技领域投资还包括 72 亿美元的宽带系统投资、100 亿美元的生物医药研究投资、20 亿美元的追加科研投资(主要分布在航天、海洋和大气领域)。这些被锁定为寻求技术—产业突破领域的投资成效,将很大程度影响美国重占全球经济制高点的战略目标。

从美国立场看,投资计划重视结构调整目标应属明智之举,把技术产业突破领域锁定在新能源和环保等部门也自有道理。然而根本限制条件在于,何处是技术突破最先发生的前沿领域?技术突破何时成熟并足以启动新产业变革?从历史经验看,事先难以预测。通过政府大手笔投资推动本质具有演化属性的历史进程,首先是一次哈耶克定义的"知识上的冒险"。不仅要刺激总需求,还要推进技术产业突破,是奥巴马政府刺激经济计划的特点和难点。

3. 长考财政

布什总统当政八年大手大脚地花钱,加上近来应对危机耗费财力,使目前美国面临严重的财政困境。由于危机持续时间尚不确定,振兴计划前景不容乐观,加上婴儿潮一代进入退休年龄加大社保支出要求等原因,财政压力构成美国中长期经济增长和政策选择的关键约束因素。长考财政将是制约奥巴马和美国未来领导人施政的挑战性议程。

次贷危机爆发前,美国财政赤字在 2003—2005 年增长到 3 000 亿—4 000 亿美元的空前规模,债务率超过 60%,引发广泛的关注和批评。在 2006 年出版的《I.O.U.S.A》畅销书中,该书作者尖锐地指出多重赤字将拖垮美国。这次危机救助使美国债务总额 2008 年突破 10 万亿美元大关,总债务占 GDP 比率达到 70.2%,创二战后最高值。CBO 年初预测2009年赤字将达到1.18万亿美元,占GDP比率的8.3%,债务总额超过11万亿美元,总债务率将达到82%。考虑复苏计划额外支出,白宫管理和预算办公室近日公布2009年财政赤字将达到1.75万亿美元,赤字率将达到12.3%的空前水平。

美国债务分"联邦政府持有账户"和"对公众负债"两部分。剔除联邦政府持有账户部分,2007年美国联邦政府对公众负债5.035万亿美元,占GDP比率的36.8%。2008年美国财政赤字为4548亿美元,如果2009年的赤字是白宫最近宣布的1.75万亿美元,则2008年和2009年两年新增赤字将达到2.2048万亿美元。估计新增赤字对美国债务影响应主要表现为对公众负债增长,因而对公众持有债务2009年可能超过7万亿美元。美国官方预测2009年GDP为14.28万亿美元,可见美国联邦政府对公众负债占GDP的比率今年可能突破50%。

如果我们把观察视野拓展到更长的历史窗口,更能清晰地看出目前美国财政困境的深刻性和严重性。图4报告二战后美国联邦政府财政盈余赤字及其占GDP比重的数据,演变态势大体可分为以下几个阶段:第一阶段是50—60年代总体上财政比较平衡,表现为赤字规模较小,若干年份(1951年、1956—1967年、1960年、1969年)出现盈余,赤字占GDP比率从未超过3%。

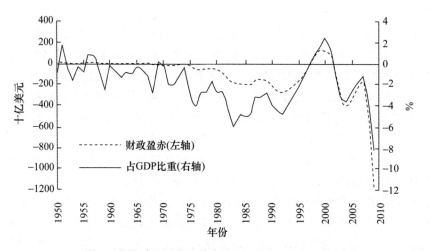

图4 美国财政盈赤及其占GDP比重(1950—2009)

第二阶段是70—80年代中期,财政赤字绝对和相对规模都呈现扩大趋势。赤字规模从此前通常不到100亿美元上升到1986年的2212亿美元;1987—1989年回调到1526亿美元,但是1990年前后经济衰退拖累财政,1992年赤字达到2900亿美元的峰值。赤字占GDP比率更是在1983年达到6%的峰值,1984—1986年三年仍在4.8%—5.1%的高位。伴随赤字的下降,赤字比率到1989年下降到2.9%,但是到1992年又回升到4.7%。

第三阶段是80年代后半期和90年代,美国财政情况出现阶段性好转。赤字规模到1997年下降到219亿美元,是1982年以来赤字第一次低于千亿美元数量级。1998—2001年出现连续四年盈余,2000年盈余峰值为2362亿美元,盈余规模创造历史纪录,该年盈余占GDP比率达到2.4%。

第四阶段从 2000 年至今。从 2000 年的 2 361 亿美元盈余下降到 2002 年再度回到赤字常态,到 2004 年赤字达到 4 127 亿美元的创纪录水平。此后几年虽然赤字在经济较快增长推动下下降到 2007 年的 1 620 亿美元,但是 2008 年赤字又扩大到 4 548 亿美元,并到 2009 年突破 1 万亿美元大关。由此可见,虽然在 90 年代互联网革命时代美国财政多年好转,但是在战后绝大部分时期,美国财政赤字作为常态存在,并且赤字规模趋势扩大,目前赤字相对水平为半个多世纪最高。

图 5 报告美国自建国以来两百多年历史中债务比率情况。几次峰值分别为南北战争时的 27%,一战结束时的 35%,大萧条时期的 44%,二战结束时的 123%。目前约 83%—85% 的债务率仅次于二战时期的峰值。

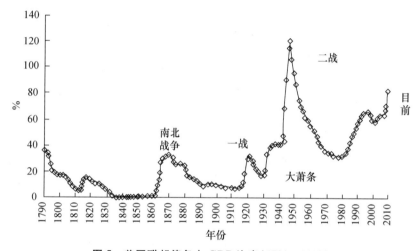

图 5　美国联邦债务占 GDP 比率(1790—2009)

美国应对财政困境的前景关键取决于两方面的考量。一是目前经济刺激计划实施效果如何?二是美国人口变动等长期结构性因素影响如何?CBO 不久前给出一种乐观预测,认为美国财政赤字 2009 年达到峰值后迅速下降,到 2012 年后下降至并维持在 3 000 美元以下低位水平,赤字率 2012 年后下降到并维持在低于 2% 的低位水平。与此相适应,债务率在 2010 年达到 86% 的峰值后,逐步下降到 2014 年以后的 75% 上下。

上述预测过于乐观。一是该预测元月出炉,没考虑刺激计划额外支出,实际情况是 2009 年赤字将达到 1.75 万亿美元而不是 1.18 万亿美元。二是这一预测建立在美国经济近乎完美的 V 形复苏基础上,假定美国 2011—2014 年四年 GDP 实际平均 4% 的高增长率。三是依据白宫 2 月 26 日发布的报告,2018—2019 年赤字仍高达 6 000 亿—7 000 亿美元,比 CBO 估计的 2 000 多亿美元高出好几倍。

从长期看,美国财政将不可避免地面临"婴儿潮"一代对社保依赖度逐步增大的全新压力。1946 年以后出生的人口 2007 年以后陆续进入退休年龄,需要从政府专项账户中领取社会养老保险。此前几十年,"婴儿潮"一代社保账户储蓄大于支出,但是今后 20 年会有 8 000 万美国人加入到领取社保福利的行列。一种估测认为,2017 年社保和医疗账户收入将大于支出,2027 年以后将产生每年 2 000 亿—3 000 亿美元亏空,2041 年美国这一账户资金将耗用殆尽。评论人士用"银发海啸"形容这一结构性因素对美国财政未来的冲击,虽不无夸张但也有几分道理。

4. 护卫美元

财政赤字率超过10%,债务率高达85%,债权方中外国人占相当比例!如一个发展中国家面对这样的财政盘子,势必岌岌可危难以为继。它要么不得不增加税收、减少支出,或二手并举,承受深度衰退煎熬主动调整;要么则可能面临外资撤离、汇率崩溃、通货膨胀等的多重打击,最终不得不被动接受灾难式调整。然而美国却仍能维持大局,而且动辄斥资千百亿巨资谋求振兴。这显然与美元特殊强势的国际地位有关。

所谓美元特殊国际地位,简单说是指美元在二战后作为唯一与黄金直接挂钩的货币,在当时名为"布雷顿森林体系"的金汇兑国际货币系统中具有的独一无二的地位。70年代初布雷顿森林体系崩溃,美元与黄金挂钩的唯一性地位不复存在,然而美元仍是最强势的国际货币,从全球份额看至今仍维持最大支付手段、标价单位和国际储备货币的地位。在危机时期,美国和美元资产往往成为投资者偏好和倚重的"安全天堂"(safe heaven)。这次金融危机最新的进展情况显示,即便在美国失误引发危机的局面下,美国似乎仍能维持其投资天堂的地位。

强势国际货币能给其母国带来诸多利益。一是铸币税利益,即国外流通货币面值能从国外购买到商品劳务价值与货币发行成本之间的差额。二是可以在国际市场上直接发行本币标价的证券融资,超越发展中国家国外融资来源与国内投资收益在货币种类上必须匹配一致的所谓"原罪约束"。三是可以用外部短期债券融资进行长期战略性投资,超越国外融资与国内投资在时间期限上必须匹配一致的"原罪约束"。四是与强势货币相关的其他国际政治经济影响力,如深陷危机中的美国不久前还能为韩国等多国央行提供巨额信用担保就是一例。

国际经济学常识告诉我们,一国货币是否具备强势国际货币地位取决于该国经济基本面的条件。一是这个国家经济的相对规模,二是该国金融市场的广度和深度,三是该国通货膨胀率与长期宏观经济稳定程度,四是该国本币汇率长期趋势和波动幅度等。但是这些条件决定国际货币地位不是即刻奏效,而是存在显著的时间滞后。从反面看,一国国际货币地位一旦确立具有相对稳定性,新货币竞争和替代过程具有相对滞后性。

在某种意义上,国际货币类似国际语言,各国广泛使用后具有某种"需求面网络效应":其他条件给定,使用主体数量越多,增加一个使用方从中得到的利益较大。一种国际货币广泛使用局面形成后,大家退出需协调集体行动存在特殊困难。从供给角度看,形成足以有能力显著替代现有强势地位货币的新经济体和新货币,通常也很难一蹴而就。在替代性经济体和货币成熟之前,即便现有强势国际货币表现不佳,只要国际交易对货币等价物的真实需求仍然存在,现有国际货币就有机会支撑维持。

美元崛起和演变是上述关系的经验佐证。20世纪前英国曾经是世界上经济最强大的国家,英镑则是最强势的货币。美国经济在南北战争后快速追赶,一战时实力已超过英国和其他欧洲列强,但是美元等到二战后才稳定确立了其最强势的国际货币地位。二战后美国经济规模约为全球的一半,拥有世界七成的黄金储备,加上超级军事力量和政治影响,美元在新国际货币体系中攫取霸主地位可以说是水到渠成和毫无悬念,此时韬略不再重要,阴谋更是多余。借助历史形成的优势,尽管美国相对地位已今不如昔,财政早已捉襟见肘,但仍能大手大脚地借钱,并且借钱越多国债利率反而越低。

不过美国人不可以也不可能无限期地透支美元的国际地位。大英帝国的衰退导致英镑强势地位的丧失,从大历史视角看仍可谓殷鉴不远。20世纪80年代和21世纪初美国的双赤字就曾引发美国学术界对美元丧失霸权地位可能性的严肃讨论。本次危机或许还不足以"放倒美元",但毕竟以从未有过的清晰程度透露出美元可能失去其霸权地位的现实逻辑和历史法则,为观察国际货币演变史提供了宝贵素材。

美元的国际地位是美国综合国力形成演变的结果,美元真的崩溃也应是美国整体经济长期的慢性病和潜在崩盘的产物。美国政府当然会全力护卫美元,然而本质上并不存在独立于其他经济政策的美元战略。依据这一理解,可以逻辑导出观察美元地位未来演变的基本视角:美元前景取决于奥巴马经济振兴计划的实施成效,取决于美国经济能否较快走出危机,取决于美国政府能否最终解决财政难题。解决不好,出现汇率巨幅贬值、通货膨胀失控和美元大崩溃局面并非完全没有可能。解决得好,像克林顿第二次担任总统时尽享互联网革命带来的财政红利,美元再次扭转颓势,也可以看作一种逻辑的可能性。

笔者宁愿采取一种比较平淡的推测:美国经济两三年内逐步走出危机;经济振兴计划有所收效但也不如奥巴马团队预期那般理想;美国财政赤字中长期有所下降;美国最终不得不承受长期增长率趋势下降的代价,通过结构调整措施减少财政、居民、外部三重赤字,从而控制住债务率持续过度增长。结果是美国难以扭转走下坡路的大趋势,但在相当长时期仍是综合实力最强的经济体,美元作为一种最重要的国际货币则需要在未来版图重构的国际环境中重新定义其地位。

三、中美经济关系新议程点评

中美关系在经济领域正在成为最重要、最复杂的双边关系之一。与美国危机形势发展及其应对策略相联系,中美经济关系可能会出现一些新议程,或者已有对话议程的内涵也会发生微妙变动。对此可以从三大领域十组议程来观察。一是宏观经济与国际收支领域,包括宏观刺激政策时间匹配、中国在美投资问题、汇率机制调整问题、结构失衡调整问题等。二是产业合作领域,特别包括能源部门合作、环保部门合作问题。三是全球治理结构改革调整领域,包括全球治理组织架构建设、气候变暖合作、银行金融国际监管与金融自由化、WTO谈判与反对贸易保护主义等。

从目前情况看,在宏观与国际收支领域,中美两国在宏观刺激政策时间匹配上应能有较好合作。有关中国在美投资、人民币汇率机制和外部失衡调整问题上两国仍存在重要分歧,然而对话内涵由于双方应对国内问题的需要会发生微妙变化。在产业合作领域,中美在能源部门和环保部门合作问题上具有较多利益交汇点,较有可能取得具体成果。在改进全球治理结构领域,合作组织架构建设、应对气候变暖、银行金融国际监管与金融自由化关系、应对保护主义挑战和WTO多哈回合谈判僵局等问题,将构成两国继续和将要长期探讨和推动的新议程。

复苏不易、景气难再
——奥巴马元年美国经济透视*

卢 锋[①]

北京大学国家发展研究院教授

这次金融危机是美国当代经济史上具有里程碑意义的事件。奥巴马总统作为应对危机期间临危受命的领导人,其施政理念和政策措施无疑会对美国经济短期表现和长期走势产生重要影响。新政实施一年来美国经济实际表现和演变前景如何?经济复苏和长期增长受到什么因素制约?如何把握评估美国未来政策选择空间?本文在观察2009年前后美国经济政策和经济绩效基础上,对上述问题进行系统梳理和分析。

本文分四节。第一节以"一个中心、三项改革"为线索,观察梳理奥巴马元年刺激经济的主要措施以及在金融、医疗、能源—气候领域推动改革举措。第二节观察美国经济2009年若干积极表现和向好迹象,说明美国危机急救政策正在生效。第三节分析美国经济稳健复苏和持续增长面临的四大挑战,强调美国经济无法回避过去长期失衡累积的深层结构性问题。第四节推测美国经济演变前景和政策选择空间,并简略评论对理解我国经济成长和政策调整的启示意义。

一、奥巴马元年的经济政策

奥巴马元年经济施政要点可用"一个中心、三项改革"概括。"一个中心"是围绕实施《美国复苏与再投资法案》(American Recovery and Reinvestment Act, ARRA)并执行配套政策大手刺激陷入严重衰退的美国经济。"三项改革"包括设计实行以加强监管为主轴的金融改革,着力推动扩大医保覆盖面和节省成本为主攻方向的医疗改革,全面调整传

---

* 摘自第20次报告会(2010年2月27日)。

[①] "CCER中国经济观察研究组"陈建奇、王健、刘鎏、杨业伟等人参与该项目研究,李远芳、胡韵等同学参与讨论并整理部分资料。

统能源和应对气候变化政策。下面简略梳理观察"1+3"新政的实施情况。

1. 财政手段刺激经济

金融危机影响实体部门,最终使美国遭遇几十年罕见的深度衰退。通常情况下,政府运用货币、财政等宏观政策工具刺激拉升总需求是治理经济衰退的标准药方。然而这次危机的特点在于,此前美联储应对金融危机时早已把利率降到接近零值的区间,货币政策工具在危机上半场已提前透支弹尽粮绝。应对实体经济衰退只好主要仰仗大剂量财政刺激工具,制定实施 ARRA 法案成为奥巴马元年财政刺激的主要措施。

奥巴马总统就职后不到一个月就快速签署总额高达 7 870 亿美元的 ARRA 法案。从法案预算使用分布情况看,奥巴马刺激经济计划具有几个特点:一是消费刺激仍占主导地位。2 000 多亿美元减税措施具有明显刺激消费的特点。对州政府"财政平衡"和"财政纾困"支出总额超过 1 400 亿美元,较大部分会用于保留地方政府雇员、维持基础公共服务等消费相关项目。另有近 600 亿美元的"失业和最困难家庭救助"。整体看消费刺激占整个预算一半以上。二是对基础设施的投资占据相当比重。近 500 亿美元用于高速公路以及隧道、桥梁和铁路等基础设施投资,其中高速公路得到了 275 亿美元,铁路如 Amtrak、高速和城际铁路等得到了 93 亿美元。另外投资 140 亿美元用于"公共房屋基金和其他住房补贴计划"。三是新能源等新兴领域投入,直接预算规模约为 450 亿美元,考虑相关投资在 500 亿—700 亿美元。

ARRA 法案预算按计划在 2009—2019 财政年度拨付。图 1 报告各财年支出比重数据,显示 2009—2011 财年分别拨付 23%、51% 和 17%,占总金额的 91%。美国财年起止日期为上年 10 月 1 日到当年 9 月 1 日,假定 2010 财年支出大体均匀分布,到 2010 年年初 ARRA 法案支出项目资金应已完成 35% 左右。另外大部分减税计划也将在 2011 年之前完成。

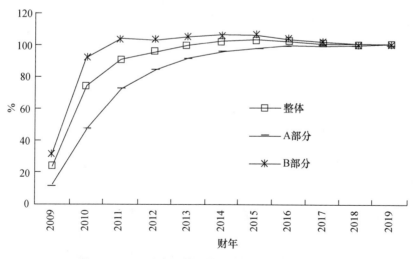

图 1　ARRA 法案预算实施进度计划(2009—2019)

美国学术界和官方机构对 ARRA 刺激效果寄予厚望。Romer 和 Bernstein 运用了乘数模型方法对 ARRA 法案 2010 年刺激效果进行预测,认为法案实施会使 GDP 增长率提升 3.7%,同时增加或保持 367.5 万个工作岗位。美国总统经济委员会的研究人员分别运用 VAR(Vector Auto Regression)以及乘数模型对 ARRA 法案对经济的影响进行了预测,认为在 2009 年二至四季度会对 GDP 增长贡献 2—4 个百分点,每个季度创造或保护就业 50 万—90 万人(Executive Office of the President Council of Economic Advisers,2010)。

美国政府执行刺激政策还根据新情况不断进行调整,对 ARRA 法案某些设定内容加以发挥拓展,还提出实施某些新刺激经济措施。如 ARRA 法案有关内容规定,首次购房者的 8 000 美元税收优惠和失业救助措施将于 2009 年 11 月底到期。为增加刺激政策效果,美国国会于 2009 年 11 月 5 日通过了《2009 年工人、房主和企业援助法案》(Worker, Homeownership, and Business Assistance Act of 2009),把首次购房税收优惠条款执行期延长到 2010 年 4 月底。另外对数以百万计失业者提供救助补贴在原法案规定基础上延长 14 周,对失业率超过 8.5% 的各州失业救济在上述规定基础上再延长 6 周。

刺激汽车消费政策属于 ARRA 法案的新措施。2009 年 3 月 17 日民主党议员 Betty Sutton 提出《2009 年协助消费者回收暨节约法案》(Consumer Assistance to Recycle and Save Act of 2009,简称 CARS 法案),6 月 24 日《CARS 法案》作为《追加拨款法案》(Supplemental Appropriations Act,2009,Public Law 111-32)的一部分由奥巴马总统签署通过。政府有关部门依据这一法案启动"汽车折价退款系统"(Car Allowance Rebate System,CARS),对满足特定标准的车主用其汽车抵价购买或租赁新型节油汽车时提供 3 500—4 500 美元货币补贴。该系统对 2009 年 7 月 1 日—11 月 1 日发生的交易提供补贴,共支付 28.5 亿美元,对 2009 年三季度美国经济增长率转正产生明显影响。

奥巴马总统 2009 年 12 月 8 日发表演讲,在肯定此前刺激政策成效的基础上,提出将从四方面入手继续实施刺激政策。一是通过税收减免、信贷优惠等方式继续扶持小企业,帮助它们维持现有就业水平。二是全面实施 ARRA 计划中的基础设施投资建设项目。三是建议国会考虑一个新项目,对有助于提高清洁环保标准的住宅翻修改造项目提供财务支持和激励。四是扩大复苏计划中的危机救助项目,包括对老年人和失业者增加保险救助,资助 COBRA 项目,救助州和地方政府以防止因为财政危机而大量裁员。

2. 全力推进三项改革

大力刺激总需求的同时,奥巴马政府和民主党还着力推动金融、医疗、能源—气候三大领域改革。

首先看金融改革。金融危机集中暴露美国金融系统在内部组织、激励机制、监管方式等方面的深层问题。无论从避免再次发生类似危机着眼,还是从维护发展传统金融优势考量,美国当局势必要大力推动金融改革。2009 年 6 月 17 日,美国财政部向国会提交《金融监管改革白皮书》,系统阐述奥巴马政府金融改革的理念和思路。2009 年 10 月 14 日,众议院金融服务委员会提出并开始讨论金融改革法案初稿的不同部分,并于 12 月 3 日通过法案初稿,众议院于 2009 年 12 月 11 日投票通过该法案。2009 年 11 月 10 日,参议院银行委员会公布金融改革草案,不过截至 2010 年年初参议院立法进程尚未取得实质性进展。

为有效监控金融部门系统性风险,众议院法案一是建议成立跨部门"金融服务监管委员会"(Financial Service Oversight Committee),成员构成包括美联储、证券和交易委员会、商品期货交易委员会、联邦储蓄保险公司等监管机构,由财政部长统一领导。二是建立"破产清算基金",防止超大型金融机构"大到不能倒"的预期对美国经济造成损害。三是为更好保护消费者免受不当金融行为的损害,把目前分散于美联储、证券交易委员会、联邦贸易委员会等机构手中的涉及消费者权益保护的职权,统一集中到新成立的"消费者金融保护署"。四是提出将对衍生品市场、评级公司、对冲基金、私募基金等实施更为严格的监管。

其次看医疗改革。建立适合本国国情的卫生医疗体系,有效动员资源满足国民不断增长的医疗服务需要和需求,是现代各国政府普遍面临的挑战性问题。与大多发达国家主要依靠政府建立并运作覆盖全社会医疗系统实现上述目标不同,虽然美国政府在公共卫生领域发挥各类功能,并对特殊社会群体提供保障性医疗服务,但是美国医疗服务体系相当程度建立在个人选择与保险市场机制相结合的体制的基础上,几千万人缺乏医保问题被广泛关注。是否需要更大程度发挥政府干预作用提升公民医保覆盖率,如何改进现有医保市场提高运行效率、降低高昂的医疗服务成本,是美国朝野长期关注和争论的议题。

奥巴马竞选时选择推动医改作为其基本政纲之一,就任总统后一再重申医改承诺。2009年6月19日,众院三委员会提出医疗改革草案并于7月31日通过法案初稿,11月7日众议院以微弱多数通过《美国可负担医疗健康法案》。该法案包括以下主要内容:一是将医保覆盖面扩大至目前没有保险的3 600万人,到2019年医保覆盖率从目前的83%提高至96%。二是在2013年成立医保交易所(Health Insurance Exchange),在建立公共保险机构(public insurers)和鼓励合作医保机构的基础上,为个人和小企业主购买医保提供一个可以进行更多比较和选择的透明的功能性平台。所谓公共保险,是由政府直接提供的保险计划,又称"公共选择"(public option),由健康和公众服务部管理。三是为中低收入家庭提供信贷,保证其享有医疗保险。在医改政策实施和信贷政策生效后,对总收入达到某一水平而未购买医疗保险的人将征课上限相当于收入2.5%的罚金。此外,该法案还在疾病预防、提高医疗工作人员素质、避免医疗资源的浪费和滥用等方面作出规定。

该法案计划未来10年支出8 910亿美元。为保证在"财政中性"前提下为医改筹措万亿美元巨资,法案提出多方面增收节支措施,包括对个人年收入超过50万美元以上部分以及家庭年收入超过100万美元以上部分按5.4%的税率征税,更为合理地配置Medicare支出结构,通过引入竞争降低医疗保险市场价格,等等。据美国预算办公室估计,到2019年,该法案的实施将使得美国的财政赤字累计减少1 090亿美元。

2009年6月9日美国参议院健康委员会公布医改法案初稿并于7月15日通过,9月16日参议院财政金融委员会提出自己的医改草案并于10月13日通过,12月24日参议院投票通过全面医疗改革法案。法案计划在未来十年内花费8 710亿美元改造医疗体系,为超过94%的美国人提供医疗保险,从而基本实现人人有医保的目标。措施包括针对年收入低于一定门槛的家庭由政府补贴保险联营公司提供低成本医保计划,扩大针对低收入居民的 Medicare 项目的覆盖范围,优化 Medicare 支出结构等等。法案提出一系列征收税费措施为医改方案提供融资,包括对个人年收入超过 20 万美元和夫妇年收入超过 25 万美元小幅提升"医院医疗保险"(Medicare Hospital Insurance)等。美国预算办公室预测,实施参议院医改方案将在未来十年使美国与医疗开支相关的联邦赤字减少 1 320 亿美元。

最后看能源—气候战略调整。高度依赖石油特别是进口石油是美国经济结构的特征之一,也是美国全球战略关键牵制因素之一。与当代人类能源利用方式相联系,过去几十年国际社会对温室气体排放导致气候变暖问题的关注度提升,美国对多边框架下治理气候变化传统采取质疑立场,在减排承诺上消极保守并极力捆绑中国和印度等发展中国家,使美国与欧洲在这一领域国际影响力竞争方面处于不利地位。

奥巴马把新能源转型和应对气候变化问题结合起来,作为他竞选和施政的优先议题之一。2009 年 3 月 31 日美国众议院能源和商务委员会提交"美国清洁能源和安全法"草案,6 月 26 日众议院以 219 对 212 票通过了《美国清洁能源与安全法案》(ACESA)。这部综合性能源立法被倡导者赋予多方面功能和意义:通过创造数百万的新的就业机会来推动美国经济复苏和景气增长,通过减少对国外石油依存度来提升美国国家安全,通过减少温室气体排放来减缓全球变暖的趋势。

该法案计划通过多种途径实现上述目标。一是引入"总量限额加市场交易机制"(a market-based cap-and-trade system),限制和减少温室气体(如二氧化碳)的排放。法案要求 2020 年的限额总量要比 2005 年的排放量低 17%,2050 年的限额总量要比 2005 年的排放量低 83%。二是鼓励促进利用新能源。要求将来电厂有一定比例发电量来自新能源与能源效率提升,这一比例到 2012 年要达到 6%,2020 年要达到 20%。还规定美国在 2020 年后将对来自温室气体排放未达标国家进口商品征收特别关税。三是 2025 年以前在清洁能源和提高能效领域投资 1 900 亿美元。四是运用再分配手段调节新政带来的利益冲击。

虽然奥巴马政府和民主党使出浑身解数,推动三项改革立法取得不同进展,然而到本文截稿的 3 月 15 日仍没有一项立法走完全部程序最终定案。即便是民主党视为重中之重、立法程序走得最远的医疗改革,两院各自版本对公共选择这一关键条款仍存在实质差异,不同利益团体和社会阶层存在尖锐的分歧意见。尤其是在 2010 年年初麻省参议员缺位选举中,民主党在这个传统优胜选区意外翻船,反对党候选人正是以高调反对医改的号召取胜,这对奥巴马政府无疑是一个沉重的打击。2010 年是美国中期选举年,下一步推动改革立法可能面临更大困难。无论从能否完成立法程序实现改革的直接目标来说,还是就改革能否解决美国经济社会发展的深层矛盾的根本目标而言,奥巴马改革都存在巨大的不确定性和风险。

二、美国经济急救生效

2007 年年初在美国引爆的次贷-次债危机,快速演变为美国金融系统整体资产负债表危机,到 2007 年年底开始把美国实体经济拖入深度衰退。2010 年年初数据显示,美国失业率仍处在两位数高位,银行信贷仍在萎缩,可见奥巴马元年结束时美国经济仍未摆脱衰退的困扰。不过得益于国内空前力度刺激政策的影响,外部受到以中国经济率先回升为代表的新兴经济体和国际环境好转的推动,美国经济 2009 年逐步出现一些止跌企稳和回升复苏的表现。

一是金融危机恶化的势头得到有效遏制。金融危机使美国独立投行灰飞烟灭,AIG 等金融巨头不得不借助国有企业的"红帽子"求生,美国政府动用数以万亿资金救助。目前虽不能完全排除发生余震的可能,不过过去一年多美国金融部门的形势逐步趋于稳定,金融危机恶化的势头确实得到遏制。具有金融系统心电图功能的利差数据有助于说明这一点。图 2 报告泰德利差在市场最恐慌的 2008 年 10 月曾达到 3.34%,超过 1987 年股市危机峰值 2.07% 六成多。此后泰德利差一路回落,到 2009 年年底降到 0.21%—0.22%,2010 年 1 月降到 0.19%。

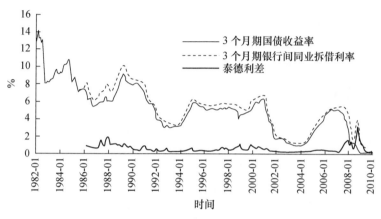

图 2　泰德利差走势(1982 年 1 月—2010 年 2 月)

图 3 报告公司利差变动,2008 年年底 BAA 公司债与长期国债利差一度飙升到 6.01%,比该指标此前半个多世纪创造历史纪录的 1982 年 11 月的 3.75% 高出六成,此后持续下降到 2010 年 1 月的 2.52%。图中报告的 AAA 公司债利差也呈现类似走势。与历史正常水平比较,2009 年年底公司债利差仍然较高,不过应能说明危机最严重阶段市场恐慌已得控制和缓解。

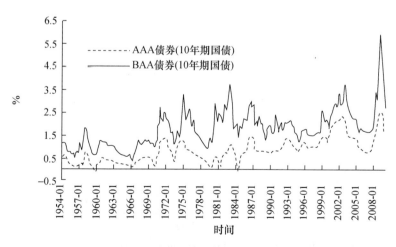

图 3　美国公司债利差(1954 年 1 月—2010 年 1 月)

二是总需求止跌回升重新录得正增长。图4数据显示,金融危机将美国经济拖入深度衰退。2008年一季度到2009年二季度的六个季度中,五个季度美国GDP环比均下跌。2008年三季度到2009年二季度连续四个季度的环比GDP下跌是自1947年以来最长的一次。2009年一季度-6.4%的环比下降是自1982年三季度以来最大的季度跌幅。这些数据显示了深度衰退的性质。不过2009年二季度美国经济降幅大比例收窄,三季度总需求止跌回升,录得2.2%的正增长。据美国官方"先期预测",2009年四季度增长率快速回升到5.7%。有关美国未来总需求走势存在争议,尤其是长期增长前景不容乐观,不过从目前情况看可能正在走出衰退。

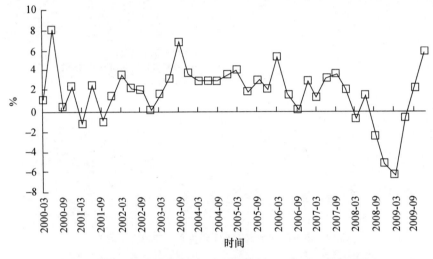

图4 美国GDP季度环比折年度增长率(2000Q1—2009Q4)

三是从一般物价变动看,图5数据显示,2008年11月出现环比下跌18.3%,宏观经济面临跌入资产泡沫破灭引发的严重恶性通缩的潜在风险。不过随着超强力度急救措施的实施,美国环比CPI进入2009年止跌回升,全年CPI处于温和正增长区间,说明美国经济得以较快摆脱出现严重通缩恶性循环局面的风险。

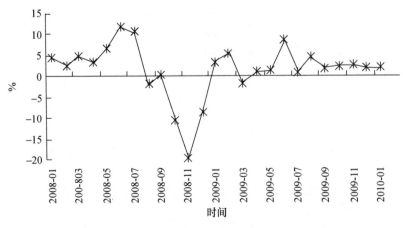

图5 美国CPI环比月增长折年率(2008年1月—2010年1月)

四是房价跌幅收窄。图6数据显示,20世纪90年代房价开始十多年持续上升并逐步形成泡沫,2005年年末泡沫破灭派生了3—4年间前所未有的房价下跌,构成过去半个世纪最严重的房地产泡沫危机。2009年年底美国两种房价指数仍在负增长,说明房地产泡沫危机调整尚未完结。不过不同房价指数跌势2009年上半年先后发生转变,如"FHAH房价指数"年初便企稳止跌并在波动中回升,"新房普查价格指数"和"S&P/Case-Shiller房价指数"2009年二季度以来跌幅持续收窄,后者到2010年1月已转变为正增长。

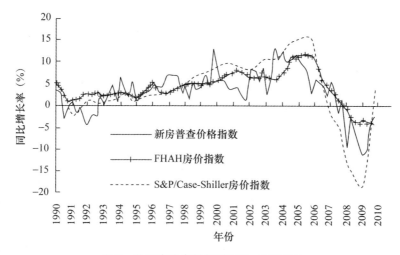

图6 美国房价走势(1990Q1—2009Q4)

五是作为宏观经济走势风向标的股票市场快速回暖。图7数据显示,金融危机爆发后股市急速下挫,纽约道琼斯股指从2007年10月的13 930点下跌到2009年2月的7 603点,跌幅为45%。NASDAQ指数同期从2 661点下跌到1 377点,跌幅为48%。此后股指快速回升,道琼斯股指到2009年10月再次越过万点,到本文写作的2010年1月10日为10 344点。NASDAQ指数2009年8月重回2 000点,2010年1月中旬之初为2 288点。

图7 美国股票指数(1980年1月—2010年1月)

六是从图8报告的制造业"采购经理人指数"(purchasing managers index)数据看,2008年夏季该指数下滑跌破50分界线,2008年12月最低下降到32.9。然而该指数此后持续反弹,2010年2月1日美国供应管理协会(ISM)公布,1月份美国制造业采购经理人(PMI)指数为58.4,达到五年多以来最好水平。

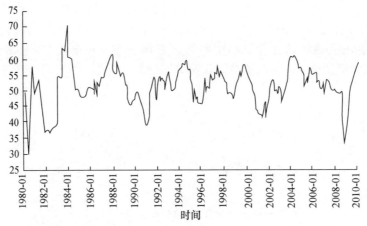

图8 美国制造业PMI指数(1980年1月—2010年1月)

不同指标对宏观经济整体变动在领先性和滞后性方面存在差异,相关经济指标的变化对经济走势的指向不可能完全一致。例如后面将讨论,失业率仍处于两位数历史高位,近来优质房贷违约率上升问题仍引发金融系统是否可能发生"余震"的担忧,因而判断美国经济完全走出危机和实现稳定复苏可能仍有待时日。不过综合观察上述指标可以看到,所谓"百年不遇危机"暗含的金融系统崩解和经济大萧条的最坏情况并未发生,美国政府空前救助政策已经取得一些短期成效,美国经济正在走出急救室并呈现某种复苏迹象。对美国经济抵御危机冲击表现的调整能力,我们应给予足够的重视和估计。

三、美国经济四大难题

奥巴马就任时发誓要"再造美国"。不过走出急救室是一回事,能否根治痼疾并完全康复是另一回事。要实现稳健复苏和再造景气目标,美国经济至少要破解四道难题。一是如何应对和治理一段时期以来面临的固定资产投资增长乏力的问题。二是如何解决银行系统信贷负增长与实体经济通货膨胀悄然回升之间的矛盾。三是如何应对财政赤字占GDP比率与失业率双双高居两位数的"两个10%"的困境。四是如何避免贸易赤字和外部失衡与经济回升同时复苏的挑战。研究探讨这些深层矛盾,是把握美国经济演变前景的关键所在。

1. 如何治理固定资产投资增长乏力的问题

美国消费与投资失衡,本质是投资乏力。事实表明,在相对开放的经济全球化环境中,在世界技术-产业前沿革命相对沉寂与新兴经济体生产率革命快速推进时期,给定国际工资、汇率和其他要素相对价格体系,企业难以在国内发现足够数量并与开放环境兼容的投资机会,是美国这样处于全球技术前沿国家面临的尖锐挑战。这时要勉强追求高增长,势必就要靠刺激消费,导致消费过度增长。缺少足够投资,生产性资本存量增长乏力,必然影响长期增长的可持续性。危机前一段时期美国经济增长结构已突出表现这一问题,目前经济复苏仍面临这个问题的挑战。

首先结合长期总需求增长结构数据,可见美国危机前一段时期面临投资增长乏力的问题。图9报告美国过去60年长期平均以及不同阶段总需求增长的结构特点。数据显示消费增长对整个时期总需求增长贡献率平均为79.5%,投资增长对总需求增长的贡献率平均为22%,20世纪90年代投资贡献率高达34%。然而进入新世纪后,美国总需求增长结构发生显著变化。2001—2009年美国消费增长对总需求增长的贡献率为112%,投资贡献率为-17%,说明美国经济在近十年投资总体呈现疲软衰减状态,经济增长从总需求角度看过度依赖消费推动。

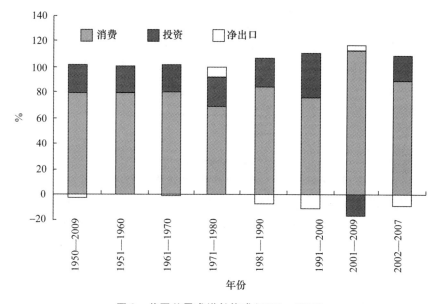

图9 美国总需求增长构成(1950—2009)

不过2001—2009年头尾经历了两次衰退和危机,经济衰退时投资降幅较大,上述数据显示的消费过度和投资乏力可能有一定程度夸大的成分。不过即便掐头去尾剔除这两次危机,仅仅观察2002—2007年景气增长时期,有关经验证据仍然显示美国投资相对不足的结构困难。图9数据显示,2002—2007年间消费增长对美国总需求增长贡献率仍高达89.5%,超过过去60年平均值10个百分点。这一时期投资增长贡献率为19.3%,可见即便是仅仅观察投资通常应更为活跃的经济繁荣时期,新世纪第一个十年美国投资增长对总需求的拉动作用仍低于同时包含衰退阶段的半个多世纪的长期投资贡献率水平。另外2002—2007年间净出口对总需求增长贡献率为-9.0%,显示经济增长建立在贸易逆差持续扩大这一不可持续条件基础上。由此可见进入新千年后美国一直面临投资相对疲软和消费过度扩张的结构性困难。

其次,比较目前经济回升表现与美国战后历次衰退—复苏的通常形态可以看到,能否启动固定资产投资持续较快增长是下一步能否稳健复苏的关键所在。为此先观察美国战后经济衰退—复苏的均值意义上的通常或标准形态。图10概括1954—2002年美国经历的十次衰退谷底之前三个季度和之后五个季度总需求变动构成,描述了这十次复苏形态的一些特点。数据显示,复苏初期经济回升速度较快,最初四个季度分别为7.3%、

6.8%、6.2%和6.0%。复苏初期经济回升中,投资增长对总需求增长贡献率往往超过一半,远远高于该指标长期平均水平。另外就复苏时期投资结构而言,存货恢复对投资增长起到关键推动作用,同时固定资产投资回升也发挥重要影响。

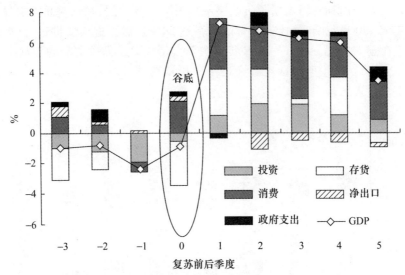

图10 美国战后十次经济复苏驱动因素分解(1954—2002)

上述常态关系对观察目前美国经济初步复苏动向特征并对推测其未来走势具有启示意义。图11报告2007—2009年美国总需求变动季度数据。数据显示,美国经济在2007—2008年之交出现负增长,2009年一季度经济下滑最严重时GDP负增长折年率为6.4%,不过总需求在2009年三、四季度回升,GDP季度增长折年率分别2.3%和5.7%。

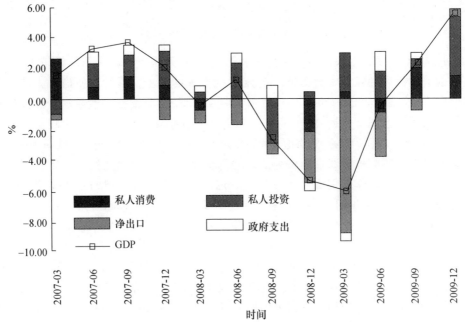

图11 美国GDP增长来源分解(2007Q1—2009Q4)

进一步分析最近两个季度增长回升的特点,可以看到投资,特别是固定资产投资走势是决定美国经济复苏的关键。

2009年三季度GDP增长2.2%,如果作为复苏最初回升的表现,与过去十次复苏一季度回升7.27%比较显然"劲道不足"。此外这一增长还有几方面问题:一是主要依赖消费推动的2009年三季度美国经济增长由负转正。不考虑政府支出增长和贸易赤字扩大因素,三季度私人消费增长1.99%,私人投资增长0.55%,仍较多具有消费驱动的增长特点。二是投资完全来自库存下降速度收窄的所谓库存投资,数据显示2009年三季度库存降幅收窄因素贡献超过0.65个百分点。三是无论消费还是投资,都主要甚或完全依赖汽车需求恢复增长。2009年三季度GDP环比增长折年率为2.2%,其中汽车生产贡献了1.45个百分点,大大高于二季度贡献的0.19个百分点。从1968—2008年的历史数据看,汽车生产对GDP增长的平均贡献约为0.13%。可见三季度汽车增长贡献强度比通常情况高出10多倍。投资中汽车和汽车零部件经销商存货回升贡献为1.17%。

2009年三季度汽车消费和存货投资相对增长对经济产生突出影响,背后驱动原因主要有两点。一是此前汽车消费大幅下降,最近出现触底回升势头。汽车消费在2008—2009年下降幅度为22.4%,此前在2005—2006年小幅下降3.6%,这是20世纪50年代中期以来最大跌幅①。二是政府刺激政策效果。2009年7—8月美国政府启动"汽车折价退款系统"即"旧车换现金"(Cash for Clunkers)政策,消费者用高能耗汽车折价购买节能汽车时,联邦政府会提供不超过4500美元的补贴。美国政府希望借助这一政策刺激经济并改善环保。美国总统顾问委员会按不同方案估计,在三种情形下在2009年下半年分别增加21万、33万、56万辆轻型汽车销售,对2009年三季度GDP贡献分别为0.13%、0.21%、0.35%。

下面看2009年四季度经济回升情况。四季度经济增长5.7%,同时私人投资反弹,增长折年率为3.82个百分点,改变三季度消费驱动回升模式。不过四季度存货投资贡献为3.39%,相当于私人投资贡献3.82%的88.7%。从战后10次危机看(本次危机除外),复苏最初两个季度私人投资贡献为4.2%,其中存货投资贡献为2.65%,存货投资贡献相当于私人投资贡献的63.1%,可见目前存货贡献显著偏高。

1991年和2001年复苏初期库存对总需求增长贡献率较高,与目前情况比较需要具体讨论。90年代复苏情况的特点在于,1991年较多借助存货相对增长启动复苏后,1992年固定资产投资便快速回升,1992—1999年8年间固定资产投资对总需求增长贡献率为34%,远远高于半个多世纪该指标的长期均值,可见互联网产业革命激发投资高增长成就当代美国经济一段最为风光的景气繁荣。

新世纪复苏情况则不同。2001年走出衰退后固定资产投资一直疲软不振,2002—2008年固定资产投资对总需求增长贡献率只有7.4%。2002—2007年GDP增长率最高为2004年的3.6%,最低是2002年的1.8%,平均增长率为2.57%。从总需求角度看,这

---

① 20世纪30年代大危机时汽车消费跌幅曾超过90%,战后1945—1950年超过3倍增长,1951—1952年跌幅为25.6%。80年代初的危机,汽车消费在1979—1980年下降18.8%,1981年已开始复苏。见"陈建奇整理的美国1930年以来总需求增长贡献构成表5基础数据"。

一时期经济增长近九成靠消费增长推动。危机前这一增长模式能否持续存在争论,然而危机呈现的事实表明,这个时期美国经济增长以资产价格泡沫、金融过度杠杆化、消费透支过度为前提,实际上不可持续。

由此可见,美国经济能否在2009年四季度较快回升的基础上顺利复苏,从总需求结构角度看固定资产投资增长能否跟进并提供更大的驱动力是关键因素。需要注意的是,美国ARRA预算分配时间设计中,有意把基础建设投资比较靠后安排在2010年以后,这方面政府刺激投资项目能否助推美国经济进一步复苏有待观察。不过从当代经济全球化国际竞争规律以及美国经济晚近时期表现形态看,要找到新的投资—消费均衡增长模式并非易事。由此可以提出两点推测性判断:美国经济能否稳健持续复苏,关键在于自生性固定资产投资回升增长;能否形成类似上轮复苏增长局面,关键在于消费是否能够持续增长。

2. 如何解决负信贷增长与正通货膨胀的矛盾

目前美国经济形势的另一个特点在于,虽然资产负债表危机派生金融系统全面崩溃风险已得到控制,流动性极度紧张局面大为舒缓,但是银行信贷仍迟迟不能重回正常增长状态,说明借贷双方仍未改变对实体经济投资消费增长前景黯淡的评估。图12报告广义货币(M2)和信贷增长情况。图中数据显示,由于美国政府的救助措施为经济系统注入巨量基础货币,加上危机时期其他市场主体资产组合调节行为的作用①,危机期间美国广义货币增幅回落但仍维持正增长,并未出现特别超乎寻常的变动。但是政府救助措施无法阻止银行信贷增长自由落体式地下跌。图中数据显示,危机后信贷增长呈现半个多世纪空前幅度的下降:银行信贷规模从2008年10月的95 410亿美元下降到的2009年10月的90 420亿美元,信贷增长从过去半个世纪约5%—7%的趋势值下跌到2009年10月5.12%的负增长,本文截稿时获得2010年1月份数据显示信贷增长率为 -3.27%。信

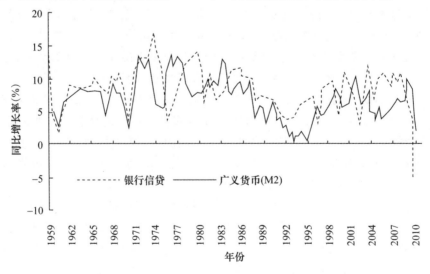

图12 美国广义货币和信贷同比增长率(1959年1月—2010年2月)

---

① 如居民和企业把证券资产置换为流动性较高并且比较安全的银行存款资产等等。

贷剧烈下跌是最能显示这次危机罕见程度的银行货币系统指标之一,最近信贷年度同比变动仍为负值从一个侧面说明美国经济复苏困难重重。

然而在宏观经济尚未走出衰退阴霾的环境下,美国 CPI 指数已悄然回升并构成现实通胀压力。图 13 数据显示,金融危机后,美国进口价格和生产者价格指数大幅下跌,2009 年 7 月低谷时分别为 -19% 和 -16%;CPI 指数 2008 年年底出现微弱负增长,2009 年 7 月 CPI 负增长降幅最大仅为 -1.89%,仍属于温和通缩①。2009 年 7 月以后进口价格和生产者价格指数快速回升,到 2010 年 1 月,CPI、进口价格和生产者价格同比增长率已分别上升到 2.9%、6.3% 和 11.6%。

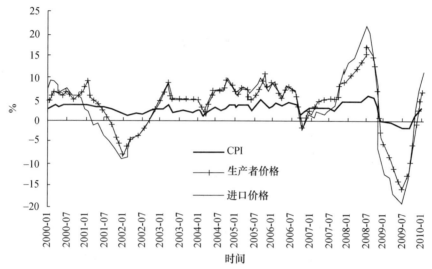

图 13　美国 CPI、生产者价格、进口价格同比增长率(2000 年 1 月—2010 年 1 月)

下面分别对上述价格指数最近变动与此前十次复苏最初几个季度走势均值进行比较。图 14 数据显示,就过去十次衰退—复苏平均情况而言,CPI 同比增长率在低谷季度

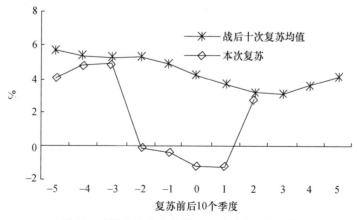

图 14　美国战后十次复苏 CPI 变动与目前比较

---

① 这是美国 1951 年以来第一次出现 CPI 负增长衡量的通货紧缩,不过采用剔除能源和食物等项目的所谓核心 CPI 最低时仍处于 1%—2% 温和通胀区间。

均值为3.7%,进入复苏后CPI指数仍会下降一段时期,到复苏后第三个季度降到3.1%,复苏后第四个季度才转而回升。这次危机与此前常态情况不同,GDP回升的第二个季度即2009年四季度,CPI同比增长率就从三季度的-1.3%快速反弹到2.8%。

最近生产者价格指数回升也呈现类似于上述CPI相对变动的特征。图15数据显示,就过去十次"衰退—复苏"的平均情况而言,CPI同比增长率在低谷季度均值为2.2%,进入复苏后仍维持下降走势,到复苏后第二个季度降到1.8%,复苏后第三个季度回升"转正"。这次危机与此前常态情况不同,GDP增长率"转正"后第一个季度生产者价格指数从-13.2%回调到-11.3%,到第二个季度即2009年四季度反弹到4.2%,已超过此前十次复苏后第二个季度生产者价格指数的均值。

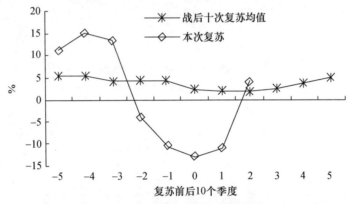

图15 美国战后十次复苏生产者价格指数变动与目前比较

进口价格数仅获得1970年以来六次复苏数据。图16数据显示,过去六次衰退—复苏进口价格同比增长率在低谷季度平均为6.9%(如果去掉1975年和1981年数据则为-1.1%),复苏后最初三个季度持续下降到0.9%(如果去掉1975年和1981年第三个季度降幅略为收窄到-0.5%),第四个季度出现正增长,第五个季度增长到2.5%。但是这次在低谷的2009年二季度为-17.5%,GDP正增长即2009年三季度降幅就收窄到-12%,2009年四季度就快速飙升到8.6%。

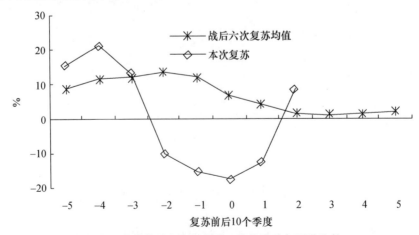

图16 美国战后六次复苏进口价格变动与目前比较

就显示宏观经济避免"负债—通货紧缩"导致经济萧条陷阱而言,上述通胀显示指标变动具有积极意义。不过在经济复苏势头仍属孱弱的背景下,各种物价指数快速回升,从一个侧面显示美国目前困难的结构性属性:两位数高失业率和低产能利用率问题,不仅与周期性 GDP 缺口相联系,而且在相当程度与此前失衡增长模式累积的深层结构矛盾有关。

尤其是美国进口物价在经济复苏苗头初现时就快速飙升,提示本轮危机伴随美国在全球经济体系中相对影响的一个显著新变动。这次不再经由美国经济复苏并带动全世界大宗商品价格回升,而是其他国家和地区较早复苏,推高美国进口价格并一定程度带动美国国内一般物价较快回升。在世界宏观经济画面中"美国打喷嚏全世界感冒"的所谓"美国一锤定音"局面正在悄然转变。时间不会耐心等待美国复苏,美国如复苏迟缓将会面临滞涨压力。

3. 如何应对失业—赤字率"两个10%"的困境

深度经济衰退加剧美国失业问题。虽然美国官方认为实行 ARRA 计划业已增加就业或减少失业约 200 万人,然而图17中的数据显示,从危机发生的2008年9月起至2009年12月,美国非农就业人口仍大幅减少582万人。图17报告了美国劳动力失业行业分布情况。制造业,贸易运输和公用事业,建筑业,专业与商务服务等是失业最为严重的部门,这四个部门失业人数增加值合计相当于失业上升总数的85%。教育和卫生部门增加了50万人就业,相当于失业上升总数的8.5%,是各类行业失业增长遍地哀鸿背景下唯一的亮点。

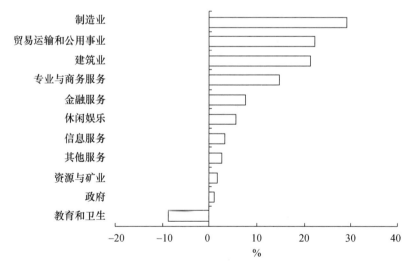

图17 美国各部门就业人口减少占非农就业人口减少的比例(2008年9月—2009年12月)

失业率快速攀升成为美国宏观经济困境最明显的指标。图18数据显示,美国失业率2009年10月上升到10.1%,成为二战后仅次于1982年11月10.8%最高纪录的第二高位失业率。2009年年底失业率虽没有继续增长,但仍保持在10%的历史高位水平。从2008年9月份危机开始时的6.2%增长到2009年10月的10.1%,失业率在一年左右的时间内上升约4个百分点。

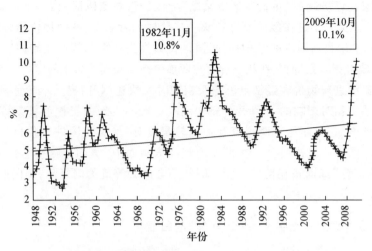

图 18　美国失业率季调月度数据（1948 年 1 月—2010 年 2 月）

图 19 把战后十次衰退后复苏初期失业率变动的通常状态与目前情况进行比较。数据显示，过去十次衰退低谷季度失业率平均值为 7.2%，复苏后第一个季度失业率开始下降，第二个季度下降到 6.8%，第五个季度下降到 6.2%。这次衰退在 GDP 增长处于低谷时失业率为 9.5%，在 GDP 回升后两个季度失业率仍持续增长，并于 2009 年四季度突破两位数高位。

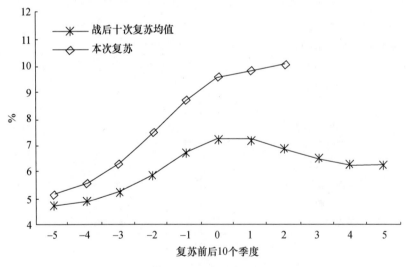

图 19　美国战后十次复苏失业率变动与目前比较

面对两位数失业率和经济深度衰退，美国经济学术界赞同财政刺激政策的共识度提升，实际刺激政策力度也很大。然而从奥巴马元年经济表现看，这一政策不仅短期效果并不理想，而且还加剧了美国危机前就已存在的高赤字高债务问题，最终会拖累美国经济长期增长。

日趋沉重的财政和债务负担，是横亘在美国经济再创持久景气增长的又一巨大障碍。美国长期巨额财政赤字累积而成的沉重债务负担,在危机前就引起美国朝野有识之士的高度关注,是否应当把控制财政窟窿作为政策优先目标引发激烈的争论。这次金融危机救助和经济深度衰退,导致美国本来就很严重的财政赤字和债务负担雪上加霜。图20数据显示,2009年美国财政赤字达到1.42万亿美元的天文数字,占GDP比率高达9.9%,双双打破二战后的历史纪录。

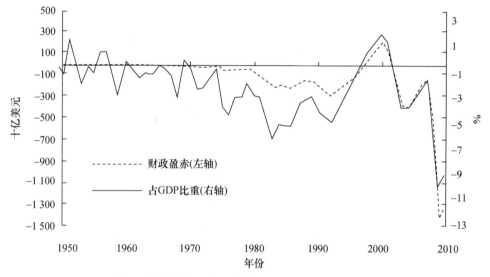

图20 美国财政盈赤及其占GDP比重(1950—2009)

图21报告18世纪末以来美国联邦政府债务率数据,使我们得以从更长历史时间窗口观察美国目前债务问题的严重性。美国南北战争后债务率经历多次增长和下降,目前是第五次增长高峰,达到83.4%的高位。根据美国白宫2010年2月公布的2011年度财政预算数据,2010年美国财政赤字占GDP比重将达到10.6%,债务率将达到94%。目前债务率比20世纪经济大萧条后40%左右的债务率超过一倍,超过一战和南北战争时期债务率的近1/3,仅次于二战后的121%的峰值水平。

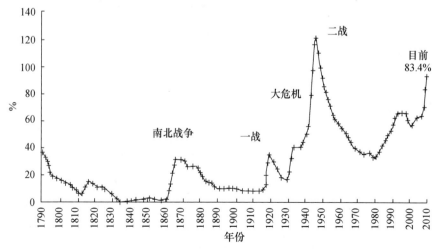

图21 美国联邦债务占GDP比率(1790—2009)

失业率和赤字率是制约美国经济复苏增长的又一两难矛盾:10%的赤字率和82%的债务率迫切要求重建财政平衡,而10%的失业率要求刺激经济,因而会导致赤字负担增长从而恶化美国长期经济增长图景。如何化解两个"10%"的矛盾,是美国政府面临的一大挑战。

4. 如何避免外部失衡与经济回升同时复苏

在经济严重衰退背景下,近年美国外部失衡得到一定程度调整。图 22 数据显示,美国货物贸易赤字从危机前几年 8 000 亿—9 000 亿美元峰值,快速回调到 2009 年二季度的 4 830 亿美元;服务贸易盈余从危机前 2006 年年底的 1 078 亿美元上升到 2009 年前三个季度的 1 400 多亿美元。图 23 数据显示,货物贸易赤字占 GDP 比率从 2006 年三季度最低的 6.6% 回落到 2009 年的 3.4%,服务贸易盈余占 GDP 比率大体稳定在 1% 左右。

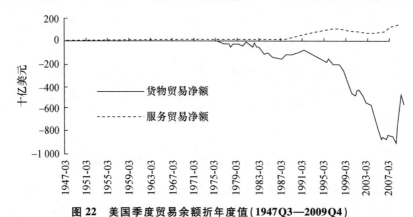

图 22　美国季度贸易余额折年度值(1947Q3—2009Q4)

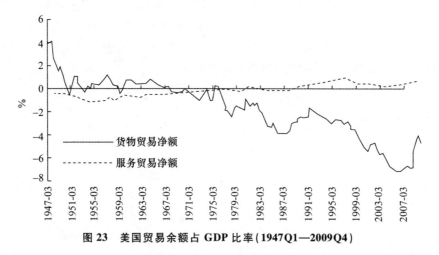

图 23　美国贸易余额占 GDP 比率(1947Q1—2009Q4)

图 24 报告美国对主要贸易伙伴贸易平衡变动的 HP 趋势值,显示贸易逆差收窄的直接原因,在于美国与 OPEC、北美国家、欧盟,以及日本、韩国、中国台湾等东亚经济体贸易逆差不同程度的下降。与中国大陆双边贸易平衡方式发生显著变动,大体表现为美国对华贸易逆差一改进入新世纪持续快速上升的势头,2007 年以后大体稳定在每月 210 亿美

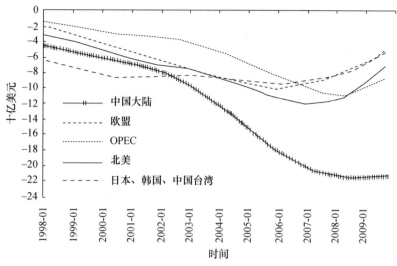

图 24　美国与主要双边贸易体盈余变动（HP，1993 年 1 月—2009 年 10 月）

元上下的水平。

最近两个季度美国贸易逆差收窄势头发生变化。2009 年三季度出现复苏势头后便发生逆转，三季度逆差比率由二季度的 -3.4% 扩大到 -3.9%。然而依据美国总需求先期预测数据，2009 年四季度净出口变动对当期经济增长贡献半个百分点，由此推测四季度美国贸易逆差可能再次收窄。虽然经济衰退时期贸易逆差下降，然而有理由相信，如果美国经济持续复苏，其对外失衡可能会重新加剧。

利用一个包括美元实际汇率、美国经济增长率、时间趋势变量的解释美国贸易平衡变动的简单估计模型进行外推，即便美国经济出现年增长率为 2% 的温和复苏，美国贸易赤字占 GDP 比率到 2010 年年底可能会比 2009 年三季度提升近一个百分点。可见如果经济结构没有实质性调整，美国外部严重失衡可能会随着经济复苏而"复苏"。虽然这个单方程模型可能过于简单，但是其估计结果具有参考价值。

$$rNX = 33.3 - 4.78 lREER - 0.25 dGDP - 0.039 T$$
$$(10.7)\quad(-7.14)\quad\quad(-6.63)\quad\quad(-27.4)$$

其中，rNX 是贸易余额占 GDP 的比例，lREER 是美元实际汇率对数值，dGDP 是实际 GDP 趋势偏离百分比，T 是时间趋势值。用 1973 年二季度到 2009 年三季度数据估计。估计系数经济含义是：实际汇率升值 1%，顺差占 GDP 比例减少（逆差增加）0.048%；GDP 偏离上升 1%，顺差占 GDP 比例减少（逆差增加）0.25%。

在经济全球化开放条件下，一国外部赤字过大失衡，在逻辑上可以通过两个相互联系的调节机制进行调节。一是相对价格调节机制，即与主要贸易伙伴货币实际汇率调节，这又可以通过美元对贸易伙伴国货币名义汇率调节、国际一般物价调节以及美国名义工资调节等多重调节机制实现。二是相对收入调节机制，即接受一个较低的经济增长率，并由此降低进口需求调节外部失衡①。最近美国外部失衡有所缓解，可以看作是危机

---

① 收入调节最终可能通过宏观经济通货紧缩产生汇率价格调节效应。

特殊环境通过经济收缩一定程度被动调节外部失衡的结果。

危机前美国政学两界对其贸易和经常账户失衡有不同意见的争论,然而危机经验表明,外部过度失衡可能带来严重后果。根本根源在于现有相对工资、汇率等相对价格体系下,美国作为技术产业前沿经济体竞争力相对减弱,美国企业难以发现足够数量规模并在开放环境下具有竞争力的投资领域和投资对象,未能提供保证国际收支大体平衡需要的足够数量的可贸易品,特别是制造品。奥巴马总统在2010年1月的国情咨文中提出雄心勃勃的五年出口倍增计划,但这一目标能否实现并最终控制贸易逆差增长,前景并不乐观。如何找到国际收支大体均衡的可持续增长方式,是美国经济后危机时代面临的又一大挑战。

四、美国增长前景、选择和启示

美国经济虽急救生效,然而受制于深层矛盾,其后续发展仍困难重重。美国经济能否稳健复苏并再造景气增长,在美国朝野和国际社会存在不同的评估意见。一种是美国官方高度乐观和信心满满的观点,预测美国经济很快会重回上个世纪增长的轨道。如美国《总统经济报告(2010)》预测,2010年实际GDP增长率将达到3.0%;2011—2013年将实现4.2%—4.3%的高增长;2014—2016年仍将保持较高的增长率,分别为3.9%、3.4%和3.1%。美国国会预算办公室预测,2010年、2011年及2012—2014年将出现3.9%、4.9%和4.3%的高增长。

但是不少经济学家和国际机构并不认可上述对美国经济增长前景的乐观看法。如美国国家经济研究局(NBER)前主席、哈佛大学教授Martin Feldstein在2010年年初举行的美国经济学年会上表示对美国经济二次探底的担心,建议追加财政刺激措施。Krugman、Stiglize等重视政府干预的经济学家呼吁加大刺激力度,也不看好在给定政策条件下经济增长的前景。IMF前首席经济学家、另一位哈佛大学教授Kenneth Rogoff在接受采访时表示,担心美国经济会在一个较长时期(不止是几年内)增速放缓。危机前的增长部分是不真实的。他认为美国人需要下调一些增长预期。主要国际机构对美国经济短中期增长预测也比较平淡,如IMF对美国经济2010年、2011年、2014年GDP增长率预测在2.1%—2.7%之间,世界银行和OECD研究部门对今后两年美国GDP增长率预测也不超过3%。

基于上述分析,结合历史数据,有理由推测美国经济需要经历一段调整期,经济增长速度可能会有所下降。表1数据显示,过去60年美国经济年均增长3.2%,但2001—2009年年均增长不到2%,2002—2007年景气期增长率也只有2.8%。考虑前一段增长模式不可持续,未来面临结构调整困难,可推测除非发生特别有利的重大产业革命,美国经济增长速度会显著下降。具体降幅可进一步研究,作为初步推测可认为未来十年美国经济增长平均水平不会超过2.0%—2.5%。

给定目前内外部经济环境,美国面临两类政策选择。一类是追求短期速成治标策略,另一类是致力于结构调整的治本策略。速成治标策略大体包含以下取向和特征:一是基于"高失业率—GDP缺口—需求刺激"的认识范式,回避结构调整实质性问题,试图通过超级刺激政策和几次立法改革快速跳出困境。二是在政策上忽视退出过迟、赤字扩大的风险。在未来财政赤字带来更大危机时,则可能试图采用债务货币化和通货膨胀这类更危险的路径解套。三是在涉外经济关系领域通过贸易保护主义转移矛盾,受"战略焦虑"驱动甚至可能通过更加铤而走险的策略来释放压力。

表1 美国长期经济增长及分段比较

时期	GDP年均增长率(%)
1951—1960年	3.05
1961—1970年	4.40
1971—1980年	3.16
1981—1990年	3.32
1991—2000年	3.81
1950—2009年	3.22
2001—2009年	1.70
2002—2007年	2.79

与速成治标策略不同,致力长期结构调整的治本策略需要正视深层结构问题,接受一个时期潜在增长速度降低的现实,在低增长低通胀宏观环境中培育市场力量进行结构调整。同时把控制财政赤字、遵守货币纪律、应对通胀风险置于优先地位,严肃对待主要国际货币发行国的义务。最后需要培育技术创新、谋求前沿突破、拓宽全球产业技术可能性的空间,把美国相对优势建立在生产力创新上。

理性分析评估美国经济增长前景,对于正在快速追赶的中国经济政策的制定具有认识和借鉴意义。2003—2008年,各自用本币衡量,中国实际和名义GDP年均增长率分别比美国高出8.6%和12.9%,如表2所示。考虑年均3.6%的汇率升值因素,中国用美元衡量的经济规模每年比美国增长快17%,也可以说中国该时期年均"追赶或收敛速度"为17%。

表2 中国相对美国经济增长和追赶(2003—2008)

	中国		美国		中国/美国	
	累计	年均	累计	年均	累计	年均
GDP实际增长率(%)	168.0	10.9	112.4	2.4	150.7	8.6
GDP通缩指数(%)	137.5	6.6	115.3	2.9	119.8	3.7
GDP名义增长率(%)	231.2	18.3	129.6	5.3	183.2	12.9
汇率(间接标示,2003年=100)	119.2	3.6	100.0	0.0	119.2	3.6
美元衡量经济增长(%)	275.6	22.5	129.6	5.3	219.7	17.0

中国GDP 2009年为33.5万亿元,按现行汇率计算折合4.92万亿美元。美国GDP 2009年为14.27亿美元。中国为美国的34.5%,美国是中国的2.9倍。假设未来十年中国年均实际增长率为7%—8%,人民币实际汇率每年升值5—6个百分点,年均收敛速度为10%—12%,这将使我国经济总量在十余年赶超美国($1.11^{11} = 3.15, 1.10^{12} = 3.14$)。

预计我国经济总量规模超过美国的时间点,会比 2003 年"金砖四国"报告的提前 15—20 年。不过届时我国人均收入只有美国的 20%—25%,相对美国仍然是低收入国家!

　　在新环境中实现我国经济又好又快的增长,需要反思我国开放宏观政策调整问题。首先,我国自身经验证明总需求并非我国长期经济增长的瓶颈,从客观情况看外部经济也无力支撑中国总需求的增长,我们要对内需增长足以提供合意总需求这一判断树立信心。其次,我国不仅在大宗商品以及投资指标上是增量大国,2009 年开始在总需求指标上也成为增量领跑国家,面对发展阶段和内外环境的深刻变化,我们需要以汇率—利率政策调整为重要内容,尽快建立适应开放型大国经济需要的宏观政策架构。最后,在以我为主进行政策调整的基础上,反对美国的保护主义,鼓励美国进行深层改革。

美国经济走势与对华政策重估[*]

卢 锋[1] 陈建奇[2]

[1] 北京大学国家发展研究院教授
[2] 中央党校国际战略研究所教师

2010 年年初我们用"复苏不易,景气难再"概括 2009 年美国经济形势的特点。[①] 2011 年 1 月本文第一作者参加在纽约召开的中美经济学者第三次对话会,随后访问华盛顿五个联邦机构、两个国际组织和两个智库[②],与美国各界交流对美国经济形势和中美关系的看法,也感受到美国朝野反思重估中美经贸关系和战略方针的某些动向。

美国经济 2010 年走势的基本特点是:复苏态势进一步明朗,结构性困境愈加清晰,政策腾挪空间更为逼仄。具体表现可用"四喜四忧"和"喜忧参半"描述。"喜"的积极变化较大程度得益于短期刺激政策作用,"忧"的被动表现更多与基本面和结构因素相联系。被战略焦虑心态困扰的美国朝野,正在对中国经贸和战略方针进行重新评估和反思。我国应在客观评估美国经济和政策动向的基础上,坚持独立自主的方针加以应对,更好地实现利用战略机遇期稳健和快速追赶的目标。

一、经济复苏更趋明朗与失业率居高不下

对美国经济形势第一重的喜忧参半,是短期经济回升形势好于预期,然而经济回升力度仍显著低于早先复苏的通常水平,失业率居高不下更使美国人感到压力沉重。

美国预算办公室(CBO)和美联储(FED)预测,美国 2010 年 GDP 增长率约为 2.9%,2011 年预期增长率为 4%。这些数据显著好于 2010 年年初美国主流预测观点,说明美国经济复苏态势进一步明朗。不过目前美国经济复苏的表现,与战后十次危机复苏均值描

---

[*] 摘自第 24 次报告会(2011 年 2 月 26 日)。
[①] 卢锋、陈建奇等:"复苏不易,景气难再——奥巴马元年美国经济透视",《国际经济评论》,2010 年第 3 期,第 45—68 页。
[②] 美联储、美国国务院亚洲司、美国众议院、美国白宫办公室、美国商务部、世界银行、国际货币基金组织、布鲁金斯学会和国际经济研究所。

述的通常状态比较仍显疲软。这次危机可以 2008 年一季度美国 GDP 出现负增长作为起点,以 2009 年三季度 GDP 出现正增长作为复苏起点。负增长从 2008 年一季度到 2009 年二季度共有 6 个季度[①],到本文成文时能获得总需求分解数据截至 2010 年三季度已经历 5 个季度的复苏增长。

图 1 比较美国本次复苏后 5 个季度 GDP 增长与战后十次复苏最初 5 个季度增长率的均值。数据显示,前十次复苏最初五个季度总需求增长均值累计为 29.8 个百分点,本次复苏同一可比指标只有 15.3 个百分点,为此前十次均值一半略强一点。但是前十次复苏中的前 6 个季度 GDP 总共下降 1.3 个百分点,不考虑其中正增长年份下降 5.2 个百分点,这次复苏前 6 个季度 GDP 总共下降 14.5 个百分点。可见与战后十次危机复苏均值衡量的通常状态比较,本次危机经济跌幅比较深重,复苏相对疲软。

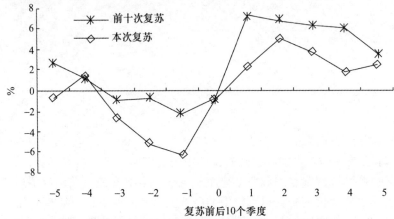

图 1 美国本次复苏 GDP 增长与战后十次复苏均值比较

更让美国人困扰的是,经济复苏的同时失业率居高不下。本次危机出现大萧条以来第一次连续 20 个月失业率超过 9%。图 2 比较美国本次经济复苏后五个季度失业率与

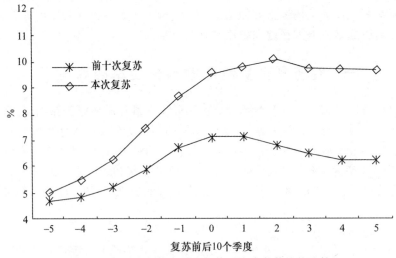

图 2 美国本次复苏失业率与战后十次复苏均值比较

---

① 其间在 2009 年 2 季度录得折年率 0.6% 的微弱增长率。

战后十次复苏同一指标均值,可见前十次复苏通常同时伴随失业率下降,但是这次复苏第三个季度失业率才开始下降。前十次经济复苏最初五个季度失业率均值为 5.05%,这次高达 9.85%。中国经济学者访问团与美联储董事 Kavin Warsh 先生座谈,尽管对方在描述美国经济形势时显得信心满满,但是他也承认美国失业率大概要在 36 个月后才能达到 5%—6% 比较正常的水平。①

二、私营部门调整与公共财政恶化

第二重喜忧参半是美国私营部门在金融危机冲击下进行的资产负债表调整已大体完成,然而做到这一点很大程度是由于美国政府多方的救助,代价是美联储资产负债表和政府财务状况恶化,并且公共部门高杠杆化风险在经济复苏一年多后未见实质性缓解。在此意义上,美国是通过透支国家信用转移不良资产而控制住危机,能否根治危机并使美国经济重归良性增长轨道仍有待观察。

金融危机前美国私营部门普遍存在杠杆化过高的风险。受金融危机直接或间接冲击,私营部门金融资产大幅缩水并伴随财务状况困境迅速加剧。不过经过美国政府空前救助,加上市场本身调整作用,目前私营部门财务状态业已趋于稳定,显示已大体完成阶段性调整。

图 3 报告数据显示,美国家庭和非营利组织净资产在危机前 2007 年三季度为 64.3 万亿美元,危机后下降到 2009 年低谷时的 48.9 万亿美元,不过此后便企稳回升,到 2010 年三季度增长到 54.9 万亿美元。金融净资产也经历类似调整。美国家庭和非营利组织净资产在经历较大程度下调后稳中有升,显示所谓百年不遇危机启动的调整过程大体完成。

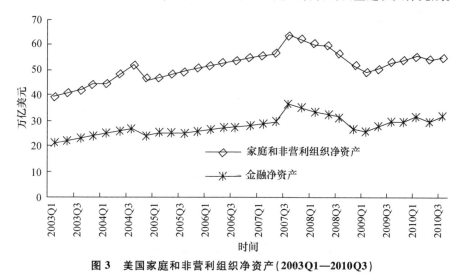

图 3 美国家庭和非营利组织净资产(2003Q1—2010Q3)

图 4 反映美国商业银行资产负债表调整情况。银行总资产从危机前的 12.28 万亿

---

① 奥巴马总统 2011 年 1 月 31 日宣布,正式成立白宫就业与竞争力委员会,以促进就业和美国的经济竞争力,表明美国政府对失业率压力尤其感到棘手。

美元的峰值,下降到2010年1月低谷时的11.63万亿美元,减少6 000多亿美元,跌幅不过5%左右,随后在波动中呈现缓慢回升趋势,到2010年年底回升到11.94万亿美元。总负债从危机前的11.1万亿美元的峰值,下降到2010年1月低谷的10.2万亿美元,减少约9 000亿美元,随后也趋稳回升,2010年年底回升到10.58万亿美元。由于负债调减快于资产收缩,净资产变动仍大体维持上升走势,从2008年年底的1.27万亿美元上升到2010年年初的1.34万亿美元,2010年年底进一步增长1.36万亿美元。

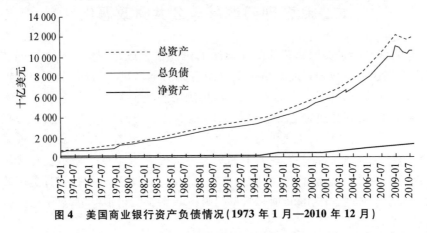

图4　美国商业银行资产负债情况(1973年1月—2010年12月)

图5观察包括20世纪30年代大危机时期的美国商业银行资产年变动率。虽然两次危机都被称为百年不遇,但是银行资产负债表调整程度大相径庭。30年代大危机冲击下,美国商业银行总资产在1931—1933年连续三年负增长,下降幅度分别为8%、21.5%和12.5%,总共下降42%①。本次危机银行总资产仅在2009年出现5%的负增长,虽然这个下跌调整与通常情况比较也属罕见,但与30年代调整深度对比不啻天壤之别。

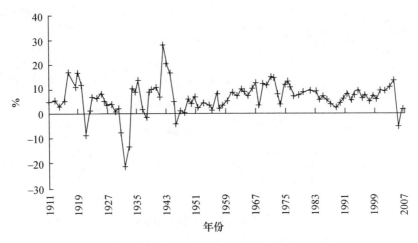

图5　美国商业银行资产年变动率(1911—2010)

---

①　三年负债总共调减42.5%。

对这个似乎令人诧异的现象或许可以从两方面理解。这次危机由"次贷—次债"崩盘所引爆,主要冲击对象是在投行和银行表外业务上集中的以衍生品作为金融工具的高风险业务,传统商业银行信贷业务受影响程度相对较低。另外美国政府大手超常救助,把大量风险资产重负直接和间接转移到美联储和财政系统方面,代价是美国公共部门财务状态空前恶化。

代价表现之一是美联储资产负债表肿胀难消。图6报告美联储资产负债表周数据。数据显示,总资产在危机前的2008年9月17日为9970亿美元,2008年12月17日上升到2.256万亿美元,三个月增长1.3倍。同期总负债也出现类似变化,从2008年9月17日的9950亿美元上升到2008年12月17日的2.211万亿美元。

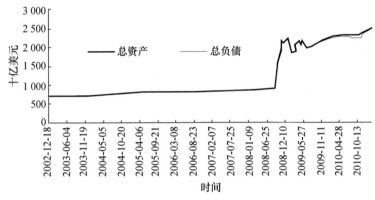

图6 美联储资产负债表周数据(2002年12月18日—2011年2月23日)

美联储资产负债表急剧膨胀主要与对私人部门的救助相关。表1报告美联储应对危机时期资产主要项目和总负债的变化。美联储在危机期间推出各种救助政策工具,包括购买联邦机构债券和抵押贷款债券,定期拍卖信贷,商业票据融资工具,购买AIG和贝尔斯登资产,定期资产支持证券贷款工具等,这些工具资产规模从2007年6月27日的零值上升到2011年2月23日的1.168万亿美元,占总资产比重的47.4%,占此期新增总资产比重的70%以上。美联储成为私营部门垃圾资产的收储站,既是美联储应对危机超常干预的结果,也是救助危机留下的新隐患。

表1 美联储主要资产项目及负债变化(2007年6月27日—2011年2月23日)

单位:十亿美元

	2007-06-27	2008-08-27	2008-12-31	2009-12-30	2010-12-29	2011-02-23
总资产	868.9	911.5	2 240.9	2 237.3	2 423.5	2 537.2
联邦机构债券	0.0	0.0	19.7	159.9	147.5	144.1
抵押贷款债券	0.0	0.0	0.0	908.3	992.1	958.2
定期拍卖信贷	0.0	150.0	450.2	75.9	0.0	0.0
其他信贷*	0.2	19.0	193.9	89.7	45.1	21.0
商业票据融资工具	0.0	0.0	334.1	14.1	NA	NA
购买AIG和贝尔斯登资产	0.0	29.2	73.9	65.0	66.3	64.9

（续表）

	2007-06-27	2008-08-27	2008-12-31	2009-12-30	2010-12-29	2011-02-23
定期资产支持证券贷款工具	0.0	0.0	0.0	0.3	0.7	0.7
中央银行货币互换	0.0	67.0	553.7	10.3	0.1	0.1
总负债	835.7	870.7	2 198.8	2 185.1	2 366.9	2 484.1
净资产	33.1	40.8	42.2	52.1	56.6	53.0

注：*表示包括向 AIG 贷款、向消费者及小额贸易贷款支持资产担保证券持有者提供贷款等。

如果说美联储在危机紧迫时大举收购不良资产属于短期救助行为，随着经济复苏和私营部门资产负债表的改善，美联储理应收缩资产负债表回归常态。然而实际情况是，经济复苏后美联储资产负债规模反而进一步上升，到 2011 年 2 月 23 日总资产和总负债分别增长到 2.537 万亿和 2.484 万亿美元。美联储高杠杆化正在成为保证经济复苏的"常态化条件"。

危机救助还导致美国财政赤字和债务负担空前加剧。图 7 数据显示，危机爆发前 2007 年美国联邦政府财政赤字为 1 620 亿美元，占 GDP 比重为 1.2%。危机爆发后财政赤字空前飙升，2009 年上升为 1.42 万亿美元，比 2007 年增加 7.7 倍；财政赤字占 GDP 比重上升到 9.9%，比 2007 年增加 7.25 倍。2010 年财政赤字总额及 GDP 占比有所下降，但仍分别高达 1.29 万亿美元和 8.9%。

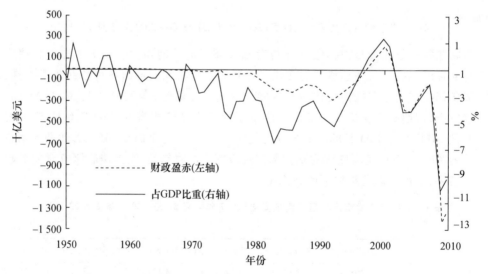

图 7　美国财政盈赤及其占 GDP 比重（1950—2010）

流量意义上财政赤字急剧增长，导致存量意义上债务负担空前加剧，美国联邦政府债务总额从危机前的 8.95 万亿美元飙升到 2009 财年的 11.88 万亿美元，两年增长近 1/3。根据美国白宫预算管理办公室近期发布的《2012 年美国政府预算报告》显示，到 2010 年 9 月 30 日截止的 2010 财年末，债务总量已上升至 13.53 万亿美元。图 8 报告美国联邦政府债务占 GDP 比重，这个指标值从 2007 年的 64.4% 上升到 2009 财年的 84.2%，2010 财年进一步上升到 93.2%。

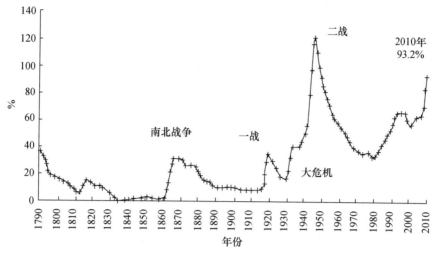

图 8　美国联邦债务占 GDP 比率(1790—2010)

三、股市迅速回暖与房市持续低迷

第三重喜忧参半是股票市场较早明显回升,预示资本市场对美国经济复苏前景较早作出积极反应;然而本次危机的重灾区房地产行业,价格持续疲软和投资不振成为拖累宏观经济正常复苏的重要因素之一。

金融危机爆发大多伴随股票市场的剧烈震荡,本次危机也不例外。图 9 数据显示纽约道琼斯指数与 NASDAQ 指数分别从 2008 年 8 月的 11 543.6 点和 2 367.5 点下降到 2009 年 2 月的 7 062.9 点和 1 377.8 点,降幅分别为 38.8% 与 41.8%。然而随着美国政府实施紧急救市政策,加上奥巴马上台后很快通过总额 7 800 亿美元的经济刺激法案(ARRA),股票市场在宏观经济复苏之前就出现止跌回升的拐点。2009 年 2 月以后两大股指持续回升,2010 年 12 月分别上升到 12 226.3 点和 2 782.3 点,超过 2008 年秋季美国金融危机全面爆发时的水平。这次危机后,再次显示出股市作为美国宏观经济走势动向晴雨表的功能。

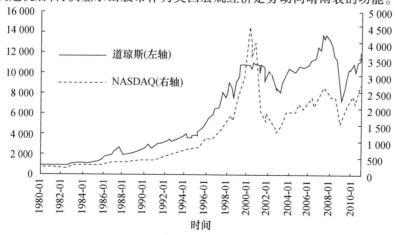

图 9　美国股票指数(1980 年 1 月—2011 年 2 月)

与股市活跃表现比较,美国房地产市场持续萎靡。图 10 报告美国住宅三种价格指数数据。20 世纪 90 年代后美国房地产价格持续多年增速不断提升,直到 2007 年次贷危机发生前后逐步逆转,三种价格指数先后出现不同程度的负增长。2008 年金融危机全面爆发,房地产价格更是急速下降,2009 年一季度新房普查价格指数与 Case-Shiller 房价指数分别出现 -11.5% 与 -18.9% 的深度下挫。此后尽管房地产价格一度出现正增长,但仍没能抵挡房价再次下滑。2010 年三季度三种房价指数都在小幅下降,四季度新房普查价格指数增长 1.35%,Case-Shiller 房价指数下降 4.16%。

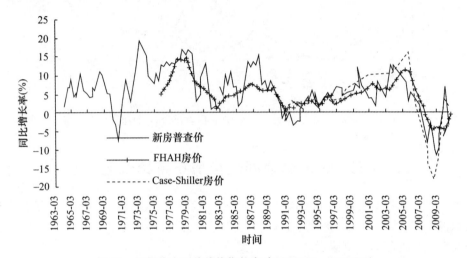

图 10　美国住宅三种价格指数变动(1963Q1—2010Q4)

美国房地产市场疲软的另一个表现是房地产投资表现持续低迷。图 11 报告美国新房开工折年率数,该指标从 2006 年年初的 227 万套峰值一路下跌,2009 年以后在 50 万—60 万套低位间波动,与这次危机前大约半个世纪的均值 150 万套比较减少了 2/3。2011 年 1 月新房开工折年率为 59.6 万套,与金融危机前 2008 年 8 月的 84.4 万套相比下降 29.4%,与危机前的峰值 227 万套相比降幅超过七成。房地产业在美国经济体系内上下游连带性强、影响面广,房地产何时稳定走出危机泥潭是观察美国经济走势的重要看点之一。

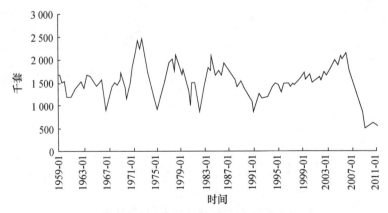

图 11　美国新房开工折年率(1959 年 1 月—2011 年 1 月)

四、利润快速回升与投资劲道不足

第四重喜忧参半是美国企业利润已较快回升,银行系统资金也相当充裕,应有利于美国经济强劲复苏;然而由于受房地产复苏迟缓和其他结构因素制约,美国信贷增长差强人意,固定投资回升劲道不足,未能充分发挥固定投资在此前通常复苏中发挥的主要增长源功能。

图 12 报告的美国企业税后利润数据显示,受金融危机影响,利润额从危机前的 1.344 万亿美元下跌到 6 415 亿美元,占 GDP 比重从 2006 年略高于 10% 的峰值下跌到 2008 年四季度的 4.5%。此后美国公司利润快速复苏,到 2010 年三季度利润额回升到 14 161 亿美元,超过危机前水平;占 GDP 比重也回升到 9.6% 的相对高位。

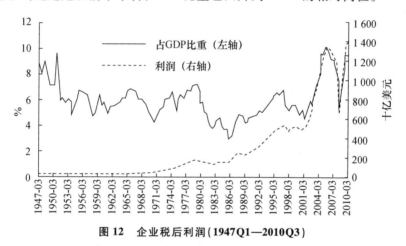

图 12 企业税后利润(1947Q1—2010Q3)

另外与上述银行系统资产负债表调整大体完成相一致,银行等存款机构现金和储备金额大幅飙升。图 13 数据显示,美国存款机构现金和储备金额从 2008 年 7 月的 3 165.5 亿美元和 435.8 亿美元,急速飙升到 2009 年 5 月的 10 352.5 亿美元和 9 008.1 亿美元。

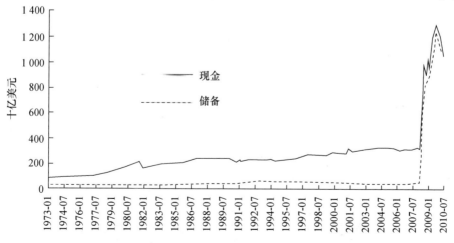

图 13 美国存款机构现金和储备(1973 年 1 月—2010 年 12 月)

2010年2月现金和储备金额达到峰值时分别为13 094.7亿美元和12 247.9亿美元,近来虽有所下降,2010年年底仍分别在10 897.6亿美元和10 778.1亿美元的高位。

虽然公司利润快速恢复,存款机构资金也很充裕,然而银行信贷回升较慢。图14报告美国商业银行信贷总额变动情况,显示商业银行信贷总额从2008年10月的9.475万亿美元下跌到2010年年初的8.874万亿美元。2010年2月开始回升后,从数据看除2010年4月有一次反常性强劲增长外,其他月份增长势头一直较弱。即便包括2010年4月的超常增长,目前银行信贷规模仍显著低于危机前水平。

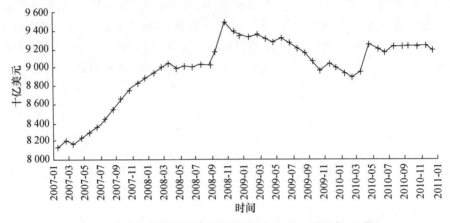

图14 美国商业银行信贷规模(2007年1月—2010年12月)

投资复苏情况呈现类似矛盾,不过表现方式更为复杂,意义也更重要,需稍加展开探讨。美国私人投资包括固定投资(fixed investment)与存货投资(inventory investment)两大块,固定投资又分为设备和软件(equipment and software)与结构(structures)①两部分。2010年美国投资增长的最大亮点,是设备与软件投资增幅高达15%,为1984年以来最高水平。这一表现成为一些研究机构看好美国整体经济增长前景的重要证据。从图15报告固定投资包含两类内容增长率来看,设备和软件投资2010年确实增长较快。不过全面观察最近投资回升表现并与此前十次复苏情况比较,美国投资增长仍存在劲道不足的问题。

图16报告本次与战后十次危机—复苏中私人投资对GDP贡献的百分数。本次危机中私人投资在复苏前六个季度下跌对GDP负增长的贡献约为20个百分点,五个季度复苏对GDP增长的贡献为11.6个百分点,私人投资回升对GDP增长贡献尚不及危机时负贡献的六成。比较之下,前十次危机中私人投资在复苏前六个季度下跌对GDP负增长的贡献均值为10.6个百分点,五个季度复苏对GDP增长的贡献为14.6个百分点,私人投资回升对GDP增长贡献在全部抵消危机时的负贡献还有4个百分点的净贡献。可见本次危机与此前比较私人投资仍具有跌幅深而回升弱的特点。

但是私人投资不同部分表现形态大相径庭。图16数据显示本次危机中存货投资在

---

① 主要是新建住宅建筑与非住宅建筑(new nonresidential and residential buildings)投资,同时包括对建筑的改进以及某些附属设施投资等。参见Table 6.1—Content of Private Fixed Investment,美国政府BEA网站,http://www.bea.gov。

复苏前六个季度下跌对 GDP 负增长贡献约为 5.5 个百分点,略低于前十次危机中存货投资下跌对 GDP 负增长贡献均值 6 个百分点,说明本次危机中实体经济"去库存化"对经济衰退影响并不太大。然而本次存货投资回升在复苏最初五个季度对 GDP 增长贡献 9 个百分点,在完全抵消此前对总需求增长负贡献的基础上还产生 3.5 个百分点的净贡献。此前十次复苏最初五个季度存货投资对 GDP 增长贡献均值为 7.5 个百分点,比这次复苏可比数还要低 1.5 个百分点。在这个比较意义上,本次复苏较大程度具有存货回升推动的特点。

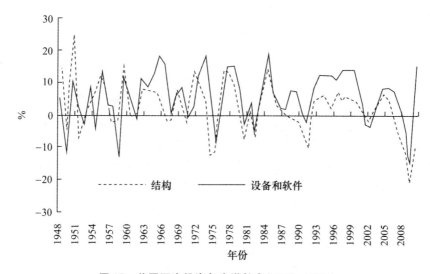

图 15　美国固定投资年度增长率(1948—2010)

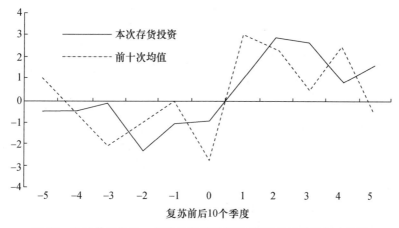

图 16　美国最近危机—复苏中存货投资对 GDP 的影响及历史比较

图 17 数据显示固定投资比较形态。本次危机中固定投资在复苏前六个季度下跌对 GDP 负增长贡献约为 14.5 个百分点,但是复苏最初五个季度回升对总需求增长贡献仅有 2.6 个百分点。比较此前十次危机—复苏的情况,固定投资复苏前六个季度下跌对 GDP 负增长贡献为 4.6 个百分点,复苏最初五个季度回升对总需求增长贡献高达 14.6 个百分点。在这个比较意义上,本次复苏一定程度受到固定投资回升乏力的拖累。

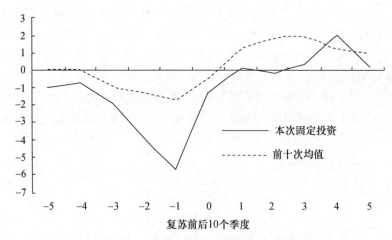

图 17 美国最近危机—复苏中固定投资对 GDP 的影响及历史比较

表 2 概括上述比较结果,并把复苏贡献与危机影响比率绝对值定义为复苏指数,该指数值越大,说明该变量回升对总需求复苏的相对贡献越大;反之亦然。① 复苏指数显示本次复苏具有以下几个特点:一是具有存货推动特点。其复苏指数超过 1.64,高于此前十次复苏对应指标值 1.25。二是私人投资总体增长贡献相对不足。其复苏指数仅为 0.58,不到此前十次复苏对应指标值 1.38 的一半。三是固定资产投资尤其乏力。其复苏指数仅为 0.18,远远低于前十次复苏对应指标值 3.17。

表 2 本次危机—复苏与前十次危机—复苏中投资影响的比较

	本次危机—复苏			战后十次危机—复苏平均		
	私人投资	存货	固定投资	私人投资	存货	固定投资
危机跌幅	-20.10	-5.50	-14.50	-10.60	-6.00	-4.60
累计复苏	11.60	9.00	2.60	14.60	7.50	14.60
复苏指数	0.58	1.64	0.18	1.38	1.25	3.17

注:危机时期定义为复苏前六个季度,复苏时期包括复苏最初五个季度,复苏指数是危机跌幅除以累积复苏所得比率值。

总体来看,在本次危机设备和软件投资大幅下跌的基础上,2010 年美国设备和软件投资确有较大幅度回升,对推动美国经济复苏发挥了积极作用,对观察美国经济未来走势也有相应意义。不过与早先经济危机—复苏通常形态进行比较可以看出,美国投资复苏动力仍相对不足,尤其是固定投资总体表现相对疲软。这方面的困境是由多方面根源造成的。房地产市场尚未稳定恢复无疑是重要原因之一,另外公共部门投资缺少执行力,在新兴经济体快速追赶的开放环境下美国企业缺少具有较好盈利预期的投资机会,也对美国投资回升构成约束。

五、政策调节腾挪空间更见逼仄

还可以观察到美国经济其他方面喜忧参半的表现。如美国外贸逆差近年大幅下降,

---

① 如果复苏期特定对象变量仍是负增长,则该指标值没有意义。可权宜性把这种情况设定为指数值为零。

不过逆差减少主要发生在危机爆发前和2009年,2010年数据显示外部失衡出现与经济复苏一起"复苏"的势头。又如危机时人们担忧的通缩风险得到较好控制,然而大宗商品和进口价格上涨可能引入通胀压力。这些现象说明,美国经济复苏态势虽更趋明朗,但是深层结构矛盾也更清晰地浮出水面,从而使奥巴马政府利用政策手段调节经济的腾挪空间更为逼仄。

奥巴马政府执政后全力推进金融监管、医疗和应对气候变化方面的立法和改革。三项改革都有积极意义并有不同程度的推进,一定程度兑现了奥巴马竞选时的承诺。然而改革具体内容对助推美国经济复苏的影响有限。更令奥巴马政府困扰的是,医疗改革对美国主流理念带来冲击的同时,还被认为将给财政带来显著的负面影响。如"美国人税制改革"网站发表报告,列举医改包含21项引入新税或增加税负内容。① 这类政策在美国民意中引发负面反弹,透支了奥巴马竞选胜出所集聚的人气,民主党在2010年11月中期选举遇挫并失去众议院多数党地位,未来独立推动形成政策能力受到明显削弱。

从财政刺激角度观察,2009年7 870亿美元ARRA法案②的预算已耗去大半,新减税计划主要是延续此前已有的财政刺激措施,虽能勉强维持刺激力度,然而在财政负担方面天阴背稻草很是被动。图18报告ARRA预算在各财年拨款比例,2009—2011财年分别拨付23%、51%和17%,三年占总金额的91%。美国财年起止日期为上年10月1日到当年9月1日,假定2011年财年支出大体均匀分布,到2011年年初美国ARRA法案资金大约已完成78%,2011年还将支出13%,后续年度逐步拨付剩余的9%。

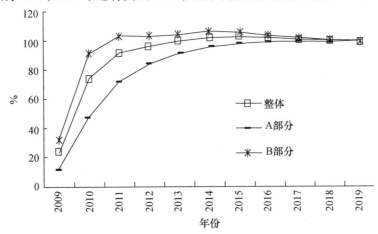

图18　ARRA法案预算拨款进度(2009—2019)

资料来源:Table 2 "Estimated Cost of the Conference Agreement for H. R. 1: The American Recovery and Reinvestment Act of 2009" in CBO(2009)。

鉴于ARRA已近强弩之末,奥巴马政府实施新减税法案,以求延续对宏观经济的刺

---

① 2011 Press Release "Comprehensive list of tax hikes in Obamacare: Health care law contains over twenty new or high taxes", Americans for Tax Reforms, http://www.art.org. Jan. 14.

② 2009年奥巴马总统就职后不到一个月就快速签署总额7 870亿美元的《美国复苏与再投资法案》(ARRA),该法案预算按计划在2009—2019财政年度拨付。

激。新减税法案名为《税收减免、失业保险扩展及就业岗位创造法案》①。2010年11月15日美国国会参议院以81票赞成、19票反对的投票结果通过该法案框架协议;11月16日美国国会众议院以277票赞成、148票反对的投票结果通过上述议案;11月17日奥巴马在白宫签署该法案。

新减税法案涉及资金总额8 580亿美元,主要是延长已有的减税政策,例如小布什政府2001年推出的个人减税法案②,将私人税率从15%、28%、31%、36%及39.6%分别调减为10%、15%、25%、28%和35%。该法案原定于2010年12月31日到期。民主党反对小布什政府为高收入阶层减税,不过出于刺激经济需要这次还是将该法案延长两年。此外还将资本收益与分红所得税优惠政策延长两年,将最低选择税(Alternative Minimum Tax,AMT)的免税额调整延长两年。③

对于此前实行的一定期限具有扩大需求效果的财政政策法案,如果奥巴马政府听任到期中止不加延长,客观上会对经济产生收缩性影响。不过即便延长这类法案,也只能保持微观主体收支与此前相比的延续性,不会产生新的额外刺激效果。另外延续这类政策会进一步加剧美国政府的财政负担。图19报告新减税法案对预算赤字影响的估测数据,显示上述政策将使2011—2013年美国预算赤字增加9 168亿美元。④ 穆迪等国际评级机构甚至警告要下调美国债务评级。由此可见,美国财政政策运作空间更加逼仄。

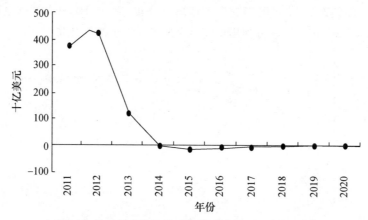

图19 美国新减税法案预算赤字影响(2011—2020)

在早已实行零利率背景下,美联储常规货币政策几近弹尽粮竭,却别出心裁地实施第二轮量化宽松政策(Quantitative Easing II, QEII)。2010年11月3日美联储推出第二轮量化宽松货币政策,宣布将在此后8个月逐步实施6 000亿美元国债购买计划,预计每月将购买750亿美元美国长期国债。虽然美联储主席伯南克极力阐述QEII的积极作用,但是不难看出这项政策对美国经济走出困境弊多利少,真实目的是在避免通缩说辞下人

---

① The Tax Relief, Unemployment Insurance Reauthorization and Job Creation Act of 2010, S. A. 4753.
② 即《2001年经济增长与税收减免法案》(Under the Economic Growth and Tax Relief Reconciliation Act of 2001, EGTRRA)。
③ J. H. Cohn, Tax Relief/Job Creation Act of 2010, http://www.jhcohn.com/Repository/Files/CCH_TaxBriefing_Dec17.pdf.
④ 同③。

为制造通胀,从而舒缓其巨额债务负担。正因为如此,这项政策在美国国内和国际社会引发广泛质疑和批评。①

奥巴马政府还推出出口促进计划。在2010年1月份发表的首份国情咨文中,奥巴马提出在5年内将美国出口翻番的目标,并由此创造200万个就业机会。2010年3月,美国政府正式提出"国家出口倡议",设立出口内阁并成立"总统出口委员会",负责就如何促进出口向总统建言献策。

实现五年出口翻番的目标要求2010—2015年出口年均增速达到约15%。美国过去一百多年曾出现过两次较长时期出口年均增长率超过15%,分别发生在20世纪40年代及70年代,出口年均增长率分别达到18.4%与16.5%。40年代那次得益于美国在二战期间和战后初期出口超常增长②,70年代那次则与布雷顿体系崩溃前后美元大幅贬值和全球通胀有关。③ 但是过去30年美国出口增速远不及15%,如1980—1989年年均增速为8.5%,1990—1999年均增速为7.1%,2000—2009年均增速仅有5.2%。2010年美国出口增长率达到16.5%,但这发生在2009年出口下跌14.4%的基础上,具有一次性恢复作用。美国要想实现出口五年翻番的目标,就需要加快调整包括对华高科技产品出口限制在内的贸易政策,同时还要快速提升美国可贸易部门的相对竞争力。即便各方面做得都不错,这仍是一个难度不小的高指标。

六、美国重估对华经贸和战略关系

在全球经济格局深刻变动,美国传统增长模式和国际影响力面临新挑战的背景下,中国作为重要新兴经济体的地位和影响,注定要受到美国的重新审视和定位。既受战略焦虑心态困扰,又借胡锦涛主席对美展开国事访问的时机,美国朝野对如何处理对华经贸和战略关系问题进行反思探讨,主要表现在以下几个方面:

一是全面拓宽和梳理关键经贸争议问题,试图推动与中国就相关问题进行新一轮对话。对人民币汇率和国际收支失衡问题仍然紧盯不放。在政策应对方面除了国会试图立法单边施压,同时重视双边对话以及在G20框架下寻求协调方案。美国人更加强调人民币汇率是多边性问题,认为中美经贸失衡是全球经贸失衡的重要环节。此外还对我国知识产权保护(IPR)、政府采购协议(GPA)、自主知识产权问题提出质疑和诉求。这些经贸政策和产业政策议题与美国商界利益具有比较密切的联系。

---

① 据报道,美国太平洋投资管理公司(PIMCO)旗舰投资载体、由比尔·格罗斯管理的2 370亿美元的TOTAL RETURN基金,有史以来第一次将美国政府相关债券的持有量削减至零。目前债券市场上有不少人都在担心,6月份美联储结束债券购买计划,即"量化宽松"(QEII)时,债券价格将大幅下跌,收益率将急剧上升。有"债券之王"之称的格罗斯在3月份的投资展望中表示,太平洋投资管理公司估计,自从第二轮QEII启动以来,70%的美国国债发行量是美联储购买的。他2010年将这轮量化宽松比作"庞氏骗局"。另外30%则是外国投资者在购买。格罗斯表示,这预示着一旦QEII结束,债券需求可能暂时出现真空。"为了吸引购买兴趣,收益率可能必须上升,甚至或许必须大幅上升。"引自"形势要点:'债券之王'格罗斯高度看空美国国债",《每日安邦简报—每日金融》,2011年3月10日。

② 美国1940年和1941年出口增长率分别为22.5%和12.2%,1944—1947年分别为22.5%、38.8%、108.8%和31.7%。

③ 美国1972—1974年出口增长率分别为12.4%、34.6%和32.9%。

二是提出"几个基本判断能否继续成立"来表达重估对华经贸和战略关系的意图。例如依据对近年我国国内有关"国进民退"讨论的片面理解,提出对我国走向市场经济体制的判断能否继续成立?依据对我国涉外经贸关系一些争议问题的观察,提出我国走向开放型经济的判断能否继续成立?依据对我国与周边国家关系出现的一些争议现象,提出原来认为中国发展会有利于地缘政治格局健康稳定发展的判断能否继续成立?还有对中国愿意接受国际规则并在参与制定未来国际规则上发挥积极作用的判断能否继续成立?甚至包括对一个繁荣强大的中国符合美国和世界根本利益的判断能否继续成立?

三是从历史对比角度加强反思纵深感。笔者参与了对美国政府与学术界资深人士的座谈访问,印象中对方好像刚刚上完近现代世界史研讨班一样,不约而同却又大同小异地大谈新兴国与原有中心国关系问题。基本观点认为,近现代世界历史的经验教训表明,在世界格局因为新兴国(emerging power)相对追赶发生转变的时期,新兴国与已有强国(established power)之间的关系管理对于历史转变顺利推进具有重要意义。他们认为问题关键在于,一方面要使新兴国受到足够尊重,另一方面则取决于新兴国是否愿意接受已有规则、是否愿意在参与制定新规则时发挥积极而建设性的作用。

美国对华政策的重估反思,相当程度体现美国政学两界在胡主席对美国事访问前放话施压制造舆论动机,同时也折射出面临深层挑战背景下美国精英的战略焦虑心态;既有在以老大自居的傲慢心理支配下要求他国配合摆脱自身困境的诉求,也有迫于现实形势试图积极务实求解的愿望。"几个能否继续成立"的质疑,对我国形势和政策解读多有片面和偏见,尤其是对美国陷入目前困境的自身政策和结构根源缺乏必要检讨和反思。

中国是在制度、历史、文化各方面都具有自身特色的大国,目前正在全球化环境中探索和平发展的道路,正确处理对美欧等已有主要发达国家和地区的关系是管理这一发展过程的挑战性议程。我们应在坚持独立自主基本方针的前提下,重视经贸领域较多存在双赢机会的特点,结合国内改革议程推进与外部世界的务实合作。在这方面,开放宏观政策调整较有潜力,加强知识产权保护也有助于双赢。此处,还应重视我国改革与开放互相促进的"转型动力学"成功经验,加快国内土地改革、国企改革,开放宏观政策架构改革,为新十年持续快速追赶、拓宽夯实制度基础的同时,进一步经营和改善外部经贸环境。

希腊主权债务危机观察*

卢 锋①

北京大学国家发展研究院教授

2009年10月21日希腊政府宣布上调财政赤字率和债务率,市场担忧希腊债务风险增长,债信评级机构下调希腊债券评级,促使希腊主权债务危机逐步浮出水面。此后危机一波三折不断发展,不仅给欧元区经济复苏蒙上阴影,也为全球经济走势增添变数,成为最近全球关注的焦点问题之一。希腊危机展开进程如何?危机发生根源何在?如何评估其演变前景和影响?对我们理解全球化环境下经济发展规律有何认识启示?本文对这些问题给予初步梳理和探讨。

一、希腊主权债务危机演变阶段

主权债务是指一国中央政府以主权信用为基础形成的负债。传统主权债务危机指一国主权负债的利息和本金支付发生违约(default)的情况。然而在当代债券市场发展背景下,主权债务实际发生违约的可能性与历史时期比较较大幅度下降。如 Moody(2003)指出,1985—2002年间,全球仅发生九次主权债务违约事件②。因而学术界有观点认为用实际发生违约定义主权债务危机不再适当,需要扩展定义的内涵使主权债务概念更好地反映当代实际情况。如 Pescatori and Sy(2007)认为,主权债务危机定义不仅应包括一国发生债务违约,而且要包括特定国债利差(Spread)或信用违约互换利差(CDS Spread)超过某一水平的情况。③

---

* 摘自第22次报告会(2010年7月24日)。
① 感谢杨业伟同学和王健同学收集资料和参与本文研究工作。
② 这九次分别是:委内瑞拉(1998年7月)、俄罗斯(1998年8月)、乌克兰(1998年9月,2000年1月)、巴基斯坦(1998年11月)、厄瓜多尔(1999年8月)、秘鲁(2000年9月)、阿根廷(2001年11月)、摩尔多瓦(2001年6月)。具体参见 Moody(2003)。
③ 该作者通过数量分析认为,可以用利差1 000基点作为危机到来临界值。

从这次希腊债务危机情况看,尽管希腊政府尚未正式违约,但是其财政赤字率和债务率过高和过快增长,使得市场相信希腊如果不实行有效的结构调整,终将走向债务违约结局。结果导致希腊国债利差和信用违约互换利差急剧上升,最高时曾分别达到965和1 037个基点,因而国际社会普遍认为希腊实际已发生主权债务危机。

此次希腊危机始于2009年10月。希腊社会党在新一届大选得胜后,将前任政府可以隐瞒的巨大财政漏洞曝光。2009年10月21日,希腊财长在欧盟财长会议中指出,2009年希腊财政赤字占GDP比率将达到12.7%,债务率则将高达110%。这些信息披露成为促使市场预期转变和希腊债务危机爆发的导火索之一。图1报告希腊和德国十年期国债利差变动显示危机演变过程,希腊债券CDS也呈现类似走势。

图1 希腊和德国十年期国债利差显示危机进程(2009年9月1日—2010年7月13日)
资料来源:彭博(Bloomberg)。

希腊危机至今的演进过程大致可分五个阶段观察。第一阶段为2009年10月至2010年1月,主要表现为希腊主权信用评级屡遭下调,国债利差持续扩大,欧元持续下挫,也被称为希腊主权债务危机的初起阶段。2009年12月8日、16日和22日,三大评级机构惠誉、标准普尔和穆迪分别下调希腊主权信用评级,并给出负面前景展望。希腊政府借贷成本大幅提高,希腊与德国长期国债利差到2010年1月底突破350个基点。虽然希腊议会于2009年12月23日通过年度危机预算案,意在通过财政紧缩降低2010年赤字占比,然而未能阻挡希腊主权债务危机浮出水面。希腊危机拖累欧元持续下跌,至2010年1月31日,欧元兑美元汇率已跌至1.39,创六个月的新低。

第二阶段是从2010年2月中旬至3月初,希腊危机随着内外部环境变化有所缓和。2月11日欧盟特别峰会上,默克尔等领导人承诺将在希腊遵守相关规则的条件下援助希腊,对当时阶段性缓和起到积极作用。希腊政府开始积极实施减少赤字计划,虽然在国内掀起轩然大波,罢工事件此起彼伏,减赤政策仍在艰难推进。3月4日希腊以6%的利率成功发行50亿欧元10年期国债,此次国债发行认购金额达到160亿欧元。危机的缓解还表现为希腊国债利差小幅下降,欧元汇率也出现跌幅趋缓和回稳走势。

  第三阶段是从2010年3月中旬至5月初,希腊主权债务危机进一步加剧和恶化,一度出现市场恐慌几近失控的危急形势。根本原因在于结构调整等长期措施一时难以奏效,强有力的短期救助政策又出台迟缓。另外,欧盟决策层有关欧元成员国退出机制的讨论对这一阶段危机演变发生微妙影响。3月上旬欧洲政策研究中心(CEPS)推出EMF设计方案,倡导建立欧元区国家退出机制。这一设想得到德国政要和其他欧盟国家高层的支持。如3月12日德国财长Schauble(2010)指出:"如果欧元区成员国无力控制其财政赤字且无法保证其国际竞争力,那么该国应退出欧盟。"德国总理默克尔3月17日表示支持该设想。市场对欧元区采用退出政策解决希腊危机前景担忧,希腊国债利差从3月17日的300个基点飙升至3月22日的337个基点,而同期CDS利差也从288.4个基点迅速扩大至336个基点。

  欧盟和德国面对危机恶化形势分别采取了一些措施,如3月25日欧盟就援助方案达成共识,一旦希腊陷入流动性困境,欧盟和IMF将联手援助。然而协议并未给出具体的救助数额,也没有说明欧元区国家和IMF联合救助的操作细节,而且这套机制真正启动仍需经欧元区成员国一致同意,这些措施不足以扭转危机恶化走势。4月9日,惠誉下调希腊主权信用评级至BBB-。4月11日,救援细节终于敲定,欧盟各国同意在必要时联手IMF为希腊提供450亿欧元贷款支持,欧元区国家提供其中的2/3。4月22日,欧盟统计局将2009年希腊政府赤字占GDP比例上调至13.6%,穆迪也在同一天将希腊主权债务评级从A2下调至A3,并将评级列入负面观察名单,希腊债务危机进一步恶化。希腊总理帕潘德里欧4月23日宣布,申请启动欧盟和IMF救援机制。此时德国态度仍然强硬,德国财长Schauble声明,除非希腊制定出能够实现2010—2012年减赤计划的详细内容,否则300亿欧元贷款计划将不会启动。4月27日,标准普尔将希腊的评级下调至垃圾级"BB+",评级前景为负面。这是自欧元开始使用以来,第一个欧元区国家长期主权信用评级被评为垃圾级,希腊国债利差5月7日飙升到960个基点。不仅如此,西班牙和葡萄牙的主权信用评级也先后被调降。

  第四阶段是5月上中旬,即希腊主权债务危机急救阶段。希腊危机恶化及其可能蔓延至其他国家并可能动摇欧元根基的可怕前景,推动欧盟决策层和相关国际机构下决心推出足以扭转市场预期的急救措施。5月2日,希腊与欧盟和IMF就援助方案达成协议,根据该方案,希腊未来三年将获得高达1 100亿欧元的贷款。为了满足获取贷款条件,5月6日,希腊国会批准了一项严厉的财政紧缩计划。5月7—9日欧盟和IMF召开紧急会议,推出7 500亿欧元救助计划,帮助可能陷入债务危机的欧元区成员国,以防止希腊债务危机蔓延。其中IMF将提供2 500亿欧元,欧盟委员会提供600亿欧元,欧元区国家提供4 400亿欧元。德国与法国政府分别于5月11日和19日批准为其所占份额提供担保,其中德国为1 230亿欧元,法国为1 110亿欧元;两国在5月20日前后通过在此救助计划中承诺部分的国内立法。国际金融市场对援救政策反应正面。希腊国债和CDS利差于5月10日当天分别回落484个和375个基点,欧元兑美元汇率则升至1.31,涨幅超过2.6%。

第五阶段是5月中下旬至今的调整阶段,基本呈现两方面演变走势。一方面,希腊减赤效果明显,财政失衡状态有所改善。根据希腊政府有关部门公布的最新数据,该国政府2010年上半年的财政赤字为115亿欧元,占GDP比率为4.9%。与2009年同期约197亿欧元相比,减少幅度达42%。7月13日,希腊政府成功融资16.25亿欧元。伴随希腊流动性困境的缓解,其国债和CDS利差相继触顶回落。另一方面,欧洲银行体系问题显现和加剧。5月31日,欧盟发布的金融稳定报告中指出,欧元区银行在2010年将需要1230亿欧元以应对贷款损失(ECB,2010)。欧元区中央银行大量购入欧元区各国政府债券,到6月中旬已购入471亿欧元,德国长期以来试图在欧元区财经管理上倡导贯彻的货币发行独立理念和原则受到质疑和损害。另外,彻底化解危机需要对欧元区各国财经体制进行深层改革,推进这方面的改革也面临步履维艰的前景。

二、危机演变前景及制约因素探讨

5月初紧急救援计划使希腊危机局面得到控制,由于有巨额援助资金做后盾,几年内希腊等国可以不必依赖市场融资,因而违约风险显著降低。然而化解和根治危机需要更长时期,并且存在诸多不确定性。未来演变大体存在三种可能情景。第一种可能是危机逐步化解。在7500亿欧元巨额规模以及承诺更大规模资助的强有力支持的承诺下,希腊以及欧元区其他面临较大债务困难国家逐步推进结构调整并逐渐走出危机。从目前情况看,希腊等国债务削减取得一定成效,并得到市场一定程度的认同。5月初危机急救措施的出台使希腊国债利差大幅回落,随后一个多月利差又持续反弹,不过6月底以来利差企稳回落。从目前情况看,危机就此逐步化解的可能性较大。

第二种可能是危机进一步发展和深化。一方面,可能通过传染效应延伸扩展到其他南欧债务负担较重的国家,特别是如果危机在西班牙这个欧元区较大的国家爆发将使局面更为棘手;另一方面,银行流动性困难使欧盟面临发生银行危机的潜在风险。伴随债务危机的爆发,欧洲银行业面临考验。索罗斯(2010)在柏林演讲时称:"当前的这场危机与其说是一场财政危机,倒不如说是一场银行业危机。银行的不良资产并没有按照市场价格进行折算,而是正被银行所持有,一直到这些资产到期为止。"表1报告了自希腊危机发生以来,欧洲银行业所发生的主要事件。葡、希、法三国银行信用等级先后被调降。各国政府多方出手相助,随着7月28日各国达成协议放松银行资本金要求,加之利差收缩使银行持有国债资产价值企稳,使银行业危机发生的可能性得到一定程度控制。

第三种可能是希腊以及债务负担沉重的国家未能成功应对危机,欧元区也未能就合作应对危机确立和巩固共识,导致一国或若干国家退出欧元区以及欧元体制动摇的更为严重形势。Feldstein(2010)提出这种情景下的一种可能方案。他认为希腊可以通

表 1 欧元区面临银行危机潜在风险的若干表现

时间	主要事件
3月30日	爱尔兰政府宣布了对本国银行业的救助计划。
4月28日	标准普尔下调葡萄牙5家大型银行股票评级,并给出负面的前景评级。
4月30日	鉴于希腊经济的不稳定性,穆迪下调了希腊9家银行的信用等级。
5月22日	西班牙央行接管地区性储蓄银行Cajasur,并向其注入5亿欧元现金以保持其偿付能力。
5月31日	ECB发布金融稳定报告指出,欧元区银行在2010年将需要1230亿欧元以应对贷款损失。
6月14日	西班牙马德里储蓄银行(Caja Madrid)表示,将请求政府从银行系统有序重组基金中划拨44.7亿欧元的援助。
6月28日	惠誉将法国巴黎银行债务评级下调至AA-,但给出稳定的前景评级。普华永道发布报告指出,德国银行资产负债表上所记入的坏账,居于欧洲其他国家之首。
7月1日	欧洲部分银行同欧洲央行间4420亿欧元贷款到期,市场短期融资压力陡增。
7月23日	欧洲银行监管委员会公布欧洲银行业压力测试结果。
7月28日	全球主要央行和监管机构达成协议,放宽对银行资本金的要求。

过暂时退出欧元区以保证经济长期稳定。具体做法是,首先希腊退出欧元区,并规定德拉克马兑欧元汇率为1。待希腊经济稳定之后,再以1欧元兑1.3德拉克马的汇率回到欧元区,以避免未来再出现大规模经常账户赤字。然而问题在于,一旦希腊选择退出,其汇率水平将难以稳定。尤其重要的是,成员国退出将使世人对欧元前景产生重大质疑,从而重创欧盟全球竞争战略,并可能派生其他严重负面冲击,因而欧元区的政治家和战略家会极力避免出现这一情形。从未来不确定角度看,无法事先排除上述甚至更糟糕事变发生的可能性,不过正因为涉及潜在巨大利害关系,这类情景实际发生的概率反而可能较低。

希腊主权债务危机未来演变,关键取决于以下几方面因素:首先,希腊政府是否有能力协调国内矛盾,成功贯彻和实施经济调整方针,特别是有效降低未来财政赤字水平。虽然目前情况显示,希腊政府仍坚持实施减赤方针并取得明显成效,但是应对政策会带来巨大阵痛并激化利益矛盾。危机爆发后,希腊国内罢工游行抗议事件此起彼伏,至7月9日仅全国性罢工已达6起,部分罢工事件中甚至出现人员伤亡,协调社会矛盾和修复社会凝聚力面临挑战。[①] 危机前景还取决于希腊能否加快经济改革步伐,重塑经济竞争力。紧缩财政固然可以减轻政府债务压力,然而经济持续健康的增长才是解决债务危机的根本之道。

---

① 也有评论人士认为不必过夸大希腊最近罢工抗议的影响力,因为希腊民众本身比较习惯于以罢工方式表达对政策的不满。即使在紧缩政策推出之前,罢工和示威游行在希腊也经常发生。根据希腊内政部警察总局统计,过去十年里,首都雅典市中心举行的示威游行超过300起(梁业倩,2010)。

其次,德国等需要在财务上施以援手的国家,能否有效管理国内错综复杂的利益矛盾和政治压力,从而使得欧元区国家之间真诚合作的意愿超过机会主义行为方式的冲动。此次救助计划之所以迟迟没能出台,并最终引入 IMF 作为援助介入一方,德国的态度起到关键性作用。由于希腊债务危机爆发后出现一段缓和期,并且德国民众和舆论对援手希腊较多持保留和反对态度,德国政府坚持应依靠希腊自身力量应对危机,对债务危机发展产生一定影响。德国和欧元区其他主要国家能否有效管理国内政治压力,同舟共济、共渡难关的意愿和决心如何,对未来局势发展具有重要影响。

最后,欧元区政治家和社会能否利用危机压力,推动欧元区财政和政治一体化改革,从深层机制上避免未来发生类似危机的可能性。另外还取决于欧元区能否亡羊补牢,建立有序的退出机制以有效约束成员国利用财政透支刺激经济增长,降低危机发生及其援助派生的道德风险问题。

三、希腊危机发生的背景和根源

希腊发生主权债务危机,既有增长方式失衡的内部原因,也有加入欧元区后失去货币调节手段的体制环境背景作用;既与希腊政府操纵财政数据失信于市场的政府机会主义行为方式有关,也受到国际金融危机加剧债务危机风险的传导效应影响。从开放宏观经济学分析视角观察,宏观结构失衡和失去货币调节手段最为关键。

希腊在欧盟 27 个成员国中是一个较小的国家,经济规模仅占欧盟总量的 2.6%。希腊也是欧元区中经济发展水平较低的国家,2000—2008 年希腊人均 GDP 为 1.67 万欧元,比同期欧元区同一指标值 2.47 万欧元低 1/3 左右。1999—2008 年,欧盟经济增长率平均为 2.06%,希腊同期年均增长率为 3.9%。虽然经济增速较快,但是希腊的高速增长

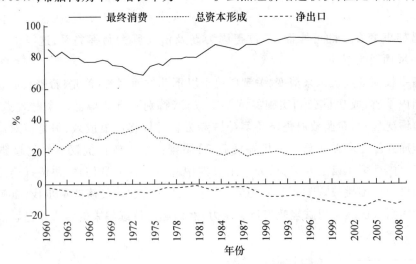

图 2　希腊历年 GDP 结构分解(1960—2008)

资料来源:OECD 数据库。

过度依赖消费。图 2 数据显示,希腊消费占 GDP 比例长期维持在 80% 以上。1990—2008 年希腊经济增长对消费依赖程度平均为 90.4%。过度依赖消费增长模式导致外部失衡加剧和政府债台高筑。

图 3 数据显示,虽然希腊服务贸易通常保持顺差,然而远不足以弥补货物贸易产生的逆差。2000—2008 年,货物贸易逆差和服务贸易顺差占希腊 GDP 比例平均分别为 18.3% 和 5.5%。经常账户另外两个重要项目是资本收入和转移支付,其中资本收入逆差主要来自对外债务利息支出,转移支付正收入主要来自欧盟内部包括欧盟共同基金补贴等。综合起来看,希腊近年经常账户持续逆差,占 GDP 比例通常维持在 10% 以上的水平。

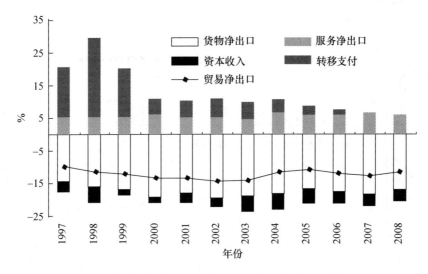

图 3　希腊经常项目各部分占 GDP 比例(1997—2008)

资料来源:OECD 数据库。

消费驱动增长模式导致希腊政府债务不断累积。图 4 数据显示,加入欧元区后,希腊一直存在严重的财政透支问题。美国次贷危机爆发后,希腊经济增速放缓,希腊政府采取了大规模财政刺激方案,2007 年以来赤字和债务快速上涨,使原本就已沉重不堪的财政负担更是雪上加霜。2009 年希腊政府债务占 GDP 比例达到 115.1%,这意味着假定债务平均利率为 3%,希腊需要保证名义 GDP 增长率超过 3% 才能在长期正常、按时、足额地支付利息。这使希腊面临两难困境:为到期偿还债务利息必须保证经济高增长,经济高增长过度依赖消费又迫使政府继续大量举债。

持续大比例的外部赤字与债务扩张,导致外债比例畸高的债务结构特点。图 5 数据显示,2004—2009 年希腊外债从 1 220 亿欧元上升到 2 230 欧元,五年间外债总额上升八成以上,外债占 GDP 比例从 65% 上升到 93%。从长期债务危机历史角度看,比较过度外债和内债两类财政困难,过度外债导致违约和发生危机概率更高(Buiter,2010)。

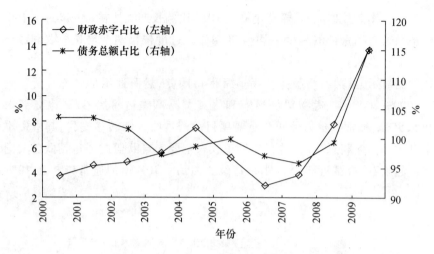

图 4　希腊财政赤字和债务总额占 GDP 比例(2000—2009)
资料来源:WIND。

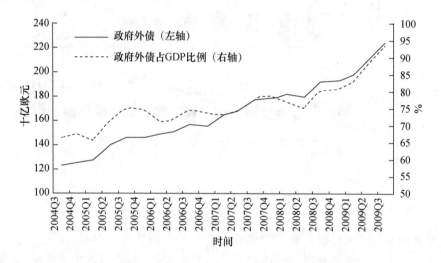

图 5　希腊外债及其占 GDP 比例(2004Q3—2009Q3)
注:由于 2009 年 GDP 数据缺失,这里假定其与 2008 年持平。
资料来源:政府外债数据来自希腊银行,GDP 数据来自 OECD 数据库。

分析希腊债务危机根源不应忽视的又一因素,是加入欧元区使希腊丧失了与主权货币相联系的汇率和利率两大调节宏观失衡的基本手段。对比希腊 20 世纪 70—80 年代的宏观经济表现有助于认识放弃利率和汇率调节工具的不利影响。70—80 年代希腊也曾经历宏观经济严重失衡的困难,1973—1993 年一直面临两位数的通胀率,平均通胀率高达 18%。为了应对国内通货膨胀,希腊不断提高国内利率。1973—1993 年,利率从 6.08% 上升至 17.45。高利率客观上对政府举债行为构成约束,使赤字率和债务率得以维持在相对可控的水平。

加入欧元区后,希腊凭借"借来信用"获得廉价融资的便利,与本国经济基本面相适应的利率调节工具不再发挥作用,对过度借贷消费酝酿危机客观上发生诱导作用。就此而言,丧失货币与利率工具类似于部分丧失免疫功能,使经济有机体陷入危险境地。需要指出的是,即便拥有独立货币政策和利率调节手段,20世纪宏观经济失衡也曾拖累希腊经济增长,但是毕竟不至于发生目前这样深重、严峻并具有全球影响的危机。

丧失汇率工具更使得希腊难以有效主动地调节外部失衡。加入欧元区前,希腊外部失衡长期维持在比较可控的范围。90年代贸易赤字增长,促使希腊货币德拉克马贬值调节。加入欧元区后,希腊的贸易赤字率高达两位数,欧元因应欧元区整体宏观经济形势显著升值,汇率变动客观上加剧而非调节了希腊的外部失衡。

四、希腊危机的影响和启示

依据IMF有关希腊危机对全球经济影响的预测,如果危机就此逐步化解,则影响相对有限。根据有关模型模拟的结果,如果希腊危机就此逐步化解,2010—2014年美国和亚洲新兴经济体GDP缺口因为希腊危机扩大规模平均不超过0.2%,日本和欧盟也不超过0.4%。然而如果危机进一步发展和恶化,则会对世界经济影响严重,美国和日本GOT缺口因此扩大规模将达到1.5%,欧元区同一指标扩大规模将达到2.15%。在危机恶化的假定下,未来数年美国经济增长率将接近于零,欧洲和日本的经济增长率则将持续为负,全球经济直到2014年年底仍处于GDP正缺口不景气的状态。

有关希腊危机对中国经济的影响可以从不同角度讨论。首先从贸易联系角度看,希腊危机导致希腊和有关国家的经济增速放慢甚至出现负增长,可能对我国向这些国家出口增长产生不利影响。观察有关数据可见,欧盟是中国的最大出口地区,2009年中国向欧盟的出口额为2363亿美元,占总出口额的19.7%。不过我国对希腊以及面临财政金融较多困难的PIIGS出口规模要小得多,2009年我国对PIIGS五国和希腊的出口额分别为416亿美元和32亿美元,占总出口额的3.5%和0.25%。贸易盈余规模与出口类似。也就是说,如果危机仅仅局限在希腊,对我国出口的影响会很有限。然而如果危机扩展到PIIGS国家,则对中国贸易影响显著。如果出现欧元动摇更严重的情况,不仅会对欧元区带来灾难性影响,而且对包括中国在内的全球经济都将会带来重大冲击。由目前形势推测,出现这一局面的可能性较小。

其次从人民币汇率政策调整角度看,希腊危机可能一度使这方面的政策调整更为谨慎。然而此次危机说明累积过量的外汇储备资产将面临巨大的投资风险,因此从长期看或许会推动中国选择更为灵活的人民币汇率体制。

最后从我国外汇储备投资收益和安全角度讨论。虽然我国外汇储备投资结构是非公开数据,IMF的COFER数据显示近年新兴经济体及发展中国家外汇储备中有约30%投资于欧元资产。如果我国外汇储备投资结构与新兴经济体平均结构大体相同,我国持有欧元资产有可能高达7000亿美元上下。尽管无法准确了解我国外汇储备在欧元区成员国债券非投资分配结构,考虑我国外汇储备投资比较重视安全性和流动性,此前投资希腊和PIIGS等国的债券应比较谨慎,投资规模或许较小。依据上述粗略讨论和推测,即使没有发生债务违约情况,欧元因为欧债危机显著贬值,对我国外汇资产投资回报已经产生不利影响。总体来看,如果希腊债务危机就此逐步化解,对我国资产安全和收益影响比较有限,然而如果万一出现欧元动摇甚至更糟糕的情形,我国经济将面临潜在的重大利益损失。我们需要对这方面情况给予足够的重视。

另外需要指出的是,欧债危机与中国的经济关系具有双向性。我国经济增长也对欧洲应对危机产生积极影响。例如受欧元贬值等因素影响,2010年上半年我国从希腊的进口额从2009年同期的9.85亿美元增长到17.7亿美元,增幅高达79.8%,对欧盟整体进口增长率高达39.3%。我国经济增长通过贸易联系对欧盟经济复苏提供动力,客观上有利于应对欧债危机。同时,债务危机给当地银行和企业带来流动性不足的困难,客观上可能为我国企业海外投资提供了比较有利的条件。当然我国企业海外投资应注重购买资产的质量,避免盲目抄底带来投资失误损失。

欧盟拥有相当发达和成熟的市场体系和宏观管理能力,欧元被广泛评论为新世纪成功的重大制度创新,欧债危机如华尔街危机一样令人惊诧,并对我们加深认识经济全球化背景下开放宏观经济运行的基本原理和规律具有借鉴意义。

一是有助于全面理解发生危机的根源。现代经济运行离不开市场与政府的交互作用。经济增长是市场机制和政府调节良性互动的结果,发生危机也与市场和政府干预缺陷有关。华尔街金融危机说明,货币过度扩张与缺乏必要监管的市场逐利冲动相结合,可能为危机因素滋长提供温床。欧债危机提示,政府失误也可能成为危机"完美风暴"发生的关键因素。希腊政府鼓励过度消费增长模式是危机重要根源之一,财政数据造假更是政府失败的典型表现。欧元区治理结构设计和操作缺陷,为政府机会主义"短视"行为留下空间,对危机发生也难辞其咎。

二是强调财政纪律的重要性。欧元区制定了"3%和60%"的标准,说明对财政纪律重要性的一般认识并不缺乏,然而从政策实践看这一要求并未得到真正执行,很大程度流于形式。希腊加入欧元区后,就财政标准而言只有个别年份"达标",财政纪律松弛成为危机酝酿爆发的必要条件之一。我国目前财政状况总体尚属稳健,然而重视财政纪律原则对我国具有长期借鉴意义。

三是警示宏观失衡的危害。经济增长近九成靠消费推动,贸易赤字比率十多年持续超过10%,宏观失衡促成希腊债务危机。进入新世纪以来我国面临国际收支"双顺差"的困扰,虽然我国外部失衡类型与内涵有自身的特点,但是欧债危机凸显的外部失衡危害对我国仍具有启示含义。

四是重估放弃货币调节手段的利弊得失。放弃主权货币与实行区域货币确有可能带来利益,如节省交易成本、促进要素流动等。然而其真实代价则可能要通过一次重大的危机才会被充分展现和具体认知。希腊危机表明,在国际财政有效约束机制的前提条件真正满足之前,过分看重固定汇率或单一货币带来的利益,放弃主权货币及其相联系的汇率和利率调节机制,本质上难以持续并存在重大危机隐患。进入新世纪以来,我国在新形势下面临如何选择汇率体制和评估国际货币体系等重大问题,欧元实践和希腊教训对求解上述问题具有认识价值。

6 国际经济的中国视角

当前世界经济的失衡和对策*

易 纲

中国人民银行行长助理、北京大学中国经济研究中心教授

这次会议上谈到经济普查和 GDP 数据调整。中国 GDP 以前被低估是不是意味着以前的宏观经济政策包括货币政策的决策有问题呢？实际上，我们早就认为中国 GDP 有一些被低估。我个人从六七年前起，就反复说过中国 GDP 被低估了 20% 左右，其中 90% 的低估部分可能来自第三产业。也就是说，我们对 GDP 低估的认识，不是数字调整后才认识，而是早就认识了，并且在宏观经济政策制定和执行中已经考虑到这一因素。经济普查后，2004 年 GDP 调整了 2.3 万亿元，增加了 16.8%，其中增加部分的 92% 来自服务业，这和以前的粗略估计是相吻合的。

从图 1 可以看到，年度 CPI 变动趋势有五个高峰（其中最近一个高峰比较小）和一个低谷，反映了改革开放以来宏观调控、货币政策的五次反通胀和一次反通缩。在 CPI 处于高位

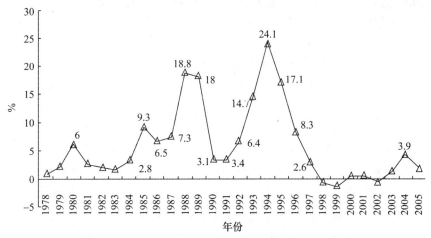

图 1　中国年度 CPI 变动趋势（1978—2005）

---

* 摘自第 4 次季度报告会（2006 年 2 月 11 日）。

的时期,就是反通胀时期;1998—2002年间CPI在零或者零以下,就是反通缩时期。

图2显示的是改革开放以来的真实利率。如果有一个经济变量对中国经济的大起大落解释得非常清楚,那就是真实利率。当然行政变量、政治周期也解释得非常清楚,但它们不是经济变量。一般都说中国利率没有市场化,利率和汇率在中国不起多大作用。实际上从经验数据看,利率和汇率对中国经济的影响是非常大的。即使在计划经济中,利率也是起作用的,那时也不敢取消存款利率。1958年中国曾经想取消利率,"文化大革命"时也想取消利率,但都取消不了。具体每一次波动是怎么回事,宋国青老师和我都做过相应的研究。总的结论就是中国经济的波动和实际利率非常相关,实际利率对中国经济的解释力很强。

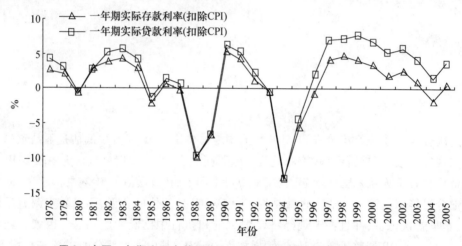

图2 中国一年期实际存款利率和一年期实际贷款利率(1978—2005)

本文题目中的"失衡"主要是指国际收支的失衡,而国际收支失衡在2005年主要表现为贸易失衡。根据中国的统计数据,2004年中国对美国的顺差是800多亿美元,2005年超过1 000亿美元,美国是中国最大的顺差来源地(美国统计的中国对美国的顺差大约是中国统计的两倍)。同时中国大陆也有逆差,前十位逆差来源地是中国台湾、韩国、日本、马来西亚、沙特阿拉伯、菲律宾、安哥拉、泰国、澳大利亚、巴西。2005年前三个季度,中国大陆对中国台湾就有400多亿美元的逆差,对韩国有300多亿美元的逆差。在贸易逆差上,日本和中国有一点争论。日本认为2005年它们对中国有逆差,而不是中国对它们有逆差。但是按照过去五年算,中国对日本还是逆差,这是无可争议的。

总结我对贸易情况的看法:中国大陆对美国、欧洲有巨大的顺差,中国大陆对日本、韩国、中国台湾和东盟十国是逆差。这种贸易上的不平衡反映了全球化,反映了国际分工,也反映了世界经济的一个新格局,即中国从邻国或地区那里进口原配件产生逆差而在对其加工后出口到美欧形成顺差。在这种格局中,一方面中国赚的钱比较少,创造的增加值比较低;另一方面中国作为最终产地也承受美国和欧洲的很大压力,反倾销等问题的焦点也都集中在中国。尽管中国有顺差也有逆差,但总体来说在2005年有1 000多亿美元的贸易顺差,从而外汇储备增加也比较快。2005年年底中国有8 189亿美元的外汇储备,和日本非常接近,只比日本差99亿美元,中国很快就要成为世界第一大外汇储备国。这对中国既是好事,同时也是挑战。

图3显示的是一年期央票利率与一年期美元LIBOR,就一年期来讲这两个都是具有代表性的利率。2005年1月,两条线交叉;在此之后,一年期美元LIBOR已经高于中国的一年期央票利率。2005年3月17日,央行将超额准备金利率从1.62%降到0.99%,此后利差就变得比较大。现在一年期美元LIBOR已经接近5%,而央行一年期票据的利率在1.8%左右,也就是说人民币跟美元的利差超过3%。

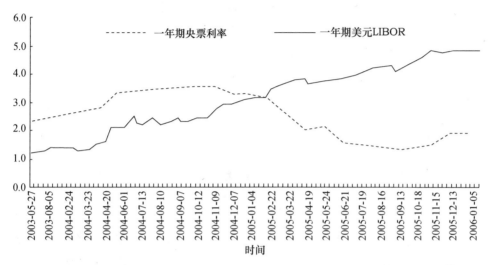

图3 一年期央票利率与一年期美元LIBOR(2003年5月27日—2006年1月10日)

这个利差和我刚才说的不平衡是什么关系呢?这个利差为中国稳定汇率、为不平衡的调整创造了一个比较好的时间窗口和一个比较好的条件。根据利率平价理论,预期的汇率变化百分比应当等于两国利率之差。也就是说,如果美元利率比人民币利率高3%,而人民币升值幅度在3%或3%以内,那么从套利的角度说,攻击人民币就无利可图。如果不换成人民币,美元利率是5%;如果换成人民币,人民币利率比美元低3%,人民币要升值3%以上才能够赚钱。根据美国最近的数据,产能利用率和成本还在提高,美国经济还是相当强劲。格林斯潘在任期结束时又加了一次息,这是第14次加息,现在的联邦基金利率是4.5%。人们认为再加一次息,即加到4.75%的概率在80%以上,甚至还有人预测可能还要再加一次息。这样一个时间窗口和利差窗口,实际上为中国货币政策和宏观经济政策的调整提供了一个时机。

最后我再讲几个不平衡。我已经多次讲过"不可能三角形"。Y代表货币政策独立,M代表资本管制,X代表汇率稳定。我跟汤弦做了一个坐标系(见图4),相应的有一个定理,这个定理就是$X+Y+M=2$,即这三件事当中只能做两件事。克鲁格曼已经提出这个定理,我和汤弦把这个定理一般化。原来只是在角点上有这个定理,我们的理论是在任何一个点上都有$X+Y+M=2$这个定理。

现在看如何运用"不可能三角形"来分析中国内地的情况。在货币政策独立性方面,中国内地确实受到很大的挑战,因为要对冲外汇占款,但是总体来说中国内地还是有货币政策独立性的。比如说利率,中国内地的利率和美元利率就不一样。中国内地的货币

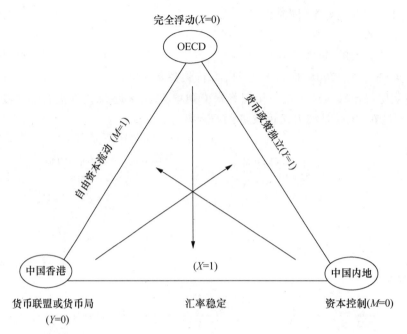

图 4 不可能三角形

政策独立性即便不是 1 也是很接近于 1 的一个数。在汇率方面,汇率完全浮动时 $X=0$,汇率固定时 $X=1$。中国内地过去汇率稳定在 8.28,从而 $X=1$。现在汇率有一点浮动,但还是相当稳定,所以 X 也是一个比较大的数字。既然这两个加起来这么大,那么资本自由流动程度应该很小,但是实际上大家从经验感到中国内地的资本流动也有相当大的自由。那么这和"不可能定理"有点不符合,$X+Y+M$ 可能大于 2。

根据丁伯根原则,为达到一个经济目标,政府至少要运用一种有效的政策工具;为达到 N 个经济目标,政府至少要运用 N 个独立、有效的经济政策工具。这跟上面的三角形有一点联系。为什么看起来在中国内地三者之和要大于 2? 这是因为内地的央行和国外或地区的货币当局比起来,还多了半个独立的货币政策工具,也就是中国内地的利率还没有完全市场化,现在货币当局还可以控制贷款利率的下限和存款利率的上限。

现在对于全球经济失衡有三种流行的观点。第一种流行的观点认为目前中国大顺差、美国大逆差、亚洲中央银行资金流向美国这样一个不平衡的状态是市场的选择,因此是可以持续下去的。这种观点是少数人的观点,不是很受欢迎。第二种观点认为亚洲国家尤其是中国的一些宏观政策是失衡的原因,所以要求中国和其他亚洲国家调整宏观政策。这种观点比较流行。第三种观点认为目前的不平衡主要是美国的双赤字和亚洲的高储蓄造成的,所以美国作调整的必要性是最大的,其他国家的调整只是对美国调整的一个补充,也就是说不平衡的根本原因在于美国。这三种观点的政策含义显然是不一样的。

对于全球经济硬着陆可能性的分析,也有三种观点。第一种可能性是如果美国对双赤字熟视无睹不采取行动,就加剧了硬着陆的可能性;第二种可能性是如果人民币过快升值,并且中国货币当局主动调整外汇储备资产的结构,带来美元预期的巨大波动。第三种可能性是亚洲新兴市场国家跟随中国减少对美元资产的需求,造成市场恐慌和经济紧缩。

最后是我的结论。第一个结论是当前全球经济的失衡主要是市场力量自愿选择的结果,从某种意义上说是互利的。它可以持续到一定程度,但不可能永远持续下去。第二个结论是这样一个失衡必须引起重视,全球主要经济体必须从现在就开始进行政策调整,但是调整过程一定是一个渐进的过程。第三个结论是我们要关注硬着陆的风险,但是我认为硬着陆的可能性不大。第四个结论是国际经济失衡是很多基本面的失衡,而汇率调整对于调整这种基本面失衡的作用是十分有限的,所以不能够把希望寄托在汇率调整上,或者是主要寄托在汇率调整上。比如说美国储蓄率低、中国储蓄率高是一个特别大的基本面的事实。通过调整人民币的汇率来增加美国的储蓄率那是天方夜谭,也不可能通过汇率调整来大幅度降低中国的储蓄率。当然汇率调整还是值得我们重视的,这种调整会是一个渐进的、平稳的过程,并且会朝着我们预期的方向进行。

市场机制调整见效 经济失衡正在收敛[*]

易 纲

中国人民银行副行长

本文分为以下三个部分:第一,当前货币政策取向和人民币升值的影响;第二,中国金融资产配置的市场调整;第三,全球资本流动与新兴市场的调整。

一、当前货币政策取向和人民币升值的影响

通过分析中国经济的主要指标,我们可以看到:(1)投资率还在比较高的水平,消费率有进一步降低的趋势。总体来说,投资率过高、消费率走低的矛盾依然是非常突出的。(2)目前通货膨胀率较高。2003年至今是我国改革开放三十年中的又一个通货膨胀时期。(3)近年来贸易顺差有加大的趋势。2007年贸易顺差占我国GDP的8%,比重较大,顺差绝对数额为2 622亿美元。

就大家普遍关心的人民币汇率问题,从国际清算银行以全世界52个国家为篮子计算的人民币汇率变动情况来看,呈现明显的三阶段特征:1994年实行汇率并轨到2002年,人民币汇率大幅升值,名义汇率升值41%,实际汇率升值58%;2002年到2005年,人民币名义及实际汇率都有所下降,其中名义汇率下降15%,实际汇率下降18%;2005年7月21日进行人民币汇率改革以来的两年多,名义汇率上升6.3%,实际汇率上升10%。

从利率平价来看,也可以分为三个阶段:从2003年到2005年1月25日,人民币利率(一年期央票利率)高于美元利率(一年期美元LIBOR);从2005年1月25日到2008年1月15日,由于美联储不断加息和国内利率不断下降,人民币利率低于美元利率;2008年1月15日后,美元利率再次低于人民币利率。从2005年到2008年,美元利率高于人民币利率,这为我国的货币政策赢得了一个比较宽松的外部环境。仅考虑利率平价因素,当美元利率低于人民币利率时,人民币升值的压力会进一步加大。

---

[*] 摘自第12次报告会(2008年2月24日)。

目前媒体经常地讨论人民币对外升值和对内贬值是中国经济的"怪现象"。其实这两者并不矛盾。人民币对外升值和对内贬值其实是在同方向上调整的两个渠道。以前中国的商品便宜,现在要变得不那么便宜,可以通过人民币升值和价格上涨这两个渠道来实现,也是对不均衡市场和不均衡经济的调整过程。

人民币升值后,对外国商品和服务的购买力上升。2007年,人民币对美元升值6.9%,美国国内的通货膨胀率为2.8%,则人民币折成美元的购买力上升了4.1%。我国目前大量进口大豆、石油等物资,在这些物资价格普遍上涨的情况下,由于人民币升值的原因,进口价格上升幅度有所减少。由于国内物价的上涨,人民币对内购买力下降。若中国一年进口一万亿美元,相当于 GDP 的 30%,以此为权重综合考虑人民币对内对外的加权购买力基本持平,至少没有降低。

人民币升值对扩大内需的影响如何？亚洲金融危机后,扩大内需成为中国重要的宏观经济政策取向。但是扩大内需、调整经济结构是一个非常困难的过程。人民币升值通过价格变化能够非常有效地引导资源向国内需求配置。价格引导的力量强过很多行政主导或措施,能够最有效率的引导资源配置向国内倾斜。所以说,市场比人强,形势比人强,价格比人强。

因此,继续完善以市场供求为基础、参考一篮子货币进行调节、有管理的浮动汇率制度,进一步发挥市场供求在人民币汇率形成中的基础性作用,增强人民币汇率弹性,继续按照主动性、可控性和渐进性的原则,保持人民币汇率在合理、均衡水平上的基本稳定。

2007年经济工作会议确定了货币从紧的方针。此后国际和国内发生两个比较大的变化。一方面,美国次贷危机进一步暴露,危机更加深化,美联储两次大幅度降息;另一方面,国内出现严重的冰雪灾害。但是通货膨胀依然是目前面临的首要危险。因此,2008 年我们将继续落实从紧的货币政策,综合运用多种货币政策工具,控制货币信贷过快增长;继续通过公开市场业务操作和准备金政策大力对冲流动性;通过窗口指导和道义劝说,引导商业银行合理控制信贷投放。在经济总量进一步加大的情况下,我预计2008年 M2 的增长率为 16%,银行贷款增长率将低于 2007 年。同时,加强信贷支农,做好灾后恢复生产和春耕备耕的各项金融服务工作。

二、中国金融资产配置的市场调整

改革开放以来,M2 占 GDP 的比例呈现持续快速增长,近几年才走平。M2 占 GDP 的比例提高,一方面是金融深化的必然,另一方面也说明了我国金融结构中资本市场发展滞后,银行储蓄一直是投融资的主要渠道。对此问题,我在 1996 年的论文中进行了分析。现在看一下最新情况。

2007 年,我国金融市场发展迅速。一看货币市场:银行间市场累计成交 71.04 万亿元,日均成交 2 853 亿元,同比增长 83.6%,日均成交量创历史最高水平。二看债券市场:2007 年 12 月末,各类债券托管量 12.33 万亿元,比上年末增长 33.4%;与 GDP 总量的比例为 50%,比上年高 6.2 个百分点。三看股票市场:累计成交 46.1 万亿元,比 1992 年以来 15 年间累计成交量还多 1.4 万亿元;日均成交 1 903 亿元,同比增长 4.1 倍。2007 年年末 A 股市价总值 32.4 万亿元,占当年 GDP 的 131.6%,比上年提高 89.8%;其中流通股市值 9.05 万亿元,占当年 GDP 的比例为 36.7%,比上年高 25.4 个百分点。全年新增投资者开户数 6 050 万户,同比增长 10.5 倍。四看基金:2007 年年末证券投资基金规模达 2.23 万亿元,比上年末增加 1.63 万亿元,增长 2.7 倍;总资产净值 3.28 万亿元,同比增长 3 倍。五看保险:2007 年保险业累计实现保费收入 7 036 亿元,增长 24.7%。截至 2007 年年末,我国保险业总资产达 2.90 万亿元,增长 47%。

2007 年金融市场的巨大发展说明,市场机制在运行,整个金融资产配置经由价格和市场引导在向符合经济规律的方向调整。实体经济部门(非金融企业和住户)普遍增持股票、基金类金融资产,减持存款和债券类资产。银行贷款虽然继续在各类融资中居于主导地位,但股票融资比重明显提高。2007 年年末实体经济部门主要金融资产余额 56 万亿元,比上年增长 34%;占当年名义 GDP 的比例为 229%,比上年高 29 个百分点。

2007 年实体经济部门持有的主要金融资产余额中,通货及存款类金融资产(现金,本、外币存款,证券公司客户保证金,委托存款等其他存款)余额 43 万亿元,同比增长 16.9%;流通股资产市值 6 万亿元,同比增长 2.8 倍;基金类资产市值 3 万亿元,同比增长 3.3 倍;保险类资产 2 万亿元,同比增长 25.1%;信托权益类资产 6 671 亿元,同比增长 1.8 倍;理财类资产 5 128 亿元,同比增长 1.9 倍。以上是 2007 年年末余额比上年增长的金融资产。实体经济部门金融资产余额比上年下降的是债券类资产:余额 7 万多亿元,下降 2.4%。可见 2007 年市场机制在金融资产配置上运行效果比较好。

主要受全社会固定资产投资增长较快的影响,2007 年我国实体经济部门融资(企业和住户新增债务与国内市场股票筹资)5.47 万亿元,比上年增长 30.7%,继续保持较高水平。银行贷款继续在各类融资中居于主导地位,但占比有所下降。商业票据、企业债融资比重也有所下降。这些金融工具融资份额的下降主要由股票融资替代。

住户部门主要金融资产余额 2007 年年末 32.5 万亿元,比上年增长 35.7%。其中,人民币存款的比重从 2006 年年末的 68.6% 下降到 2007 年年末的 54.1%;证券公司客户保证金的比重从 1.9% 上升到 3.6%;流通 A 股市值的比重从 5.8% 上升到 15.7%;证券投资基金的比重从 2.3% 上升到 8.6%。在股票市值快速上升的带动下,虽然储蓄存款增速大幅下降,但住户金融资产总量仍保持较快扩张;个人对银行负债水平显著提高。这说明老百姓在对市场作出反应。

企业部门对市场的反应也很好,金融资产和负债的具体分类中哪些上升、哪些下降都是非常理性的。2007 年企业金融资产余额 23.9 万亿元,比上年增长 31.7%。企业金融资产快速扩张,资金宽裕,结构上呈多样化发展;企业负债速度有所加快,国内市场发行股权融资的比重显著上升,贷款融资比重则明显下降。

作为总结,我们总说中国太依靠间接融资了,需要大力发展直接融资。那么怎么样才能大力发展直接融资?实际上 2006—2007 年就是大力发展直接融资的机遇。这两年中国金融资产结构优化明显,是符合大力发展直接投资的方向的。在中国金融资产配置调整这个问题上,我还是强调这三句话:"形势比人强,市场比人强,价格比人强"。

三、全球资本流动与新兴市场的调整

新兴市场资本流入大量增加。具体表现是:外汇储备大幅增加,FDI 流入创下新高,非 FDI 资本流入快速增长,货币大幅升值,资产价格明显上升。把上两个部分的主题扩大到全世界,可见对全世界而言,市场在运行,资本按照市场规律流动。

从十年来全球外汇储备增加来看,增长的主要部分在发展中国家或地区。2007 年全球 FDI 流入创下 1.5 万亿美元的历史新高。新兴市场中,中国内地、中国香港、俄罗斯、巴西、新加坡、墨西哥的 FDI 流入分别达到 827 亿、544 亿、489 亿、374 亿、369 亿、367 亿美元。尽管中国内地的 FDI 流入总量还是位居第一,但是增长速度只有 10%,低于其他很多新兴市场国家或地区。新兴市场国家或地区非 FDI(股票、债券、贷款)资本流入快速增长,国际证券发行、国际银行贷款流入明显增加。在资本大幅流入情况下,新兴市场国家或地区货币大幅升值,许多国家或地区货币升值幅度高于人民币。从 2005 年 6 月以来,菲律宾比索的名义有效汇率和实际有效汇率分别上升了 25.3% 和 30.9%,巴西雷亚尔上升了 26% 和 27.4%,捷克克朗上升了 16.9% 和 17.2%,而人民币只上升了 5.4% 和 11%。新兴市场国家或地区的股市大都大幅攀升。

从新兴市场应对资本流入的措施和经验来看:一是增强汇率灵活性。巴西、韩国、泰国、俄罗斯和中欧多国货币大幅升值,消化了资本流入的部分影响。二是实行通胀目标制。允许汇率自由浮动,利用利率管理资本流入(比如波兰)。三是积极运用财政政策。汇率不太灵活的国家实行较紧的财政政策,减缓汇率升值速度,保持了较高的长期增长速度。四是加强金融监管。亚洲金融危机后,亚洲国家加强金融监管和公共债务管理,加快建设金融市场,发展应对资本流入的金融工具,显著增强了该地区应对结构性问题的能力。五是鼓励资本流出,加强资本账户管制。

现在有种观点认为资本管制是有效的,应该加强资本管制。我在这里用其他各国的经验来对此进行讨论。

20 世纪 90 年代初,智利、哥伦比亚、巴西和泰国面临着相似的宏观经济问题:大规模持续的外资流入、国内货币面临升值压力、国内经济过热等。为应对外汇储备增加导致的货币供应扩张以及通胀压力,一些国家实行了资本管制措施,包括直接的行政管制措施,如禁止某类金融交易、实施资本流量管理以及设立跨境投资审批等;间接的市场调控措施,如对跨境资本流动征税、实施强制性无息存款准备金制度(Unremunerated Reserve Requirement,URR),但实施效果不甚理想。

智利 1991 年 6 月要求银行或非银行机构为其外汇借款缴纳 20% 的无息存款准备金。第二年扩大缴存范围,缴存比率上调至 30%。其他措施还包括银行需上报全部资本项目下的交易、限制国内公司的对外借款等。实施效果是:初期减少了短期资本流入,但外汇流入的总量仍保持增长;实施管制前为资本净输出国,实施管制期间(1991—1997 年)反而变为资本净输入国;管制效率下降;外汇市场升值压力持续,智利比索的实际有效汇率在管制期间升值 25%。最终,智利放宽了汇率波幅。

再看一下哥伦比亚的情况。首先,开征预扣税。1992 年 6 月,为减少投机性资本通过经常项目下的交易流入国内,政府对转移支付和非金融服务贸易收入开征10%的预扣税。其次,实施无息存款准备金制度。1993年9月,对短期外汇借款征收强制性无息存款准备金,多次上调准备金比率,延长资金存放期限,将范围扩大至贸易信贷。实施效果是:短期外债比重从1993年的60%降至1996年的30%,但外国私人资本的净流入却从管制前的占GDP的0.4%升至1996年的7%,汇率持续升值,实际有效汇率在1993—1997年间升值22%,投机者利用金融衍生产品规避资本管制。

泰国在1995年和2006年实行了两次严格的资本管制。1995年8月,泰国限制银行借入短期外债,对非居民的短期泰铢存款和金融机构的短期外币借款征收7%的存款准备。最初几个月银行对外借款有所减缓,但外资通过非银行借款和外汇掉期等成功绕过管制,外资净流入迅速攀升。2006年12月,泰国实行无息存款准备金制度。泰国政府12月18日宣布,对所有外汇结汇(除贸易收汇和居民境外投资汇回外)开征30%的强制性无息存款准备金。资本流入被遏制并出现逆转,但对国内股市和债市造成重创。管制实施后的第三天部分修正管制范围,之后又几次进一步缩小范围,影响了泰国政府和央行的信誉。

资本管制有这样的规律:刚实行管制的时期有一定作用,但时间长了市场将会以更大反弹、更大规模的流入来抵消政策的有效性。资本管制无法根除资本大规模流入。局部性的资本管制对于开放经济体作用有限,被管制的资本总可以通过未被管制的渠道流入国内。如果实行全面的资本管制,则代价太大,不仅影响经济效率,还可能导致腐败问题,因此不可持续。对于中国来说,还有港澳台胞、海外侨胞等特殊情况,资本管制的难度更大。此外,衍生工具的发展降低了资本管制的有效性,投资者会研发新的金融产品来规避资本管制。

比较有效的办法是放松对国内资本外流的限制,更重要的是加强宏观经济政策的协调,接近合理水平的汇率、利率以及宏观经济政策对于调节资本流动是最重要的。

通过以上三个部分可以得到同一个道理,市场机制正在运行,经济不均衡正在收敛。在这样的调整过程中,市场比人强,形势比人强,价格比人强。

零利率和数量宽松货币政策是否有效*

易 纲

中国人民银行副行长、北京大学国家发展研究院教授

一、当前世界经济与中国经济基本面

全球经济正在经历1929—1933年大萧条以来最严重的经济危机。所不同的是,现在社会保障相对完善,宏观经济政策更加成熟,特别是在货币政策上各国央行积累了更多经验,因而这一次金融危机造成的实体经济衰退会不如1929—1933年那次。

从我国改革开放三十年的CPI数据来看,在1980年、1985—1885年、1988—1989年、1993—1994年、2003—2008年上半年面临通货膨胀,在1998—2002年出现通货紧缩。换句话说,我们既积累了反通胀的经验,也积累了反通缩的经验。

分析宏观经济走势时,有支出法GDP和生产法GDP两个角度。从支出法GDP的构成看,2008年全社会固定资产投资增长25.5%,城镇固定资产投资增长26.1%,其中12月份城镇固定资产投资增长22.3%;全年社会消费品零售总额(近似于国民经济核算中的消费)增长21.6%,其中12月份增长19%;2008年贸易顺差2955亿美元,其中四季度进出口增速回落较多,11月、12月出现负增长,但11月顺差400亿美元创历史新高。总体来看,需求增速回落相对平稳,投资、消费、净出口的数字都相当强劲。但实际上,在2008年,尤其是四季度,已经明显感到经济下滑,中央也出台了积极的财政政策和适度宽松的货币政策。从生产法GDP的构成看,从2008年8月起,工业增加值同比增速快速下滑,12月为5.7%,1—12月份为12.9%。发电量、货运量亦直线下降。发电量同比增速12月为-7.9%。

存货理论能够解释支出法GDP和生产法GDP之间的差异。虽然不能解释全部差异,但能解释一部分差异。我在2008年九十月份曾讲过一个存货模型。现在看来存货调整正按照模型的逻辑进行:在经济繁荣的时候存货相对增加,在经济衰退的时候存货

---

* 摘自第16次报告会(2009年2月14日)。

会减少,导致生产相对于最终需求减速出现更大幅度的下滑。存货顺周期是市场经济的特征,是企业追求利润最大化和风险最小化的商业行为。这次经济周期下行和大宗商品价格暴跌叠加在一起,使得存货调整比较剧烈。中国工业占 GDP 比重比较大,而重化工业在工业中比重又很大,这样一个结构就使得相对其他国家而言存货调整更加剧烈。全国制造企业产品库存指数(见图1)在 2008 年 10 月达到最高点,在 11 月、12 月下降幅度比较大,这两个月工业增加值同比增速仅在 5%—6%,跟存货调整有一定关系。

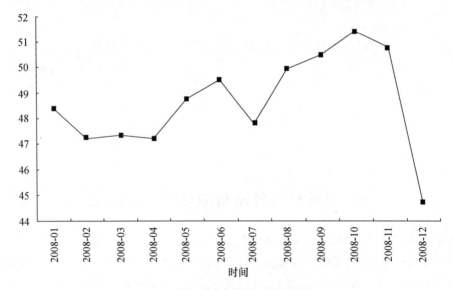

图 1　全国制造企业产品库存指数

资料来源:中国物流与采购联合会。

在剧烈调整阶段以后,存货会在一个相对较低的水平上进入平稳期,即不再暴跌了,存货调整所带来的工业下滑、发电量下滑和运输量下滑会有所缓解。2008 年 12 月初,人民银行研究局对 5 省 459 家企业进行了快速调查,调查结果显示大部分企业的库存将在 3—6 个月内调整到位,2009 年二季度存货调整将在低水平上进入平稳期。

现在有些人对经济前景比较悲观。如何看待中国经济,我强调要看中国的居民、企业、政府和金融业四张资产负债表。从这四张资产负债表来看,中国经济从世界范围看都是相对健康的。首先,中国居民长期有储蓄传统,债务负担较低。2008 年 12 月末,中国居民存款余额 22.2 万亿元,消费贷款余额 3.7 万亿元,居民作为一个整体是储蓄的最大提供者。其次,企业资产负债率比较合理,总体上盈利能力较强,保持了较好的发展态势。据中国人民银行对 5 000 户企业的调查,2008 年 12 月末,非金融类企业资产负债率平均为 59%。再次,财政状况稳健。2008 年年末,中国国债余额占 GDP 的比例约为 20%。2007 年美国为 71%,欧元区为 67%,日本为 163%;2008 年,中国财政赤字占 GDP 的比例小于 1%。最后,当前中国金融业的资产负债表处于历史最好水平。2005—2007 年,四个大型国有银行(中国银行、中国建设银行、交通银行、中国工商银行)抓住了一个最好的时间窗口,成功上市。

下面对 2007 年、2008 年的货币政策进行简略的总结。2007 年实行稳健的货币政策:

十次上调存款准备金率,共计5.5个百分点;加息六次,一年期存款利率累计上调了1.62个百分点至4.14%,一年期贷款利率累计上调1.35个百分点至7.47%。结果是2007年GDP增长率为13%,CPI上涨4.8%,贸易顺差2 627亿美元,人民币贷款比年初增加3.63万亿元、创历史新高,M2同比增长16.7%,外汇储备增加4 619亿美元、同比增长43.3%,人民币对美元升值6.90%。2008年上半年,央行执行从紧的货币政策,五次上调存款准备金率,共计3个百分点,但1 379个县(市)的农信社未上调,存款准备金率上调所收回的流动性远远少于外汇占款投放的基础货币。在一季度到二季度,许多经济学家批评中国的负利率,但央行没有加息。2008年年中,宏观调控的基调改成了一保一控;9月份以后,为应对国际金融危机,开始实行适度宽松的货币政策。央行四次下调存款准备金率,共计2—4个百分点;五次降息,一年期存款利率累计下调1.89个百分点至2.25%;一年期贷款利率累计下调2.16个百分点至5.31%。结果是全年GDP增长9%,CPI上涨5.9%,贸易顺差2 955亿美元,人民币贷款比年初增加4.9万亿元、再创历史新高。新增贷款季度分布均衡,分别为1.33万、1.12万、1.03万和1.43万亿元。此外,M2同比增长17.8%,外汇储备增加4 178亿美元、同比增长27.3%,人民币对美元升值6.88%(主要发生在上半年)。通过这些事实,社会公众和经济学家可以评判货币政策是否具有科学性、有效性、超前性,评判货币政策是否达到了一个相对优化的路径。

二、伯南克关于预防和治理通缩的观点

现任美联储主席伯南克教授在2002年曾撰文指出"持续的通缩会对经济造成高度的破坏,应当坚决抗击。在可预见的将来,美国发生严重通缩的几率极小,这主要是基于美国经济的基础力量和美联储等决策部门的积极主动应对。"当时伯南克是美联储理事,他的分析表明了美联储反通缩的决心。他认为"中央银行的政策利率降至零后,就达到其操作的底线,货币政策就丧失了进一步扩大总需求的能力。这个结论是错误的。央行还可以使用'非传统'的手段刺激经济"。比如,美国政府可以通过印刷美元增加流通中的货币,降低以商品和服务计量的美元价值,这与提高这些商品和服务以美元计量的价格是等效的;美联储可以通过购买资产将货币注入经济,还可以通过向银行提供低息贷款、与财政部门配合等多种方式注入货币。伯南克认为"在纸币制度下,一个果断的政府总是能够制造出更高的支出和随之而来的正通胀,甚至在短期名义利率为零时也是这样"。这是篇很有影响力的文章。

我相信在2002年伯南克绝没有想到美国会面临零利率的局面,他当时主要针对的是日本的案例。针对日本治理通缩失败的原因,伯南克认为,除通缩外,日本经济增长面临一些重大障碍,包括银行和公司的大量坏账、庞大的政府债务等等。日本尝试过多种货币政策,但效果被私人部门的财务问题削弱,沉重的政府债务又使得其在采取激进的财政政策上更加犹豫。造成日本持续通缩的原因是政治因素而不是政策工具不足。日本对如何解决经济问题展开了过多的政治争论,推行强有力的经济改革会使许多利益团体受损,遇到很大阻力。他相信,如果没有这些障碍,即使是在零利率下,中央银行通过数量宽松的手段,也能够制造正的通胀。他强调零利率和数量宽松政策在日本运行效果

不好不能证明这一政策是失效的。

三、日本的案例（1999年3月—2006年3月）

日本实施零利率政策的背景如下：1991—1994年，日本经济泡沫破裂，GDP增长率骤降，实施宽松的货币政策，大幅调低政策利率。1995—1996年，继续实行宽松的货币政策，同时实行积极的财政政策，经济有所恢复。1997年，实行紧缩性财政政策，在减少政府支出的同时，提高消费税，严重影响居民支出，加之一些大型金融机构相继破产，日本陷入金融恐慌，经济萧条进一步深化。1998年，再次实行积极的财政政策。

日本自1999年就进入零利率时代，中间略有反复。1999年2月，日本银行将同业间无担保隔夜拆借利率目标值设定为0.15%，3月下调至0.04%。之后，日本经济有所复苏。日本银行认为零利率是超常规的极端政策，于是在2000年8月作出了解除零利率政策的决定，并将同业间无担保隔夜拆借利率上调至0.25%。2001年3月，日本银行将同业间无担保隔夜拆借利率目标值降至0.15%，同时宣布将货币政策的操作目标由利率变更为商业银行在央行经常账户存款余额即超额准备金，正式推出数量宽松的货币政策。实施方法包括购买商业银行持有的长期国债，购买商业银行股票，增加商业银行准备金账户余额，并诱导隔夜拆借利率接近零。从2001年到2006年，日本中央银行通过向商业银行注入成本极低的流动性，使银行的超额准备金达到30多万亿日元（见图2）。2006年3月，日本宣布结束超宽松的货币政策，恢复传统的利率制度，利率稍有上升，目前又再度接近零。

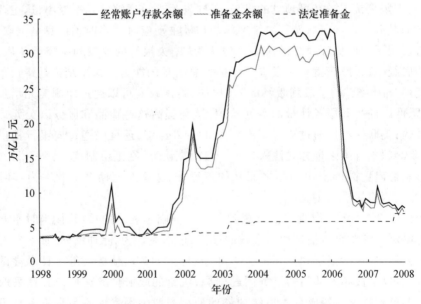

图2 日本在数量宽松政策期间向市场注入充足的流动性

我要强调的是，零利率和数量宽松货币政策具有局限性。日本央行的零利率政策会引发套利交易。由于日本的借贷成本很低，投资者会借入低成本的日元资金，将日元换成其他的货币在海外进行投资。换句话说,日本境内金融机构、企业和居民通过日元套利交易将持有的日元资产兑换为外汇资产,降低了日元货币供给的增长速度,导致境内流动性向境外市场漏出,削弱了数量宽松货币政策的效果。若以日元套利交易余额比上货币供应量作为衡量套利交易导致的货币政策耗损指标,2007年日本的货币供给漏损率高达18.6%。套利交易对日本国内的流动性有收紧的作用,但对日元则有贬值压力,而贬值又产生货币放松效应,一紧一松互相抵消后的总效应应该是收紧的。反过来,投资者进行平仓交易时,卖出外汇、买入日元、归还日元贷款,商业银行需要卖出外汇、买入日元,平仓过程对基础货币而言是放松的,对日元有升值压力。这背后更深刻的道理其实还是"不可能三角",即一国的中央银行能在多大程度上按照其意图来解决它的问题。

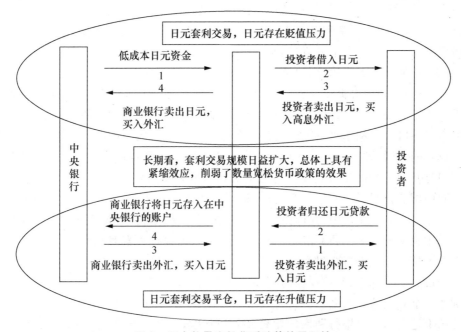

图3 日本数量宽松货币政策的局限性

四、美国的案例(2008年9月金融危机后)

现在,零利率的命运落到美国头上了,目前美国联邦基金利率的目标区间是0—0.25%。伯南克先生2002年非常雄辩的分析能不能正确地运用在美联储货币操作上,我们需要观察。现在,货币供应量确实有所增加,信贷紧缩也略微改善,但是美国一样会遇到上文提到的难题,即零利率和数量宽松货币政策的局限性。

如果将美国和日本进行比较,就会发现它们之间既有相似之处,也有不同之处。相似之处就是美元和日元都是可兑换货币,但美元是世界经济中的主币,日元的地位比美元要差很多,美国实行零利率就意味着向全世界提供流动性,日本实行零利率还要通过日元套利交易才能对全世界流动性产生影响。其他不同点还包括日本外汇储备多、存在贸易顺差,美国没有外汇储备、存在贸易逆差。另外,两国风险溢价不同。日本这个国家可以把很多事做得非常精细,真的能把利率打到零附近,存款利率、贷款利率都很低。美国市场是高度分散化的(这点中国与之相似),各种各样金融产品的风险溢价不一样,反映在利率上差异就很大。

总之,无论是日本还是美国,零利率和数量宽松的货币政策都是次优选择,虽然对刺激国内需求有一定作用,但作用是有限的。

五、中国的占优选择

中国的特点是人民币不可兑换、巨额贸易顺差和巨额外汇储备。考虑到以下因素,零利率或者是准零利率政策不一定是中国的占优选择:一是中国储蓄存款余额占GDP比重非常高;二是劳动生产率和全要素生产率还在不断提高;三是平均资本回报率和边际资本回报率都不支持零利率政策;四是商业银行收入主要来自利差收入,中间业务比重小、收费少、业务结构亟待优化,如果没有收费业务单靠不到1个百分点的利差银行经营是没法持续的;五是中央银行反通缩和维护币值稳定的决心是坚定的,完全可以通过各种货币政策工具的最优组合(包括较低的利率)来有效实施适度宽松的货币政策。

最后对各国目前利率水平进行比较。在比较中国与其他国家的利率水平时,应特别注意两点:一是不同种类利率之间的可比性;二是利率下限的制度因素。美国联邦基金目标利率是0—0.25%,欧元区主要再融资目标利率是2.0%,日本隔夜拆借目标利率是0.1%,而中国的公开市场操作利率是0.9%。这里不能用中国一年期存款利率和美国联邦基金利率(即隔夜利率)来进行比较,要"苹果比苹果、橘子比橘子"。此外,短期利率的下限是中央银行制定的超额准备金利率。中国人民银行一直对超额准备金付利息,美联储以前不能对超额准备金付利息,他们很羡慕我们。金融危机之后美国国会授权美联储对超额准备金付利息,目前美国的超额准备金利率是0.25%,中国是0.72%,公开市场操作利率不能低于这个水平。

除了上述各国中央银行利率的比较,还可以比较各国金融市场的利率,如银行间市场、债券市场、对客户的零售利率等。虽然美国是零利率,但美国一年期CD的利率是2.14%、最优贷款利率是3.25%、住房抵押贷款利率在5.25%左右。欧洲金融市场的利率也是相当高的。唯一例外的是日本,日本的利率较低,一年期CD利率是0.63%、最优贷款利率是1.47%、住房抵押贷款利率是3.71%。中国的一年期存贷款利率分别是2.25%和5.31%,住房抵押贷款利率如果按七折优惠计算还不到5%。有人说中国降息空间还很大,其实和美国相比,中国的利率并不高。

向下调整的困难
——对 2010 年达沃斯论坛的感受*

周其仁

北京大学国家发展研究院教授

1月27日至31日是2010年达沃斯世界经济论坛。我应邀参加会议,有一些感受给大家报告一下。

达沃斯是一个小镇。从苏黎世下来坐两个半小时的汽车就可以到达这个山区小镇。这个镇常住人口只有1.5万人,这次开会一下子去了2 500人,其中有30位各国政要,1 800名CEO,剩下的就是学者。因为政要去了,安保就麻烦,据说会议调集的服务加安保人员有5 000人。瑞士警察不够,还从邻国借。

这个镇的历史正好反映了瑞士经济的变化。瑞士在非常穷的时候,肺结核病人很多。达沃斯海拔高,空气新鲜,于是成为肺结核病人的疗养地,好像爱因斯坦也去过;后来收入水平提高,肺结核病人少了,达沃斯就逐步转型成为一个旅游、滑雪胜地;再后来,在这里搞世界经济论坛,搞出了大名堂。我们中国,1.5万人的镇算很小的镇。一个小镇可以招来这么多人,说明世界上很多成就事在人为。

不过,这个地方似乎不太适合思考。一是太冷,二是人太多。2 500人组织了250场专场讨论。信息量过大,处理、消化和理解就成了瓶颈。好在论坛组织得法,每个参会人可以进入他们的电子系统,方便地查看每天各个专场讨论的速记。这样可以就自己关心的问题多想一想。

一、一幅不容易加起来的图像

我只讲讲个人的感受。既然是世界经济论坛,那世界经济到底怎么样了?在当地得到的观感,是整个图像很难加得起来。一方面统计数据显示,包括发达经济体在内全球

---

* 摘自第20次报告会(2010年2月27日)。

经济出现了复苏和正的增长,不少国际组织的预测、CEO 信心指数,以及产业、市场情况都是向好;另一方面,达沃斯论坛上的主流意见却是不敢肯定经济复苏,尤其是不敢轻言刺激政策要退出。

第一,数据证明全球包括发达国家经济已经走出衰退,在进一步复苏。所有预测也都是 2010 年会比 2009 年明显好转,并持续向 2011 年发展。IMF 在 2009 年 10 月预测 2010 年全球经济增长 3.1%。其中,发达国家经济将从 2009 年的 -3.4% 转为 2010 年的 1.3%。在发达国家里面,美国将从 2009 年的 -2.7% 转为 2010 年的 1.5%,欧元区将从 -4.2% 转为正的 0.3%,日本将从 -5.4% 转为 1.7%。新兴市场和发展中国家呢?当然更好,从原来的 1.7% 转为 5.1%。

在达沃斯 2010 年的论坛上,IMF 发布了新调整的预测,将 2010 年全球经济增长从 3.1% 调高到 3.9%。其中,美国从 1.5% 上调到 2.7%,主要是因为美国 2009 年四季度有超出预期的强势增长,折年率为 5.7%。

世界银行在 1 月 20 日的预测稍低,但也非常好。发达国家经济 2009 年下滑 3.3%,2010 年增长 1.8%;美国经济 2009 年下滑 2.5%,2010 年上升 2.5%。亚行对除日本以外的亚洲发展中经济体的预测是,2009 年经济增长 4.5%,2010 年增速有望进一步升至 6.6%。

第二,全球大公司 CEO 对经济的看法。普华永道(PWC)在达沃斯论坛上发布了全球首席执行官信心调查报告,在 1 198 位被调查的 CEO 中,80% 以上对 2010 年和 2011 年的经济前景有信心,其中又有很多要扩大招工、扩大收购或者投资。另外,发达国家,更不用说发展中新兴国家的采购经理指数(PMI)也非常好。2010 年 1 月份美国、欧洲的这个指数都超过 50。

第三,这次金融危机的"祸首"是美国金融业,现在好得不行。达沃斯第一场专题讨论的就是金融高管要不要限薪、限奖,吵得很凶。一看就知道肯定是有大奖金可发,否则吵什么吵?反正金融业已经在赚大钱。资本市场也是旺。2009 年 3 月以后,美国标准普尔 500 种股票指数上涨 60% 多,英国《金融时报》100 种股票平均价格指数上涨逾 50%,日本日经指数涨幅也超过四成。巴西和印度股市主要股指相比 3 月初已分别上涨了约 90% 和 110%。这与 1929—1933 年的大危机完全不同,那四年美国股市市值跌掉了 90%。

根据这些情况,反正总不能说不是复苏吧?但人们的感觉似乎不好,特别是发达国家的政要和主流学者们的意见,好像看到这些个数也不愿意相信这些个数。

像 IMF 是在达沃斯调高了对 2010 年的预测,可 IMF 总裁卡恩(S. Kahn)在发言时说,"增长步伐正在加快,但是复苏的进程非常脆弱而且不均衡,退出方案的时机选择面临很大的困难"。比较有意思的是萨默斯(L. Summers),现任白宫国家经济委员会主席,他说"从统计数据看,美国正在复苏,但亲身感受,它还在衰退之中"。另一个著名人物斯蒂格利茨(J. Stiglitz)提出,"过早退出将使一些经济陷入二次衰退"。这也使得"双底衰退"成为流行论坛以至全球的一个热门词汇。三年前在达沃斯论坛上预言了美国危机的纽约大学教授鲁比尼(N. Roubini),此次对亚洲和中国都非常看好,但对欧洲和美国,他认为"将面临长期、缓慢的复苏过程,再次陷入衰退的风险一直伴随,而最后达到的增长速度将低于(过去的)平均水平"。原 IMF 的研究主管、芝加哥大学教授瑞占(R. Rajan)则认为"导致失衡的结构力量并没有消失"。

看来看去,只有巴西财长肯定了巴西经济增长非常强劲,政府可以撤走部分刺激措施,并预言"巴西将会面临一个没有通胀的、持续的经济增长"。还有就是加拿大总理,总算讲到,"即使目前退出为时过早,但至少应该考虑如何退出了"。不过这都是少数派。多数的论调是不肯定复苏,更不轻言退出。

二、问题何在

这里面我就在想一个问题:为什么发达国家经济的实际增长状况与他们政要和主流学者的感受之间,存在这么大的一个差距?看来看去,最主要的一个情况是,发达国家虽然经济正在复苏和增长,但失业率居高不下。

萨默斯讲的统计数据显示增长,但实际感受还在衰退,论据就是失业率非常高。美国公布的失业率是 10.2%,萨默斯说实际的失业率远远高于公布的,成年劳动人口当中大概有 20% 的人失业。而在 20 世纪 60 年代,同类人群中的失业率仅为 5%。

英国《金融时报》报告了一个指标,叫做"未充分就业"(underemployment),它不仅包括官方公布的失业率,还加入自愿失业和非正规就业。这样美国的失业率就高达 17%。欧元区失业率也高,达 9.8%;最高的是西班牙,达 18%。德国的经济增长引领欧元区,但其失业率预测从 2009 年的 8.2% 上升到 2010 年的 9.4%。

没有人不知道发达国家巨额财政赤字加极度宽松的货币政策一定要惹祸。在一场讨论会中,参会者就"你觉得全球最危险的是什么"投票,结果"主权债务危机"排第一位。即便这样,还是不敢轻言退出。我参加过一个关于退出的专题讨论,主持人是《经济学家》杂志的一个著名记者,他问到"谁认为现在应该退出"时,除了我讲根据中国的实际情况应该明确退出,其他人都是晃来晃去,没有肯定的意见。我相信道理在于,经济的确增长,但失业严重。

那为什么发达国家经济增长,失业还这么严重?这个事情到底跟什么有关?下面讲讲我的思考。

我认为这个世界原来是两个海平面。一个海平面很高,主要是美国、欧洲、日本等发达国家和地区。这些发达国家和地区之间产品互相贸易,投资互相来往。它们之间是打通的,形成了分工不断深化的结构。总之是收入水平非常高,人口规模几个亿,制造业工人加到一起不过五千万。另外一个海平面,就是中国、印度、苏联这些国家,原来选的是自力更生、进口替代、计划经济这条路。这个海平面的收入水平很低,但人口规模极其巨大。

这两个海平面之间的落差非常大。1980 年中国工人平均工资大概不到发达国家工人平均工资的 1%。2002 年美国有一项调查,中国制造业工人的平均小时工资是同期美国制造业工人的 3%。这两年变化很大,但也应该不到 10%。

这两个海平面原来是不通的。可是当中国从 80 年代开放,印度从 90 年代开放,1991 年苏联解体,接着也是开放,这个世界的两个海平面就开始相通了。这就是当今世界所有热闹的由来。两个落差巨大的海平面打通,开始的时候流量很小,因为制度、文化、观念的摩擦很大,流量就小。可是中国、印度不断地改,即实行所谓的"与国际接轨"。后来才知道这句话的厉害,所谓接轨就是通道越来越大。当然也不是所有要素都可以在这两个海平面之间流动,主要是产品、资本、信息、技术等流动性大,人口、劳动力的直接流动量很小。

结果,当然就是高海平面的"水往低处流",即发达国家的资本、管理、技术等等向低海平面流动。低海平面的经济呢?"人往高处走",当然人走不出去多少,就把大量劳力含在产品里出口,然后急速提升收入。大势很清楚:发达国家的资本跑出来了,可它们高薪水高福利的劳力、人口却留在了本国。这是所有麻烦的根源。林毅夫这次回来讲,世行的数据,2002 年发达国家流向发展中国家的资本约为 2 000 亿美元,到 2007 年升为 1.2 万亿美元。资本流出得越来越多,劳动力却带不出来。虽然来了些外国人在中国、印度就业,但绝大多数人来不了。因为发达国家工人的是高薪高福利,除非生产的是中国、印度生产不了的产品,可贸易;其他只要他们会做的,中国、印度也会做了,麻烦就开始大了。

这就是天下大势。全球贸易的增长已经连续多少年比 GDP 增长快一倍以上;投资流动更大得不得了,加上美元汇率的形成机制问题,美元哗啦进来,再哗啦回去。不过再回去的美元也很少投资在美国建厂雇人,而是进入金融业,进入所谓的"高杠杆游戏"。等危机一来,水落石出,发达国家"无就业的复苏"就来了。

前不久报道汉莎航空公司的罢工,全球上千个班次停掉,损失巨大。因为去达沃斯来回都坐汉莎航空的飞机,所以消息就看得仔细一些。汉莎航空这次是飞行师罢工,他们的平均月薪是 9 800 多欧元。罢工的一项诉求是要求公司不能从别的地方引入薪水比他们低的飞机驾驶员。他们一定知道,在每月 9 800 欧元的刺激下,全球潜在的飞机驾驶师的供给巨大!

三、"世界通而不平"

有一本书很流行,叫做《世界是平的》,提供了对全球化的过人观察。不过书名起得好像不那么准。我们所处的这个世界,还远没有已经平了。不过,不平的各个部分之间开始相通。所以,比较准确的说法,是"世界通而不平"。因为"通",就带来巨大经济能量的释放,包括形成各自新的比较优势,并在全球化中得到淋漓尽致的发挥。否则,中国怎么可能有这么高的增长速度,美国又哪里可能输出如此巨量的资本和技术,又哪里可能得到如此之多物美价廉的消费品呢!但我们也不要否认,"不平"的世界还有摩擦,譬如欧美部分生产者,他们产出的产品中国也能生产,他们的工资福利又难以下调。对他们来说,全球化就没有那么美好。

我想起 2006 年路过底特律时参观福特的博物馆,解说员是一位 70 岁的福特退休工人。他说,当年能在底特律、能在高中毕业后进入福特,是他们一茬茬年轻人梦寐以求的好工作。我问他:"现在还是这样吗?"他说:"变化啦。"我又问:"你的儿子是不是还想进福特?"他回答:"不了。我儿子去亚洲教英文了。"

这件事让我印象深刻。发达经济的确在调结构,可难度大。我们不能光看那些西方政要,要从普通美国工人的角度看看这个问题。他们怎么看全球化?我以为他们很痛苦。不是他们的过错,比如福特的汽车工人现在年薪还有八九万美元。这个高收入是在当年那个高海平面上的分工和贸易结构里形成的。车造得不错,也卖得不错。之所以现在有问题,是因为两个海平面开始打通,潜在的比较优势开始转为显形的。

大概两个月前我访问吉利。流水线上一辆车接一辆车下线,流水线工人的年薪也就是5 000美元。我跟李书福说,福特有什么问题,底特律有什么问题?本来没什么了不得的大问题,就是因为出来了一个吉利。吉利人更没有什么错。先做摩托车零部件,再做整车,接着做汽车零部件,最后就是造汽车。工资低,是因为过去穷;能造车,是因为在开放的环境里学习。不开放没有这个现象,富得造贵车,穷得不会造。互相不竞争、不比较,从哪里知道比较优势?

这样看,现在是发达国家的调整难度比较大。中国是低海平面向上,美国是资本可以出来漫游,但本国工人的收入要向下调整。这可以解释,为什么法国总统萨科齐此次在达沃斯慷慨激昂地痛斥全球化。这让我想到,印度总统在一个场合问,不是你们发达国家要我们开放的吗?我们开放了,怎么你们倒受不了了?外面的这个世界真的很精彩。

这是贸易保护主义抬头的背景。当然,保护主义名声扫地,自古典经济学以来,贸易保护主义在逻辑上彻底输了理。但是,有可能还有比保护主义更麻烦的东西。这似乎是当前和今后国际形势的一个特征,无事生非、小事情也要闹成大事情。是不是既然高海平面向下调整困难,干脆降低流量,没有那么大的落差压力就好过一点?

总体来说,世界通而不平。"通"带来好处,"不平"产生摩擦。这个局面,中国如何应对?从大局着眼,维持开放对中国有利,因为在开放中,低海平面才升得快;低海平面升得快,对发达国家也有利,因为它往下调就比较容易。我们要把有关汇率、货币、内需外需等相关议题都放到这个大背景下通盘考虑。

今天就是谈观感、提出问题,以后还有什么想法再跟各位汇报。

应对发达国家量化宽松货币政策的最佳选择：
扩内需、调结构、减顺差、促平衡[*]

易 纲

北京大学中国经济研究中心教授

一、为什么强调"扩内需、调结构、减顺差、促平衡"

应对发达国家量化宽松货币政策的最佳选择是扩内需、调结构、减顺差、促平衡。这个政策组合实际上是我国一直以来都坚持的一个方针。

2006年，胡锦涛主席在中央经济工作会议上提出"调结构、减顺差、促平衡"。2009年，温家宝总理提出"我们不追求过大的贸易顺差"。刚刚通过的"十二五"规划建议提出："十二五"期间我国经济社会发展的主要目标之一是国际收支趋向基本平衡。同时还提到的很重要一点是，发挥进口对宏观经济平衡和结构调整的重要作用，促进贸易收支基本平衡。

为什么要强调扩内需、调结构、减顺差、促平衡？宏观经济政策有四大目标，分别是经济增长、充分就业、物价稳定和国际收支平衡。

前三个目标中国政策执行的效果都非常好。经济增长方面，2001年到2010年的十年间，我国GDP年均增长10.5%，这是全世界绝无仅有的快速增长，而且基数也越来越大，令全世界赞叹不已。就业方面，过去十年城镇新增就业平均每年达到1021万人。近年来，国家对城镇新增就业的计划目标在多数年份为900万人，2008年为1000万人，实际每年都超额完成任务。最近各种媒体上有关长三角、珠三角"民工荒"的报道从另外一个侧面说明中国就业在过去这些年增长得非常快。物价方面，虽然现在有一定通胀压力，但过去十年我国CPI平均增速2.2%。这是一个非常令人羡慕的数字，实际上欧洲央行通胀的理想目标也就是2%。如果说通胀比2%还要低，那离通货紧缩也就不远了。如通货膨胀一样，通货紧缩也是非常可怕的事情。从某种意义上讲，对付通货紧缩是更难的，最典型的例

---

[*] 摘自第24次报告会（2011年2月26日）。

子是日本,持续多年都在对付通货紧缩。针对中国这样的发展中国家,通货膨胀的理想目标有可能比2要再稍微宽松一点,甚至有人说可以到4,而我们取得了2.2的骄人成绩。

第四个目标,即国际收支方面,我国的国际收支不平衡问题较为突出,顺差还比较大,外汇储备规模增长较快。图1报告了2001年到2010年我国国际收支平衡状况。图形显示,经常项目顺差在2007年占到GDP的10.6%,2007年后的三年在逐步下降,2010年降到GDP的5.2%。资本和金融项目差额比经常项目差额要小得多,但也是顺差。所以在过去这么多年中国一直维持了双顺差的局面。双顺差意味着什么?意味着外汇储备要不断地增长。

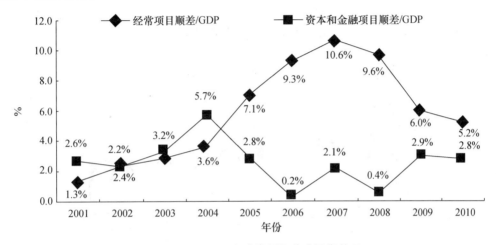

图1　2001—2010年我国国际收支平衡状况

资料来源:国家外汇管理局、国家统计局。

回顾宏观经济政策四大目标,我们在三个目标上执行得非常好,国际收支平衡则还有待进一步改善,这就是为什么"十二五"规划提出国际收支趋向基本平衡的要求。趋向基本平衡并不意味着压出口,我们要更加重视进口在宏观调控和结构调整中的重要作用。这一思路实际上是符合科学发展观的。"十二五"规划的主题就是科学发展,主线就是加快转变经济发展方式。

另外,从2009年G20匹兹堡峰会开始,包括中国在内的20个国家和地区的领导人都共同支持了一个增长框架,这个框架叫做"强劲、可持续和平衡增长"框架。面对当时由于金融危机造成的衰退和增长乏力,各国和地区的领导人要求通过各项政策实现经济强劲增长,同时也要求增长模式是可持续的。可持续的含义就包括了发达国家和发展中国家在资源、环境、碳排放等领域的可持续。同时各国和地区的领导人还强调,增长模式应当是平衡的。平衡就意味着,赤字国家与盈余国家在发展中实现更为平衡的关系。总体而言,经济增长要能够长期持续下去,就一定要是强劲、可持续并且平衡的增长。

可以说,"十二五"规划的科学发展、转变经济发展方式的主题和主线,与G20共同提倡的"强劲、可持续和平衡增长"框架之间,有一个巨大的交集。前者是中国模式,也是我们的指导思想,后者是G20这个当前全世界最重要的经济治理平台上,各国和地区的领导人经过认真研究和长期讨论所形成的框架。两个思维模式中实际上存在很大的交集,这个交集就是我们和世界其他主要国家和地区增长框架的共同之处。扩内需、调结构、减顺差、促平衡，则是我理解的这个交集中最核心的部分。这也是为什么我用这十二个字作为今天讲演的题目。

二、我国跨境资金净流入规模与实体经济基本相符

图2提供了一组数据，比较主要新兴市场经济体的货币对美元双边汇率在两个时段中的变动情况。新兴市场包括像南非、巴西、印度、马来西亚、印度尼西亚这样一些国家。从2008年10月到2010年12月的这一时期，南非、巴西、智利对美元升值幅度比较大。人民币对美元升值了3%左右，在新兴市场的排位中较为靠后。

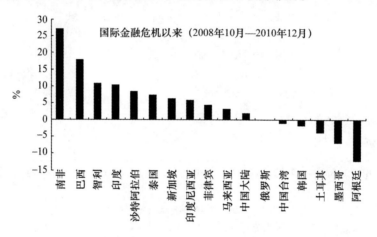

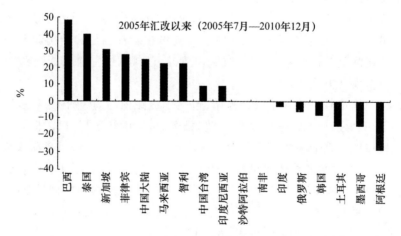

图2　主要新兴市场经济体货币对美元双边汇率变动比较
注：图中正数表明升值幅度，负数表明贬值幅度。
资料来源：国际清算银行。

图 3 报告了主要新兴市场经济体货币的实际有效汇率在两个时段的变动情况。实际有效汇率和双边汇率有所不同，它对比的是以贸易加权的一篮子货币。从 2005 年 7 月到 2010 年 12 月，人民币实际汇率升值幅度约为 25%，排位比较靠前，在第四位。这两组图主要说明我国汇率变动相对于其他新兴市场是什么情况。强调新兴市场经济体的原因在于，我们和这些国家或地区有更大的可比性和更多的竞争关系。

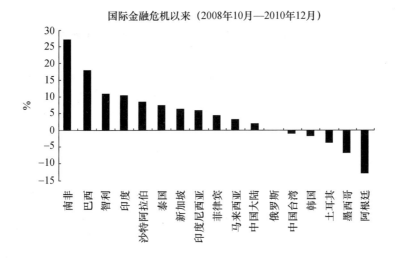

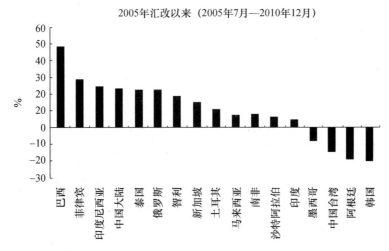

图 3　主要新兴市场经济体货币实际有效汇率变动比较

资料来源：同上。

在这一基础上，再来谈国际收支不平衡的问题。提起国际收支不平衡，除了说我国顺差比较大、外汇储备增加比较快以外，还有很多学者提出热钱的问题。那么怎样估算所谓的热钱？怎样看待中国国际收支不平衡？通过把各种因素汇总在一张表中进行比较分析，就能清楚地说明很多问题。

表 1 列出了中国国际收支近十年来几个主要项目的情况：第一项是外贸顺差，第二项是直接投资净流入，第三项是境外投资收益，第四项是境外上市融资。这四项涵盖了

经常项目和资本项的主要内容。在计算热钱时,很多专家学者经常用外汇储备增量减去贸易顺差和 FDI 这一口径来度量。在这里,我们用外汇储备增量减去贸易顺差、直接投资净流入、境外投资收益、境外上市融资所得到的差额作为对热钱的度量。实际上,2010 年的这个数字还要减去用人民币支付的跨境贸易大约 400 亿美元的贸易量,所以最后 2010 年的数字应该是 355 亿美元而非 755 亿美元。之前年份由于用人民币支付的贸易额比较小,可以忽略不计。

表 1 2001—2010 年外汇储备增量与四项主要贸易投资项目差额测算表

年份	外贸顺差 ①	直接投资净流入 ②	境外投资收益 ③	境外上市融资 ④	前四项合计 ⑤=①+②+③+④	外汇储备增量 ⑥	差额测算 ⑦=⑥-⑤
2001	225	398	91	9	723	466	-257
2002	304	500	77	23	905	742	-163
2003	255	507	148	65	974	1 377	403
2004	321	551	185	78	1 136	1 904	768
2005	1 021	481	356	206	2 063	2 526	463
2006	1 775	454	503	394	3 126	2 853	-273
2007	2 643	499	762	127	4 032	4 609	577
2008	2 981	505	925	46	4 457	4 783	326
2009	1 957	422	994	157	3 530	3 821	291
2010	1 831	467	1 289	354	3 941	4 696	755
合计	13 313	4 785	5 330	1 459	24 887	27 777	2 890

注:剔除人民币跨境净支付 400 亿美元后,2010 年差额为 355 亿美元。

资料来源:外贸顺差数据来自海关,直接投资(非金融领域)数据来自商务部,境外上市融资数据来自证监会,境外投资收益数据来自外汇局。

应当说在这一定义下所估算的热钱也不全是非法的,因为还有很多合法项目包含在其中,譬如说老百姓汇回来的赡家款、企业的一些贸易融资方式及银行头寸的一些变化等。不过暂且先将这一计算结果称之为热钱。这样计算,十年下来热钱总共不到 2 900 亿美元,每年不到 300 亿美元。所以,伴随着中国经济的快速增长,经常项目顺差和资本项目顺差所揭示的资金流入,解释了绝大部分外汇储备的增加。或者说,我国跨境资金净流入规模与实体经济基本相符。

这一结论在《2010 年跨境流动资金监测报告》上发表以后,很多学者认为这一工作非常好,因为我们努力把热钱晒在阳光下,努力把所能得到的质量最好的数据交给社会公众。这样能使得学者也好、国内国际公众也好,对中国国际收支和跨境资金流动有更全面的了解。但也有一些人提出这个算法假定前四项是合法的,而热钱很可能混在这四项当中。这是对我们这个算法的最大质疑。

对这个质疑,可以就各个项目具体分析。譬如第一项是贸易顺差。近几年中国贸易顺差很大,一些人认为在对外贸易中通过高报或低报价格,又比如跨国公司以贸易形态转移利润,热钱其实已经混在当中。对此我们的一个分析思路是,中国的贸易顺差实际上是美国、欧洲等经济体的逆差,所以可以通过研究美国、欧洲等最大贸易伙伴的海关数字,对中国海关的数字进行交叉检验。我们初步研究的结果显示,别国统计对中国的逆差比我国统计的顺差还略大一些。也就是说,作为一个整体,贸易顺差数据经过交叉检验应当还是立得住的,当然个案的故事肯定有。第二项是FDI减去ODI,也可进行交叉检验。第三项是境外投资收益。随着中国海外金融资产越来越多,境外投资收益也应当逐步纳入考虑视野内,因为这是我们投资理所当然应该得到的回报。第四项境外上市融资不包括外债,仅是证监会批准的企业及金融机构在海外的融资额。这些融资额绝大部分是要调入境内的。每年外汇储备增长减去这四项,就得到了前面的结论。

我亲手处理过很多资金违规流入的案例,也知道这些案例都是存在的,但我要强调一个宏观图像,即这些年外汇储备增加的大部分都可以用中国实体经济行为和国际收支状况来解释。得出这个结论并不意味着我们可以放松对热钱流入的管制。对外汇违法违规行为及非法跨境资金流动,我们一定坚决予以打击,绝不留情。在打击热钱的同时,我们也不能够忘记宏观数据面的基本判断。

图4报告了从1994年到2010年依据以上方法测算的热钱总量及其占GDP的比重。1994年到2010年这17年中热钱净流入主要发生在2003年到2010年,1994年到2002年都是净流出。最严重的一年是1998年,当年贸易顺差是400多亿美元,FDI减去ODI是400多亿美元,但外汇储备几乎未增加。实际上,前半段的净流出和后半段的净流入在量级上差不多,总的来说,前者比后者还稍微大一点。

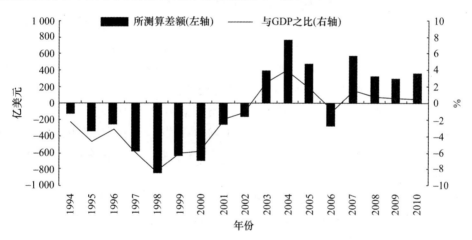

图4 1994—2010年所测算差额及其与GDP之比

资料来源:国家外汇管理局、国家统计局。

国际金融危机以来,随着发达经济体实行量化宽松的货币政策,巴西等部分新兴市场经济体采取了对资本流入征税等管制措施。有人提议我国应当像巴西一样对资本流入征税。巴西对资本流入征税是因为巴西有开放的资本项目。我国资本项目尚未完全开放,仍实行部分管制,只有QFII和QDII等若干通道。境外金融机构和个人并不能够未经批准来中国投资股票和债券市场,也不能在这些市场上融资。境内居民和企业除了QDII这个小口子以外,在理论上不能任意把资金调出并投资在海外金融市场。可能有个别境内居民通过某种途径绕开管制实现了这种投资,但总体来说,现在国内和国外的正规金融机构在资本项目下的流入和流出还是受到管制的。

三、当前于我不利的"怪圈"

当前中国遇到一个于我不利的"怪圈"。发达国家实行量化宽松的货币政策,实际上是开动机器印制钞票。其中一部分用于购买中国商品,中国大量物美价廉的商品流向国外,生产过程中的污染和排放的二氧化碳留在国内,耗费的资源能源也记在中国头上。如果我们输出商品后换回美元,用美元再买国外的商品,实物换实物还比较健康。但现在我们贸易顺差过大,大量美元流入国内,银行、企业和居民都不愿持有美元,就在市场上卖给中央银行,造成外汇储备大量增加。外汇储备投资于国外资产,但由于现在量化宽松、近似零利率的政策,投资经营和保值增值的难度越来越大。虽然经过努力经营得到了比较好的收益,但总体来讲收益环境并不乐观。这个怪圈对我们是一个很大的挑战。

战略上,我们要想办法跳出这种恶性循环的怪圈,变被动为主动。有人建议用外汇储备买实物。但如果能以外汇储备大量购买实物,那中国的贸易项也就不会有那么大的顺差了。比如2010年中国就进口了三百多吨黄金,进口黄金的外汇就花掉了。但外汇储备是否都能买成实物,特别是能否以国家行为去买实物?这实际上非常困难。如果外汇储备在大宗商品现货市场上大量购买石油、铁矿石、黄金这类商品,那么这类商品的价格会被迅速抬高。这些商品的现货市场容量与中国外汇储备规模相比都非常有限。由于中国是这些大商品的主要需求国,价格涨高后,最后受害者还是中国。像2010年黄金暴涨,由于中国老百姓消费黄金是刚性的,就容易受到很大影响。

还有人说拿外储去收购兼并。现在中国这类型案例很多,比如吉利收购沃尔沃等,但短时间内能做的还很有限。这些年我国用市场的方式而不是行政的方式支持了各种各样的"走出去",很多企业在海外购买了技术、品牌和工厂。但即便有这些交易,仍发生了外汇储备的较大增长。

也有人提出买地,但购置土地的成功案例不多。实际上,一牵涉到购买资源、土地,各国政府都非常谨慎。即便是石油这类资源,也是把产品就近销售收取投资收益,而并非投资开采了资源就可以自由运回中国。各国政府对这类自然资源市场都有很多限制条件。举一个简单的例子,譬如远洋捕捞,受到各国政府的限制是最少的,但远洋捕捞所打捞的海鲜基本上没有托运回国的,都是卖到当地的国际市场。不运回国的原因是经济上不合算。托运海鲜的冷冻运输船是专业运输船,它和捕鱼船是两类船。远洋捕鱼后再用冷冻运输船运回来的海鲜太贵,中国老百姓吃不起,还是就近销售能够利益最大化。

四、"扩内需、调结构、减顺差、促平衡"刻不容缓

在人民币汇率问题上这些年我们做到了渐进改革,一方面保持人民币汇率在合理均

衡水平上的基本稳定,另一方面用大规模对冲收回流动性,保持了物价的基本稳定。实践证明,以上两方面均做得不错,缓解了矛盾。

在当前的升值预期下,保持人民币汇率基本稳定,央行就要在市场上购进美元,就意味着储备的增加,储备增加就意味着投放大量基础货币,大量基础货币投放后就必须用对冲方法锁定多余的流动性,以保持物价的稳定。这是为什么多年来有很多次法定存款准备金率的上调和大量央行票据的发行。法定存款准备金是商业银行必须存在中央银行的一部分流动性,提高法定存款准备金率可以有效控制基础货币的派生,现在对大型金融机构已经达到 19.5% 的水平。发行央行票据可以回收市场上的流动性,从 2003 年 4 月以来,央行发行票据进行对冲操作已经持续了八年。所有这些操作都有成本,对存款准备金和央行票据都要付息。我们要考虑这样下去的边际成本和边际收益有多大。

有人对外汇储备的性质还不太理解,认为外汇储备是老百姓的资产,可以无偿分给大家。外汇储备的来源是央行在外汇市场通过投放基础货币购买的。企业和居民将持有的外汇卖给商业银行,获得银行支付的等值的人民币。商业银行在外汇市场上将外汇卖给中央银行,中央银行支付等值的人民币获得外汇,形成外汇储备。这里的交易都是等价自愿的,商业银行、企业和居民的经济利益都得以实现,不是征税,不是白拿。人民币升值之后,银行、企业和居民在降低进口成本、增加投资收益等方面也获取了巨大的收益。截至 2010 年年底,我国外汇储备 2.85 万亿美元,央行吐出了将近 20 万亿元人民币。这 20 万亿元人民币是央行对社会公众的负债,从更广的意义上说,外汇储备是央行对全社会的间接负债。法定存款准备金和央行票据都要付息,若是把外汇储备直接分给老百姓,那谁来管负债。现在央行是拿外汇储备投资海外所得收益来支付负债成本,如果把外汇储备分掉了,老百姓又拿外汇来换人民币,那就等同于开动机器印钞票发给大家。

为什么要吐出这么多基础货币,为什么货币供应量比较松,其中一个重要原因就是经常项目顺差过大。为了保持人民币汇率的基本稳定,央行在外汇市场上要买进外汇。如果不买,人民币就没有现在这么稳定。在买外汇过程中,央行吐出基础货币,尽管非常努力地对冲,但也还是面临通货膨胀的压力。面临这样的情况,扩内需、调结构、减顺差、促平衡刻不容缓。减顺差不是压出口,重点是增加进口,大力发展服务业,并且限制"两高一资"产品的出口。

五、一副中药方

总而言之,扩内需、调结构、减顺差、促平衡是当前应对国内形势和国际上发达国家量化宽松货币政策的关键。我们要综合运用经济、法律和必要的行政手段,我还是比较提倡以经济杠杆为主、以市场配置资源为主的手段,力争在 2011 年内需扩大一点,对外需依赖减少一点;工资和社保提高一点;环保和节能减排要求严格一点;资源产品价格改革推进一点;资本项目对外直接投资放一点,更方便一点;汇率弹性增加一点;物价涨一点;顺差缩小一点;增长速度放慢一点,质量提高一点。

这么多"一点",就如同一服中药,开药方的依据是一个完整的宏观经济分析框架,药方里有多种元素,它们在调整逻辑上是一致的,工作起来在机制上是互相配合的。如果在每个元素上都能做一点,那么中国经济就会向扩内需、调结构、减顺差、促平衡的方向发展。开出这样一副中药方,而不是采取极端或激进的措施,是根据多年改革的经验,可能一副什么都做一点的中药方效果会更好,能更有效地促进科学发展。

从全球流动性看中国宏观经济政策*

黄海洲

巴克莱银行大中华区首席经济学家

我们正处在一个全球经济大变革的时代。在过去二三十年中,全球化风起云涌,给全球金融体系带来了非常深刻的变化,其中之一就是关于全球流动性。从20世纪90年代到现在,先有流动性短缺带来的亚洲金融危机、俄罗斯金融危机等事件,再有全球流动性过剩和新兴市场国家与全球经济的快速增长、欣欣向荣。

2005年是全球金融划时代的一年,标志着金融对经济的影响发生了根本性的变革。在美国和其他西方发达经济体中,尽管有格林斯潘这样著名的央行官员,但历来更受推崇的经济界精英大都是实业界的人,如比尔·盖茨、杰克·韦尔奇等。2005年以前大公司CEO要比投资银行家赚更多的钱,金融精英和实业精英在收入上的差别是一到两个数量级的。但是在2005年,有四个投资银行家和基金经理的年收入达到10亿美元,说明金融对经济的影响在此形成了一个分水岭。

为什么会这样?一个重要的原因就是全球流动性今非昔比。以前说的流动性主要来自于发达国家。但是现在新兴市场国家扮演的角色越来越重要。事实上,新兴市场国家已经变成了资本输出国,这是现有的经济学模型所不能解释的。按照比较优势理论,发展中国家应该输入资本。从2002年开始,新兴市场国家的储备增长很快,新增外汇储备占GDP的比例已经高达5%。在2006年四季度,仅中国大陆、中国台湾、印度、韩国、泰国这五个经济体就新增了1 100亿美元的外汇储备,其中中国大陆新增外汇储备780亿美元。

新兴市场国家变成资本输出国,引起了全世界宏观经济政策发生深刻变化。中国逐渐推进资本账户的开放,比如从2007年2月1日起居民可以购买5万美元的外汇,而泰国走上了一条不同的路。新兴市场国家变成资本输出国是过去二十年全球化带来的结构性的变化,是以前没有经历过的。

---

* 摘自第8次季度报告会(2007年2月4日)。

新兴市场国家资本输出的主要途径是中央银行,而私人的作用不大。这些资本输出的一个特点是数量很大,另一个特点是对冲不足。过去大家觉得新兴市场国家外汇储备不足,因此一旦有风吹草动,就可能会发生金融危机。但是亚洲金融危机、俄罗斯金融危机、土耳其金融危机、阿根廷金融危机使得这些国家一朝被蛇咬、十年怕井绳,这些国家外汇储备迅速增加,成了资本输出国,但也面临另一种风险。

原来的风险存在于负债方,一旦发生流动性冲击,负债方会变得很大,导致货币危机和银行危机。而现在这些国家面临着新的危机,即风险从负债方转移到了资产方。外汇储备基本上只投资于固定收益产品,这与私人投资是不同的。如果美元利率调整或美元下跌,新兴市场国家没有对冲的外汇储备可能面临大量的损失。由于有些新兴市场国家基本面不是那么好,将来可能会出现隐患。

由资产缩水带来的危机是相当讽刺性的,但不是不可能。而且,由于大多数新兴市场国家都在输出资本,而可以投资的项目却不多,导致了固定收益产品供给相对不足。例如由于中国对美国债券的投资,导致美国的收益率降低了25个基点,资本变得越来越不值钱。

如图1和图2所示,新兴市场国家的私人资本输出也在增加,但是增加幅度和官方资本输出有很大差别。官方新增储备占GDP的比例是5%,而私人资本输出的增加额只占GDP的2%左右。不能说私人资本的大量输出就没有问题,因为这些行动可能说明他们对本地经济没有信心。私人资本输出最快的时候是1998年之前,正好在金融危机前夕。如果仅仅根据这个来推断,由于现在私人资本输出和1998年之前一样多,2007年可能发生金融危机。但是由于当今全球流动性非常充裕,私人资本输出迅速增加并不一定会导致危机。

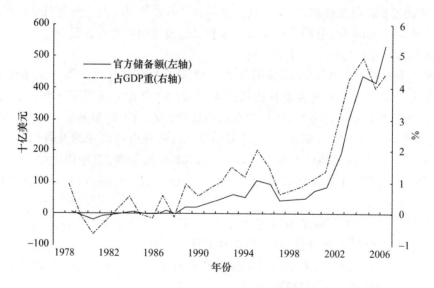

图1 新兴市场国家的官方储备积累

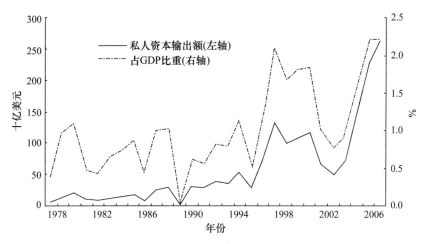

图2　新兴市场国家的私人资本输出

充足的流动性需要在各个货币之间进行多样化投资,这使外汇汇率波动加大。对中国来讲,面临汇率风险增加时,如果仍然继续盯住一个货币,风险会大大增加。所以,从这个角度,我很赞成中国人民银行积极推进汇率改革,大力增加货币灵活性,更好地维护国家的经济利益。

中国正在积极鼓励私人资本到海外投资。这涉及了"藏汇于民"和"藏汇于国"之间的关系。如果老百姓懂得在海外投资,"藏汇于民"是好事情;否则,大力推行"藏汇于民"并非一定是好事情。日本在80年代的海外投资是由老百姓进行的,但是投资回报率很低。如果老百姓投资水平不高,"藏汇于民"只是把风险转嫁给了老百姓。所以,是"藏汇于民"还是"藏汇于国"值得思考。这里有两个问题:一是外汇储备的规模应该有多大,二是其中有多大的比例应该放在老百姓的手里。重要的是要警惕重蹈日本的覆辙。

由于全球流动性增加,汇率波动增大,固定收益类产品短缺,我想从这个角度,对中国的宏观经济政策作简略分析。中国的外汇储备已经接近1.1万亿美元,占GDP的比重超过40%。我不知道中国的外汇储备中有多少是美元。作一个简单的估算,假设其中60%投资于美元。如果美元贬值10%,资产损失占中国GDP的2.4%。美元贬值10%的可能性是有的。如果这个风险不能得到有效的化解,那么就会抵消老百姓辛苦工作所创造的GDP增长。

很显然,中国需要积极地改进外汇储备管理。但是怎么做?有很多问题值得研究和思考。这实际上有点类似于"胜利大逃亡"的问题,即有百万大军被包围了并随时减员,如何将百万大军安全撤出?这需要高超的技术。从金融的角度,外汇储备投资组合需要渐进的、有管理的、稳妥的改善,除了投资债券之外,也要增加投资于股票、商品等。

汇率制度方面,中国很有必要增加人民币汇率的灵活性,同时让人民币升值。升值也不应是单向、直线式地进行。目前中国增加汇率双向风险的做法值得称道。公众知道人民币要升值,但并不知道哪一天是升还是跌。这样就要对冲由此产生的汇率风险,要发展新的对冲工具。此外还需要资本账户的有序开放和人民币的国际化,二者之间要进行协调。

货币政策方面,中国央行更加成熟、更加积极。2006年是中国货币政策非常积极的一年,从调息和法定准备金率调整来看是全球央行动作最多的。由于央行的这些举措,现在中国的货币政策基本上是中性的。我同意易纲老师的观点,即现在仍有流动性富裕,但问题不是太大。根据中国货币状况指数,上一次货币政策中性发生在2003年,但只是擦肩而过,现在则是基本稳定在这个水平,这是和以前不一样的地方,如图3所示。

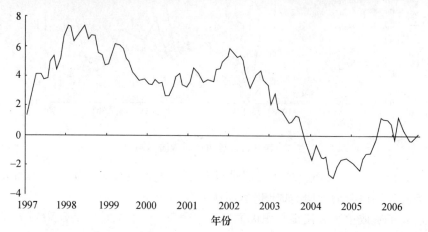

图3 中国货币状况指数

注:货币状况指数是指在选定一个基准时期(这里指1994—2006年)后,国内真实贷款利率(1年期贷款基准利率 – CPI增长率)和真实有效汇率相对于基期水平的百分点变化的加权平均数。这个期间国内平均真实贷款利率为2.8%。真实有效汇率偏离所占的权重是出口/GDP,真实贷款利率偏离所占的权重为1 – 出口/GDP。

尽管不严重,中国仍然面临流动性过剩问题。从银行间利率和存款准备金率的关系来看,2006年10月以前每次银行准备金率的提高都会导致银行间利率的提高,二者是同步的。但是从2006年10月开始这种关系不成立了,准备金率的提高并未导致银行间利率的提高。这说明了流动性的相对过剩,央行的紧缩政策并没有立即导致资金成本的相应上升。为何流动性问题变得更突出?因为2006年四季度中国的外贸出口是创纪录的,净出口的增加速度也是以前没有过的,新增加的流动性部分冲销了央行回收流动性的努力。

由经济学基本公式 $X - M = (Y - C - G) - I$ 可以看出,一个经济的经常账户盈余等于这个经济的储蓄和投资的差额。对中国而言,流动性富裕是由出口过多或者说储蓄过多造成的,出口过多是相对于进口的,储蓄过多是相对于投资的,或者说消费与政府支出不足。出口大于进口确实是一个问题,但有无过多储蓄尚取决于投资水平和人口结构等因素,不能轻易下结论。

通常认为中国的投资率过高、信贷投放过快。最近卢锋老师、宋国青老师的研究认为中国的投资回报率是很高的。这样的话应该继续扩大投资。从全球流动性的角度的分析支持他们的结论。

为什么全球流动性这么多?为什么投资不足?过去二十年,全球经济发生的最大变化是发达国家把工厂迁移到发展中国家。生产同一个产品,设想在发达国家劳工成本高达5万美元,为了节省一个劳工需要增加50万美元的资本,这样资本回报率是10%,并不低。但是在工厂迁移到发展中国家后,由于发展中国家劳工比较便宜,不必增加50万美元的资本来节省一个劳工。这样,全世界的就业人口在增加,但资本投资增长速度在下降,而GDP增长速度没有下降。结果导致真实经济和金融经济不能很好地匹配,全球金融资本过剩、流动性过多。在最简单的古诺模型中,假设有两个国家,当一个减少投资的时候,另一个的最优决策就是增加投资。所以,从宏观政策角度,中国应该继续稳定甚至加速投资。

过去几年中国GDP增长率比较高。在保持增长率不变的情况下,投资增长率降低时净出口就会增加,两者具有很好的镜像关系。只有把经济增长率压下去才能让二者同时降低。对于中国这样的国家,贸易盈余应该下降,投资应该增加,如图4所示。

图4　固定资产投资增速和月度贸易盈余

为什么投资不能降?货币政策宽松的根源是全球流动性增加和资本增长率下降,同时固定收益证券供给不足。美国反向的收益率曲线和这个也有关系,几乎所有大的经济问题都与此有关。

或许中国需要罗斯福式的新政。罗斯福新政是用来解决大萧条的,繁荣时候还需要新政吗?关键是怎么看投资。在全世界投资增长率下降的情况下,中国的宏观政策选择应该是稳住投资和就业,同时增加进口。

发展经济有两类办法,即"砍树经济"和"种树经济"。在全球投资不足的前提下,中国既然有这么多的贸易盈余,那么从代际迭代模型来看,多为下一代创造财富的长期投资则是非常有必要的。2020年之后,中国老龄化现象会很严重。因此,目前最优的选择是作出对子孙后代有利的长期投资,保护资源和环境,避免产能过剩的问题。只要投资稳住了,消费问题就可能随之解决了。

金融风险可以分为两类,一类是跨区的,另一类是跨代的。像中国这样的大国,全球化降低了跨区风险和短期跨时风险,但是跨代风险只能由中国自己解决。过分依赖长期美国国债难以解决跨代风险,将来要吃后悔药。在经济增长比较好的时候,减少外部不平衡的有效方式可能是保持稳健的国内投资。

中国经济的长期增长是由市场化、城镇化、全球化推动的,城镇化将是未来推动经济增长的最主要的动力。中国应该更好地利用全球化所带来的市场和资源,更好地在真实资产和金融资产之间进行匹配。

从全球流动性来看,对宏观政策的建议可以概括为两句话,即"稳投资、促进口、带消费"和"发展国内金融市场,改进国际资产投资"。

后危机时代全球政策、机会和资产配置*

黄 海 洲

中国国际金融有限公司首席策略师

黄海洲博士从市场投资角度出发,对后危机时代全球宏观经济形势及国际流动性动向进行详细论述,其内容涉及美国、欧洲、新兴市场国家和中国等经济体。

黄博士首先对2010年全球股票、债券、大宗商品和货币市场进行了简要回顾,并指出目前分析全球市场的一个框架可能是2×2结构:发达国家分成两块,美国是一块,美国以外是一块(主要是欧洲市场);发展中国家也分成两块,中国是一块,中国以外是一块(主要是新兴市场国家)。在2×2框架基础上,黄博士提出了四点判断:美国结构失业,宽松政策两年难改;欧洲两极分化,货币中庸"泥猪"入海;新兴市场抑制泡沫,继续加息热钱多彩;中国调控转型,货币从紧市场摇摆。

一、美国结构失业,宽松政策两年难改

美国经济已经恢复增长,2011年美国GDP增长速度可能超出市场预期,达3.5%(见图1)。现在市场上对美国2011年GDP增长率的高端估计达4%。

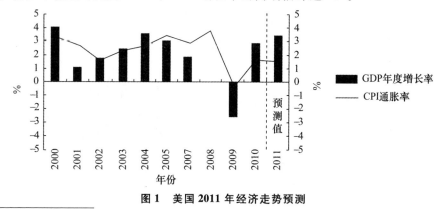

图1 美国2011年经济走势预测

---

* 摘自第24次报告会(2011年2月26日)。

对美国经济的看好是各方面因素共同作用的结果。

首先,看私人消费情况(见图2)。从居民的资产负债表来看,居民部门的总资产已经从谷底回升;就业市场复苏,工资进入上升轨道,提升了消费者的信心;消费信贷的正增长时代到来;QE2(第二轮量化宽松货币政策)带动的股价上涨,财富效应开始显现,刺激私人消费增长;奥巴马政府的减税政策也直接推动了消费的增长。而这其中的QE2(2011年上半年继续购买国债)和财政政策(预计2012财年开始退出)在2011年继续为美国经济增长提供政策支持。以上这些因素共同促进了私人消费的增长。

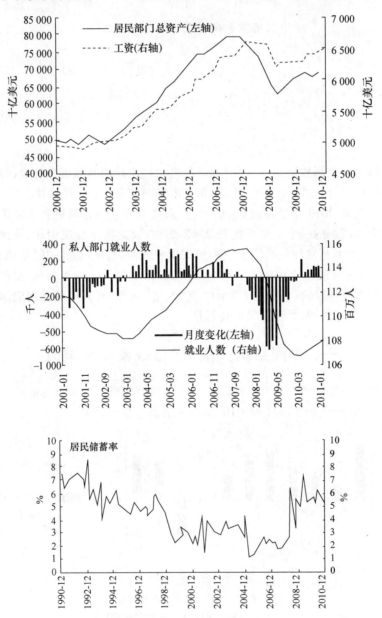

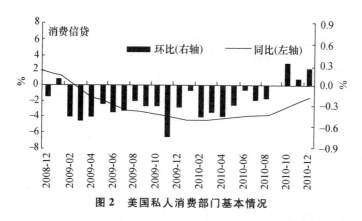

图 2　美国私人消费部门基本情况

其次,看企业情况(见图 3)。企业信贷及债券融资状况良好;现金流不断上升,企业持有现金量接近 2.5 万亿美元。美国企业充沛的投资能力将成为其经济持续复苏的动力之一,另外目前制造业及非制造业 ISM 综合指数均在高位,预示经济将持续复苏。

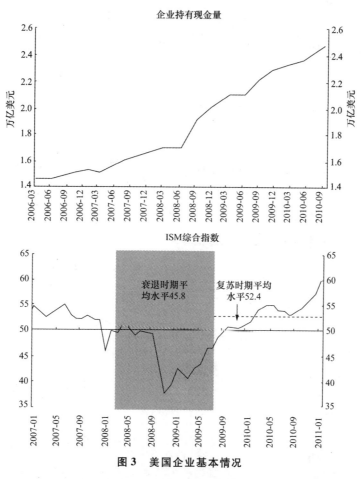

图 3　美国企业基本情况

最后,看出口情况。美国的出口在强劲复苏。这三个方面的利好因素奠定了美国经济复苏的良好基础,也是市场各方看好美国 2011 年度经济运行状况的重要原因。

尽管美国经济的基本面向好,非农业就业开始复苏,但复苏的速度依然相对缓慢,美国失业率有可能在2012年年底才从高点降到7%左右。如果这一判断是正确的,那么美国宽松货币政策的基调难以改变,可能直到2012年都不会加息。其理由可以从以下几个方面进行分析:

首先,从美国的失业率情况和CPI走势来看,图4显示目前非农就业复苏主要依赖于服务业,我们预计失业率下降比较缓慢,2011年年底可能降至8%—9%,2012年年底可能降至7%—8%左右。结构性失业将成为长期困境,达200万—300万人,特别是低教育人群失业率为近16%,而岗位技能不匹配将长期存在。预计2011年核心通胀对CPI贡献为0.7%,非核心通胀贡献为0.8%,目前房屋及娱乐(CPI权重近50%)仍在通缩之中。因此,在美国核心CPI持续低迷而失业率居高不下的情况下,以宽松的货币政策来促进美国经济增长,并在经济恢复的过程中解决就业问题将是美国重要的政策手段。

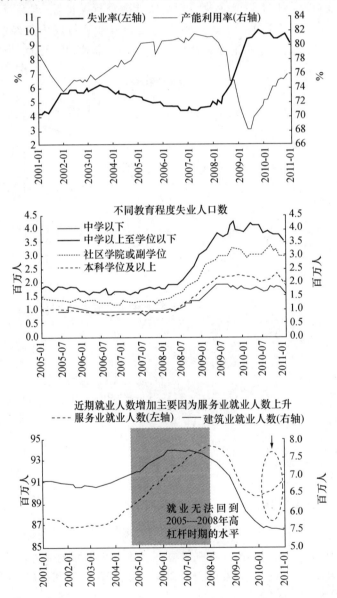

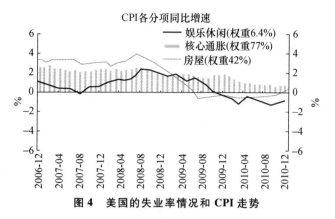

图 4　美国的失业率情况和 CPI 走势

其次从银行角度来看,如图 5 所示,美国银行信贷仍然偏紧,超额准备金仍在高位,这也为美国继续实行宽松的货币政策提供了条件。

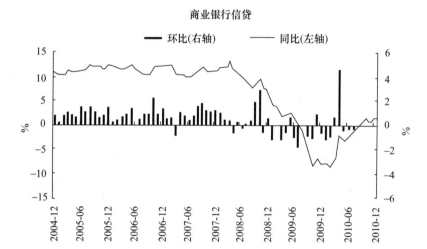

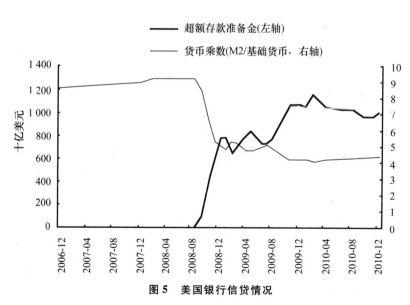

图 5　美国银行信贷情况

再次,从美国财政状况角度来看,奥巴马政府预计,财政收入将从 2011 年的 14.9% 升至 2012 年的 17.4%,美国的财政刺激将逐渐退出,并将在 2012 年将财政赤字缩减至占 GDP 3.6% 的水平。这一减赤计划任务相当艰巨,需要有宽松的货币政策作支撑。

最后从美国国债市场来看,图 6 显示外国持有美国国债数量正稳步上升,国内投资者的认购比率也稳定上升,这为美国实行宽松的货币政策提供了良好的市场基础。同时,实施宽松的货币政策也是美国解决目前外债负担的一个重要手段。

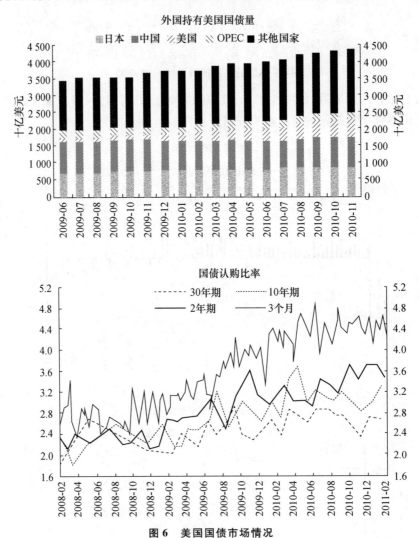

图 6 美国国债市场情况

IMF 首席经济学家 Olivier Blanchard 曾于 2010 年年初在一篇文章(*Rethinking Macroeconomic Policy*,中文发表于《比较》)中公开表达发达国家要把通胀目标提到 4%。虽然美国没有采取通胀目标制,市场一般认为美联储的通胀目标大概是 2.5%。通胀水平从 2.5% 提高到 4% 对美国是有好处的。美联储作为全世界最主要的央行,成功应对这么大的危机是一个了不起的成就,它一定会吸取日本当年的教训,避免加息太早而抑制经济,从而保卫成功应对危机的胜利果实。

因此,在化解结构失业问题的过程中美国货币政策可能会相当宽松。在这样的前提之下,美国有可能实现比较强劲的增长。果真如此,这相当于给全世界经济增长提供了新的增长动力。

二、欧洲两极分化,货币中庸"泥猪"入海

欧洲问题比较复杂,表现好的国家和表现差的国家相差很大,出现了明显的两极分化(见图7)。欧洲的核心国家如德国,经济表现非常不错,欧元区经济也靠德国经济的强劲拉动。目前欧洲的主要问题在于欧洲五国(指PIIGS国家),PIIGS国家失业率依然居高不下,经济收缩仍在恶化,通缩风险上升,这将对欧元的稳定和欧洲经济的稳定造成相当的冲击。

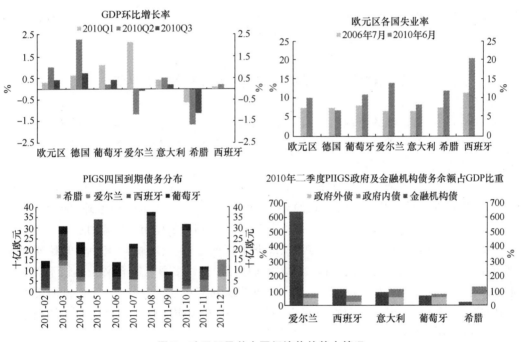

图7 欧元区及其主要经济体的基本情况

另外,欧洲债务问题到2011年还没有完结。从2011年年初开始,PIIGS国家债务融资压力飙升:希腊、爱尔兰、西班牙、葡萄牙的国债融资需求将达2600亿欧元(其中1600亿欧元为西班牙国债到期),分别占其GDP的21%、9%、14%、19%;PIIGS国家的银行债高于国债,银行间市场流动性紧张;欧元区主要银行对PIIGS国家银行债务敞口巨大,欧盟对债务危机不可能坐视不救。再融资需求是高债务国面临的一大风险。2011年,PIIGS国家再融资需求相当于欧元区GDP的7%。

其中受到更大冲击的可能是希腊。如图8所示,希腊的压力明显大于其他PIIGS国家,其再融资需求高峰分别在2011年3月、5月、8月,再融资总额达124亿、92.5亿和93亿欧元,2011年全年再融资总额超过500亿欧元,相当于其GDP的28%。

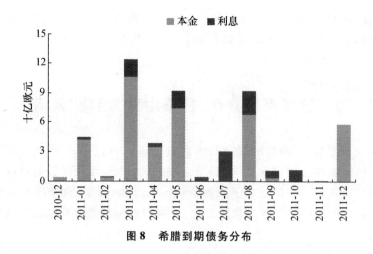

图 8　希腊到期债务分布

基于以上分析,我们认为欧洲在未来一段时间里对全球增长贡献不大,然而对金融市场波动性却贡献良多,因此还要关注欧洲对全球市场造成的波动性。

三、对新兴市场国家及中国的简单评论

新兴市场国家面临的普遍问题是通胀问题,大宗商品、石油、金属等价格都在上涨,同时还面临较大的宏观不确定性问题;另外,长期资金流入波动性变大,从 2010 年的净流入,到从年底到现在资金是从新兴市场撤离。

美国作为世界流动性最大的提供者,其采取极度宽松货币政策为全球市场定了基调,新兴市场在这样的基调下面受到的冲击难以避免。目前除少数国家外,新兴市场国家实施了同步抵制泡沫的政策,这可能降低泡沫风险,但会加剧市场波动性。

美国经济增长企稳加速和近期西亚、北非地区的形势动荡,国际流动性开始看淡新兴市场,回流发达市场,尤其是美国。所以我们提出"热钱多彩",其含义是热钱不再单一地从发达国家流向新兴市场国家,资金也有可能从新兴市场国家撤出,转而流向美国等发达国家。资金的回流往往导致新兴市场的资产价格大幅下跌。部分新兴市场国家为此也采取了一些措施以期限制游资的大进大出。

过去一年中就股市表现而言,中国股市是全世界新兴市场国家里面表现最差的市场之一。除了中小板有 22% 的涨幅之外,实际上证指数下跌了 14%。2011 年的中国股市将会是结构分化的一年。股市作为经济活动的晴雨表,经济结构的调整已经在股市上提前发生。

四、总结:国际流动性动向

目前国际流动性回流发达国家,尤其是美国,总结起来有两点原因。

第一,美国经济增长势头看好,而其他国家经济或者没有增长,或者略有下滑,或者面临着宏观调控下的增长的不确定性。经济增长上的较大差异是决定资金流向的重要

原因。

  第二,美国的政策制定者及其采取的政策措施在可预计的两年内不会出现太大变化,连续性强。欧洲由于2011年10月份会有央行行长的更替,市场上担心对其政策倾向的不确定性;欧洲PIIGS五国的再融资解决办法尚不明朗,更增强了市场对政策不确定性的担心。另外,由于欧洲没有真正的中央政府和统一的财政转移支付,其决策机制的特殊性决定了欧洲各国政府在解决这些问题时动力不足,进而导致这些政策措施不可能在短期内确定下来。而新兴市场国家则继续实施宏观调控政策,继续加息,抑制泡沫,限制游资。如此一来,基于美国、欧洲和新兴市场国家的政策确定性和连续性方面考虑,国际流动性回流美国也是在情理之中。

全球经济展望与中国城镇化

哈继铭

高盛投资管理部中国副主席、首席投资策略师

哈继铭博士在北京大学国家发展研究院与诸位教授、同学和媒体交流对目前全球经济形势的估计和判断。谈及的主要问题包括美、欧、日总体的经济情况,新兴市场短期的经济增长与通货膨胀的展望,预测中国经济短期的变化趋势、风险和政策应对,最后是经济增长与城镇化。

一、全球经济形势好转,新兴市场值得关注

总体来看,全球经济应该比 2012 年有所好转,全球经济的增长速度,尤其是新兴市场,会比 2012 年有明显的加快。如表 1 所示,美国经济增长速度与 2012 年基本持平,欧元区可能继续衰退,但是幅度有望低于 2012 年。日本 2012 年灾后重建拉动经济增长,近年经济增长放缓,但是继续扩张的货币政策,会导致日元进一步贬值。

表 1 全球经济增速展望:2013 年小幅加快 单位:%

	2012 年 GDP 实际增速	ISG 2013 年假设区间		
		GDP 实际增速	通胀(中值)	差情景可能性
美国	2.3	1.5—2.5	2.0	20
欧元区	-0.4	-0.8—0.3	2.0	25
英国	0.1	0.0—1.0	2.3	25
日本	2.0	0.0—1.0	0.0	20
中国	7.8	7.5—8.5	3.0	25
巴西	1.0	2.8—3.8	5.8	25
印度	5.4	5.5—6.5	7.3	25

---

* 摘自第 32 次季度报告会(2013 年 3 月 2 日)。

(续表)

	2012年GDP实际增速	ISG 2013年假设区间		
		GDP实际增速	通胀(中值)	差情景可能性
俄罗斯	3.7	3.3—4.3	6.3	25
金砖四国	6.0	6.1—7.1	4.5	25
新兴市场	5.3	5.1—6.1	5.4	25
世界	2.6	2.4—3.4	3.1	25

资料来源:高盛投资管理部投资策略组(International Strategic Group, ISG)和高盛全球投资研究部(GS Global Investment Research),2012年12月31日。

美国经济私营部门目前的活动非常活跃,然而政府部门的财政政策仍有一些调整,目前美国政府财政债务上限问题还没有完全解决,最近这几个月,也就是5月份之前,会是最关键的一段时期。美国经济的领先指标比较多(见图1),用不同的指标进行预测的结果可能不同,但一个比较科学的方法是将各种指标与需要预测的近期GDP增长率挂钩,观察其平均水平。利用这些领先指标,哈博士预测美国2013年一季度经济增长平均值在2.5%。从全年的趋势来看,美国经济增长速度一季度最高,二、三季度有所下降,四季度又有所回升,全年可能在2%左右,在1.5%—2.5%之间。但是2014年经济增长速度会进一步加快至2.5%—3%这个区间。私营部门经济增长的活力可能会抵消甚至超过自动减支带来的负面影响。

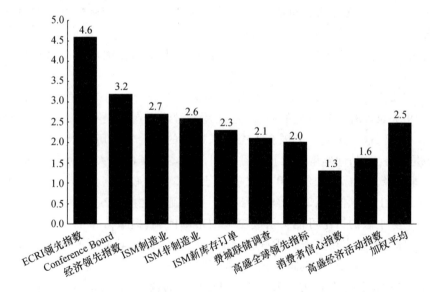

图1 美国2013年一季度GDP经济预测

关于美国货币政策的判断,即关于美国何时开始退出QE,甚至加息的估计,目前,高盛的基本判断还是以失业率为准绳(见图2),美国失业率要达到6.5%需要到2015年左右,所以货币政策在此之前有望保持进一步的宽松,因此加息应该在15年以后。但并不是说这两年货币政策就不会有调整,14年的量化宽松政策将有所收紧,美联储购买债券的数量将有所下降,这本身也是代表着一种紧缩。

有关美国财政政策的关键时点,将在未来的两个月内相继到来。3月1日,美国已经

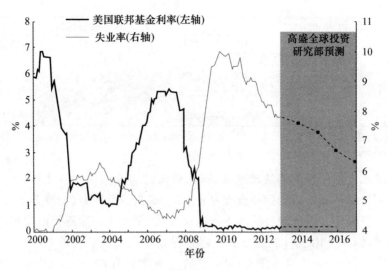

图 2 美国联邦基金利率与失业率

开始自动削减支出,15 号以前政府、众议院和参议院将提交财政预算,如果这段时期还没有达成圆满的关于债务上限的协议的话,3 月 27 日政府将临时关闭,有点像 1995 年年末 1996 年年初的那种情形。4 月中旬参政两院通过财政预算方案,5 月 18 日债务上限正式期满。这些财政上的重要事件可能会引起市场的波动和不安,这种波动和不安是代表着我们应当把全年的经济看淡,还是反而提供了一个入市的机会?哈博士认为,这是一个机会,这些问题最终会得到解决,况且私营部门经济尤其是美国房地产的复苏迹象非常明显。

其实,2012 年 11 月、12 月份的时候,市场曾经也等待过一个大幅下调的机会来入市,但是似乎大家没有等到明显的调整,也就是说财政悬崖并没有带来一个资本市场的大幅回调。那么,这一次债务上限会不会带来这样的机会?从历史数据分析,无论是财政悬崖还是债务上限,问题解决之前往往会引起资本市场的巨大波动,但之后这种波动幅度会立即下降。从标准普尔 500 指数来看(见图 3),财政悬崖并没有带来股指大幅下挫,之后又持续上扬。但是,2012 年 8 月债务上限到来之前,股票市场经历了巨大的下调。可见,债务上限的讨论可能会引起更大的市场回调,提供入市的机会。尽管一两个星期以前全球的股票市场都涨得很好,然而,美联储的会议记录预示着一些对于货币量化宽松意见不一致的观点被披露出来,意大利的选举结果也不令市场满意,市场已经出现了相当幅度的调整。但是接下来可能会有更进一步的调整机会,将给投资者提供继续入市的窗口。

目前来看,欧洲的债务问题得到了一定程度的解决,尤其是欧洲央行量化宽松的政策推出之后,欧洲各国的债券价格明显提升,比如希腊债券。这些投资机会在中国可能鲜有关注,然而,东西会不会涨并不在于它本身的好坏,更重要的在于未来一段时期内的走势。欧元区的许多国家确实有巨大的财政问题,但是它并不妨碍投资者抓住正确的时点入手,得到可观的回报。为什么各国的情况有这样的改观?一方面,欧洲央行力挺欧元区;另一方面,这些国家也确实采取了一些措施降低自己的财政赤字,无论是爱尔兰、西班牙,还是希腊和葡萄牙,它们的财政赤字和前几年相比都有大幅的削减(见图4),这种削减使得市场增强了对这些国家未来财政可持续性的信心。但同时它也是一把双刃剑,它对实体经济至少带来短期的不良影响,因此目前欧元区的经济还是处在比较低迷的状态,但是市场信心得到了一定的提振。所以,在欧元区市场上,可以观察到一些重要的投资机会,比如,高盛现在就比较强调购买欧元区大的跨国公司的股票。这些大的跨国公司身处欧元区,受到整个市场氛围的不良影响,估值都较低,但是很多产品并不是在欧元区内销售,相当一部分销售到新兴市场,包括中国。比如,在中国销售的高档汽车和奢侈品,中国的购买力需求非常强劲,而生产商身处欧洲,这样就带来了潜在的投资回报率相当高的机会。

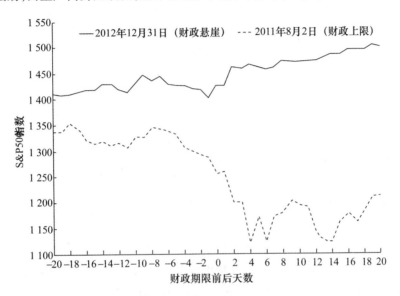

图3 美国股票市场在债务期限前后的表现

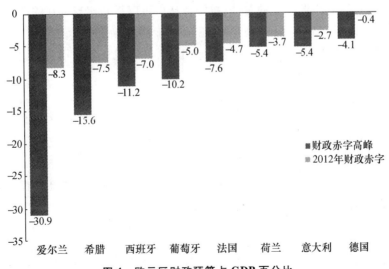

图4 欧元区财政预算占GDP百分比

那么,欧元区接下来的经济走势如何？根据欧洲许多领先指标可以计算出一个稳定指数,从历史平均水平来看,65%是一个分界点,在稳定指数超过65%以后的5—8个月,经济会走出衰退。该指数目前已经超过65%,因此欧元区的经济在2013年下半年将会走出衰退,尽管全年也许还是小幅的负增长,但是全年将呈现前低后高的走势(见图5)。

图5 欧元区稳定指数(2012年1月—2013年1月)

判断日本经济走势的关键还是它的货币政策。如果日本央行行长4月份到位,日本之后有望采取更进一步的量化宽松的货币政策,那么日元的贬值将拉动日本的出口增长,并带动股票市场的上涨。这几个月以来,高盛一直推荐投资者借日元买日本的股票,由于日元利率较低,利用汇率上的对冲,投资者从中可以得到相当可观的回报。

如图6所示,新兴市场的经济增长还是低于潜在增速的,无论是金砖四国还是N11①。这些国家的经济增长速度还会进一步上升,如果说还低于潜在增速的话,进一步的上升也未必导致巨大的通货膨胀压力。

中国目前的领先指标,无论是汇丰的,还是中国自己的,基本上保持在50以上(见图7)。尽管这些指标最近这一个月有所回落,但是依然意味着经济还是积极向上的。2012年年中一些项目的审批、财政赤字以及两次减息带来的经济复苏还在持续,2013年上半年经济增长速度依然非常强劲,可能达到8%以上。从全年来看,增长速度应当在8%左右,各个季度的增速在7.5%—8.5%之间,很可能出现前高后低的趋势,呈现倒V字形的轨迹(见图8)。如果说增速达到8%以上,可能会出现一些投资过热甚至

---

① Next Eleven(N11):2005年12月1日,高盛集团根据除金砖四国以外的11个发展中国家人口众多和经济快速发展的情况,提出了这一名称。这11个国家指墨西哥、印度尼西亚、韩国、土耳其、越南、菲律宾、巴基斯坦、尼日利亚、埃及、伊朗、孟加拉国。该名称是对这11个国家光明前途的预测。

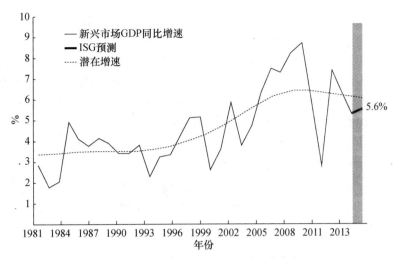

图6 新兴市场GDP同比增速对比潜在水平

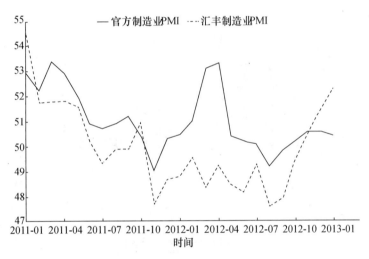

图7 中国PMI指数

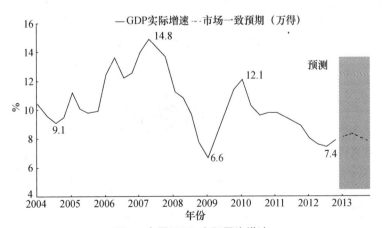

图8 中国GDP实际同比增速

于房价速度上涨过快的现象,但可以预期政府会采取一定的措施防止这种风险的进一步蔓延。

除了投资过热和房价上涨过快带来的风险,通货膨胀是主要的隐忧。通货膨胀的压力主要来自于劳动力成本的上升以及可能出现的输入型通胀压力,因为许多国家都在实行量化宽松的货币政策。从劳动力成本这个问题上看,1月份国家统计局公布全年 GDP 数据的时候特别提出中国劳动力人口首次出现下降,定义为 15—59 岁的人减少了 350 万人(见图 9)。但是,如果采用联合国对劳动力人口的定义,即 15—64 岁的人,劳动力数量并没有下降,反而是小幅上升。比较这两组数据,不难看出,60—65 岁年龄段的人群数量上升。从联合国预测的五年期中国适龄工作人口变化来看,中国的劳动力人口现在还没有到一个下降的拐点,但是 15 年之后将会出现劳动人口的明显下降(见图 10)。

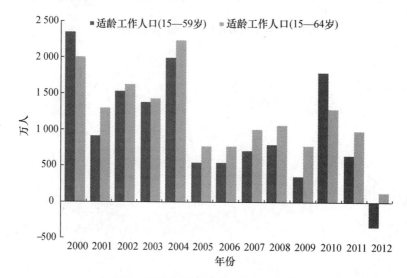

图 9 中国统计局适龄工作人口变化

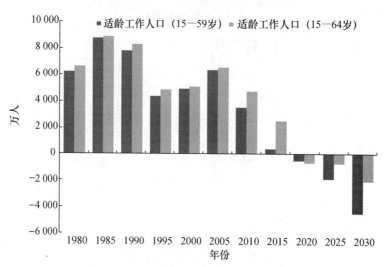

图 10 联合国预测中国适龄工作人口变化

劳动人口年龄结构对经济发展及产业结构的影响很大。从三大产业的劳动人口的平均年龄来看,第一产业的劳动人口年龄最大;第二产业以制造业为主,其劳动人口年龄最小。如果说劳动力总体数量还没有下降,只是年轻人的数量下降得很快,那就说明未来我们的制造业的发展优势,即劳动力成本优势会更明显地减弱,而中老年人所占比例较大的农业和第三产业受到的影响相对较小。这对于我国经济的转型,由依靠以出口为主的制造业来拉动转向由服务业来带动,将是一个利好,也预示着我国在服务业甚至农业方面将有更大的发展机会。

最近比较热点的一个话题是,既然中国的劳动人口数量开始下降,是不是需要改变计划生育政策。生育政策的改变将对许多行业带来深刻影响。首先是房地产行业。将来90平方米不再是标准户型,而是120平方米。一家三口需要90平方米的话,一家四口就需要120平方米,如此一来,中国需要建造更多的房子,房地产行业的需求仍然很大。其次是婴儿食品、用品行业。在最近,尤其是"十八大"以后关于人口现象的变化的讨论过程中,婴儿食品、用品企业的业绩已经有了相当大幅度的上涨。

市场对于2013年通货膨胀的预测也是逐级上升的,最高点有可能在下半年三季度的时候达到,考虑到翘尾因素,也是在6月、7月达到最高点(见图11)。未来几个月,政府会感受到通货膨胀、房价、投资过热这些风险在积聚,货币政策也许会作出相应的调整。从房价来看,从2012年11月开始,房价上涨的城市在逐步增多,而交易量更是成几倍增长,一、二线城市都是如此。从历史数据来看,中国房价的变化情况与货币增长速度的相关性是很高的。目前,政府对房价上涨采取了新的五条政策,包括行政上的政策和税收上的政策,货币上的政策也会有一定的配合。目前,中国的房地产市场还是垄断着整个经济的走势,如果房价下降或者有关房地产的政策收紧,房地产行业本身以及相关的上、下游行业都会受到影响,这与刚刚所说的2013年经济形势前高后低的倒V字形变化也是一致的。

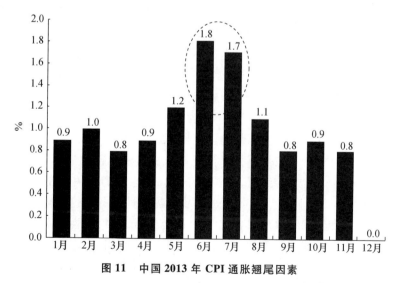

图11 中国2013年CPI通胀翘尾因素

另外一个可能会引起未来货币政策调整的现象,就是目前的社会融资总量的增长。

虽然贷款在整个社会融资总量占比不断下降,但是其他一些融资方式,包括理财产品、企业债券以及信托产品的增长速度非常可观。信贷,是一个比较狭隘的定义,把它扩大到社会融资总量是一种完善,但是还不够,因为它还没有考虑到政府的借贷行为。如果考虑一个定义更为广泛的变量,不妨来看社会信贷总量(见图12)。

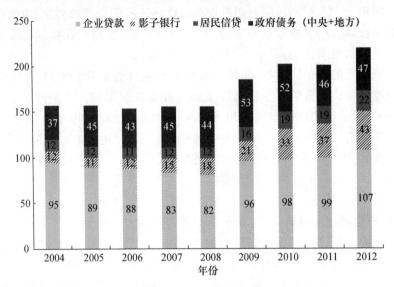

图12　中国社会信贷总量

纵观整个中国,包括社会、企业、个人和政府的信贷程度,直观感觉上,大家认为短期内应该不会出现太大问题,因为政策的迂回空间还很大,但是这些积聚的风险将来有可能会集中释放。那么最关键的问题在于,何时可能会出现问题,或者什么指标会给出风险集中释放的明确信息?最关键的还是社会的杠杆率、社会总体负担程度。目前,关于中国政府负债的衡量是非常狭隘的,从数据来看,中央政府负债占GDP的20%多,加入地方政府,占比仍不到50%。然而,中国有很多企业的贷款,包括信托产品和理财产品,这些负债一旦出现问题,难道政府可以坐视不理吗?显然,从微观现象来看,一些地区的负债出现问题,最终还是会转嫁给地方政府,否则,社会将面临不稳定的局面。因此,计算全社会信贷总量是非常必要的,然而,社会信贷总量与社会融资总量的概念有差异。比如,股票融资属于社会融资总量,但是不包含于社会信贷总量;政府负债只计算在社会信贷总量里,而不包含在社会融资总量里。根据概念,计算得到社会信贷总量,即中国老百姓、企业、政府的总体负债,包括所有银行贷款以及影子银行的活动,总量达到GDP的220%。其中,20%左右是居民信贷,主要是房贷,剩余的部分中,政府负债份额不到50%,而余下的150%中也许相当一部分也是政府的隐性债务。这些隐性债务一旦出现问题,负担仍然可能会转嫁给政府,因此,整个社会信贷,包括隐性部分在内的政府债务并不是那么乐观。另外,如果动态地观察这些指标,它们的上升速度很快,2008年以前,总量在150%左右浮动,之后就逐年飞速上涨。从结构上看,上升最快的是影子银行和地方政府融资平台,这两项可能是未来我们更需要关注的。

人民币汇率,从趋势上看,在未来可预见的两三年内还是处于小幅升值的状态(见图

13)。升值主要有内外两大因素。外部因素是指中国经济还是存在比较明显的外部失衡,主要表现在中国的顺差和美国的逆差上,欧元区既无很大顺差也无很大逆差,所以人民币对美元升值,从基本面来说是有支持的。内部因素表现在中国政府正在极力打造人民币国际化,这个过程中人民币贬值是不切实际的,至少会保持稳定,略有升值。

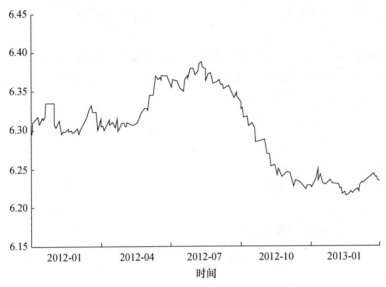

图13 人民币兑美元中间价

城镇化,是目前政府努力推动的一个未来经济增长的动力。暂且不谈城镇化在推动经济增长的过程中是否会带来一些额外风险,先给定政府要推动城镇化,并立足于此,寻找投资机会。那么,如果量化分析城镇化与经济增长的相互关系,究竟是城镇化会推动经济增长,还是经济增长发展到一定的阶段或者改革开放发展到一定的阶段自然会推进城镇化?哈博士的研究表明,两方面的因果关系都存在(见图14)。

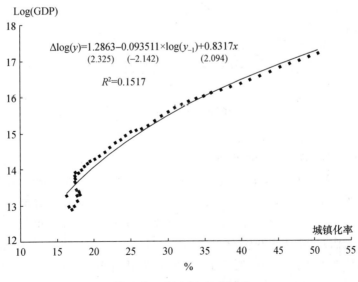

图14 中国GDP与城镇化

首先，基础设施的完善，自然会带来包括消费、投资在内的经济增长的便利。中国各个省市的电信、交通运输基础设施的投资，本身与这些地区的消费是密切相关的。其次，城镇化会提升农村的消费水平，也能够提升已经居住在城市的但没有城市户籍的人群的消费水平。目前，中国的城镇化率表面上约为51%，然而，用户籍衡量只有35%。不同城市的居民，以及同一个城市里有户籍的城市居民和没有户籍的农民工，与纯粹居住在农村的农民，他们的人均消费支出差异很大（见图15）。我相信，城镇化会提升农村的消费水平，也会提升已经居住在城市的非户籍人口的消费水平。如果真正将农民工安置在城市里，他们将会释放巨大的消费量。比如，他们现在可能住在老板提供的宿舍里，一百个人看一台电视机，但是如果将来他们能够自己居住，那一百个家庭至少要一百个电视机，消费量大大提升。另外，中国的城镇化也会带来产业的转移。中国的计划生育政策，中、东、西部地区的执行力度很不一样，东部管得比较紧，中西部相对松一些。因此，即使东部地区的劳动力成本已经上升到不太适合制造业发展的水平，但是一些内陆地区的人口红利还没有完全消失。从劳动力成本来看，沿海地区的工资已经超过周边国家，但是内陆地区仍然低于周边国家。那么，中国仍然有产业梯度转移的机会，也许未来十年中国很多沿海地区的产业将转移到内陆地区。

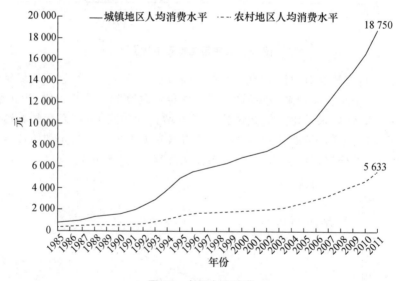

图15　中国人均消费

值得一提的是，城镇化对中国不少产业会有巨大的推动作用，这里主要提及房地产行业、农业和服务业。就房地产行业而言，目前有三套数据值得关注，尽管还存在争议。第一，中国城镇化率目前为51%，不论户籍；第二，中国已购房的城镇居民人均居住面积为32平方米（见图16）；第三，房改以来，建成的商品房有90多亿平方米。根据这三套数据进行一个简单计算，可以得出城镇居民购房的百分比为40%。也就是说，大约还有60%的人租房居住，或者住在福利分房中，这一部分人拥有改善性需求，也就是真实需求。将来城镇化率可能会从51%提升到70%，保守估计至少会到60%。如果满足没有买房的城市居民的住房需求，再加上迁往城市的9%的农村人口的需求，那么按照现在的

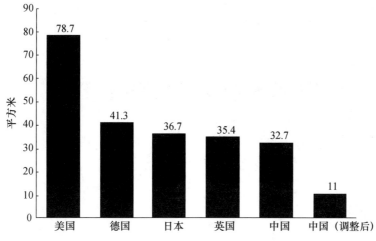

图16　2011年中国人均住房面积

总体住房面积来计算,城镇居民人均居住面积将下降为11平方米。要将这一数字继续拉到30平方米的话,中国还需要建设170亿平方米的住房。按照现在每年8亿平方米的建设速度,中国房地产还需要20年的发展。当然,有人质疑国家统计局公布的90亿平方米这个估计,认为现在至少也有180亿了。目前还没有权威的统计数据,但即使是180亿,也还需要再建设80亿—90亿平方米。建设170亿需要20年,建设八九十亿也还需要10年,因此,中国房地产行业不是在一两年内马上就不行了,还是需要大量建设来满足城镇化过程中释放的真实需求。另外,房地产行业的发展会推动建筑材料的需求,比如水泥、电力和煤炭等等。它们都会有很大的未来增长空间,其实在城镇化口号提出来的时候,这些行业在资本市场上已经有所反应。

城镇化对中国的农产品价格也会有比较明显的影响。本来农民可以在家里的宅基地种菜、养猪,但是目前这一块供给在明显减少,城镇化逐步推进后,居民的食物消费都要到市场上才能实现。我相信,未来中国对国际粮食的进口依存度会明显上升,从而推高粮食价格,所以农业在城镇化的过程中一定会展露出巨大的投资机会。

城镇化还将展现中国服务行业发展的巨大机会。目前,中国服务业的劳动力结构是有相对优势的,至少和制造业相比如此。从需求方面来看,服务业也存在巨大空间。服务业的发展通常在经济体的人均收入水平达到一定水准以后才开始腾飞,比如,美国服务业的腾飞始于20世纪70年代中期。我们计算了一下购买力平价调整后的中国现在的人均收入,与美国70年代初期的水平基本相当,也就是说,接下来中国服务行业的需求会有更大幅度的增长。无论是电脑还是互联网的渗透率,中国的城市已经是比较高的,但是在农村和边远地区依然是很低的。服务行业还包括医疗、教育方面的开支,农村和城市相比,差距依然很大。旅游需求及其带动的经济酒店的需求,目前也相当旺盛。

BRICS 合作背景和前景*①

卢 锋

北京大学国家发展研究院教授

南非加入 BRICS,使这个新兴经济体组合从四国"扩容"为五国。BRICS 五国首脑于 2011 年 4 月中旬在中国海南三亚会晤,峰会发表的《三亚宣言》,系统阐述了 BRICS 的合作理念、方针以及对国际重大问题的看法和观点,代表 BRICS 合作机制化努力的最新进展。三亚峰会使 BRICS 这个新兴经济体国家集团再次成为全球瞩目的焦点。

什么因素把全球最具代表性的新兴经济体大国推到一起谋求合作?BRICS 合作进程面临什么有利因素和制约条件?这一合作机制未来发展前景如何?本文尝试以中国发展为视角探讨上述问题。虽然对象涉及国际政治关系和外交领域多方面的复杂问题,本文的探讨侧重于问题的经济背景和内涵。

BRICS 概念提出及其合作机制产生,是 BRICS 等新兴经济体实力壮大并伴随全球经济格局深刻演变的产物。数据显示,BRICS 已成为决定全球经济格局的基本力量,在增量贡献上已成为最重要的增长极。中国相对规模和增量贡献最大,通常超过其余四个 BRICS 国家总和。BRICS 合作前景取决于如何处理几组关系,中国如何认识内部推进改革转型与外部参与全球治理关系,将以间接然而实质的方式对 BRICS 合作前景产生深刻影响。

本文分六节。第一节介绍 BRICS 概念缘起,第二节和第三节定量考察中国和其他 BRICS 国家在全球经济和增长中的相对地位和影响,第四节观察中国与其他 BRICS 国家双边经贸关系的特点,第五节分析 BRICS 合作机制化的有利驱动因素和不利制约条件,第六节点评 BRICS 合作需要处理几组关系及其面临的几种前景。

一、从 BRICs 到 BRICS:缘起和进程

BRICs 概念最早起源于 2001 年高盛研究员完成的一份研究报告。这份报告观察到 2001 年以 BRICs 标示的中国、印度、巴西、俄罗斯等四个新兴经济体较快增长的事实,并

---

* 摘自第 25 次报告会(2011 年 4 月 23 日)。
① 感谢杨业伟同学整理相关数据所做的大量工作,李远芳博士、陈英楠同学、陈思丞同学也参与本研究。

在假设其较快增长势头持续的四种情形下推测新世纪最初十年全球增长格局改变,推论以往 G7 作为最大经济体代表的构成将不可避免地发生改变,全球经济将进入包括 BRICs 的 G8 或 G9 时代[①]。

2003—2004 年,高盛研究团队进一步阐述上述命题,发表题为《与 BRICs 一起梦想:走向 2050 年之路》的研究报告[②]。报告认为,到 21 世纪前半期接近尾声时,BRICs 将跻身全球六个最大经济体之列,与当时六个最大经济体中的美国和日本一起构成"新六强"组合。预测模型中包括人口规模、晚近时期经济增速、与发达国家相对差距等基本变量。这几个国家近年经济增长强劲,使这份报告产生远远超出普通投行研究结果的影响。创造出 BRICs 这个缩写词,是高盛这份报告的重要卖点;中文翻译则依据 BRICs 英文类似"砖头"的谐音再创造出"金砖国"的流行概念。

早在 2003 年,巴西卢拉总统就建议巴西、中国、俄罗斯、印度、南非展开五国对话机制,虽然后来仅实现俄罗斯、印度、巴西三国对话,这一事实说明 BRICs 概念成为激发相关国家谋求合作行动的灵感来源。后来 BRICs 四国(指巴西、俄罗斯、印度、中国)的外长和领导人在联合国会议或其他国际会议期间曾多次聚会。2008 年 5 月,四国外长在俄罗斯本土举行会议;2009 年 6 月 16 日,四国领导人在俄罗斯叶卡捷琳堡举行首次正式会晤,成为启动 BRICs 合作机制的标志。

首次峰会重点就应对国际金融危机冲击、G20 峰会进程、国际金融机构改革、粮食安全、气候变化等重大紧迫问题交换了看法,讨论了 BRICs 未来对话与合作的前景。叶卡捷琳堡峰会声明呼吁各国和相关国际组织积极落实 2009 年 4 月 2 日伦敦 G20 金融峰会的共识,强调应提高新兴市场和发展中国家在国际金融机构中的发言权和代表性。四国认识到国际贸易和外国直接投资对全球经济复苏的重要作用,呼吁各方共同努力改善国际贸易和投资环境;声明敦促各方保持多边贸易体系稳定,遏制贸易保护主义,并推动世界贸易组织多哈回合谈判取得全面、平衡的成果。

四国表示愿根据"共同但有区别责任"的原则,就应对气候变化开展建设性对话,并将有关措施与落实各国经济社会发展目标的任务相结合。声明强调并支持,在国际法治、平等合作、互相尊重、由各国协调行动和集体决策的基础上,建立一个更加民主和公正的多极世界。声明支持联合国在应对全球性威胁和挑战方面发挥中心作用,重申需要对联合国进行全面改革,使其更具效率,更有效地应对当今全球性挑战。声明表示将以循序渐进、积极务实、开放透明的方式推动四国对话与合作,强调"金砖四国"对话与合作不仅符合新兴市场国家和发展中国家的共同利益,而且有利于建设一个持久和平、共同繁荣的和谐世界。

BRICs 四国首脑第二次正式会晤于 2010 年 4 月 15—16 日在巴西的巴西利亚举行,议题主要包括世界经济、金融形势、G20 事务、国际金融机构改革、气候变化及四国合作等。巴西总统卢拉在第二次峰会召开前夕指出,BRICs 不再是一个空泛的概念,而是已成为一种政治现实。在国际事务的决策过程中,四国集团扮演必不可少的局内人和行动者角色。为更有效地应对当今全球性挑战,四国应加强合作以建设一个开放透明的对话渠

---

① Jim O'Neill, "Building Better Global Economic BRICs", *GS Global Economics Paper*, No: 66, 30th November 2001.

② Dominic Wilson and Roopa Purushothaman, "Dreaming With BRICs: The Path to 2050", *Goldman Sachs Global Economics Paper* No: 99, 1st October 2003. 该报告 2004 年被印制成一本小册子发表: Jim O'Neill, Sandra Lawson, Dominic Wilson et al., *Dreaming With BRICs: The Path to 2050*, 2004 The Goildman Sachs Group, Inc.

道。卢拉认为,BRICs 应继续倡导多边组织中决策过程民主化,坚持争取发展中国家的话语权,随时准备在世界事务中承担更加重大的责任。

与首次峰会时的国际经济形势相比,第二次峰会召开时国际金融危机对世界各国威胁已有所降低,中国、印度和巴西等一些国家已率先走出危机,俄罗斯、美国以及欧盟的一些国家的经济也明显好转。但在巩固应对金融危机成果、加速改革国际经济秩序、完善 G20 运作机制、应对全球气候变化、加强环保和节约能源等现实紧迫问题上,仍需 BRICs 和 G20 及世界各国继续作出更大努力。

第二次峰会上四国领导人发表联合声明,就世界经济形势等问题阐述了看法和立场,并商定推动 BRICs 合作与协调的具体措施。2010 年 11 月 G20 会议在首尔举行,南非在此次会议上申请加入 BRICs。2010 年 12 月,中国作为 BRICs 合作机制轮值主席国,与俄罗斯、印度、巴西一致商定,吸收南非作为正式成员加入"金砖国家"合作机制,"金砖四国"(BRICs)变成"金砖五国"(BRICS)。

二、BRICS 若干基础经济指标全球总量占比观察

BRICS 概念提出及其合作机制产生,是 BRICS 等新兴经济体实力壮大并伴随全球经济格局深刻演变的产物。中国经济快速追赶和相对体量增长的直接和间接影响,在这个历史性转变进程中具有特殊重要地位。中国经济地位举足轻重,中国体制转型尚在深化推进之中,这些决定了中国对 BRICS 合作具有特殊影响力,也决定了中国相关政策方针和影响方式具有较大可塑性。

下面选择若干宏观经济变量和大宗商品消费指标,首先观察中国和其他 BRICS 国家这些指标的全球总量占比和增量贡献比率,以定量描述 BRICS 在全球增长中的地位以及中国增长特殊的重要性。其次,观察中国与其他 BRICS 国家经贸关系并评估其相对重要性,然后再探讨 BRICS 合作前景及面临的策略选择。

图 1 报告 BRICS 的 GDP 全球占比变化。五国 GDP 全球占比在 20 世纪 70 年代约为

图 1　BRICS 五国 GDP 占世界比例(1970—2010)

资料来源:1970—2009 年数据来自 UN statistic,2010 年数据来自 IMF WEO(截至 2010 年 10 月),俄罗斯数据从 1990 年开始。

6%,80年代末和90年代上升到8%—9%,2010年达到18%。中国GDP全球占比从2000年的4%上升到2010年的9%,贡献了这一时期BRICS全球占比增长的一半。目前中国GDP全球占比略高于其他四国总和。

图2报告BRICS资本形成全球占比变化。20世纪70—80年代五国资本形成占比在5%—6%上下,90年代末上升到接近约10%,2010年跃升到25.7%,是基本宏观变量中全球占比最高的指标。中国资本形成全球占比从70—80年代的2%上升到90年代的6%,2010年增长到17.5%。目前中国资本形成占比是其他四国总和的两倍多。

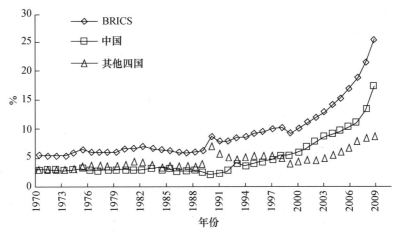

图2 BRICS资本形成占世界比例(1970—2009)

资料来源:UN Statistic,俄罗斯数据从1990年开始。

图3报告BRICS出口全球占比变化。五国出口全球占比从2000年的7%翻番增长到2010年的14%。中国出口全球占比从2000年的3%上升到2010年的8.5%,贡献了这一时期BRICS全球占比提升量的79%。目前中国出口全球占比是其他四国总

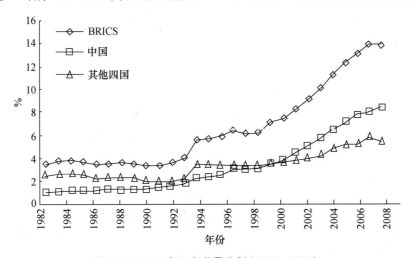

图3 BRICS出口占世界比例(1982—2009)

资料来源:世界银行WDI数据库中"货物与服务出口份额(export of goods and service Bop)",俄罗斯数据从1994年开始。

和的一倍半。

图 4 至图 8 报告 1992 年以来 BRICS 五国对石油、粗钢、铁矿石、铜、铝等金属材料、原料和能源大宗商品消费全球占比变化数据。这些图显示了两个特点:第一,中国这几种大宗商品消费全球占比,除石油为 9.9%,略低于其他四国总和 10.6%,其余消费占比都几倍于其他四国。第二,BRICS 五国石油、粗钢、铁矿石、铜、铝等消费占比分别从 15% 上升到 20%、25% 上升到 56%、40% 上升到 70%、15% 上升到 47%、18% 上升到 49%。这些增长基本来自中国消费占比的快速增长。其余四国除了铜消费占比略有增长外,其他四种商品消费占比还略有下降。

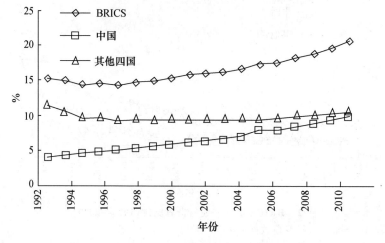

图 4　BRICS 石油消费占世界比例(1992—2009)

资料来源:EIA 数据。

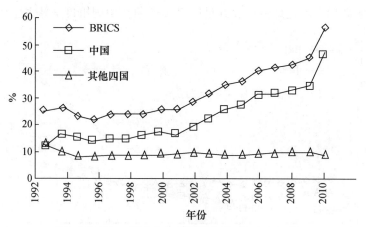

图 5　BRICS 粗钢消费占世界比例(1992—2009)

资料来源:"粗钢表观消费量 = 粗钢产量 + 粗钢净进口(crude steel equivalent)",1992—1996 年利用粗钢产量和净出口数据计算而得,粗钢产量数据来自《帕尔格雷夫历史统计》,粗钢净进口数据来自 OECD "world steel trade" 数据。1997—2009 年数据来自 "steel statistical yearbook",统计口径为 apparent steel use(crude steel equivalent)。

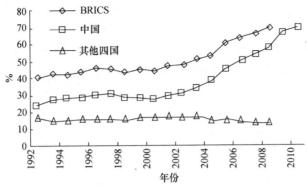

图6 BRICS铁矿石消费占世界比例(1992—2010)

资料来源:1995年及以前数据来自"Iron Ore Statistics"(prepared by the UNCTAD Secretariat, published by Congressional Information Service, Inc., Volumes of 1993 and thereafter),1997年及以后数据根据"steel statistic yearbook"(World Steel Association,来自USGS网站)中产量和净出口数据计算的表观消费量,1996年数据为前后两年平均值估计。2010年中国数据依据国家统计局铁矿石产量和净出口量数据计算的表观消费量。

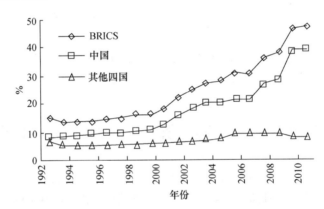

图7 BRICS铜消费占世界比例(1992—2010)

资料来源:来自"World Metal Statistics",其中2010年数据由2010年1—11月消费量数据估算而得,估算方法为:2010年消费量=2009年消费量×(2010年1—11月消费量/2009年1—11月消费量)。

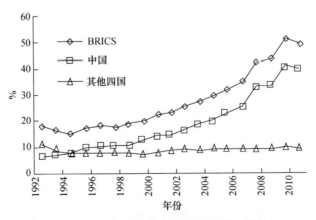

图8 BRICS铝消费占世界比例(1992—2010)

资料来源:同图7。

图 9 报告 BRICS 外汇储备全球占比变化。五国外汇储备占比过去近二十年从 1993 年的 6.4% 增长到 2010 年的 40%,增长 5.5 倍。其中四国从 4.4% 增长到 10.4%,增幅为 1 倍多;中国则从 2% 增长到 30%,增幅为 14 倍。这个时期中国外汇储备全球占比增长 28 个百分点,是其他四国占比值增长量的 4.5 倍。

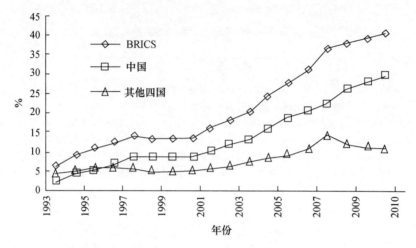

图 9　BRICS 外汇储备占世界比例(1993—2010)
资料来源:世界银行 WDI 数据库。

三、BRICS 若干基础经济指标全球增量贡献观察

对中国和其他 BRICS 国家经济相对体量还可以从特定时期增加量以及增量贡献比角度加以观察。如果给定时期全世界某个指标如投资增加量为 100 单位,BRICS 或中国同期相应指标增加量为 30 单位,则相对世界增加量比例 30% 被定义为"增量贡献比"。从增量比较和增量贡献比角度看,中国与其他 BRICS 国家经济增长在全球范围内的重要性更加凸显。

图 10 报告 BRICS 与全球主要经济体用美元衡量的 GDP 增加量的趋势值。数据显示,欧盟和美国长期以来一直是最大经济增量贡献经济体,部分受汇率变动因素影响,用美元衡量的欧盟 GDP 增量波动较大。中国增量趋势值从 2000 年的 1 440 亿美元增长到 2009 年的 6 900 亿美元,2006 年超过美国,2008 年超过欧盟 15 国,成为全球增量贡献最大的国家。日本在 20 世纪 80 年代经济追赶全盛时期 GDP 增量趋势值曾一度逼近美国,但是进入 90 年代后增势走弱,近年增量趋势值有所回升,但仍显著低于其 20 世纪峰值水平。中国以外四个新兴经济体加总 GDP 增量趋势值在 2009 年也增长到与美国和欧盟 15 国大体相等的水平。

图 11 报告 BRICS 与全球主要经济体用美元衡量的资本形成增量趋势值。日本该指标值在 20 世纪 80 年代曾超过美国,并在 80 年代中后期和 90 年代初与欧盟 15 国并驾齐驱,成为投资增量最大国家,但是进入 90 年代后不久增势也趋疲软。中国 2002 年投资增

量趋势值超过美国,2006 年超过欧盟 15 国成为投资增量最大国家。除中国以外 BRICS 四个新兴经济体的加总投资增量在 2004 年也超过美国,成为在中国和欧盟 15 国之后的第三大投资增量经济组合体。

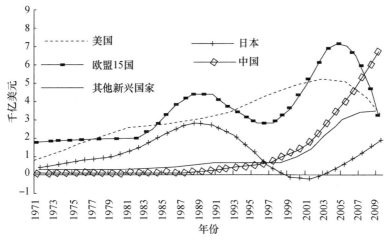

图 10　BRICS 与主要经济体 GDP 增量趋势(1971—2009)

注:欧盟 15 国包括德国、法国、意大利、西班牙、英国、荷兰、比利时、卢森堡、丹麦、爱尔兰、希腊、葡萄牙、奥地利、瑞典、芬兰。其他新兴国家指除中国以外的 BRICS 中的四个国家,即印度、巴西、俄罗斯、南非。对各经济体 GDP 年度增加量提取 HP 趋势。

资料来源:1970—1979 年数据来自 UN Statistics, "GDP and its breakdown at current price in US $";1980—2009 年数据来自 IMF World Economic Outlook。

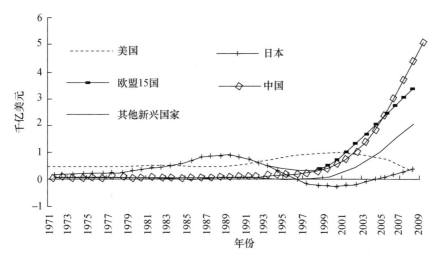

图 11　BRICS 与主要经济体投资增量趋势(1971—2009)

注:同图 10。对各经济体投资年度增加量提取 HP 趋势。

资料来源:UN Statistics。

图 12 报告 BRICS 与主要经济体对全球三年出口增量贡献比数据。欧盟 15 国出口增量贡献比平均水平较高,除个别年份一直是对全球出口增长贡献最大区域。但是受危机出口深度下跌影响,欧盟 15 国 2009 年对应的三年增量贡献下降到 7.5% 的低位。中

国该指标值 1996 年超过日本,2001 年超过美国,此后在 10% 上下波动,是仅次于欧盟 15 国的第二大出口增量贡献国。由于这次危机时出口收缩量较小,中国 2009 年对应的三年出口增量贡献比从 2008 年的 11% 上升到 27%,暂时超过欧盟首次成为最大增量贡献国。日本 1985 年出口增量贡献比曾名列前茅,不过此后大幅下降,到 90 年代中后期低于美国和欧盟退居第三位。BRICS 其他四个新兴经济国出口增量贡献比近年与美国基本持平。

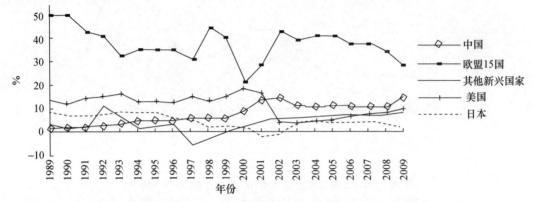

图 12　BRICS 与主要经济体对全球出口增量贡献比(1989—2009)

注:同图 10。各经济体每前后三年出口增量占全球增量比例。
资料来源:世界银行 WDI 数据。

表 1 报告过去三十年 BRICS 几种基础性大宗商品消费量对全球增量贡献比,从中可见这些指标在过去三十年总体水平通常都比较高,过去十年除铁矿石下降外其他几种商品增量贡献比进一步大幅上升。具体而言,过去十年 BRICS 石油增量贡献比最低,但是也有 2/3,铝和铁矿石接近百分之百,粗钢和铜超过百分之百。中国在这些增量贡献比指标上同样占据支配地位:石油最低为 47%,铝和铁矿石超过 80%,粗钢和铜超过百分之百。

表 1　BRICS 若干大宗商品消费全球增量贡献比(1980—2010)　　　　单位:%

	石油	粗钢	铜	铝	铁矿石
五国					
1980—1990	29.3	59.3	-3.4	35.0	277.6
1990—2000	13.7	32.6	32.2	34.9	108.1
2000—2010	67.3	128.4	156.5	92.8	94.8
中国					
1980—1990	14.8	59.0	11.0	8.7	128.7
1990—2000	24.8	53.2	31.5	42.5	87.9
2000—2010	46.6	120.3	138.7	81.9	85.4

（续表）

	石油	粗钢	铜	铝	铁矿石
四国					
1980—1990	14.5	0.3	-14.4	26.3	148.9
1990—2000	-11.0	-20.5	0.7	-7.6	20.2
2000—2010	20.7	8.2	17.8	10.9	9.3

注：把数据延伸到1960年并计算增量贡献比。粗钢是产量增量贡献比，其余指标是消费量增量贡献比。

资料来源：同图4至图8。

选择若干基础性宏观经济和大宗商品消费全球总量占比和全球增量指标，我们系统观察了中国与BRICS目前相对体量和晚近时期增长贡献。应指出上述指标组合还不够全面完善。例如对大宗商品度量消费而没有度量产出，如度量产出，巴西和俄罗斯对铁矿石和能源增量贡献会更大。另外如考虑尖端科技和军备实力，俄罗斯相对重要性会提升。不过从常态增长结构角度看，上述系列观察指标应能在一定程度刻画特定经济体在当代开放环境下增长的整体表现特点和相对重要性。

上述观察结果显示几点基本事实。BRICS确实已经成为决定全球经济格局的基本力量，特别是在全球经济增量贡献上已成为超过发达国家的最重要增长极。考虑经历金融危机后中国等新兴国家经济快速回升，美欧受深层结构性矛盾困扰复苏劲道不足，BRICS等新兴国家作为全球增长极的地位有望持续和进一步加强。这些事实表明全球经济版图正在发生前所未有的深刻演变。

BRICS成员国增长贡献各有特点，如巴西、俄罗斯在全球大宗商品供给方面具有特殊地位，印度作为人口大国如能长期保持快速增长势头未来将对全球增长作出更大贡献。不过现阶段中国正经历最快速追赶阶段，由于两方面因素中国增长客观上具有特殊影响力。一是中国经济相对规模和增量贡献最大，而且通常会超过其余四个BRICS国家总和。二是中国快速成长较大程度推动大宗商品需求增长，构成俄罗斯、巴西这样资源丰富国家快速增长的重要推动因素。在这两点意义上，中国增长具有更多主动性，其他国家增长具有一定程度的派生性；如果没有中国追赶，BRICS概念难以流行，反过来看在全球化时代中国追赶则是一个可自我演绎和叙述的故事。

四、中国与BRICS成员国经贸关系特点

上面定量描述了中国与BRICS其他国家在全球经济中相对体量及增量贡献，下面观察中国与BRICS其他国家的经贸关系及其相对重要性，以便对BRICS合作的经济背景有更全面理解。图13报告2010年中国内地前三十个主要出口对象国或地区占中国内地出口总量比例数据。以出口相对规模排序，印度、俄罗斯、巴西、南非分别占第8、13、16和30位，出口比重分别为2.6%、1.9%、1.5%和0.7%。这四国总共占中国内地出口比重的6.7%，不到日本一国7.7%的占比值。

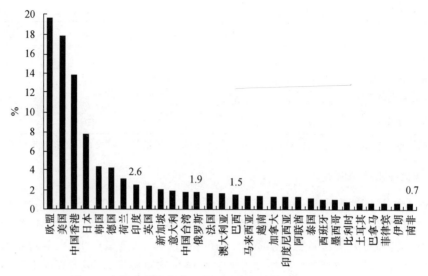

图 13 中国内地货物出口前三十个经济体占比(2010 年)

资料来源:中国海关数据。

图 14 报告 2010 年中国内地前三十个主要进口来源国或地区占中国内地进口总额比例数据。以进口相对规模排序,巴西、俄罗斯、印度、南非分别占第 9、12、15 和 23 位,占中国内地进口比重分别为 2.7%、1.9%、1.5% 和 1.1%。这四国总共占中国内地进口比重的 7.2%,不到韩国一国 9.9% 的占比值。可见从进出口总量看,这些国家或地区是中国内地重要的贸易伙伴,不过因为各自占比以至整体比例并不很高,单纯贸易数量规模重要性还比较有限。

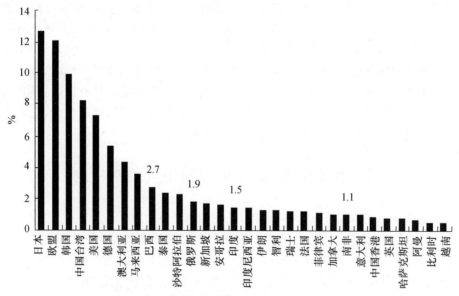

图 14 中国内地货物进口前三十个经济体占比(2010 年)

资料来源:中国海关数据。

图 15 报告近二十年来中国对 BRICS 其他四国出口占比变化数据。中国对印度和巴西出口增加最快,1991—2010 年两国占中国出口比例分别从 0.2% 和 0.1% 增长到 2.6% 和 1.5%。中国对俄罗斯出口占比波动较大,从 20 世纪 90 年代初的 2.8%—2.9% 下降到世纪之交的 1% 上下,2007—2008 年又回升到 2% 左右,但是金融危机发生后又经历较大波动。中国对南非出口占比呈平缓增长态势。总体来看,中国对 BRICS 其他四国出口占比从 1993 年的 3.7% 上升到 2010 年的 6.7%。

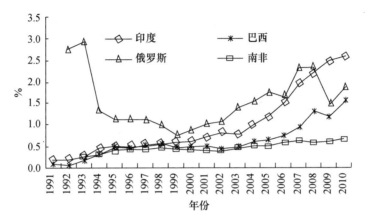

图 15 中国向 BRICS 其他四国出口占出口总额比例(1991—2010)
资料来源:中国海关数据。

图 16 报告近二十年来中国从 BRICS 其他四国进口占比变化数据。中国从巴西和印度进口占中国进口总额比例增长最快,分别从 1991 年的 0.5% 和 0.2% 上升到 2010 年的 2.7% 和 1.8%。中国从南非进口占比相对平稳增长,从 1993 年的 0.4% 上升到 2010 年的 1.1%。中国从俄罗斯进口占比在波动中呈现下降趋势,从 20 世纪 90 年代初的 4.5% 下降到世纪之交的 3% 上下,进一步下降到 2010 年的 1.9%。BRICS 其他四国总计占中国进口比重,从 1993 年的 6.4% 增长到 2010 年的 7.1%,增长约一成。

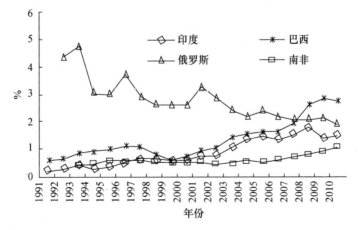

图 16 中国从 BRICS 其他四国进口占进口总额比例(1991—2010)
资料来源:中国海关数据。

表2和表3分别报告2010年中国与BRICS其他四国十种主要进出口商品及其占双边进出口贸易比重。中国对四国出口相对集中在电器设备、机械及其他各类制成品。前两个最大出口项目是电器设备和机械设备,二者占比印度最高达到47.5%,最低为俄罗斯也有31.5%。中国从这四个国家前三项最大进口品都是矿产品、矿物燃料、棉花木材等各类资源性产品,这三项资源性产品进口占中国从这些国家进口额的比重在66%和80%之间。

表2 2010年中国对BRICS其他四国出口主要商品类别占比 单位:%

序号	印度		巴西		俄罗斯		南非	
	商品	占比	商品	占比	商品	占比	商品	占比
1	电器设备	23.8	电器设备	23.4	机械设备	16.5	电器设备	18.5
2	机械设备	23.7	机械设备	20.1	电器设备	15.0	机械设备	15.3
3	有机化学品	10.0	精密仪器	7.5	鞋	7.9	针织服装	8.0
4	钢铁	5.0	钢铁	4.5	非针织服装	6.1	非针织服装	6.3
5	肥料	4.7	有机化学品	4.4	针织服装	5.6	鞋	5.3
6	钢铁制品	3.5	车辆	3.4	车辆	3.4	家具	3.8
7	塑料	2.1	钢铁制品	2.8	钢铁制品	3.3	车辆	3.6
8	精密仪器	1.9	皮革制品	2.0	精密仪器	2.9	钢铁制品	3.1
9	车辆	1.9	针织品	1.9	塑料	2.9	塑料	2.7
10	纺织品	1.8	塑料	1.9	皮制品	2.4	有机化学品	2.6
总计	409亿美元	100.0	247亿美元	100.0	296亿美元	100.0	108亿美元	100.0

数据来源:中国海关数据。

表3 2010年中国从BRICS其他四国进口主要商品类别占比 单位:%

序号	印度		巴西		俄罗斯		南非	
	商品	占比	商品	占比	商品	占比	商品	占比
1	矿产品	56.6	矿产品	48.0	矿物燃料	49.4	矿产品	40.0
2	棉花	10.3	油料	21.4	木材	10.7	特殊交易	22.9
3	铜	4.1	矿物燃料	11.1	镍	5.9	贵金属	15.8
4	贵金属	4.0	纸	4.3	鱼	4.9	钢铁	7.3
5	有机化学品	3.4	油脂	2.2	矿产品	4.7	矿物燃料	4.8
6	电气设备	2.2	钢铁制品	1.6	肥料	3.9	镍	1.2
7	非金属矿	2.1	鱼	1.5	有机化学品	3.1	铜	1.0
8	塑料	2.0	糖	1.3	木浆及废纸	2.5	生皮及皮革	0.9
9	钢铁	1.8	生皮及皮革	1.3	橡胶	2.2	毛及织物	0.7
10	矿物燃料	1.6	船舶	0.9	无机化学品	2.1	塑料	0.7
总计	208亿美元	100	381亿美元	100	258亿美元	100	149亿美元	100

数据来源:中国海关数据。

表4进一步观察过去十年中国从BRICS其他成员国进口若干重要资源性商品的特殊重要性。2000—2010年中国铁矿石等矿产品进口额从31亿美元飙升到1086亿美元,增长30多倍。中国从四国进口矿产品占比从2000年的34.4%上升到2004年的48.4%,

表4 中国若干初级产品进口额及BRICS成员国所占比重（2000—2010）

年份	矿产品				矿物燃料			贵金属			油料		
	进口总额（亿美元）	巴西占比（%）	印度占比（%）	四国占比（%）	进口总额（亿美元）	俄罗斯占比（%）	四国占比（%）	进口总额（亿美元）	南非占比（%）	四国占比（%）	进口总额（亿美元）	巴西占比（%）	四国占比（%）
2000	31	14.3	11.9	34.4	207	3.8	4.2	24.2	19.8	22.6	31	15.2	15.5
2001	42	18.2	13.1	38.4	175	4.6	4.9	9.9	13.9	24.6	33	18.5	18.7
2002	43	19.1	14.6	41.3	193	6.6	6.9	27.1	19.9	25.0	28	32.6	32.7
2003	72	19.1	18.9	43.3	293	7.2	7.3	18.5	20.0	32.0	57	29.7	30.4
2004	173	17.0	24.9	48.4	480	8.7	9.7	26.5	27.8	38.3	74	28.2	28.8
2005	260	15.6	24.2	42.6	641	10.2	11.2	34.7	27.6	37.6	82	29.2	29.4
2006	322	17.5	16.3	38.9	891	10.6	11.9	46.2	25.7	32.8	81	37.2	37.4
2007	540	17.9	16.3	39.2	1049	8.9	10.9	62.6	21.4	28.4	123	31.8	32.1
2008	864	17.8	15.6	40.5	1691	7.1	8.4	75.4	22.6	29.3	232	31.4	31.7
2009	696	18.9	11.4	37.7	1240	7.6	9.0	65.5	26.1	35.9	210	35.0	35.1
2010	1086	16.9	10.8	34.3	1887	6.8	9.6	108.5	21.6	34.2	271	30.1	30.3

资料来源：中国海关数据。

后又逐步回落到 2010 年的 34.3%。巴西、印度在四国中是中国最重要的矿产品进口国。2000—2010 年中国矿物燃料进口额从 207 亿美元飙升到 1 887 亿美元,增长约 8 倍;主要由于从俄罗斯进口飙升,从四国进口矿物燃料占比从 2000 年的 4.2% 上升到近年的 10% 上下。另外巴西的大豆油料和南非的贵金属,在中国这类物品进口中都占有较大份额。

虽然中国与其他 BRICS 成员国双边贸易大都呈现增长趋势,其数量规模相对中国外贸总量的重要性还是比较有限。但是从这些国家进口铁矿石、大豆等资源性商品具有特殊重要地位。可见中国与这些国家的双边贸易不同程度地具有制造业大国与原料、燃料、大宗农产品供应国之间互补性经贸关系的特点,维护发展与这些国家的双边经贸关系对于保障中国经济对资源性商品需求具有超出总量占比的积极意义。

五、推进合作的积极因素与制约条件

三亚峰会及其宣言显示,BRICS 具有开展全方位合作的意愿。客观分析目前 BRICS 的全球地位及其内部关系特点,有助于认识 BRICS 推进合作既有积极有利的因素,也面临制约的条件。

经济总量相对规模快速扩大和增量贡献全球最大的现实地位,加上金融危机使美欧发达国家或地区遭遇重创,为拓展 BRICS 合作提供有利的时代条件。在当前全球经济格局经历演变的大时代,BRICS 合作有助于争取属于新兴国群体权益,督促美欧等主导国家和地区认识世界大势主动调整,推进后危机时代全球治理结构改革完善。这可能是现阶段 BRICS 合作最有积极意义也最可能取得成果的领域。观察目前形势,在国际财经领域存在多方面这类合作议题。

一是推动国际金融监管改革。这次金融危机暴露出必要金融监管缺失和某些金融工具过度扩张的潜在风险,总结经验教训,针对此前漏洞加强监管是未来国际金融体系改革的重要内容。由于加强金融监管会涉及发达国家特别是美国相关金融巨头的利益,实际推进过程难免会因为技术和利益因素面临特殊困难。对影子银行监管、对大宗商品指数投资以及其他衍生品交易监管等,都面临类似情况。BRICS 以及更多的发展中国家合作,包括与德、法等欧洲国家协调,对推动上述领域改革应能产生积极影响。

二是推动国际金融机构(IFI)治理结构改革。国际货币基金组织、世界银行等机构旧有投票权分配和高层管理团队任命方式,决定了这些重要 IFI 基本由美欧控制。这些机构建立时,美欧在世界经济和政治中占主导地位。当时包括中国在内的苏联阵营国家和包括印度在内的很多发展中国家,大都尝试计划经济和高度管制经济模式,尚未接受经济全球化理念和对外开放方针,从历史角度看美欧当时对主要 IFI 拥有支配地位在所难免。问题在于过去半个多世纪,尤其是中国改革开放三十多年来,世界经济和政治格局已发生深刻演变,IFI 原有治理结构与世界政治经济现实已不相适应,BRICS 协调合作有可能对必要改革产生显著推动力。

三是改革国际货币体系特别是储备货币方面的制度安排。国际货币体系是指为满足国际商品、劳务、资产交易活动,对货币计价、支付、清偿、储值等媒介性功能要求所形成和建立的规则、组织、运行机制等制度安排的总和。为发挥国际交易媒介或流动性功能,现实国际货币体系至少要回答三方面的基本问题。首先是货币兑换比率与规则,即汇率制度安排;其次是国际收支调节机制;最后是储备资产选择构成和储备货币安排。目前这三个方面都需要改革,发达国家与中国等新兴国家都面临调整议题。其中储备货币改革涉及美国作为主要国际货币发行国利益因而面临更多的矛盾和困难,在推进这方面改革方面,BRICS 成员国存在共同利益和加强合作空间。

四是督促发达国家重视其宏观政策的溢出效应。美国实行过度宽松的货币政策,美欧财政纪律松弛、纵容过度消费,是导致 2008 年金融危机及后续经济危机的重要结构性原因。危机爆发后,美欧针对过去政策偏差调整仍不到位。尤其是美国凭借国际货币发行国地位,仍过度依赖数量宽松的货币政策应对其长期结构性问题。这类政策在给美国经济长期增长前景带来消极影响和潜在风险的同时,也给全球经济特别是新兴经济体带来多方面负面溢出效应。BRICS 合作有利于表达上述诉求并探索有效的监测和督促机制。

另外,BRICS 合作为成员国提供表达和协调重大关切和利益诉求的平台。例如在三亚峰会上对俄罗斯入世诉求表示支持,对联合国改革、IMF 特别提款权(SDR)改革问题进行沟通协商,体现了 BRICS 合作的上述功能。BRICS 峰会对特定时期全球经济政治重大和热点问题表达共识性看法,成为这些国家首脑外交的重要议程。

不过从改变全球治理结构角度看,BRICS 合作也存在客观制约条件。BRICS 经济总量以及包括前沿创新在内的综合经济实力,与美欧等发达国家或地区比较仍然存在可量化的明显差距。在全球事务管理的概念和议程定义能力、思想影响和组织执行力方面,BRICS 相对综合能力仍有待提升。以目前全球治理结构改革讨论而言,美欧精英人士和智库在议题定义、思想影响和推动达成共识方面仍明显具有较大优势,本文主题"金砖国"一词源自美国投行报告就是一则佐证。以美欧等发达国家或地区主导全球性事务已有几百年的经验积累,新兴国家"软实力"在未来一段时期仍会处于"学习曲线"相对陡直的历练阶段。在参与全球事务方面,BRICS 注定要经历志向超过实力、意愿大于能力的成长期。

如何整合 BRICS 成员国内部利益关系和化解潜在矛盾也会对合作深度、广度构成制约。基本情况在于,一方面,BRICS 成员国经济结构差异性在带来互补性利益的同时也带来诉求矛盾性。例如,中国钢铁企业和相关机构在铁矿石进口价格问题上与澳大利亚以及巴西供货商艰难谈判和争执,双边投资政策也存在需要磨合的矛盾。对国际市场大宗商品金融投机工具、转基因大豆贸易、气候变化等问题,各国官方立场和社会舆论看法也存在明显差异。

另一方面,成员国利益类似性在带来合作机遇的同时也派生出竞争性关系。例如作为大国新兴经济体,都有大力发展本国制造业的意愿,由于发展阶段和要素禀赋结构比较接近,可能存在一些竞争关系。考虑汇率对制造业相对竞争力的影响,中国制造业快速增长与人民币汇率灵活性相对不足之间的关系难免引发争议。实际上有 BRICS 其他成员国财经高官曾不止一次批评人民币汇率政策,G20 讨论外部失衡治理框架时中国与 BRICS 其他国家立场也有明显差异。

BRICS 成员国都是区域性大国,大都有扮演世界大国的志向,大国之间如何协调各自的雄心壮志也会带来一些特殊复杂问题。即使不论 BRICS 某些成员国之间历史遗留问题和地缘政治关系上"角力"因素，在政治制度和意识形态层面的差异从长期看也会影响对全球重大问题的基本立场和看法，从而制约成员国合作的广度和深度。在这方面，中国与其他 BRICS 成员国相对差异可能要更大一些。

六、四组关系与四种前景点评

不完全是由于地缘相近结成的区域性合作机制，也不是由于经济联系特别紧密结成的合作机制，而是以共享某些发展阶段和规模特征为纽带形成的特殊多边合作关系，BRICS 的合作前景将取决多方面的复杂因素。BRICS 未来在主要宏观指标全球占比上保持增长态势，无疑会有利于提升其合作的相对重要性。发达国家整体经济走势及其影响的全球经济外部环境演变，也会反馈于 BRICS 合作进程。此外，BRICS 特别是中国如何处理几组关系将是决定其合作前景的关键，这些关系既包括 BRICS 内外关系，也涉及中国国内政策调整与外交方针的关系。

一是 BRICS 与其他新兴经济体之间的关系。BRICS 自身定位代表新兴经济体，如何能有效代表和反映其他新兴经济体诉求，存在一系列利益协调问题，包括三亚峰会期间媒体关注的 BRICS 扩容问题。二是 BRICS 成员国内部关系。经济结构类似性带来合作空间但也造成竞争性因素，结构差异性创造互补合作空间但也派生矛盾性诉求，BRICS 如何求同存异协调成员国利益关系，将构成检验各国为政者战略定位和外交智慧的难题。三是 BRICS 与现有多边框架特别是 G20 框架的关系问题。是补充、推动和促进 G20 合作机制，还是采取竞争、对峙甚至替代方针，将是定义 BRICS 合作长期目标和实质议程挥之不去的问题。四是中国如何认识内部推进改革转型与外部参与全球治理关系，将以间接然而实质的方式对 BRICS 合作前景产生深刻影响。这是由中国经济地位的特殊重要性与中国体制仍处于探索转型期的基本因素决定的。对三亚峰会作为时政热点评论时可以忽略这一因素，从长期视角看这可能是决定 BRICS 前景的单个最重要的变量。

外交是内政的延续。对于像中国这样的大国尤其如此。当早年中国内政以"阶级斗争"为纲，对外判断便以"战争与革命"为中心命题，基本方针是联合革命势力挑战现存国际秩序和霸权。改革开放时代内政转而以经济建设为中心，对外判断中心词转变为和平与发展，政策方针定位于以独立自主原则为前提选择性接受国际惯例，以便利用全球化环境谋求和平发展。展望未来，尚未完成的中国体制现代化转型的真实取向将决定外交政策方针指向。

中国体制转型释放出大国开放追赶的巨大能量，中国开放追赶又正在释放出改写全球经济版图的巨大能量。然而中国体制改革和转型仍在进行之中，即便是经济体制改革也仍面临"行百里者半九十"的挑战。微观构造上仍面临土地等要素制度改革、户口制度改革、民营经济准入，以及国企产权和治理结构改革等深层改革问题。宏观经济管理体制则面临如何求解"宏调微观化"的难题，如何通过深化汇率利率体制改革以建立完善与开放型市场经济大国相适应的总需求管理政策架构挑战。至于推进政治民主化进程，中国或许尚未真正破题。

本文定量观察显示中国在 BRICS 中具有举足轻重的地位,中国如能加快深化改革,完善开放性社会主义市场经济制度,加快社会主义民主化建设,在尊重普适价值和多边规则基础上参与全球治理结构创新改造,将对 BRICS 合作走向产生深刻的积极影响。反过来看,如果中国把外部合作影响力误读为无须深化改革也能做大做强,陷入一种凭借自身实力扩大回避必要改革的消极均衡,则可能面临影响力扩大的同时真心可靠的朋友越来越少,结果自身发展也因为改革滞后难以持续的困境,并对 BRICS 合作长期前景带来不确定性和不利影响。

依据上述观察分析,大体可以对 BRICS 合作提出四种前景探讨和推测。一是认为 BRICS 合作有望对全球治理提供替代性解决方案的"另起炉灶"的思路。国外媒体刊登过一幅漫画,形象地表达了 BRICS 合作的目的在于拆除现有重要的国际机构(如世界银行和国际货币基金组织等)这一观点。国内主流评论并不认同这一观点,不过也不能排除有人从这类偏激视角解读 BRICS 合作的长期意义和功能。

二是所谓搭建"东西共治"平台前景。国内一些媒体评论表达过这类观点,其中"东西"和"共治"两点要素需分开讨论。"共治"应该没有问题。BRICS 等新兴经济体参与全球治理是大势所趋,也是正在发生的现实。"东西"则有待商榷。"东西"是描述冷战时期国际关系格局的概念,如何把这一概念运用到 BRICS 前景分析场合,至少需要探讨厘清以下几点问题:

第一,如何界定"东西"概念内涵?在早年冷战时代,作为西方资本主义和东方共产主义阵营对峙的形象表达,"东西"概念背后存在基本目标、理念、理论内涵界定的支持,也相应具有各自社会政治和经济制度的实践基础。随着中国实行改革开放政策,特别是随着苏联解体世界进入后冷战时代,原先"东西"概念及其制度基础都已发生革命性变化。能否沿用冷战时代的"东西"概念来概括新世纪国际政治经济全新格局存在疑问。

第二,如何在理念上把握 21 世纪世界发展大势?是在尊重各国发展形态丰富多样性的前提下,肯定在基本价值、基本制度层面可适当提炼并逐步发展出具有某种普适性的一元性要素或基础性原则,还是认为在基本制度和价值层面也注定会长期存在可称作"东西"的二元对比和对立。"一元多极共治"与"二元多级共治"两个基本概念,哪一个在客观现实和主体追求双重意义上更能反映当今世界的基本精神和长期趋势?

第三,假如现在和未来仍存在所谓"东方"阵营,在基本制度和价值体系方面 BRICS 是否同属这一阵营?如果"东"指包括发展中国家一般特征的更为广泛的对象,BRICS 如何有效代表广大发展中国家?可见"东西共治"其实还存在不少有待探讨的问题。

三是超级论坛加项目合作前景。BRICS 演变成为与 APEC 类似的超级首脑论坛及重要合作平台,与 APEC 不同之处在于更可能推动一些重要具体的双边和多边合作项目,如目前已经讨论和实施的国家开发金融机构之间合作、城市市长之间合作等不同类型的具有积极意义的合作项目等。不过在应对当代和未来全球治理面临实质问题方面,在主导推动具有特定功能和多边规则含义的制度性建设方面,由于内外种种约束未能产生更大作为。这个前景或许不够理想,但也不算太糟,甚至有一定的可能性。

四是在推进全球治理结构改革中发挥重要的建设性作用。对中国而言,要实现这一前景,要通过深化改革以完善国内开放市场经济体制,巩固经济增长和追赶势头;要推进政治民主化改革，建立完善的社会主义民主制度；要协调好 BRICS 成员国之间的利益关系，在推进多边贸易和投资自由化方面带头进行政策调整。在 G20 以及其他全球多边框架内，利用集体协调力量推动美欧等主要西方国家或地区进行政策调整，尊重新兴国家和发展中国家利益，改革现有全球治理结构。在继承全人类知识和文明传统基础上，根据经济结构演变现实和趋势，改革完善全球原有治理框架、方针和运行机制，为人类未来更好的发展奠定制度基础。